U0930224

区域城际轨道交通工程施工作业指导书(上)

浙江杭海城际铁路有限公司　组织编写

中国铁道出版社有限公司

2020年·北　京

图书在版编目(CIP)数据

区域城际轨道交通工程施工作业指导书. 上/浙江杭海城际铁路有限公司组织编写.—北京:中国铁道出版社有限公司,2020.8

ISBN 978-7-113-27139-8

Ⅰ.①区… Ⅱ.①浙… Ⅲ.①城市铁路-铁路施工-施工技术 Ⅳ.①U239.5

中国版本图书馆CIP数据核字(2020)第144557号

书　　名:**区域城际轨道交通工程施工作业指导书(上)**

作　　者:浙江杭海城际铁路有限公司

策　　划:张卫晓

责任编辑:冯海燕　　　　**编辑部电话**:(010)51873017

封面设计:刘　莎

责任校对:苗　丹

责任印制:高春晓

出版发行:中国铁道出版社有限公司(100054,北京市西城区右安门西街8号)

网　　址:http://www.tdpress.com

印　　刷:三河市兴博印务有限公司

版　　次:2020年8月第1版　2020年8月第1次印刷

开　　本:787 mm×1 092 mm 1/16　**印张**:41.5　**字数**:1 020千

书　　号:ISBN 978-7-113-27139-8

定　　价:136.00元

编写委员会

主编单位：浙江杭海城际铁路有限公司

参编单位：中铁四局集团有限公司

中铁十局集团有限公司

中铁大桥局集团有限公司

中铁一局集团有限公司

中铁三局集团有限公司

浙江交工集团股份有限公司

中铁上海工程局集团有限公司

中铁电气化局集团有限公司

中铁武汉电气化局集团有限公司

前　言

随着我国区域经济发展，区域内部城市群之间的融合趋势更加明显，城际间的联系和交往更为密切，人们对区域出行有了更新和更高的要求。区域城际轨道交通与公路中长途客运相比具有舒适度高、准时、稳定、快捷的优点，其能将轨道沿线城市和乡镇串联起来，进一步促进区域的融合和协调发展，因此城际间的轨道交通发展需求更加的迫切，也逐渐成为各城市群建立区域综合交通系统的重要组成部分。

杭海城际铁路项目（以下简称“杭海项目”）线路两端地处杭州和嘉兴两市，西起杭州余杭高铁站（可与已运营的杭州地铁1号线换乘），东至嘉兴海宁碧云站，是典型的区域城际轨道交通工程。《区域城际轨道交通工程作业指导书》（以下简称《指导书》）是浙江省乃至长三角地区第一部区域城际轨道交通工程作业指导书，旨在依据相关国家标准、规程和规范，汇聚和总结杭海项目建设施工理论与技术经验，系统描述地下工程、桥梁工程、车站工程、路基工程、房建工程、轨道工程和四电工程等多个专业的施工作业，每篇作业指导书按照适用范围、作业准备、技术要求、施工程序与工艺流程、施工要求、劳动组织、材料要求、设备机具配置、质量控制及检验、安全及环保要求十项内容进行编写，旨在给予相似地区、相似情况的项目以工作指导、咨询和借鉴作用。

本《指导书》是杭海城际铁路建设过程中的“一盏明灯”，对于推广先进的施工工艺，提高施工质量和工效，确保安全生产、文明施工、环境保护都起到了不可或缺的作用。本《指导书》是杭海项目所有工程建设一线对区域城际轨道交通工程规范化、标准化有着深刻理解的工程技术人员的合力之作，在此对参加编写的有关单位和人员表示衷心感谢。

限于时间紧，编辑工作量大，书中难免存在疏漏，敬请广大读者批评指正并提出宝贵意见和建议。

编　者

2020年4月

目　　录

1　地下工程

2　桥梁工程

1 地下工程

1.1 基坑围护与地基处理

1.1.1 土方开挖施工作业指导书

1. 适用范围

适用于杭州至海宁城际铁路地下工程深基坑土方开挖施工。

2. 作业准备

(1)内业准备

施工设计图纸及有关资料到位后,组织技术人员进行图纸复核,明确图纸中的技术问题。开工前要做好各级技术准备及技术交底工作。施工技术人员、测量人员要熟悉图纸,掌握现场测量桩及水准点的位置。

(2)外业准备

施工现场调查以下几个方面:施工机械进入现场和进行组装的可行性;土方过程中弃土的堆放和外运场地,道路是否畅通;给排水和供电条件;地下障碍物和相邻建(构)筑物情况;噪声、振动与污染物等引起的有关问题。

1)施工机械进场条件调查。为确保施工机械、设备、材料等顺利进场,除调查地形条件外,还需调查所经过的道路状况,尤其是道路的宽度、坡度、弯道半径、路面状况和桥梁的承载能力等,便于挖机、吊装设备等重型机械进场组装。

2)给排水、供电条件调查。调查施工现场供水、排水能力是否满足成槽的要求,周围既有供电电压、容量 是否满足机械施工要求。

3)邻近既有建(构)筑物调查。调查邻近既有建(构)筑物的结构高度、类型及基础刚度和类型,了解基础以下的土质分布情况;研究基坑开挖坑外地面沉降对既有建筑的影响。

4)水文地质调查。调查地质分布情况,了解各土层土的重度、内摩擦角、黏聚力、不排水抗剪强度、渗透系数等物理力学指标,从而确定 土方开挖边坡坡度值。

3. 技术要求

(1)开挖按规定的尺寸合理确定开挖顺序和分层开挖厚度,连续进行施工。开挖时,应对平面控制桩、水准点、基坑平面位置、水平标高、边坡坡度等经常进行检查。

(2)当开挖土体含水率大且不稳定,或边坡较陡、基坑较深、地质条件不好时,应采取加固措施。

(3)基坑开挖遵循“开槽支撑,先撑后挖,分层开挖,严禁超挖”的开挖原则。

(4)开挖时应尽量防止对基土的扰动。

(5)开挖面位于地下水位以下时,应采取降水措施。

(6)基坑开挖至基底以上 300 mm 时，停止机械开挖，余下未开挖部分用人工修整至设计标高。

(7)挖方表面无明显凸凹，坡度基本达到设计坡度，且没有超挖后，通知相关单位进行地基验槽。

4. 施工程序与工艺流程

(1)施工程序

确定开挖方案→场地清理→测量定位放线→分段分层开挖→修边、清底→支撑架设→下层土方继续开挖。

(2)工艺流程(图 1.1.1)

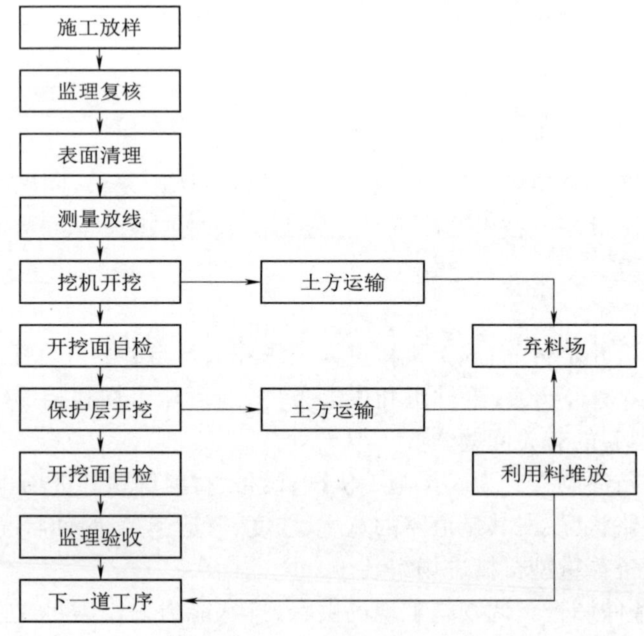

图 1.1.1　土方开挖施工流程

5. 施工要求

为了尽可能缩短基坑的无支撑暴露时间，有效地控制围护结构变形与坑外地面沉降，针对杭州地区软土的流变特性，采用“时空效应”理论原理组织开挖基坑。严格按设计位置及时可靠地设置支撑和稳定体系，并按设计要求及时施加支撑预应力，保证基坑的安全，待钢支撑架设完毕后，方可进行下一层土方开挖。

分层：根据支撑设置情况分层开挖，每层开挖至钢支撑中心以下 50 cm(或混凝土支撑以下 5 cm)；根据基坑开挖后的土质情况，若开挖的土质较差，每层开挖分为 2 个亚层或多层；若基坑土质较好，可不考虑分亚层，上道钢支撑架设完成后直接开挖至下道钢支撑中心以下 50 cm，每一层土方对称开挖，由中间向两边开挖，尽量留土护壁。

分段：沿基坑纵向根据支撑平面位置分段，每段完成 2 根混凝土支撑范围内的土方开挖工作量，每个作业平台及纵向放坡均为 3 根支撑间距，为 4～6 m。

分块：每层每小段土方开挖采用分块作业，根据本工程围护结构和基坑支护系统的特点以及现场实际情况依次进行分块开挖。

纵向放坡:沿基坑开挖方向纵向进行放坡,竖向坡度不超过 1∶3。

6. 劳动组织

为保证施工过程各工序能有序进行,组建专业架子队,架子队人员配备见表 1.1.1-1。

表 1.1.1-1　架子队人员配备

序　号	人员配置	人数(人)	职责分工
1	架子队队长	1	统一全面负责管理现场工作
2	技术负责人	1	全面负责现场施工技术管理工作
3	技术员	2	负责现场施工技术管理
4	质检员	1	检查过程中的质量工作
5	安全员	1	负责施工现场安全作业
6	材料员	1	负责施工材料计划、收料检验等工作
7	试验员	1	负责物资进场检验,现场取样检测工作
8	领工员	2	负责现场施工的协调工作
9	工班长	3	负责施工现场施工人员的相互协调
10	测量工	3	负责现场的放样、复核
11	机械管理员	1	负责现场机械设备的管理
12	普工	6	负责清理现场

7. 材料要求

根据设计要求,统计基坑开挖所有工程数量,按照施工进度计划及时编制物资供应计划,物资部门根据物资计划按期进行采购进场。

材料根据施工计划要求提前进场,进场后按照要求取样检验,检验合格后留置使用,不合格退货处理,进场材料按要求进行存放。

8. 设备机具配置

为了施工任务顺利进行,机械设备按照科学合理、满足要求、略有富余的原则进行配置,主要设备配置见表 1.1.1-2。

表 1.1.1-2　主要设备配置

序　号	名　称	型　号	数　量	备　注
1	汽车式起重机	25 t	1 台	零星材料吊装
2	履带式起重机	50 t	1 台	钢支撑施工
3	长臂挖掘机	PC550	1 台	基坑开挖 20 m 以内
4	挖掘机	PC220	1 台	基坑开挖表层土
5	挖掘机	PC60	2 台	基坑内土方短驳
6	抓斗机		1 台	基坑 20 m 以下土方开挖

9. 质量控制及检验

(1)质量控制

测量控制:所有的测量桩、红线定位标记一经核实后,项目部就落实专人对其进行定期检查复核,以确保红线标记的准确性,在开挖过程中严格按规范及方案要求对开挖的标高、边坡坡度等进行检查。

开挖顺序及开挖方法应严格按照相关方案进行,开挖使用的设备机械必须严格按照机械设备操作规程进行。开挖边坡坡度必须符合设计要求、现行施工规范的规定以及施工技术措施要求。

基坑开挖,应严格控制基底的标高,标桩间的距离宜≤3 m,以防基底超挖。

基坑周围应设排水沟,坑槽内应设置合理的排水措施。

在地下水位以下挖土,必须有措施、有方案。地质资料反映有细砂粉土、中粗砂层的工程项目,必须有截水、降水等有效防止流砂的措施。

(2)质量检验

质量检验主要内容见表 1.1.1-3。

表 1.1.1-3　质量控制标准

项　目	允许偏差或允许值(mm)					检验方法
	柱基、坑基、基槽	挖方场地平整		管　沟	地(路)面基层	
		人工	机械			
标高	−50	±30	±50	−50	−50	水准仪
长度、宽度(由设计中心线向两边量)	+200 −50	+300 −100	+500 −150	+100	—	经纬仪,用钢尺量
边坡	设计要求					观察或用坡度尺检查

10. 安全及环保要求

(1)安全要求

贯彻执行《中华人民共和国安全生产法》《建设工程安全管理条例》。建立健全安全生产责任制、安全教育培训制度、作业人员安全保障措施及安全技术制度,配备相应的专职安检机构和人员。

坚持"以人为本"的宗旨,按照"安全第一,预防为主"和坚持"管生产必须管安全"的原则进行安全生产管理,做到生产与安全工作同时计划、布置、检查、总结和评比。

重要的安全设施必须坚持与主体工程"三同时"原则,即同时设计、同时施工、同时投入生产和使用。

建立完善的安全管理制度和明确的应急措施。结合项目工程特点,组织制定实施中的安全事故应急救援预案;如果发生安全事故,应按照《国务院关于特大安全事故行政责任追究的规定》以及其他关规定,及时上报有关部门,并坚持"三不放过"的原则,严肃处理相关责任人。

严格遵守市政府有关环境保护要求,将文明施工与环境保护工作列为施工管理的重要环节。

所有进入施工现场的人员必须戴好安全帽，并按规定佩戴劳动保护用品。

作业人员不得穿拖鞋、硬底易滑鞋进入施工现场。

做到有洞必有盖，有轴必有套，有台必有栏。

夜间作业必须有足够的照明，不允许乱拉电线。

电气操作人员必须持证上岗，按照相关规范、规程、条例进行操作。

所有动力设备安装可靠的接地保护和防雷击措施，做到“一机、一箱、一闸、一漏”，配电箱要防止雨淋。

(2)环保要求

在施工过程中，应遵守国家现行的有关文明施工、环境保护、文物保护方面的有关规定。全面分析施工过程中可能引起的环境保护方面的问题，把保护生态环境作为一项重要工作来抓。

对施工机具进行维修保养，保持施工机具的良好性能，有噪声的工作尽量避免夜间施工。

做到工完、料清、场地净，施工中产生的废油、废料、垃圾等杂物排放到指定的地点，并及时清理、转运。

生产及生活污水应经过沉淀池后，再通过排污管道排入市政管线中。

在工地大门附近设置汽车冲洗台，所有运输车辆离开工地时，必须对车身进行冲洗，以保证市政道路干净、畅通。

(3)裸土覆盖要求

施工现场内堆放超过 8 h 不扰动的裸土应进行覆盖，堆放超过三个月以上不使用的堆土应进行绿化，弃土应及时清运。

根据工程进度计划，由材料员采购符合标准要求的密目网并保证供应的及时性，做到随工程的进度对超过 7 d 不做处理的堆土进行全部覆盖。

1.1.2 地下连续墙施工作业指导书

1.适用范围

适用于杭州至海宁城际铁路地下工程地下连续墙施工。

2.作业准备

(1)内业技术准备

收集地质资料、水位情况,根据施工方案编写作业指导书。

(2)外业技术准备

1)给排水、供电条件调查。调查施工现场供水、排水能力是否满足成槽的要求,周围既有供电的电压、容量是否满足机械施工要求。

2)周边既有建(构)筑物调查。调查邻近既有建(构)筑物的结构高度、类型及基础刚度和类型,了解基础以下的土质分布情况;研究既有建(构)筑物产生的侧压力是否会增大地下连续墙的内力,槽壁的稳定性及变形的影响。

3)施工范围内地下障碍物调查。调查施工范围内地下桩、废弃的混凝土结构、大块石、市政管线、电缆、光缆等地下障碍物,并尽可能在地下连续墙施工之前排除,或辅以其他必要的挖槽辅助措施,充分考虑泥浆、排水及弃土对地下水污染的防治措施。

4)水文地质调查。调查施工范围内地下水位及水位变化情况、地下水的流动速度、承压水层的分布与压力大小,了解地下水的情况;调查地质分布情况,了解各土层土的重度、内摩擦角、黏聚力、不排水抗剪强度、渗透系数等物理力学指标等。

3.技术要求

(1)成槽技术要求:

1)成槽后认真清底,清孔质量应达到有关规范、技术规程的要求。

2)成槽垂直精度不得低于0.3%,接头处相邻两槽段的中心线在任意深度的偏差均不得大于60 mm。

3)槽内泥浆液面应保持高于地下水位0.5 m以上,新鲜泥浆的相对密度在1.05~1.10之间。施工各阶段,泥浆性能应达到相关规范要求。

(2)地下连续墙施工结构尺寸必须符合设计要求。

(3)钢筋笼技术要求:

1)钢筋笼宜分段制作。分段长度应视成笼的整体刚度,材料钢筋长度及起重设备的有效高度因素合理确定。

2)主筋连接采用焊接,双面焊缝长度≥$5d$,单面焊缝长度≥$10d$(d为钢筋直径);主筋相邻接头间距应大于1 m,并在同一连接区段上的接头数不得超过总数的50%。

3)钢筋笼制作前,应将主筋校直,清除钢筋表面污垢锈蚀等,钢筋下料时应准确控制下料长度。

4)钢筋笼外形尺寸应符合设计要求。

5)成型的钢筋笼应平卧堆放在干净平整的地面上,堆放层数不应超过2层。

4. 施工程序与工艺流程

(1)施工程序

测量放线→导墙施工→泥浆配制→槽段开挖→清基→钢筋笼吊放→混凝土浇筑→墙趾注浆。

(2)工艺流程(图1.1.2-1)

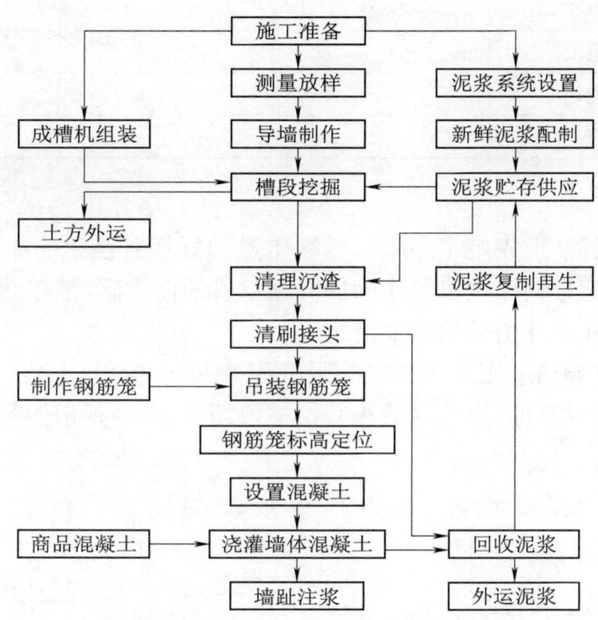

图1.1.2-1 地下连续墙施工工艺流程

5. 施工要求

(1)施工测量

平面点放样使用全站仪,高程放样使用S3级水准仪;施工控制测量的精度符合《城市轨道交通工程测量规范》(GB 50308—2008)。

1)平面测量控制。根据已提供的平面控制点,在基坑外围布设一条闭合的平面导线。在地下连续墙的施工过程中,轴线投点采用极坐标法,根据基坑外围闭合导线及基准点,投放各主轴线控制点,然后用全站仪引测出各条轴线。

施工过程中,对导线、轴线基准控制点定期进行复测,特别是在基坑外围基准点可能因为连续墙位移而移动,必须根据已提供的原点坐标对外围闭合导线、轴线基准控制点进行复核、调整。

2)高程测量。在围墙脚内侧布设一条闭合水准导线,并与已知高程点联测,再由水准点对施工需要的导墙标高测放。

3)测量精度保障措施。

平面测量控制:测角采用三测回,测距采用四次读数二测回。

水准仪投点采用四个方向二测回。

钢尺传递高程采用正反测各二测回。

定期对测量仪器进行检校。

4)测量器具。地下连续墙施工测量中使用的器具见表 1.1.2-1。

表 1.1.2-1 测量器具

序号	仪器名称	规格	精度	数量
1	全站仪	尼康		2台
2	水准仪	DSZ2		4台
3	钢卷尺	50 m	±1 mm	5把
4	钢卷尺	5 m	±1 mm	10把
5	塔尺	5 m		4把

(2)导墙制作

在地下连续墙成槽前,应先施工导墙。导墙质量的好坏直接影响地下连续墙的轴线和标高,并对成槽设备作业起导向作用以及作为提升锁口管的反力座,是存储泥浆、稳定液位、维护上部土体结构稳定、防止土体坍落的重要措施。

1)导墙形式。工程导墙采用常用的"┐┌"形钢筋混凝土导墙。

导墙各转角处需向外延伸,以满足最小开挖槽段需要,两种拐角如图 1.1.2-2 所示。

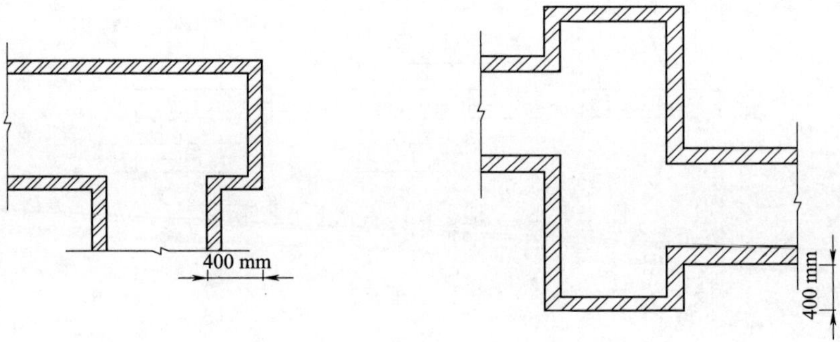

图 1.1.2-2 转角处导墙平面图

2)导墙施工。为了提高地下连续墙孔口的定位精度并提高就位效率,在桩顶上部施作钢筋混凝土导墙。具体步骤如下:

①平整场地:清除地表杂物,填平碾压地下管线迁移的沟槽。

②测放桩位:根据设计图纸提供的坐标将地下连续墙轴线外放 100 mm,采用全站仪根据地面导线控制点进行实地放样,并做好护桩,作为导墙施工的控制中线。测放结束后报专业测量监理进行复核验收。

③导墙沟槽开挖:在桩位放样线符合要求后即可进行沟槽的开挖,采用人工配合小型挖掘机开挖施工。开挖结束后对沟槽整平夯实,并立即将沟槽中心线引入沟槽下,以控制模板施工,确保导墙中心线的正确无误。

④钢筋绑扎:沟槽开挖结束后按设计绑扎导墙钢筋,钢筋在加工厂加工成半成品,运到工地现场绑扎。经检查验收合格后方可进行下道工序的施工。

⑤模板施工:模板采用对撑钢模板,混凝土灌注前先检查模板的垂直度和中线以及净距是否符合要求。

⑥混凝土浇筑施工:混凝土强度满足设计要求,浇筑时两边对称交替进行,严防跑模,如发生跑模,应立即停止混凝土的浇筑,重新加固模板,并纠正到设计位置后方可进行混凝土的浇筑;振捣采用插入式振捣器,振捣间距为 600 mm,振捣充分。

3)导墙施工操作要点:

①在导墙的制模工作完成后,对模板的稳定,轴线尺寸的复核验收及混凝土浇筑面做好标注后,方可进行混凝土浇筑。

②导墙要对称浇筑,强度达 70%后方可拆模,其间要做好必要的混凝土浇水养护工作。拆除后设置 80 mm×80 mm 的木支撑,木支撑设三道,横向间距 1 500 mm,上下错开,采用梅花形布置。

③混凝土养护期间起重机等重型设备不应在导墙附近作业停留,槽段开挖前导墙内木支撑不允许拆除,以免导墙发生变形偏位。

(3)成槽施工

1)导墙验收合格后,放出地下连续墙的分幅线,并经复测无误后用红油漆在导墙内侧标出分幅线。单元槽段成槽前在已浇筑的导墙上用红油漆划好开挖边线,同时在导墙上定位出每一斗抓斗的中心位置,并放上标志物,以确保每次抓斗下放位置一致,防止抓斗左右倾斜。

2)成槽方法。

①基本槽段(6 m 一个槽)采用一槽三抓挖槽法,先两边后中间,异形槽也基本采用一槽三抓挖槽法。槽段分序进行施工,其中编号按槽段划分图;为保证地下连续墙的稳定性,在地下连续墙的转角处分别设有“L”形槽、“Z”形槽。

②每个抓斗根据已放出的槽段线,先在每一个挖掘单元的两端分别使用液压抓斗成槽至设计标高,然后将成槽设备抓斗移至该槽段的中部,抓槽至设计标高。抓斗就位前要求场地平整坚实,以满足施工垂直度要求,保证液压抓斗机与导墙垂直。

③挖槽应连续施工,因故中断时,应将液压抓斗从沟槽内提出,并使设备远离槽段,以防塌方埋斗或设备侧翻。抓斗提升出地面时要及时补浆,以保持槽内泥浆面高度,一般应使泥浆保持在导墙顶面下 200 mm 左右,挖槽过程中随着槽深的向下延伸,要随时向槽内补浆,使泥浆面始终位于泥浆面标志处,直至槽底挖完,以防坍槽。

④当槽段挖至设计高程后,应及时检查槽位、槽深、槽宽和垂直度,并做好记录。

⑤为保证施工质量,在施工中应严格按操作规程进行,并控制槽段的垂直性。

3)成槽机就位后技术人员先检查抓斗是否平行于导墙,抓斗的中心线是否与导墙的中心轴线重合,确保无误后方可进行开挖。挖土过程中,现场值班人员应严格检查每次抓斗中心是否对准放在导墙上的孔位标志,保证挖土位置准确。成槽开挖时抓斗应闭斗下放,开挖时再张开,每斗进尺深度控制在 0.4 m 左右,上、下抓斗时要缓慢进行,避免形成涡流冲刷槽壁,引起坍方,同时在槽孔混凝土未灌注之前严禁重型机械在槽孔附近行走产生振动。

①成槽垂直度控制。在挖槽中通过成槽机上的垂直度检测仪表显示的成槽垂直度情况,及时调整抓斗的垂直度,做到随挖随纠;在成槽机具挖土时,现场值班人员要注意检查悬吊机具的钢索是否松弛,确保钢索呈垂直张紧状态,这是保证挖槽垂直精度必须做好的关键工作;单元槽段成槽完毕和暂停作业时,即令成槽机离开作业槽段。

②清底。槽段挖至设计标高后,将成槽机移位,用超声波测量槽段断面,并且在已浇筑段

处测量时要对接头面的垂直度进行检测。对于槽段接头清理,用刷壁器清刷。此后应进行清底,其方法是用成槽机抓斗细抓扫底清底,施工时应做到如下几点:

a. 成槽时控制每一斗挖土,每次挖土不能抓得过满,防止土体挤出抓斗,形成土渣。

b. 成槽时每一抓挖至设计标高以上 100 mm 后停止挖土,进行第二次挖土施工,直至全槽达到设计标高 100 mm 以上后刷壁,严禁以超挖代替沉渣。

c. 清底应在刷壁完成后静置约 2 h 进行,有利于刷壁产生的泥渣沉于槽底后一并清除。

d. 清底采用成槽机抓斗由一端向另一端细抓,每一斗进尺控制在 15 cm,这样抓斗下部由土体封闭,上部可以存装沉渣,将槽底沉渣和淤泥清除。

e. 清底应至每一斗土体提出槽壁后无沉渣和淤泥、槽底标高达到设计标高为止,清底结束后测量槽深和沉渣厚度并做好记录。

f. 清底结束后应达到如下要求:槽深,不小于设计深度;沉渣厚度,不大于 100 mm;孔底泥浆密度:不大于 1.10 g/cm^3。

(4)刷壁

后续槽段挖至设计标高后,用相对应的刷壁器清刷先行幅接头面上的沉渣或泥皮,上下刷壁的次数应不少于 10 次,直到刷壁器的毛刷面上无渣土为止,确保接头面紧密结合。

1)泥浆的控制。

①在地下连续墙挖槽过程中,泥浆起到护壁、携渣、冷却机具、切土润滑的作用。性能良好的泥浆能确保成槽时槽壁的稳定,防止坍方,同时在混凝土浇灌时对保证混凝土的浇灌质量起着极其重要的作用。

泥浆的主要技术性能指标见表 1.1.2-2、表 1.1.2-3。

表 1.1.2-2 新鲜泥浆性能指标及其测定

项　目	性能指标	测试方法
相对密度	1.04～1.05	泥浆密度计
黏度	20～24 s	500 mL/700 mL 漏斗法
含砂量	<3%	含砂量测定仪
酸碱值	8～9	pH 试纸

表 1.1.2-3 循环泥浆性能指标及其测定表

项　目	性能指标	测试方法
相对密度	<1.10	泥浆密度计
黏度	<25 s	500 mL/700 mL 漏斗法
含砂量	<4%	含砂量测定仪
酸碱值	>8	pH 试纸

②在施工中定期对泥浆的指标进行检查(一般在开始成槽前测一次原浆,然后每一抓测一次,最后待清底完成后测一次),并根据实际情况对泥浆指标进行调整。新拌泥浆须贮存24 h后方可使用。

③严格控制泥浆污染的液位,保证泥浆液位在地下水位 0.5 m 以上,并不低于导墙顶面以下 0.2 m,液位下落应及时补浆,以防坍塌。

④挖槽结束及刷壁完成后，分别取槽内上、中、下三段的泥浆进行相对密度、黏度、含砂率和 pH 值的指标设定验收，并做好记录。

2)清槽。

①当成槽并沉淀 1 h 后，用抓斗抓起槽底余土及沉渣，此为“一清”。若沉渣厚度和孔底附近泥浆达不到规范要求时，浇筑混凝土前再利用灌注导管(采用双 3PN 大泵并联)进行正循环清渣，流量为 100～200 m^3/h。清槽后测定泥浆相对密度应小于 1.10，含砂率不大于 4%，黏度不大于 25 s。槽底沉渣厚度小于 100 mm，此为“二清”。

②清槽要点：下笼后，应保证泥浆的循环，以免在泥浆静置时，悬渣沉淀。通过导管的泥浆正循环，开始时应将导管提起 5～6 m，进行循环，待泥浆相对密度基本一致开始逐渐下放至槽底。

③槽深测量及控制：每槽段在成槽完成后进行超声波检测，测定地下墙垂直度及实际挖掘面的平整度，检测结果应上报监理工程师确认，对不满足规范要求的槽段重新进行修正。

(5)钢筋笼制作、吊装

1)钢筋笼应严格根据地下连续墙墙体设计配筋和单元槽段的划分来制作。钢筋笼制作在专门搭设的加工平台上进行，加工平台确保平台面水平，四个角应成直角，以保证钢筋笼加工时能准确定位和钢筋笼标准横平竖直，钢筋间距符合规范和设计的要求。

2)为了防止钢筋笼在吊装过程中产生不可复原的变形，各类钢筋笼均设置纵向抗弯桁架，竖向桁架筋设置 4 道，横向桁架筋每 4 m 设置一道(如幅宽小于 4 m 设置三道)。拐角形钢筋笼要增设定位斜拉杆。

3)钢筋笼在平台上先安放水平分布筋再放下层的主筋，下层筋安放好后，再按设计位置安放桁架和上层钢筋。

4)纵向钢筋的底端应距离槽底面 0.3 m，并且纵向钢筋底端 0.5 m 长钢筋应稍向内侧弯折以防吊放钢筋笼时擦伤槽壁，但向内侧弯折的程度应不影响浇灌混凝土的导管插入。

5)要在密集的钢筋中预留出导管的位置，以便于浇筑水下混凝土时导管的插入，同时周围增设箍筋和连接筋进行加固。为防止横向钢筋有时会阻碍导管插入，钢筋笼制作时把主筋放在内侧，横向钢筋放在外侧。每幅钢筋笼预留两个混凝土灌注的导管通道口，两根导管间距不应大于 3 m，距槽段端部不应大于 1.5 m。

6)钢筋笼的主筋采用机械连接，主筋与水平筋采用点焊连接。主筋与水平筋的交叉点除桁架与水平筋相交处及吊点周围全部 100%点焊，其余部分采用 50%交错点焊。

7)钢筋笼端部与接头面间应留有 50 mm 的空隙。竖向钢筋保护层厚度迎土面为 70 mm，背土面为 70 mm。为保证钢筋的保护层厚度，在钢筋笼外侧焊定位垫块。按深度方向间距 4 m设置两列钢垫块焊于钢筋笼上，每列设 2 块(每4 m深，内外对称各设置 2 块)，垫块采用 4 mm厚钢板制作。

8)钢筋笼型钢侧板外焊接止浆薄钢板(1 m 宽)。

9)钢筋笼的起吊采用双机抬吊法副吊机配合主吊一次性整体起吊入槽。钢筋笼起吊采用 10 点起吊法，起吊时两台起重机同时平行起吊，然后起主吊，放副吊，直至钢筋笼吊竖直。钢筋笼在起吊及行走过程中应小心、慢速平稳操作，同时在钢筋笼下端系上拽引绳以人力操纵，严防钢筋笼抖动而造成槽壁坍塌以及钢筋笼自身产生不可恢复的变形，钢筋笼在槽口按设计要求位置对正就位后缓慢下放入槽，严禁放空挡冲放，遇障碍物不能下放时，应重新吊起，待查明原因并采取措施后再吊入。钢筋笼下放到位后，用特制的钢扁担搁置在导墙上，并通过控制笼顶标高来确保钢筋预埋件的位置准确。

(6)水下混凝土灌注

1)钢筋笼安放后应在 4 h 内浇灌混凝土,浇灌前先检查槽深;确定沉渣厚度是否超限,判断有无坍孔,如沉渣厚度超限或有坍孔现象可采用导管向槽底循环泥浆的办法及导管直接清孔法加以解决,最后计算所需混凝土方量。

2)连续墙混凝土设计强度 C35(水下),抗渗等级 P8。混凝土的坍落度按规范及水下混凝土要求,满足 180~220 mm,混凝土坍落度每幅地下连续墙检测频次不少于 2 次,当混凝土质量不稳定时每车检测。

3)混凝土灌注采用卷扬机配合混凝土导管完成,导管采用丝扣连接式,导管连接处用橡胶垫圈密封防水。导管安装前应检查每根导管的丝扣和密封圈是否完好及有无混凝土浆粘在丝扣上,如有应用钢丝刷刷净后再安装,安装时应用导管扳手卡紧,以防假接,在混凝土灌注过程中脱掉。

4)导管在混凝土灌注前先用起重机直接吊入槽中混凝土导管口,再将导管连接起来,导管下口距槽底 50 cm,导管上口接上方形漏斗。

5)混凝土灌注:

①开始灌注时,先在导管内放置隔水球以便混凝土灌注时能将管内泥浆从管底排出,隔水球最后通过在导管底端点焊两个内扣的小钢钉将其弄破,以免隔水球留在混凝土中影响质量。混凝土浇灌采用混凝土车直接灌注的方法,初灌时保证导管埋深不小于 0.5 m。

②混凝土灌注中要保持混凝土连续均匀下料,混凝土面上升速度控制在不小于 2 m/h,导管下口在混凝土内埋置深度控制在 2~4 m,在灌注过程中随时观察、测量混凝土面标高和导管的埋深,严防将导管口提出混凝土面。同时通过测量掌握混凝土面上升情况、浇筑量和导管埋入深度,防止导管下口暴露在泥浆内,造成泥浆涌入导管。当混凝土浇捣到地下连续墙顶部附近时,导管内混凝土不易流出,此时一方面要降低浇筑速度,另一方面可将导管的最小埋入深度减为 1 m 左右,若混凝土还灌注不下去,可将导管上下抽动,但上下抽动范围不得超过 10 cm。

③在浇筑过程中,导管不能作横向运动以防沉渣和泥浆混入混凝土中;不能使混凝土溢出料斗流入导沟。同时要注意观察混凝土的颜色是否有变化。

④置换出的泥浆应及时处理,不得溢出地面。

⑤混凝土灌注应两根导管同时浇灌,确保混凝土面均匀上升,混凝土面高差小于 50 cm,以防止因混凝土面高差过大而产生夹层现象。

⑥灌注过程中,每灌注两灌车混凝土后量测一次混凝土面的高程,并计算导管的埋深深度,以便及时拆管。混凝土面至少在三处量测(已浇筑段附近、导管之间、锁口管附近)。混凝土灌注面应高出设计标高 50 cm 左右。对混凝土灌注过程的每一次量测要做好详细记录。

⑦混凝土抗压强度试件每幅墙至少一组,每超过 100 m^3 混凝土增加一组试件;每 500 m^3 混凝土留置至少 1 组抗渗试件。

6)后续槽段开挖后,应对前槽段竖向接头进行清刷,清除附着土渣、泥浆等物。

7)地下连续墙采用声波透射法检测墙身结构质量,检测墙段数量不宜少于同条件下总墙段数的 20%,且不得少于 3 幅,每个检测墙段的预埋超声波管不应少于 4 个,且布置在墙身截面的四边中点处。

(7)墙趾注浆

地下连续墙墙幅应每 5~6 m 幅宽设置 2 根注浆管,每根导管注浆量不少于 2 m^3,对墙趾土体进行注浆加固，减少墙体的垂直沉降，墙底注浆压力应进行试验而定。

6. 劳动组织

(1)劳动力组织方式采用架子队组织模式，如图 1.1.2-3 所示。

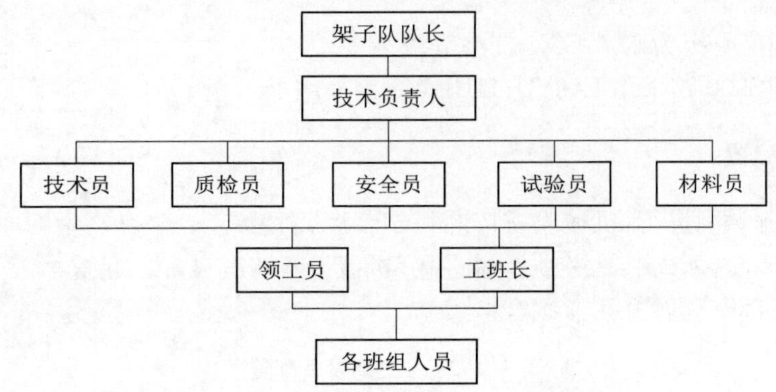

图 1.1.2-3　架子队组织机构图

(2)作业人员数量应根据施工条件、工期要求进行合理配置，详见表 1.1.2-4。

表 1.1.2-4　主要施工人员

序　号	人员配置	人数(人)	工作内容
1	架子队队长	1	负责协调指挥各工序的操作，控制加固质量，排除施工中的各种故障
2	技术负责人	1	负责对材料进场的核实，对进度、安全、质量、现场管理、成本控制的检查工作
3	技术员	4	负责分部分项工程技术交底、检查、督促施工人员按各级技术要求进行施工
4	安全员	2	负责对施工现场进行安全巡查、排查、讨论指导。杜绝"三违"人和事，确保现场施工安全
5	材料员	1	按计划组织材料进场。对进场材料质量负责，做好跟踪服务工作。掌握材料的使用情况
6	质检员	1	负责分项工程质量的评定，建立质量档案。分项工程各工序、隐蔽工程的施工过程和施工质量的图像资料记录
7	试验员	1	负责各种材料的取样、送样、试验、化验、检验、复试工作及报告
8	领工员	2	根据作业任务合理安排劳动力，严格执行安全管理制度，确保安全生产是领工员的主要工作职责
9	工班长	2	带领工班全体劳务人员完成架子队下达的施工生产任务；协助队长、领工员对工班施工质量、安全、进度、环保、劳务作业人员和文明施工进行管理
10	电焊工	26	负责地下连续墙钢筋笼焊接
11	钢筋工	14	负责地下连续墙钢筋笼搬运、机械连接施工，钢筋笼安装
12	泥浆工	5	负责地下连续墙泥浆制配、工程废浆处理
13	混凝土工	17	负责地下连续墙墙体混凝土浇筑
14	起重工	4	负责地下连续墙钢筋成品、半成品吊运，钢筋笼吊装
15	司索工	4	负责地下连续墙起重设备作业命令下达
16	电工	2	负责地下连续墙作业电气设备调配
17	司机	16	

7. 材料要求

(1)采用 HPB300 级、HRB400 级材质及性能应分别符合现行国家标准《钢筋混凝土用钢 第 1 部分:热轧光圆钢筋》(GB 1499.1—2008)、《钢筋混凝土用钢 第 2 部分:热轧带肋钢筋》(GB 1499.2—2007)。

(2)混凝土强度等级为水下 C35,抗渗等级为 P8。

(3)焊条:HPB300 钢采用 E43 型,HRB400 钢采用 E55 型。

8. 设备机具配置

为了施工任务顺利进行,机械设备按照科学合理、满足要求、略有富余的原则进行配置,设备数量见表 1.1.2-5。所需机具必须及时进场,机械设备状况良好。起重吊装人员必须持证上岗,并且接受安质部安全教育并考试合格。

表 1.1.2-5 主要设备配置

序 号	名 称	型 号	数量(台/套)	备 注
1	成槽机		5	
2	履带式起重机	350 t	3	
3	履带式起重机	180 t	1	
4	履带式起重机	150 t	3	
5	履带式起重机	100 t	2	
6	渣土车		4	
7	交流电焊机	BX1-400	8	
8	车丝机		2	
9	钢筋切断机	GQ40-A	2	
10	钢筋弯曲机	GW40	2	

9. 质量控制及检验

(1)导墙施工质量控制

包括导墙垂直度、轴线、宽度。用全站仪、线锤、卷尺检查。

导墙施工允许偏差:内墙面与地下连续墙纵轴线平行度为±10 mm;内外导墙间距为+10 mm;导墙内墙面垂直度为 5‰;导墙内墙面平整度为 3 mm;导墙顶面平整度为 5 mm。

(2)泥浆质量控制

包括新浆、循环浆的相对密度、黏度、失水量、泥皮厚度、pH 值等指标。泥浆质量指标见表 1.1.2-6。

表 1.1.2-6 泥浆质量指标

泥浆性能	新配置泥浆	循环泥浆	废弃泥浆	检验方法
相对密度	1.04～1.05	<1.10	>1.25	泥浆密度计
黏度(s)	20～24	<25	>50	500 mL/700 mL 漏斗法

续上表

泥浆性能	新配置泥浆	循环泥浆	废弃泥浆	检验方法
含砂率	<3%	<4%	>8%	洗砂瓶
pH 值	8～9	>8	>14	pH 试纸

测定频率：新拌制的泥浆，每拌泥浆达到 100 m^3，拌制时和放置一天后各测定一次。槽段中的泥浆，每挖一个段，挖槽前、挖槽至一半、挖槽结束前各测定一次。被混凝土置换出的泥浆，在混凝土浇筑完 3/4 后，每上升 3 m 测定一次。

清槽后测定泥浆相对密度应小于 1.10，含砂率不大于 4%，黏度不大于 25 s。

(3)成槽施工质量控制

包括成槽垂直度、槽段厚度、槽段宽度、沉渣厚度等。

严格控制地下连续墙轴线位置、顶标高和垂直度。

槽长误差：±5 cm(槽段沿竖向相邻槽段偏移不大于 5 cm)。

槽宽误差：不大于±2 cm(墙面突出部分应凿平，凿平后墙面高差应小于 5 cm)。

墙顶中心线允许偏差：±3 cm。

墙顶标高误差：±3 cm。

垂直度：0.3‰。

(4)钢筋笼制作质量控制

包括钢筋焊接、预埋件位置、钢筋接驳器位置、插筋位置(偏差不大于 2 cm)、钢筋规格、数量、间距、钢筋笼的长宽厚尺寸等，符合表 1.1.2-7 要求。钢筋笼吊放后允许偏差见表 1.1.2-8。

表 1.1.2-7 钢筋笼制作允许偏差

项　目	偏差(mm)	检查方法
钢筋笼长度	＋100	钢尺量，每片钢筋网检查上、中、下三处
钢筋笼宽度	±20	
钢筋笼厚度	－10～＋0	
主筋间距	±10	任取一断面，连续量取间距，取平均值作为一点，每片钢筋网上测四点
水平筋间距	±20	
预埋件中心位置	±50	抽查

表 1.1.2-8 钢筋笼吊放后的允许偏差

序　号	项目名称	单　位	允许偏差
1	钢筋笼顶标高	mm	±100
2	钢筋笼中心位移	mm	±30

(5)混凝土浇筑质量控制

包括混凝土的初灌量、上升速度、墙顶标高、混凝土坍落度等，见表 1.1.2-9。

表 1.1.2-9　混凝土质量控制

序　号	项目名称	单　位	标准控制值
1	坍落度	mm	180～220
2	水胶比		<0.5
3	水泥用量	kg/m³	400～480
4	砂率		45%～50%
5	粗骨料	mm	5～25
6	浇筑速度	m/h	4～5
7	初凝时间	h	6～8
8	水溶性氯离子总量		<0.1%胶凝材料质量
9	最大碱含量	kg/m³	3.0

(6)地下墙的施工质量控制

包括各种预埋件、套管、接驳器等位置的准确控制。严格做好混凝土的质量管理工作,控制坍落度及混凝土试块的质量。钢筋笼制作几何尺寸,卷尺丈量。施工过程做好各施工环节的质量交底、自检互检工作。隐蔽工程验收需经工地质监人员、工程监理、甲方共同验收,签认后有效。

地下连续墙允许偏差见表 1.1.2-10。

表 1.1.2-10　地下连续墙允许偏差

项　目	允许偏差(mm)	
	临时支护墙体	单一或复合墙体
平面位置	±50	+30
平整度	50	30
垂直度	5	3
预留孔洞	50	30
预埋件	—	高程方向上下为 10,平面位置左右为 30
预埋连接钢筋	—	高程方向上下为 10,平面位置左右为 30
变形缝	—	±20

(7)工程检验标准(表 1.1.2-11)

表 1.1.2-11　工程检验标准

验收项目	验收内容	验收人	达标标准	采用方法
导墙	顶面标高 顶面不平度 内墙面轴线偏差 内墙面倾斜 内墙面不平度	质量员 施工员 监理	±10 mm <5 mm ±10 mm <1/500 <3 mm	尺量
成槽	轴线偏差(每幅 3 点) 垂直精度	质量员 施工员 监理	±30 mm <1/400	测斜仪 尺量

续上表

验收项目	验收内容	验收人	达标标准	采用方法
钢筋笼	长(每幅3点) 宽(每幅3点) 厚度(每幅4点) 主筋间距(每幅4点) 水平筋间距(每幅4点) 埋件中心位置	质量员 施工员 监理	+100 mm ±20 mm ±20 mm ±10 mm ±20 mm ±50 mm	尺量

10. 安全及环保要求

(1)安全要求

1)严格按照施工技术交底及安全方案施工。作业区应有明显标志或围栏,非工作人员不得进入。

2)新进场施工人员进入施工现场前必须接受安全培训经考试合格后上岗。特殊工种必须持证上岗。

3)正确佩戴安全帽、穿好劳动防护服、工作鞋、保护手套及其他劳动用品。

4)作业人员登高检查或维修时,必须系安全带,做到高挂低用,不穿硬底、带钉或易滑鞋进行高处作业;工具和其他物件应放在工具包内,高空人员不得向下随意抛物。

5)现场施工用电采取灵敏可靠的两级以上的漏电保护,动力与照明的保护器必须分开。严格执行一机一闸制,施工现场的用电设备和配电箱金属外壳都必须连接专用的保护零线,工作零线和保护零线不可混用。

6)吊装作业前确定专人负责指挥;作业人员必须统一听从指挥人员指挥。起吊前,等待所有无关人员全部撤离警戒区域才可起吊,并防止过程中无关人员进入。起吊过程中,严禁在起重机下逗留或通行。操作人员与指挥人员必须密切配合协调一致,指挥信号必须清晰明确;操作人员必须精力集中,防止误操作,严格按信号操作,在信号不清或不明确时,禁止操作。

7)夜间施工,必须有足够的照明设施。六级以上强风及恶劣天气情况下严禁施工。

(2)环保要求

1)施工现场应实行封闭化施工,主要道路需要硬化,材料存放需要及时覆盖。

2)制定泥浆和废渣的处理、处置方案,废泥浆和淤泥使用专门的车辆运输;施工现场内无废弃混凝土和砂浆,运输道路和操作面落地料及时清理。

3)施工场地进行硬化并适时洒水,土、石、砂、水泥等材料运输和堆放进行遮盖;施工现场设密闭式垃圾站,垃圾清运采用封闭式专用容器吊运,严禁凌空抛撒。

4)大门口设洗车槽,设专人对出入车辆冲洗。施工现场及生活区设专人打扫卫生,清理垃圾。生活垃圾集中纳入城市垃圾处理系统。

5)焊接中产生的电弧光,应采取一定的防护措施。

6)机械的噪声控制应符合国家和地方有关规定。

1.1.3 SMW桩支护施工作业指导书

1. 适用范围

适用于杭州至海宁城际铁路SMW工法桩施工。

2. 作业准备

(1)内业技术准备

收集地质资料、水位情况,根据设计图纸要求,依据相关规范制订出合理可行的施工方案,报相关部门审批,根据施工方案编写作业指导书。

(2)外业技术准备

1)施工现场调查。施工现场应先进行场地平整,清除施工区域的表层硬物和地下障碍物,遇池塘及低洼地时应抽水和清淤,回填黏性土并分层夯实。路基承载能力应满足重型桩机和汽车式起重机平稳行走移动的要求。

2)施工设备进场条件调查。为确保施工机械、设备、材料等顺利进场,除调查地形条件外,还需调查所经过的道路状况,尤其是道路的宽度、坡度、弯道半径、路面状况和桥梁承载能力等。

3)给排水、供电条件调查。调查现场施工供水、排水是否满足要求,配电装置能否满足现场施工需求。

4)地下障碍物调查。调查施工范围内地下桩、废弃的混凝土结构、大块石、市政管线、电缆、光缆等地下障碍物,并在施工前排除。

5)技术人员根据测量控制点放出搅拌桩桩位,开挖导沟并在导沟旁边用红色油漆标记好桩心,保证搅拌桩定位准确。

6)在沟槽边设置搅拌桩定位型钢,标出搅拌桩位置和型钢插入位置。

7)三轴搅拌机与桩架进场组装并试运转正常后方可就位。

3. 技术要求

(1)为保证搅拌桩垂直度,注意起吊设备的平整度和导向架的垂直度,用线锤检查。

(2)正式施工前通过试桩确定施工参数,参数内容包括浆液到达喷浆口的时间、提升速度等。

(3)严格按设计要求配置浆液,浆液不能发生离析。为防止灰浆离析,拌浆时间>2 min,注浆前必须搅拌30 s再倒入存浆桶。

4. 施工程序与工艺流程

(1)施工程序

SMW工法桩施工流程:施工放样→开挖沟槽→设置定位型钢→桩机就位→制备水泥浆液→喷浆、喷气搅拌下沉至桩底标高→喷浆、喷气反向搅拌提升至桩顶标高→H型钢起吊→插入H型钢→固定H型钢→清理沟槽内泥浆→施工下一幅桩。

(2)工艺流程(图 1.1.3-1)

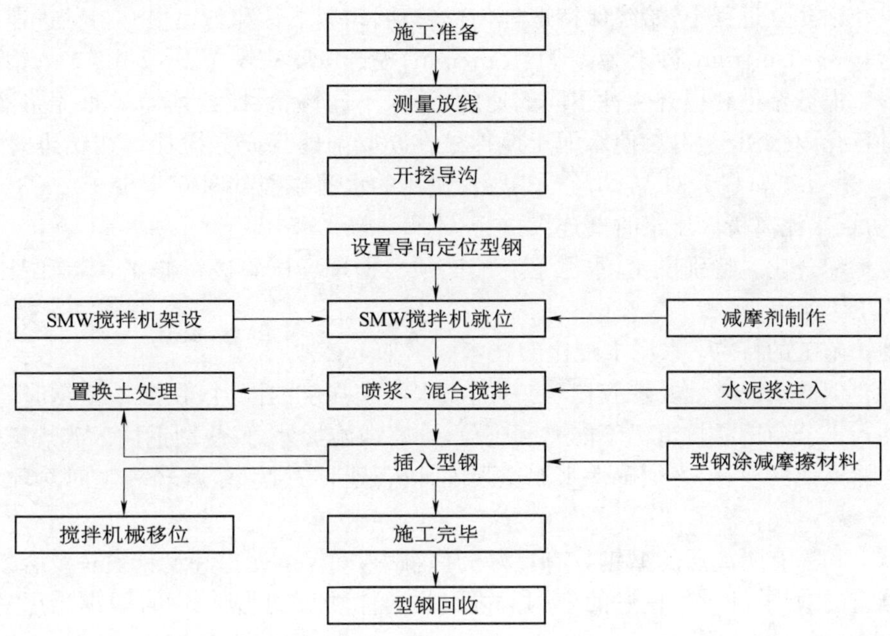

图 1.1.3-1 SMW 桩施工工艺流程图

5. 施工要求

(1)施工测量

根据施工场地内建立的导线测量控制点和水准测量控制点,进行施工放样。采用全站仪和水准仪进行定位和高程测量。施工放样经复核合格后方可施工。

(2)开挖导沟

为使搅拌钻机顺利钻进,保证墙体垂直度,沿排桩中轴线开挖宽 1 000 mm、深 1 500 mm 的导沟。在沟槽旁边打入 4 根 1 500 mm 长 10 号槽钢作为固定支点,垂直沟槽方向放置两根 200 mm×200 mm 工字钢与槽钢焊接,然后在平行沟槽方向放置 1 根 700 mm×300 mm 工字钢作导轨,并与下面的横向工字钢焊接,形成井字形框架。导轨上标出孔位中心及插入 H 型钢位置等施工标志,如图 1.1.3-2 所示。

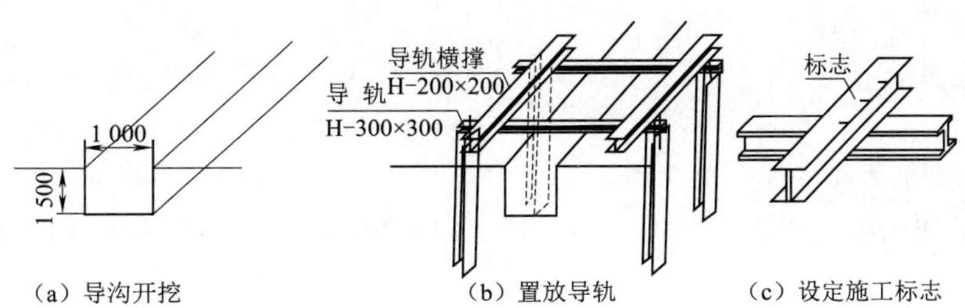

图 1.1.3-2 导沟及导轨施工布置图(单位:mm)

(3)钻进及搅拌

1)导沟、导轨布置完成后,桩机就位,调整桩架垂直度,使其不大于 1%。

2)搅拌桩采用三轴搅拌机,跳槽式双孔复搅法成桩工艺。

3)钻机在钻孔全过程中,始终保持螺杆匀速转动、匀速下钻和匀速提升。钻进速度对于黏性土一般为 0.5～1 m/min,砂土为 1～1.5 m/min,提升速度一般为 1～2 m/min,钻进速度比提升速度慢。根据钻进和提升两种不同的速度,注入不同掺量、搅拌均匀的水泥浆液,并采用高压喷气进行孔内水泥土翻搅,使水泥土搅拌桩在初凝前达到充分搅拌。在钻进时水泥用量占总数的 70%～80%,提升时占 20%～30%。使用的水泥浆搅拌时间不少于 2～3 min,并不停地搅拌,防止水泥离析。压浆时要连续进行,不得中断。

4)水泥土配合比。特别说明,水泥浆液配比须根据现场试验进行修正,参考配比范围为:水泥∶膨润土∶水＝1∶0.05∶1.6

根据围护施工的特点,水泥土配比的技术要求如下:

①设计合理的水泥浆液及水胶比,使其确保水泥土强度的同时,在插入型钢时,尽量使型钢靠自重插入。若型钢靠自重仍不能顺利到位,则略微施加外力,使型钢插入到规定位置。

②水泥掺入比的设计,必须确保水泥土强度,降低土体置换率,减轻施工时对环境的扰动影响。

③水泥土和涂有隔离层的型钢具有良好的握箍力,确保水泥土和型钢发挥复合效应,起到共同止水挡土的效果,并创造良好的型钢上拔回收条件,即在上拔型钢时隔离涂层易损坏,产生一定的隔离层间隙。

④水泥土在型钢起拔后能够自立不塌,便于充填孔隙。

⑤SMW 工法搅拌桩施工时每班组都须按规定制作试块,自然条件养护 28 d,试块强度必须达到设计要求。

5)清洗、移位。将集料斗中加入适量清水,开启灰浆泵,清洗压浆管道及其他所用机具,然后移位再进行下一根桩的施工。

(4)H 型钢插入

1)型钢加工制作。型钢的加工制作必须符合国家相关标准的要求,考虑作为临时结构,尚须符合以下要求:

①焊接 H 型钢截面高度 500 mm 的公差下限为－5 mm。

②翼缘倾斜允差在规范之外增加 2 mm。

③工厂采用埋弧自动焊,角焊缝高度为 6 mm;现场对接焊缝必须开剖口焊透;全部焊缝质量等级均须达到三级。

2)涂刷减摩剂。

①减摩剂质量配合比为氧化石蜡∶阳离子乳化剂∶OP∶助乳剂∶防锈剂∶水＝15∶1.3∶0.8∶2∶2∶65。

②清除 H 型钢表面的污垢及铁锈。

③减摩剂必须用电热棒加热至完全熔化,用搅棒搅拌时感觉厚薄均匀才能涂敷于 H 型钢上,否则涂层不均匀,易剥落。

④如遇雨天,型钢表面潮湿,先用抹布擦干其表面后涂刷减摩剂。不可以在潮湿表面上直接涂刷,否则将剥落。

⑤如 H 型钢在表面铁锈清除后不立即涂减摩剂,须在以后涂料施工前抹去表面灰尘。

⑥型钢表面涂上涂层后,一旦发现涂层开裂、剥落,必须将其铲除,重新涂刷减摩剂。

⑦基坑开挖后，设置支撑牛腿时，必须清除H型钢外露部分的涂层，方能电焊。地下结构完成后撤除支撑，必须清除牛腿，并磨平型钢表面，然后重新涂刷减摩剂。

⑧浇筑连接梁时，埋设在梁中的H型钢部分必须用10 mm厚泡沫塑料片包裹好。使型钢与混凝土隔离良好，以利型钢拔除。

3)插入型钢。搅拌桩施工完毕后，起重机应立即就位，准备吊放H型钢。

H型钢使用前，在距其顶端250 mm处开一个中心圆孔，孔径约80 mm，并在此处型钢两面加焊两块各厚10 mm的加强板，其规格为450 mm×450 mm，中心开孔与型钢上孔对齐。

根据高程控制点，用水准仪引放到定位型钢上，根据定位型钢与H型钢顶标高的高度差，在型钢两腹板处外侧焊好吊筋（ϕ12线材），误差控制在±50 mm以内，型钢插入水泥土部分均匀涂刷减摩剂。安装好吊具及固定钩，然后用50 t起重机起吊H型钢，用线锤校核其垂直度。在沟槽定位型钢上设H型钢定位卡，固定插入型钢平面位置，型钢定位卡必须牢固、水平，然后将H型钢底部中心对正桩位中心并沿定位卡徐徐垂直插入水泥土搅拌桩体内，采用线锤控制垂直度（图1.1.3-3）。H型钢下插至设计深度后，用槽钢穿过吊筋将其搁置在定位型钢上，待水泥土搅拌桩达到一定硬化时间后，将吊筋及沟槽定位型钢撤除。若H型钢插放达不到设计标高时，则重复提升下插使其达到设计标高，此过程中始终用线锤跟踪控制H型钢垂直度。

型钢插入宜插在靠近基坑一侧，插入长度、垂直度偏差、型钢插入标高和插入平面位置等检验标准见表1.1.3-1。

表1.1.3-1 型钢插入长度、垂直度、插入标高和插入平面位置允许偏差

序 号	项 目	允许偏差或允许值	检验方法
1	型钢长度	±10 mm	用钢尺量
2	型钢垂直度	<1%	经纬仪检查
3	型钢插入标高	±30 mm	水准仪检查
4	型钢插入平面位置	±10 mm	用钢尺量

注：检查数量为全部检查。

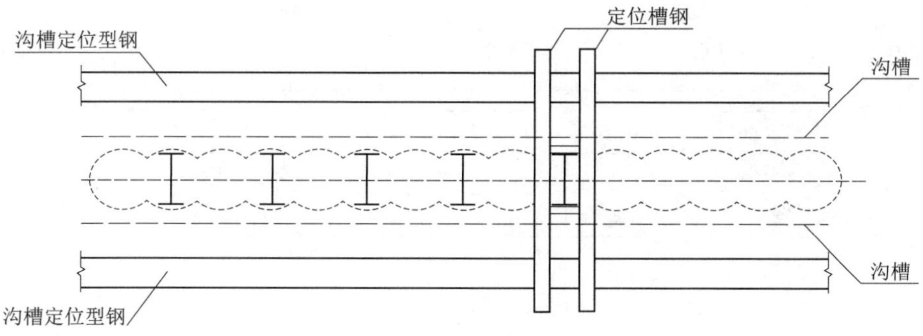

图1.1.3-3 定位型钢示意图

(5)H型钢拔除

结构施作完毕且恢复地面后，开始拔除H型钢，采用专用夹具及千斤顶以连接梁为反梁，起拔回收H型钢。H型钢拔出后及时对桩体内部空隙注入水泥浆封孔，以控制变形量。

1)施工安排：结构施工完毕且混凝土强度达到设计强度后，开始拔除H型钢，起拔H型钢宜采用两台 25 t 汽车式起重机各配备一组千斤顶,每组两个千斤顶。

2)H 型钢拔除。

H 型钢拔除施工程序:平整场地→安装千斤顶→汽车式起重机就位→型钢拔除→孔隙填充。

3)平整场地。拔 H 型钢前,必须先进行反梁上的清土工作,以保证千斤顶垂直平稳放置。

工作面上物件清理干净,清理工作面以满足汽车式起重机操作空间要求,并留有拔出 H 型钢后的堆放场地和运输 H 型钢的通道。

型钢拔出按顺序起拔,拔出的型钢按照要求堆放,尽量满足运输车辆的进出。

4)安装千斤顶。将两个千斤顶平稳地放在反梁上,要拔出的 H 型钢的两边用汽车式起重机将 H 钢起拔架吊起,千斤顶冲头部分哈夫圆孔对准插入 H 型钢上部的圆孔,并将销子插入,销子两边用开口销固定以防销子滑落,然后插入起拔架与 H 型钢翼羽之间的锤型钢板夹住 H 型钢。

5)型钢拔除。开启高压油泵,两个千斤顶同时向上顶住起拔架的横梁部分进行起拔,待千斤顶行程到位时,敲松锤型钢板,起拔架随千斤顶缓慢放下置原位。待第二次起拔时,汽车式起重机须用钢丝绳穿入 H 型钢上部的圆孔吊住 H 型钢。重复以上工序将 H 型钢拔出。

6)本场地拔除的型钢移至装车地待一定量时装运,应留出足够的通道和停车场地。

(6)制备水泥浆液及浆液注入

在施工现场搭建拌浆施工平台,平台附近搭建水泥库,在开机前按要求进行水泥浆液的搅制。将配制好的水泥浆送入贮浆桶内备用。

水泥浆配制好后,停滞时间不得超过 2 h,搭接施工的相邻 SMW 搅拌桩施工间隔不得超过 12 h(初凝时间)。注浆时通过 2 台注浆泵 2 条管路同 Y 形接头从 H 口混合注入。注浆压力 4～6 MPa,注浆流量 150～200 L/(min·台)。

6.劳动组织

(1)劳动力组织方式采用架子队组织模式,如图 1.1.3-4 所示。

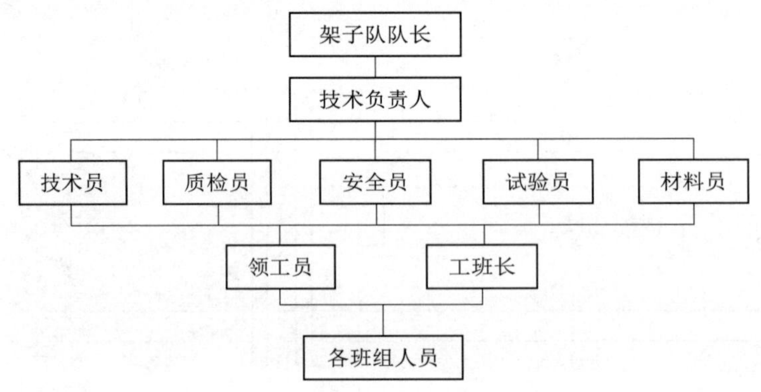

图 1.1.3-4　架子队组织机构图

(2)根据施工管理的需要,分批组织管理人员进场。项目经理、技术负责和质量员、施工员、安全员及资料员等主要管理人员均应持有资格证书或上岗证书。

(3)根据施工进度计划与劳动力使用计划的安排,分批组织作业队伍进场。焊工、电工、机械操作工等特殊工种的作业人员均应持有专业上岗证书。SMW 工法桩施工人员见表 1.1.3-2。

表 1.1.3-2　SMW 工法桩施工人员

序　号	人员配置	人数(人)	工作内容
1	架子队队长	1	负责协调指挥各工序的操作,控制加固质量,排除施工中的各种故障
2	技术负责人	1	负责对材料进场的核实,对进度、安全、质量、现场管理、成本控制的检查工作
3	技术员	1	负责分部分项工程技术交底、检查,督促施工人员按各级技术要求进行施工
4	安全员	1	负责对施工现场进行安全巡查、排查、讨论指导。杜绝“三违”人和事,确保现场施工安全
5	材料员	1	按计划组织材料进场,对进场材料质量负责,做好跟踪服务工作。掌握材料的使用情况
6	质检员	1	负责分项工程质量的评定,建立质量档案,负责分项工程各工序、隐蔽工程的施工过程和施工质量的图像资料记录
7	试验员	1	负责各种材料的取样、送样、试验、化验、检验、复试工作及报告
8	领工员	1	根据作业任务合理安排劳动力,严格执行安全管理制度,确保安全生产
9	工班长	1	带领工班全体作业人员完成架子队下达的施工生产任务;协助队长、领工员对工班施工质量、安全、进度、环保、作业人员和文明施工进行管理
10	操作员	6	按设计施工工艺,正确操纵钻机和提升检查维修机械
11	制浆员	6	负责水泥浆的制作,保证施工的连续性
12	普工	16	负责接拆套管、混凝土灌注、打拔型钢作业等工作
13	统计员	2	统计材料用量,记录泵送时间,清洗输料管
14	电工后勤	1	负责设备的安装和安全使用
15	汽车式起重机司机	2	负责操作汽车式起重机
16	司索工	2	负责指挥吊装
17	记录员	2	负责施工记录,操纵电器控制仪表,并进行质量检查
18	电焊工	6	负责型钢焊接

7. 材料要求

水泥土搅拌桩采用 32.5 级普通硅酸盐水泥，水胶比 1.5,水泥掺入比 20%,外加剂木质素用量为水泥用量的 0.2%。

根据设计要求,结合工程实际,拟订此次 SMW 工法围护桩的水泥浆液标准:水泥采用普通硅酸盐水泥,强度等级不低于 42.5 级;水胶比为 1.5～2.0;水泥浆相对密度 1.33～1.29,回掺加固水泥掺入比为 10%;SMW 工法搅拌桩水泥掺量≥20%,即每立方米搅拌桩体中水泥掺量≥360 kg;桩身 28 d 无侧限抗压强度≥1.5 MPa。

型钢采用 H700 mm×300 mm×13 mm×24 mm 规格。

8. 设备机具配置

主要施工设备见表 1.1.3-3。

表 1.1.3-3　主要施工设备

序　号	名　称	型号规格	单　位	数　量	备　注
1	三轴搅拌桩机		台	1	
2	履带式起重机		台	1	
3	灰浆桶	1 m^3	个	3	
4	存浆桶(池)	2 m^3	个	2	
5	注浆机	SYB50/50-Ⅱ	台	2	
6	空气压缩机	6 m^3	台	2	
7	挖掘机	PC220-8	台	2	
8	电焊机	22 kVA 交流	台	4	

9. 质量控制及检验

(1)质量控制

整个施工过程中,应从原材料供应开始,到桩机定位、钻桩,乃至桩的搭接、H 型钢的插入、拔除,对各道工序层层把关,以形成优质的围护结构体。本次 SMW 桩将加强下述六个方面的控制:

1)桩机垂直度控制。开机前必须探明和清除一切地下障碍物,须回填土的部位,必须分层回填夯实,以确保桩的质量。桩机行驶路基不得下沉,桩机垂直偏差不大于 1%。

2)合理选择水泥土配合比。水泥采用 42.5 级普通硅酸盐水泥,水泥掺入比选用 20%,水胶比选用 1.5。由技术员将每根桩的水和水泥用量交底给水泥浆拌制人员对照操作。对于单桩水泥用量可根据理论水泥用量用磅秤秤好搅拌,保证每根桩的水泥用量只能多不可以少。

采用标准水箱,按设计要求严格控制水胶比,水泥浆搅拌时间不少于 2～3 min,滤浆后倒入集料池中,随后不断搅拌。为防止水泥离析,搅拌应连续进行,不可中断。

3)控制注浆量和提升速度。搅拌头提升速度不大于 2 m/min,注浆泵出口压力控制在 1.0～2.0 MPa。防止出现夹心层或断浆情况。

4)做好桩与桩的搭接工作。桩与桩搭接时间不应大于 12 h;如超过 12 h,则在第二根桩施工时增加注浆量 20%,同时减慢提升速度;如因相隔时间太长致使第二根桩无法搭接,则在设计认可下采用局部补桩或注浆措施。

5)加强 H 型钢的施工管理。尽可能在搅拌桩施工完成后 30 min 内插入型钢,若水胶比或水泥掺入量较大时,H 型钢的插入时间可相应增加。H 型钢到现场后,都要检验垂直度、平整度和焊缝厚度等,不符合规定要求的不得使用。必须设置 H 型钢悬挂梁或其他可以将 H 型钢固定到位的悬挂装置,以免 H 型钢插入到位后再下沉。涂刷 H 型钢隔离剂时,要严格按照操作规程作业,确保隔离剂的黏结质量符合要求。复合排桩完成后,凿除桩顶部水泥土,露出的 H 型钢表面需用隔离材料包扎或黏结,然后制作压顶圈梁。工地质量员应填写每根成桩记录,记好施工日记。

6)冷缝施工处理措施。如因机械故障或原材料等因素造成桩机无法施工,前后两根三轴搅拌桩相隔时间太长而形成施工冷缝,则应立即采取措施进行处理。为防止外侧水头通过冷缝涌入基坑内,工法桩能真正起到围护作用,即在前后施工的两根三轴搅拌桩后排再补强一根

850@600 mm 三轴搅拌素桩，加固深度及水泥用量、水泥掺量等参数同工法桩中搅拌桩施工要求(图 1.1.3-5)。为防偏钻，保证补桩效果，素桩与围护桩搭接厚度约 100 mm。

阴影部分为24 h以前
施工的SMW搅拌桩

图 1.1.3-5　施工冷缝处理示意图

(2)SMW 工法桩质量验收标准

1)搅拌桩桩体验收标准见表 1.1.3-4。

表 1.1.3-4　搅拌桩桩体验收标准

序　号	实测项目			检查频率	允许偏差
1	水泥桩	水胶比		4 次/台班	符合设计规定
2		搅拌桩喷浆速度	下沉	2 次/幅	符合设计规定
			重复搅拌		符合设计规定
			提升		符合设计规定
3		桩位偏差	平行基坑方向	1 次/6 m	±20 mm
			垂直基坑方向		±20 mm
4		垂直度		1 次/幅	<1/200
5		成桩深度			+100 mm
6	型钢	型钢定位轴线		随机	±20 mm
7		顶标高		随机	±20 mm
8		形心转角		随机	±2°

2)型钢原材料进场验收见表 1.1.3-5。

表 1.1.3-5　型钢允许偏差验收标准

序　号	实测项目	允许偏差
1	长度	±20 mm
2	截面高度	±4 mm
3	截面宽度	±3 mm
4	腹板中心线	±2 mm
5	型钢对接焊缝	符合设计要求
6	型钢挠度	10 mm

3)SMW 工法桩质量验收标准见表 1.1.3-6。

表 1.1.3-6　SMW 工法桩质量验收标准

序　号	项　目	允许偏差	备　注
1	桩底标高(mm)	±100	
2	桩顶标高(mm)	−50,+100	
3	桩位偏差(mm)	<20	
4	桩径	<0.04D	D是桩径
5	垂直度	≤1%	
6	搭接(mm)	>200	

10. 安全及环保要求

(1)安全要求

1)严格按照施工技术交底及安全方案施工。作业区应有明显标志或围栏,非工作人员不得进入。

2)新进场施工人员进入施工现场前必须接受安全培训经考试合格后方可上岗。特殊工种必须持证上岗。

3)正确佩戴安全帽、穿好劳动防护服、工作鞋、保护手套及其他劳动用品。

4)作业人员登高检查或维修时,必须系安全带,做到高挂低用,不穿硬底、带钉或易滑鞋进行高处作业;工具和其他物件应放在工具包内,高空人员不得向下随意抛物。

5)现场施工用电采取灵敏可靠的两级以上的漏电保护,动力与照明的保护器必须分开。严格执行一机一闸制,施工现场的用电设备和配电箱金属外壳都必须连接专用的保护零线,工作零线和保护零线不可混用。

6)吊装作业前确定专人负责指挥;作业人员必须统一听从指挥人员指挥。起吊前,等待所有无关人员全部撤离警戒区域才可起吊,并防止过程中无关人员进入。起吊过程中,严禁在起重机下逗留或通行。操作人员与指挥人员必须密切配合协调一致,指挥信号必须清晰明确;操作人员必须精力集中,防止误操作,严格按信号操作,在信号不清或不明确时,禁止操作。

7)夜间施工,必须有足够的照明设施。六级以上强风及恶劣天气情况下严禁施工。

(2)环保要求

1)施工现场应实行封闭化施工,主要道路需要硬化,水泥存放需要及时覆盖。

2)拌制水泥浆而产生的污水应经沉淀后排入指定地点。

3)工法桩施工中的置换泥浆,应经过集中堆放固结后外运。

4)施工现场应控制扬尘,派专人清扫、洒水。车辆进出现场应对车辆进行冲洗,保证运输无遗撒。

5)焊接中产生的电弧光,应采取一定的防护措施。

6)机械的噪声控制应符合国家和地方有关规定。

1.1.4 高压旋喷桩支护作业指导书

1. 适用范围

适用于杭州至海宁城际铁路高压旋喷桩施工。

2. 作业准备

(1)内业技术准备

收集地质资料、水位情况,根据设计图纸要求,依据相关规范编制合理可行的施工方案,报相关部门审批。

(2)外业技术准备

1)施工现场调查。施工现场调查以下几个方面:施工机械进入现场和进行组装的可行性;施工过程中弃土的堆放和外运场地;给排水和供电条件;地下障碍物和相邻建(构)筑物情况;噪声、振动与污染物等引起的有关问题。

2)给排水、供电条件调查。调查施工现场供水、排水能力是否满足成槽的要求,周围既有供电电压、容量是否满足机械施工要求。

3)施工范围内地下障碍物调查。调查施工范围内地下桩、废弃的混凝土结构、大块石、市政管线、电缆、光缆等地下障碍物,充分考虑泥浆、排水及弃土对地下水污染的防治措施。

4)水文地质调查。调查施工范围内地下水位及水位变化情况、地下水的流动速度、承压水层的分布与压力大小,了解地下水的水质分析情况;调查地质分布情况,了解各土层土的重度、内摩擦角、黏聚力、不排水抗剪强度、渗透系数等物理力学指标,从而确定旋喷桩施工参数。

3. 技术要求

(1)为保证旋喷桩机钻杆下钻垂直度,严格控制起吊设备的平整度,下钻前通过垂挂线锤等方式进行检查。

(2)正式施工前通过试桩确定施工参数,包括浆液到达喷浆口的时间、提升速度等。

(3)严格按设计要求配制浆液,浆液不能发生离析。为防止浆液离析,拌浆时间不少于2 min,注浆前必须搅拌30 s再倒入储浆桶。

4. 施工程序与工艺流程

(1)施工程序

高压旋喷桩施工程序:施工放样→钻机安装→钻机就位→钻孔→地面试喷→浆液配制→旋喷注浆→回填灌浆。

(2)工艺流程(图1.1.4-1)

(3)桩位测放

1)测量放线:根据设计图纸及测量控制点测放桩位。

2)确定孔位:在施工轴线上确定孔位,编上桩号、孔号、序号,依据基准点进行测量各孔口地面高程。桩位应严格按照图纸设计测放,偏差不得大于 50 mm。

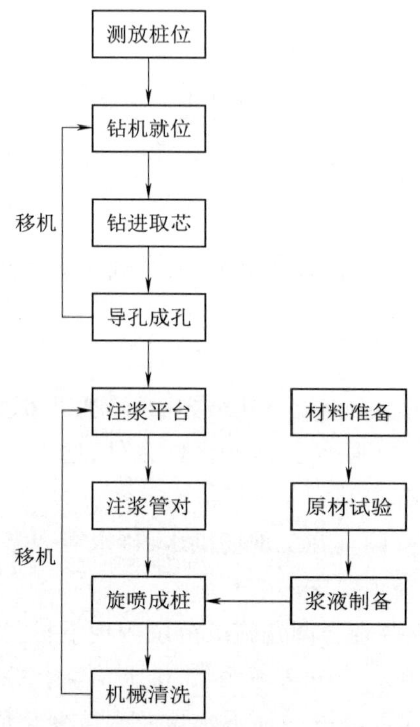

图 1.1.4-1　高压旋喷桩施工工艺流程图

(4)确定工艺参数

二重管法高压旋喷桩施工,采用 42.5 级普通硅酸盐水泥,水泥浆液的水胶比 1.0,泥浆相对密度为 1.5。为保证施工质量应严格遵守试桩要求,在展开大批量制桩前进行试桩,以校验施工工艺参数是否合理,常规高压旋喷桩工艺参数见表 1.1.4-1。

表 1.1.4-1　高压旋喷桩工艺参数

控制参数	桩间旋喷桩
旋喷提升速度(cm/min)	10～25
水泥浆液流压力(MPa)	>25
水泥浆液流量(L/min)	>30
空气压力(MPa)	≥0.7
水胶比	1.0

(5)下喷射管

1)测量喷射管长度,测量喷嘴中心线是否与喷射管方向一致,喷射管应标识尺度。

2)沉管前应首先在地面进行试喷,在钻孔机械试运转正常后,开始钻进。钻进过程中要详细记录好钻杆节数，保证钻孔深度的准确。

3)在喷射管下放过程中，为防止泥砂堵塞喷嘴，可边射水、边插管，水压力一般不超过1 MPa，若压力过高，则易将孔壁射塌。

(6)搅拌制浆

搅拌机的转速和拌和能力应分别与所搅拌浆液类型和灌浆泵的排浆量相适应，并应能保证均匀、连续地拌制浆液，保证高压喷射注浆连续供浆需量。要注意高压喷射注浆管路的防寒保暖工作，在浆液使用前，检查输浆管路和压力表，保证浆液顺利通过输浆管路喷入地层。

(7)喷射作业

高压喷射注浆法为自下而上连续作业，喷头可分单嘴、双嘴和多嘴。

1)当喷射管下至设计深度，喷嘴达到设计标高，即可喷射注浆。

2)开喷送入符合设计要求的气和水泥浆，待浆液返出孔口正常后，开始提升。水泥浆液流量大于 30 L/min，气压不宜小于 0.7 MPa，旋喷提升速度 10～25 cm/min。

3)高压喷射注浆过程中出现压力突降或骤增，必须查明原因，及时处理。

4)喷射过程中拆卸喷射管时，应进行下落搭接复喷，搭接长度不小于 0.2 m。

5)喷射过程中因故中断后，恢复喷射时，应进行复喷，搭接长度不小于 0.5 m。

6)喷射中断超过浆液初凝时间，应进行扫孔，恢复喷射时，复喷搭接长度不小于 1 m。

7)喷射过程中孔内漏浆，停止提升，直至不漏浆为止，继续提升。

8)喷射过程中孔内严重漏浆，停止喷射，提出喷射管，采取堵漏措施。

(8)冒浆

在旋喷过程中，往往有一定数量的土颗粒随一部分浆液沿着注浆管管壁冒出地面，通过对冒浆的观察，可以及时了解土层状况，判断旋喷的大致效果和参数合理性等。根据经验，冒浆(内有土粒、水及浆液)量小于注浆量 20％为正常现象，超过 20％或完全不冒浆时，应查明原因及时采取相应措施。

1)流量不变而压力突然下降时，应检查各部位密封情况，必要时拔出喷射管，检查其封密性能。

2)出现不冒浆或断续冒浆时，若系土质松软则视为正常现象，可适当进行复喷；如系附近有空洞、暗道，则应不提升注浆管，继续注浆直至冒浆为止，或拔出注浆管待浆液凝固后，重新注浆直至冒浆为止，必要时采用速凝浆液，便于浆液在注浆管附近凝固。

3)减少冒浆的措施：冒浆量过大的主要原因，一般是有效喷射范围与注浆不相适应，注浆量大大超过旋喷固结所需的浆量所致。

①提高旋喷压力(喷浆量不变)。

②适当缩小喷嘴直径(旋喷压力不变)。

③加快提升和旋转速度。

(9)充填回灌

每一孔的高压喷射注浆完成后，孔内的水泥浆很快会产生析水沉淀，应及时向孔内充填灌浆，直到饱满，孔口浆面不再下沉为止。终喷后，充填灌浆是一项非常重要的工作，回灌的好与差将直接影响工程的质量,必须做好充填回灌工作。

将输浆管插入孔内浆面以下 2 m,输入注浆时用的浆液进行充填灌浆。

充填灌浆需多次反复进行,回灌标准:直到饱满,孔口浆面不再下沉为止。

应记录回灌时间、次数、灌浆量、水泥用量和回灌质量。

(10)清洗结束

每一孔的高压喷射注浆完成后,应及时清洗灌浆泵和输浆管路,防止清洗不及时不彻底浆液在输浆管路中沉淀结块,堵塞输浆管路和喷嘴,影响下一孔的施工。

5. 施工要求

(1)注浆工艺

为保证高压旋喷桩注浆固结体的质量,高压旋喷注浆均自下而上,连续进行,若施工中出现了停机故障,待修理好后,需向下搭接不小于 0.5 m 的长度,以保证固结体的整体性。

(2)水泥用量的控制

在喷浆提升过程中,控制水泥用量是关键。水泥的用量与喷浆压力、喷嘴直径、提升速度及水胶比等有直接关系,具体控制方法:

1)确定水泥用量后,若水泥量剩余,则措施如下:

①适当增加喷浆压力。

②加大喷嘴直径。

③减慢提升速度。

2)确定水泥用量后,若水泥量不够,则措施如下:

①保证桩径的情况下适当减少压力。

②喷嘴直径适当减少。

③保证桩体强度的情况下适当加快提升速度。

④加大水胶比。

(3)固结体形状控制

固结体的形状,可以通过调节旋喷压力和注浆量,改变喷嘴移动方向和提升速度,予以控制。由于本工程设计固结体的形状为圆柱形,在施工中采用边提升边旋转喷浆,考虑到深层部位的成形,在底部喷射时,加大喷射压力,做重复旋喷或降低喷嘴的旋转提升速度,而且针对不同土层(硬土)可适当加大压力和降低喷嘴的旋转提升速度,使固结体达到匀称,保证桩径差别不大。

(4)桩头部分处理

当旋喷管提升接近桩顶时,从桩顶以下 1.0 m 开始,放慢提升速度,旋喷数秒后再向上慢速提升至桩顶面,当浆顶面高度达到要求后停止水泥浆(水、风)的输送,将旋喷浆管旋转提升出地面,关闭钻机。

(5)防止串孔的措施

在施工过程中,各机组采取跳打的施工方法;在高压缩土层适当减小喷浆压力;加快提升速度和旋转速度。

(6)检验纠正

施工过程中定期检查成桩质量,高度重视质量问题,及时组织管理技术人员对桩质量影响因素检查分析,制定实施性应对措施,保证成桩质量。

(7)质量资料记录

施工过程中及时做好资料收集、记录、签认、存档等工作。现场施工记录要及时跟进,技术参数、桩长、部位等参数严格按照施工图纸施工,记录清晰。

6. 劳动组织

施工前对施工人员进行上岗三级安全教育,同时,本项目工程的施工特点、技术要求应对所有的施工人员进行培训交底,特别对所采取的技术方案、保证措施领会透彻,各班组、各工种要开展技术讨论,保证施工方案落到实处。

根据施工管理的要求,在现场建立项目管理体系。

根据施工管理的需要,分批组织管理人员进场。项目经理、技术负责人和质量员、施工员、安全员及资料员等主要管理人员均应持有资格证书或上岗证书。

根据施工进度计划与劳动力使用计划的安排,分批组织作业队伍进场。焊工、电工、机操工等特殊工种的作业人员均应持有专业上岗证书。劳动力配备计划见表 1.1.4-2。

表 1.1.4-2 高压旋喷桩施工劳动力配备计划(一台桩机)

序 号	人员配置	人数(人)	备 注
1	作业领班	2	
2	测量及记录员	2	
3	电工	1	
4	机修工	2	
5	引孔机操作工	2	
6	机前操作工	2	
7	司泵及操作工	2	
8	浆液制作工	2	

7. 材料要求

(1)主要用水设备及施工用水量(表 1.1.4-3)

表 1.1.4-3 用水施工设备及参数

项 目	设备名称	数 量	单机产能(m^3/d)	单机用水量(t/d)
加固	高压旋喷桩机	2 台	约 151	约 68

说明:产能为一台高压旋喷桩机单天所做工程量;按 24 h 施工计算,每天施工桩约

1 200 m,水胶比 1.0 计算,日用水量约为 272 t。现场需提供供水管,需确保有一定水压力,满足高压旋喷桩施工用水。

(2)主材 P·O42.5 级水泥用量

进场材料应根据施工进度计划及该工程材料的实际使用量进行准备,材料进场必须经专人验收,不经过验收的材料不准进场。所有进场材料必须按规范要求进行抽检,严禁未经检验或检验不合格材料进入施工当中去。水泥进场验收流程如图 1.1.4-2 所示。

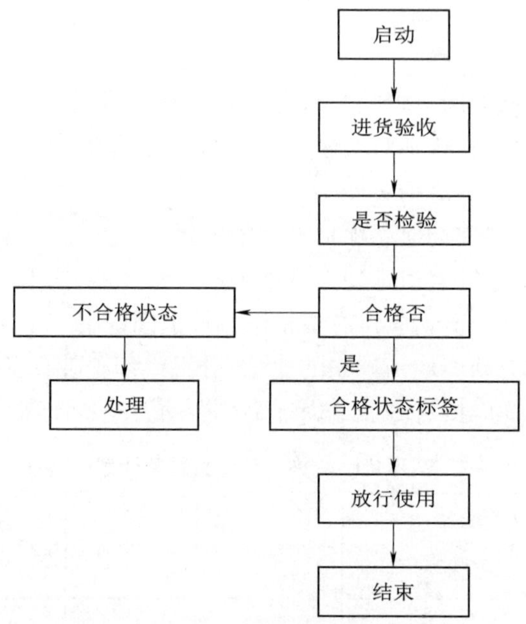

图 1.1.4-2　水泥进场验收流程图

8. 设备机具配置

主要施工设备见表 1.1.4-4。

表 1.1.4-4　主要施工设备

设备名称	规　格	性　能	数　量	用　途
高压旋喷机	XP-30	慢速提升,旋转,可调节提升旋转速度	2 套	地层加固、止水
灰浆搅拌机	JH-Z(3.5 kW)	容量 0.8～2 m^3	4	制浆
高压注浆泵	GZB-40C(15 kW)	泵量 80～200 L/min 泵压 20～30 MPa	4	注浆
空压机	WW-3/10-Ⅱ	风量 3 m^3/min 风压 1 MPa	2	排污
发电机	YWF24X400	输出功率 400 kW	2	发电

9. 质量控制及检验

(1)质量控制

为保证旋喷桩的施工质量,采取如下质量保证措施:

1)放注浆管前,先在地表进行射水试验,待气、浆压正常后,才能下注浆管施工。

2)高压旋喷桩施工时隔两孔施工,防止相邻高喷孔施工时串浆。相邻的旋喷桩施工时间间隔不少于 48 h。

3)采用 42.5R 级普通硅酸盐水泥作加固材料,每批水泥进场必须出具合格证明,并按每批次现场抽样外检,合格后才能投入使用。施工中所有计量工具均应进行鉴定,水泥进场后,应垫高水泥台,覆盖防雨彩布,防止水泥受潮结块。

4)浆液水胶比、浆液相对密度、每米桩体掺入水泥质量等参数均以现场试桩情况为准。施工现场配备密度计,每天量测浆液相对密度,严格控制水泥用量。运灰小车及搅拌桶均做明显标记,以确保浆液配比的正确性,灰浆搅拌应均匀,并进行过滤。喷浆过程中浆液应连续搅动,防止水泥沉淀。

5)严格控制喷浆提升速度,其提升速度应小于 0.20 m/min。喷浆过程应连续均匀,若喷浆过程中出压力骤然上升或下降,大量冒浆、串浆等异常情况时,应及时提钻出地表排除故障后,复喷接桩时应加深 0.3 m 重复喷射接桩,防止出现断桩。

6)高喷孔喷射成桩结束后,应采用含水泥浆较多的孔口返浆回灌,防止因浆液凝固后体积收缩,桩顶面下降,以保证桩顶标高满足设计要求。

7)因地下孔隙等原因造成返浆不正常、漏浆时,应停止提升,用水泥浆灌注,直至返浆正常后才能提升。

8)引孔钻孔施工时应及时调整桩机水平,防止因机械振动或地面湿陷造成钻孔垂直度偏差过大。为保证顺利安放喷射管,引孔直径采用 ϕ150 mm 成孔。穿过砂层时,提高泥浆相对密度,必要时可下套管护壁,以防塌孔。

9)实行施工员随班作业制,施工员必须时刻注意检查浆液初凝时间、注浆流量、风量、压力、旋转提升速度等参数是否满足设计要求,及时发现和处理施工中的质量隐患。当实际孔位孔深和每个钻孔内的地下障碍物、洞穴、涌水、漏水及与工程地质报告不符等情况时,应详细记录,认真如实填写施工报表,客观反映施工实际情况。

10)配备备用发电机组。旋喷桩施工,进入旋喷作业时应连续施工。若施工过程中停电时间过长,则启用备用发电机,保证施工正常进行。

11)施工现场配备常用机械设备配件,保证机械设备发生故障时,能够及时抢修。

(2)质量检验

1)高压旋喷桩施工技术标准(表 1.1.4-5)。

表 1.1.4-5　高压旋喷桩施工技术标准及检查方法

序　号	项目名称	技术标准	检查方法
1	钻孔垂直度允许偏差	≤1.5%	实测或经纬仪测钻杆
2	钻孔位置允许偏差	20 mm	尺量
3	钻孔深度允许偏差	±200 mm	尺量
4	桩体直径允许偏差	≤50 mm	开挖后尺量
5	桩身中心允许偏差	≤0.2*D*	开挖桩顶下 500 mm 处用尺量,*D* 为设计桩径
6	水泥浆液初凝时间	不超过 20 h	—
7	水胶比	1.1～1.3	试验检验

2)成桩质量检验。

①质量检验时间、内容。对喷射施工质量的检验,应在高压喷射注浆结束后 1 周,检查内容主要为加固区域内取芯试验等。

②质量检验数量、部位。检验点的数量为施工注浆孔数的 2%～5%,对不足 20 孔的工程,至少应检验 2 个点,不合格者应进行补喷。检验点应布置在下列部位:荷载较大的部位、桩中心线上、施工中出现异常情况的部位。

③检验方法。高压旋喷桩的检验可采用钻孔取芯方法进行。

钻孔取芯:在已施工好的固结体中钻取岩芯,并将其做成标准试件进行室内物理力学性能试验,检查内部桩体的均匀程度及其抗渗能力。

10. 安全及环保要求

(1)安全要求

1)严格按照施工技术交底及安全方案施工。作业区应有明显标志或围栏,非工作人员不得进入。

2)施工人员进入施工现场前必须进行安全培训,经考试合格后上岗。特殊工种必须持证上岗。

3)正确佩戴安全帽、穿好劳动防护服、工作鞋、保护手套及其他劳动保护用品。

4)机组人员作登高检查或维修时,必须系安全带,做到高挂低用,不穿硬底、带钉或易滑鞋进行高处作业;工具和其他物件应放在工具包内,高空人员不得向下随意抛物。

5)各种机电设备的操作人员,都必须经过专业培训,考试合格具有上岗证书,懂得本机械的构造、性能、操作规程,能维护保养和排除一般故障。

6)坚守本岗位工作,不得越级、越岗操作。施工现场禁止饮酒和饮用含酒精饮料。

(2)环保要求

1)做到文明施工,工完料尽,严禁泥浆漫出场地。及时清理场地围墙上覆盖的泥浆,保证场地整洁。现场施工设备、材料堆放整齐有序。

2)制定泥浆和废渣的处理、处置方案,施工产生的置换土使用专门的车辆运输;剩余料具、包装及时回收、清退;施工现场内无废弃泥浆,运输道路和操作面落地料及时清理。

3)施工场地进行硬化并适时洒水,土、石、砂、水泥等材料运输和堆放进行遮盖;施工现场设密闭式垃圾站,垃圾清运采用封闭式专用容器吊运,严禁凌空抛撒。

1.1.5 钢支撑安拆施工作业指导书

1. 适用范围

适用于杭州至海宁城际铁路工程钢支撑安拆施工。

2. 作业准备

(1)内业技术准备

作业指导书编制后,施工前组织技术人员认真学习。制定施工安全保证措施,依据设计图纸及施工规范对施工人员进行技术交底,对参加施工人员进行上岗前技术培训,特种作业人员持证上岗。

(2)外业技术准备

1)现场调查便道满足吊装作业要求。

2)钢管存放场地调查。

3)调查现场供电条件能否满足现场施工。

4)噪声、振动与污染物等引起的有关问题。

3. 技术要求

千斤顶预加轴力必须分级加载。所有支撑连接处均须连接紧密,如接头法兰有缝隙须用钢片填塞密实,防止钢支撑偏心受压。端头斜撑处钢围檩及支撑端头,必须严格按设计尺寸和角度加工焊接、安装,保证支撑为轴心受力且焊接牢实。

钢支撑拆除时应分级释放轴力,避免瞬间预加应力释放过大而导致结构局部变形、开裂。

4. 施工程序与工艺流程

钢支撑施工工艺流程如图 1.1.5-1 所示。

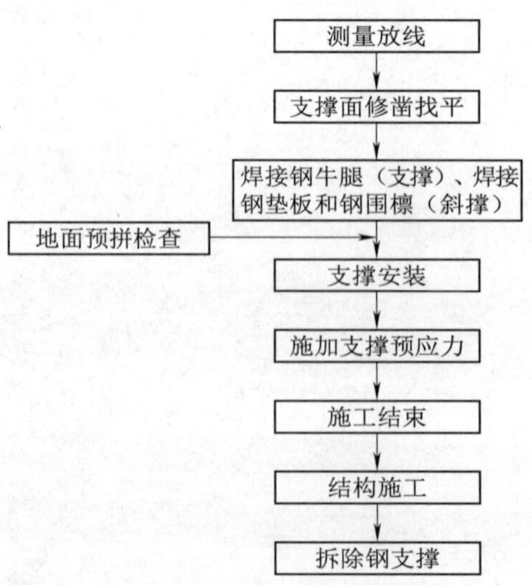

图 1.1.5-1 钢支撑施工工艺流程图

(1)钢支撑安装

1)直撑安装。

①直撑均安放于车站标准段部分,横向支撑基坑,与围护结构垂直。

②在基坑开挖前,首先在已施工完成的冠梁上测出每道支撑的中心轴线位置。避开车站的立柱(明柱和暗柱)等有影响的结构物。

③每根支撑在安装前必须先在地面进行预拼接以检查支撑的长度和平整度。每根钢支撑预拼总长度(活络头活络端缩进时)比该根支撑所对应两侧围檩间的实际净距小 10～30 cm。在支撑轴力计安装位置,先将支撑轴力计安装在活络端好,作为支撑的一部分。轴力计由监测组指导安装。

④每块土方开挖完成后,首先由技术人员精确放线抄平,定出每根支撑在围护桩上所对应的支撑中心位置。先将围护桩上支撑设计位置找平,将加工好的牛腿安装在围护桩上,保持围檩与主体结构面统一坡度,基坑两侧的围檩平齐。

⑤围檩安装完成后,用门式起重机将预拼好的钢支撑整体起吊摆放在围檩上。支撑起吊后,两端由人工牵引,防止支撑摆动,如图 1.1.5-2 所示。

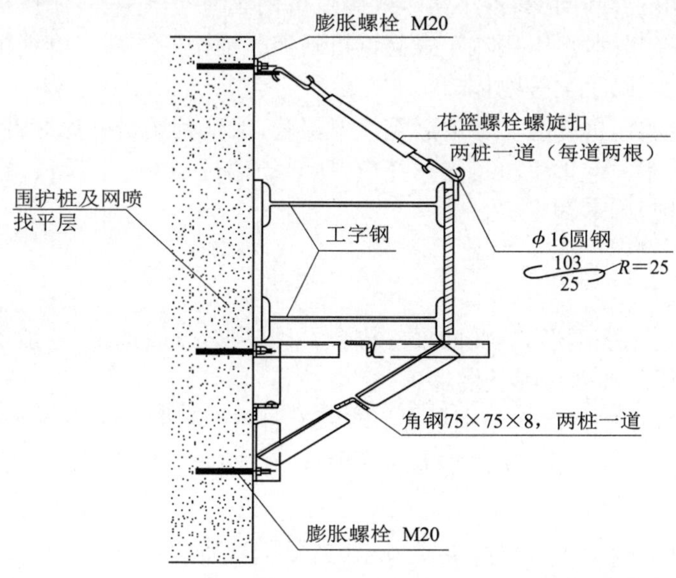

图 1.1.5-2　钢围檩保护大样图

⑥支撑安放前需人工精确定位,保持支撑面水平,与围檩垂直(或冠梁),在围檩上固定牢固。然后采用油顶顶对钢支撑施加预应力。

⑦预应力需分级、均匀、缓慢施加,在加到设计应力值后需持荷 5 min。然后用钢楔块将支撑楔紧,退回油顶。

2)斜支撑安装。

①车站斜支撑均安放于两个端头部分,与围护结构成 45°角。斜支撑与冠梁和围檩采用钢牛腿连接。

②围檩安装完成后,在围檩上(或冠梁预埋钢板上)焊接钢牛腿,焊接牛腿的位置可以根据支撑的拼装长度作小幅度的调整。牛腿作为支撑的传力构件,必须严格按照尺寸焊接牢靠。

③斜支撑的钢垫箱焊接在围护预埋钢板上,将斜撑的钢垫箱与围护连成整体。然后开始

支撑安装作业,其安装方法与直撑相同。

④斜支撑的吊装和施加预应力同直支撑。

(2)钢支撑预应力施加

支撑安装就位后,用履带式起重机吊起千斤顶放在活动端内,准备充足的条形楔块及楔形楔块(用 45 号铸钢切割制作)。先施加预压力的 10%,停顿 5 min 后加压至预加轴力的 100%,打紧楔块后回油卸顶即可。在观测过程中密切使用观测仪器进行量测观测。

(3)钢支撑拆除

根据设计文件要求,在主体结构施工过程中,经试验确认达到拆除条件后,按照顺序逐步拆除支撑。

支撑拆除顺序:底板混凝土强度达到设计强度的 75%后,拆除最下面一道支撑;中板混凝土强度达到设计强度的 75%后,拆除第二道支撑;顶板混凝土强度达到设计强度的 75%后,拆除第一道支撑。

支撑拆除前,先用油顶给支撑加压,卸下活络端的楔块,退回油顶;用汽车式起重机将支撑整体吊到地面再分解;拆卸围檩时,用汽车式起重机钢丝绳拴住围檩,用撬棍和大锤松动围檩,等围檩松动后才允许起吊,不得用汽车式起重机硬拽。围檩两端系上麻绳由人工牵引,防止围檩摆动碰撞钢筋骨架、脚手架等物体。

支撑属于周转物资,拆卸时和分解后需注意保管,保证其质量和完好性。

拆除方法:用汽车式起重机将钢支撑托起,在活动端设 100 t 千斤顶,施加轴力至钢楔块,逐级卸载至取完钢楔,拆下钢支撑。

5. 施工要求

钢围檩采用双拼工字钢形式,截面尺寸符合设计要求,分段加工,一般段长约 2~3 个支撑间距 6~9 m,转角部分根据实际长度加工。

钢围檩在场外焊接成型后运至现场,随支撑架设顺序逐段吊装,人工配合门式起重机或挖掘机将钢围檩安放于钢牛腿上,钢围檩背后采用 C20 干硬性细石混凝土填补平整,使围檩均匀受力。

钢支撑在拼装时,轴线偏差≤2 cm,并保证支撑接头的承载力符合设计要求。钢支撑连接时必须对称上螺栓,按顺序紧固。

每根钢支撑的配置按总长度的不同,配用一端为固定端一端为活动端,中间段采用标准管节进行配置。钢支撑采用两点吊装,吊点离端部 $0.2L$(L 为钢支撑长度)左右。

钢支撑安装完毕后,及时检查各节点的连接状况,经确认符合要求后方可施加预轴力。钢支撑两端须有可靠的支托或吊挂措施,严防因围护变形或施工撞击而产生脱落事故。

采用中心挖槽法开挖支撑附近土方,以防止机械碰撞支撑。在开挖过程中,对支撑轴力特别是端头斜撑的轴力要经常监测,将支撑的实际受力与工况下的设计受力进行比较,若有异常情况立即加强支撑。

支撑系统仅承担轴力,施工期间不得施加其他荷载,以免支撑系统因超载过大造成失稳。为抵消钢支撑的下垂挠度和不利偏心,活络头施工时应考虑其不利影响,活络头应确保等强传力要求。

钢支撑钢楔子的承载力不得小于 2 倍的支撑轴力,钢支撑须根据有关规定施加预应力,可根据具体情况调整预加轴力，确保围护结构的变形在设计允许范围内，预加轴力应分级加载且持续时间不得小于 10 min，将钢支撑活络头同预埋件进行焊接，确保支撑不脱落。

钢支撑的活络头、钢楔子必须规范，确保活络头与支撑截面满足等强传力要求，活络头应有加载试验证明。

钢支撑的端头应与钢围檩平贴顶紧，不得出现单边或单点受力状态，缝隙必须采用高强快硬砂浆或钢板楔密贴。支撑架设时间超过两个月时，应定期检查法兰盘接头处螺栓是否出现松动现象，应及时拧紧，确保接头传力可靠。

6. 劳动组织

(1)劳动力组织方式采用架子队组织模式，如图 1.1.5-3 所示。

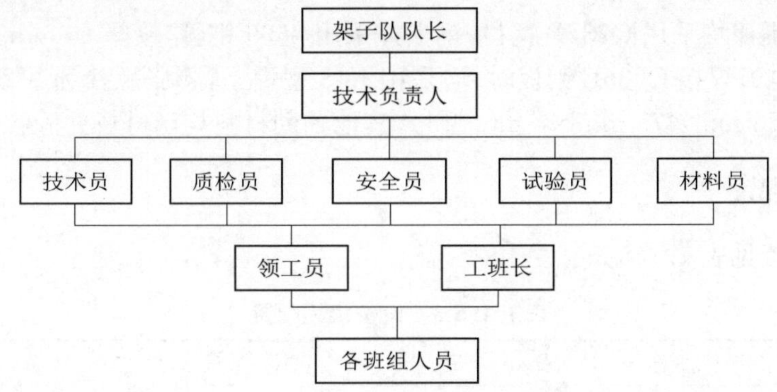

图 1.1.5-3 架子队组织机构图

(2)作业人员数量应根据施工条件、工期要求进行合理配置，详见表 1.1.5-1、表 1.1.5-2。

1.1.5-1 架子队主要人员

序 号	人员配置	人数(人)	备 注
1	架子队队长	1	
2	技术负责人	1	
3	技术员	1	
4	安全员	1	
5	材料员	1	
6	质检员	1	
7	试验员	1	
8	领工员	1	
9	工班长	1	

表 1.1.5-2 钢支撑施工劳动力配备计划(一台桩机)

序 号	人员配置	人数(人)	备 注
1	作业领班	2	
2	测量及记录员	2	
3	电工	1	

续上表

序　号	人员配置	人数(人)	备　注
4	机修工	2	
5	电焊工	6	
6	安装操作工	6	
7	汽车式起重机司机	2	
8	指挥员	2	

7. 材料要求

钢支撑及钢围檩均采用 Q235B 钢材,钢支撑采用 ϕ609 钢管,壁厚 16 mm。钢围檩采用双拼 I45c 型钢,用电弧焊接 Q235B 钢板时,均采用 E43 型焊条,膨胀螺栓为 M20,L=220 mm。三脚架角钢采用 75 mm×75 mm×8 mm 型号,其他辅助材料均已进场并验收合格。

8. 设备机具配置

设备机具配置见表 1.1.5-3。

表 1.1.5-3　设备机具配置

序　号	名　称	型　号	数量(台)	备　注
1	汽车式起重机	25 t	1	
2	履带式起重机	80 t	1	
3	电焊机		4	
4	液压千斤顶	100 t	2	

机械设备均经检验合格,液压千斤顶需配套有效真实的标定证书。

9. 质量控制及检验

钢支撑安装架设质量检验要求见表 1.1.5-4。

表 1.1.5-4　钢支撑安装架设质量验收控制

控制点	验收内容及标准	验收人员
钢支撑进场	管段表面平整,无严重锈蚀,无弯曲现象	材料员、质检员
	法兰平整、垂直,螺孔无损伤	材料员、质检员
	管壁拼缝、焊缝饱满、完整	技术员、试验员、质检员
	活络端完整、无损	材料员、质检员
	钢支撑千斤顶油表已标定	材料员、试验员、质检员
	钢支撑检测资料齐全、有效	材料员、试验员、质检员
	基坑开挖前已进行钢支撑的试拼工作	技术员、质检员

续上表

控制点	验收内容及标准	验收人员
支撑安装架设	支持端部与地墙接触面平整、拼接严密	技术员、质检员
	支撑钢牛腿焊接焊缝饱满,焊缝高度不小于 8 mm,电焊渣及时敲除	技术员、质检员
	支撑轴线竖向偏差:±30 mm	技术员、质检员
	支撑轴线水平向偏差:±30 mm	技术员、质检员
	支撑两端的标高差和水平面偏差:不大于 20 mm 和支撑长度的 1/600	技术员、质检员
	支撑的挠曲度:不大于 1/1 000	技术员、质检员
	支撑与立柱的偏差:±30 mm	技术员、质检员
	钢管支撑接头采用法兰与螺栓连接,螺栓必须拧紧,并进行复拧,不得遗漏,对接螺栓无松动	技术员、质检员
	应力施加满足设计要求	技术员、质检员
成品保护	支撑上杂物、弃土需清理干净,防止坠落伤人	技术员、质检员
	下层钢支撑安装时,挂设人工牵引绳,防止碰撞上层支撑	技术员、质检员

10. 安全及环保要求

(1)安全要求

1)钢支撑吊装时必须由专人专职统一指挥,保证施工安全。

2)钢支撑吊装前对机械设备(包括汽车式起重机钢丝绳、锁卡、千斤顶等)进行全面检查,确保吊装过程中的安全。

3)配合吊装作业人员必须戴安全帽、系安全带及穿工作鞋,严禁酒后上岗。

4)安装钢支撑时,工作台必须牢固,待轴力施加检查合格后方可拆除工作台。

(2)环保要求

1)施工时产生的废料废弃物要及时回收,放置到废料区集中堆放。

2)施工现场的生活垃圾、废弃物可经当地环保部门同意后运至指定地点。

1.1.6 冠梁及混凝土支撑施工作业指导书

1. 适用范围

适用于杭州至海宁城际铁路工程冠梁及混凝土支撑施工。

2. 作业准备

(1)内业技术准备

根据基坑开挖(安全)专项施工方案编写作业指导书。

(2)外业技术准备

1)做好施工作业层中所涉及的各种外部技术数据收集。

2)对各类机具设备性能进行逐级检查验收,对其安全系数及抗倾覆稳定性等是否满足要求进行复核。

3)确保施工便道满足现场机械使用要求。

3. 技术要求

基坑围护结构第一道支撑采用混凝土支撑,截面为800 mm×800 mm,支撑间距为9 m。

冠梁及混凝土支撑采用C30混凝土,钢筋采用HRB400、HPB300,冠梁混凝土钢筋保护层厚度为50 mm,支撑混凝土钢筋保护层厚度为30 mm。

4. 施工程序与工艺流程

(1)施工程序

1)冠梁施工程序。先将基坑表层土体开挖至冠梁设计底标高位置,破除地下连续墙顶劣质混凝土和浮浆至冠梁底标高;按设计钢筋规格和尺寸下料并现场绑扎,基坑内侧模板采用15 mm胶合板、次楞100 mm×100 mm方木、主楞采用ϕ48 mm×3.5 mm钢管、斜抛竿采用ϕ48 mm×3.5 mm钢管支架体系加固,浇筑混凝土前先用高压水将墙顶的接头面冲洗干净,混凝土浇筑必须捣固密实,达到内实外光的质量效果。

①墙顶混凝土凿除:地下连续墙顶部泥层、浮浆及混凝土采用人工破除,后将地下连续墙顶部超灌的部分破除至冠梁底标高,用钢丝刷清除钢筋上的浮浆、泥土与混凝土,用气泵把凿面吹喷干净,经质检员验收后,方可绑扎冠梁钢筋;在破除过程中需保护好地下连续墙钢筋和测斜管,并在破除后将测斜管接长引出冠梁面。

②绑扎钢筋:按设计图纸绑扎钢筋,钢筋接头位置要错开。

③混凝土冠梁模板、浇筑混凝土:钢筋验收完成后,冠梁施工采用单侧胶合板+方木次楞+钢管主楞+钢管斜抛竿支撑加固,混凝土入模灌注。

2)混凝土支撑施工程序。

①场地平整:采用机械与人工相配合的方式开挖冠梁基坑,当机械开挖至混凝土支撑底以下100 mm时改用人工开挖整平。整平后测量放样出混凝土支撑平面位置,混凝土支撑地面经整平夯实后浇筑100 mm厚C15混凝土垫层作为底模,并铺设塑料薄膜或地板革,由于支撑

跨度较大，支撑底模垫层按 $L/400$ 进行起拱(L 为混凝土支撑长度，当混凝土支撑中间有格构柱时，L 取格构柱到基坑边围护结构的距离)。

②绑扎钢筋：在混凝土支撑底部垫层上准确放样出混凝土支撑位置，放置格构柱节点预埋件，按设计图纸绑扎混凝土支撑钢筋。

③混凝土支撑模板、浇筑混凝土：钢筋验收完成后，采用两侧胶合板＋方木次楞＋钢管主楞＋对拉螺杆加固，混凝土入模灌注。

3)腰梁施工程序。基坑土体开挖至腰梁及混凝土支撑设计底标高以下 100 mm，在地下连续墙上放出腰梁顶及腰梁底标高位置，用墨斗弹出腰梁上下边界线，在地下连续墙上人工凿除腰梁范围内地下连续墙表层混凝土直至凿出地下连续墙主筋及预埋接驳器，将凿除的混凝土渣清理完后浇筑 100 mm 厚 C15 混凝土垫层作为底模，并铺设塑料薄膜或地板革，由于支撑跨度较大，支撑底模垫层按 $L/400$ 进行起拱(L 为混凝土支撑长度，当混凝土支撑中间有格构柱时，L 取格构柱到基坑边围护结构的距离)。塑料薄膜或地板革铺设完成后根据设计钢筋规格和尺寸下料并现场绑扎钢筋，将腰梁主筋与地下连续墙预埋接驳器连接，腰梁模板施工同冠梁施工。混凝土浇筑必须捣固密实。

4)钢筋制作与绑扎。

①钢筋制作前应复核类型、型号、直径，然后按照设计图纸进行下料，钢筋弯钩、车丝长度满足设计及相关规范要求。

②钢筋绑扎前应清点数量、类型、型号、直径，并对其位置进行测放后方可进行绑扎。

③钢筋绑扎须严格按照设计文件和施工图进行。

④钢筋绑扎前，应清理干净冠梁空间的杂物，若在施工缝处施工，还应把接缝处钢筋调直。

⑤钢筋的交叉点必须绑扎牢固，不得出现变形和松脱现象。

⑥钢筋采用焊接或绑扎方式连接。

⑦箍筋应与受力钢筋垂直设置，箍筋弯钩叠合处，应沿受力钢筋方向错开设置。

⑧钢筋绑扎完成后先由项目部质检人员进行自检，在自检合格后报监理单位验收，经验收合格后方可进行下道工序施工。

5)模板制作安装。

①冠梁、混凝土支撑、腰梁、角撑模板采用竹胶模板，模板支立前应清理干净并涂刷隔离剂，每次混凝土浇筑之前确保模板清洁光滑。

②当混凝土支撑开挖至设计标高后，进行整平、复测标高，保证底模的平整及高程位置，然后作为混凝土支撑底模。

③模板安装必须正确控制轴线位置及截面尺寸，模板安装时，模板应起拱 $L/400$(L 为支撑跨度)。

④模板支撑安装必须平整、牢固、接缝严密不漏浆，保证混凝土浇筑质量。

⑤模板安装施工结束需进行验收，经验收合格后方可进行下道工序施工。

6)混凝土浇筑。根据图纸中关于混凝土强度的设计要求，冠梁、钢筋混凝土支撑采用 C30 混凝土，混凝土浇筑采用汽车输送泵浇筑，浇筑时采用分层浇筑，每层高度 30～50 cm，并在浇筑过程中用振捣棒振捣。

(2)工艺流程

冠梁及支撑施工工艺流程如图 1.1.6-1 所示。

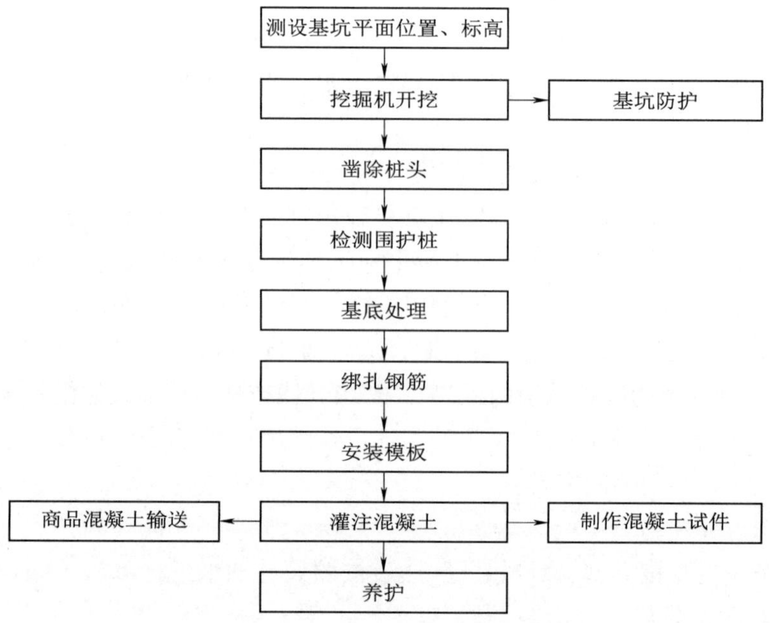

图 1.1.6-1　冠梁及支撑施工工艺流程图

5. 施工要求

(1)地下连续墙浮浆清理

采用人工风镐破除虚浮混凝土,控制冠梁底标高,确保破除到位。测斜管注意保护,做好防护装置。

(2)测量放样及开挖

根据设计施工图,正确测量放样,确定冠梁及混凝土支撑的位置及相应标高,并根据施工实际情况采用挖掘机及人工进行开挖、整理,开挖过程中及时检查开挖深度,从而确保无超挖。

(3)钢筋绑扎

钢筋绑扎在地下连续墙凿至设计标高后,混凝土表面清洁干净后即可进行,钢筋绑扎必须严格按照设计施工图进行,转角处需满足锚固构造。钢筋接头形式按设计及施工规范要求,采用机械连接或焊接,并按 50%错开布置,冠梁及混凝土支撑的保护层厚度要符合设计要求。

(4)模板安装

冠梁及混凝土支撑全部采用 15 mm 厚胶合板和 100 mm×100 mm 木方、ϕ48 mm×3.5 mm钢管进行支设。冠梁模板采用单面模板与钢管斜撑加固。混凝土支撑模板采用对拉螺杆加固。

(5)混凝土施工

混凝土强度等级为 C30。混凝土浇筑前,应对模板、钢筋等进行检查,清理模板内的垃圾、泥土和钢筋上的油污等,经检查验收后方能浇筑。对到现场的每一车混凝土都要进行配合比、坍落度、和易性及运输时间等检查,确认质量合格后方能用于现场浇筑。

混凝土振捣采用插入式振捣器进行。操作中应尽量避免振捣器碰撞钢筋，更不得放在钢筋上，振捣器振捣需遵循“快插慢拔”原则。

(6)混凝土的养护

混凝土浇筑完后，应及时采取覆盖保温、洒水养生等有效措施，确保混凝土质量。

6. 劳动组织

(1)劳动力组织方式采用架子队组织模式，如图 1.1.6-2 所示。

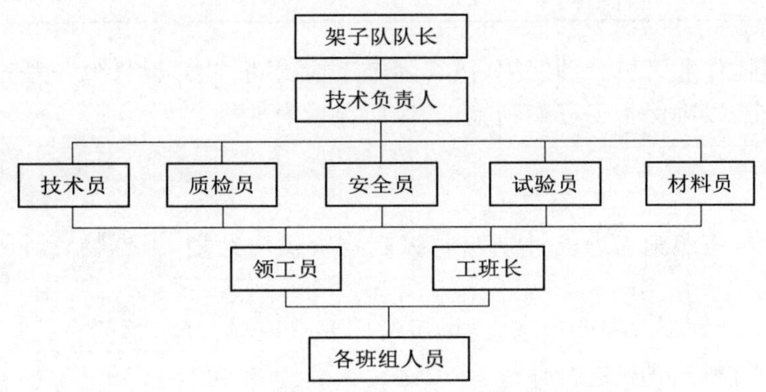

图 1.1.6-2 架子队组织机构图

(2)作业人员数量应根据施工条件、工期要求进行合理配置，详见表 1.1.6-1 和表 1.1.6-2。

表 1.1.6-1 架子队主要人员

序 号	人员配置	人数(人)	工作内容
1	架子队队长	1	负责协调指挥各工序的操作，控制加固质量，排除施工中的各种故障
2	技术负责人	1	负责对材料进场的核实，对进度、安全、质量、现场管理、成本控制的检查工作
3	技术员	1	负责分部分项工程技术交底、检查、督促施工人员按各级技术要求进行施工
4	安全员	1	负责对施工现场进行安全巡查、排查、讨论指导。杜绝“三违”人和事，确保现场施工安全
5	材料员	1	按计划组织材料进场。对进场材料质量负责，做好跟踪服务工作。掌握材料的使用情况
6	质检员	1	负责分项工程质量的评定，建立质量档案。负责分项工程各工序、隐蔽工程的施工过程和施工质量的图像资料记录
7	试验员	1	负责各种材料的取样、送样、试验、化验、检验、复试工作及报告
8	领工员	1	根据作业任务合理安排劳动力，严格执行安全管理制度，确保安全生产
9	工班长	4	带领工班全体作业人员完成架子队下达的施工生产任务；协助队长、领工员对工班施工质量、安全、进度、环保、作业人员和文明施工进行管理

表 1.1.6-2 冠梁及支撑施工劳动力配备计划(一个班组)

序 号	人员配置	人数(人)	工作内容
1	钢筋工	10	负责钢筋安装、调整
2	模板工	6	负责模板打磨、清理、调整
3	混凝土工	4	负责混凝土浇筑、振捣、收浆、养护
4	普工	4	负责清理现场
合计		24	

现场统筹安排,作业人员合理使用,按实际施工情况随时增减,节约人力资源的同时,禁止疲劳作业保证安全,以确保本工程顺利施工、保质保量为准。

7. 材料要求

根据设计要求,按照施工进度计划及时编制物资供应计划,根据物资计划按期进行采购进场。

材料根据施工计划要求提前进场,进场后按照要求取样检验,检验合格后留置使用,不合格退货处理,进场材料按要求进行存放。

对进场钢筋原材必须认真检验,进场钢筋必须有出厂合格证,钢筋进场时进行复检,进场钢筋表面必须清洁无损伤,钢筋断头保证平直,无弯曲。钢筋原材试验报告单的分批次必须填写正确,同炉号、同牌号、同规格、同交货状态的钢筋每 60 t 为一批,不足 60 t 也按一批计,每批抽检一次;同牌号、同规格而不同炉号组成的混合批的钢筋作为一批时,原材试验应符合有关规定和规范要求。

8. 设备机具配置

机械设备投入计划见表 1.1.6-3。

表 1.1.6-3 机械设备投入计划(1 个基坑开挖工作面/班)

序 号	名 称	型 号	数 量(台)	备 注
1	汽车式起重机	25 t	1	零星材料吊装
2	挖掘机	PC220	1	基坑开挖表层土
3	挖掘机	PC60	2	基坑内土方短驳
4	交流电焊机	BX1－400	6	钢筋焊接及牛腿加工
5	车丝机		2	
6	钢筋切断机	GQ40－A	2	
7	钢筋弯曲机	GW40	2	

9. 质量控制及检验

钢筋绑扎间距要求见表 1.1.6-4,模板制作及安装允许偏差见表 1.1.6-5。

表 1.1.6-4 钢筋绑扎间距允许偏差

项 目		允许偏差(mm)
箍筋间距		±10
主筋间距	列间距	±10
	层间距	±5

表 1.1.6-5 模板制作及安装允许偏差

项 目	允许偏差(mm)	检验仪具
轴线位置	5	经纬仪、钢尺
截面内部尺寸	+4,−5	钢尺
相邻两板表面高低差	2	钢尺

为保证施工质量,根据施工条件、设计要求和相关行业规范,拟采取如下质量保证措施以达到施工质量目标。

(1)班组认真按图纸、规程操作,建立自检、互检质量保证体系。

(2)技术员、质检员应根据各分部分项的设计图纸及操作规程进行技术质量验收。

(3)钢筋施工质量控制措施:

1)施工前钢筋施工员必须对施工顺序、操作方法和要求向操作人员详细交底,施工过程中对钢筋规格、数量、位置随时进行复核检查。

2)弯曲变形的钢筋须校正后才能使用,钢筋的保护层厚度依设计图纸规定进行。

3)对钢筋施焊前须在相同条件下制作抗拉试件,合格后正式施焊。焊后的焊缝检验,主要进行外观检查,要求焊缝表面平顺,不得有裂缝,没有明显咬边、凹陷、焊瘤、夹渣及气孔。

(4)模板施工质量控制措施:

1)模板施工前,先进行模板及支撑系统的配置设计,对运到现场的模板及配件按规格、数量逐次清点及检查,不符合质量要求的不得使用。

2)模板安装必须正确控制轴线位置及截面尺寸,模板拼缝要紧密,不得漏浆。

3)模板支撑系统必须横平竖直,支撑点必须牢固,扣件及螺栓必须拧紧,浇捣混凝土前对模板的支撑、螺栓、扣件等紧固件派专人进行检查,发现问题及时整改。

4)模板拆除根据规范的强度要求进行拆除。

5)模板拆除后,必须及时进行清理,要铲除浇捣混凝土时留于模板表面的残浆,铲除残浆和整理后的模板表面均匀涂刷脱模剂。

10. 安全及环保要求

(1)安全要求

1)操作人员必须经过培训,了解机械的构造、性能、操作方法,并经考试合格后方可持证上岗。

2)严格遵守操作规程,严禁非操作人员对机器的一切使用、操作行为。

3)作业区应有明显标志或围栏,非工作人员不得入内。

4)现场作业人员必须接受安全教育以及安全技能的培训,严格执行相关的安全规程,加强安全宣传教育,增强职工安全意识。

5)各种机具、机电设备要牢靠,安全防护装置要齐全,保险设施性能良好,工具要经常检查,所有机械设备不带病运转。

(2)环保要求

1)混凝土输送车经过洗车槽清洗干净后方可离开施工场地。

2)废弃的钢筋集中到指定地点,禁止乱扔。

3)场内废水经过处理后达到排放标准后方可排入管道。

1.2 盾构掘进与管片拼装

1.2.1 盾构始发施工作业指导书

1. 适用范围

适用于杭州至海宁城际铁路盾构区间施工。

2. 作业准备

(1)内业技术准备

1)开工前组织技术人员认真学习实施性施工组织设计,阅读、审核施工图纸。明确有关技术问题,熟悉标准和现场环境状况。

2)根据设计和标准要求,结合现场实际情况,编制吊装方案。

3)制订施工安全保证措施,提出应急预案。

4)对施工人员进行技术交底,对参加施工人员进行上岗前技术培训,考核合格后持证上岗。

(2)外业技术准备

1)做好施工作业层中所涉及的各种外部技术数据收集。

2)对各类机具设备性能进行逐级检查验收,对其安全系数及抗倾覆稳定性等是否满足要求进行复核。

3. 技术要求

(1)根据盾构洞口地层稳定性评价结果,严格按地铁施工规范、施工设计对洞口端头进行地层(注浆、做旋喷桩等)加固处理。

(2)根据洞门的稳定性决定洞门凿除的时间,应尽早进行洞门破除,但应避免破除后暴露时间过长产生坍塌。

(3)盾构主机完全进洞、始发掘进 20 m、50 m 的位置,要进行导向系统的测量复测和精确度调整,保证导向系统的可靠。

(4)应对始发技术施工中的每一个环节加强全面、细致的控制,以确保各种处理措施达到预期效果。如采用什么样的端头加固方式、连续墙破除方式、始发台及反力架的定位等,均需根据现场条件选择最合适的方法。

(5)初始掘进注意事项:

1)初期掘进期前,对前方地层的地质情况充分了解,不能一概而论,要根据土质情况选择恰当的模式。

2)初期掘进段盾构正面中心土压初始设立根据计算确定,并根据跟踪测量数据及时调整设定压力,随时做好二次注浆的准备。

3)在初期掘进阶段,由于反力架会产生不同程度的变形,因而影响隧道成环质量,若当管片接缝发生问题时,及时用石棉橡胶楔形料纠正,以提高成环质量,并做好测量工作。或用纵向拉杆固定。

4)确定土压平衡状态下密封舱内的土压力,且密封舱被充满后,开启螺旋输送机出土,控制排土速度来保证密封舱内的土压力和开挖面土压力相平衡。

5)最初的100环管片安装保持良好的真圆度,保证盾构始发位置的准确。如最初的真圆度保持不好,则往后误差会越来越大,不但造成后续施工越来越困难,也会对管片本身产生破坏。因此最初的管片安装必须做到以下几点:

①按顺序及操作规范施工。

②装管片后及时进行回填注浆。

③加强管片真圆度的测量。

4. 施工程序与工艺流程

始发架、反力架安装顺序流程如图1.2.1-1所示。

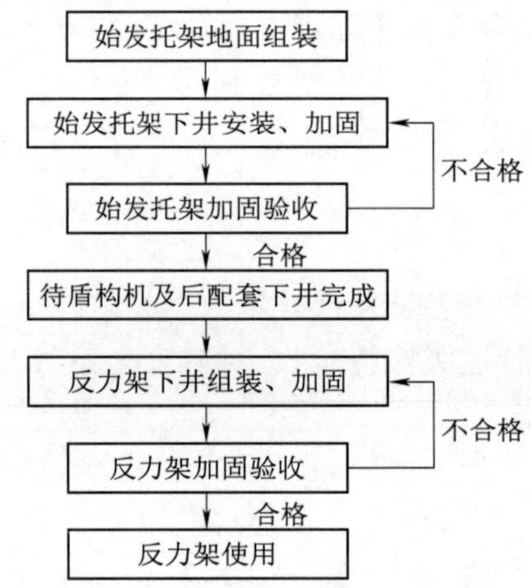

图1.2.1-1 始发架、反力架安装顺序流程图

5. 施工要求

(1)盾构始发

1)当盾构机完全具备始发条件之后,由测量人员对盾构机始发姿态进行再一次确认,确保盾构机能够顺利完成进洞。

2)当盾构进入洞圈立即进行洞圈帘布的整理工作。当刀盘距加固区20~30 cm且刀盘旋转范围超过防磕头装置时,刀盘应迅速顶靠至前方土体,加入发泡剂,切削土体充满土舱,建立初始土压平衡。

3)始发时盾构平推,用刀盘切削土体。由于盾构机刀盘位于加固区域内,因此土体较硬,为控制轴线、保护刀盘,土压力应略低于理论值,结合始发段隧道埋深,土仓压力保持在0.05 MPa左右,推进速度不宜过快,应控制在1.0~2 cm/min;同时在推进时按土体加固的情况在盾构的正面充分加入发泡剂，以减少刀盘所受扭矩，降低总推力，改善刀盘受力情况，同时改良正面土体，便于土体排出。

4)出加固区后为防止盾构"磕头"，将平衡土压力值设定稍高于理论值；盾构推进轴线略大于设计坡度。同时根据地层变形量等监控信息对平衡压力设定值、推进速度等施工参数及时调整。

5)盾构始发要注意盾构推进力不能大于后靠的结构承受力，要观察钢后靠的变形情况，如发现变形较大要及时采取措施，以免管片上浮。

6)洞口洞圈环形钢板上预留开启的球阀 1 只。当盾尾全部始发时，固定好扇形板，启动盾尾注浆，填充盾尾后空腔，待阀门出浆后关闭阀门，开始掘进且同步注浆。

7)由于始发段加固土体强度较大，盾构推进时须充分添加泡沫剂，以改良刀盘前土体，防止刀盘扭矩过大或螺旋机压力超负载。

8)洞门封堵，在盾尾掘完第 9 环后，利用隧道管片注浆孔对洞门处隧道外部进行二次注浆，以确保洞门封堵密实形成完整的止水帷幕。

(2)盾构始发注意事项

1)为了控制推进轴线，保护刀盘，推进速度不宜过快，推进速度宜控制在 10～20 mm/min。

2)为了避免推进时刀盘损害洞门密封装置，始发前在刀头和密封装置上涂抹油脂减少摩擦。

3)盾构启动时，盾构司机必需检查千斤顶是否靠足，开始推进和结束推进之前速度不宜太快；每环掘进开始时，应逐步提高掘进速度，防止启动速度过大；一环掘进过程中，掘进速度值应尽量保持衡定，减少波动。

4)始发架导轨必须顺直，严格控制标高、间距及中心轴线。盾构机安装后对盾构机的姿态复测，复测无误后方可开始掘进。

5)推进速度的快慢必须满足每环掘进注浆量的要求，保证同步注浆系统始终处于良好的工作状态。

6)始发初始掘进时，盾构机位于始发架上，因此需在盾构机重心、中心位置两侧焊接防扭转支座，卡在始发架上，为盾构机始发提供反扭矩，在进入洞之前割除并打磨。

7)盾构机组装完成后，安装负环管片前，需要手动将盾尾油脂涂抹在盾尾刷上，必须保证涂抹饱满、足量。

8)在始发阶段，由于设备处于磨合阶段，要注意推力、扭矩的控制，同时也要注意各部位油脂的有效作用；掘进总推力控制在后盾支撑承受能力以下，同时确保在此推力下刀具切入地层所产生的扭矩小于盾构机始发架提供的反扭矩。

9)盾构机始发在反力架和洞内正式管片之间安装负环管片，在外侧采取钢丝拉结和木楔在负环管片和托架钢轨之间支撑，以保证在传递推力过程中管片不会浮动变位。

(3)初始发掘进参数控制

1)盾构出土。

每环理论出土量(按 1.5 m 环宽进行计算)：

$(\pi D^2/4)\times L=(\pi\times 6.91^2/4)\times 1.5=56.25\ m^3$/环

盾构推进出渣量控制在 98%～100%之间，即 55.12～56.25 m^3/环。

2)注浆参数控制。盾构正式掘进中加强施工监测，随时调整掘进参数，不断完善施工工艺,控制地表最大变形量在－30～＋10 mm 范围内。根据地表沉降情况,及时调整正面土压力及注浆量,每推进一环的建筑空隙为(取 1.5 m 环计算):

$$V=\pi(6.91^2-6.70^2)\times\frac{1}{4}\times1.5$$

$$=3.36\ m^3$$

注:盾构开挖直径为 6 910 mm;管片外径为 6 700 mm。

理论上,浆液需 100%充填建筑总空隙,但浆液失水固结、盾构推进时壳体带土使实际开挖断面大于盾构外径、部分浆液劈裂到周围地层等因素,导致实际注浆量远超过理论注浆量。根据新型厚浆注浆相关要求,实际注浆量应为理论空隙体积的 150%～250%,即同步注浆量实际应控制在 5.04～8.40 m^3之间,穿越构筑物前实际根据现场试验段地表监测情况合理控制注浆量。

①注浆压力。注浆压力应为保证足够注浆量的最小值,施工中注浆压力设定为最低限,即不小于 0.3 MPa。

②注浆时间。同步注浆要做到及时、足量地填充建筑空隙,以减少施工过程的土体变形。

③浆液配比。同步注浆浆液采用具有良好的长期稳定性及流动性、充填性,固结后体积收缩小,泌水率小的大密度厚浆;要求浆液密度≥1.8 g/cm^3,泌水率≤5%,坍落度为 120～160 mm,7 d 抗压强度≥0.5 MPa,28 d 抗压强度≥1.0 MPa。

在正 9 环安装完后,紧固好管片连接螺栓,停止掘进对洞门圈进行注浆封堵,注浆时必须密切关注洞门密封装置的变形情况,出现漏浆及时停止注浆,根据具体情况及时采取相应的措施进行处理,注浆完成后应立即用水清洗注浆管,防止注浆管堵塞。

(4)负环管片拼装及加固

1)负环管片拼装。在始发井内,盾构机依靠负环管片提供支撑进行掘进,根据以往施工经验,左、右线各安装 8 环负环管片,其中－1 环管片插入隧道 0.8 m,可满足洞门环梁施工要求。

负环管片安装前,首先检查铰接系统初始位置,确保管片拼装质量。其次在反力架上测出最后一环后盾管片的投影位置及纵向螺栓位置,弹好控制线。在安装第－8 环管片之前,必须先涂好盾尾钢丝刷油脂,同时,控制好第－8 环管片的法平面,必要时需粘贴纠偏材料,控制管片成环质量。

橡胶帘布板及扇形钢板要求在凿除洞门之前安装完毕,并在洞门完全凿除以前把第－8、－7 环管片全部准备到位。洞门凿除后,迅速清理洞门内垃圾,盾构机向前推进达到行程后,进行－6 环拼装,盾构机刀盘顶住加固土后,要求推进时控制土仓压力及盾构千斤顶油缸压力,控制盾构始发阶段总推力。

2)负环管片加固。

①加固前施工准备。在加固负环管片前准备好所需的材料、工具、设备,做好人员分工,明确各自职责。由机械技术员和安全员对吊索吊具等进行检查,合格后方能投入使用。清理盾构井内杂物,提供负环管片加固的工作场地。

②加固负环管片施工步骤。

支垫负环管片:在拼装好第二环负环管片后,让盾构机继续向前掘进,使盾尾密封刷脱离第一环管片,将 250 mm×150 mm 三角木楔楔进负环与托架导轨之间的空隙内,左右两侧各楔两个木楔。

紧固钢丝绳：用两根 18 mϕ18 的钢丝绳绕过负环管片顶部，将绳头分别留在支撑架左右两侧，每个绳头上穿上紧线器，将紧线器的另一端挂在支撑架的吊耳上，旋转紧线器，将钢丝绳拉紧。

盾构机继续向前掘进，重复上述步骤，直至盾尾进入洞门后，将负环管片全部用钢丝绳固定。

6. 劳动组织

为确保施工质量、施工安全，在预计时间内顺利完成施工内容，成立了盾构施工架子队，如图 1.2.1-2 所示。

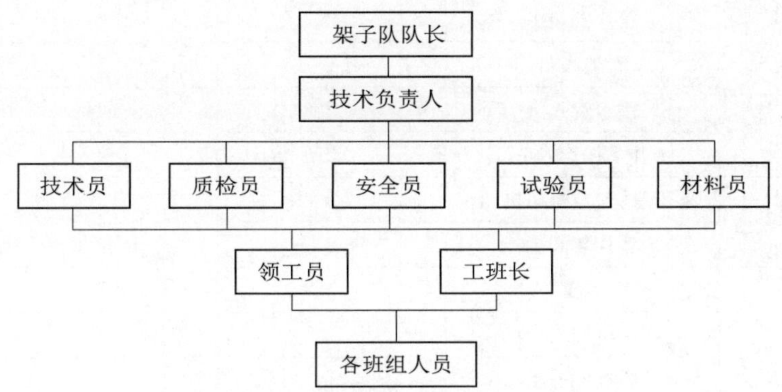

图 1.2.1-2 盾构架子队组织机构图

为保证施工过程各工序能有序进行，现场配备足够的管理人员和劳动力。架子队配备见表 1.2.1-1。

表 1.2.1-1 架子队人员配备

序 号	人员配置	人数(人)	职责分工
1	架子队队长	1	统一全面负责管理现场工作
2	技术负责人	1	全面负责现场施工技术管理工作
3	技术员	2	负责现场施工技术管理
4	质检员	1	检查施工过程中的质量工作
5	安全员	1	负责施工现场安全作业
6	材料员	1	负责施工材料计划、收料检验等工作
7	试验员	1	负责物资进场检验，现场取样检测工作
8	领工员	2	负责现场施工的协调工作
9	工班长	3	负责施工现场施工人员的相互协调
10	测量工	3	负责现场的放样、复核
11	机械管理员	1	负责现场机械设备的管理
12	普工	6	负责清理现场

施工人员作为施工的主要资源，合理配置人员的工种、人数，不仅让整个工程的进度得到保障，而且有计划地安排配置施工人员对控制工程项目的成本也起着至关重要的作用。根据这一原则，针对盾构推进施工进行了人员配置计划。根据工程量和施工计划，盾构左右线同时

施工高峰期投入劳动力约 116 人,见表 1.2.1-2。

表 1.2.1-2　每台盾构机施工作业人员

班　组		岗位工种	每班人数(人)	班组数	合　计(人)
隧道掘进	隧道内及井口下	盾构司机	1	2	2
		电瓶车司机	2	2	4
		双梁起重机操作手	1	2	2
		千斤顶操作手	1	2	2
		拼装机操作手	1	2	2
		管片安装工	3	2	6
		看渣人员	1	2	2
		接水管人员	2	2	4
		井下挂钩人员	2	2	4
	地面井口区域	门式起重机司机	2	2	4
		管片装卸工	2	2	4
机电维修		电工	1	2	2
		机械工	1	2	2
		盾构保养工	1	2	2
		蓄电池充电工	1	2	2
		轨道整修工	1	2	2
止水条粘贴		止水条和缓冲垫粘贴工	2	2	4
其他辅助工作		普工	4	2	8
合　计			29		58

7. 材料要求

依据文件要求,在施工前需提前与材料厂家联系,确保盾构掘进施工时的材料正常供应,见表 1.2.1-3～表 1.2.1-5。

表 1.2.1-3　区间主要物资材料计划

序　号	材料名称	规格型号	单　位	数　量	使用部位	备　注
1	管片	C50 P12	环	268	区间	
2	防水材料	三元乙丙弹性密封垫	环	268	区间	
3	管片螺栓	M30	套	7 504	区间	
4	小油脂	EP0	桶	4	区间	
5	油脂	HBW	桶	4	区间	
6	盾尾油脂		桶	34	区间	
7	砂浆		m^3	1 608	区间	

注:按始发、接收各 100 m 进行计算

表 1.2.1-4　临时工程数量

序　号	项目名称	规格型号	单　位	数　量	使用部位	备　注
1	轨道梁	400 mm×600 mm	m	300	门式起重机	
2	渣土坑	37.8 m×14 m×3 m	个	1	存储渣土	
3	场地硬化	20 cm厚素混凝土	m^2	720	材料堆放	
4	充电房	13 m×2.5 m	间	1		
5	防水材料库房	6.2 m×4 m	间	2		
6	宿舍	6 m×3.6 m	间	36		
7	食堂	6 m×3.6 m	间	2		
8	储物间	6 m×3.6 m	间	1		
9	餐厅	6 m×7.2 m	间	1		
10	办公室	6 m×10.8 m	间	1		
11	监控室	6 m×7.2 m	间	1		
12	变压器	400 kVA、600 kVA	台	2	盾构后配套供电	
13	高压开关柜	1 800 kVA	台	2	盾构机供电	

表 1.2.1-5　主要周转材料计划

序　号	材料名称	规格型号	单　位	数　量	使用部位	备　注
1	始发托架		套	2	盾构始发	
2	钢套筒		套	1	盾构接收	
3	反力架		套	2	盾构始发	
4	走道板	3 m×0.5 m	套	134	盾构隧道	
5	钢轨	43 kg/m	m	2 200	盾构隧道	
6	电缆	120 mm^2	m	800	盾构隧道	
7	轨枕	宽 0.2 m/间距 1.2 m	套	2 200	盾构隧道	
8	通风管	ϕ1 000 mm	m	402	隧道通风	
9	通风机	2×37	台	2	隧道通风	
10	冷却塔		台	1	循环水	
11	充电池	2×4	个	6		

8. 设备机具配置

为了施工任务顺利进行，机械设备按照科学合理、满足要求、略有富余的原则进行配置，设备数量见表 1.2.1-6。

表 1.2.1-6　主要机械设备

序　号	设备名称	型号规格	数　量
1	土压平衡盾构机	CTE6900E-770	2
2	门式起重机	50 t	2

续上表

序　号	设备名称	型号规格	数　量
3	电瓶车	JXKB35	4
4	柴油发电机组	200 GF	1
5	履带式起重机	3 000 t	2
6	汽车式起重机	QY25K5-I	1
7	挖掘机	PC200	1
8	钢筋切断机	GQ-40	1
9	钢筋弯曲机	GW-40	1
10	钢筋调直机	GT6/12B	1
11	交流电焊机	BX-500	2
12	空压机	GA90AFF-8	2
13	水泵	65LS16/7.5 kW	8
14	通风机	SDF-N10	2
15	污水泵	15PW	20

9. 质量控制及检验

(1)质量标准

盾构机初期的定位误差:高程误差不大于 20 mm;水平位置误差不大于 20 mm ;与隧道设计轴线的角度误差<2‰。

正环管片的平整度:<5 mm;水平及高程偏差<50 mm。

负环管片掘进时,要严格控制推进油缸的行程差,保证行程差小于 25 mm。

(2)施工中常见问题及采取的技术措施

1)端头土体加固效果不好是在始发过程中经常遇到的问题,采取的主要措施是必须根据端头土体情况选择合理的加固方法,而且要加强过程控制,特别是要严格控制一些基本参数。对于加固区与始发井间形成的必然间隙要采取其他方式处理。

2)开洞门时失稳主要表现为土体坍塌和水土流失两种,其主要原因也是由端头加固效果不好所致。在小范围的情况下可采用边破除洞门混凝土,利用喷素混凝土的方法对土体临空面进行封闭。如果土体坍塌失稳情况严重时,只有封闭洞门重新加固。

3)在盾构机抵达掌子面及脱离加固区时容易出现盾构机“叩头”的现象,根据地质条件不同有些可能出现超限的情况。为此,通常采用抬高盾构机的始发姿态、合理安装始发导轨以及快速通过的方法尽量避免“叩头”或减少“叩头”的影响。

4)密封效果不好,洞门密封的主要目的也是在始发掘进阶段减少土体流失。当洞门加固达到预期效果时,对于洞门环的强度要求相对较低,否则要在盾构推进前彻底检查和确定洞门环的状况。在始发过程中若洞门密封效果不好时可及时调整壁后注浆的配合比,使注浆后尽早封闭,也可采用在洞门密封外侧向洞门密封内部注快凝双液浆的办法解决。

5)盾尾失圆。在很多情况下,始发阶段由于自重及其他原因,盾尾一般都会出现失圆的情况。可以采用盾构机自带的整圆器进行整圆,在必要的情况下,可采用错缝拼装以保证在管片拼至隧道内时管片自身的椭圆度控制在误差范围以内。

6)支撑系统失稳。支撑系统在某些情况下由于盾构机推进中的瞬时推力或扭矩较大而产生失稳,这样将导致整个始发工作的失败。对于支撑系统的失稳只能从预防角度进行,同时在始发阶段对支撑系统加强监测。

7)地面沉降较大。由于始发施工的特殊性,始发阶段的地面沉降值均较大,因此在始发阶段需尽早建立盾构机的适合工况并严密注意出土量及土压情况,同时加大监测频率,控制地面沉降值。

10. 安全及环保要求

(1)盾构大件吊装作业必须聘请专业公司的设备和专业人员进行作业和指导,严格按照吊装施工组织方案进行作业,确保吊装作业安全无误。

(2)盾构组装调试必须聘请专业人员指导,杜绝机械和电气事故。

(3)反力架的安装加固要严格检查,杜绝任何形式的安装缺陷。

(4)管片安装应由经过安全培训的专业队伍完成,安装作业区内严禁其他人员进入。

(5)在盾构机始发之前,为防止盾构机在始发台掘进时发生旋转,需要在盾构机两侧盾壳焊接防扭装置。

(6)负环管片拆除时先计算管片的稳定性,确保洞门处的管片不会在推力下发生位移。

1.2.2　盾构掘进施工作业指导书

1.适用范围

适用于杭州至海宁城际铁路盾构掘进施工。

2.作业准备

(1)内业技术准备

1)开工前组织技术人员认真学习实施性施工组织设计,阅读、审核施工图纸。澄清有关技术问题,熟悉标准和现场环境状况。

2)根据设计和标准要求,结合现场实际情况,编制吊装方案。

3)制订施工安全保证措施,提出应急预案。

4)对施工人员进行技术交底,对参加施工的人员进行上岗前技术培训,考核合格后方可上岗。

(2)外业技术准备

1)盾构掘进出土、管片存放、运输系统准备。隧道正式推进前,施工场地内管片存放、运输系统、50 t行车轨道、拌浆房、集土坑、车辆保洁设施及挖掘机等设备已准备到位。隧道出土采用运送渣土的车辆,按规定的运输时间、路线及弃土场弃渣。

2)浆液供应准备。同步注浆浆液联系好生产厂家,出土孔设储浆罐,由储浆罐直接通到注浆车。

3)供电与供水准备。施工用水由车站处供水,施工用电由两台1 800 kW高压开关柜、630 kW、400 kVA的变压器提供盾构施工用电,各类电缆、电线、管路接到盾构井下。

4)物资储备。管片及其连接件、防水材料送检到位,临时存放场地清理硬化,物资储备按场地规划布置存放。

5)始发架准备。盾构始发架吊装下井并安装加固完成。

6)盾构机安装与调试。车站底板预先放置轨枕,始发架安装完毕后,在其上方放置钢轨和轨枕,车站底板和始发架二者之间使用连接板连接之后,可以进行台车下井。台车下井完毕后,拆除始发架上的钢轨、轨枕,供盾构机下井。盾构分段吊入井下,并在井下盾构基座上进行正确组装就位,并连接台车,完成后由专业技术人员对整机调试验收。

7)盾构就位姿态的测量复核。在盾构开始掘进前对盾构的姿态进行测量,测量内容包括纵向坡度、横向旋转角、平面偏离值、高程偏离值、切口里程,盾构姿态的偏差应满足标准要求。

3.技术要求

(1)盾构区间技术标准

1)管片最大裂缝宽度不大于0.2 mm。

2)防水等级二级,耐火等级一级。

(2)施工采用的主要技术标准

《地下防水工程质量验收规范》(GB 50208—2011);《工程测量规范》(GB 50026—2007);

《城市轨道交通工程测量规范》(GB 50308—2008)；《钢筋焊接与验收规程》(JGJ 18—2012)；《地下铁道工程施工及验收规范》(GB 50299—1999)2003年版；《预制混凝土衬砌管片》(GB/T 22082—2008)；《普通混凝土配合比设计规程》(JGJ 55—2000)；《盾构法隧道施工及验收规范》(GB 50446—2017)；《盾构隧道管片质量检测技术规程》(CJJ/T 164—2011)。

4. 施工程序与工艺流程

(1)施工工艺

盾构施工工艺流程如图1.2.2-1所示。

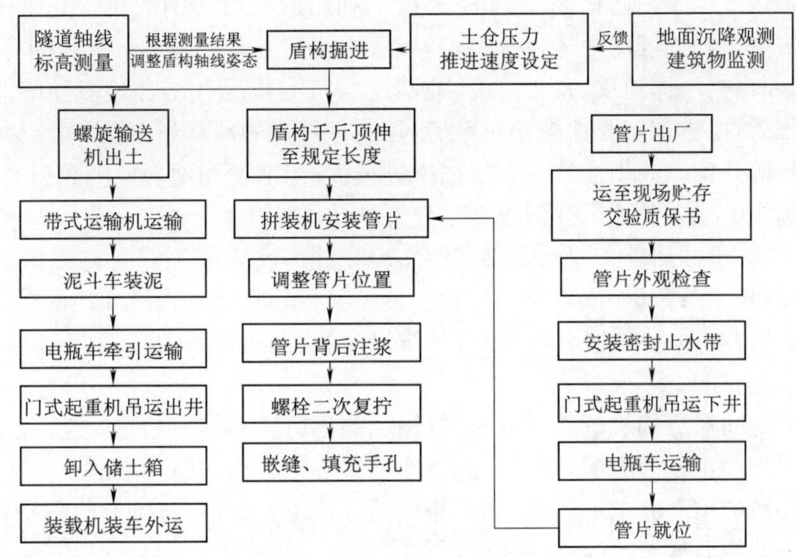

图1.2.2-1　盾构施工工艺流程图

(2)施工程序

试推进阶段首先采用100 m试推以掌握的参数信息来确定最佳施工参数。通过加强施工监测，不断地完善施工工艺，控制地面沉降。

推进过程中，严格控制好管片里程，将施工测量结果不断与计算的三维坐标相校核，及时调整，将里程偏差控制在允许范围内，缓和曲线、圆曲线 X 方向(隧道设计纵轴方向即沿里程方向)、Y 方向(垂直隧道沿设计轴线方向)偏差均为±50 mm。

盾构司机应根据当班指令设定的参数推进，推进出土与衬砌外同步注浆同时进行。不断完善施工工艺，掘进施工后地表最大变形量控制在−30～+10 mm之间。

盾构掘进过程中，坡度不能突变，隧道轴线和折角变化不能超过0.3%。

盾构掘进施工全过程须严格受控，工程技术人员根据地质变化、隧道深埋、地面载荷、地表沉降、盾构机姿态、刀盘扭矩、千斤顶推力等各种勘探、测量数据信息，正确下达每班掘进指令，并及时跟踪调整。盾构机操作人员须严格执行指令，谨慎操作，对初始出现的小偏差应及时纠正，应尽量避免盾构机走“蛇”形，盾构机一次纠偏量不宜过大，以减少对地层的扰动。

做好施工记录，记录内容：

①隧道掘进：环号；掘进速度；盾构正面土压力；刀盘转速、油压、螺旋机转速；盾构推力、千斤顶开启数量及位置、油压；盾构内壁与管片外侧环形空隙(上、下、左、右)。

②同步注浆:注浆压力、方量、浆液稠度;注浆材料配比;注浆试块强度(每天取样试验);实际注浆与理论注浆量的百分比。

③测量:盾构倾斜度;盾构回转角;隧道椭圆度;推进总距离;隧道每环衬砌环轴心的确切位置(X、Y、Z 向)与设计轴线的偏差。

④隧道渗漏水统计展示图及渗漏水量,每推进 100 m,提交一次统计表。

5. 施工要求

(1)试掘进施工

区间隧道采用土压平衡盾构掘进,土压平衡是利用盾构机切削的泥土充满密封舱并保持适当的土压力来平衡开挖面的土体,从而达到对盾构机前方开挖面进行支护的目的。因此,盾构推进过程中,要根据不同地质、覆土厚度、地面建构筑物情况并结合地表隆陷监测结果及时调整设定土仓压力,推进速度要保持相对平稳,控制好每次的纠偏量,减少对土体的扰动,为管片拼装创造良好的条件。同步注浆量要根据推进速度、出渣量和地表监测数据及时调整,将施工轴线与设计轴线的偏差及地层变形控制在允许的范围内。

根据施工要求,出洞后首 100 m 范围作为试掘进段,此段施工要对初设推进参数认真控制,将推进的各项技术参数(如推力、推进速度、出土量、正面土压力等)和地面沉降结合起来进行收集、统计、分析,掌握适应地层的盾构合理推进参数,以指导后续施工。

1)试掘进段的目的。

①用最短的时间对盾构机的操作方法、机械性能进行熟悉。

②了解和认识本工程的地质条件,掌握该地质条件下盾构的施工方法。

③通过盾构机的 100 m 试掘进,对该盾构机的性能进行总结,特别是将盾构机本身暴露出来的不足及时反馈给盾构制造商,进行改善。

④收集、整理、分析及归纳总结掘进参数,制定后续掘进中的操作规程,实现快速、连续、高效的正常掘进。

⑤熟悉管片拼装的操作工序,提高拼装质量,加快施工进度。

⑥通过本段施工,加强对地面变形情况的监测分析,反映盾构机出洞时以及推进时对周围环境的影响,掌握盾构推进参数及同步注浆量。

⑦摸索出盾构在本区间地层中掘进,盾构推进轴线的控制规律。

⑧摸索出成型隧道的后期变形规律。

⑨施工中通过对盾构掘进速度、出土量、平衡压力设定、浆液配比、注浆量等关键施工参数的调整,结合地面变形情况的分析,总结出各施工参数设定的规律,并对施工工艺进行完善。

2)盾构掘进参数的初步设定。区间首 100 m 试掘进参数初步设定见表 1.2.2-1。

表 1.2.2-1　试掘进施工参数

序　号	项　目	单　位	加固区内拟设定值	加固区外拟设定值	备　注
1	掘进速度	cm/min	0.5～1	3～5	
2	土仓压力	bar	0.6～0.8	0.8～1.5	根据监测确定
3	总推力	kN	≤1 000	8 000～15 000	
4	刀盘转速	r/min	0.6～1	1～1.2	

续上表

序 号	项 目	单 位	加固区内拟设定值	加固区外拟设定值	备 注
5	刀盘扭矩	kN·m	≤1 500	2 000～3 000	
6	泡沫用量	L/环	约15	约15	
7	出土量	m^3/环	55.1～56.2	55.1～56.2	
8	同步注浆量	m^3/环	—	5.04～8.42	
9	同步注浆浆液坍落度	cm	—	12～16	
10	平均盾尾油脂用量	环/桶	约7	约7	根据盾尾漏浆情况合理调整

试掘进期间进行的地表沉降监测分析，根据监测沉降数据进行盾构施工参数调整。结合施工参数与监测数据，在盾构下穿期间，根据试掘进所取得的技术参数用于指导盾构施工。

(2)盾构正式掘进

1)推力、刀盘转速、扭矩及掘进速度控制。盾构正式掘进速度宜控制在3～5 cm/min，下穿建构筑物段控制在2～3 cm/min，推力、刀盘转速及扭矩根据试掘进所取得的优化参数用于指导盾构正式施工。

2)出渣量控制。为防止因超排土或欠排土导致地层失稳，造成沉降或隆起，盾构掘进时地层损失率按≤3‰控制。

出渣采用质量及体积进行双控：通过带式输送机自动秤重系统适时监控出渣质量，通过渣斗上的体积刻度进行出渣体积记录，根据出渣质量及体积适时控制超挖和欠挖。

对于本区间盾构机，每环理论出渣量(每实方)：

$V=(\pi D^2/4)L=(\pi\times6.91^2)/4)\times1.5=56.2\ m^3$/环

盾构推进出渣量控制在98%～100%之间，即55.1～56.2 m^3/环。

为保证准确判断出土量，渣斗每次到位，值班技术员都必须进行检查，必须做到“每斗必看，每斗必量”。在下穿九圩港过程中，盾构司机与值班技术员根据渣斗上标注尺寸线，每掘进1斗，查看出土量情况，并与理论要求比较。

3)渣土改良。在富水粉砂层中掘进时为了有效地防止渣土喷涌、促进渣土流动性，在黏土层中掘进时为了有效防止刀盘结泥饼、促进渣土流动性，通过刀盘注入孔或土仓隔板注入泡沫溶液或膨润土溶液进行渣土改良。改良剂的工作原理及性能见表1.2.2-2。

渣土改良目的：

①使渣土具有较好的土压平衡效果，利于稳定工作面，控制地表沉降。

②使渣土具有较好的止水性，以控制地下水流失。

③使切削下来的渣土顺利快速进入土仓，并利于螺旋输送机顺利排土。

④可有效防止渣土粘结刀盘而产生泥饼。

⑤可有效降低刀盘扭矩，降低对刀盘和螺旋输送机的磨损。

⑥可防止或减轻螺旋输送机排土时的喷涌现象。

表1.2.2-2 改良剂的工作原理及性能指标

工作原理及性能指标	膨润土	泡沫剂
工作原理	利用添加的胶质减摩效果，使开挖土塑性流动，减少渗透性	利用微细泡沫的润滑效果使开挖土塑性流动，减少渗透性

续上表

工作原理及性能指标	膨润土	泡沫剂
pH 值	7.5～10	7.3～8
黏度	2～10 Pa·s	0.003～0.2 Pa·s
适用土层	粉砂地层	黏土、粉砂地层

4)勤注盾尾油脂。为防止盾构在掘进时,地下水及同步注浆浆液从盾尾窜入隧道,须在盾尾钢丝刷位置压注盾尾油脂,以达到盾尾密封效果。在盾构穿越构筑物前检查盾尾钢丝刷的完好程度,选用优质油脂,少量勤注,使盾构掘进期间盾尾无漏浆、漏水等现象发生,确保安全完成盾构掘进施工。

5)管片拼装。

①管片安装。管片选型通过盾尾间隙和管片走向来确定,安装后的盾尾间隙要满足下一环掘进循环限值,确保有足够的盾尾间隙,以防止盾尾直接接触管片。

管片安装必须从隧道底部开始,依次安装相邻块,最后安装封顶块。安装第一块管片时,用水平尺与上一环管片精确找平。安装接邻块时,为保证封顶块的安装净空,安装第五块管片时一定要测量两邻接块前后两端的距离(分别大于 F 块的宽度,且误差小于+10 mm),并保持两相邻块的内表面处在同一圆弧面上。

封顶块安装前,对止水条进行润滑处理,安装时先径向插入 2/3,调整位置后缓慢纵向顶推。

管片块安装到位后,应及时伸出相应位置的推进油缸顶紧管片,其顶推力应大于稳定管片所需推力,然后方可移开管片拼装机。

在进行管片选择须至少有一人选择,一人进行复核,防止由于选错管片而导致与轴线偏差过大。

管片安装完后及时整圆,并在管片脱离盾尾后要对管片连接螺栓进行二次紧固。

管片安装工艺流程如图 1.2.2-2 所示。

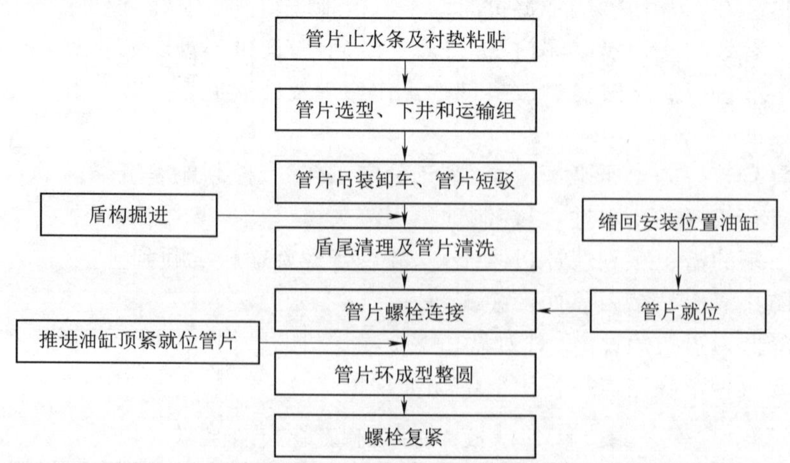

图 1.2.2-2　管片安装工艺流程图

②管片拼装质量要求。管片表面不得出现裂缝、破损、掉角等现象,根据技术规范要求,管

片拼装精度见表 1.2.2-3。

表 1.2.2-3 管片拼装精度要求

序 号	项 目	单 位	允许偏差
1	管片椭圆度		±5D‰(D 为拼装完成后的管片内径)
2	轴线偏差	mm	±50
3	管片环间错台	mm	6
4	管片块间错台	mm	5
5	环、纵缝张开	mm	2

③管片的运输、堆放。管片由运送车辆从管片生产工厂运至施工场地,在施工场地安装弹性密封条、传力衬垫等,然后根据管片运输指令经工地门式起重机垂直运送到编组列车上,再经电瓶车运至隧道内工作面进行拼装。在整个过程中的各工序应注意以下问题:

a.制定专门的管片运输作业指导书,在管片水平或垂直运输过程中,所有运输过程中应特别注意对管片的保护,避免造成损坏。

b.管片的存放场地必须平整,并用枕木或其他材料铺设成管片堆放垫墩。

c.管片的堆放层数不可超过三层,以免造成管片压坏,堆放时块与块之间应以方木支垫。

d.管片的供应顺序、型号等必须根据施工需要按工程师下达的管片运送指令进行,避免因管片运送错误导致工序时间的耽误。

④防水材料粘贴。防水材料包含环缝与纵缝弹性密封垫、变形缝弹性密封垫、弹性密封垫用润滑剂、弹性密封垫用黏接剂。

a.施工工艺流程:管片检查→管片清理→材料准备→管片烘干→涂抹黏结剂→晾干→套贴止水条→敲紧→涂抹黏结剂→晾干→粘贴衬垫(丁腈软木橡胶板)→敲紧→粘贴自粘性橡胶薄板→存放→下井运输→管片安装→弹性垫圈安装→管片螺栓紧固。

b.粘贴注意事项:管片到达工地后,必须经过质检工程师和监理的检查验收方可进行管片粘贴准备。每块管片都进行外观质量检验,管片表面应光洁平整,无蜂窝、露筋、裂纹、缺角。轻微缺陷进行修饰,止水带附近不允许有缺陷,灌浆孔应完整,无水、泥浆等杂物。检查合格后按照管片类别分类堆放。

管片清理应保证止水槽部位表面无附着物、无灰尘,不允许清理时对管片造成损伤,清理后表面光滑整洁。

材料准备要按技术指令合理准备粘贴施工工具及管片防水材料等,使用的材料需按要求检验合格后方可使用。粘贴时管片表面应干燥清洁。用刷子在管片环纵接触面、预留粘贴止水条的沟槽及止水条上涂抹黏结剂,涂抹要均匀,不允许漏刷现象出现。

涂完黏结剂后晾置一段时间(一般 10～15 min,随气温、湿度而异),待手指接触不粘时,再将加工好的框形止水条套入密封沟槽内。

将止水条套入管片预留沟槽中时,统一将止水条的外边缘与管片预留沟槽的外弧边靠紧,套入止水条时先将角部固定好,再向角部两边推压。

用木锤依次敲紧止水条,使止水条在管片上,注意不要敲破止水条,粘贴后的止水条应牢固、平整、严密、位置准确,不得有鼓起、超长与缺口等现象。

以类似的方法粘贴环纵缝衬垫,环缝的软木衬垫粘贴在管片背千斤顶侧环面,粘贴衬垫时应注意预留螺栓孔。粘贴好的衬垫不得出现脱胶、翘边、歪斜等现象。

止水条及软木衬垫粘贴好后，按设计在管片角部粘贴自粘性橡胶薄板，加强角部防水，粘贴时，仅需覆盖一半止水条表面。

连接螺栓弹性密封垫圈按数量随管片螺栓配套下井，井下进行管片安装时套装在连接螺栓垫圈下。

天气潮湿或雨天要注意对粘贴好的止水条进行保护，表面覆盖防水设施。

密封垫等材料的安装要制定专门的作业指导书，并要求在施工中必须严格执行。

管片拼装前，若因故导致弹性密封损坏或水膨胀条发生了预膨胀，则必须重新更换弹性密封垫。

⑤环向螺栓连接。本区间工程均采用 M30 弯螺栓，每环纵向 16 根，环向 12 根，计 28 根/环。

管片连接是保证管片拼装质量的重要环节，连接件的质量十分重要。施工时对管片连接件应按规范要求进行抽查，连接件还应按设计要求进行防腐处理。同时，在施工过程中还应加强施工控制，做到以下几点：

a. 为防止管片拼装时产生错台，紧固螺栓前必须认真进行对位。

b. 管片连接螺栓必须拧紧，螺栓紧固采取多次紧固的方式。管片拼装过程中安装一块紧一块螺栓，拼装结束后应及时对环纵向螺栓进行二次紧固。盾构掘进下一环时，借助推进油缸推力的作用，再一次紧固所有螺栓，尤其纵向螺栓。隧道贯通后，必须对所有环纵向螺栓进行复紧。

⑥环面超前量的控制。定期检查管片环面超前量，当超前值过大时应用改变拼装方式进行纠偏，保证管片整环环面与隧道轴线的垂直度。

⑦其他注意点。为保证管片的拼装质量，应制定专门的管片拼装作业指导书，对拼装施工人员必须进行岗位培训。同时，要求在施工中还必须做到：

a. 在管片拼装之前要清除盾尾拼装部位的渣土等异物，并检查管片的型号、外观以及密封材料的粘贴情况，若型号与管片运送指令不符应立即更换，有损坏必须修复后才可拼装。

b. 拼装时应避免损坏管片和密封条，若意外造成管片损伤，应更换完好的管片并对受损管片进行修补，密封条受损也必须更换。

腐蚀性地层必须在管片外侧涂抹防腐蚀材料。

6)控制好盾构姿态、确保盾尾间隙均匀。盾构推进过程中的同步注浆及二次补浆是控制地面沉降的主要因素，以往的经验显示，盾构推进过程中的盾构姿态不好易造成盾尾处漏浆，地面沉降。因此在盾构掘进期间，确保盾构推进轴线与设计轴线相吻合，盾尾四周间隙均匀。另外，通过加大盾尾油脂压注量来防止浆液通过盾尾流失，同时要采用性能良好的盾尾油脂。

7)同步注浆与二次补浆。

①同步注浆。为减少和防止地表沉降，在盾构掘进过程中，要尽快在脱出盾尾的衬砌管片背后同步注入足量的浆液材料充填盾尾环形建筑空隙。掘进时同步注浆浆液采用泌水率小的大密度厚浆。

a. 同步注浆配比。

同步注浆浆液比正常情况下稍有变化，以利于浆液及时达到强度，施工前可按照配比进行配制，搅拌均匀。见表 1.2.2-4。

表 1.2.2-4 同步注浆材料配比

材料	消石灰	粉煤灰	细砂	膨润土	水	外加剂
配比(kg)	80	350	1 050	80	350	2.5

胶凝时间:一般为 3～10 h,根据地层条件和掘进速度,通过现场试验加入促凝剂及变更配比来调整胶凝时间。对于强透水地层和需要注浆提供较高的早期强度的地段,可通过现场试验进一步调整配比和加入早强剂,进一步缩短胶凝时间。

固结体强度:1 d 不小于 0.1 MPa,5 d 不小于 0.5 MPa,28 d 不小于 1.0 MPa。

浆液结石率:>95%,即固结收缩率<5%。

浆液坍落度:12～16 cm。

浆液稳定性:泌水率(静置沉淀后上浮水体积与总体积之比)不大于 5%。

浆液密度≥1.8 g/cm^3。

b. 注浆压力。注浆压力原则上以 0.3 MPa 控制,实际施工中应根据盾尾漏浆及地面沉降情况合理调整注浆压力。

c. 注浆量。同步注浆量理论上是充填盾尾建筑空隙,但同时要考虑盾构推进过程中的纠编、浆液渗透(与地质情况有关)及注浆材料固结收缩等因素。注浆量可用下式进行计算:

$$Q=V\lambda$$

式中 Q——注浆量(m^3);

λ——注浆率(取 1.5～2.5,曲线地段及粉细砂层段取较大值,其他地段根据实际情况选定);

V——盾尾建筑空隙(m^3)。

$$V=\pi(D^2-d^2)L/4$$

式中 D——盾构切削土体直径(即刀盘直径);

d——管片外径(6.7 m);

L——管片宽度(1.5 m)。

对于本区间盾构机:$V=\pi(6.91^2-6.7^2)\times1.5/4=3.37$ m^3

理论上,浆液需 100%充填建筑总空隙,但浆液失水固结、盾构推进时壳体带土使实际开挖断面大于盾构外径、部分浆液劈裂到周围地层等因素,导致实际注浆量远超过理论注浆量。按照以往工程实践及地表监测成果显示,实际注浆量应为理论空隙体积的 1.5～2.5 倍,即 Q=5.04～8.42 m^3/环。

注浆结束标准以注浆压力与注浆量进行双重控制,本标段建议控制在 150%以上,并应通过地面变形观测来调节。以下情况应例外:在砂土地层,注浆压力很小而注浆量较大时。增加注浆量直至注浆压力达到注浆压力的下限;盾构机位于曲线段,考虑超挖,适当增加注浆量;自稳能力差的黏土地层,注浆量很小而注浆压力较大时,可能由于盾壳周围岩土发生坍塌,影响了浆液的流动。在注浆压力达到上限时停止注浆,随后应进行二次补强注浆。

d. 注浆速度及时间。根据盾构机推进速度,以每循环达到总注浆量而均匀注入,盾构机推进开始注浆开始,推进完毕注浆结束。

②二次注浆。在盾构掘进期间,地面沉降存在超限趋势时进行二次注浆(管片拖出盾尾第 5 环开始注浆),进一步填充空隙并形成密实的防水层,同时也达到加强隧道衬砌的目

的。二次注浆量以现场压力控制,实际施工中应根据盾尾漏浆及地面沉降情况合理调整注浆压力。

注浆材料配比:采用水泥单液浆或水泥水玻璃双液浆,水泥采用 42.5 级普通硅酸盐水泥,水玻璃模数 2.4~2.8,波美度 30~42°Be′,水泥浆水胶比为 1∶1,水泥浆与水玻璃体积比(1∶1)~(1∶0.5);注浆压力一般为 0.3~0.4 MPa。

8)防止盾尾漏浆(防漏)措施。盾构机尾部的变形将直接影响盾尾的密封、管片的拼装质量甚至是整个隧道工程的安全,一旦盾尾出现变形,可能会引发盾尾渗漏,地下水涌入等现象。

①提高同步注浆质量:每环推进前需对同步注浆浆液进行小样试验,严格控制浆液参数;在同步注浆时应合理掌握注浆压力,使注浆流量与推进施工参数形成最佳参数匹配。

②保持土仓压力稳定:在推进过程中,应保持土仓压力稳定,防止因设备故障和人为操作失误而引起土压波动。每次调高土压后,需进行试推进,安排专人观察盾尾漏浆情况,待确定盾尾无泥水渗漏后,方可进行正常推进。

③增加备用泵及堵漏材料,及时排水、堵漏。

④盾尾油脂压注应定期、定量、定位压注。当发现盾尾有少量漏浆时,应对漏浆部位及时进行补压盾尾油脂。

⑤为更好地保障盾尾不漏浆,盾尾配置 2 道高强度盾尾刷和 1 道钢板刷。

⑥严格按照设计要求做好管片接缝防水涂料的粘贴工作。管片应考虑居中拼装,以防盾构与管片之间建筑空隙过大,如发现成环隧道接缝渗水,可利用管片注浆孔及时注浆,以封堵渗水通道。

⑦定期(1/2 周)对盾构机尾部的变形情况进行监测。

⑧备齐插板、海绵条、聚氨酯等应急物资,一旦发生盾尾渗漏,确保能立即使用。

6. 劳动组织

为确保施工质量、施工安全,在预计时间内顺利完成施工内容,现场成立了架子队,架子队组织机构如图 1.2.2-3 所示。

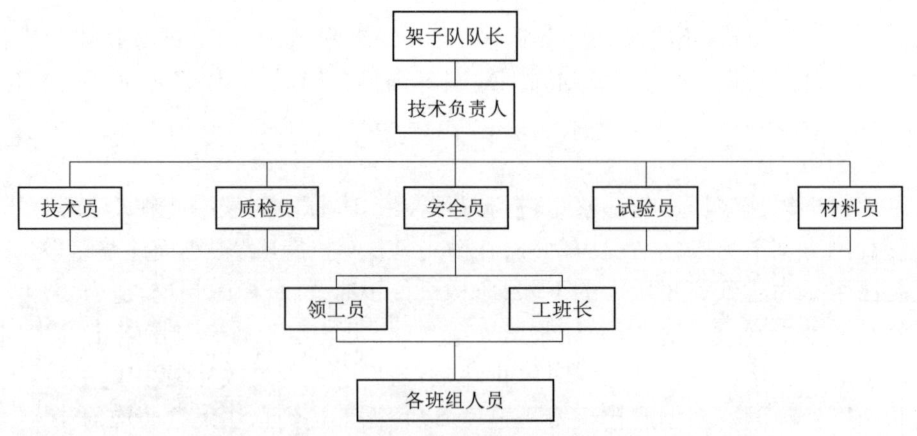

图 1.2.2-3　架子队组织机构图

架子队人员配备见表 1.2.2-5。

表 1.2.2-5　架子队人员配备

序　号	人员配置	人数(人)	职责分工
1	架子队队长	1	统一全面负责管理现场工作
2	技术负责人	1	全面负责现场施工技术管理工作
3	技术员	2	负责现场施工技术管理
4	质检员	1	检查施工过程中的质量工作
5	安全员	1	负责施工现场安全作业
6	材料员	1	负责施工材料计划、收料检验等工作
7	试验员	1	负责物资进场检验,现场取样检测工作
8	领工员	2	负责现场施工的协调工作
9	工班长	3	负责施工现场施工人员的相互协调
10	测量工	3	负责现场的放样、复核
11	机械管理员	1	负责现场机械设备的管理
12	普工	6	负责清理现场

7. 材料要求

在施工前需提前与材料厂家联系,确保盾构掘进施工时的材料正常供应。材料计划见表 1.2.2-6、表 1.2.2-7。

表 1.2.2-6　区间主要物资材料计划

序　号	材料名称	规格型号	单　位	数　量	使用部位	备　注
1	管片	C50 P12	环	268	区间	
2	防水材料	三元乙丙弹性密封垫	环	268	区间	
3	管片螺栓	M30	套	7 504	区间	
4	小油脂	EP0	桶	4	区间	
5	油脂	HBW	桶	4	区间	
6	盾尾油脂		桶	34	区间	
7	砂浆		m^3	1 608	区间	

注:按始发、接收各 100 m 进行计算。

表 1.2.2-7　主要周转材料计划

序　号	材料名称	规格型号	单　位	数　量	使用部位	备　注
1	始发托架		套	2	盾构始发	
2	钢套筒		套	1	盾构接收	
3	反力架		套	2	盾构始发	
4	走道板	3 m×0.5 m	套	134	盾构隧道	
5	钢轨	43 kg/m	m	2 200	盾构隧道	
6	电缆	120 mm^2	m	800	盾构隧道	
7	轨枕	宽 0.2 m/间距 1.2 m	套	2 200	盾构隧道	

续上表

序　号	材料名称	规格型号	单　位	数　量	使用部位	备　注
8	通风管	ϕ1 000 mm	m	402	隧道通风	
9	通风机	2×37	台	2	隧道通风	
10	冷却塔		台	1	循环水	
11	充电池	2×4	个	6		

8. 设备机具配置

为了施工任务顺利进行，机械设备按照科学合理、满足要求、略有富余的原则进行配置，主要机械设备见表 1.2.2-8。

表 1.2.2-8　主要机械设备

序　号	设备名称	型号规格	数　量
1	土压平衡盾构机	CTE6900E-770	2
2	门式起重机	50 t	2
3	电瓶车	JXKB35	4
4	柴油发电机组	200 GF	1
5	履带式起重机	3 000 t	2
6	汽车式起重机	QY25K5-I	1
7	挖掘机	PC200	1
8	钢筋切断机	GQ-40	1
9	钢筋弯曲机	GW-40	1
10	钢筋调直机	GT6/12B	1
11	交流电焊机	BX-500	2
12	空压机	GA90AFF-8	2
13	水泵	65LS16/7.5 kW	8
14	通风机	SDF-N10	2
15	污水泵	15PW	20

9. 质量控制及检验

(1)管片在盾尾内拼装完成时，高程和平面偏差±50 mm，每环相邻管片高差 5 mm，纵向相邻环管片高差 6 mm。

(2)隧道建成后，中线允许偏差：高程和平面±100 mm，且衬砌结构不得侵入建筑限界；每环相邻管片高差 10 mm，纵向相邻环管片高差 15 mm；衬砌环直径椭圆度±5D‰(D 为衬砌环直径)。

(3)管片安装中的注意事项：

1)管片接头必须拧紧，为避免管片旋转过程中安装头单独承受管片重量，应将四条压板均匀地接触管片，避免管片拼装过程中螺栓头被拔出。

2)管片拼装过程中,第一块管片的位置优为重要,它决定了本环其他管片的位置及拼缝的宽窄。管片高于相邻块,将会导致K块的位置不够;低于相邻块,纵缝过大,防水性降低。同时第一块应平整,防止形成喇叭口。

3)当拼装第五块(L1或L2)时,应用尺子量K块空位的宽度,并调整第五块,保证K块空位两端宽度为(48±1)cm或(95±1)cm。

4)管片拼装应满足规范规定的偏差:高程和平面不侵限;每环相邻管片平整度5 mm,纵向相邻环环面平整度6 mm,衬砌环直径椭圆度±5D‰。

5)拧紧螺栓应确保螺栓紧固,拧紧力矩要达到设计要求300 N·m。

6)同一环内各管片的相邻位置应符合设计图纸要求,不可互换。每环管片上有管片类型标记,环类型标记,纵缝对接标记,安装管片时应认真查看这些标记,保证管片安装正确;管片迎千斤顶面和背千斤顶面不同,方向不要错装。操作人员在安装管片时看到管片中心标识字符应是正确的,如果是倒置的,则管片朝向错误。

7)管片K块安装方法为先纵向搭接1 m,然后安装器径向推顶到预定位置再纵向插入。K块及B块、A块与K块相邻面止水条,在安装面应涂润滑剂。

8)安装时注意小心轻放,避免损坏管片和止水条。

9)每次根据需要拼装管片的位置,回缩相应位置的部分千斤顶,如果过多的千斤顶回缩是十分危险的,前面土体的支撑压力会使得盾构机后移,轻则导致盾构机姿态变样,重则引起安全事故。

10)封顶块先径向居中压入安装位置,搭接长度小于1.2 m,调准后再沿纵向缓慢插入。如遇阻碍应缓慢抽出后进行调整。严禁强行插入和上下大幅度调整,以免损坏或松动止水条。

(4)管片质量要求。管片表面不得出现裂缝、破损、掉角等现象,满足技术规范要求。

10. 安全及环保要求

(1)管片拼装落实专人负责指挥,盾构机司机按照指挥人员的指令操作,严禁擅自转动拼装机,以免发生伤亡事故。

(2)举重臂旋转时,严禁施工人员进入举重臂活动半径内,拼装工在管片全部定位后,方可作业。

(3)拼装管片时,拼装工站在安全可靠的位置,严禁将手脚放在环缝和千斤顶的顶部,以防受到意外的伤害。

(4)举重臂在管片固定就位后,方可复位,封顶拼装就位未完毕时,人员严禁进入封顶块下方。

(5)举重臂旋转时,盾构机司机必须看清旋转半径内的人员,并鸣笛警示。

(6)举重臂拼装端头必须拧紧到位,并定期检查磨损情况,对内丝口损坏的管片必须采取可靠的措施后方可使用。

(7)隧道内施工空间有限,施工过程中合理安排施工工序。

1.2.3 管片拼装施工作业指导书

1. 适用范围

适用于杭州至海宁城际铁路盾构管片拼装施工。

2. 作业准备

(1)内业技术准备

1)开工前组织技术人员认真学习实施性施工组织设计,阅读、审核施工图纸。澄清有关技术问题,熟悉标准和现场环境状况。

2)根据设计和标准要求,结合现场实际情况,编制吊装方案。

3)制订施工安全保证措施,提出应急预案。

4)对施工人员进行技术交底,对参加施工的人员进行上岗前技术培训,考核合格后持证上岗。

(2)外业技术准备

1)做好施工作业层中所涉及的各种外部技术数据收集。

2)对各类机具设备性能进行逐级检查验收,对其安全系数及抗倾覆稳定性等是否满足要求进行复核。

3. 技术要求

(1)盾构区间技术要求

1)管片最大裂缝宽度不大于 0.2 mm。

2)防水等级二级,耐火等级一级。

(2)施工采用的主要技术标准

《地下防水工程质量验收规范》(GB 50208—2011);《工程测量规范》(GB 50026—2007);《城市轨道交通工程测量规范》(GB 50308—2008);《钢筋焊接与验收规程》(JGJ 18—2012);《地下铁道工程施工及验收规范》(GB 50299—1999)2003 年版;《预制混凝土衬砌管片》(GB/T 22082—2008);《普通混凝土配合比设计规程》(JGJ 55—2000);《盾构法隧道施工及验收规范》(GB 50446—2017);《盾构隧道管片质量检测技术规程》(CJJ/T 164—2011)。

4. 施工程序与工艺流程

对于盾构施工的区间隧道,管片拼装的质量直接影响到隧道寿命及永久防水能力,因此严格控制管片安装质量至关重要。管片拼装工艺流程如图 1.2.3-1 所示。

5. 施工要求

(1)管片运输、堆放

1)管片验收。管片运至施工现场经验收合格后方可吊卸。验收过程中要实测成型管片的结构尺寸,检查混凝土表面是否有蜂窝麻面,检查管片是否有裂纹、飞边、缺角掉边露筋现象，检查是否有明显色差等质量缺陷。检查不合格须进行退厂处理，严禁使用有质量缺陷的管片。

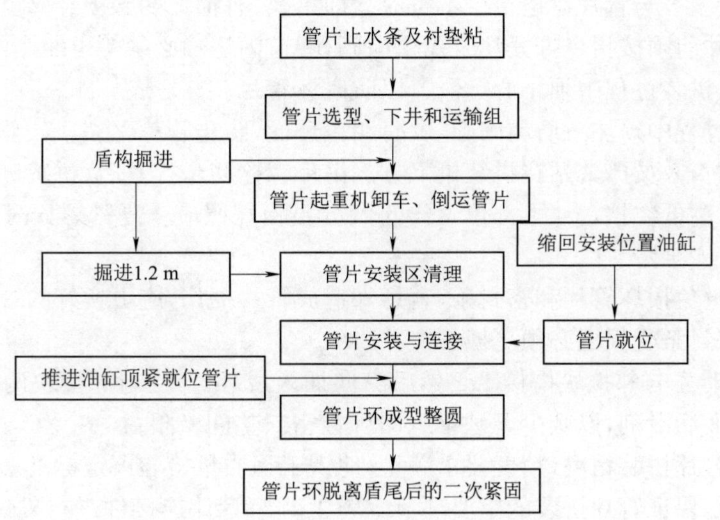

图 1.2.3-1 管片拼装工艺流程图

2)管片吊运、堆放。管片在吊运过程中必须专人指挥，垂直运输时必须采用合格的软吊装带，以防损坏管片。

管片需堆放到指定的堆码区域，堆码场地需硬化、平整、无积水，有固定的胎架或方木，严禁无下垫直接堆码。管片堆放时内弧面向上，每层管片之间应正确设置方木，堆放层数不可超过三层，以免压坏管片。

管片到现场后须采取正确可靠的防雨防晒措施。

(2)防水等材料的安装

1)弹性密封垫、自粘性橡胶薄板、传力衬垫的安装以及石棉橡胶板的使用必须按设计要求进行，避免错用、漏用。

2)存放管片进行密封垫粘贴的场地应配备防雨、防潮设备，避免密封垫或软木衬垫淋雨、受潮而失效。如雨天未及时遮盖而导致弹性密封垫遇水膨胀，则必须重新更换粘贴防水材料。

3)弹性密封垫应涂刷缓膨胀剂，以防在潮湿环境或遇水情况下导致先期膨胀，影响最终防水能力。

4)在弹性密封垫粘贴安装前应清除管片上预留凹槽接触面的灰尘，防止安装后剥离、脱落。安装时应特别注意，弹性密封垫必须精确地粘贴在凹槽的正中位置，粘贴须紧密、平顺，以保证管片拼装时弹性密封垫不因挤压而脱落，粘贴时，以单组份的氯丁酚醛橡胶作为胶粘剂。

5)石棉橡胶板的使用必须按工程师的技术交底进行，坚决杜绝盲目使用以免引起拼装困难等不良后果。

6)在管片拼装前，若因故导致弹性密封垫损坏或水膨胀条发生了预膨胀，则必须重新更换弹性密封垫。

7)管片安装时将端面止水条表面杂物清理干净，以免造成止水条间夹杂杂物，产生渗漏通路。该现象在隧道拱底处尤其常见。

(3)管片拼装

1)在管片拼装之前要清除盾尾拼装部位的泥浆等异物,并检查管片型号、外观以及密封材料的粘贴情况,若型号与管片运送指令不符应立即更换,有损坏的必须经修复后才可拼装。

2)管片在下井前须按指令拧紧注浆用单向阀,隧道内运输必须等电瓶车停稳后方可卸车。吊运、运输、卸车、拼装过程中须小心、轻放,以防碰坏管片。

3)管片拼装过程中须注意盾尾间隙,及时纠正环面,防止管片碎裂。

4)管片拼装时,人员严禁站在拼装机下方。吊环螺栓初步拧紧后,拼装机才能旋转。拧螺栓时,须注意上下高低空挡,上、下部位工作的人员要相互照应。复紧螺栓时一定要在安全可靠的位置,并系好安全带。

5)拼装时应避免损坏管片和密封条,若意外造成管片损伤,应更换好的管片拼装并对受损管片进行修补,密封条受损也必须更换。

6)拼装 F 块时先与邻接块搭接 1/2 然后纵向插入成环;F 块与邻接块两侧的密封垫在拼装前应涂水性表面润滑剂,以减少 F 块插入时弹性密封垫间摩阻力。

7)严格控制管片拼装精度,精度要求满足《地铁工程质量检验评定标准》。

8)管片连接是保证管片拼装的重要环节。施工时对管片连接件进行复试,连接件还应经防腐处理,螺栓复试及其盐雾试验每个区间各做两次。同时,在施工过程中还应加强施工控制,做到以下几点:

①根据管片的类型选择相应的连接螺栓,避免用错。

②为防止管片拼装时产生“踏步”,紧固螺栓前必须认真进行对位。

③管片连接螺栓必须拧紧,螺栓紧固采取多次紧固的方式。管片拼装过程中安装一块,紧一块螺栓,拼装结束后应及时对环纵向螺栓进行再次紧固,盾构掘进下一环时,借助推进油缸推力的作用,再一次紧固所有的螺栓,尤其是纵向螺栓。管片出车架后,再次紧固螺栓。隧道贯通后,必须对所有环纵向螺栓进行复紧。

④拼装点位及其环面超前量。杭海城际铁路工程所设计的管片在纵向连接上有 16 个螺栓孔。通过 16 个管片点位的不同组合,可拟合出不同曲率半径的隧道设计轴线。图 1.2.3-2 展示了 16 个点位的定义情况,K1 为封顶块在 0:00 位置,然后顺时针转 22.5°,即是 K2,如此类推,则可得到 K1~K16 的点位图。根据计算可得到不同拼装点位处的超前量。

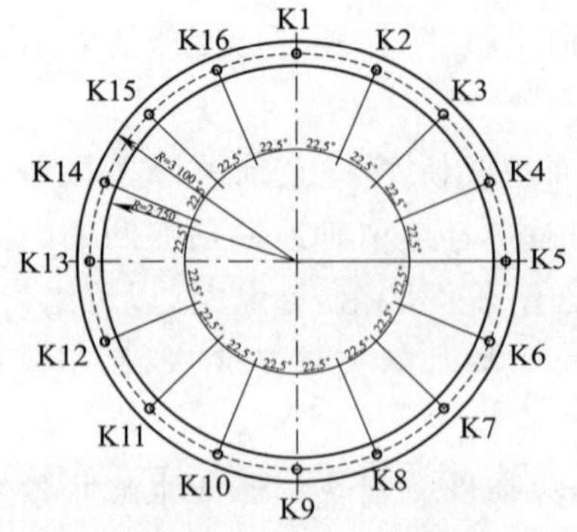

图 1.2.3-2　通用管片点位示意图(单位:mm)

6. 劳动组织

为确保施工质量、施工安全，在预计时间内顺利完成施工内容，成立了架子队，建立了架子队组织机构，如图 1.2.3-3 所示。

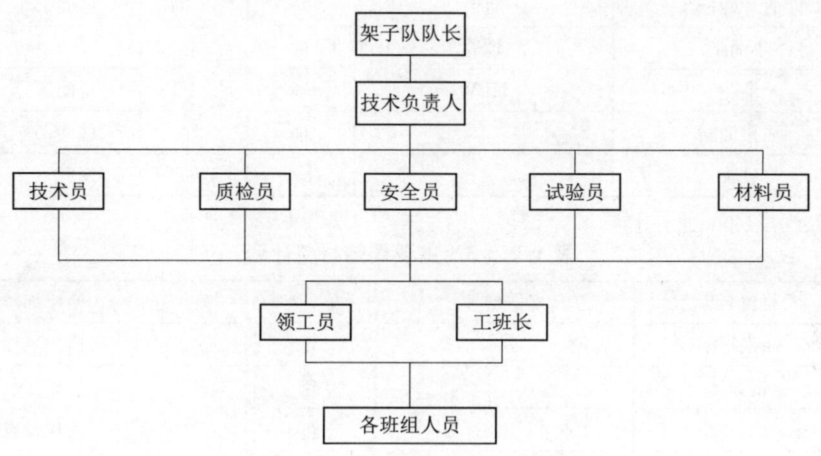

图 1.2.3-3　架子队组织机构图

为保证施工过程各工序能有序进行，现场成立了专业架子队，架子队人员配备见表 1.2.3-1。

表 1.2.3-1　架子队人员配备

序　号	人员配置	人数(人)	职责分工
1	架子队队长	1	统一全面负责管理现场工作
2	技术负责人	1	全面负责现场施工技术管理工作
3	技术员	2	负责现场施工技术管理
4	质检员	1	检查施工过程中的质量工作
5	安全员	1	负责施工现场安全作业
6	材料员	1	负责施工材料计划、收料检验等工作
7	试验员	1	负责物资进场检验，现场取样检测工作
8	领工员	2	负责现场施工的协调工作
9	工班长	3	负责施工现场施工人员的相互协调
10	测量工	3	负责现场的放样、复核
11	机械管理员	1	负责现场机械设备的管理
12	普工	6	负责清理现场

7. 材料要求

材料计划见表 1.2.3-2、表 1.2.3-3。

表 1.2.3-2　区间主要物资材料计划表

序　号	材料名称	规格型号	单　位	数　量	使用部位	备　注
1	管片	C50 P12	环	268	区间	
2	防水材料	三元乙丙弹性密封垫	环	268	区间	
3	管片螺栓	M30	套	7 504	区间	
4	小油脂	EP0	桶	4	区间	
5	油脂	HBW	桶	4	区间	
6	盾尾油脂		桶	34	区间	
7	砂浆		m^3	1 608	区间	

注:按始发、接收各 100 m 进行计算。

表 1.2.3-3　主要周转材料计划

序　号	材料名称	规格型号	单　位	数　量	使用部位	备　注
1	始发托架		套	2	盾构始发	
2	钢套筒		套	1	盾构接收	
3	反力架		套	2	盾构始发	
4	走道板	3 m×0.5 m	套	134	盾构隧道	
5	钢轨	43 kg/m	m	2 200	盾构隧道	
6	电缆	120 mm^2	m	800	盾构隧道	
7	轨枕	宽 0.2 m/间距 1.2 m	套	2 200	盾构隧道	
8	通风管	ϕ1 000 mm	m	402	隧道通风	
9	通风机	2×37	台	2	隧道通风	
10	冷却塔		台	1	循环水	
11	充电池	2×4	个	6		

8. 设备机具配置

主要机械设备见表 1.2.3-4。

表 1.2.3-4　主要机械设备

序　号	设备名称	型号规格	数　量
1	土压平衡盾构机	CTE6900E-770	2
2	门式起重机	50 t	2
3	电瓶车	JXKB35	4
4	柴油发电机组	200 GF	1
5	履带式起重机	3 000 t	2
6	汽车式起重机	QY25K5-I	1
7	挖掘机	PC200	1
8	钢筋切断机	GQ-40	1
9	钢筋弯曲机	GW-40	1

续上表

序 号	设备名称	型号规格	数 量
10	钢筋调直机	GT6/12B	1
11	交流电焊机	BX-500	2
12	空压机	GA90AFF-8	2
13	水泵	65LS16/7.5 kW	8
14	通风机	SDF-N10	2
15	污水泵	15PW	20

9. 质量控制及检验

管片在盾尾内拼装完成时，高程和平面偏差±50 mm，每环相邻管片高差 5 mm，纵向相邻环管片高差 6 mm。

(1)管片质量要求

管片表面不得出现裂缝、破损、掉角等现象，根据技术规范要求管片拼装精度见表 1.2.3-5。

表 1.2.3-5 管片拼装精度要求

序 号	项 目	允许偏差	检查频率
1	衬砌环直径椭圆度	±5*D*‰	4 点/环
2	衬砌环轴线平面位置及高程	±50 mm	1 点/环
3	径向错台	5 mm	4 点/环
4	环向错台	6 mm	4 点/环

地铁隧道建成后，中线允许偏差：高程和平面±100 mm，且衬砌结构不得侵入建筑限界；每环相邻管片高差 10 mm，纵向相邻环管片高差 15 mm；衬砌环直径椭圆度±5*D*‰。根据技术规范要求，管片的拼装精度见表 1.2.3-6。

表 1.2.3-6 管片拼装精度要求

序 号	项 目	允许偏差(mm)
1	拼装成环后水平直径与垂直直径(浆液凝固后)	12
2	第一片管片定位量	3
3	相邻管片(环与环、块与块)间的“踏步”	4
4	相邻管片肋面不平整度	5
5	环缝张开	2
6	纵缝张开	2

(2)管片安装中的注意事项

1)管片接头必须拧紧，为避免管片旋转过程中安装头单独承受管片重量，应将四条压板均匀地接触管片，避免管片拼装过程中螺栓头被拔出。

2)管片拼装过程中，第一块管片的位置优为重要，它决定了本环其他管片的位置及拼缝的宽窄。管片高于相邻块,将会导致 K 块的位置不够;低于相邻块,纵缝过大,防水性降低。同时,第一块应平整,防止形成喇叭口。

3)当拼装第五块(L1 或 L2)时,应用尺子量 K 块空位的宽度,并调整第五块,保证 K 块空位两端宽度为(48±1)cm 或(95±1)cm。

4)管片拼装应满足规范规定的偏差:高程和平面不侵限;每环相邻管片平整度 5 mm,纵向相邻环环面平整度 6 mm,衬砌环直径椭圆度±5D‰。

5)拧紧螺栓应确保螺栓紧固,拧紧力矩要达到设计要求 300 N·m。

6)同一环内各管片的相邻位置应符合设计图纸要求,不可互换。每环管片上有管片类型标记,环类型标记,纵缝对接标记,安装管片时应认真查看这些标记,保证管片安装正确管片迎千斤顶面和背千斤顶面不同,方向不要错装。操作人员在安装管片时看到管片中心标识字符应是正确的,如果是倒置的,则管片朝向错误。

7)管片 K 块安装方法为先纵向搭接 1 m,然后安装器径向推顶到预定位置再纵向插入。K 块及 B 块、A 块与 K 块相邻面止水条,在安装面应涂润滑剂。

8)安装时注意小心轻放,避免损坏管片和止水条。

9)每次根据需要拼装管片的位置,回缩相应位置的部分千斤顶,如果过多的千斤顶回缩是十分危险的,前面土体的支撑压力会使得盾构机后移,轻则导致盾构机姿态变样,重则引起安全事故。

10)封顶块先径向居中压入安装位置,搭接长度小于 1.2 m,调准后再沿纵向缓慢插入。如遇阻碍应缓慢抽出后进行调整。严禁强行插入和上下大幅度调整,以免损坏或松动止水条。

10. 安全及环保要求

(1)管片拼装落实专人负责指挥,盾构机司机按照指挥人员的指令操作,严禁擅自转动拼装机,以免发生伤亡事故。

(2)举重臂旋转时,严禁施工人员进入举重臂活动半径内,拼装工在管片全部定位后,方可作业。

(3)拼装管片时,拼装工站在安全可靠的位置,严禁将手脚放在环缝和千斤顶的顶部,以防受到意外的伤害。

(4)举重臂在管片固定就位后,方可复位,封顶拼装就位未完毕时,人员严禁进入封顶块下方。

(5)举重臂旋转时,盾构机司机必须看清旋转半径内的人员,并鸣笛警示。

(6)举重臂拼装端头必须拧紧到位,并定期检查磨损情况,对内丝口损坏的管片必须采取可靠的措施后方可使用。

(7)隧道内施工空间有限,施工过程中合理安排施工工序。

1.2.4 同步注浆施工作业指导书

1. 适用范围

适用于杭州至海宁城际铁路盾构同步注浆施工。

2. 作业准备

(1)内业技术准备

1)开工前组织技术人员认真学习实施性施工组织设计,阅读、审核施工图纸。澄清有关技术问题,熟悉标准和现场环境状况。

2)根据设计和标准要求,结合现场实际情况,编制吊装方案。

3)制订施工安全保证措施,提出应急预案。

4)对施工人员进行技术交底,对参加施工的人员进行上岗前技术培训,考核合格后持证上岗。

(2)外业技术准备

1)做好施工作业层中所涉及的各种外部技术数据收集。

2)对各类机具设备性能进行逐级检查验收,对其安全系数及抗倾覆稳定性等是否满足要求进行复核。

3. 技术要求

(1)盾构区间技术标准

1)管片最大裂缝宽度不大于 0.2 mm。

2)防水等级二级,耐火等级一级。

(2)施工采用的主要技术标准

《地下防水工程质量验收规范》(GB 50208—2011);《工程测量规范》(GB 50026—2007);《城市轨道交通工程测量规范》(GB 50308—2008);《钢筋焊接与验收规程》(JGJ 18—2012);《地下铁道工程施工及验收规范》(GB 50299—1999)2003 年版;《预制混凝土衬砌管片》(GB/T 22082—2008);《普通混凝土配合比设计规程》(JGJ 55—2000);《盾构法隧道施工及验收规范》(GB 50446—2017);《盾构隧道管片质量检测技术规程》(CJJ/T 164—2011)。

4. 施工程序与工艺流程

注浆施工工艺流程如图 1.2.4-1 所示。

5. 施工要求

当管片脱离盾尾后,在土体与管片之间会形成一道宽度为 105 mm 左右的环行空隙。同步注浆的目的是为了尽快填充环形间隙使管片尽早支撑地层,防止地面变形过大而危及周围环境安全,同时作为管片外防水和结构加强层。

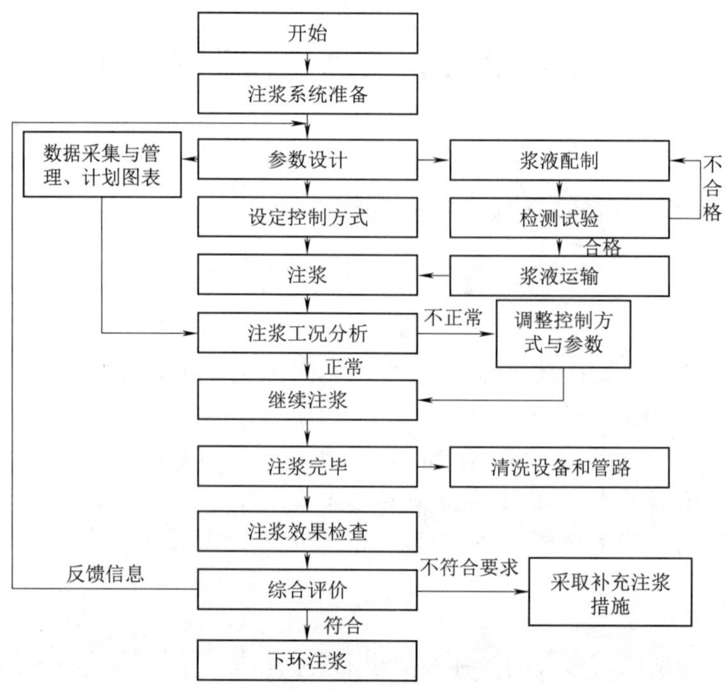

图 1.2.4-1　注浆施工工艺流程图

(1)注浆材料及配比设计

1)注浆材料。同步注浆浆液采用惰性砂浆,以粉煤灰、膨润土、砂为主要材料。

2)浆液配比及主要性能指标。根据盾构施工经验,同步注浆拟采用表 1.2.4-1 中的配比。在施工中,根据地层条件、地下水情况及周边条件等,通过现场试验优化确定,同步注浆浆液的主要性能指标如下:

表 1.2.4-1　同步注浆配合比

材料	消石灰	粉煤灰	细砂	膨润土	水	外加剂
配比(kg)	100	400	800	50	340	3

①胶凝时间:一般为 3～10 h,根据地层条件和掘进速度,通过现场试验加入促凝剂及变更配比来调整胶凝时间。对于强透水地层和需要注浆提供较高的早期强度的地段,可通过现场试验进一步调整配比和加入早强剂,进一步缩短胶凝时间。

②固结体强度:1 d 不小于 0.1 MPa,28 d 不小于 1.0 MPa。

③浆液结石率:>95%,即固结收缩率<5%。

④浆液稠度:12～16 cm。

⑤浆液稳定性:倾析率(静置沉淀后上浮水体积与总体积之比)小于 5%。

(2)同步注浆方法、工艺。同步注浆装置由注浆泵、清洗泵、储浆槽、管路、阀件等组成,安装在第一节台车上。当盾构掘进时,注浆泵将储浆槽中的浆液泵出,通过四条独立的输浆管道,通到盾尾壳体内的 4 根同步注浆管,对管片外表面的环行空隙中进行同步注浆。同时,每条输浆管道上都有一个压力传感器,每个注浆点都有监控设备监视每环的注浆量和注浆压力;而且每条注浆管道上设有两个调整阀,当压力达到最大时,其中一个阀就会使注浆泵关闭,而当压力达到最小时,另外一个阀就会使注浆泵打开,继续注浆。

盾尾密封采用三道钢丝刷加注盾尾油脂密封,确保周边地基的土砂和地下水、衬背注浆材料、开挖面的水和泥土从外壳内表面和管片外周部之间缝隙不会流入盾构机内,确保壁后注浆的顺利进行,如图 1.2.4-2 所示。

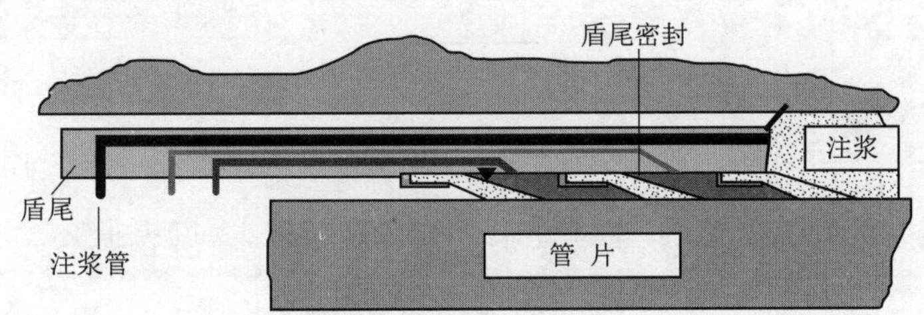

图 1.2.4-2 同步注浆示意图

注浆量和注浆压力的大小可以实现自动控制和手动控制,手动控制可对每一条管道进行单个控制,而自动控制可实现对所有管道的同时控制。

(3)注浆参数控制

1)盾构正式掘进中加强施工监测,随时调整掘进参数,不断完善施工工艺,控制地表最大变形量在−20～+10 mm 范围内。根据地表沉降情况,及时调整正面土压力及注浆量,每推进一环的建筑空隙(取 1.5 m 环计算):$V=\pi(6.91^2-6.70^2)\times1/4\times1.5=3.36\ m^3$。

注:盾构外径为 6 910 mm;管片外径为 6 700 mm。

理论上,浆液需 100%充填建筑总空隙,但浆液失水固结、盾构推进时壳体带土使实际开挖断面大于盾构外径、部分浆液劈裂到周围地层等因素,导致实际注浆量远超过理论注浆量。根据新型厚浆注浆相关要求,实际注浆量应为理论空隙体积的 150%～250%,即同步注浆量实际应控制在 5.04～8.40 m^3之间,穿越构筑物前实际根据现场试验段地表监测情况合理控制注浆量,保证注浆量控制在 6 m^3左右。

2)注浆压力。注浆压力应为保证足够注浆量的最小值,施工中注浆压力设定为最低限,即不小于 0.3 MPa。

3)同步注浆要做到及时、足量的填充建筑空隙,以减少施工过程的土体变形。

(4)浆液配比。同步注浆浆液严格按照配比进行配制,加水一次到位,浆液稠度控制在 12～16 cm 之间,搅拌均匀。

在正 7 环安装完后,紧固好管片连接螺栓,停止掘进对洞门圈进行注浆,注浆时必须密切关注洞门密封装置的变形情况,出现漏浆及时停止注浆,根据具体情况及时采取相应的措施进行处理,注浆完成后应立即用水清洗注浆管,防止注浆管堵塞。

6. 劳动组织

劳动力组织方式采用架子队组织模式,如图 1.2.4-3 所示。

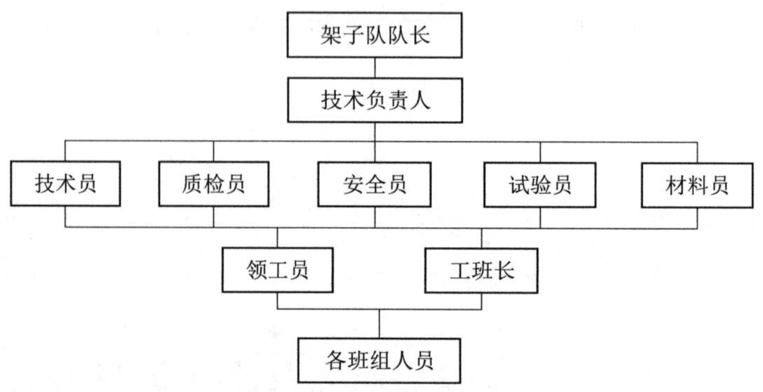

图 1.2.4-3 架子队组织机构图

作业人员数量应根据施工条件、工期要求进行合理配置,详见表 1.2.4-2。

表 1.2.4-2 架子队人员配备

序 号	人员配置	人数(人)	职责分工
1	架子队队长	1	统一全面负责管理现场工作
2	技术负责人	1	全面负责现场施工技术管理工作
3	技术员	2	负责现场施工技术管理
4	质检员	1	检查施工过程中的质量工作
5	安全员	1	负责施工现场安全作业
6	材料员	1	负责施工材料计划、收料检验等工作
7	试验员	1	负责物资进场检验,现场取样检测工作
8	领工员	2	负责现场施工的协调工作
9	工班长	3	负责施工现场施工人员的相互协调
10	测量工	3	负责现场的放样、复核
11	机械管理员	1	负责现场机械设备的管理
12	普工	6	负责清理现场

7. 材料要求

依据合同文件要求,在施工前需提前与材料厂家联系,确保盾构掘进施工时的材料正常供应。

8. 设备机具配置

为了施工任务顺利进行,机械设备按照科学合理、满足要求、略有富余的原则进行配置。

9. 质量控制及检验

在开工前制定详细的注浆作业指导书,并进行详细的浆材配比试验,选定合格的注浆材料及浆液配比。

制定详细的注浆施工设计和工艺流程及注浆质量控制程序,严格按要求实施注浆、检查、记录、分析,分析注浆速度与掘进速度关系,评价注浆效果,反馈指导下次注浆。

成立专业注浆作业组,由富有经验的注浆工程师负责现场注浆技术管理工作。

根据洞内管片衬砌变形和地面及周围建筑物变形监测结果，及时进行信息反馈，修正注浆参数和施工工艺，发现情况及时解决。

做好注浆设备的维修保养和注浆材料供应，定时对注浆管路及设备进行清洗，保证注浆作业顺利连续不中断地进行。

环形间隙充填不够、结构与地层变形不能得到有效控制、变形危及地面建筑物安全或存在地下水渗漏区段，通过预留孔对管片背后进行补充注浆，以增加注浆层的密实性并提高防水效果。

10. 安全及环保要求

(1)进入工地必须佩戴好安全防护用品。

(2)作业工班每周例行安全学习，学习安全操作规程，安全防护知识，总结施工生产中的安全隐患，制订相应的防范措施。

(3)注浆人员必须经过专门培训，并熟练掌握有关作业规程；严禁在不停泵的情况下进行任何修理；注浆泵及管路内压力未降至零时，不准拆除管路或松开管路接头，以免浆液喷出伤人；注浆泵由专人负责操作，未经同意其他人不得操作。

(4)针对本工程特点，编制详细的安全操作规程、细则及安全技术措施，并发至工班，组织逐条学习、落实；通过组织考试，及时了解工人掌握的情况，做到熟悉安全操作后上岗。

(5)遵守劳动纪律，服从领导和安全检查人员的指挥，工作时思想集中，坚守岗位，未经许可不得从事非本工种作业。

1.2.5 盾构接收施工作业指导书

1. 适用范围

适用于杭州至海宁城际铁路盾构机接收施工。

2. 作业准备

(1)内业技术准备

1)开工前组织技术人员认真学习实施性施工组织设计,阅读、审核施工图纸。明确有关技术问题,熟悉标准和现场环境状况。

2)根据设计和标准要求,结合现场实际情况,编制施工方案,根据施工方案编制作业指导书。

3)制订施工安全保证措施,提出应急预案。

4)对施工人员进行技术交底,对参加施工的人员进行上岗前技术培训,考核合格后持证上岗。

(2)外业技术准备

1)盾构机进站前 100 m 时,要对接收洞门中线进行再次复测,确定洞门中心精确位置。根据测量结果,调整盾构机自动测量系统,在最后 50 环推进过程中,对隧道轴线进行多次复核,确保轴线准确,保证盾构机安全进入洞门圈。

2)盾构机在推进最后 50 环过程中,根据定向测量和联系测量成果,有计划地进行纠偏工作。

3)检查接收端洞门密封质量是否满足要求。

4)对各类机具设备性能进行逐级检查验收,对其安全系数及抗倾覆稳定性等是否满足要求进行复核。

3. 技术要求

(1)到达段 100 m 为接收施工段,盾构机接收是隧道贯通的关键。应在此段推进中严格控制盾构机的水平、垂直偏差,并结合盾尾间隙使盾构接收段管片偏差控制在最小。

(2)盾构机进站前 100 m 时,要对接收洞门中线进行再次复测,确定洞门中心精确位置。根据测量结果,调整盾构机自动测量系统,在最后 50 环推进过程中,对隧道轴线进行多次复核,确保轴线准确,保证盾构机安全进入洞门圈。

(3)盾构机在推进最后 50 环过程中,根据定向测量和联系测量成果,有计划地进行纠偏工作。推进纠偏严格按照小量多次的原则进行,使盾构机姿态控制在水平±15 mm 以内,垂直方向在+20～+30 mm,以保证隧道的顺直度。

(4)在盾构机推进最后 50 环的过程中,加大盾尾油脂压注量,避免盾尾渗漏。

(5)由于加固体有一定的强度且硬度不均匀,为了便于隧道的纠偏,在进洞前现场预先准备好两环转弯环管片备用。

(6)施工采用的主要技术标准:《地下防水工程质量验收规范》(GB 50208—2011);《工程测量规范》(GB 50026—2007);《城市轨道交通工程测量规范》(GB 50308—2008);《钢筋焊接与验收规程》(JGJ 18—2012);《地下铁道工程施工及验收规范》(GB 50299—1999)2003 年版;《预制混凝土衬砌管片》(GB/T 22082—2008);《普通混凝土配合比设计规程》(JGJ 55—

2000);《盾构法隧道施工及验收规范》(GB 50446—2017);《盾构隧道管片质量检测技术规程》(CJJ/T 164—2011)。

4. 施工程序与工艺流程

(1)施工程序

盾构到达段的推进施工分两个阶段,如图 1.2.5-1 所示。

1)第一阶段:盾构机推进至加固体范围,但刀盘尚未抵达套筒。刀盘中心刀进入加固体 1.9 m 后,切断刀盘前后的水力联系,刀盘中心刀进入加固体 3.5 m后,盾构停机检查,要求盾构机处于最佳状态,再次开始推进,准备进入第二阶段的推进。

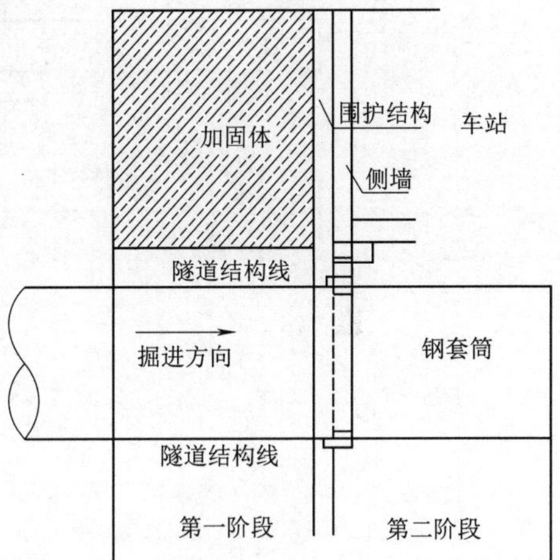

图 1.2.5-1 盾构机进洞阶段划分示意图

第一阶段的推进过程中,需要注意以下事项:

①推进过程中严格控制推进速度和总推力,避免进刀量过大引起的刀盘被卡,推进速度以 1～2 cm/min 为宜。在刀盘转动过程中土仓内及刀盘前加注膨润土浆液进行润滑和改良土体。

②严格控制盾构姿态,特别是盾构切口的姿态,控制目标为水平±15 mm,垂直+10～+20 mm之间。

③控制盾尾间隙,保证盾尾间隙均匀,必要时安装转弯环管片进行调节。

④严格控制切口的土压力。

⑤推进过程连续均匀,均衡施工,保证土仓内一定土压,防止出空土仓盾构机抬头上浮。

⑥推进过程中加强盾尾油脂的压注,防止盾尾漏浆。

⑦从管片上拼装孔向管片外侧注双液浆,防止盾尾后的水进入盾尾前方。

2)第二阶段:进钢套筒掘进。参数设置:推速<5 mm/min;推力<8 000 kN,视实际推力大小,以不超过此值为原则;在钢套筒内掘进以管片拼装模式掘进。盾构机在钢套筒内掘进过程中,要确保与外界联系,密切观察钢套筒顶部的情况,一旦发现变形量超量或有渗漏时,必须立即停止掘进,及时采取补救措施。盾构机在进入钢套筒内之后,要注意姿态控制。

根据钢套筒顶部安装的压力表的读数,及时调整推进压力,避免推进压力过大,钢套筒密封处出现渗漏状况。压力过大时,打开钢套筒后板盖上的排浆口,进行卸压。

进钢套筒时姿态控制:必须以实际测量的钢套筒安装中心线为准控制盾构机姿态,要求中心线偏差控制在±2 cm 之内。盾构机在进入钢套筒内之后,要注意姿态控制。从管片上的拼装孔向管片外侧注双液浆,防止盾尾后的水进入盾尾前方。

盾构机筒体推到位置并完成洞门密封后,在刀盘不转情况下,出空土仓内回填物。

打开钢套筒底部的排浆管,排出剩余的浆液,并检查筒体的漏浆情况。在洞门双液浆凝固后,情况稳定、安全的情况下,开始拆除钢套筒。

测量与监测:盾构机到达掘进及过程加大测量频率,并复核控制点,确保盾构机到达的姿态正确;在盾构机到达前布置监测点,在接收端头端墙、地面及周围建筑物布置沉降观测点;围护结构及钢套筒、洞门周围布置形变监测点。并测量初始值,盾构机到达过程中每天测量 2

次,若变形较大,增加测量频率并及时通报项目部采取处理措施。进钢套筒过程中,设专人观测钢套筒的稳定、变形情况,发现异常情况立即停机处理。

(2)工艺流程

盾构接收施工工艺流程如图 1.2.5-2 所示。

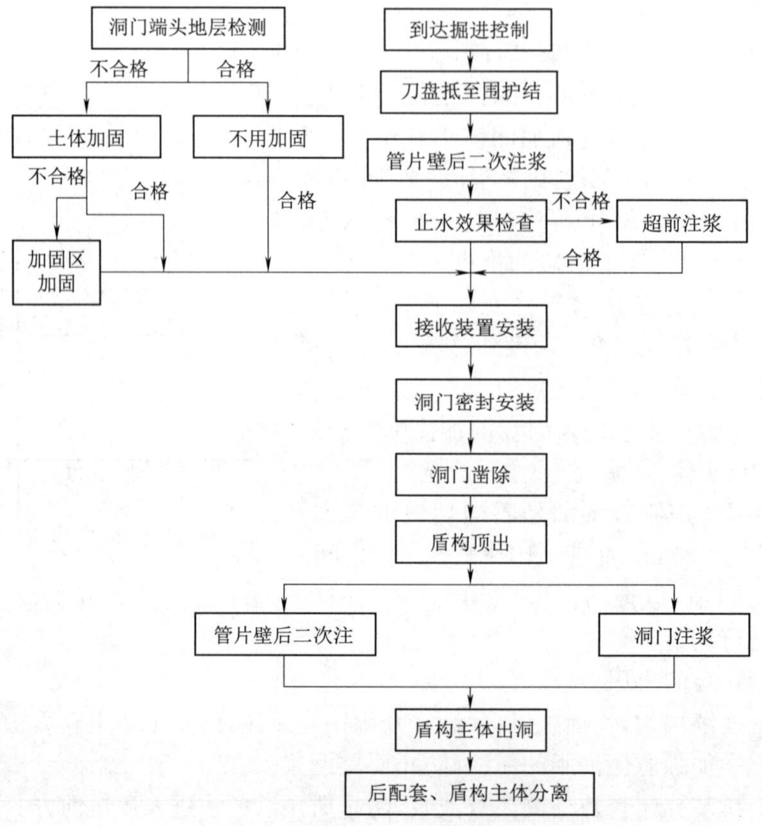

图 1.2.5-2　盾构接收施工工艺流程图

5. 施工要求

(1)钢套筒设计

1)筒体。筒体部分长 10 600 mm,直径(内径)7 230 mm,分四段(每段长 2 650 mm),每段又分为上、下两块。筒体材料用 20 mm 厚的 Q235A 钢板,每段筒体的外周焊接纵、环向筋板形成网状以保证筒体刚度,筋板厚 15 mm,高 140 mm,间隔约 560 mm×580 mm;每段筒体的端头和上、下两段圆弧接合面均焊接连接法兰,法兰用 40 mm 厚的 Q235A 钢,上、下两段连接处以及两段筒体之间均采用 M30×90 8.8 级螺栓连接,中间加 3 mm 厚橡胶垫,以保证密封效果。接收钢套筒筒体如图 1.2.5-3 所示。

2)筒体底部托架。在筒体底部托架分四块制作。底部托架承力板、筋板、底板用 30 mm 厚 Q235A 钢板,如图 1.2.5-4 所示。

托架与下部筒体焊接连成一体,焊接时托架板先与筒体焊接,再焊接横向筋板、焊接底板和工字钢。托架组装完后,工字钢底边与车站底板预埋件焊接,托架须用型钢与车站侧墙顶紧,钢套筒上部采用型钢与中板梁顶紧。

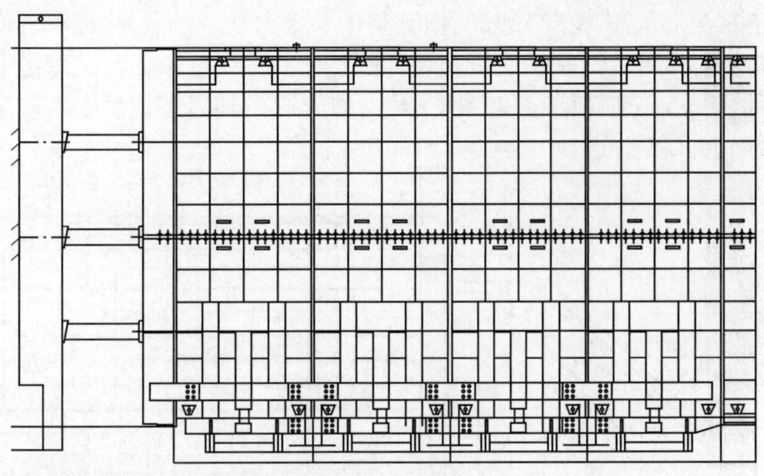

图 1.2.5-3 接收钢套筒筒体

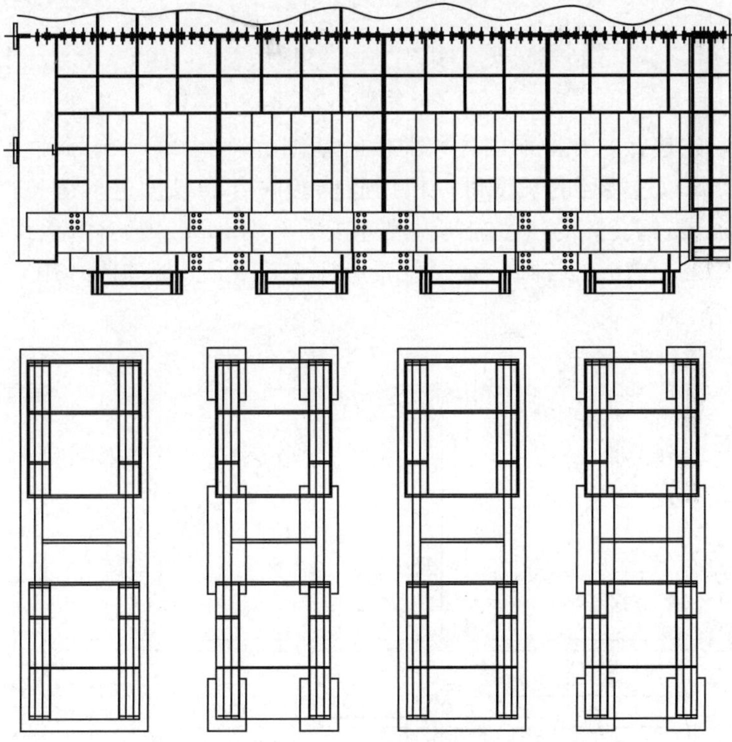

图 1.2.5-4 接收钢套筒底部框架

3)后端盖。后端盖为平面盖，材料用 30 mm 厚的 Q235A 钢板，平面环板加焊 4 道厚 30 mm、高 500 mm 的钢板筋板，井字形焊接在后端盖上。后盖边缘法兰与钢套筒端头法兰采用 M30×130 8.8 级螺栓连接。

4)反力架。钢套筒受力架均采用 Q235A 型钢材焊接而成的箱体结构，主受力板为40 mm 厚钢板，筋板为 40 mm 厚钢板，受力柱尺寸为 700 mm×600 mm，上、下横梁尺寸为 700 mm×400 mm；八字撑共有 4 根，上部八字撑 2 根，其中心线长度为 2 035 mm，下部八字撑 2 根，其中心线长度为 2 035 mm，支撑柱由直径 609 mm 壁厚 12 mm 的钢管两端焊接 40 mm 钢板制作。斜撑由直径 609 mm、壁厚 12 mm 的钢管制作。受力柱一端紧靠在端头井底板上,另一端靠在车站中板上。斜撑一端与车站底板预埋件焊接牢固,一端与受力柱焊接牢固。受力柱定好位置后,先用 400 t 千斤顶顶平面盖和支撑柱,消除洞门到后盖板的安装间隙。钢套筒反力架布设示意如图 1.2.5-5 所示。

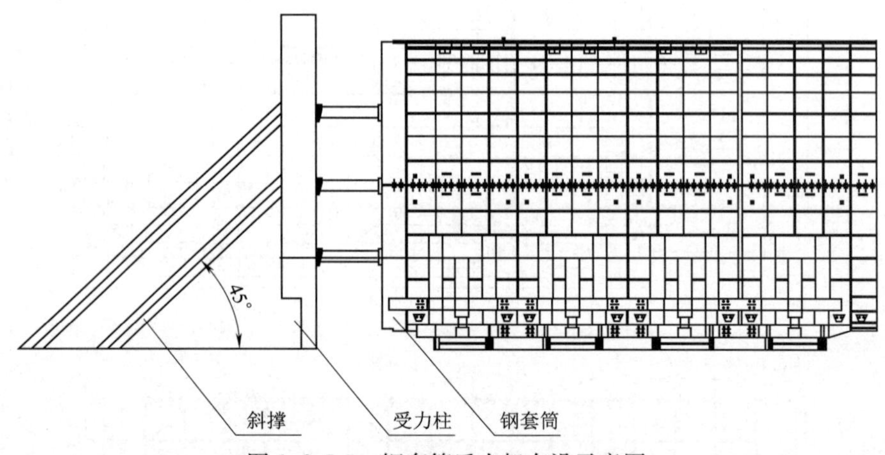

图 1.2.5-5 钢套筒反力架布设示意图

5)筒体与洞门的连接。在原洞门环预埋板的基础上,钢套筒与洞门环板之间设一过渡连接板(厚度为 20 mm),过渡环的长度可以根据盾构接收井的长度进行调整,洞门环板与过渡连接板采用焊接连接,钢套筒的法兰端与过渡连接板采用 M36×65 8.8 级螺栓连接。

在过渡连环 2、4、8、10 点(钟表点位)位置有 4 个观测孔(带球阀),用来检查洞门密封质量,如图 1.2.5-6 所示。

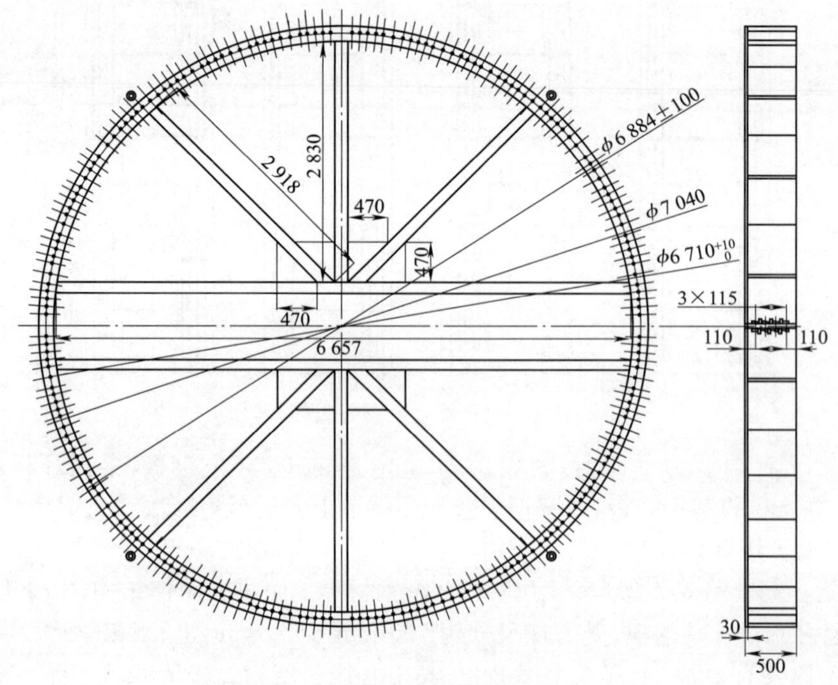

图 1.2.5-6 过渡连接板示意图(单位:mm)

6)进料口。为了满足本区间盾构接收需求,钢套筒上预留两个下料口,两个下料口均位于第二块上。进料口设计如图 1.2.5-7 所示。

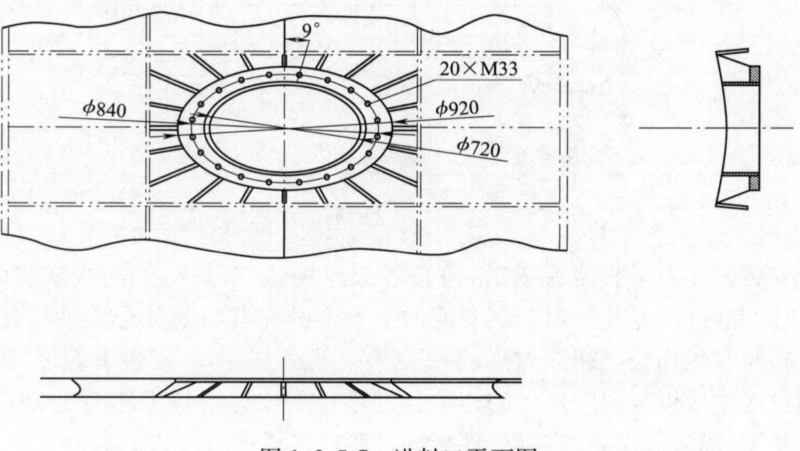

图 1.2.5-7 进料口平面图

7)卸料闸及排浆孔。在后端盖平面板设置一个卸料闸门,1 个带球阀注排浆管。第二次洞门凿除的渣土需要从卸料闸运出。

8)压力表。在后端盖平面板设置 1 个压力表。

(2)钢套筒安装

1)钢套筒吊装下井。盾构到达时钢套筒从余杭高铁站东端头井吊装下井,东端头井尺寸为 7 m×11.5 m,钢套筒最重部件为 12 t。起重机采用 100 t 汽车式起重机。

2)安装过程及步骤:

①主体部分连接。

a. 在开始安装钢套筒之前,首先在基坑里确定井口盾构接收中心线,也就是钢套筒的安装位置,使从地面上吊下来的钢套筒力求一次性放到位。

b. 将过渡连环运至施工面后,把过渡连环连接好,并使钢套筒的中心与事先确定好的线路中心线重合,向前移动过渡连环并与洞门钢环焊接。

将传力架 1 吊装至工作面组装好,并使钢套筒的中心与事先确定好的线路中心线重合,向后移动传力架 1 并与过渡连板连接。

将传力架 2 吊装至工作面组装好,并使钢套筒的中心与事先确定好的线路中心线重合,向后移动传力架 2 并与传力架 1 连接。

将传力架 3 吊装至工作面组装好,并使钢套筒的中心与事先确定好的线路中心线重合,向后移动传力架 3 并与传力架 2 连接。

将传力架 4 吊装至工作面组装好,并使钢套筒的中心与事先确定好的线路中心线重合,向后移动传力架 4 并与传力架 3 连接。

两段传力架放好橡胶密封垫后,拧紧连接螺栓,连接部位密封均采用 8 mm 厚橡胶垫密封,如图 1.2.5-8 所示。

②后端盖连接。后盖板与筒体之间加 8 mm 厚的橡胶板后,用 M30 螺栓(8.8 级)上紧在钢套筒后法兰上。

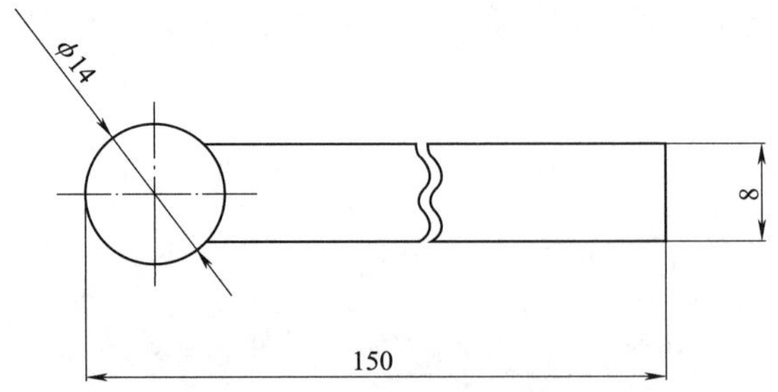

图 1.2.5-8　钢套筒筒体连接面密封详图(单位:mm)

③反力架安装。反力架安装完成后,检查各部连接处,对每一处连接安装的地方进行检验,确保其连接的完好性,尤其是对于钢套筒的上下半圆和节与节部分之间连接的检查,还要检查过渡连接板与洞门环板之间的焊接,看是否存在点焊或浮焊,发现有隐患,及时处理。

④钢套筒过渡连接板与洞门环板的连接。过渡环下放运输到工作面组装完成后,经过测量组对中心线复测,确认无误后,将洞门环板与过渡连接板进行焊接。

钢套筒的过渡连接板与洞门环板相接触后,要检查两个平面是否全部连接,由于洞门环板在预埋过程中可能出现变形或平面度偏差较大的情况,所以有可能出现过渡连接板有些地方无法与洞门环板密贴的情况,这时就需在这些空隙处填充钢板并与过渡板焊接牢固,务必将空隙尽可能地堵住。在确定洞门环板与过渡板全部密贴后将过渡板满焊在洞门环板上。

⑤砂浆基座。在钢套筒底部 60°范围内浇筑 15 cm 厚的 C20 砂浆基座,如图 1.2.5-9 所示。

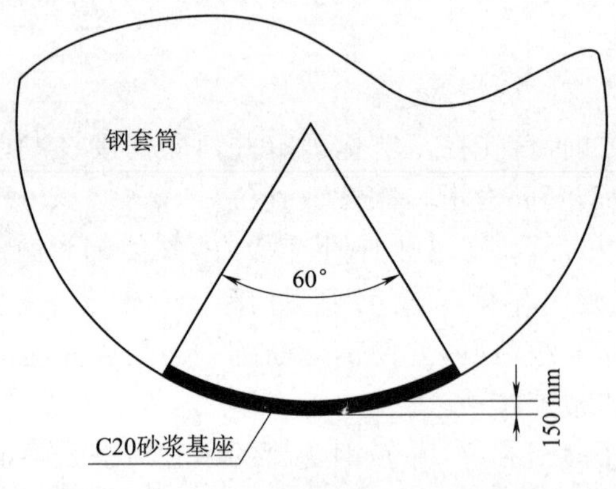

图 1.2.5-9　钢套筒底部砂浆基座

⑥填料。钢套筒检查完毕后,向钢套筒内填料,主要是填盾构掘进出来的土,必要时对土体进行改良,增强土体的流动性。

余杭高铁站站接收时,采用钢套筒正上方的下料口下料。

为了将填料输送至钢套筒内,通过车站东端头,从地面引一条输送管道至钢套筒上,采用管路连接,地面设置一个漏斗,将填料直接从漏斗输送至钢套筒内。填料过程中如果出现填料输送不够顺畅时,可以采用冲水方式,将填料冲下去。

(3)钢套筒检查

钢套筒是盾构顺利接收的关键,使用前必须对其进行检查,检查内容如下:

1)钢套筒圆度。使用前对整体钢套筒的圆度进行检查,必要时由制造厂家进行检查,确保其圆度,避免盾构机进入钢套筒时与钢套筒间距不均,导致盾体与钢套筒碰撞使钢套筒发生位移变形等意外。

2)钢套筒密封性。钢套筒分多块组成,各组成块之间均须加垫橡胶垫,对橡胶垫必须严格控制质量,防止损坏,或有漏洞,避免出现漏浆泄压。另外,钢套筒各部件之间连接均采用螺栓连接,对螺栓连接面也应进行检查,对连接面出现变形或破坏的部位进行修复,避免出现漏洞。连接螺栓是保证各部分连接紧密的重要构件,使用前应确保连接螺栓质量和数量,保证各部分连接的强度。

钢套筒组装完成后,在筒体内加气检查其密封性,气压为 0.2 MPa,若在 12 h 内,气压保持在 0.18 MPa 以上,则可满足钢套筒接收要求;如果小于 0.18 MPa,找出泄气部分,检查并修复其密封质量,然后再次进行试压,直至满足试压要求。

3)钢套筒焊缝。钢套筒由钢板焊接而成,使用前必须使用超声波探伤仪对焊缝进行探伤检测,对有损伤的焊缝进行补焊,确保焊缝质量,保证整个钢套筒的整体性。

(4)钢套筒固定

区间接收线形均为直线段,钢套筒定位时,要求钢套筒架中心线、线路中心线两条控制线重合,误差不大于 1 cm。

在开始安装钢套筒之前,首先在基坑里确定线路中心线,也就是钢套筒的中心线。

钢套筒安装完成后,对筒体位置进行复测,检查与盾构机到达的中心线是否重合。

钢套筒位置及标高满足要求后,用 H 型钢将钢套筒与端头井井侧壁支撑定位,焊接牢固。钢套筒固定如图 1.2.5-10 所示。

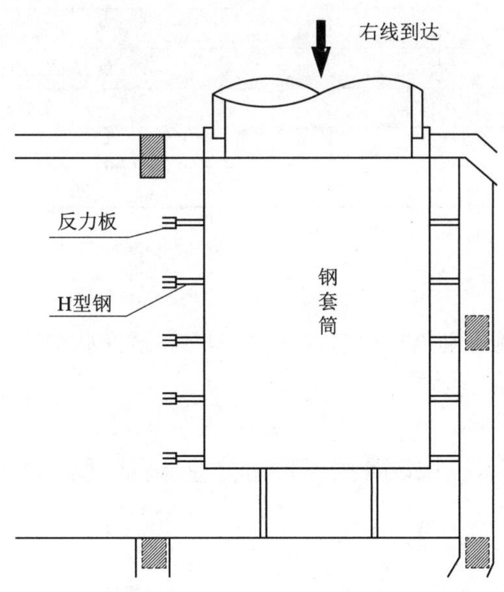

图 1.2.5-10　钢套筒固定示意图

6. 劳动组织

(1)劳动力组织方式采用架子队组织模式,如图 1.2.5-11 所示。

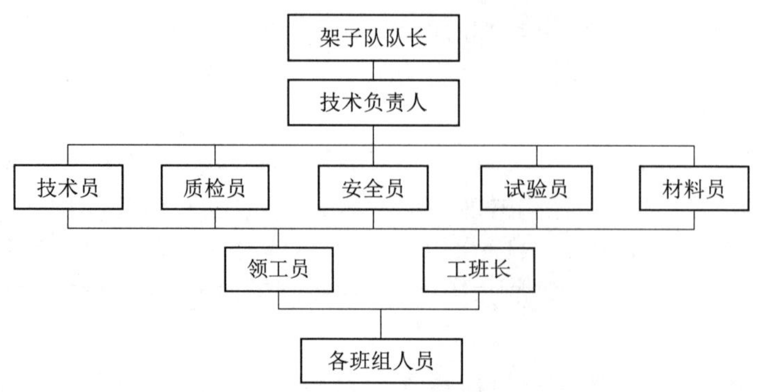

图 1.2.5-11　架子队组织机构图

(2)作业人员数量应根据施工条件、工期要求进行合理配置,详见表 1.2.5-1。

表 1.2.5-1　主要施工人员

序　号	人员配置	人数(人)	工作内容
1	架子队队长	1	统一全面负责管理现场工作
2	技术负责人	1	全面负责现场施工技术管理工作
3	技术员	2	负责现场施工技术管理
4	安全员	2	负责施工现场安全作业
5	材料员	1	负责施工材料计划、收料检验等工作
6	质检员	1	检查施工过程中的质量工作
7	试验员	1	负责物资进场检验,现场取样检测工作
8	领工员	2	负责现场施工的协调工作
9	工班长	3	负责施工现场施工人员的相互协调
10	测量工	3	负责现场的放样、复核
11	机械管理员	1	负责现场机械设备的管理
12	普工	6	负责清理现场

7. 材料要求

依据合同文件要求,在施工前需提前与材料厂家联系,确保盾构掘进施工时的材料正常供应。

8. 设备机具配置

为了施工任务顺利进行,机械设备按照科学合理、满足要求、略有富余的原则进行配置。

9. 质量控制及检验

结合本工程接收端头的实际情况,盾构到达的主要风险点在于以下四点:隧道轴线偏差;钢套筒安装轴线偏差;地面沉降;洞门处水土流失。

针对上述施工风险采取以下措施:

(1)控制轴线偏差在可控范围之内

在盾构机到达前 50 环时,对控制点各进行一次复核测量(复测后报地铁监测中心复测),

确保控制点精确无误，同时对到达端洞门中线进行测量复核，确定洞门中心精确位置。根据测量结果，调整盾构机自动测量系统，在最后50环推进过程中，对隧道轴线进行多次复核，确保轴线准确，保证盾构机安全进入洞门圈。

盾构机在推进最后50环过程中，根据定向测量和联系测量成果，有计划地进行纠偏工作，推进纠偏严格按照小量多次的原则进行，使盾构机姿态控制在水平方向±15 mm以内，垂直方向＋20～＋30 mm，以保证隧道的顺直度。

(2)地面沉降应对措施

盾构推进时同步注浆严格按照技术交底进行，填充好施工间隙。

盾尾进入加固体后，在已成型的隧道内，利用特殊管片上预留的注浆孔，向管片外侧注入双液浆，时刻检查钢套筒是否有漏浆、形变等情况，如有漏浆或者形变过大等情况发生，可以采取调低气压，减小推速等措施。

(3)洞门水土流失

为了有效应对洞门水土流失，洞门涌水涌砂，项目部特采取以下措施：

1)对接收端头进行加固处理，提高土体的强度，减少水土流失量。

2)钢套筒接收方式，钢套筒与洞门环板之间设一过渡连接板，洞门环板与过渡连接板采用焊接连接，钢套筒的法兰端与过渡连接板采用8.8级螺栓连接，洞门和钢套筒形成一个封闭空间，保持接收洞门内外水土压力平衡，减少水土流失。

3)盾尾进入加固体后，在已成型的隧道内，利用8环特殊管片上预留的注浆孔，向管片外侧注入双液浆。

10.安全及环保要求

(1)盾构大件吊装作业必须聘请专业公司的设备和专业人员进行作业和指导，严格按照吊装施工组织方案进行作业，确保吊装作业安全无误。

(2)盾构组装调试必须聘请专业人员指导，杜绝机械和电气事故。

(3)反力架的安装加固要严格检查，杜绝任何形式的安装缺陷。

(4)管片安装应由经过安全培训的专业队伍完成，安装作业区内严禁其他人员进入。

(5)在盾构机始发之前，为防止盾构机在始发台掘进时发生旋转，需要在盾构机两侧盾壳焊接防扭装置。

1.3 盾构区间联络通道

1.3.1 钢管片拼装作业指导书

1. 适用范围

适用于杭州至海宁城际铁路盾构区间钢管片拼装施工。

2. 作业准备

(1)内业技术准备

1)开工前组织技术人员认真学习实施性施工组织设计,阅读、审核施工图纸。明确有关技术问题,熟悉标准和现场环境状况。

2)根据设计和标准要求,结合现场实际情况,编制施工方案。

3)制订施工安全保证措施,提出应急预案。

4)对施工人员进行技术交底,对参加施工的人员进行上岗前技术培训,考核合格后持证上岗。

(2)外业技术准备

1)做好施工作业层中所涉及的各种外部技术数据收集。

2)对各类机具设备性能进行逐级检查验收,对其安全系数及抗倾覆稳定性等是否满足要求进行复核。

3. 技术要求

(1)盾构区间技术标准

1)管片最大裂缝宽度不大于 0.2 mm。

2)防水等级二级,耐火等级一级。

(2)钢管片设计参数(表 1.3.1-1)

表 1.3.1-1 钢管片设计参数

设计参数	规 格	备 注
钢环外径	6 700 mm	
钢环内径	6 000 mm	
管片宽度	1 500 mm	
管片厚度	350 mm	
钢环分块	2 个邻接块、4 个标准块	
平面曲线拟合	双面楔形通用环的组合来模拟	
转弯环楔形量	40 mm	双面楔形

(3)管片分块及形式

单个联络通道钢管片(表 1.3.1-2)连接采用 20 根 M30 环向螺栓和 18 根 M30 纵向螺栓。为满足直线段和曲线段施工及纠偏的需要，设计了通用楔形环，通过楔形环的各种组合来拟合不同的线路。

表 1.3.1-2 联络通道钢管片编号

开洞形式	管片编号
左开洞	[RTR/1]、[RTR/2]、[RTR/3]、[RTR/4]
右开洞	[RTR/5]、[RTR/6]、[RTR/7]、[RTR/8]

(4)施工采用的主要技术标准

《地下防水工程质量验收规范》(GB 50208—2011);《工程测量规范》(GB 50026—2007);《城市轨道交通工程测量规范》(GB 50308—2008);《钢筋焊接与验收规程》(JGJ 18—2012);《地下铁道工程施工及验收规范》(GB 50299—1999)2003 年版;《预制混凝土衬砌管片》(GB/T 22082—2008);《普通混凝土配合比设计规程》(JGJ 55—2000);《盾构法隧道施工及验收规范》(GB 50446—2017);《盾构隧道管片质量检测技术规程》(CJJ/T 164—2011)。

4. 施工程序与工艺流程

对于盾构施工的区间隧道，管片拼装的质量直接影响到隧道寿命及永久防水能力，因此严格控制管片安装质量至关重要。钢管片拼装流程：钢管片验收→弹性密封垫粘贴→挡水条粘贴→粘贴丁腈软木橡胶垫片→盾构推进→确认环号→确认钢管片编号→按照拼装点位拼装标准块、邻接块、封顶块。

5. 施工要求

(1)在钢管片拼装之前要清除盾尾拼装部位的泥浆等异物，并检查管片型号、外观以及密封材料的粘贴情况，若型号与管片运送指令不符应立即更换，有损坏的必须经修复后才可拼装。

(2)钢管片在隧道内运输必须等电瓶车停稳后方可卸车。吊运、运输、卸车、拼装过程中须小心、轻放。

(3)钢管片拼装过程中须注意盾尾间隙，及时纠正环面，防止环面不平导致与混凝土管片接触面管片碎裂。

(4)钢管片拼装时，人员严禁站在拼装机下方。吊环螺栓初步拧紧后，拼装机才能旋转。拧螺栓时，须注意上下高低空挡，上、下部位工作的人员要相互照应。复紧螺栓时一定要在安全可靠的位置，并系好安全带。

(5)钢拼装时应避免损坏管片和密封条，若意外造成管片损伤，应更换好的管片拼装并对受损管片进行修补，密封条受损也必须更换。

(6)拼装 F 块时先与邻接块搭接 1/2 然后纵向插入成环；F 块与邻接块两侧的密封垫在拼装前应涂水性表面润滑剂，以减少 F 块插入时弹性密封垫间摩阻力。

(7)严格控制管片拼装精度，精度要求满足《地铁工程质量检验评定标准》。

(8)管片连接是保证管片拼装的重要环节。施工时对管片连接件进行复试，连接件还应经

防腐处理,螺栓复试及其盐雾试验每个区间各做两次。同时,在施工过程中还应加强施工控制,做到以下几点:

1)根据管片的类型选择相应的连接螺栓,避免用错。

2)为防止管片拼装时产生"踏步",紧固螺栓前必须认真进行对位。

3)管片连接螺栓必须拧紧,螺栓紧固采取多次紧固的方式。管片拼装过程中安装一块,紧一块螺栓,拼装结束后应及时对环纵向螺栓进行再次紧固,盾构掘进下一环时,借助推进油缸推力的作用,再一次紧固所有的螺栓,尤其是纵向螺栓。管片出车架后,再次紧固螺栓。隧道贯通后,必须对所有环纵向螺栓进行复紧。

(9)拼装点位及其环面超前量

杭海城际铁路工程所设计的管片在纵向连接上有 16 个螺栓孔,因此,规定了 16 个拼装点位的管片管理办法。通过 16 个管片点位的不同组合,可拟合出不同曲率半径的隧道设计轴线。由于联络通道位置限定,左开洞钢管片拼装点位为 K16 右开洞为 K2,如图 1.3.1-1 所示。

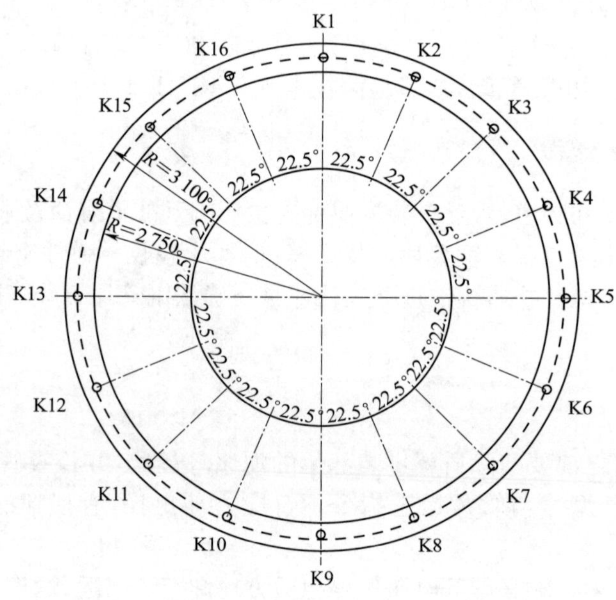

图 1.3.1-1 通用管片点位示意图(单位:mm)

(10)管片拼装困难时封顶块的拼装

当盾构机姿态偏差较大时,管片拼装会出现一定难度,尤其是封顶块拼装沿轴向插入时,会出现预留的空隙不足而导致封顶块无法全部插入到位。此时须反复调整左右两邻接块千斤顶油缸,可以松开一边的油缸,或同时顶上另一边的油缸,使封顶块处的空隙变大,将封顶块用拼装机纵向插入,如还有一小部分未进入则可以用最上面的千斤顶顶入。但在下一环推进过程中此封顶块处容易被挤碎裂,破碎处管片必须用早强水泥及时进行修补。

6. 劳动组织

(1)劳动力组织方式采用架子队组织模式,如图 1.3.1-2 所示。

(2)为保证施工过程各工序能有序进行,根据管片拼装需要,单线推进一般需要 4~5 名工人拼装管片,一人负责管片小车操作、一人负责管片拼装、2~3 人负责拧螺栓。架子队人员配备见表 1.3.1-3。

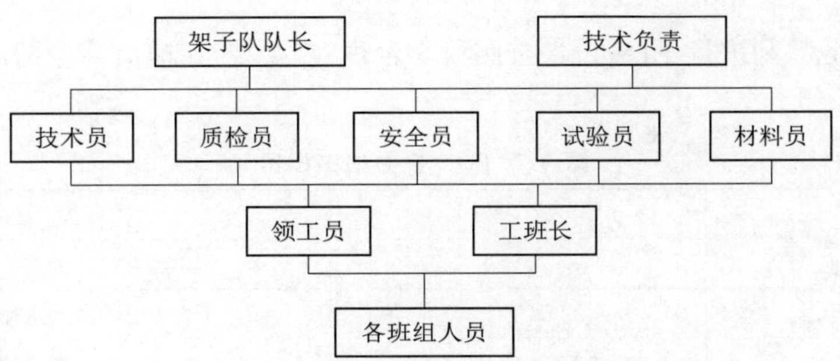

图 1.3.1-2　架子队组织机构图

表 1.3.1-3　架子队人员配备

序　号	人员配置	人数(人)	职责分工
1	架子队队长	1	统一全面负责管理现场工作
2	技术负责人	1	全面负责现场施工技术管理工作
3	技术员	2	负责现场施工技术管理
4	质检员	1	检查施工过程中的质量工作
5	安全员	1	负责施工现场安全作业
6	材料员	1	负责施工材料计划、收料检验等工作
7	试验员	1	负责物资进场检验,现场取样检测工作
8	领工员	2	负责现场施工的协调工作
9	工班长	3	负责施工现场施工人员的相互协调
10	测量工	3	负责现场的放样、复核
11	机械管理员	1	负责现场机械设备的管理
12	普工	6	负责清理现场

7. 材料要求

依据要求,在施工前需提前与材料厂家联系,确保盾构掘进施工时的材料正常供应。主要物资材料计划见表 1.3.1-4。

表 1.3.1-4　主要物资材料计划

序　号	材料名称	规格型号	单　位	数　量	使用部位	备　注
1	钢管片	Q235B	t	219.056		
2	防水材料	三元乙丙弹性密封垫	环	40		
3		遇水膨胀止水条	环	40		
4		自粘性橡胶薄板	环	40		
5	管片螺栓	M30	套	380		
6	吊装头	70	个	6		

注:按始发、接收各 100 m 进行计算。

8. 设备机具配置

为了施工任务顺利进行,机械设备按照科学合理、满足要求、略有富余的原则进行配置,设备数量见表 1.3.1-5。

表 1.3.1-5　主要机械设备

设备名称	数　量	备　注
盾构机	2 台	推进
门式起重机	2 台	杂土运输
电瓶车	4 台	运输管片
管片小车	2 辆	将管片运至拼装机
管片拼装机	2 套	拼装管片
管片螺栓扳手	4～6 把	拧螺栓

9. 质量控制及检验

管片在盾尾内拼装完成时,高程和平面偏差±50 mm,每环相邻管片高差 5 mm,纵向相邻环管片高差 6 mm。

地铁隧道建成后,中线允许偏差:高程和平面±100 mm,且衬砌结构不得侵入建筑限界;每环相邻管片高差 10 mm,纵向相邻环管片高差 15 mm;衬砌环直径椭圆度$\pm 5D‰$。根据技术规范要求,管片的拼装精度见表 1.3.1-6。

表 1.3.1-6　管片拼装精度要求

序　号	项　目	允许偏差(mm)
1	拼装成环后水平直径与垂直直径(浆液凝固后)	12
2	第一片管片定位量	3
3	相邻管片(环与环、块与块)间的“踏步”	4
4	相邻管片肋面不平整度	5
5	环缝张开	2
6	纵缝张开	2

管片安装中的注意事项:

(1)管片接头必须拧紧,为避免管片旋转过程中安装头单独承受管片重量,应将四条压板均匀地接触管片,避免管片拼装过程中螺栓头被拔出。

(2)管片拼装过程中,第一块管片的位置优为重要,它决定了本环其他管片的位置及拼缝的宽窄。管片高于相邻块,将会导致 K 块的位置不够;低于相邻块,纵缝过大,防水性降低。同时,第一块应平整,防止形成喇叭口。

(3)当拼装第五块(L1 或 L2)时,应用尺子量 K 块空位的宽度,并调整第五块,保证 K 块空位两端宽度为(48±1)cm或(95±1)cm。

(4)管片拼装应满足规范规定的偏差:高程和平面不侵限;每环相邻管片平整度 5 mm;纵向相邻环环面平整度 6 mm;衬砌环直径椭圆度$\pm 5D‰$。

(5)拧紧螺栓应确保螺栓紧固,拧紧力矩要达到设计要求。

(6)同一环内各管片的相邻位置应符合设计图纸要求,不可互换。每环管片上有管片类型标记,环类型标记,纵缝对接标记,安装管片时应认真查看这些标记,保证管片安装正确;管片迎千斤顶面和背千斤顶面不同,方向不要错装。操作人员在安装管片时看到管片中心标识字符应是正确的,如果是倒置的,则管片朝向错误。

(7)管片K块安装方法为先纵向搭接1m,然后安装器径向推顶到预定位置再纵向插入。K块及B块、A块与K块相邻面止水条,在安装面应涂润滑剂。

(8)安装时注意小心轻放,避免损坏管片和止水条。

(9)每次根据需要拼装管片的位置,回缩相应位置的部分千斤顶,如果过多的千斤顶回缩是十分危险的,前面土体的支撑压力会使得盾构机后移,轻则导致盾构机姿态变样,重则引起安全事故。

(10)封顶块先径向居中压入安装位置,搭接长度小于1.2 m,调准后再沿纵向缓慢插入。如遇阻碍应缓慢抽出后进行调整。严禁强行插入和上下大幅度调整,以免损坏或松动止水条。

10.安全及环保要求

(1)管片拼装落实专人负责指挥,盾构机司机按照指挥人员的指令操作,严禁擅自转动拼装机,以免发生伤亡事故。

(2)举重臂旋转时,严禁施工人员进入举重臂活动半径内,拼装工在管片全部定位后,方可作业。

(3)拼装管片时,拼装工站在安全可靠的位置,严禁将手脚放在环缝和千斤顶的顶部,以防受到意外的伤害。

(4)举重臂在管片固定就位后,方可复位,封顶拼装就位未完毕时,人员严禁进入封顶块下方。

(5)举重臂旋转时,盾构机司机必须看清旋转半径内的人员,并鸣笛警示。

(6)举重臂拼装端头必须拧紧到位,并定期检查磨损情况,对内丝口损坏的管片必须采取可靠的措施后方可使用。

(7)隧道内施工空间有限,施工过程中合理安排施工工序。

1.3.2 联络通道冷冻法开挖作业指导书

1.适用范围

适用于杭州至海宁城际铁路盾构区间联络通道冷冻施工。

2.作业准备

(1)内业技术准备

1)开工前组织技术人员认真学习实施性施工组织设计,阅读、审核施工图纸。明确有关技术问题,熟悉标准和现场环境状况。

2)根据设计和标准要求,结合现场实际情况,编制吊装方案。

3)制订施工安全保证措施,提出应急预案。

4)对施工人员进行技术交底,对参加施工人员进行上岗前技术培训,考核合格后持证上岗。

(2)外业技术准备

1)做好施工作业层中所涉及的各种外部技术数据收集。

2)对各类机具设备性能进行逐级检查验收,对其安全系数及抗倾覆稳定性等是否满足要求进行复核。

3.技术要求

(1)盾构区间技术标准

管片最大裂缝宽度不大于 0.2 mm。

防水等级二级,耐火等级一级。

(2)施工采用的主要技术标准

《地下防水工程质量验收规范》(GB 50208—2011);《工程测量规范》(GB 50026—2007);《城市轨道交通工程测量规范》(GB 50308—2008);《钢筋焊接与验收规程》(JGJ 18—2012);《地下铁道工程施工及验收规范》(GB 50299—1999)2003 年版;《预制混凝土衬砌管片》(GB/T 22082—2008);《普通混凝土配合比设计规程》(JGJ 55—2000);《盾构法隧道施工及验收规范》(GB 50446—2017);《盾构隧道管片质量检测技术规程》(CJJ/T 164—2011)。

4.施工程序与工艺流程

联络通道冷冻法施工工艺流程如图 1.3.2-1 所示。

5.施工要求

(1)施工前准备

利用隧道内清水、排污管道,用于冻结孔打钻和冻结站运转的供水和排污。

在旁通道施工工作面两端砌高约 0.5 m 的泥浆挡墙,以免冻结孔钻进时泥浆四溢影响隧道内环境整洁。

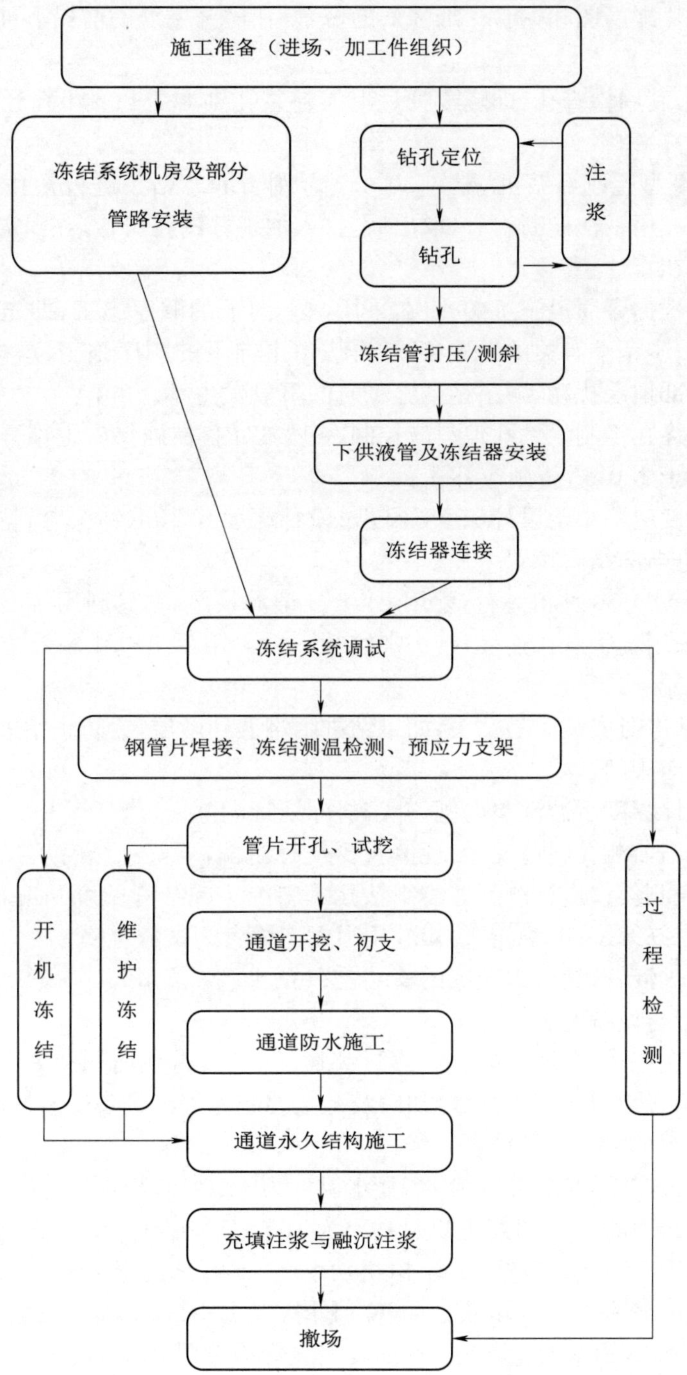

图 1.3.2-1 联络通道冷冻法施工工艺流程图

用厚 4～6 cm 的木板在旁通道处铺设冻结施工场地，按不同位置的冻结孔钻进要求，用钢管搭建冻结孔施工脚手架。

(2)冻结孔定位与管片开孔

根据冷冻设计计划的基准点，按冻结孔施工图进行冻结孔孔位放线，提请注意的是，孔位布置首先要依据管片配筋图和钢管片加强筋的位置,在避开主筋的前提下可适当调整,一般不应大于 100 mm。

在正式开孔前,利用检查孔,即隧道管片上的补浆孔钻 ϕ38 mm 小孔径探孔,检查地层稳定性。

开孔选用 J-200 型金刚石钻机,配 ϕ130 mm 金刚石取芯钻头进行钻孔,深度约 300 mm,以不钻穿管片控制。用钢楔楔断岩心,取出后,打入加工好的孔口管,并固定,每个孔口管至少有 4 个固定点固定在管片上。

1)开孔顺序。根据旁通道施工的孔位,采用由上向下的顺序施工,即先施工穿透孔,根据穿透孔的偏差,进一步调整有关的钻进参数,再按由上向下的顺序施工,这样可防止因下层冻结孔的施工引起上部地层扰动,减小钻孔施工时的事故发生率。

2)钻孔偏斜和终孔控制。钻孔偏斜应控制在 1%以内,在确保冻土帷幕厚度的情况下,相邻终孔间距不得大于 1.0 m,否则应补孔。

冻结孔钻进深度应不小于设计深度,不超过设计深度 0.2 m(钻头碰到隧道管片者除外)。

(3)冻结孔钻进与冻结管设置

钻孔设备使用 MD-50 钻机一台,配用 BW250 型泥浆泵,钻具利用 $\phi89\times8$ mm 冻结管作钻杆;冻结管之间采用套管丝扣连接,接头螺纹紧固后再用手工电弧焊焊接,确保其同心度和焊接强度。

正常情况下,钻进时安装简易钻头,如果钻进困难遇到砂层,为防止钻进中返砂,在钻头部位安装一个特制单向阀门。

冻结管到达设计深度后冲洗单向阀,并密封冻结管端部。

钻进过程中严格监测孔斜情况,发现偏斜要及时纠偏,下好冻结管后,进行冻结管长度的复测,然后再用灯光测斜仪进行测斜并绘制钻孔偏斜图。冻结管长度和偏斜合格后再进行打压试漏,压力控制在 0.8 MPa,稳定 15 min 压力无变化者为试压合格。

在冻结管内下供液管,然后焊接冻结管端盖和去、回路“羊角”。

(4)冷冻站布置与设备安装

将冻结站设置在东线(左线)隧道内,靠近旁通道位置,占地面积约 80 m^2,站内设备主要包括冷冻机、盐水箱、盐水泵、清水泵、冷却塔及配电控制柜等。设备安装按设备使用说明书的要求进行。

选用 YSLGF-300 型冷冻机组 1 套,当盐水温度为−26 ℃,冷却水温度 26 ℃时,其最大制冷量约为 87 500 kcal/h。冷冻机组电机总功率为 100 kW;选用 200S42A 盐水循环泵 2 台(其中 1 台备用),流量 198 m^3/h,扬程 43 m,电机功率 37 kW;选用 IS125-100-250 冷却水循环泵 1 台,流量 100 m^3/h,扬程 20 m,电机总功率 11 kW;DBNL3-50 型冷却塔 2 台,电机总功率 6 kW;设盐水箱一个,容积 6 m^3;盐水干管和集配液管均选用 $\phi159\times5$ mm 无缝钢管或焊接钢管,集配液管与羊角连接选用高压胶管;冷却水管用焊接钢管;冷冻板用 1.5″管加工;在冷冻机进出水管上安装温度传感器,在去、回路盐水管路上安装压力、温度传感器和控制阀门,在盐水管出口安装流量计,在盐水箱安装液面传感器;在配液圈与冻结器之间安装阀门两个,以便控制冻结器盐水流量;在盐水管路的高处安装放气阀;在去路盐水干管上安装单向阀;盐水和清水管路耐压分别为 0.7 MPa 和 0.3 MPa;冻结施工冷却水用量为 15 m^3/h,最大总用电量约 171 kW。

冷冻机油：选用 N40 冷冻机油；制冷剂：选用 R22 制冷剂；冷媒剂：用氯化钙溶液作为冷冻循环盐水。盐水相对密度为 1.260～1.265。

(5)管路连接

管路用法兰连接，隧道内的盐水管用管架敷设在隧道管片斜坡上，以免影响隧道通行。在盐水管路和冷却水循环管路上要设置阀门和测温仪、压力表等测试元件。盐水管路经试漏、清洗后用保温板或棉絮保温，保温厚度为 50 mm，保温层的外面用塑料薄膜包扎。集配液圈与冻结管的连接用高压胶管，每组冻结管的进出口各装阀门一个，以便控制流量。旁通道主排冻结孔每 2～3 个一串联，其他冻结孔 3～4 个一串联。

冷冻机组的蒸发器及低温管路用棉絮保温，盐水箱和盐水干管用 50 mm 厚的保温板或棉絮保温。

旁通道两侧管片保温：由于混凝土和钢管片相对于土层要容易散热得多，为加强冻土墙与管片胶结，旁通道两侧管片内表面采取保温措施，以减少冷量损失。

冻结孔施工侧即左线，首先将钢管片格栅内用素混凝土填充密实，然后采用 PEF 保温板对冻结帷幕发展区域管片进行隔热保温。

右线隧道，冻结管的端部区域范围内布置冷冻板，同样将钢管片格栅内用素混凝土填充密实，然后采用 PEF 保温板对冻结帷幕发展区域管片进行隔热保温。左、右线钢管片格栅内填满素混凝土(除欲拉开的管片外)，然后再用 PEF 保温板进行保温。

(6)溶解氯化钙和机组充氟加油

盐水(氯化钙溶液)相对密度为 1.26，先在盐水箱内充满清水，溶解氯化钙，再送入盐水干管内，直至盐水系统充满为止，溶解氯化钙时要除去杂质。

机组充氟和冷冻机加油按照设备使用说明书的要求进行。首先进行制冷系统的检漏和氮气冲洗，在确保系统无渗漏后，再充氟加油。

(7)积极冻结与维护冻结

1)冻结系统试运转与积极冻结。设备安装完毕后进行调试和试运转。在试运转时，要随时调节压力、温度等各状态参数，使机组在有关工艺规程和设备要求的技术参数条件下运行。在冻结过程中，定时检测盐水温度、测温孔温度和冻土帷幕扩展情况，必要时调整冻结系统运行参数。冻结系统运转正常后进入积极冻结。

2)开挖前检查与维护冻结。在积极冻结过程中，要根据实测温度数据判断冻土帷幕是否交圈和达到设计厚度，同时要监测冻土帷幕与隧道的胶结情况，测温判断冻土帷幕交圈并达到设计厚度且与隧道完全胶结后再进行探孔试挖，确认冻土帷幕内土层基本无压力后再进行正式开挖。检查项目如下：

①测温孔。可根据测温孔实测数据，推算出冻土发展速度及在该冻结时间内的冻土发展半径，从而算出冻结帷幕厚度，再根据成冰公式或作图法得出冻结帷幕平均温度，若各个层位、部位冻结帷幕的厚度和平均温度达到设计要求后，即可打开管片进行开挖。

②泄压孔。在积极冻结过程中，泄压孔有两个作用，一是起到释放冻胀压力的作用，另一方面根据显示的压力来判断冻结帷幕是否交圈。在冻结初期泄压孔是没有压力的，随着冻土的逐渐扩展，水分不断迁移，交圈后冻土形成一个封闭的土体，冻胀压力得不到释放而逐渐增加，它的外在表现即为泄压孔压力的增长。

③探孔。测冻土帷幕温度和厚度达到设计值后，打开泄压孔确认无泥水涌出，并安装好防

水门后,打开联络通道预留口的钢管片。开挖过程中,根据暴露冻土帷幕的稳定性,进入维护冻结,盐水温度不高于－20 ℃。

④盐水去、回路温差。由于冻结帷幕交圈后需冷量较交圈前要小,因此冻结帷幕交圈前盐水去、回路温差要比交圈后大,不过此现象仅作为判断冻结帷幕交圈的参考。要确定打开管片进行开挖还需结合测温孔资料、泄压孔压力、探孔情况等方面综合考虑。

正式开挖后,根据冻土帷幕的稳定性,可适当提高盐水温度,进入维护冻结,盐水温度控制在－30～－25℃之间。

(8)停止冻结

浇筑完混凝土内衬后停止冻结,进行自然解冻。

(9)冻结孔密封

截去露出隧道管片的孔口管和冻结管,然后在孔口管管口焊接 8 mm 厚的钢板。

6. 劳动组织

为保证施工过程各工序能有序进行,项目经理部组建专业架子队,架子队受项目经理部领导,物资、试验由项目各部室管理,现场配备足够的管理人员和劳动力。如图 1.3.2-2 所示。

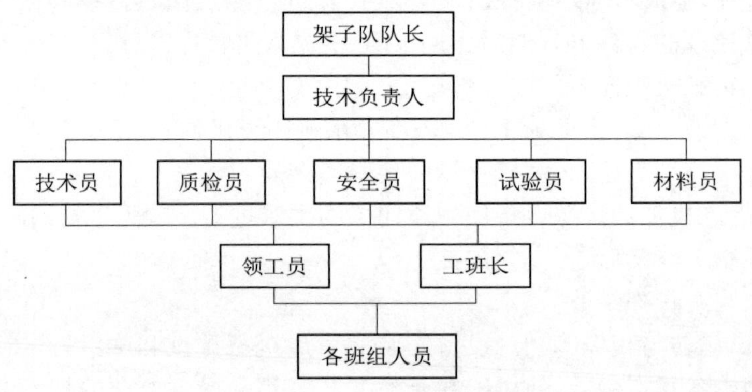

图 1.3.2-2　架子队组织机构图

架子队人员配备见表 1.3.2-1。

表 1.3.2-1　架子队人员配备

序　号	人员配置	人数(人)	职责分工
1	架子队队长	1	统一全面负责管理现场工作
2	技术负责人	1	全面负责现场施工技术管理工作
3	技术员	2	负责现场施工技术管理
4	质检员	1	检查施工过程中的质量工作
5	安全员	1	负责施工现场安全作业
6	材料员	1	负责施工材料计划、收料检验等工作
7	试验员	1	负责物资进场检验,现场取样检测工作

续上表

序　号	人员配置	人数(人)	职责分工
8	领工员	2	负责现场施工的协调工作
9	工班长	3	负责施工现场施工人员的相互协调
10	测量工	3	负责现场的放样、复核
11	机械管理员	1	负责现场机械设备的管理
12	普工	6	负责清理现场

7. 材料要求

根据设计要求，按照施工进度计划及时编制物资供应计划，根据物资计划按期进行采购进场，确保盾构掘进施工时的材料正常供应。主要物资材料计划见表 1.3.2-2。

表 1.3.2-2　主要物资材料计划

序　号	材料名称	单　位	数　量	备　注
1	ϕ89×8 无缝钢管	m	509.9/500.6	4 号/5 号联络通道
2	ϕ159×5 无缝钢管	m	400	
3	ϕ48×3 钢管	根	100	
4	高压胶管	m	300	耐压 0.8 MPa
5	冷冻机油	kg	500	N46
6	氟利昂	kg	500	R-22
7	氯化钙	t	6	
8	止回阀	只	81	
9	丝堵	只	81	锥形丝扣
10	DN40 阀门	只	90	
11	DN150 闸阀	只	20	
12	DN125 蝶阀	只	20	
13	保温材料	m^2	300	
14	压紧装置	套	10	
15	ϕ132 合金钻头	个	5	
16	42.5 级水泥	t	10	

8. 设备机具配置

为了施工任务顺利进行，机械设备按照科学合理、满足要求、略有富余的原则进行配置，主要机械设备见表 1.3.2-3。

表 1.3.2-3　主要机械设备

编　号	设备名称	单　位	数　量	备　注
1	冷冻机组 170WDEDD	台	2	一台备用
2	ISW150-400A 水泵	台	2	盐水泵
3	ISW125-160A 水泵	台	2	清水泵
4	LG-7.8/8 空压机	台	1	
5	PZ-6 喷浆机	台	1	
6	经纬仪	台	1	
7	MX-120A 钻机	台	1	
8	电焊机	台	5	
9	机动三轮车	辆	2	

9. 质量控制及检验

(1)预防钻孔漏泥冒砂的措施

1)需用 ϕ38 mm 小孔径钻孔检查地层稳定性,如有严重涌砂冒水,则采取双液浆或化学浆液堵漏。

2)砂土中钻进,其砂土会随压力水涌出孔口,因此从两个方面采取措施:采用化学泥浆护壁;在回流旁路上增加背压力,使钻孔内保持一定的压力,维护孔壁的稳定。

3)采取无泥浆顶管法顶进冻结管,避免地层涌砂冒水。

(2)钻孔偏斜控制措施

1)设置测量基准点和基准线。

2)钻孔开孔孔位调整控制在±100 mm 以内。

3)用全站仪定位,一要找好钻机开孔倾角并考虑钻杆因受自重的作用使钻孔产生向下的偏移,定位时略较设计倾角上仰 0.1°～0.5°,以中和钻孔垂直方向的偏斜。二要控制钻机的水平方向误差,以保持钻机主动钻杆轴线与连接通道轴线平行(或与隧道轴线相垂直)。

4)形式上采用满眼钻进方式,即钻头直径略大于钻杆(即冻结管)直径,以减小钻孔偏斜。

(3)地层冻结过程质量技术措施

1)选用无污染、效率高、体积小、质量轻、制冷量大、安装运输方便的螺杆冷冻机组作为制冷系统的主机。

2)加大盐水在冻结管内的流量,采用串并联循环方式,加快冻结管的热交换。

3)冻结管间距及确保冻结管施工质量。

4)有产品合格证的低碳钢无缝钢管,使用前认真检查冻结管的质量,严禁使用弯曲、变形或有质量问题的冻结管。

5)认真做好冻结站的运转记录,严格执行各项规章制度和冻结站的岗位责任制。

6)严格控制冻结孔的开孔孔位,控制好冻结孔的偏斜率,确保冻结孔终孔间距在设计范围之内。

7)严格控制冻结孔的偏斜方向及偏值。

8)采用逐步降温的措施,防止冻结管由温度应力造成的开裂。冻结孔每 2～3 个串联供液，并根据流量及去回路温差监控冻结器的盐水流量及均匀性，确保冻结帷幕支护可靠。

9)根据监测的测温孔温度计算各个剖面冻结壁的平均温度，对温度偏高的部位，调整盐水流量予以调控。

10)冻结盐水温度应按设计要求保持稳定，冻结壁帮在暴露后应及时测量井帮温度，在同一水平各个方位所测的井帮温度误差应小于 3 ℃。

10. 安全及环保要求

(1)安全要求

1)各分项工程施工建立健全各种安全责任规章制度。

2)各种机械设备设专人操作，持证上岗。

3)认真落实现场安全帽、安全网、安全带制度。

4)夜间施工设立灯光示警装置。

5)现场供电系统设立安全保护接零和安全罩等。

6)吊装作业制定专门安全措施和操作规则，配备专职信号工、吊装工进行操作。

7)现场成立联合消防保卫小组，建立值班制度，设置防火宣传标志，施工现场备有足够的消防器材。

8)冻结站房区列为易燃、易爆、有毒及压力容器车间。

9)施工现场主要出入口设立警卫室，建立警卫制度和现场保卫记录。

(2)环保要求

1)场地清洁、消防器材齐全到位，从技术上采取切实可行的措施，消除或减少施工可能造成的环境污染及扰民现象。

2)职工要做到持证上岗，不违章作业，自检自律，消除安全隐患。

3)职工宿舍要实行标准化管理，组织好文明宿舍达标评比活动。

4)开展“劳动竞赛”活动，力争精神文明和物质文明建设双丰收。

1.3.3 搅拌桩加固施工作业指导书

1. 适用范围

适用于杭州至海宁城际铁路联络通道工程搅拌桩加固施工。

2. 作业准备

(1)内业技术准备

作业指导书编制后,应在开工前组织技术人员认真学习施工组织设计。逐级向施工人员进行技术、操作、安全、环保交底,确保施工过程的工程质量、环境保护和人身安全。

(2)外业技术准备

1)开工前施工现场要完成“三通一平”,施工用的临时设施准备就绪,特别是施工便道要保持畅通,注意周边围挡围护以及渣土运输、泥浆处理。

2)搅拌桩机组装完成后,项目部组织人员进行验收。

3)开工前及时进行土样试验、加固料试验和水泥土比例试验,依据工艺性试验桩总结的技术参数,如含浆量、钻进速度、钻杆提升速度等,进行水泥搅拌桩的施工,并及时向施工人员进行技术交底。

4)熟悉施工现场的环境以及水文地质,摸清邻近区域内的地下管线(管道、电缆)、地下构筑物、危险建筑的分布情况,对施工区域障碍物进行清除,管线迁改工作在加固之前全部完成。

5)开工前,对设计单位移交的导线点、永久的水准点进行复测;按施工现场的实际情况加密导线点和水准点,并与相邻标段联测。

3. 技术要求

(1)搅拌桩法联络通道加固采用三轴深层搅拌桩联合降水的方法进行加固。搅拌桩沿联络通道四周方向多排布置,转角处可增加加强桩形成整体封闭的止水帷幕,加固深度到联络通道或泵房底板下 2.5 m。坑内加固范围采用 ϕ850@200 深层搅拌桩加固到联络通道顶板下 1 m。施工过程中的降水采用在盾构隧道内做水平降水孔的办法。

(2)三轴搅拌桩施工按图 1.3.3-1、图 1.3.3-2 顺序进行,其中阴影部分为重复套钻,保证墙体的连续性和接头的施工质量,三轴水泥土搅拌桩的搭接以及施工设备的垂直度补救是依靠重复套钻来保证。

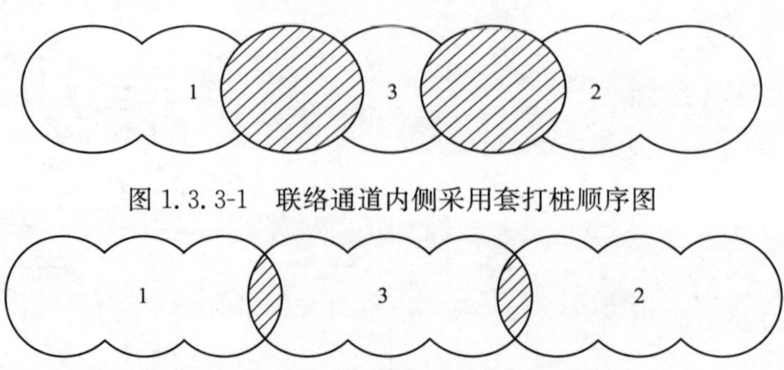

图 1.3.3-1 联络通道内侧采用套打桩顺序图

图 1.3.3-2 其他采用正常搭接桩顺序图

4. 施工程序与工艺流程

(1)施工程序

施工准备→测量放样→搅拌桩机就位,校核桩机垂直度→拌制浆液→钻进喷浆,搅拌下沉至设计桩底标高→搅拌喷浆提升至桩顶标高→桩机移位进入下一施工循环。

(2)工艺流程

搅拌桩施工工艺流程如图 1.3.3-3 所示。

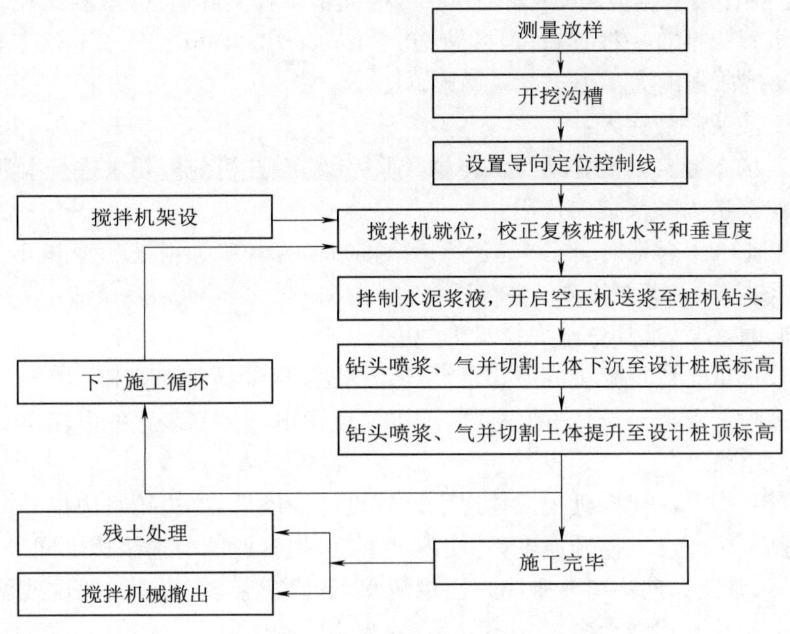

图 1.3.3-3　搅拌桩施工工艺流程图

5. 施工要求

(1)施工准备

1)严格按照设计要求及有关规范进行图纸的技术交底工作,使施工人员能熟悉工艺流程、质量控制环节及设备性能,各个工艺流程配备的人员数量应满足要求,做好施工前的安全文明施工教育和技术交底。

2)正式施工前,先进行工艺试桩,确定以下技术参数:地质状况、提升速度、注浆压力、浆液流量、注浆压力、水胶比及水泥掺入量、成桩直径等。

3)设备进场前,场地必须达到“三通一平”,桩机行走路线软弱地面加垫料夯实、夯平,硬化。

4)为确保工程施工进度、质量,施工前必须对施工区域障碍物进行清除,管线迁改工作在加固之前全部完成。

5)检查及其运转情况,购置好易耗配件。

(2)施工工艺

1)测量放线。依据施工设计图,准确放出搅拌桩孔位,并明显标识出其位置。

2)开挖沟槽。根据放样出的搅拌桩围护中心线,用挖掘机沿围护中心线平行方向开掘工作沟槽,槽宽约 1.2 m,深度约 1.5 m。

场地遇有地下障碍物时,利用镐头机将地下障碍物破除干净,如破除后产生过大的空洞,则需回填压实,重新开挖沟槽,确保施工顺利进行。

3)桩机就位对中。移动搅拌机到达指定桩位、对中,对中误差不大于 4 cm,垂直度偏差不大于 0.5%。

4)制备水泥浆。根据设计要求并结合工程实际情况确定其基本配合比:水泥采用 42.5 级普通硅酸盐水泥,三轴搅拌桩水泥掺量为 20%,土容重一般取 18.0 kN/m³,每立方米水泥用量为 360 kg;水胶比可根据现场实际情况调整,根据本工程实际情况,水胶比控制在 1.2～1.5 之间。每台桩机每天抽查一根桩,每根桩做 70.7 mm×70.7mm×70.7 mm 三联标准模试块一组,标养 28 d 抗压强度为不小于 0.8 MPa。

制备水泥浆液及浆液注入:

①在施工现场布置自动搅拌站及水泥桶拌浆系统,在开机前按要求进行水泥浆液的拌制。将配制好的水泥浆送入贮浆桶内备用。

②水泥浆配制好后,停滞时间不得超过 2 h,搭接施工的相邻搅拌桩施工间隔不得超过 24 h。

③注浆时通过 2 台注浆泵注入。注浆压力宜大于 1.0～1.5 MPa,注浆流量 200～290 L/min。搅拌桩用双头同时注浆,搅拌桩水泥掺量为 20%。

5)搅拌喷浆下沉。待搅拌机的冷却水循环正常后,启动搅拌机,开启灰浆泵,使搅拌机沿导向架边搅拌边喷浆下沉至设计桩底标高,下沉速度由电气控制装置的电流监测表控制,工作电流不大于额定电流。

6)喷浆、搅拌、提升。搅拌机边搅拌边下沉到设计深度后,再边喷浆边提升搅拌机,提升过程中应严格控制下沉速度及提升速度,并使搅拌下沉、提升速度与输浆速度同步。

7)清洗机具、管路。向集料斗中注入适量清水,开启灰浆泵,清洗管路中残留的水泥浆,并将粘附在搅拌头的软土清洗干净。

8)移位。重复上述步骤进行下一根桩的施工。

搅拌桩加固允许偏差见表 1.3.3-1。

表 1.3.3-1 搅拌桩加固允许偏差

序 号	检查项目	允许偏差或允许值		检查方法
		单位	数值	
1	水泥质量	设计要求		产品合格证书或抽样送检
2	水泥用量	参数指标		查看流量表及水泥浆水胶比
3	桩体强度	设计要求		规定办法
4	机头提升速度	m/min	≤0.5	量机头上升距离与时间比
5	桩底标高	mm	±200	测机头深度
6	桩顶标高	mm	+100,−50	水准仪(最上部 500 mm 不计入)
7	桩位偏差	mm	<40	用钢尺量
8	桩径		<0.04D	用钢尺量,D 为桩径
9	垂直度		≤0.5%	经纬仪
10	搭接	mm	>200	用钢尺量

6. 劳动组织

(1)劳动力组织方式采用架子队组织模式，如图 1.3.3-4 所示。

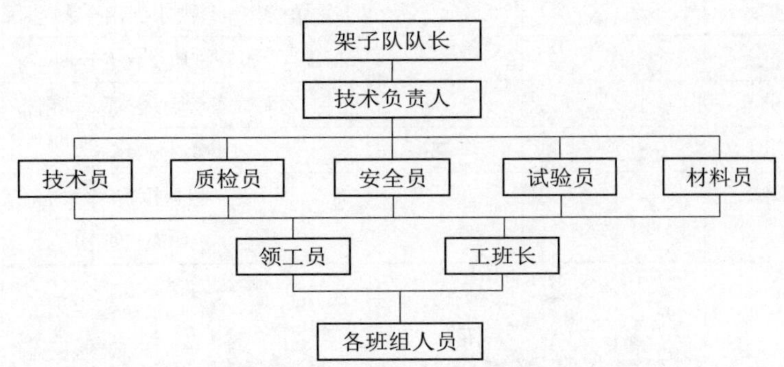

图 1.3.3-4 架子队组织机构图

(2)作业人员数量应根据施工条件、工期要求进行合理配置，详见表 1.3.3-2、表 1.3.3-3。

表 1.3.3-2 主要施工人员

序号	人员配置	人数(人)	工作内容
1	架子队队长	1	负责协调指挥各工序的操作，控制加固质量，排除施工中的各种故障
2	技术负责人	1	负责对材料进场的核实，对进度、安全、质量、现场管理、成本控制的检查工作
3	技术员	4	负责分部分项工程技术交底、检查、督促施工人员按各级技术要求进行施工
4	安全员	2	负责对施工现场进行安全巡查、排查、讨论指导。杜绝"三违"人和事，确保现场施工安全
5	材料员	1	按计划组织材料进场。对进场材料质量负责，做好跟踪服务工作。掌握材料的使用情况
6	质检员	1	负责分项工程质量的评定，建立质量档案。负责分项工程各工序、隐蔽工程的施工过程和施工质量的图像资料记录
7	试验员	1	负责各种材料的取样、送样、试验、化验、检验、复试工作及报告
8	领工员	2	根据作业任务合理安排劳动力，严格执行安全管理制度，确保安全生产
9	工班长	2	带领工班全体劳务人员完成架子队下达的施工生产任务；协助队长、领工员对工班施工质量、安全、进度、环保、劳务作业人员和文明施工进行管理

表 1.3.3-3 搅拌桩加固作业人员配置

序号	人员配置	人数(人)	主要职责
1	指挥员	2	指挥桩机移位、钻机定位、钻机下沉及提升、停止等
2	勤杂工	1	负责及时将沟槽内翻出的置换泥浆挖至沟槽边缘
3	桩机司机	2	进行桩机的施工、行走运行等操作

续上表

序　号	人员配置	人数(人)	主要职责
4	挖机驾驶员	2	负责开挖水泥土搅拌桩施工沟槽、清除沟槽内障碍物
5	拌浆员	2	负责按设计要求配比拌浆、供浆
6	质检员	1	搅拌桩质量检查控制
7	材料员	1	材料质量负责、需求计划申报
8	试验员	1	进场材料试验
9	机电维修	1	负责机械检查、维修
10	普工	2	工作面清理

7. 材料要求

材料:采用 42.5 级普通硅酸盐水泥,要求干燥无潮湿,送检试验合格。

外加剂:如有需要,塑化剂采用木质素磺酸钙,促凝剂采用硫酸钠、石膏;应有产品出厂合格证,掺量通过试验确定。

8. 设备机具配置

施工机械及工艺设备主要有搅拌桩机、挖机、拌浆系统、注浆泵、测量仪器(如全站仪、水准仪)等,机械设备须有出厂合格证及相关证件。现场具体投入的机械设备见表 1.3.3-4

表 1.3.3-4　主要机械设备投入

序　号	设备名称	规格型号	单　位	数　量
1	水泵	HB-80	台	1
2	注浆泵	BW-250	台	3
3	自动拌浆系统	BZ-20L	台	2
4	搅拌桩机	JB160	台	1
5	挖机	PC200	辆	1
6	水泥罐	50 t	台	2
7	水准仪	DSZ2	台	1
8	全站仪	莱卡 TS11	台	1

9. 质量控制及检验

(1)加强施工技术管理,严格执行以总工程师为首的技术责任制,施工管理标准化、规范化、程序化。及时进行技术交底,发现问题及时解决。

(2)强化试验和检测工作,把好各工序中间的质量检验关,对加工的成品、半成品和隐蔽工程按要求认真检查验收。

(3)控制钻头下沉和提升速度,保证加固范围内每一深度都得到充分搅拌,严格按要求进行复拌。

(4)随时检查施工记录,对照施工工艺对每根桩进行质量评定,不合格的桩根据具体情况采取补救措施。

(5)由专职测量人员负责测量放线及桩位的定位。桩机必须端正、稳固、水平,用经纬仪或水平尺保持垂直度。

(6)水泥浆液配制必须按规定的配合比进行配制。

(7)施工过程中应随时抽检施工记录和计量记录,并对每根桩进行质量评定。重点检查:水泥用量、桩长、转速和提升速度、复搅次数、复搅深度、停浆处理方法。

(8)成桩 28 d 后用双管单动取样器钻取芯样作抗压强度检验,检验数量为施工总桩数的 0.5%,且不少于 6 根。

10. 安全及环保要求

(1)安全要求

1)编制详细的安全操作规程、细则、制度及切实可行的安全技术措施,满足政府部门安全生产要求。

2)开工前,做出详细的施工方案和实施措施并审批,及时做好施工技术及安全技术交底,并在施工过程中督促检查,严格坚持特殊工种持证上岗。

3)进行定期和不定期的安全检查,及时发现和解决不安全的事故隐患,杜绝违章作业和违章指挥现象,同时加大安全教育及宣传力度。

4)施工常见问题处理措施以及施工注意事项:

①意外停机时的应急措施。发生意外停机事件,将钻杆下沉至停浆点以下 0.5 m,重新搅拌,防止出现断桩或夹层现象,若两桩咬合超过 24 h,则第二根桩采用增加 20%浆量,或采用加桩方式处理。

②垂直度控制及纠斜措施。准确定位桩的平面位置,桩机就位严格按桩的平面位置就位。对于有偏斜的桩位,若偏斜量过大,导致桩与桩之间不能有效搭接时,采用加桩的措施,在其后面补做加桩。

③施工冷缝处理措施。严格控制上提和下沉的速度,做到轻压慢速以提高搭接的质量。

④地质问题处理措施。对浅部不良地质现象应做事先处理,以免中途停工延误工期及影响质量。施工中,如遇地下障碍物、暗浜或其他地质勘察报告未述及的不良地质现象,应及时联系相关单位,并采取相应的处理措施。

⑤为防止突然停电或停水,造成施工中断,特在施工现场配备 1 台 300 kW 发电机,并且配备 1 个 20～30 m^3 储水箱。

(2)环保要求

1)在施工队伍进场前,对职工进行宣传、教育。在施工过程中协调好与当地居民、当地政府的关系,共建文明窗口。

2)在现场施工过程中,施工人员的生产管理符合施工技术规范和施工程序要求,不违章指挥,不蛮干。对不服从统一指挥和管理的行为,严格处罚。

3)对施工现场不断地进行整理、整顿、清扫、清洁,有效地实现文明施工。

4)按照工程特点,加强现场文明施工的综合管理,减少现场施工对周围环境的干扰和影响。

5)及时调整设备、机具和材料的位置,保证摆放整齐,保持工作面宽敞,提供良好的工作环境。施工现场坚持工完料清,垃圾杂物集中堆放,及时处理。施工废水严禁乱排,必须严格按照市环保规定和招标、设计文件要求经处理达标后排放。

6)废弃浆液集中处理后外运,外运车辆集中在工地门口位置清洗后出场,保证对市政道路无污染。

1.3.4 洞身开挖施工作业指导书

1. 适用范围

适用于杭州至海宁城际铁路联络通道工程洞身开挖施工。

2. 作业准备

(1)内业技术准备

作业指导书编制后,应在开工前组织技术人员认真学习施工组织设计。阅读、审核、施工图纸,表明有关技术问题,熟悉规范和技术标准。制定施工安全保证措施,提出应急预案。对施工人员进行技术、安全交底,告知安全风险以及在过程中需采取的应急措施。对参加人员进行上岗前技术、安全培训,考核合格后持证上岗。

(2)外业技术准备

1)对隧道开挖的中线、高程、方向进行复核,确保测量精度。

2)对开挖的洞身围岩采用 TSP/TGP 法进行地质超前预报,探测前方围岩的土质、地质状况,宏观掌握隧道段落围岩状况;同时采用地质钻机对隧道围岩进行直观探测,结合围岩、支护的变形监测,对围岩状况进行分析,其结果与施工图、施工组织设计进行比较,及时修正开挖、支护参数。

3)检查高压风、水、电管路畅通,接头完好,施工机具性能符合施工要求,机械性能良好,隧道内排水系统完好,应急材料、物资准备妥当,安全设施功能良好。

3. 技术要求

(1)隧道开挖中线、高程、开挖轮廓满足设计和规范要求。

(2)开挖时,加强测量工作,防止超挖和欠挖,并配合出渣进行断面检查,清除欠挖,处理危石。围岩压力较大时,分部开挖与支撑配合进行。

4. 施工程序与工艺流程

(1)施工程序

开挖侧喇叭口导洞及支护→进行通道正常段开挖,并按照设计要求步距及时支护→到对侧喇叭口部位,进行喇叭口开挖并进行支护→待喇叭口支护完毕后,再开挖冷冻站侧的喇叭口并进行支护→通道结构施工结束后开挖泵站(联络通道不设有泵站不包含此步骤),并按照设计要求的开挖步距进行支护。

(2)工艺流程

洞身开挖工艺流程如图 1.3.4-1 所示。

5. 施工要求

(1)施工准备

1)隧道开挖前,利用超前预报、探孔、监控量测等探测结果,分析研究加固后围岩的性质,探明前方围岩的完整性、涌水、不良地质等情况，对洞身实际的围岩性质与设计图进行核对，确定开挖、支护参数。

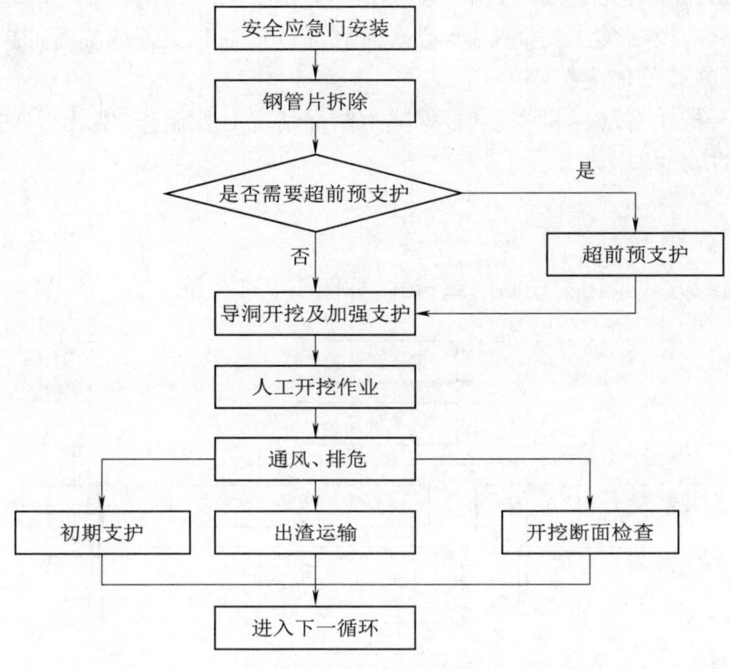

图 1.3.4-1　洞身开挖工艺流程图

2)加固土体强度达到设计要求后，开挖条件验收合格后，开挖构筑工作就可正式开始。拉管片前，首先准备 2 台 10 t 千斤顶，10 t 和 5 t 手拉葫芦各一个。

3)拉钢管片前，须复紧钢管片周边 3 环管片螺栓，联络通道预留钢管片拆除先用气割拆除第一块钢管片，施工时要认真观察管片受力及位移情况，消除局部受阻因素。10 t 葫芦作为辅助拉拔管片用，一端挂住欲拆管片，另一端利用锥丝固定在对面管片注浆孔，水平方向稍加力向外(隧道内)拉拔管片。5 t 葫芦悬吊在欲拆管片的上方，一端钩住欲拆管片，以防管片拉出时突然砸落在工作平台上(图 1.3.4-2)。钢管片拆除后，及时对钢管片螺栓孔进行焊接封堵。

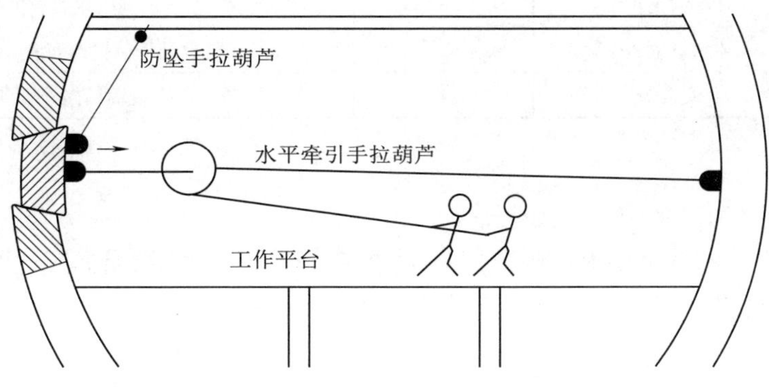

图 1.3.4-2　拉钢管片示意图

(2)施工工艺

1)进洞前应先完成超前支护,待洞口长管棚完成后,方可进洞。

2)严格控制每循环开挖进尺,每循环进尺为一榀钢拱架的距离。

3)台阶开挖后应及时施工初期支护,必要时底部设置临时支撑或临时仰拱,保证初期支护闭合成环,从而提高其整体支护刚度。

4)钢拱架和开挖轮廓应尽量吻合(根据隧道断面情况分片制作,安装后连接),喷射混凝土应圆顺,从而减少应力集中。

6. 劳动组织

(1)劳动力组织方式采用架子队组织模式,如图 1.3.4-3 所示。

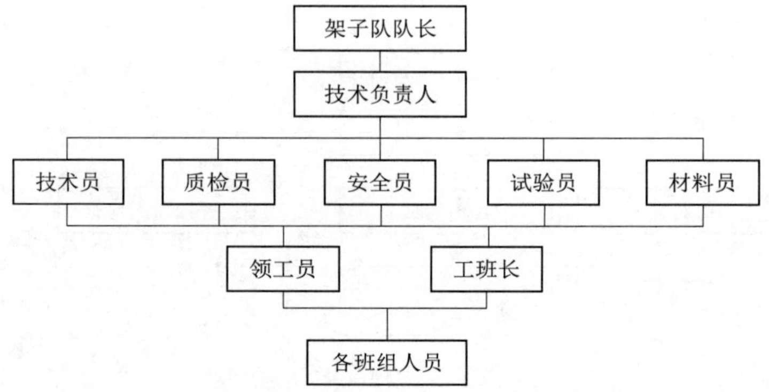

图 1.3.4-3　架子队组织机构图

(2)作业人员数量应根据施工条件、工期要求进行合理配置,详见表 1.3.4-1。

表 1.3.4-1　洞身开挖作业人员配置

序　号	人员配置	人数(人)	主要职责
1	管理人员	2	负责全队的现场管理工作
2	开挖班	10	负责洞身开挖、修整壁面及工作面钻孔工作
3	风水电保障工	2	负责洞内外水电的保障维修与检查、洞内排水工作
4	运输工班	8	出渣、卸渣、配合挖掘机或装载机装渣以及材料运输
5	测量工班	2	负责开挖位置的布置、围岩量测
6	安全员	1	负责洞内外安全

7. 材料要求

原材料符合设计和规范要求:钢材的力学性能和公称直径、尺寸、指标应达到合格要求;水泥强度等级、用量符合设计要求;骨料粒径不宜大于 10 mm;施工用水的水质应符合工程用水标准。

8. 设备机具配置

机械设备配套从隧道工程特点出发,本着既要与施工方法相匹配,又能满足施工需要的原则，结合质量工期要求，做到既先进又经济，合理配备。同时，还充分考虑设备的完好率和出勤率，投入本标段隧道洞身开挖施工的主要机械设备见表 1.3.4-2

表 1.3.4-2　主要机械设备投入

序　号	设备名称	规格型号	单　位	数　量
1	螺杆式空气压缩机	4L-20/8	台	2
2	装载机	ZL-50C	台	2
3	风动凿岩机	YT-28	台	4
4	风镐	G10A	台	4
5	多功能台架	轨行式	台	1
6	自卸三轮车		台	2
7	发电机	120 kW	台	1

9. 质量控制及检验

(1)开挖应在试挖判定具备开挖条件后进行。

(2)冻结法施工联络通道宜由主冻结孔向副冻结孔方向开挖。

(3)联络通道开挖应采取短段掘砌的作业方法，随挖随支，严格控制围岩变形。

(4)开挖横断面方向尺寸应满足设计要求，通道开挖中心线偏差应不大于 20 mm，且单侧超挖不得大于 30 mm。

(5)开挖循环进尺宜取 500～800 mm，并应与初期支护的钢支架或钢格栅间距一致。可采取全断面开挖方式，开挖面土体难以自立时可以放坡，空顶距以不大于一架钢支架或钢格栅间距为原则。

(6)冻结壁暴露时间应控制在 24 h 内，冻结壁暴露面最大收敛位移不得大于 30 mm。

(7)联络通道喇叭口开挖暴露出来的冻结管，宜对暴露出的冻结管进行保温。

10. 安全及环保要求

(1)安全要求

1)加强宣传教育工作，强化全员安全意识，建立安全保证体系，使安全管理制度化，教育经常化。

2)坚持定期的安全教育和检查制度，设立安全监督岗，支持和发挥群专结合的作用。

3)隧道内施工，应做好隧道内的保洁工作，不能乱扔杂物，生活垃圾必须放到指定的垃圾区域。

4)安全工作做到班班交底，分工分岗明确。做好上岗记录，每周不少于一次安全活动自检，包括上岗人员劳防用品的完好和正确使用情况，施工区域周围工作环境是否安全，各种机械设备的安全保险装置是否完好有效，各类安全技术措施的落实情况，主要工具完好。

5)当发现监控量测数据有突变或异变时，及时通知现场负责人，并采取应急措施，保证施工作业安全。

(2)环保要求

在当地环保部门的指导下，严格按照国家《环境保护法》《水土保持法》等有关规定，在已审批的范围内施工,并尽量减少对周围环境的影响和对植被的破坏,以全面达到环保标准。

1)坚决执行市政工程管理局颁发的有关“市政文明施工条例”,对全体职工进行文明施工重要性及意义教育,使之成为自觉的行动。

2)场地清洁、消防器材齐全到位,从技术上采取切实可行的措施,消除或减少施工可能造成的环境污染及扬尘。

3)开挖出土运至地面后,合理规划场地堆放及时裸土覆盖。

1.3.5 初支施工作业指导书

1. 适用范围

适用于杭州至海宁城际铁路联络通道工程初支施工。

2. 作业准备

(1)内业技术准备

作业指导书编制后,应在开工前组织技术人员认真学习施工组织设计。逐级向施工人员进行技术、操作、安全、环保交底,确保施工过程的工程质量、环境保护和人身安全。

(2)外业技术准备

1)开工前施工现场要完成“三通一平”,施工用的临时设施准备就绪,特别是施工便道要保持畅通。

2)对各工序进行检查和复核(中线、高程、断面尺寸、净空等)。

3)制定安全保证措施,编制针对突发状况及紧急情况下的应急预案。

3. 技术要求

(1)初期支护应在开挖后及时施作,以控制围岩变形,防止坍塌。

(2)钢架加工的焊接不得有假焊,焊缝表面不得有裂纹、焊瘤等缺陷。

(3)喷混凝土应与岩面、钢架、钢筋网密贴,不得留有空洞和间隙,初期支护与围岩应成为整体的支护体系。

(4)喷混凝土必须满足设计的初期强度、长期强度、厚度及其与围岩面黏结力要求。

4. 施工程序与工艺流程

(1)施工程序

钢管片进场→试拼装→防水材料粘贴→运输→安装区清理→收油缸→钢管片安装→顶伸油缸→螺栓紧固。

(2)工艺流程

初支施工工艺流程如图 1.3.5-1 所示。

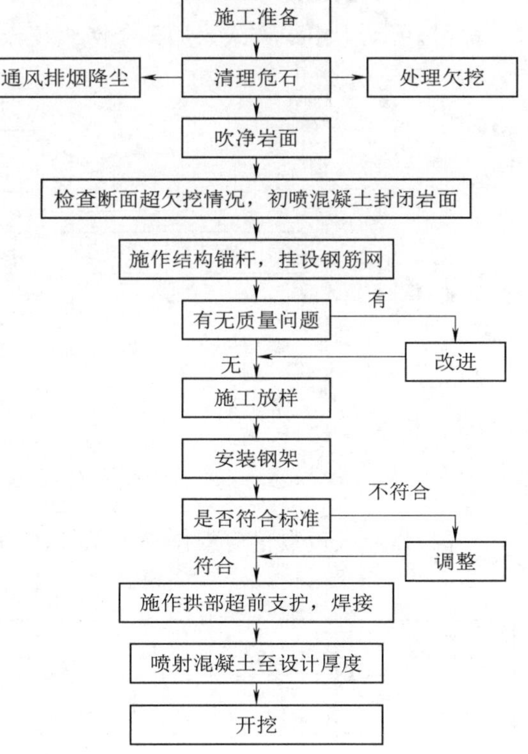

图 1.3.5-1 初支施工工艺流程图

5. 施工要求

(1)施工准备

1)检查机具设备和风、水、电等管线路,机械湿喷浆人员或湿喷机就位,并试运转。

2)保证作业区具有良好的通风及照明条件,喷射作业的环境温度不得低于5℃。

3)喷射混凝土前应对受喷岩面进行处理,检查开挖断面净空尺寸,危石、浮渣和岩粉是否清除干净。

4)钢筋网制作前将检验合格符合设计要求的钢筋运至加工场集中加工,先用钢筋调直机把钢筋调直,再按照设计要求的钢筋网片尺寸切割成段。

5)型钢钢架应先在加工场地上进行试拼。各节钢架拼装,要求尺寸准确,弧形圆顺,要求沿隧道周边轮廓误差为±3 cm;型钢钢架平放时,平面翘曲偏差应为2 cm。

(2)施工工艺

1)岩面清理。一般岩面可用高压水冲洗受喷岩面的浮尘、岩屑,当岩面遇水容易潮解、泥化时,宜采用高压风吹净岩面。

2)初喷混凝土。喷射混凝土配合比的设计应满足要求,强度符合设计要求。

3)锚杆施工。锚杆钻孔前按照设计间距布孔;钻孔方向尽可能垂直结构面或初喷混凝土表面。

4)钢筋网制作。钢筋网片在钢筋加工场内集中加工,用钢筋调直机把钢筋调直,截成钢筋条,钢筋网片尺寸根据拱架间距和网片之间搭接长度综合考虑确定。

5)钢架施工。为保证钢架位置安设准确,开挖时在钢架的各连接处预留连接板凹槽。

6. 劳动组织

(1)劳动力组织方式采用架子队组织模式,如图1.3.5-2所示。

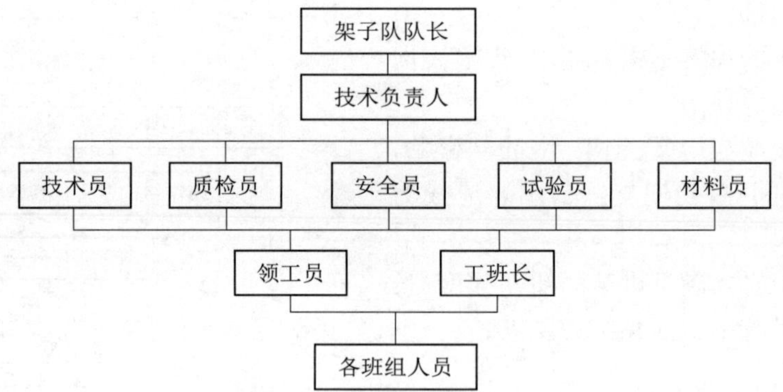

图1.3.5-2　架子队组织机构图

(2)作业人员数量应根据施工条件、工期要求进行合理配置,详见表1.3.5-1。

表1.3.5-1　主要施工人员配置

序　号	人员配置	人数(人)	工作内容
1	架子队队长	1	负责协调指挥各工序的操作,控制加固质量,排除施工中的各种故障
2	技术负责人	1	负责对材料进场的核实,对进度、安全、质量、现场管理、成本控制的检查工作
3	技术员	4	负责分部分项工程技术交底、检查、督促施工人员按各级技术要求进行施工
4	安全员	2	负责对施工现场进行安全巡查、排查、讨论指导。杜绝"三违"人和事,确保现场施工安全
5	材料员	1	按计划组织材料进场。对进场材料质量负责,做好跟踪服务工作。掌握材料的使用情况

续上表

序　号	人员配置	人数(人)	工作内容
6	质检员	1	负责分项工程质量的评定,建立质量档案。负责分项工程各工序、隐蔽工程的施工过程和施工质量的图像资料记录
7	试验员	1	负责各种材料的取样、送样、试验、化验、检验、复试工作及报告
8	领工员	2	根据作业任务合理安排劳动力,严格执行安全管理制度,确保安全生产
9	工班长	2	带领工班全体劳务人员完成架子队下达的施工生产任务;协助队长、领工员对工班施工质量、安全、进度、环保、劳务作业人员和文明施工进行管理

本工艺根据每班劳动力作业进行人员配置,具体见表 1.3.5-2。

表 1.3.5-2　初支作业人员配置

序　号	人员配置	人数(人)	主要职责
1	工区主任	1	负责钢筋网、钢架、机械等材料设备统一调度协调
2	运输车司机	2	负责材料设备的运输工作
3	钢筋工	8	负责钢筋网片、钢架的制作安装工作
4	井口司索工	2	吊装指挥
5	质检员	1	钢筋网片、钢架的质量检查控制
6	材料员	1	材料质量负责、需求计划申报
7	试验员	1	进场材料试验
8	安全员	1	负责安全生产的日常监督与管理工作
9	机电维修	2	负责机械检查、维修
10	电焊工	2	开挖初支电焊作业
11	混凝土工	6	负责喷射混凝土工作
12	普工	2	工作面清理

7. 材料要求

水泥 :喷射混凝土应优先采用硅酸盐水泥或普通硅酸盐水泥,强度等级采用 42.5 级。

粗、细骨料:粗骨料应采用坚硬耐久的碎石,严禁选用具有潜在碱活性骨料。当使用碱性速凝剂时,不得使用含有活性二氧化硅的石料。喷射混凝土的石子粒径为 5～10 mm,骨料级配宜采用连续级配。按质量计含泥量不应大于 1%,泥块含量不应大于 0.25%。

细骨料应采用坚硬、耐久的中砂或粗砂,细度模数应大于 2.5,含水率宜控制在 5%～7%。砂中小于 0.075 mm 的颗粒不应大于 20%。含泥量不应大于 3%,泥块含量不应大于 1%。

外加剂:应对混凝土的强度及围岩的黏结力基本无影响;对混凝土和钢材无腐蚀作用;对混凝土的凝结时间影响不大(除速凝剂和缓凝剂外);吸湿性差,易于保存;不污染环境,对人体无害。

速凝剂:喷射混凝土宜采用液体速凝剂。在使用速凝剂前,应做水泥的相容性试验及水泥净浆凝结效果试验,严格控制掺量,并要求初凝时间不应大于 5 min,终凝不应大于 10 min。

钢筋:锚杆杆体选用 20 MnSi 钢筋,直径 22 mm,钢筋进场后应按批次进行检测试验,质量必须达到国家现行规范标准。锚杆的杆身必须调直无缺损,楔缝垂直、平整。

砂浆锚杆采用中细砂,最大粒径不得大于 2.5 mm,使用前过筛清洗,水泥选用 42.5 级普通硅酸盐水泥,浆液强度等级不低于 C20。药包锚杆采用合格的专用锚固剂。

钢架:制作钢架所用的型钢进场检验必须按批抽取试件做力学性能(屈服强度、抗拉强度和伸长率)和工艺性能(冷弯)试验。

8. 设备机具配置

施工机械及工艺设备主要有型材切割机、注浆泵、空压机、电焊机等,现场具体投入详见表 1.3.5-3。

表 1.3.5-3　主要机械设备投入

序　号	设备名称	型　号	单　位	数　量
1	型材切割机	220 V	台	4
2	注浆泵	260 W	台	1
3	钢筋调直机		台	1
4	空压机	220 V	台	1
5	电焊机	BX-50	台	4
6	钢筋切割钳	RC-32	个	1
7	型钢弯制机		台	1
8	气焊枪		个	1
9	电焊机	BX1-500	台	2

9. 质量控制及检验

(1)按照施工工艺施工,严格执行操作规程。

(2)对于原材料进货,由试验部门进行进场前试验,不合格材料一律不得进场。

(3)制定质量保证体系,抓好每一环节、每一步骤的监控,并责任到人,狠抓落实。

(4)每次喷射作业前,做好人员、机具、物资、技术、测量、试验、运输等准备工作。

(5)施工技术人员对喷射作业环节进行认真检查(包括喷层厚度、喷层与受喷面黏结情况、喷射作业中各种参数),严格把关。

(6)钢筋网加工允许偏差:钢筋间距±10 mm;钢筋搭接长度±15 mm。

(7)拱架应圆顺,直墙架应直顺,允许偏差:拱架矢高及弧长 0～+20 mm,墙架长度±20 mm,拱、墙架横断面尺寸(高、宽)0～+10 mm。

(8)初期支护钢支架可采用工字钢等型钢制作,钢支架内侧净尺寸按联络通道结构轮廓外放 20～30 mm 计算;木背板厚度可取 30～50 mm;充填层可采用中粗砂或水泥砂浆,厚度以将木背板与开挖面间隙充填满为宜。

(9)喷射混凝土应密实、平整,无裂缝、脱落、漏喷、漏筋、空鼓、渗漏水等现象。平整度允许偏差为 30 mm。

10. 安全及环保要求

(1)安全要求

1)在施工过程中要注意安全,施工人员统一进行岗前培训。

2)喷射混凝土时,所有操作工人必须戴安全帽、防尘口罩,穿防尘工作服、雨靴、橡胶手套。

3)焊工必须穿戴防护衣具。施工时焊工应站在木垫或其他绝缘垫上。

4)钢筋的调直、切断所使用的机械设备必须指定专人操作;钢筋网、钢架的安装,作业人员之间应协调动作。

5)作业中如发生风、水、输料管路堵塞或爆裂时,必须依次停止风、水、料的输送。

(2)环保要求

在当地环保部门的指导下,严格按照国家《环境保护法》《水土保持法》等有关规定,在已经审批的范围内施工,并尽量减少对周围环境的影响和对植被的破坏,以全面达到环保标准。

1)根据初期支护混凝土喷射方式、混凝土配合比等,采取合适的降尘措施,控制现场空气中粉尘含量,对从事喷射混凝土作业的人员,定期进行健康检查。

2)加强施工机械管理,注重日常保养,按照要求进行操作。防止油品存放和机械在使用、维修、停放时油料泄漏、渗漏,污染水体。

1.3.6 衬砌钢筋施工作业指导书

1. 适用范围

适用于杭州至海宁城际铁路联络通道工程衬砌钢筋施工。

2. 作业准备

(1)内业技术准备

作业指导书编制后,在开工前组织技术人员认真学习实施性施工组织设计,阅读、审核施工图纸,熟悉规范和技术标准,制定施工安全保证措施,提出应急预案。

(2)外业技术准备

1)开工前施工现场要完成"三通一平",施工用的临时设施准备就绪,特别是施工便道要保持畅通,施工现场所需机械设备配备齐全。

2)各种原材料及半成品必须按照要求进行送检试验,合格后方可进行使用。

3)现场施工人员必须岗前考核合格后方可进行施工,特种作业人员必须做到持证上岗。

3. 技术要求

钢筋格栅应垂直通道中线,允许偏差:横向±30 mm,纵向±50 mm,高程±30 mm,垂直度5‰。

钢筋格栅与壁面应楔紧,每片钢筋格栅节点及相邻格栅纵向必须分别连接牢固。

4. 施工程序与工艺流程

(1)施工程序

洞身衬砌施工主要包括仰拱、仰拱填充、边墙、拱墙等施工,施工顺序:施工准备→仰拱钢筋绑扎→立仰拱模板→仰拱混凝土浇筑→立仰拱填充模板→仰拱填充混凝土浇筑→防水板铺设→立边墙模板→边墙混凝土浇筑→拱墙钢筋绑扎→拱墙模板安装→安装挡头板及止水带(条)→拱墙混凝土浇筑→养护→模板拆除。

(2)工艺流程

衬砌施工工艺流程如图1.3.6-1所示。

5. 施工要求

(1)施工准备

1)测量仪器精度满足要求。

2)衬砌作业区段的照明、供电、供水、排水系统满足衬砌正常施工要求,隧道内通风条件良好。

3)与开挖面安全距离:Ⅰ、Ⅱ级<200 m,Ⅲ级<120 m,Ⅵ级及以上<90 m;仰拱:Ⅲ级<90 m,Ⅵ级<50 m,Ⅴ级及以上<40 m。

(2)施工工艺

1)仰拱施工。仰拱钢筋采用洞外加工厂集中加工,洞内现场安装绑扎,钢筋品种、级别、规格、数量和连接方式必须符合设计及规范要求；仰拱模板采用定型钢模板现场拼装，并支立牢固；仰拱混凝土由洞外搅拌站拌和，采用混凝土罐车运送至浇筑地点，采用溜槽自中间向两侧对称浇筑，用插入式振捣器振捣密实。

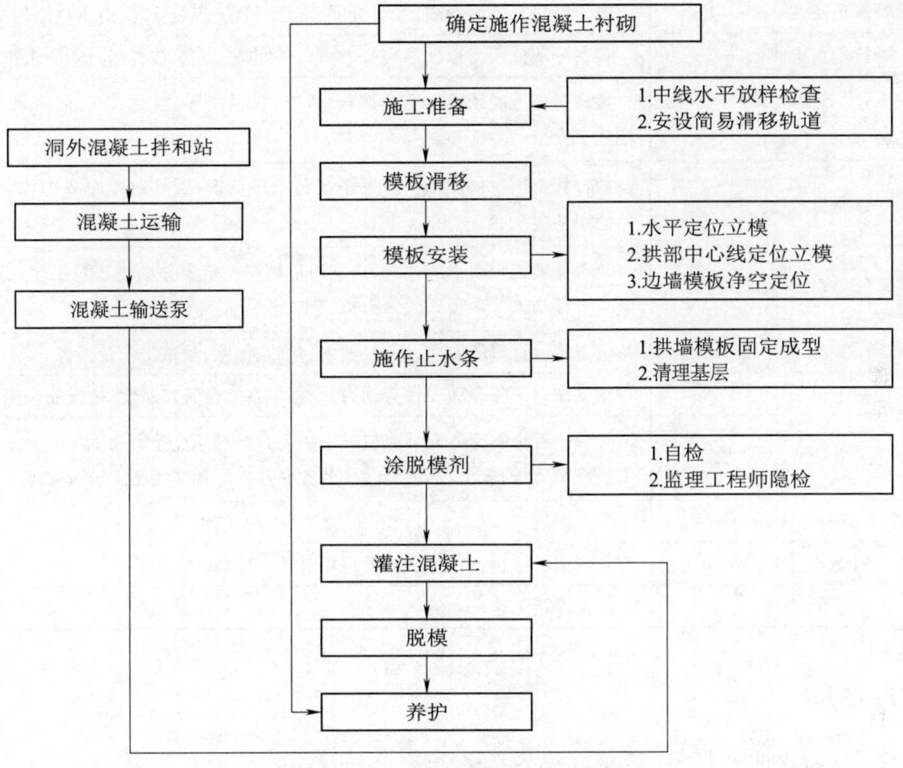

图 1.3.6-1　衬砌施工工艺流程图

2）拱墙二次衬砌施工。二次衬砌应在围岩和初期支护变形基本稳定后施作，浇筑完成后应对混凝土进行养护，以保持混凝土表面湿润。

6. 劳动组织

（1）劳动力组织方式采用架子队组织模式，如图 1.3.6-2 所示。

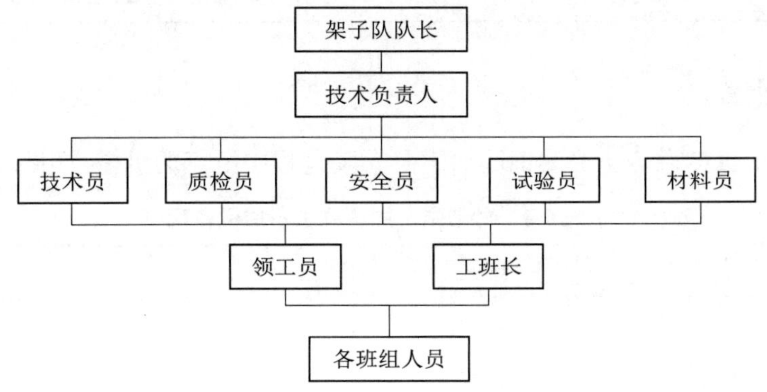

图 1.3.6-2　架子队组织机构图

（2）作业人员数量应根据施工条件、工期要求进行合理配置，详见表 1.3.6-1。

表 1.3.6-1　主要施工人员

序　号	人员配置	人数(人)	工作内容
1	架子队队长	1	负责协调指挥各工序的操作,控制加固质量,排除施工中的各种故障
2	技术负责人	1	负责对材料进场的核实,对进度、安全、质量、现场管理、成本控制的检查工作
3	技术员	4	负责分部分项工程技术交底、检查、督促施工人员按各级技术要求进行施工
4	安全员	2	负责对施工现场进行安全巡查、排查、讨论指导。杜绝“三违”人和事,确保现场施工安全
5	材料员	1	按计划组织材料进场。对进场材料质量负责,做好跟踪服务工作。掌握材料的使用情况
6	质检员	1	负责分项工程质量的评定,建立质量档案。负责分项工程各工序、隐蔽工程的施工过程和施工质量的图像资料记录
7	试验员	1	负责各种材料的取样、送样、试验、化验、检验、复试工作及报告
8	领工员	2	根据作业任务合理安排劳动力,严格执行安全管理制度,确保安全生产
9	工班长	2	带领工班全体劳务人员完成架子队下达的施工生产任务;协助队长、领工员对工班施工质量、安全、进度、环保、劳务作业人员和文明施工进行管理
10	普工	4	工作面清理
11	钢筋工	12	负责钢筋拉直、切断及预弯、现场绑扎
12	电焊工	2	负责焊接工作

7. 材料要求

现场施工材料种类、型号、数量详见表 1.3.6-2。

表 1.3.6-2　施工材料

序　号	材　料	型　号	相关技术要求
1	钢筋	$\phi 8$	抗拉强度≥370 MPa,冷弯 180°无裂纹
2	钢筋	$\phi 10$	抗拉强度≥370 MPa,冷弯 180°无裂纹
3	钢筋	$\phi 20$	抗拉强度≥490 MPa,冷弯 180°无裂纹

8. 设备机具配置

衬砌钢筋施工机械设备主要为钢筋加工及安装过程中所需的机械,详见表 1.3.6-3。

表 1.3.6-3　衬砌施工主要施工机械设备配置

序　号	机具名称	规格型号	单　位	数　量
1	钢筋弯曲机	GW40	台	1
2	钢筋切断机	GQ40	台	1
3	钢筋调直机	GT4-14	台	2

续上表

序　号	机具名称	规格型号	单　位	数　量
4	电焊机	BX-50	台	3
5	混凝土输送车		辆	3
6	插入式振捣器		个	3

9. 质量控制及检验

质量标准：钢筋机械连接接头、焊接接头以及衬砌内钢筋间距保护层厚度达到设计要求，一次性验收合格。

(1)钢筋格栅及钢筋网加工应满足以下要求：

1)钢筋格栅及钢筋网采用的钢筋种类、型号、规格等应满足设计要求，搭接应满足设计及钢筋焊接规范要求。

2)拱架应圆顺，直墙架应直顺，允许偏差：拱架矢高及弧长 0～＋20 mm，墙架长度±20 mm，拱、墙架横断面尺寸(高、宽)0～＋10 mm。

3)钢筋格栅组装后应在同一平面内，允许偏差：高度±30 mm，宽度±20 mm，扭曲度 20 mm。

4)钢筋网加工允许偏差：钢筋间距±10 mm；钢筋搭接长度±15 mm。

(2)初期支护钢支架可采用工字钢等型钢制作，钢支架内侧净尺寸按联络通道结构轮廓外放 20～30 mm 计算；木背板厚度可取 30～50 mm；充填层可采用中粗砂或水泥砂浆，厚度以将木背板与开挖面间隙充填满为宜。

(3)钢架之间增加纵向拉杆，保障钢架的整体稳定性。

(4)喷射混凝土应密实、平整，无裂缝、脱落、漏喷、漏筋、空鼓、渗漏水等现象。平整度允许偏差为 30 mm。

(5)喷射混凝土 2 h 后应养护，当气温低于＋5 ℃时，不得喷水养护。

(6)钢筋加工允许偏差见表 1.3.6-4。

表 1.3.6-4　钢筋制作允许偏差、检验数量和方法

<table>
<tr><th>序　号</th><th colspan="2">项　目</th><th>允许偏差</th><th>检查单元和数量</th><th>单元测点</th><th>方　法</th></tr>
<tr><td>1</td><td colspan="2">受力钢筋顺长度方向全长的净尺寸</td><td>±10 mm</td><td rowspan="5">按每工班同一类型钢筋、同一加工设备抽检不应少于3件</td><td>1</td><td rowspan="5">用钢尺量</td></tr>
<tr><td>2</td><td colspan="2">弯起钢筋折点位置</td><td>±20 mm</td><td>2</td></tr>
<tr><td>3</td><td colspan="2">箍筋内净尺寸</td><td>±5 mm</td><td>2</td></tr>
<tr><td rowspan="2">4</td><td rowspan="2">箍筋弯钩尺寸</td><td>角度</td><td>＞145°</td><td rowspan="2">2</td></tr>
<tr><td>弯后平直部分</td><td>＞10d</td></tr>
</table>

10. 安全及环保要求

(1)安全要求

1)钢筋绑扎作业人员严格按要求操作，以防划伤、烫伤。

2)钢筋焊接时焊机应有良好、牢固接地。

3)在钢筋架制作和搬运过程中,应将钢筋构件绑扎牢固,以防止发生整体构件或连接铁件碰撞伤人、车辆倾覆、构件坠落等事故。

4)当加固钢筋、吊装钢筋时,作业人员应以正确的姿势站立在平稳、牢固的脚手架上。克服麻痹思想,必须佩戴安全带,防止发生人员坠落事故,在2 m以上高处工作时,应符合高处作业的有关规定。

5)施工中配备专职安全员,负责钢筋绑扎作业安全及指挥作业平台下的交通。

(2)环保要求

1)现场施工人员需穿戴防护工作服,焊工佩戴护目镜。

2)生产中的废弃物及时处理,运到当地环保部门指定的地点弃置。

3)按环保部门要求集中处理生产及生活中产生的污水及废水。

1.3.7　衬砌混凝土施工作业指导书

1. 适用范围

适用于杭州至海宁城际铁路联络通道工程衬砌混凝土施工。

2. 作业准备

(1)内业技术准备

作业指导书编制后，在开工前组织技术人员认真学习实施性施工组织设计，阅读、审核施工图纸，明确有关技术问题，熟悉规范和技术标准，制定施工安全保证措施，提出应急预案。

(2)外业技术准备

1)开工前施工现场要完成“三通一平”，施工用的临时设施准备就绪，特别是施工便道要保持畅通，施工现场所需机械设备配备齐全。

2)各种原材料及半成品必须按照要求进行送检试验，合格后方可进行使用。

3)混凝土在拌和站集中搅拌，施工前按设计提供的强度要求进行室内试验，确定设计配合比，再根据现场粗细骨料得含水量，确定施工配合比。混凝土的配合比应保证其抗压强度达到设计及规范要求。

4)衬砌模板、移动台架必须按照隧道内净空尺寸进行设计制造，并经验收合格后方可投入使用。

5)现场施工人员必须岗前考核合格后方可进行施工，特种作业人员必须做到持证上岗。

3. 技术要求

(1)混凝土喷射应分片依次自下而上进行，并先喷钢筋格栅与壁面间混凝土，然后再喷两钢筋格栅之间混凝土。

(2)结构层混凝土选用商品防水混凝土，要求混凝土强度等级C35，抗渗等级P10。因隧道内长距离运输和结构浇筑时间长，可在混凝土内加入一定量的缓凝剂。

(3)通道顶板内的混凝土浇筑采用分段浇筑的施工方式，用液压输送泵输送混凝土，采用外部振捣，以提高工作效率，确保砌筑质量。

4. 施工程序与工艺流程

(1)施工程序

联络通道主体结构混凝土浇筑共分两个部分：第一部分，首先浇筑通道底板，然后施工通道侧墙及拱顶混凝土；第二部分，首先浇筑集水井底板，然后施工侧墙及顶板(含泵房的联络通道)。

(2)工艺流程

衬砌混凝土施工工艺流程如图1.3.7-1所示。

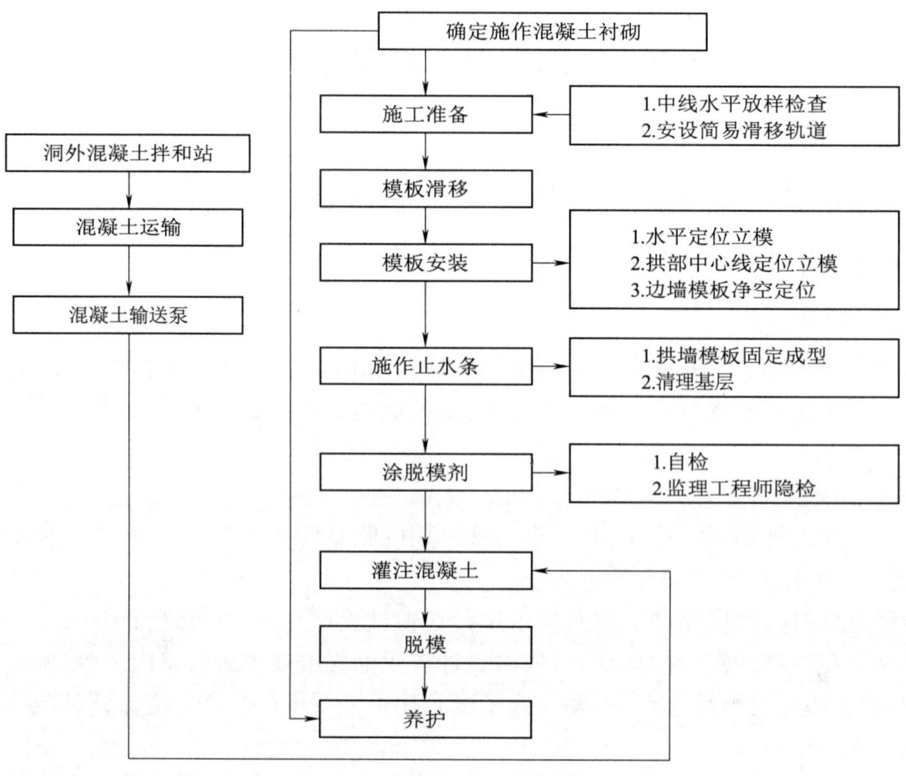

图 1.3.7-1 衬砌混凝土施工工艺流程图

5.施工要求

(1)施工准备

1)原材料经检验合格,粗骨料加工拌和前要再次过筛,以防止超粒径骨料混入,造成堵塞。细骨料堆放在防雨料库,以控制含水量,且数量满足施工需要。施工前测定砂石含水率,确定施工配合比。

2)衬砌混凝土施工作业区段的照明、供电、供水、排水系统满足衬砌正常施工要求,隧道内通风条件良好。

(2)施工工艺

1)仰拱施工。仰拱钢筋采用洞外加工厂集中加工,洞内现场安装绑扎,钢筋品种、级别、规格、数量和连接方式必须符合设计及规范要求;仰拱模板采用定型钢模板现场拼装,并支立牢固;仰拱混凝土由洞外搅拌站拌和,采用混凝土罐车运送至浇筑地点,采用溜槽自中间向两侧对称浇筑,用插入式振捣器振捣密实。

2)仰拱填充施工。仰拱填充宜紧跟仰拱进行施作,待仰拱强度终凝后立即进行仰拱填充施作。

3)矮边墙施工。仰拱及仰拱填充施作完毕后进行矮边墙施工。

4)拱墙二次衬砌施工。二次衬砌应在围岩和初期支护变形基本稳定后施作,浇筑完成后应对混凝土进行养护,以保持混凝土表面湿润。

不同混凝土潮湿养护的最低期限见表 1.3.7-1。

表 1.3.7-1 不同混凝土潮湿养护的最低期限

混凝土类型	水胶比	大气潮湿($50\% \leq RH < 75\%$)无风,无阳光直射		大气干燥($RH < 50\%$)有风,或阳光直射	
		日平均气温 T(℃)	潮湿养护期限(d)	日平均气温 T(℃)	潮湿养护期限(d)
胶凝材料中掺有矿物掺合料	≥0.45	$5 \leq T < 10$	21	$5 \leq T < 10$	28
		$10 \leq T < 20$	14	$10 \leq T < 20$	21
		$T \geq 20$	10	$T \geq 20$	14
	≤0.45	$5 \leq T < 10$	14	$5 \leq T < 10$	21
		$10 \leq T < 20$	10	$10 \leq T < 20$	14
		$T \geq 20$	7	$T \geq 20$	10
胶凝材料中未掺矿物掺合料	≥0.45	$5 \leq T < 10$	14	$5 \leq T < 10$	21
		$10 \leq T < 20$	10	$10 \leq T < 20$	14
		$T \geq 20$	7	$T \geq 20$	10
	≤0.45	$5 \leq T < 10$	10	$5 \leq T < 10$	14
		$10 \leq T < 20$	7	$10 \leq T < 20$	10
		$T \geq 20$	7	$T \geq 20$	7

6. 劳动组织

(1)劳动力组织方式采用架子队组织模式,如图 1.3.7-2 所示。

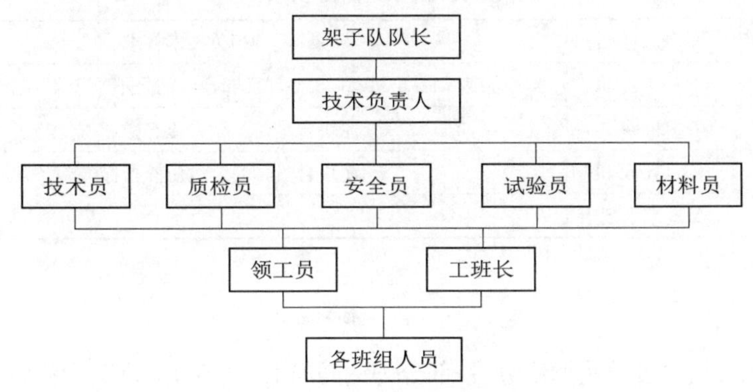

图 1.3.7-2 架子队组织机构图

(2)作业人员数量应根据施工条件、工期要求进行合理配置,见表 1.3.7-2。

表 1.3.7-2 主要施工人员

序 号	人员配置	人数(人)	工作内容
1	架子队队长	1	负责协调指挥各工序的操作,控制加固质量,排除施工中的各种故障
2	技术负责人	1	负责对材料进场的核实,对进度、安全、质量、现场管理、成本控制的检查工作
3	技术员	4	负责分部分项工程技术交底、检查、督促施工人员按各级技术要求进行施工
4	安全员	2	负责对施工现场进行安全巡查、排查、讨论指导。杜绝“三违”人和事,确保现场施工安全
5	材料员	1	按计划组织材料进场。对进场材料质量负责,做好跟踪服务工作。掌握材料的使用情况

续上表

序　号	人员配置	人数(人)	工作内容
6	质检员	1	负责分项工程质量的评定,建立质量档案。负责分项工程各工序、隐蔽工程的施工过程和施工质量的图像资料记录
7	试验员	1	负责各种材料的取样、送样、试验、化验、检验、复试工作及报告
8	领工员	2	根据作业任务合理安排劳动力,严格执行安全管理制度,确保安全生产
9	工班长	2	带领工班全体劳务人员完成架子队下达的施工生产任务;协助队长、领工员对工班施工质量、安全、进度、环保、劳务作业人员和文明施工进行管理
10	普工	2	现场工作面清理
11	电工	1	负责本班作业用电操作
12	木工	6	负责模板的安装及拆除工作
13	输送泵司机	1	负责输送泵的操作
14	混凝土工	6	负责混凝土浇筑、捣固及模板等检查

7. 材料要求

现场施工材料种类、型号、数量等见表 1.3.7-3。

表 1.3.7-3　施工材料

序　号	材料种类	型　号	相关技术要求
1	水泥	P·O42.5	水泥强度≥42.5 MPa(28 d)、凝结时间(初凝不早于 45 min,终凝不晚于 10 h)
2	砂	中粗砂	泥块含量≤0.5%,压碎指标值≤25%
3	碎石	5～31.5 mm 机制	泥块含量≤0.5%,压碎指标值≤25%
4	减水剂	高效减水剂	

8. 设备机具配置

衬砌施工机械设备主要分为两部分,一部分为钢筋加工,一部分为混凝土浇筑,见表 1.3.7-4。

表 1.3.7-4　衬砌混凝土施工主要施工机械设备配置

序　号	设备名称	规格型号	单位	数量
1	汽车式起重机	25 t	辆	1
2	三轮车		辆	3
3	混凝土输送泵	HBT60	套	1
4	插入式振捣器		个	4

9. 质量控制及检验

质量标准:衬砌混凝土强度、厚度以及衬砌内钢筋间距保护层厚度达到设计要求,一次性验收合格。

(1)喷射混凝土应密实、平整,无裂缝、脱落、漏喷、漏筋、空鼓、渗漏水等现象。平整度允许偏差为 30 mm。

(2)喷射混凝土 2 h 后应养护,当气温低于+5 ℃时,不得喷水养护。

(3)板、墙施工时控制好净空尺寸,防止侵线。侧墙宜每边外放 2 cm,但应保证侧墙厚度;板面底模标高考虑模板及混凝土自重沉降、净空等因素宜抬高 1～2 cm,以保证净空要求。

(4)浇筑竖向结构混凝土前,底部应先填 50～100 mm 厚与混凝土成分相同的水泥砂浆。

(5)混凝土运输、浇筑及间歇的全部时间不得超过表 1.3.7-5 的规定,当超过规定时间必须设置施工缝。

表 1.3.7-5　混凝土运输、浇筑和间隙的时间　(单位:min)

混凝土强度等级	气温(℃)	
	≤25	>25
≤C30	210	180
>C30	180	150

10. 安全及环保要求

(1)安全要求

1)进入施工现场的作业人员必须正确佩戴安全帽,严禁酒后上岗,施工现场严禁吸烟。

2)夜间浇筑混凝土,应有足够的照明设备。

3)使用振捣器时,应按混凝土振捣器使用安全要求执行,湿手不得接触开关,电源线不得有破损和漏电。开关箱内应装设防溅型漏电保护器,漏电保护器其额定漏电动作电流应不大于 30 mA,额定漏电动作时间应小于 0.1 s。

4)向模板内灌注混凝土时,作业人员应协调配合,灌注人员应听从振捣人员的指挥。

(2)环保要求

1)现场施工人员需穿戴防护工作服,焊工佩戴护目镜。

2)生产中的废弃物及时处理,运到当地环保部门指定的地点弃置。

3)按环保部门要求集中处理生产及生活中产生的污水及废水。

1.3.8　衬砌模板施工作业指导书

1. 适用范围

适用于杭州至海宁城际铁路联络通道工程衬砌模板施工。

2. 作业准备

(1)内业技术准备

作业指导书编制后,在开工前组织技术人员认真学习实施性施工组织设计,阅读、审核施工图纸,熟悉规范和技术标准,制定施工安全保证措施,提出应急预案。

(2)外业技术准备

1)开工前施工现场要完成“三通一平”,施工用的临时设施准备就绪,特别是施工便道要保持畅通。

2)技术交底:施工前必须进行技术交底,实行三级交底制度。

3)对各工序进行检查和复核(中线、高程、断面尺寸、净空等)。

3. 技术要求

根据结构尺寸制作通道侧墙及集水井木模板。木模板加工用 50 mm×100 mm 的方木,间距不大于 500 mm。通道拱顶采用钢模板,钢模板为 3 mm 厚钢板加间距 160 mm 的 ϕ48 钢管固定。立模采用 16 号工字钢或 ϕ20 钢筋制作的碹骨作为模板支撑,间距 900～1 200 mm,工字钢立设于已浇底板混凝土面上,底端加横撑,中间用 ϕ48 焊管加固,碹骨与工字采用螺栓连接。以防浇混凝土时侧墙内移,工字钢底部加垫一层厚 20 mm 的木板增大受力面积,防止支撑下沉。模板就位前应在模板上均匀涂刷脱模剂,按结构特征从一端向另一端顺序安装模板,先安设两侧墙模板,再安装拱顶模板。模板加固前检查模板的垂直度、水平度、标高以及钢筋保护层的厚度,校正合格后,将模板固定。

4. 施工程序与工艺流程

(1)施工程序

洞身衬砌施工主要包括仰拱、仰拱填充、边墙、拱墙等,施工程序:施工准备→仰拱钢筋绑扎→立仰拱模板→仰拱混凝土浇筑→立仰拱填充模板→仰拱填充混凝土浇筑→防水板铺设→立边墙模板→边墙混凝土浇筑→拱墙钢筋绑扎→拱墙模板安装→安装挡头板及止水带(条)→拱墙混凝土浇筑→养护→模板拆除。

(2)工艺流程

衬砌施工工艺流程如图 1.3.8-1 所示。

5. 施工要求

(1)施工准备

1)模板合模前,首先由水电等专业对预埋管件验收检定无误后,再行合模。

2)支模前,必须弹线,包括轴线、控制线、标高线。

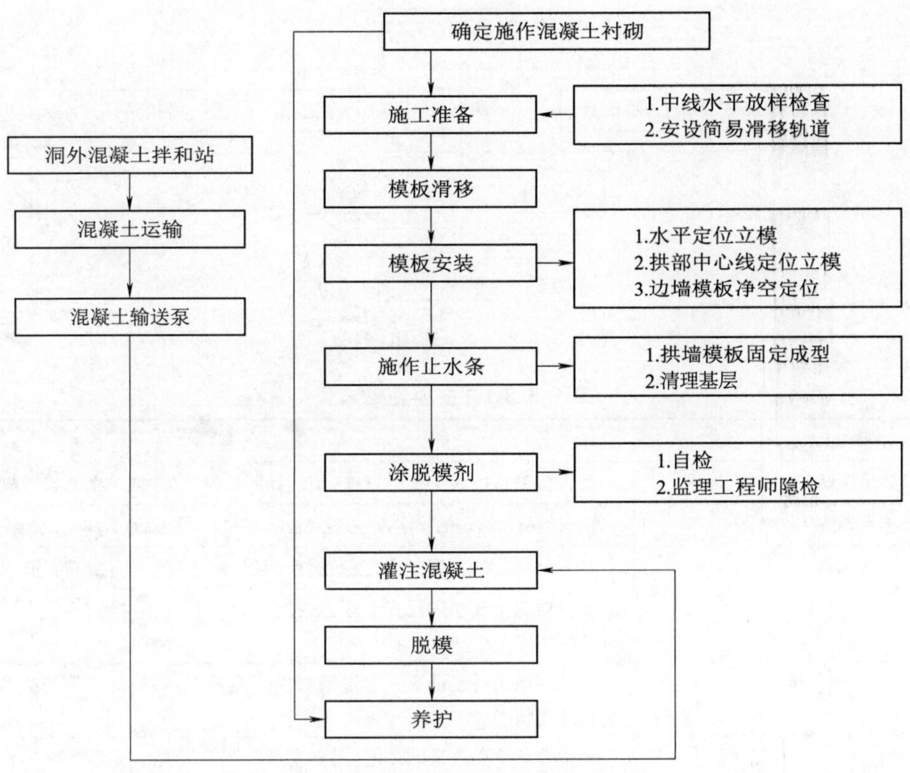

图 1.3.8-1　衬砌施工工艺流程图

3)检查钢筋绑扎质量,办好隐蔽工程记录,并要检查钢筋保护层厚度。

4)安装模板前,应把模板面清理干净,刷好隔离剂。

5)衬砌模板、移动台架必须按照隧道内净空尺寸进行设计制造,并经验收合格后方可投入使用。

6)现场施工人员必须岗前考核合格后方可进行施工,特种作业人员必须做到持证上岗。

(2)施工工艺

1)首先保证接缝的严密性,然后保证构件的形状尺寸和相互位置的正确性,最后模板的构造相对简单,利于支拆方便。

2)保证模板在施工中不变形,不破坏,不倒塌。

3)在确保工期、质量的前提下,尽量减少一次性投入,增加模板周转,减少支拆用工,实现文明施工。

4)主体中先浇筑通道底板然后安装模板,这样可以增强支撑的稳定性。

5)通道顶板与墙同时浇筑,减少施工缝的留置,以满足结构的安全可靠性。

6.劳动组织

(1)劳动力组织方式采用架子队组织模式,如图 1.3.8-2 所示。

(2)作业人员数量应根据施工条件、工期要求进行合理配置,见表 1.3.8-1。

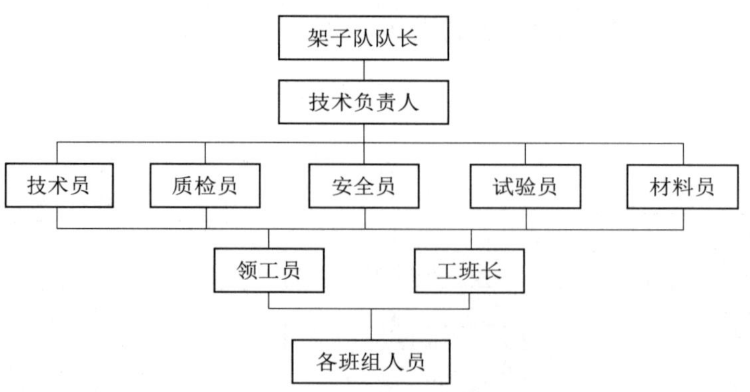

图 1.3.8-2　架子队组织机构图

表 1.3.8-1　主要施工人员

序　号	人员配置	人数(人)	工作内容
1	架子队队长	1	负责协调指挥各工序的操作,控制加固质量,排除施工中的各种故障
2	技术负责人	1	负责对材料进场的核实,对进度、安全、质量、现场管理、成本控制的检查工作
3	技术员	4	负责分部分项工程技术交底、检查、督促施工人员按各级技术要求进行施工
4	安全员	2	负责对施工现场进行安全巡查、排查、讨论指导。杜绝"三违"人和事,确保现场施工安全
5	材料员	1	按计划组织材料进场。对进场材料质量负责,做好跟踪服务工作。掌握材料的使用情况
6	质检员	1	负责分项工程质量的评定,建立质量档案。负责分项工程各工序、隐蔽工程的施工过程和施工质量的图像资料记录
7	试验员	1	负责各种材料的取样、送样、试验、化验、检验、复试工作及报告
8	领工员	2	根据作业任务合理安排劳动力,严格执行安全管理制度,确保安全生产
9	工班长	2	带领工班全体劳务人员完成架子队下达的施工生产任务;协助队长、领工员对工班施工质量、安全、进度、环保、劳务作业人员和文明施工进行管理
10	电工	1	负责本班作业用电操作
11	木工	6	负责模板的安装及拆除工作

7. 材料要求

现场施工材料种类、型号、技术要求详见表 1.3.8-2。

表 1.3.8-2　施工材料表

序　号	材料种类	型　号	相关技术要求
1	方木	50 mm×100 mm	间距不大于 500 mm
2	工字钢	16 号	16 号工字钢或 ϕ20 钢筋制作的碹骨作为模板支撑
3	钢模板	3 mm 钢板	
4	钢管	ϕ48	
5	钢筋	ϕ20	16 号工字钢或 ϕ20 钢筋制作的碹骨作为模板支撑

8. 设备机具配置

衬砌施工机械设备主要分为两部分,一部分为钢筋加工,一部分为混凝土浇筑,见表 1.3.8-3。

表 1.3.8-3 衬砌施工主要施工机械设备配置

序号	设备名称	规格型号	单位	数量
1	电钻	6 kW	台	3
2	车床	12 kW	台	1
3	电锯	6 kW	台	2
4	电焊机	BX-50	台	2
5	钢筋切断机	GQ40	台	1
6	钢筋调直机	GT4-14	台	1
7	钢筋弯曲机	GW40	台	1

9. 质量控制及检验

质量标准:严格要求按设计图及技术交底施工,精确定位、立模符合设计要求。确保模板支架施工过程中均衡受载,采用由中部向两边扩展的浇筑方式。

(1)钢模板采用的钢筋种类、型号、规格等应满足设计要求,搭接应满足设计及钢筋焊接规范要求。

(2)模板拼缝、接头不密实时,用塑料密封条堵塞;钢模板如发生变形时,及时修整。

(3)拆模顺序一般为先支的后拆,后支的先拆,先拆除非承重部分,后拆除承重部分。

10. 安全及环保要求

(1)安全要求

1)模板安装人员严格按要求操作。

2)周转材料吊装时应绑扎牢固,模板、架管应外包安全网。

3)装拆模板时,上下应有人接应,随拆随运转,并把活动部件固定牢靠,严禁堆放在脚手板上和抛掷。

(2)环保要求

1)现场施工人员需穿戴防护工作服,焊工佩戴护目镜。

2)生产中的废弃物及时处理,运到当地环保部门指定的地点弃置。

3)按环保部门要求集中处理生产及生活中产生的污水及废水。

1.3.9 回填注浆施工作业指导书

1. 适用范围

适用于杭州至海宁城际铁路联络通道工程回填注浆施工。

2. 作业准备

(1)内业技术准备

作业指导书编制后,在开工前组织技术人员认真学习实施性施工组织设计,阅读、审核施工图纸,明确有关技术问题,熟悉规范和技术标准。制定施工安全保证措施,提出应急预案。对施工人员进行技术交底,对参加施工的人员进行上岗前技术培训,考核合格后持证上岗。

(2)外业技术准备

对施工作业层中涉及的各种外部技术数据进行收集。修建生活、生产房屋,配齐生活、办公设施,满足主要管理、技术人员进场生活、办公的需要,满足水泥浆液拌和需要。

3. 技术要求

(1)水泥浆由现场搅拌机根据需要现场拌制。

(2)对水泥浆进场原材进行检验,并符合相关标准及规范要求。

4. 施工程序与工艺流程

(1)施工程序

钻孔→安设注浆钢管→制拌浆液→注浆→封孔。

(2)工艺流程

回填注浆工艺流程如图 1.3.9-1 所示。

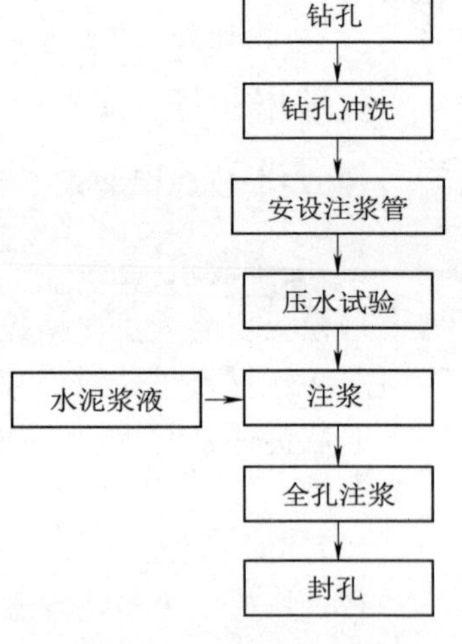

图 1.3.9-1 回填注浆工艺流程图(单位:mm)

5. 施工要求

(1)施工准备

1)做好“三通一平”工作,使其满足施工需要。

2)浆液搅拌机、注浆泵等布置在洞内距注浆区域不大于 60 m 的地方,并随着注浆进度适时搬移。

3)水泥等施工材料采用三轮汽车运输,人工搬运至注浆区域的注浆平台上。

4)回填注浆人员及工具就位。

(2)施工工艺

1)注浆孔布置。在开挖初期支护时,预埋注浆管,深度木背板后,海昌路站—浙大国际学院站区间1号联络通道共设置注浆孔28个，共4排每排间距1.8 m；2号联络通道及泵站共设置注浆孔36个，通道段注浆孔24个，间距1.8 m、2.1 m，泵站注浆孔12个；3号联络通道共设置注浆孔28个，共4排每排间距1.8 m，分布在泵房的侧墙及底板。注浆孔安装布置如图1.3.9-2所示。

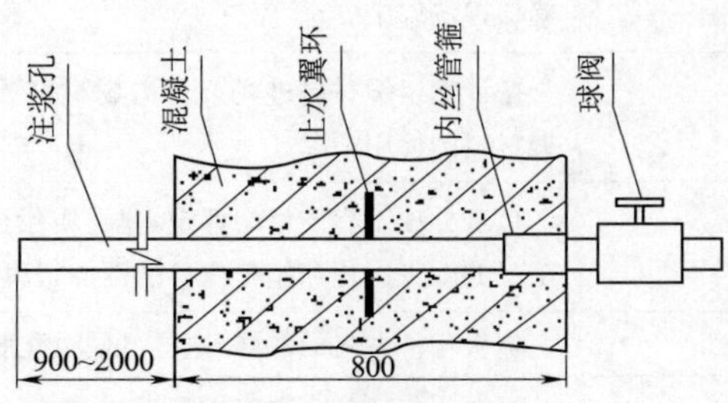

图1.3.9-2　注浆孔安装布置图(单位:mm)

2)平台搭设。为保证全断面钻孔和注浆，使用钢管脚手架搭设作业平台，平台满足钻机和施工人员承重及高度要求，上面铺设走道板及木板。

3)注浆管打设。注浆管采用直径35 mm的无缝钢管，按钢管片预留孔布置。使用钻机将注浆管顶进预留孔，按预留孔角度进行施工。

4)注浆。停止冻结后3～7 d开始回填注浆，注浆材料采用1∶(0.8～1)单液水泥浆，注浆压力不大于0.5 MPa，注浆流量宜控制在15 L/min左右。

6.劳动组织

(1)劳动力组织方式采用架子队组织模式，如图1.3.9-3所示。

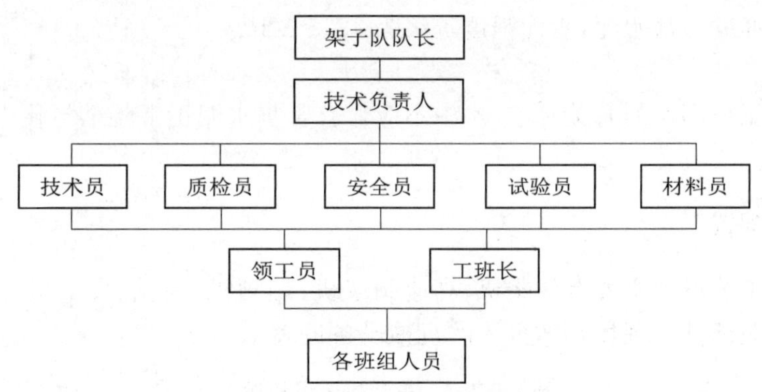

图1.3.9-3　架子队组织机构图

(2)作业人员数量应根据施工条件、工期要求进行合理配置，见表1.3.9-1。

表1.3.9-1　主要施工人员

序　号	人员配置	人数(人)	工作内容
1	架子队队长	1	负责协调指挥各工序的操作，控制加固质量，排除施工中的各种故障
2	技术负责人	1	负责对材料进场的核实，对进度、安全、质量、现场管理、成本控制的检查工作
3	技术员	4	负责分部分项工程技术交底、检查、督促施工人员按各级技术要求进行施工

续上表

序　号	人员配置	人数(人)	工作内容
4	安全员	2	负责对施工现场进行安全巡查、排查、讨论指导。杜绝"三违"人和事,确保现场施工安全
5	材料员	1	按计划组织材料进场。对进场材料质量负责,做好跟踪服务工作。掌握材料的使用情况
6	质检员	1	负责分项工程质量的评定,建立质量档案。负责分项工程各工序、隐蔽工程的施工过程和施工质量的图像资料记录
7	试验员	1	负责各种材料的取样、送样、试验、化验、检验、复试工作及报告
8	领工员	2	根据作业任务合理安排劳动力,严格执行安全管理制度,确保安全生产
9	工班长	2	带领工班全体劳务人员完成架子队下达的施工生产任务;协助队长、领工员对工班施工质量、安全、进度、环保、劳务作业人员和文明施工进行管理
10	钻孔人员	4	操作风钻
11	接灌浆管人员	2	兼堵漏排污
12	电工	1	操作灌浆泵接电维修
13	普工	1	工作面清理

7. 材料要求

(1)水泥

根据设计图纸及铁路工程有关文件规定要求选用符合国家标准的水泥型号,应优先采用硅酸盐水泥和普通硅酸盐水泥,水泥强度等级为42.5 MPa。

(2)水

水质应符合工程用水的有关标准,水中不应含有影响水泥正常凝结与硬化的有害杂质,化验合格方可使用。

8. 设备机具配置

施工机械及工艺设备主要有注浆机、高速制浆机、切割机、风钻、发电机等,机械设备须有出厂合格证及相关证件。现场具体投入的机械设备见表1.3.9-2。

表1.3.9-2　主要机械设备投入

序　号	设备名称	规　格	单　位	数　量
1	发电机	15 kW	台	3
2	注浆机		台	2
3	高速制浆机	转速≥1 200 r/min	台	2
4	切割机	220 V	台	4
5	风钻	ϕ42 mm	台	4
6	三轮车		辆	2

9. 质量控制及检验

严格要求按设计图及技术交底施工；精确定位、调整钻机立轴，确保打设角度及方位的精度；下管要及时、准确、快速，注浆时时刻关注注浆压力，确保达到注浆效果。

(1)注浆时间：停止冻结后 3～7 d 开始充填注浆。

(2)注浆压力：注浆材料采用 1∶(0.8～1)单液水泥浆，注浆压力不大于 0.5 MPa。

(3)注浆量：回填注浆分 6 次进行，充填注浆量较大，前 3 次注浆量约为 12 m^3，后 3 次注浆量约为 4 m^3，由通道预留注浆孔及相关管片预留注浆孔均匀注入。

(4)注浆过程中应填写各项注浆记录表与质量抽检报告，作为回填注浆质量验收依据。

10. 安全及环保要求

(1)安全要求

1)从事注浆工作的人员必须进行技术培训，否则不得从事重要工序的操作。

2)应定期检查电源线路和设备的电气部件，确保用电安全。

3)施工中应经常检查输料管、接头的磨损情况，当有磨损、击穿或松脱等现象应及时处理。

4)灌浆过程中，应注意观测隧道初砌的变形，若发现异常应立即减压，报告并记录。

5)对机器运转部分加以防护，确保现场照明条件良好。

(2)环保要求

在当地环保部门的指导下，严格按照国家《环境保护法》《水土保持法》等有关规定，在业主和监理审批的范围内施工，并尽量减少对周围环境的影响和对植被的破坏，以全面达到环保标准。

1)坚决执行市政工程管理局颁发的有关市政文明施工条例，对全体职工进行文明施工重要性及意义教育，使之成为自觉的行动。

2)场地清洁、消防器材齐全到位，从技术上采取切实可行的措施，消除或减少施工可能造成的环境污染及扰民现象。

3)开展“劳动竞赛”活动，力争精神文明和物质文明建设双丰收。

2 桥 梁 工 程

2.1 钻 孔 桩

2.1.1 钻孔桩钻孔施工作业指导书

1. 适用范围

适用于杭州至海宁城际铁路桥梁工程钻孔桩钻孔施工。

2. 作业准备

(1)内业技术准备

在开工前组织技术人员认真学习施工组织设计及施工方案。逐级向施工人员进行技术、操作、安全、环保交底,确保施工过程的工程质量、环境保护和人身安全。

(2)外业技术准备

1)开工前施工现场要完成“三通一平”,施工用的临时设施准备就绪,施工便道要保持畅通,机具设备配置齐全。

2)熟悉施工现场的地质、水文资料,针对不同的地质情况,对钻杆、钻具、斗齿、护筒、泥浆、清孔工具、检测等施工机械与设备进行选择和优化。

3)熟悉施工现场的环境,探清施工范围内的地下管线、地下构筑物、地上建筑物等的分布情况。

4)开工前,对设计单位移交的导线点、永久的水准点进行复测;按施工现场的实际情况加密导线点和水准点,并与相邻标段联测。根据坐标控制点和水准控制点进行桩位和高程放样。

3. 技术要求

(1)钻孔时沉渣厚度必须符合设计要求。以摩擦力为主的桩,沉渣厚度严禁大于 300 mm,以端承力为主的桩,沉渣厚度严禁大于 100 mm。

(2)钻机安装就位后,底座和顶端应平稳,在钻进和运行中不应产生位移或沉陷,否则应找出原因,及时处理。钻机顶部的起吊滑轮、转盘中心和桩孔中心三者应在同一铅垂线上,其偏差不得大于 2 cm。

4. 施工程序与工艺流程

(1)施工程序

平台搭设→孔位放样→护筒施工→钻机安放→钻孔→清孔→成孔检查。

(2)工艺流程

钻孔桩钻孔工艺流程如图 2.1.1-1 所示。

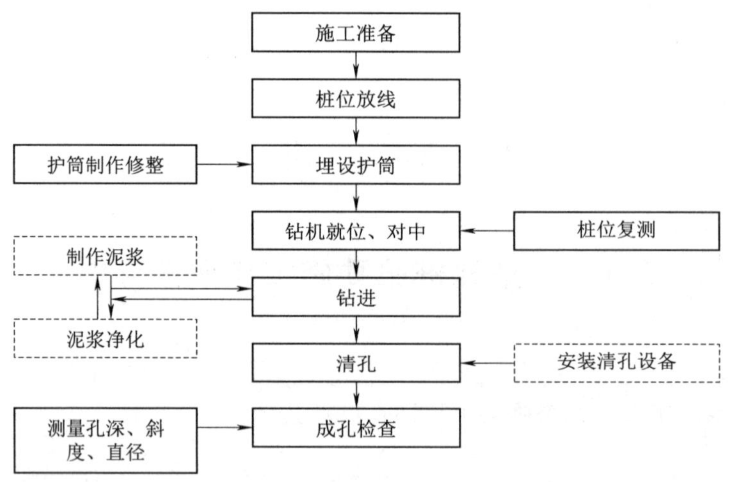

图 2.1.1-1　钻孔桩钻孔工艺流程图

5. 施工要求

(1)施工放样:在钻机摆放就位前,用全站仪对桩位进行精确放样,现场工程技术人员应对桩位进行复核检查,并由测量工程师复测,经复核合格后方可进行下一道工序施工。

(2)钢护筒制作:钻孔桩钢护筒采用壁厚 10 mm,高 6 m 钢板护筒,护筒直径比钻孔桩直径大 20 cm 为宜。桩位放样(做好十字护桩)完成后用挖掘机开挖护筒埋设基础,用挖掘机开挖时,宽度应超过护筒半径 0.5～1.0 m,护筒就位后人工锤击压实,护筒平面偏位控制在 50 mm内,护筒顶面宜高出地面 0.3 m,护筒埋设时由护桩校核护筒位置,并严格控制护筒垂直度,竖直度倾斜≤1%,如果不符合要求则需要重新埋设。护筒安放就位,基础回填 50 cm 厚黏土,外侧回填黏土并夯实填平。

(3)十字护桩埋设:精确放好桩位后,在现场工程技术人员监控下进行桩位的十字护桩埋设,以精确桩位为中心,正交埋设 4 根护桩,护桩可采用木桩或钢筋桩,埋设深度不小于 1 m。当埋设深度无法达到时,采用挖坑,用混凝土包裹的方法进行保护,护桩露出地面高度为 30～50 cm(高出护筒口 10～20 cm),护桩埋设位置应不影响钻机及钻孔、下钢筋笼、混凝土灌注等各道工序施工,且距护筒距离不大于 5 m。

待护筒埋设好后沿护桩拉十字线并在护筒上做好标记(图 2.1.1-2),现场技术人员将护桩及护筒标记处距中桩距离记录,在钻孔过程中及下钢筋笼前、后进行检查恢复中线。在钻进过程中还要适时地去检查护桩是否完整,桩中心是否准确。

图 2.1.1-2　十字护桩埋设

(4)钻机就位:技术人员应对钻机型号、泥浆泵大小等进行登记检查,同时对钻机钻头大小、质量及护筒结构尺寸检查,不符合钻孔桩施工要求时应立即更换或调整。钻机就位时,钻头尖对准桩位,对位误差≤2.0 cm,调整钻机平整、稳固。保证主动钻杆垂直地面，即主杆垂直度偏差<1%。

(5)泥浆循环及拌制：膨润土泥浆具有相对密度低、黏度好、含砂少、失水量少、稳定性强、护壁能力高等特点，所以配制时宜优先选用钙质膨润土配制低相对密度的泥浆。对泥浆的配合比、泥浆性能指标要求见表2.1.1-1。

表2.1.1-1　泥浆性能指标

地　层	相对密度	漏斗黏度(s)	含砂率	胶体率	pH值
一般	1.05～1.20	16～22	≤4%	≥95%	大于6.5
易坍	1.20～1.45	19～28	≤4%	≥95%	大于6.5

(6)造浆材料选择优质膨润土，不能使用孔内原土造浆护壁。膨润土作为泥浆原料一般为用水量的8%，造浆前应根据泥浆性能指标的要求做泥浆配合比的试验，现场按照泥浆配合比用制浆机拌制泥浆并存入储浆池。特殊情况下，在使用黏土作为造浆材料时应符合下列要求：

1)自然风干后，用手不易掰开捏碎。

2)干土破碎时，断面有坚硬的尖锐棱角。

3)用刀切开时，切面光滑、颜色较深。

4)水浸湿后有黏滑感，加水合成泥膏后，容易搓成1 mm的细长泥条，用手指揉捻砂砾不多，浸水后能大量膨胀。

5)钻孔过程中应随时抽查泥浆相对密度、含砂率，填写泥浆试验记录表，随时注意地质变化，根据地质情况的变化随时调整泥浆的性能指标，以保证成孔速度和质量。随着孔深的增加向孔内及时、连续地补浆，维持护筒内应有的水头，防止孔壁坍塌。泥浆高度必须高于地下水位和护筒底面。

6)每4～6个墩位的桩基为一个单元，在中部位置设置一个泥浆池，大小以14 m×6 m×2 m为宜，可以根据现场实际情况布置，但不得小于2根桩的最小体积。采用泥浆泵、管将泥浆输送到钻桩孔。在施工过程中要定期测试泥浆各项指标，掌握数据，确定每池泥浆的周转次数和补浆时间。钻孔时对不同地质情况要配置相应的泥浆指标。

(7)钻孔。

1)开钻前应先制做好$L=5$ m长($L=4D$，D为钻孔桩直径)$\phi1.25$ m的钢筋笼检孔器，待钻机钻进到设计孔深时进行钢筋笼检孔器的下放，检查时利用25 t起重机起吊检测笼检查钻孔垂直度、孔径。

2)在钻进至接近钢护筒底口位置时，要低转速钻进，并控制进尺，同时确保泥浆达到技术指标，以确保护筒底口部位地层的稳定。当钻头钻出护筒底口5 m后，再恢复正常钻进状态。

3)在钻进过程中对钻孔泥浆2～3 h检查一次，在钻进过程中，随时检测钻机转盘以确保水平。

4)钻进过程中随时捞取钻渣，判断地层并检验泥浆指标，根据地层变化情况，采用不同钻速、钻压，适时调整泥浆性能，并始终保持孔内液面高于孔外水位1.5～2.0 m，加强护壁，保持孔壁稳定。

5)钻孔应连续进行，当遇到特殊情况需停钻时，提出钻头，补足孔内泥浆，始终保持孔内规定的水位和泥浆的相对密度、黏度。

6)钻孔完成后应尽快浇筑混凝土，防止空孔时间过长造成塌孔事故。

(8)清孔及成孔检查。当钻孔深度达到设计要求时,立即对孔深、孔径和孔底沉渣量进行检查,确认满足设计要求后,待三方检验合格,立即进行清孔。

1)采用掏渣法进行清孔,成孔后利用旋挖钻机掏渣钻斗进行掏渣,保证桩底沉淀层厚度符合设计及规范要求(摩擦桩沉淀层厚度不大于 20 cm),在水下混凝土浇筑前,应复查桩底沉渣厚度,不满足要求时进行二次清孔。

2)以导管作为吸泥泵的吸浆管清孔。此法系以灌注混凝土的导管代替泵吸式反循环回转的空心钻杆作为吸泥管,其优点是清孔完毕,将特制弯管拆除即可开始灌注水下混凝土。

3)不论采用何种清孔方法,在清孔排渣时,必须注意保持孔内水头,防止塌孔。不得用加深孔底深度的方法代替清孔。清孔应达到以下标准:孔内排出或抽出的泥浆手摸无 2~3 mm 颗粒,泥浆相对密度不大于 1.1,含砂率小于 2%,黏度 17~20 s。

4)孔径检测也可采用探孔器,探孔器采用钢筋焊接成,长度宜为 4~5 倍设计桩径,加强筋必须焊接在主筋外侧且加强筋直径不小于设计孔径。检孔时用汽车式起重机吊起,放入待检孔内,然后放松吊绳使检空器靠自重下落,在孔内能下落到孔底,则孔径符合设计要求。如在某个位置卡住,测量下放钢丝绳长度,可计算出深度,用钻机扫孔时重点反复扫该位置。

6. 劳动组织

钻孔工艺根据工种按照一台钻机作业进行人员配置,具体人员配置见表 2.1.1-2。

表 2.1.1-2　钻机作业人员配置

序　号	人员配置	人数(人)	备　注
1	架子队队长	1	
2	技术负责人	1	
3	技术员	1	
4	安全员	1	
5	材料员	1	
6	质检员	1	
7	试验员	1	
8	领工员	1	
9	工班长	1	
10	钻机操作人员	4	
11	拌浆工	2	
12	辅助工	3	

7. 材料要求

(1)造浆材料

1)钻孔泥浆选用不分散、低固相、高黏度的 PHP 优质膨润土化学泥浆。泥浆由优质膨润土、碱(Na_2CO_3)、羟甲基纤维素(CMC)和聚丙烯酰胺(PHP)等原料组成。

2)泥浆配制应由试验人员反复试验,做出合理的配合比后,再投入生产。

8. 设备机具配置

机械设备须有出厂合格证及相关证件，现场具体投入的机械设备见表 2.1.1-3。

表 2.1.1-3　机械设备投入

序　号	设备名称	规格型号	数　量	技术状况	备　注
1	电焊机	DN3-100	2	良好	
2	水准仪	DSZ2	2	良好	
3	全站仪	莱卡 TS02	2	良好	
4	钻机	320	1	良好	
5	泥浆泵	22 kW	2	良好	
6	发电机组	150 kW	1	良好	

9. 质量控制及检验

(1)质量控制

钻孔过程中需要对孔位进行不间断检查，允许偏差项目及范围见表 2.1.1-4。

表 2.1.1-4　钻孔桩钻孔允许偏差

<table>
<tr><th>序　号</th><th colspan="2">项　　目</th><th>允许偏差(mm)</th></tr>
<tr><td>1</td><td colspan="2">孔径</td><td>不小于设计孔径</td></tr>
<tr><td rowspan="2">2</td><td rowspan="2">孔深</td><td>摩擦桩</td><td>不小于设计孔深</td></tr>
<tr><td>柱桩</td><td>不小于设计孔深，并进入设计土层</td></tr>
<tr><td>3</td><td>孔位中心偏心</td><td>群桩</td><td>≤100</td></tr>
<tr><td>4</td><td colspan="2">倾斜度</td><td>≤1%孔深</td></tr>
<tr><td rowspan="2">5</td><td rowspan="2">浇筑混凝土前桩底沉渣厚度</td><td>摩擦桩</td><td>≤300</td></tr>
<tr><td>柱桩</td><td>≤100</td></tr>
</table>

(2)质量检验

在制浆或钻孔过程中试验人员要经常检测泥浆的各项指标，使之满足钻孔需要，不合格时应及时调整。

泥浆的性能与指标：

①相对密度：钻孔泥浆相对密度以 1.05～1.1 为宜。

②黏度：一般地层以 16～22 s 为宜，松散易坍地层以 19～28 s 为宜。

③含砂率：新制泥浆含砂率应小于 2%，循环泥浆不得超过 4%。

④胶体率：新制泥浆胶体率应大于 95%。

⑤pH 值：大于 6.5。

⑥泥皮厚：小于 3 mm。

10. 安全及环保要求

(1)安全要求

1)应遵照执行《铁路桥涵工程施工安全技术规程》(TB 10303—2009)和《铁路工程基本作

业施工安全技术规程》(TB 10301—2009)。

2)钻孔作业人员注意孔内地层变化情况及机器运转情况,出现异常,必须立即停钻。钻机停钻,必须将钻头提出孔外,不得滞留孔内,同时覆盖井口。

3)确认施工现场无电缆、光缆、地下管道等掩埋物。各类钻具要设置安全绳,避免掉入孔中。

4)泥浆池的周围必须进行围护,防止人员掉进泥浆池。

5)钻孔过程中注意操作人员不能靠井口太近,以防操作人员掉进孔内。

6)进入施工现场的人员必须严格遵守施工现场安全管理规定要求,戴安全帽,非施工人员不准进入施工现场。

7)雨季应对现场做好排水工作,防止钻机基础软化导致钻机倾斜或倒塌。孔口周围应有挡水措施,防止雨水流入孔内。

(2)环保要求

1)施工中废水、废渣按指定地点排放,以避免污染空气、土地和水源。不得损坏农田和水利建设及交通设施。

2)钻孔封孔时的泥浆,应通过泥浆循环净化系统进行回收和利用,必须废弃时经检查合格后才能排放。

3)严防地表水流入桩孔内,桩孔开挖后应采取措施防止施工用水和雨水流入基坑内。

4)泥浆要及时运出工地,在达到环保要求的情况下弃到设计指定或预先选好的弃渣场,做好保护水土的措施。

2.1.2 钻孔桩钢筋施工作业指导书

1. 适用范围

适用于杭州至海宁城际铁路桥梁工程钻孔桩钢筋施工。

2. 作业准备

(1)内业技术准备

认真研读施工图纸,熟悉每根桩的钢筋笼尺寸、主筋规格、强度等级及加强箍筋规格等参数,仔细阅读钢筋制作与安装作业指导书,同时熟读钢筋加工各种施工规范和施工工艺,了解钢筋笼施工要点及质量检验标准。开工前组织技术人员认真学习施工组织设计,逐级向施工人员进行技术、操作、安全、环保交底,确保施工过程的工程质量、环境保护和人身安全。

(2)外业技术准备

1)根据钢筋笼长度长、节数多的特点,钢筋笼采用长线法在台座胎具上统一制作。台座胎具设计:设置4组钢筋笼台座胎具,在每组台座胎具上根据施工进度要求调整安装钢筋笼主筋的定位模具。定位模具是根据钢筋笼的主筋规格、数量进行设计制作的,按照两根一束布置,钢筋之间预留10 mm空隙。

2)对场地及台座情况进行记录,为保证钢筋笼的线形质量,对胎具标高应定期进行检查,发现有下沉及变形情况,及时纠正调整。

3. 技术要求

(1)钢筋笼主筋连接接头宜采用直螺纹套筒连接,丝头有效螺纹长度应不小于1/2连接套筒长,公差应为(0~2.0)P(P为螺距)。主筋与箍筋连接处宜点焊。焊缝要饱满,不能有烧筋现象。

(2)声测管安装要到设计桩底,管底安放标高技术员算好后告诉现场施工人员,不得随意安放。

(3)所有声测管内应充满清水,以防因个别管接头密封不良导致泥浆进入孔内堵塞管路;这么做有利于消除钢筋浮力,有利于抵消管外泥浆或混凝土对管壁的压力作用,以防声测管变形。

(4)过程中安装加强保护层。钢筋笼下放至设计标高后,应放出设计桩中心位置十字线(可利用护桩拉线)、钢筋笼平面中心位置,再调整钢筋笼使二心在同一垂直线上。就位后,立即将钢筋笼吊筋与分配梁、分配梁与钢护筒焊接固定,防止混凝土浇筑过程中钢筋骨架上浮。

4. 施工程序与工艺流程

钻孔桩钢筋施工工艺流程如图2.1.2-1所示。

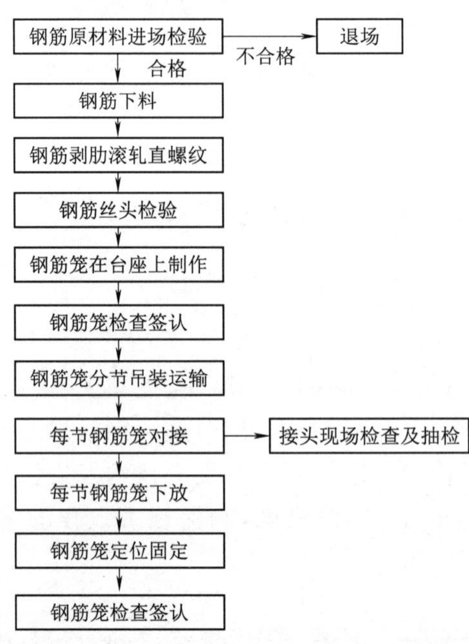

图 2.1.2-1 钻孔桩钢筋施工工艺流程图

5. 施工要求

(1)钢筋笼制作

1)钢筋下料前,应经过认真审图,计算出各种不同直径的钢筋最优的下料长度,下料过程中要考虑到钢筋接头位置应错开,以及伸入承台钢筋的预埋长度,并要求在保证满足规范要求的基础上,做到充分利用原材料,降低损耗。

2)为保证丝头加工的要求,钢筋下料应采用砂轮切割机切割,不宜用普通切筋机或电焊方法切断。

3)钢筋端面宜平整并与钢筋轴线垂直,不得有马蹄形或扭曲,如有不平,应重新进行切割。

4)钢筋端部不得有弯曲,出现弯曲应调直。

5)用低碳钢热轧圆盘条制成的箍筋,制作前应首先用调直机进行调直。

6)钢筋下料注意事项:

①按规范要求钢筋接头位置应错开,以保证接头长度区段内的钢筋接头数量不大于50%;在同一根钢筋上应尽量少设接头。

②在"接头长度区段"内,同一根钢筋上不得超过一个接头。

注:两焊(连)接接头在钢筋直径的35倍范围内且不小于500 mm以内,均视为"接头长度区段"。

(2)钢筋丝头加工、质量检验与控制

1)钢筋丝头加工。

①加工人员必须由厂家进行技术培训,经考核合格后方可上岗。

②正式加工前,设备由厂家人员进行调试及成型试验,还须进行钢筋连接接头工艺试验,

符合要求后开始加工。厂家必须配备人员进行现场指导。

③加工丝头前,应调直钢筋并保持钢筋接头平整。

2)钢筋丝头质量检验。

①对加工的钢筋螺纹丝头,必须逐个进行目测检查,加工人员每加工10个用检具检查一次。

②经自检合格的丝头,应由质检员随机抽样检验,以一个工班内生产的丝头为一个检验批,随机抽检10%,且不得少于10个。当合格率小于95%应加倍抽检,复检中合格率仍小于95%,应对该班生产的钢筋丝头逐个进行检验,并剔除不合格的丝头,查明原因解决后重新加工丝头。

③丝头加工完毕经检验合格后,立即将标准丝戴好保护帽,加长丝拧上连接套,防止丝头损坏及锈蚀。按规格分类堆码整齐,设置标识。

3)丝头加工的质量控制要点。

丝头的加工质量直接影响钢筋笼接头质量,丝头加工质量控制要点如下:

①轧丝机内设有控制丝头长度的限位器,轧丝时将钢筋端布置于该限位器处,但应经常检查钢筋端部位置,一旦有所滑动及时进行调整。

②控制丝头直径方法:经常调节丝头车丝刀片,若调节过紧则螺纹直径过小,若调节过松则螺纹直径过大,故用环通规和环止规检查调整好的刀片位置,合格后方可进行车丝,并对加工后的每个丝头进行直径大小检查,对不合格的接头切掉重新车丝。

③控制不完整螺纹长度方法:及时更换车丝刀片。

④丝头加工完毕后,在加长丝中点处用油漆做好标记,方便进行安装质量检验。

(3)钢筋笼制作成型

1)先安放定位模具上的主筋,确保接头处不得有空隙。连接步骤及方法如图2.1.2-2所示。

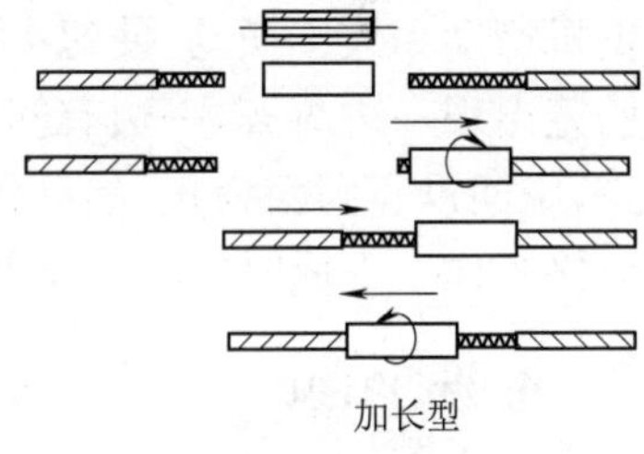

图2.1.2-2 连接步骤及方法

2)在已经安放好的主筋上按设计尺寸均用石笔画好位置,安放加强筋,这样能保证加强筋与主筋垂直。主筋与加强筋逐点进行部分点焊,以固定位置。

3)安放其余主筋时,则先在加强筋上用石笔按设计尺寸画好位置,再逐根安装,这样能较好地保证主筋位置准确并顺直。

4)每节钢筋笼主筋安装完毕后,检查主筋顺直与否,合格后再进行主筋与加强筋之间的补焊。

5)箍筋安装之前,先用石笔在部分主筋上按设计图纸尺寸画好位置,复核无误后再进行安装,箍筋与主筋之间进行点焊,点焊过程中控制电流大小,使点焊既要牢固又不得烧伤主筋。

6)按照设计图纸要求定位钢筋(耳筋)每隔2 m设一组,每组4根均匀设于桩基加强箍筋周围。承台底面标高以下25 cm处设置加强保护层一道,沿圆周方向均匀布置4个。

7)声测管的安装:

①根据不同桩径宜采用50 mm×3 mm规格的声测管3根或4根,均匀布置在钢筋笼四周。

②按设计尺寸对声测管宜进行分节安装。

③声测管的安装,除在底节钢筋笼加工时,焊接或绑扎在钢筋笼上外,其余各节均预先绑扎在钢筋笼内,待每节钢筋笼对接完后,声测管用连接头连接,固定牢靠,要求位置准确、间距均匀、轴线顺直,保证成桩后的声测管互相平行。

④为防止灌注水下混凝土时水泥浆进入声测管,影响检测探头的下放,声测管底部、顶部用钢板焊接密封好,在钢筋笼连接安装声测管时,需向管内注满清水以减小管内、外压力,增加声测管安全。

8)主筋接头采用套筒直螺纹连接时,要求两个丝头之间没有间隙,钢筋制作完成后需在套筒相对应部位用油漆做好标记,以方便拼装。

9)钢筋笼制作时,现场技术员应进行技术指导及质量监控,制作完毕并自检合格后由三方现场验收。检验合格后方可分节吊装运输至现场存放及覆盖。

10)钢筋笼制作检验完毕后,笼身宜分节段悬挂"××墩号、××#桩、节段编号、节长及检验状态"的标牌。

(4)钢筋笼安装

1)钢筋笼运输时配备专用托架,平板车或汽车运至现场,在孔口利用起重机吊放。

2)为保证钢筋笼在起吊过程中不变形,钢筋主筋与加强箍筋必须全部焊接,加强箍筋内焊十字撑(下放时拆除),对称设置吊点。

3)底节钢筋笼下放时,先割除钢筋笼内支撑,起重机缓慢下放,直至底节钢筋笼悬挂至孔口上。悬挂好底节钢筋笼后,解除吊具,起吊第二节钢筋笼。第二节钢筋笼底起吊至底节钢筋笼顶1 m处,然后开始缓慢下放,在下放过程中,人工调整第二节钢筋笼位置,使第二节钢筋笼与底节钢筋笼接头、声测管大致对齐,当下放至有一个对接接头接触之后,即停止下落,通过起重机摆动和人工摆动,使每个接头接触,顶紧,然后拧上连接套筒。如果在安装过程中两节钢筋笼出现一边对齐,一边有间隙的情况,应用手拉葫芦把有间隙的一边用力收紧,直到接头对齐,中间没有间隙为止,然后将套筒拧紧。确保接头位于连接套中央,完成其余节段的钢筋笼对接工作。下放时应检查钢筋笼垂直度,确保上、下节钢筋笼对接时中心线保持一致。

6. 劳动组织

(1)劳动力组织方式采用架子队组织模式。

(2)作业人员数量应根据施工条件、工期要求进行合理配置,见表2.1.2-1。

表2.1.2-1 钢筋笼施工人员配置

序 号	人员配置	人数(人)	备 注
1	架子队队长	1	
2	技术负责人	1	
3	技术员	1	
4	安全员	1	
5	材料员	1	
6	质检员	1	
7	试验员	1	

续上表

序　号	人员配置	人数(人)	备　注
8	领工员	1	
9	工班长	1	
10	电焊工	8	

7. 材料要求

(1)钢筋

1)钢筋进场应按现行的规范标准进行屈服点、抗拉强度、延伸量和冷弯试验及焊接试验。钢筋必须按不同钢种、等级、牌号、规格及生产厂分批验收,分别堆存,且应立牌便于识别。

2)钢筋应贮存于地面以上0.3 m的平台、枕木或其他支承上,应保护其不受机械损伤及由于暴露于大气而产生锈蚀和表面破损;钢筋应无灰尘、有害的锈蚀、松散锈皮、油漆、油脂、油或其他杂质;钢筋原材料应无缺陷,例如裂纹及剥离层。

3)各种类型钢筋应按规格、型号、品种堆放整齐,挂好标志牌,堆放场所应有遮盖,避免锈蚀和污染。

4)转运钢筋时应小心装卸,不应随意抛掷,避免钢筋变形。

(2)连接套筒

1)钢筋机械连接套筒性能应符合《钢筋机械连接通用技术规程》(JGJ 107—2010)。

2)钢筋机械连接套筒在运输和储存中,应防止锈蚀和油污。套筒应有保护盖,保护盖上应注明规格。

8. 设备机具配置

现场投入的机械设备见表2.1.2-2。

表2.1.2-2　机械设备投入

序　号	设备名称	规格型号	数　量	技术状况	备　注
1	钢筋对焊机	UN1-100	1	良好	
2	滚焊机		1	良好	
3	电焊机	DN3-100	2	良好	
4	钢筋切断机	GQW40	1	良好	
5	钢筋数控弯曲机	GW32	4	良好	
6	钢筋调直切断机	GTJ4/14	3	良好	
7	发电机组	150 kW	1	良好	

9. 质量控制及检验

(1)质量控制

钢筋现场连接施工工艺要求:

①剥肋滚轧直螺纹现场质量控制的核心是丝头加工质量的控制,因此加工丝头的检验至关重要。丝头检验有四个要素:剥肋光圆尺寸、螺纹中径尺寸、螺纹加工长度、螺纹牙形。每项检验用的量具、检验方法及要求详见表 2.1.2-3。

表 2.1.2-3　丝头检验方法及要求

序号	检验项目	量具名称	检验方法及要求
1	外观质量	目测	牙形饱满、牙顶宽超过 0.6 mm,秃牙部分累计长度不超过一个螺纹周长
2	外形尺寸	卡尺或专用量具	丝头长度应满足设计要求
3	螺纹大径	光面轴用量规	通端量规应能通过螺纹的大径,而止端量规则不应通过螺纹大径
4	螺纹中径及小径	通端螺纹环规	能顺利旋入螺纹并达到旋合长度
		止端螺纹环规	允许环规与端部螺纹部分旋合,旋入量不应超过 $3P$(P 为螺距)

②钢筋接头拧紧后应用力矩扳手按表 2.1.2-4 中的拧紧力矩检查。

表 2.1.2-4　滚轧直螺纹钢筋接头拧紧力矩值

钢筋直径(mm)	≤16	18～20	22～25	28～32	36～40
拧紧力矩值(N·m)	80	160	230	300	360

注:当不同直径的钢筋连接时,拧紧力矩值按较小直径钢筋的相应值取用。

③钢筋笼各项加工允许偏差见表 2.1.2-5。

表 2.1.2-5　钢筋笼各项加工允许偏差

项　目	加工允许偏差(mm)	备　注
受力钢筋全长	±10	按钢筋编号各抽检 10%,且各不少于 3 件
弯起钢筋的弯折位置	20	
箍筋内净尺寸	±3	

(2)接头质量检验与控制

1)技术提供单位应向使用单位提交有效的检验报告。

2)钢筋连接工程开始前及施工过程中,应对每批进场钢筋进行接头工艺试验,工艺试验应符合下列要求:

①每种规格钢筋接头试件不应少于三根。

②对接头试件的钢筋母材应进行抗拉强度试验。

③三根接头试件的抗拉强度除均不小于该级别钢筋抗拉强度标准值,尚应大于或等于0.9倍钢筋母材的实际抗拉强度。

3)现场检验应进行外观质量检查和单向拉伸强度试验。对接头有特殊要求的结构,应在设计图纸中另行注明相应的检验项目。

4)钢筋连接接头的现场力学检验按检验批进行。同一施工条件下采用同一材料的同等级同型式同规格接头,以连续生产的 200 个为一个检验批进行检验和验收,不足 200 个的也按一个检验批计算。

5)对接头的每一个检验批,必须在工程结构中随机截取 3 个试件做单向拉伸强度试验。

当 3 个试件单向拉伸强度试验结果均满足性能等级要求达到的强度值时，该检验批评为合格。如有一个试件的强度不符合要求，应再取 6 个试件进行复检。复检中全部试件合格，则该检验批合格；复检中如仍有一个试件试验结果不符合要求，则该检验批评为不合格。

6)在现场连续检验 10 个检验批，其全部单向拉伸试件一次抽样均合格时，检验批接头数量可扩大一倍。

7)随机抽取同规格接头数的 10%进行外观质量检查，接头套筒每侧无一扣以上的完整丝扣外露。

(3)钢筋笼入孔

定位要准确，固定要牢固，其中平面位置偏差不大于 20 mm，骨架顶端高程偏差±20 mm。钢筋笼安装允许误差见表 2.1.2-6。

表 2.1.2-6　钢筋笼安装允许误差

<table>
<tr><th>项　目</th><th>钢筋骨架允许偏差</th><th>检查方法</th></tr>
<tr><td>在承台底以下长度</td><td>±100 mm</td><td rowspan="2">尺量检查</td></tr>
<tr><td>钢筋骨架直径</td><td>±20 mm</td></tr>
<tr><td>主钢筋间距</td><td>±0.5d</td><td rowspan="3">尺量检查不少于 5 处</td></tr>
<tr><td>加强筋间距</td><td>±20 mm</td></tr>
<tr><td>箍筋或螺旋筋间距</td><td>±20 mm</td></tr>
<tr><td>钢筋骨架垂直度</td><td>1%</td><td>吊线尺量检查</td></tr>
</table>

注：d 为钢筋直径(mm)。

10. 安全及环保要求

(1)安全要求

1)凡从事滚轧直螺纹钢筋加工、连接工作的工人必须经过安全、质量、技术培训，成绩合格后放能持证上岗，班组成员应相对固定。

2)用电应严格按照《施工现场临时用电安全技术规范》(JGJ 46—2005)的要求进行，并按照"一机、一闸、一箱、一漏、一接地"和"三相五线"制要求。

3)设备必须有防雨措施，施工前检查电源、电器是否安全正常。并检查滚丝机的转向。

4)钢筋的轴线与滚丝机的轴线保持一致。

5)严禁用机油作切削液或不加切削液加工钢筋丝头。

6)将钢筋放在滚丝机钳槽中夹紧、锁定，以防止在加工钢筋过程中松动弹出伤人。

7)开始滚轧时，操作用力要轻，缓慢进给。

8)特殊工种(如电工、起重工、机械工、电焊工等)必须持证上岗。

9)各种施工人员必须严格遵照安全操作过程的有关规定进行作业。

(2)环保要求

施工中废料、废水、废渣按指定地点排放，以避免污染空气、土壤和水源。不得任意损坏农田和水利建设及交通设施。

2.1.3 钻孔桩混凝土施工作业指导书

1. 适用范围

适用于杭州至海宁城际铁路桥梁工程钻孔桩混凝土施工。

2. 作业准备

(1)内业技术准备

1)在开工前组织技术人员认真学习实施性施工组织设计,审核施工图纸,熟悉规范和技术标准。

2)制定施工安全保证措施及相关应急预案。

3)对施工人员进行技术交底。进行上岗前技术培训,考核合格后持证上岗。

(2)外业技术准备

1)混凝土用原材料产地、质量等级、类型等应与试验配合比用原材料一致。应特别注重原材料的质量稳定,选料时应充分考虑供货厂家的生产能力是否满足现场需要,并保持适度储备。

2)开工前施工现场要完成"三通一平",施工用的临时设施准备就绪,施工便道要保持畅通,机具设备配置齐全。

3)对混凝土拌和、运输、灌注、吊装设备及工具进行调配和维修保养,以满足生产需要。

3. 技术要求

(1)混凝土拌和所用的水泥、粉煤灰、矿粉、砂、碎石、减水剂等原材料生产厂家及规格型号应与桩基施工配合比相一致,并经检验合格。

(2)混凝土浇筑前应采用专用设备测定混凝土的温度(电子温度仪)、坍落度、含气量等工作性能,符合要求的混凝土方可入孔灌注。

(3)对生产系统的各计量仪器设备进行计量监督和测试,确定合理的计量参数和计量精度,制定各项保证测量、试验以及施工工艺中各种测试数据准确性的计量措施。

4. 施工程序与工艺流程

(1)施工程序

下导管→二次清孔→钻机移位→汽车式起重机就位→拌和物性能检测→灌注水下混凝土→拆、拔护筒→清理桩头。

(2)工艺流程

混凝土施工工艺流程如图 2.1.3 所示。

5. 施工要求

(1)混凝土拌和

混凝土拌制应参照工艺拌和站拌制混凝土施工工艺相关内容,按照试验确定的配合比在拌和站集中搅拌。

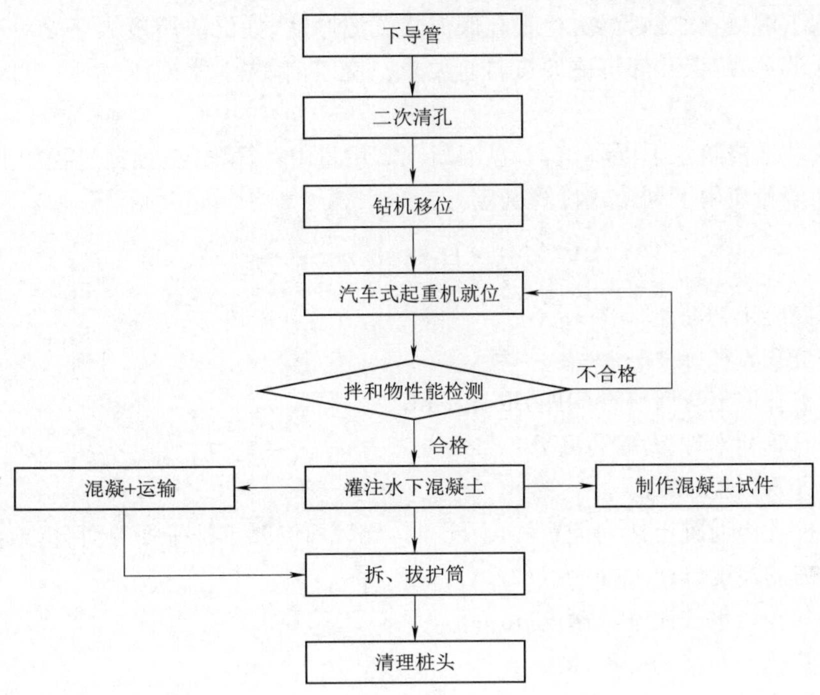

图 2.1.3 混凝土施工工艺流程图

(2)混凝土运输

混凝土运输设备的运输能力应适应混凝土凝结速度和浇筑速度的需要,保证浇筑过程连续进行。运输过程中,应确保混凝土不发生离析、漏浆、泌水及坍落度损失过多等现象,运至浇筑地点的混凝土应仍保持均匀性和良好的拌和物性能。

(3)混凝土浇筑

1)首次使用导管应该对导管进行水密试验,根据《客运专线铁路桥涵工程施工技术指南》的要求,水密压力按下式计算:

$$P=\gamma_c H_c-\gamma_w H_w$$

式中 P——导管可能受到的最大压力(kPa);

γ_c——混凝土拌和物的容重(取上限 24 kN/m^3);

H_c——导管内混凝土柱最大高度(m),以导管全长或预计最大高度计;

γ_w——井孔内水或泥浆的容重(kN/m^3);

H_w——井孔内水或泥浆的深度(m)。

试验合格后的导管才能使用,并对导管按照试验时的拼接顺序自下而上进行编号,现场拼装时按照试压试验的拼接顺序逐节进行拼装。

2)浇筑水下混凝土必须做好充分的准备工作,配置足够的应急设备和材料,确保浇筑水下混凝土时间≤8 h。

3)导管用汽车式起重机分节吊装,丝扣式链接应有防松装置,下放过程中应保持导管位置居中,轴线顺直,逐步沉放,防止卡挂钢筋笼和碰撞孔壁。浇筑首盘混凝土时,导管底部至孔底距离控制在 30～50 cm,从清空完成到导管吊装不得超过 3.5 h。

4)浇筑水下混凝土之前,再次检查孔底泥浆沉淀厚度,如沉渣厚度大于 20 cm 时,必须对孔内进行二次清孔,确保孔底沉渣厚度符合要求。浇筑前,先射水或压气 3～5 min,将孔底沉渣冲翻搅动。

5)采用吹球法浇筑水下混凝土,首盘混凝土需用量由计算确定,计算过程如下:

混凝土初灌量应由下列公式计算确定:

$$V \geqslant \frac{\pi D^2}{4}(H_1 + H_2) + \frac{\pi d^2}{4} h_1$$

式中 V——混凝土初灌量(m^3);

D——桩孔直径(m);

H_1——桩孔底至导管底端间距,取 0.4 m;

H_2——导管初次埋置深度(不小于 1.0 m);

d——导管内径(m);

h_1——桩孔内混凝土达到埋置深度 H_2 时,导管内混凝土柱平衡导管外(或泥浆)压力所需的高度(m),即 $h_1 = H_w \gamma_w / \gamma_c$;

H_w——井孔内水或泥浆的深度(m);

γ_w——井孔内泥浆的容重(kN/m^3),一般为 10.5 kN/m^3;

γ_c——混凝土拌和物的容重(取 24 kN/m^3)。

初灌料斗应保证首批混凝土浇筑后导管埋入混凝土中的深度不应少于 0.8 m,并能填充导管底部间隙。在整个混凝土浇筑时间内,导管口埋入混凝土内的长度应保持在 2～6 m。

6)汽车泵完成首批封底混凝土后,将大储料斗换成 2 m^3 储料斗,采用混凝土输送车直接浇筑混凝土,以加快水下混凝土的浇筑速度,混凝土浇筑速度不宜小于 50 m^3/h。

7)浇筑过程中经常量测孔内混凝土面的上升高度,并适时缓慢平稳提升,逐级快速拆卸导管,并在每次起升导管前,探测一次管内混凝土面高度。

8)混凝土浇筑开始后,应快速连续进行,不得中断。最后拔管时注意提拔及反插,保证桩芯混凝土密实度。

9)混凝土浇筑标高比设计标高宜高出 0.8～1 m,多余部分在承台施工前凿除,确保桩头无松散层。

(4)施工操作要点及注意事项

1)钻孔桩桩身混凝土应匀质,完整。

2)混凝土在拌制过程中,应对混凝土的拌和物的坍落度进行测定,测定值应符合理论配合比的要求,偏差不宜大于±20 mm。

3)混凝土拌制前,应测定砂、石含水率,并根据测试结果、环境条件、工作性能要求等及时调整施工配合比。

6. 劳动组织

(1)劳动力组织方式采用架子队组织模式。

(2)作业人员数量应根据施工条件、工期要求进行合理配置,详见表 2.1.3-1。

表 2.1.3-1 作业人员配置

序 号	人员配置	人数(人)	备 注
1	架子队队长	1	
2	技术负责人	1	
3	技术员	1	
4	安全员	1	
5	材料员	1	
6	质检员	1	
7	试验员	1	
8	领工员	1	
9	工班长	1	
10	泵车司机	1	
11	罐车司机	4	
12	混凝土工	3	

7. 材料要求

(1)导管宜采用专用的卡口式导管,导管内径 30 cm,分节长 2.5～3 m,最下节长 4 m。导管制作要坚固、内壁光滑、顺直、无局部凹凸。各节导管内径大小一致,偏差≤±2 mm。

(2)水下灌注混凝土的含砂率宜为 40%～50%,并宜选用中粗砂;粗骨料的最大粒径应小于 40 mm。粗骨料可选用卵石或碎石,其骨料粒径不得大于钢筋间距最小净距的 1/3。

(3)施工用水的水质应符合工程用水标准。

8. 设备机具配置

混凝土灌注所需主要设备见表 2.1.3-2。

表 2.1.3-2 混凝土灌注所需主要设备

序 号	名 称	单 位	数 量	备 注
1	混凝土拌和站	座	1	
2	混凝土搅拌运输车	台	5	
3	起重机	台	1	
4	导管	m	70	根据现场调整
5	桩机	台	1	根据现场调整
6	配电箱	只	1	

9. 质量控制及检验

(1)混凝土施工

混凝土拌制应参照工艺拌和站拌制混凝土施工工艺相关内容,并应针对桩基施工的特点,对以下各方面重点控制:

1)混凝土配合比应严格按照有关水下混凝土的规范配置,并经常测试坍落度,根据《建筑桩基技术规范》(JGJ 94—2008),水下混凝土坍落度宜为180～220 mm,防止导管堵塞。

2)严禁不经测算盲目提拔导管,防止导管脱离混凝土面。

3)钢筋笼主筋接头要焊平,以免提升导管时法兰挂住钢筋笼。

4)当导管被钢筋笼挂住时,可转动导管使导管脱离,钢筋笼重新落入混凝土中。

5)浇筑混凝土的导管应经过水密性试验和耐压试验。

6)浇筑混凝土前应保证混凝土搅拌机能正常运转,并有一台备用。

(2)质量检验

1)混凝土原材料、配合比设计和施工的检验必须符合现行标准的规定。

2)桩头与桩基连接必须符合设计要求。当设计无要求时,桩基边缘与桩外缘净距必须符合下列规定:

①桩径≤1 m时,桩基边缘与桩外缘净距不小于0.5倍桩径,且不小于250 mm。

②桩径>1 m时,桩基边缘与桩外缘净距不小于0.3倍桩径,且不小于500 mm。

③桩基的允许偏差和检验方法应符合表2.1.3-3的规定。

表2.1.3-3 桩基的允许偏差及检验方法

序 号	项 目	允许偏差(mm)	检验方法
1	尺寸	±30	尺量长、宽、高各2点
2	顶面高程	±20	测量5点
3	轴线偏位	15	测量纵横各2点
4	前后、左右边缘距设计中心线尺寸	±50	尺量各边2处

10. 安全及环保要求

(1)安全要求

1)施工人员进入现场必须佩戴安全帽,混凝土搅拌站工作人员要穿防护服。

2)非工作人员不得进入施工区域,以防发生人身安全事故。

3)应注意用电安全,检查电缆是否破损,防止因漏电引起安全隐患。非专业人员不得随意接触、使用机电设备。

4)夜间施工应注意照明,要保证充足的照明条件下进行混凝土施工。

(2)环保要求

1)保护施工区的环境,及时处理施工垃圾、生活垃圾等废弃物,将废弃物运至当地环保部门指定地点弃置,混凝土灌注过程中及灌注完毕后,清洗管道、机械的废水不得随意排放或引入河流,以免造成环境污染。无法运走的,需达到环保要求后进行填埋等无害化处理。

2)在施工区设置足够的临时卫生设施,定期清扫处理。

3)施工现场道路指定专人定期洒水清扫,形成制度,防止道路扬尘。

4)车辆开出工地做到不带泥砂,基本做到不撒土、不扬尘。

5)禁止在施工现场焚烧油毡、橡胶、塑料、皮革、树叶、枯草、各种包装物等废弃物品以及其他会产生有毒、有害烟尘和恶臭气体的物质。

6)机动车安装减少尾气排放的装置;搅拌站封闭严密,并在进料仓上方安装除尘装置;拆除旧建筑物时进行洒水,防止扬尘。

2.2 承　　台

2.2.1 承台模板施工作业指导书

1. 适用范围

适用于杭州至海宁城际铁路桥梁工程承台模板施工。

2. 作业准备

(1)内业技术准备

1)在开工前组织技术人员认真学习实施性施工组织设计,审核施工图纸,熟悉规范和技术标准。

2)制定施工安全保证措施及相关应急预案。

3)对施工人员进行技术交底。进行上岗前技术培训,考核合格后持证上岗。

(2)外业作业准备

1)模板吊装、运输、打磨工序操作时,必须对操作人员进行操作技能、安全教育培训,培训考核合格后,方可上岗作业。

2)开工前施工现场要完成"三通一平",施工用的临时设施准备就绪,施工便道要保持畅通,机具设备配置齐全。

3. 技术要求

(1)承台模板

承台宜采用拼装钢模板,模板在专业加工厂加工,一次立模到顶,一次浇筑成型;钢模面板宜采用 6 mm 钢板,采用槽钢加固,自下而上采用对拉螺杆进行加固,对拉螺杆平面间距不宜大于 1.5 m,上下布置间距不宜大于 1.2 m;严格控制加工质量,做到模板表面平整,尺寸偏差符合设计要求,钢模板须具有足够的强度、刚度、稳定性,且拆装方便、接缝严密、不漏浆。

(2)拆模及养生

承台混凝土浇筑完成待混凝土强度达到 2.5 MPa 后,进行模板拆模,模板拆除采用人工配合起重机进行,拆除模板过程中要轻拿轻放,避免冲击力过大造成模板变形,影响今后承台施工外观质量;拆模过程中严禁用大锤直接敲击模板,以免损坏混凝土外观质量。

4. 施工程序与工艺流程

(1)施工程序

施工准备、测量放样→弹墨线→安装模板→外模临时支撑→安装拉筋→外模支撑→模板调整→标高测量→浇筑混凝土→拆模、保养。

(2)工艺流程

承台模板施工工艺流程如图 2.2.1 所示。

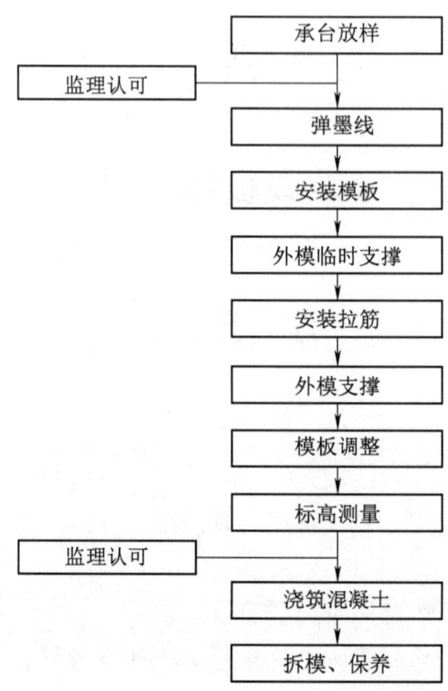

图 2.2.1　承台模板施工工艺流程图

5. 施工要求

(1)模板、横带及竖带加工制作

模板采用钢模板,首先对模板进行编号,用红油漆在外侧做好标记,方便吊装;然后用 2 m 靠尺、卷尺检测模板面的平整度、断面尺寸。重复使用的模板需敲除附着在模板外侧的混凝土和浮浆。横带、竖带是起到支撑、调平模板的作用,用槽钢双排固定,中间用来穿拉筋。

(2)测量放样

测量班组用全站仪对混凝土垫层进行准确放样出承台的中心、轴线,现场工班长用墨斗线弹出模板安装位置,模板沿墨斗线安装。

(3)模板安装

为避免漏浆,模板吊装前模板间的接缝均使用双面胶条夹在中间,用起重机配合人工拼组模板,就位后的模板外侧用角钢、方木、钢管等临时支撑,防止倾倒,模板间用 U 形卡连接。

(4)拉筋安装

拉筋采用 ϕ16 的圆钢或者钢丝绳,外套塑料管,拆模后方便抽拔,节约钢材,方便施工;用钢筋时两头应车丝,双螺母固定模板外侧;穿入钢丝绳时两端用专用卡扣卡在模板外侧;此时用钩头螺栓把横带上好,再把竖带用拉筋固定在横带的外侧;拉筋间距要求:水平方向按 1 m 布置,垂直方向按 0.7 m 布置,如承台高度为 2 m,垂直方向布置 3 层即可。拆模后如果拉筋不能拔出,在拉筋周围人工凿除 2 cm 深的凹槽,然后应用砂轮锯片切除,钢筋外表面用防腐涂料喷涂,风干后用高强度等级砂浆抹面。

(5)外模支撑加固

外模板采用钢管、圆木、型钢等做支撑,如果基坑壁土质较好,直接在坑壁上放置小方木做支垫;如果基坑壁土质较为松软,应打入圆木、型钢至松软土层一定深度作为模板的支垫。支点处用三角木楔楔入紧固。

(6)模板调整

模板立好后,应对模板平整度、轴线等进行检查。合格后,擦净表面的灰尘,涂刷脱模剂,可以采用专用脱模剂,也可以采用新机油或者色拉油代替;然后清理底部的锯灰、刨花、铁锈、纸片、木块、污垢、泥土等杂物。清理方法:人工进入承台底部拣出,然后用水冲洗灰尘,特别应注意清理桩头的杂物和泥块,保持桩头的绝对干净。

(7)标高测量

所有的准备工作做好后,测量班测量承台的顶标高,工班长用红油漆在模板的内侧做标记,并报第三方进行复核,合格后开始浇筑混凝土。

(8)拆模

混凝土的强度达到 2.5 MPa 后方可拆模,拆模时严禁重击和硬撬,避免造成模板局部变形或损坏混凝土棱角;拆模时应人工松动螺栓,拔出拉筋,脱模后利用起重机拆除模板。

(9)模板整修

拆模后应及时敲除附着在模板上的混凝土块或者浮浆,清洗干净,并均匀涂抹一层隔离剂,然后分层堆放。

6. 劳动组织

(1)劳动力组织方式采用架子队组织模式。

(2)作业人员数量应根据施工条件、工期要求进行合理配置,详见表 2.2.1-1。

表 2.2.1-1 工区施工现场作业管理人员

序 号	人员配置	人数(人)	备 注
1	架子队队长	1	
2	技术负责人	1	
3	技术员	1	
4	安全员	1	
5	材料员	1	
6	质检员	1	
7	试验员	1	
8	领工员	1	
9	工班长	1	
10	模板工	8	

7. 材料要求

(1)脱模剂采用专用脱模剂,模板处理严格按照技术要求进行处理,一套承台模板漆的周转次数要一致。

(2)模板材质必须做到板面平整,具有足够的强度、刚度和稳定性。安装方便,便于拆卸和多次使用,支撑牢固。

(3)钢模板加工应采用车床机具进行,禁止采用氧气切割、烧孔;模板拼缝要细小、横平竖直,对接口提倡采用子母形式,减少缝隙间距,保证拼缝细小密贴。

(4)采用旧模板时,要把整修模板作为一道重要工序来控制。每次使用前,应对模板认真修理,凹凸不平的要整平,孔洞处要补焊,毛糙的地方要进行打磨,锈蚀的要进行除锈。

8. 设备机具配置

根据工程实际情况,拟投入的主要施工机械设备见表 2.2.1-2。

表 2.2.1-2　主要施工机械设备配置

序　号	名　称	单　位	数　量	备　注
1	发电机	台	3	停电备用
2	汽车式起重机	台	3	材料转运
3	全站仪	台	1	施工放样
4	水准仪	台	1	

9. 质量控制及检验

(1)模板允许施工偏差控制见表 2.2.1-3。

表 2.2.1-3　模板安装允许偏差

序　号	项　目	允许偏差(mm)	备　注
1	轴线位置	15	
2	表面平整度	5	
3	高程	±20	
4	相邻两板表面高低差	1	

(2)质量标准及检查方法见表 2.2.1-4。

表 2.2.1-4　承台模板允许偏差和检验方法

序　号	项　目	允许偏差(mm)	检验方法
1	前后、左右距中心线尺寸	±10	测量检查每边不少于 2 处
2	表面平整度	3	1 m 靠尺检查不少于 5 处
3	相邻模板错台	1	尺量检查不少于 5 处

10. 安全及环保要求

(1)安全要求

1)应遵照执行《铁路桥涵工程施工安全技术规程》(TB 10303—2009)和《铁路工程基本作业施工安全技术规程》(TB 10301—2009)。

2)现场作业人员必须经过安全培训和岗前教育,并建立"三级教育卡"。外来劳务人员或转岗民工在经过安全培训教育后,进行上岗作业。

3)施工现场的临时用电严格按照《施工现场临时用电安全技术规范》(JGJ 46—2005)的规定执行。

4)各大、中型机具设备、压力容器的进场,均要进行认真检查验收,填写验收记录,验收不合格的不准使用,安全保护装置不全、损坏的设备待修复后方准使用,进场的设备要有安全操作规程。

5)机具设备、使用车辆应有牌照(包括使用证)。

6)机具设备及车辆在使用过程中,应定期维修和保养,不准带病作业,凡已维修保养的设备、车辆均应在设备台账中如实记载。

7)现场的大、中型机具设备和车辆必须有专人负责,起重吊装作业必须有专职人员指挥,持证上岗。

(2)环保要求

1)严格执行国家及地方政府颁布的有关环境保护、水土保持的法规、方针、政策和法令,生产、生活设施按环保要求进行布置。

2)将施工噪声控制到最低程度,施工人员休息场所尽量远离有噪声的地方。

3)施工和生活中产生的废弃物及时集中处理,运至当地环保部门指定的地点弃置。

4)施工场地应经常洒水,保持工地清洁,控制扬尘,杜绝漏撒材料。

2.2.2 承台钢筋施工作业指导书

1.适用范围

适用于杭州至海宁城际铁路桥梁工程承台钢筋施工。

2.作业准备

(1)内业技术准备

1)在开工前组织技术人员认真学习实施性施工组织设计,审核施工图纸,熟悉规范和技术标准。

2)制定施工安全保证措施及相关应急预案。

3)对施工人员进行技术交底。进行上岗前技术培训,考核合格后持证上岗。

(2)外业技术准备

1)钢筋调直机、钢筋切割机、钢筋弯折机、钢筋对焊机、钢筋半成品移动起重机械(门式起重机、汽车式起重机)等机具设备准备就绪。

2)所需材料机具及时进场,机械设备状况良好。

3)钢筋加工场地平整、道路畅通,供电等满足施工需求。

4)作业面已具备安装条件。

3.技术要求

(1)钢筋保护层采用同等级混凝土垫块控制,垫块采用梅花形布置,每平方米均布 4 块。

(2)钢筋的加工应符合设计要求。当设计未提出要求时,应符合下列规定:

1)受拉热轧光圆钢筋末端应做 180°的弯钩,其弯曲直径 d 不得小于钢筋直径的 2.5 倍,钩端应留有不小于钢筋直径 3 倍的直线段。

2)受拉热轧光圆和带肋钢筋的末端,当设计要求采用直角形弯钩时,其弯曲直径 d 不得小于钢筋直径的 5 倍,钩端应留有不小于钢筋直径 3 倍的直线段。

3)弯起钢筋应弯成平滑的曲线,其弯曲半径不得小于钢筋直径的 10 倍(光圆钢筋)或 12 倍(带肋钢筋)。

4)用低碳钢热轧圆盘条制成的箍筋,其末端应做不小于 90°的弯钩,有抗震等特殊要求的结构应做 135°或 180°的弯钩;弯钩的弯曲直径应大于受力钢筋直径,且不得小于箍筋直径的 2.5 倍;弯钩端直线段的长度,一般结构不得小于箍筋直径的 5 倍,有抗震等特殊要求的结构,不得小于箍筋直径的 10 倍。

4.施工程序与工艺流程

(1)施工程序

施工准备→测量放样→承台钢筋绑扎→墩身钢筋预埋→接地钢筋焊接。

(2)工艺流程

桥梁承台钢筋施工工艺流程如图 2.2.2 所示。

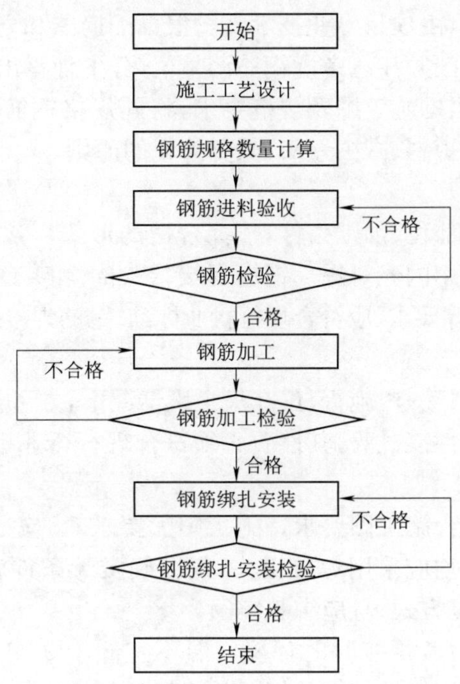

图 2.2.2　桥梁承台钢筋施工工艺流程图

5. 施工要求

(1)计算钢筋数量

按照施工图计算各种规格型号的钢筋数量,提出数量清单。

(2)钢筋加工

1)配料单编制:钢筋加工前,应依据施工图编制钢筋配料单。配料单应结合钢筋来料长度和所需长度进行编制,以使钢筋接头和余料最少。钢筋的下料长度应考虑钢筋弯曲时的伸长量,在允许误差范围内尺寸宜小不宜大,以保证保护层厚度及施工方便。

2)钢筋宜在加工棚内集中加工,运至现场绑扎成型。

3)钢筋调直:钢筋应平直,无局部折曲,对弯曲的钢筋应调直后使用,可采用冷拉或调直机调直。冷拉法多用于较细钢筋的调直,调直机多用于较粗钢筋的调直。

4)钢筋除锈去污:钢筋加工前应清除钢筋表面的油渍、漆污、水泥浆和用锤敲击能削落的浮皮、铁锈等。损伤和锈蚀严重的钢筋不得使用。可以在调直过程中除锈,还可以采用钢丝刷、砂盘除锈。

5)钢筋下料。

①下料前认真核对钢筋规格、级别及加工数量,无误后按配料单下料。

②钢筋下料长度。钢筋因弯曲或弯钩影响长度,不能直接根据施工图下料,必须按照混凝土保护层、钢筋弯曲、弯钩形式等计算确定下料长度。

③钢筋的切割宜采用钢筋切断机。在切断前,先在钢筋上按配料单标注下料长度,将切断位置明显标记。切断时,切断标记对准刀刃将钢筋放入切割槽固定,然后将其切断。钢筋的零星加工也可用砂轮锯切割。

④钢筋下料。下料之前,由项目专业技术人员根据配筋图和划分的施工程序,给出结构各部位的各种形状和钢筋大样图并注意考虑钢筋调整值,分别计算出其下料长度及根数,填写料牌,申请加工。由加工人员根据施工图及规范要求,将同规格钢筋根据不同长度长短搭配,统筹排料,遵循先断长料、后断短料、减少短头、减少损耗的原则。

(3)钢筋接头

1)钢筋接头应根据使用部位、加工条件,选择合适的形式。常用接头形式有闪光对焊、套筒连接、螺纹连接等,优先采用闪光对焊。钢筋焊接接头的焊接工艺、焊机型号、焊接参数、焊接质量以及焊工的培训考试等要求,应符合现行行业标准《钢筋焊接及验收规程》(JGJ 18—2012)的有关规定。

2)钢筋的焊接应在工厂(场)内施行,仅在极个别情况下,方可在脚手架上施焊。钢筋焊接接头应按批抽取试件做力学性能试验,其性质必须符合现行行业标准《钢筋焊接及验收规程》(JGJ 18—2012)的有关规定。

3)热轧钢筋的接头应符合施工图要求。施工图无要求时,应采用直螺纹连接接头。拉杆中的钢筋,不论其直径大小,均应采用焊接接头,仅在确实无条件施行焊接时,对直径 25 mm 及以下的钢筋,方可采用搭接方式,且应绑扎牢固。

4)冬期焊接宜在室内进行,焊接时的环境气温不宜低于 0 ℃。冬期电弧焊接时,应有防雪、防风及保温措施,并应选用韧性较好的焊条。焊接后的接头严禁立即接触冰雪。

(4)钢筋绑扎、安装

1)钢筋骨架应具有足够的刚度和稳定性,以便安装,为使骨架不变形,不发生松散,必要时可在钢筋的某些交叉点处加以焊接或添加辅助钢筋(斜杆、横撑等)。

2)安装钢筋骨架时,应保证其在模型中的正确位置,不得倾斜、扭曲,亦不得变更保护层的规定厚度。

3)现场安装钢筋应符合下列要求:

①钢筋的交叉点应采用钢丝扎牢。

②靠近外围两行钢筋交叉点全部绑扎牢固,中间部分交叉点可间隔交错绑扎牢,但必须保证受力钢筋不产生偏移,双向受力的钢筋,必须全部扎牢。

(5)成品保护要求

1)弯起筋、主筋绑好后,不得在上面踩踏行走,钢筋绑扎成型后,搭设跳板专门供施工人员走动。灌注混凝土时派钢筋工专门负责修理,保证负弯筋位置的正确性。

2)绑扎钢筋时禁止碰动预埋件。

3)模板内涂抹隔离剂时不得污染钢筋。

4)半成品钢筋进入绑扎现场前,应做好防锈保护措施。有锈蚀的钢筋,在后台先进行清理,清理干净,经过预检以后,才可进入绑扎现场。

5)钢筋绑扎前,钢筋工应先检查钢筋的规格、尺寸是否符合图纸要求,有疑问时应及时向项目有关人员进行反映,然后检查钢筋加工的外观质量,在运输过程中有无破坏情况,如有应及时向有关人员提出。

6)钢筋应一次绑扎到位,钢筋成型后,严禁进行蹬踏。

7)在加固模板时,严禁将模板支撑杆件焊在受力主筋上,应另加钢筋进行焊接。

8)灌注混凝土时,必须有专人看护钢筋,钢筋移位后,应及时进行调整。

6. 劳动组织

(1)劳动力组织方式采用架子队组织模式。

(2)作业人员数量应根据施工条件、工期要求进行合理配置,详见表 2.2.2-1。

表 2.2.2-1 工区施工现场作业管理人员

序 号	人员配置	人数(人)	备 注
1	架子队队长	1	
2	技术负责人	1	
3	技术员	1	
4	安全员	1	
5	材料员	1	
6	质检员	1	
7	试验员	1	
8	领工员	1	
9	工班长	1	
10	钢筋工	12	

7. 材料要求

(1)钢筋进场后必须经过试验人员检查,合格后方能使用。

(2)钢筋加工制作前,进行除锈、除污处理,确保表面无油渍、漆污、铁锈及泥土等杂物。

(3)钢筋应平直,无局部弯曲,成盘的钢筋和弯曲的钢筋均应调直。

(4)钢筋进场时,必须对其质量指标进行全面检查并按批抽取试件做屈服强度、抗拉强度、伸长率和冷弯试验,其质量应符合现行国家标准《钢筋混凝土用钢 第 1 部分:热轧光圆钢筋》(GB/T 1499.1—2017)、《钢筋混凝土用钢 第 2 部分:热轧带肋钢筋》(GB/T 1499.2—2018)和《低碳钢热轧圆盘条》(GB/T 701—2008)等的规定和设计要求。

8. 设备机具配置

根据工程实际情况,拟投入的主要施工机械设备见表 2.2.2-2。

表 2.2.2-2 施工机械设备配置

序 号	名 称	规 格	单 位	数 量	备 注
1	发电机	400 kW	台	3	停电备用
2	汽车式起重机	25 t	台	3	材料转运
3	钢筋调直机	HS-Z-4 型	台	2	主体结构钢筋加工
4	钢筋切断机	GQ50	台	2	主体结构钢筋加工
5	钢筋弯曲机	50 型	台	2	主体结构钢筋加工
6	交流电焊机	BX3-500	台	8	结构焊接

9. 质量控制及检验

(1)钢筋连接

纵向受力钢筋的连接方式必须符合设计要求。

检验数量:全部检查。

检验方法:观察。

(2)钢筋接头的技术要求和外观质量应符合验收标准的规定。钢筋焊接接头应按批抽取试件做力学性能检验,其质量必须符合现行行业标准《钢筋焊接及验收规程》(JGJ 18—2012)的规定和设计要求。承受静力荷载为主的直径为 28～32 mm 带肋钢筋采用冷挤压套筒连接接头时,应按批抽取试件做力学性能检验,其质量必须符合现行行业标准的规定和设计要求。

检验数量:钢筋接头的外观质量,应全部检查。焊接接头的力学性能检验以同级别、同规格、同接头形式和同一焊工完成的每 200 个接头为一批,不足 200 个也按一批计。冷挤压套筒连接接头的力学性能检验以同等级、同规格和同接头型式的每 200 个接头为一批,不足 200 个也按一批计。施工单位每批抽检一次;监理单位见证取样检测次数为施工单位抽检次数的 20%,但至少一次。

检验方法:钢筋接头外观检验,观察和尺量。焊接接头和冷挤压套筒连接接头力学性能检验,施工单位做拉伸试验,接头增做冷弯试验。监理单位检查力学性能试验报告并进行见证取样检测。

(3)当架立和绑扎环氧涂层钢筋时,不得使用无涂层的普通钢筋和金属丝。环氧涂层钢筋与无涂层的普通钢筋之间不得有电连接。

检验数量:全部检查。

检验方法:观察和测量。

(4)在整个施工过程中,应随时检查环氧涂层钢筋的涂层损伤缺陷情况,每米环氧涂层钢筋上小于 25 mm 的涂层缺陷的总面积不得大于钢筋表面积的 0.1%。符合修补条件的应按验收标准的规定及时修补,不符合修补条件的不得再修补使用。

检验数量:全部检查。

检验方法:观察和尺量。

(5)技术标准。钢筋加工、安装及综合接地质量标准见表 2.2.2-3～表 2.2.2-5。

表 2.2.2-3　钢筋加工允许偏差和检验方法

序　号	项　目	允许偏差(mm)	检验方法
1	受力钢筋全长	±10	尺量
2	弯起钢筋的弯折位置	20	
3	箍筋内净尺寸	±3	

表 2.2.2-4　钢筋安装允许偏差和检验方法

序　号	项　目	允许偏差(mm)	检验方法
1	受力钢筋排距	±5	尺量两端中各一处
2	同排中受力钢筋间距	±20	

续上表

序　号	项　目	允许偏差(mm)	检验方法
3	分布钢筋间距	±20	尺量连续3处
4	箍筋间距	±10	
5	弯起点位置	30	尺量
6	钢筋保护层厚度	0～+10	尺量两端、中间各两处

表 2.2.2-5　预埋件允许偏差

项　目		允许偏差(mm)
预埋沉降观测标	中心线位置	2
	外露长度	10
	尺　寸	10

10. 安全及环保要求

(1)安全要求

1)钢筋加工人员必须严格遵守《钢筋弯折机安全操作规程》《用电安全操作规程》及国家有关安全生产劳动保护政策和法规。

2)钢筋吊装搬运要有专人指挥,门式起重机要有专人操作。

3)在钢筋绑扎时要加强安全意识,各种必备劳动保护用品配备齐全。

4)电缆线、电焊机把线要理顺,布置在合适的位置,用电要符合安全规范要求。

5)现场作业人员必须经过安全培训和岗前教育,并建立好"三级教育卡"。外来劳务人员或转岗民工在经过安全培训教育后,进行上岗作业。

6)施工现场的临时用电严格按照《施工现场临时用电安全技术规范》(JGJ 46—2005)的规定执行。

7)各大、中型机具设备、压力容器的进场,均要进行认真检查验收,填写验收记录,验收不合格的不准使用,安全保护装置不全、损坏的设备待修复后方准使用,进场的设备要有安全操作规程。

8)机具设备、使用车辆应有牌照(包括使用证)。

9)机具设备及车辆在使用过程中,应定期维修和保养,不准带病作业,凡已维修保养的设备、车辆均应在设备台账中如实记载。

10)现场的大、中型机具设备和车辆必须有专人负责,起重吊装作业必须有专职指挥,持证上岗。

(2)环保要求

1)严格执行国家及地方政府颁布的有关环境保护、水土保持的法规、方针、政策和法令,生产、生活设施按环保要求进行布置。

2)将施工噪声控制到最低程度,施工人员休息场所尽量远离有噪声的地方。

3)施工和生活中产生的废弃物及时集中处理、运至当地环保部门指定的地点弃置。

4)施工场地应经常洒水,保持清洁,控制扬尘,杜绝漏撒材料。

2.2.3 承台混凝土施工作业指导书

1. 适用范围

适用于杭州至海宁城际铁路桥梁工程承台混凝土施工。

2. 作业准备

(1)内业技术准备

1)在开工前组织技术人员认真学习实施性施工组织设计,审核施工图纸,熟悉规范和技术标准。

2)制定施工安全保证措施及相关应急预案。

3)对施工人员进行技术交底。进行上岗前技术培训,考核合格后持证上岗。

(2)外业技术准备

1)混凝土用原材料产地、质量等级、类型等应与试验配合比用原材料一致。应特别注重原材料的质量稳定,选料时应充分考虑供货厂家的生产能力是否满足现场需要,并保持适度储备。

2)开工前施工现场要完成“三通一平”,施工用的临时设施准备就绪,施工便道要保持畅通,机具设备配置齐全。

3)对混凝土拌和、运输、灌注、吊装设备及工具进行调配和维修保养,以满足生产需要。

3. 技术要求

(1)混凝土拌和所用的水泥、粉煤灰、矿粉、砂、碎石、减水剂等原材料生产厂家及规格型号应与承台施工相一致,并经检验合格。

(2)混凝土浇筑前应采用专用设备测定混凝土的温度(电子温度仪)、坍落度、含气量等工作性能,符合要求的混凝土方可入孔灌注。

(3)对生产系统的各计量仪器设备进行计量监督和测试,确定合理的计量参数和计量精度,制定各项保证测量、试验以及施工工艺中各种测试数据准确性的计量措施。

4. 施工程序与工艺流程

(1)施工程序

施工准备→混凝土拌制(简)→场内输送混凝土→混凝土布料→灌注成型→测温监控→拆模及后期养护期等→检验验收。

(2)工艺流程

承台混凝土施工工艺流程如图 2.2.3-1 所示。

5. 施工要求

(1)混凝土拌和

混凝土拌制应参照工艺拌和站拌制混凝土施工工艺相关内容,按照试验确定的配合比在拌和站集中搅拌。

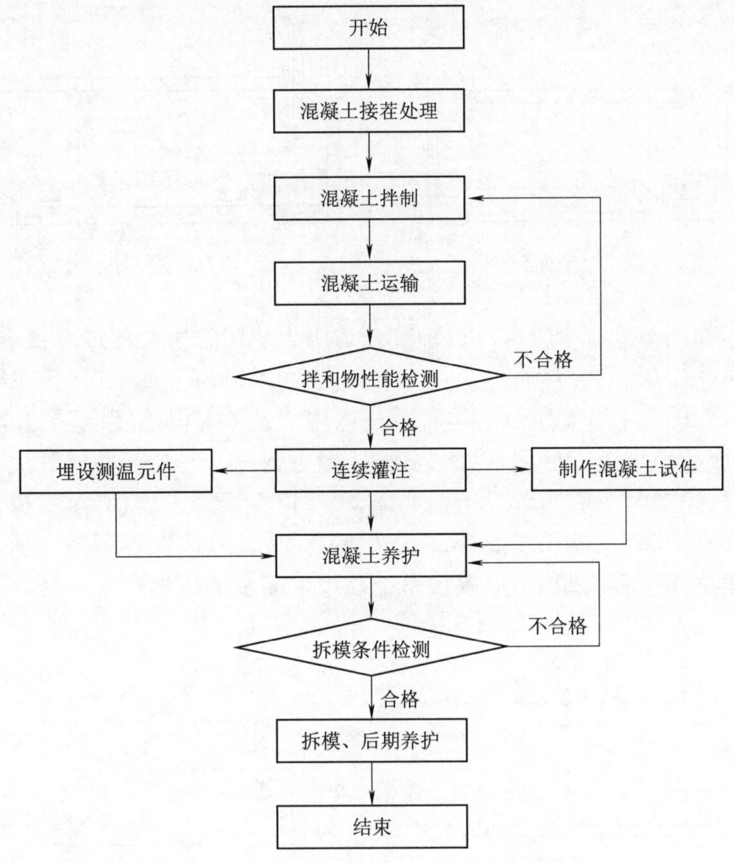

图 2.2.3-1　承台混凝土施工工艺流程图

(2)混凝土运输

1)混凝土运输设备的运输能力应适应混凝土凝结速度和浇筑速度的需要,保证浇筑过程连续进行。运输过程中,应确保混凝土不发生离析、漏浆、泌水及坍落度损失过多等现象,运至浇筑地点的混凝土应仍保持均匀性和良好的拌和物性能。

2)混凝土采用混凝土罐车运输至施工现场。

3)采用搅拌运输车运送混凝土时,运输过程中宜以 2～4 r/min 的转速搅动,当搅拌运输车到达浇灌现场时,应高速旋转 20～30 圈后再将混凝土拌和物喂入泵车受料斗或混凝土料斗中。

(3)混凝土浇筑

1)分层灌注方式。

①全面分层,如图 2.2.3-2 所示。这种方法适用于结构面积不太大的工程,施工时从短边开始进行灌注,也可以从中间向两端或两端向中间同时进行浇筑。第一层浇筑完毕后,再回头浇筑第二层,此时第一层混凝土应保证还未初凝。如此逐层连续进行,直到浇筑完毕。

②分段分层,如图 2.2.3-3 所示。这种方法适用于厚度不大而面积或者长度较大的工程。施工时从底层一端开始浇筑,进行到一定距离后就回头浇筑第二层,再同样依次浇筑以上各层。当浇筑完最后一层时,应保证第一层还没有初凝,则又可进行第二段的依次分层灌注,如此依次向前踏步式推进灌注。

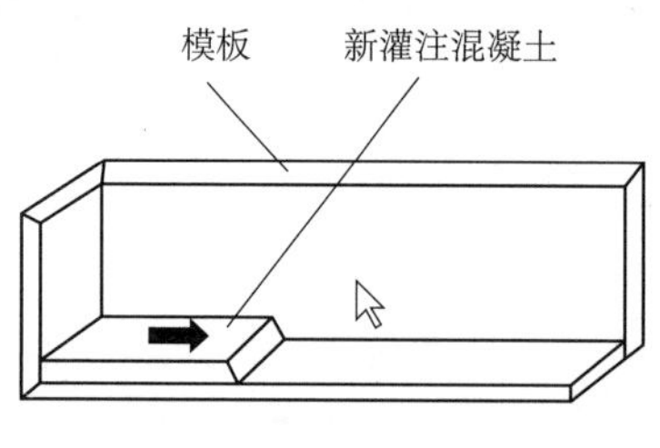

图 2.2.3-2　全面分层

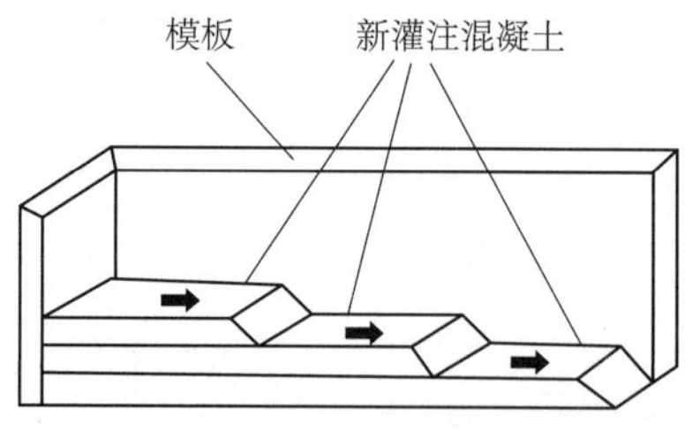

图 2.2.3-3　分段分层

③斜面分层,如图 2.2.3-4 所示。这种方法适用于结构的长度超过厚度 3 倍以上,先从端部底下开始,使灌注层成斜面逐渐上移,如工程较大,可从两端开始,在中部汇合。

④自然分层,如图 2.2.3-5 所示。这种方法适用于泵送大坍落度混凝土,灌注时可利用混凝土自然流淌形成的斜坡进行分层,采用"分段定点下料,一个坡度,薄层灌注,循序渐进,一次到顶"的灌注方法,振捣时一般布置三道振捣棒,第一道在混凝土坡顶,第二道在混凝土斜坡中间,第三道在混凝土坡脚,三道相互配合,保证覆盖整个坡面,确保不漏振。随着混凝土灌注工作的向前推进,振捣棒也相应跟上,以确保整个高度混凝土的质量。

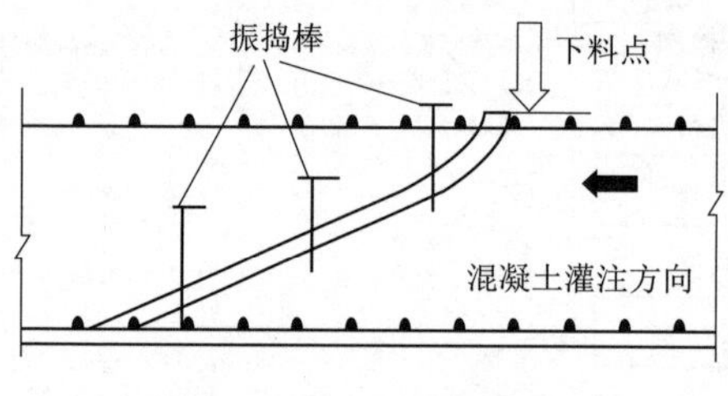

图 2.2.3-4　斜面分层

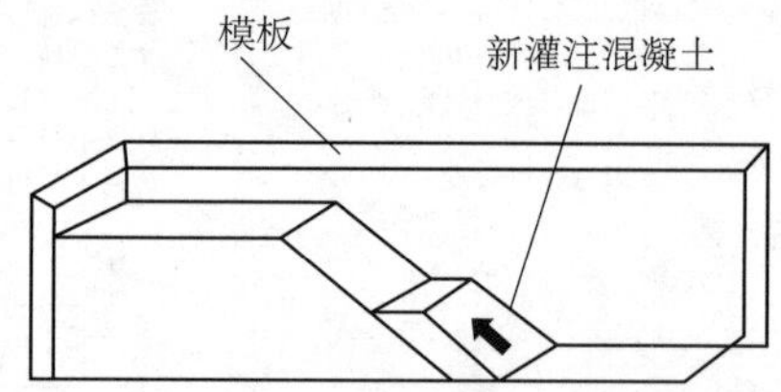

图 2.2.3-5　自然分层

2)灌注大体积混凝土。

①灌注大体积混凝土应沿高度均匀分段、分层灌注。分段数目宜减少,每段混凝土厚度应为 1.5～2.0 m。当横截面面积在 200 m^2 以内时,分段不宜大于 2 段;当横截面面积在 300 m^2 以内时,分段不宜大于 3 段,且每段面积不得小于 50 m^2。段与段间的竖向施工缝应平行于结构较小截面尺寸方向。当采用分段灌注时,竖向施工缝应设置模板。上、下两邻层中的竖向施工缝应相互错开。

②混凝土入模前,应采用专用设备测量混凝土的温度、坍落度、含气量、水胶比和泌水率等工作性能,只有拌和物性能符合施工工艺要求的混凝土方可入模灌注。

③混凝土灌注时的自由倾落高度不得大于 2 m,当大于 2 m 时,应采用滑槽、串筒、漏斗等器具辅助输送混凝土,保证混凝土不出现分层离析现象。

④混凝土的灌注应采用分层连续推移的方式进行,间隙时间不得超过 90 min,不得随意留置施工缝。

⑤混凝土的一次摊铺厚度不宜大于 600 mm(当采用泵送混凝土时)或 400 mm(当采用非泵送混凝土时)。灌注竖向结构的混凝土前,底部应先灌入 50～100 mm 厚的水泥砂浆(水胶比略小于混凝土)。

⑥在夏期灌注混凝土时,应避免模板和新灌混凝土直接受阳光照射,保证混凝土入模前模板和钢筋的温度以及附近的局部气温均不超过 40 ℃,应尽可能安排在傍晚而避开炎热的白天

灌注混凝土。

⑦在冬期条件下(当昼夜平均气温连续 3 d 低于 5 ℃或最低气温低于－3 ℃时)灌注混凝土时,应采取适当的保温防冻措施,防止混凝土提前受冻。

⑧在相对湿度较小、风速较大的环境下灌注混凝土时,应采取适当的挡风措施,防止混凝土失水过快,此时应避免灌注有较大暴露而积的构件。

⑨当采取分层灌注时,新灌混凝土与邻接的已硬化混凝土或岩土介质间的温差不得大于 15 ℃。

⑩混凝土初凝时间应满足拌制至灌注完的最大延续时间。

(4)混凝土入模

混凝土自由倾落高度,不应超过 2 m,当灌注高度超过 3 m 时,使用串筒、斜槽或溜管下料,串筒的最下两节应保持与混凝土灌注面垂直。

(5)混凝土振捣

1)大坍落度的泵送混凝土振捣时间适当减少,一般为 10～20 s,以表面翻浆不再沉落为度,振捣棒移动间距可适当加大,但不宜超过振捣棒作用半径的 2 倍。振捣工具与人员适当增加,以与泵送混凝土的来料量相适应,保证不漏振。

2)插入式振捣器振捣方法及操作要点:

①振捣器应安放在牢固的脚手板上,不应放在模板支撑或钢筋上,使用振捣器,宜采用垂直振捣。插入深度为棒长的 3/4,作用轴线应相互平行避免漏振。振捣棒难以插入钢筋密集部位时可倾斜振捣,但棒与水平面夹角不宜小于 15°,不得将软轴插入到混凝土内部和使软轴折成硬弯,并应避免振捣棒碰撞模板、钢筋、吊环、预埋件等。振捣棒与模板的距离不应大于其作用半径的 0.5 倍,如图 2.2.3-6 所示。

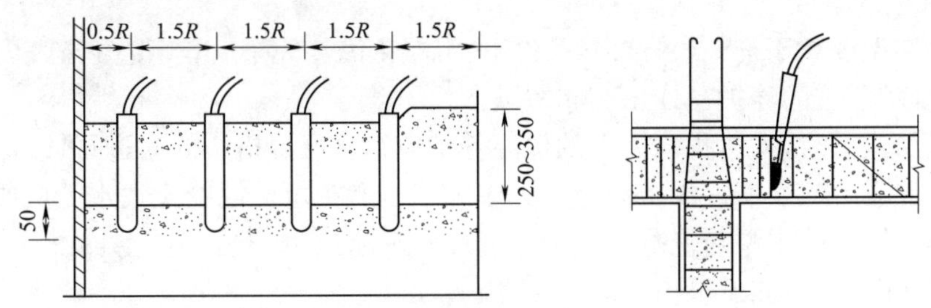

图 2.2.3-6 分层捣固振捣棒使用方法(单位:mm)

②使用振捣器时,一手应紧握在振捣棒上端约 50 cm 处,以控制插点,另一手扶正软轴,两手相距 40～50 cm,使振捣棒自然沉入混凝土内,切忌用力硬插。插入式振捣器操作时,做到"快插慢拔"。"快插"是为了防止混凝土表面先振实,而下面混凝土发生分层、离析现象,"慢拔"是为了使混凝土能填满振动器抽出时留下的空洞。振捣棒插入混凝土后,应上下抽动,幅度为 5～10 cm,以排除混凝土中的空气,振捣密实。每插点应掌握好振捣时间,过短过长都不利,每点振捣时间一般为 20～30 s,使用高频振捣器,也不应少于 10 s,待混凝土表面呈现水平,不再沉落,不再出现气泡,表面泛出灰浆时方可拔出振捣棒。拔出宜慢,待振捣棒端头即将露出混凝土表面时,再快速拔出振捣棒,以免造成空腔。

③振捣器插入点应排列均匀,可采用"行列式"或"交错式",按顺序移动,不应混用,以免造

成混乱而发生漏振。每次移动位置的距离不大于振捣器作用半径的 1.5 倍,振捣棒作用半径(通常为振捣棒半径的 8～10 倍)一般为 300～400 mm。

④钢筋过密处可局部拆除钢筋振捣、用钢钎捣固配合振捣器振捣、倾斜振捣或用剑式振捣器振捣。

(6)混凝土接缝处理

1)灌注混凝土应连续进行。若受客观条件的限制必须间歇时,间歇时间应尽量缩短,并应在前层混凝土初凝之前,将次层混凝土灌注完毕。不同混凝土的允许间歇时间应根据环境温度、水泥性能、水胶比和外加剂类型等条件通过试验确定。当上下两层混凝土灌注时间超过允许间歇时间时,必须按规定设置施工缝。

2)施工缝的平面应与结构的轴线垂直,施工缝处应埋入钢筋或型钢,并使其体积露出前层混凝土外一半左右。重新进行上层混凝土灌注前,应先将下层混凝土表面凿毛,清除浮渣,并用水冲洗干净,待混凝土满足荷载要求后再灌注上层混凝土。

(7)混凝土的表面处理

1)混凝土表面浮浆较厚时,应清除表面浮浆或添加同水胶比的石子浆,均匀撒布在混凝土表面并用抹子拍平,再进行两次抹面收浆。

2)四级以上大风天或烈日下施工应有遮阳挡风措施。

3)当施工面积较大时可分段进行表面处理。

(8)混凝土养护

1)混凝土侧面钢木模板在任何季节施工均应设保温层。

2)采用蓄水养护混凝土,混凝土表面在初凝后覆盖塑料薄膜,终凝后注水,蓄水深度不少于 80 mm。盛夏施工时采取降温拌制混凝土,并在混凝土终凝后立即覆盖塑料膜和保温层。

3)在日平均温度高于＋5 ℃的自然条件下,混凝土灌注完毕后,当混凝土表面收水并初凝后,应尽快用浸水湿透的养护毯或土工布覆盖。

4)环境气温较低时,大体积混凝土的保温养护应结合保温措施同时进行,以保证混凝土表面湿润和芯部混凝土与表层混凝土温差不大于 15 ℃,避免由于混凝土失水干燥或温差过大而引起裂缝。养护用水的水温与混凝土表面的温度不宜超过 10 ℃。

(9)施工操作要点及注意事项

1)桩身顶端必须清理上层浮浆露出新鲜混凝土面,桩顶高程和主筋伸入承台的长度必须符合设计要求。

2)承台混凝土应匀质,完整。

3)混凝土结构表面应密实、颜色均匀,不得有露筋、蜂窝、孔洞、疏松、麻面和缺棱角等缺陷。

4)夏期施工时,混凝土的入模温度不宜高于气温且不宜超过 30 ℃。

5)混凝土在拌制过程中,应对混凝土的拌和物的坍落度进行测定,测定值应符合理论配合比的要求,偏差不宜大于±20 mm。

6)混凝土拌制前,应测定砂、石含水率,并根据测试结果、环境条件、工作性能要求等及时调整施工配合比。

7)混凝土的入模含气量应满足设计要求。

8)新浇筑与邻接的已硬化混凝土或岩土介质间的温度不得大于 15 ℃。

9)湿接缝处的混凝土表面,在后浇混凝土前应进行凿毛处理并充分湿润,但不得有积水。

10)拆模时混凝土芯部与表层、表层与环境之间的温差不得大于 20 ℃,混凝土内部开始降温前不得拆模。

11)墩台混凝土宜连续浇筑,当分段浇筑时,混凝土与混凝土之间接缝,周边应预理直径不小于 16 mm 的钢筋或其他铁件,埋入与露出长度不应小于钢筋直径的 30 倍,间距不应大于直径的 20 倍。

6. 劳动组织

(1)劳动力组织方式采用架子队组织模式。

(2)作业人员数量应根据施工条件、工期要求进行合理配置,详见表 2.2.3-1。

表 2.2.3-1 作业人员配备

序号	人员配置	人数(人)	备注
1	架子队队长	1	
2	技术负责人	1	
3	技术员	1	
4	安全员	1	
5	材料员	1	
6	质检员	1	
7	试验员	1	
8	领工员	1	
9	工班长	1	
10	混凝土工	15	

7. 材料要求

(1)混凝土原材料应符合设计要求,主要有块石、砂石、水泥等。根据入模温度的规定进行热工计算,调节原材料的温度,当气温过低时应将原材料放入暖棚预热,不宜直接对原材料进行加热;当气温过高时应将原材料进行降温处理,原材料降温依次选用。

(2)水:加冰屑降温或用制冷机提供低温水。

(3)骨料:料场搭棚防烈日曝晒,或水淋或浸水降温。

(4)水泥和掺加料:贮罐设隔热罩或淋水降温,袋装粉料提前存放于通风库房内降温。

(5)施工用水的水质应符合工程用水标准。

8. 设备机具配置

主要设备见表 2.2.3-2、表 2.2.3-3。

表 2.2.3-2　混凝土灌注主要设备

序　号	名　称	单　位	数　量	备　注
1	混凝土拌和站	座	1	
2	混凝土搅拌运输车	台	5	
3	起重机	台	4	
4	插入式振捣器	个	4	
5	溜槽	m	10	
6	混凝土泵车	台	1	
7	空压机	台	2	
8	制冷机	台	1	
9	配电箱	只	4	

表 2.2.3-3　混凝土浇筑检测设备

序　号	名　称	规　格	单　位	数　量	备　注
1	固定式振动台		套	1	
2	泌水率测定仪		台	1	
3	水平尺		把	2	
4	小型振捣器	ϕ25	台	1	
5	水准仪		台	1	
6	测温计		支	2	
7	坍落度检测筒		套	2	
8	混凝土含气量检测仪	LC-615	台	1	
9	试模	150 m^3	组	2～4	

9. 质量控制及检验

(1)拌和物温度控制

灌注大体积混凝土应在一天中气温较低时进行。混凝土灌注温度(振捣后 50～100 mm 深处的温度)不宜高于 30 ℃。在炎热季节灌注大体积混凝土时,宜将混凝土原材料进行遮盖,避免日光曝晒,并用冷却水拌制混凝土,或采用冷却骨料、搅拌时加冰屑等方法降低入模温度,或在混凝土内埋设冷却管通水冷却。在遇气温骤降的天气或冬期灌注大体积混凝土后,应注意覆盖保温,加强养护,应尽量减少灌注层厚度,以便加快混凝土散热速度。

(2)灌注过程中混凝土质量控制

1)混凝土拌和物检测。运送到现场的混凝土坍落度每车均应目测检查,并应在灌注点取样检验坍落度、含气量、泌水率、温度等,每 50 m^3 同配合比的混凝土,其取样不得少于一次,当一个工作班组生产相同配合比的混凝土不足 50 m^3,其取样也不得少于一次。现场拌制混凝土,也按每 50 m^3 检测一次坍落度、含气量、泌水率、温度等拌和物性能,检查结果应符合要求。

2)制作混凝土检查试件。

①抗压强度试件应在混凝土的灌注地点随机抽样制作,不超过 100 m^3 同配合比的混凝土,取样不得少于一次,每次取样应至少留置两组标准养护试件(每组三个),并要考虑混凝土

强度统计评定所需的最少组数。

②确定拆模及施工期间临时负荷时的混凝土强度，应采用与结构、构件同条件养护的试件的混凝土强度，留置的试件组数应根据实际需要确定。

③混凝土强度及耐久性检验试件抽取频次及灌注过程中质量控制的其他内容可参照铁路混凝土施工质量检验要求，并应符合施工图及相关要求。

3)使用振捣棒时，一手应紧握在振捣棒上端约 50 cm 处，以控制插入点，另一手扶正软轴，两手相距 40～50 cm，使振捣棒自然沉入混凝土内。插入式振捣器操作时，应做到“快插慢拔”。“快插”是为了防止混凝土表层先振实，而下层混凝土发生分层、离析现象，“慢拔”是为了使混凝上能填满振捣捧抽出时形成的“空隙”，防止形成空洞。

4)要保证混凝土内部结构密实，振捣过程中，应采用对钢筋或者振捣棒进行标注，以控制其插入深度，并严格控制其振捣间距。

5)浇筑混凝土期间，应设专人检查支撑、模板、钢筋和预埋筋等的稳固情况，当发现有松动、变形、移位时，应及时处理。

6)混凝土浇筑过程中应按要求及时测试混凝土的坍落度、含气量、泌水率、入模温度等拌和物性能，在浇筑地点取样制作试件，留置足够数量的混凝土试件按规定进行同条件养护或标准养护，及时填写施工记录。严禁在拌和站取样制作试件。

7)承台混凝土浇筑完毕，收面压光后，应设专人看护，并设警示标志，防止因人踩踏引起承台顶面不平整。

8)拆除的模板应放置于承台之外，不应置于承台顶面，以防碰伤承台混凝土顶面。

9)在任意养护时间，淋注于混凝土表面的养护水温度低于混凝土表面温度时，二者间温差不得大于 15 ℃。

(3)质量检验

1)混凝土原材料、配合比设计和施工的检验必须符合现行规范标准的规定。

2)桩头与承台连接必须符合设计要求。当设计无要求时，承台边缘与桩外缘净距必须符合下列规定：

①桩径≤1 m 时，承台边缘与桩外缘净距不小于 0.5 倍桩径，且不小于 250 mm。

②桩径＞1 m 时，承台边缘与桩外缘净距不小于 0.3 倍桩径，且不小于 500 mm。

③承台的允许偏差和检验方法应符合表 2.2.3-4 的规定。

表 2.2.3-4 承台的允许偏差和检查方法

序 号	项 目	允许偏差(mm)	检验方法
1	尺寸	±30	尺量长、宽、高各 2 点
2	顶面高程	±20	测量 5 点
3	轴线偏位	15	测量纵横各 2 点
4	前后、左右边缘距设计中心线尺寸	±50	尺量各边 2 处

10. 安全及环保要求

(1)安全要求

1)施工人员进入现场必须佩戴安全帽，混凝土搅拌站工作人员要穿防护服。

2)非工作人员不得进入施工区域,以防发生人身安全事故。

3)应注意用电安全,检查电缆是否破损,防止因漏电引起安全隐患。非专业人员不得随意接触、使用机电设备。

4)夜间施工应注意照明,要保证在充足的照明条件下进行混凝土施工。

(2)环保要求

1)保护施工区的环境,及时处理施工垃圾、生活垃圾等废弃物,将废弃物运至当地环保部门指定的地点弃置。混凝土灌注过程中及灌注完毕后,清洗管道、机械的废水不得随意排放或引入河流,以免造成环境污染。无法运走的,需达到环保要求后进行填埋等无害化处理。

2)在施工区设置足够的临时卫生设施,定期清扫处理。

3)施工现场道路指定专人定期洒水清扫,形成制度,防止道路扬尘。

4)车辆开出工地做到不带泥砂,基本做到不撒土、不扬尘。

5)禁止在施工现场焚烧油毡、橡胶、塑料、皮革、树叶、枯草、各种包装物等废弃物品以及其他会产生有毒、有害烟尘和恶臭气体的物质。

6)机动车安装减少尾气排放的装置;搅拌站封闭严密,并在进料仓上方安装除尘装置;拆除旧建筑物时进行洒水,防止扬尘。

2.3 墩　　身

2.3.1 墩身模板施工作业指导书

1. 适用范围

适用于杭州至海宁城际铁路桥梁工程墩身模板施工。

2. 作业准备

(1)内业技术准备

1)在开工前组织技术人员认真学习实施性施工组织设计，审核施工图纸，熟悉规范和技术标准。

2)制定施工安全保证措施及相关应急预案。

3)对施工人员进行技术交底。进行上岗前技术培训，考核合格后持证上岗。

(2)外业技术准备

1)混凝土用原材料产地、质量等级、类型等应与试验配合比用原材料一致。应特别注重原材料的质量稳定，选料时应充分考虑供货厂家的生产能力是否满足现场需要，并保持适度储备。

2)开工前施工现场要完成“三通一平”，施工用的临时设施准备就绪，施工便道要保持畅通，机具设备配置齐全。

3)对混凝土拌和、运输、灌注、吊装设备及工具进行调配和维修保养，以满足生产需要。

3. 技术要求

(1)在已完成的承台顶面精确放样、标定墩身十字中心线、墩身轮廓线，将轴线控制线延长至适当位置加以固定并妥善保护。

(2)混凝土浇筑完成待混凝土强度达到 2.5 MPa 后，进行模板拆模，模板拆除采用人工配合起重机进行，拆除模板过程中要轻拿轻放，避免冲击力过大造成模板变形，影响今后实体外观质量；拆模过程中严禁用大锤直接敲击模板，以免损坏混凝土外观质量。

4. 施工程序与工艺流程

(1)施工程序

施工准备→将墩身与基础接触面进行施工缝处理→在承台顶拼装梯笼作为墩身钢筋及模板安装平台→墩身钢筋制作与安装→墩身钢模板安装→墩身预埋件安装→罐车运输混凝土就位，混凝土泵车泵送混凝土经串筒入模→插入式振捣混凝土→墩身混凝土养护。

(2)工艺流程

墩身模板施工工艺流程如图 2.3.1 所示。

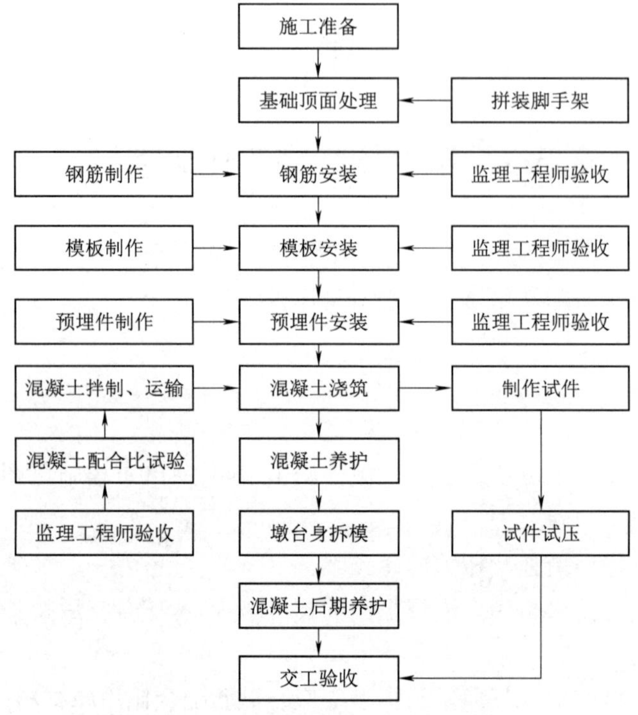

图 2.3.1　墩身模板施工工艺流程图

5. 施工要求

(1)依据墩身纵横十字线用墨线弹出模板的外轮廓线。放好轴线、模板边线、水平标高控制线。模板安装前,应先除锈并涂刷脱模剂。模板与模板之间的接缝处应用橡胶或海绵填塞,防止漏浆。

(2)支模前在底节模板口抹砂浆找平层,其作用为防止模板底口漏浆、模板底口找平。

(3)模板吊装应设置吊装扁担。每安装完成一组模板,应立即紧固螺栓,并安装有松紧调节的缆风绳与模板顶四角拉结(缆风绳倾斜角约 45°),调整模板位置、垂直度。

(4)模板安装就位后,根据墩柱的放样尺寸先调整好下端模板位置,再用全站仪调整上端模板中心位置,按规范要求控制好模板垂直度。

(5)墩台身模板拆除时间应根据结构特点、模板部位、混凝土所达到的强度以及混凝土与环境之间的温差来决定。拆模时严禁抛扔模板,不允许采用猛烈敲打和强扭等方法拆除模板。模板拆除后,应及时对其进行维修整理,并分类妥善存放。

6. 劳动组织

(1)劳动力组织方式采用架子队组织模式。

(2)作业人员数量应根据施工条件、工期要求进行合理配置,详见表 2.3.1-1。

表 2.3.1-1 工区施工现场作业管理人员

序 号	人员配置	人 数	备 注
1	架子队队长	1	
2	技术负责人	1	
3	技术员	1	
4	安全员	1	
5	材料员	1	
6	质检员	1	
7	试验员	1	
8	领工员	1	
9	工班长	1	
10	模板工	12	

7. 材料要求

(1)脱模剂采用专用脱模剂,模板处理严格按照技术要求进行处理,一套承台模板漆的周转次数要一致。

(2)模板材质必须做到板面平整,具有足够的强度、刚度和稳定性。安装方便,便于拆卸和多次使用,支撑牢固。

(3)钢模板加工应采用车床机具进行,禁止采用氧气切割、烧孔;模板拼缝要细小、横平竖直,对接口提倡采用子母形式,减少缝隙间距,保证拼缝细小密贴。

(4)采用旧模板时,要把整修模板作为一道重要工序来控制。每次使用前,应认真修理模板,凹凸不平的要整平,孔洞处要补焊,毛糙的地方要进行打磨,锈蚀的要进行除锈。

8. 设备机具配置

根据工程实际情况,拟投入的主要施工机械设备见表 2.3.1-2。

表 2.3.1-2 主要施工机械配置

序 号	名 称	单 位	数 量	备 注
1	发电机	台	3	停电备用
2	汽车式起重机	台	3	材料转运
3	全站仪	台	1	施工放样
4	水准仪	台	1	

9. 质量控制及检验

模板安装允许偏差及检验方法见表 2.3.1-3。

表 2.3.1-3　墩台模板允许偏差和检查方法

序　号	项　目	允许偏差(mm)	检验方法
1	前后、左右距中心线尺寸	±10	测量检查每边不少于 2 处
2	表面平整度	3	2 m 靠尺检查不少于 5 处
3	相邻模板错台	1	尺量检查不少于 5 处
4	空心墩壁厚	±3	尺量检查不少于 5 处
5	同一梁端两垫石高差	2	测量检查
6	预埋件和预留孔位置	5	纵横两向尺量检查

10. 安全及环保要求

(1)安全要求

1)安全教育主要施工管理人员应持证上岗,现场作业人员必须经过安全培训和岗前教育。外来劳务人员在经过安全培训教育后,进行上岗作业。

2)用电安全管理。

①施工现场的电气设备必须采用三相五线制和"三级配电二级保护",各类电箱执行"一机、一闸、一箱"规定。

②夜间施工必须有电工值班,工作完毕后要切断电源。低压线路架设和使用必须符合有关规定,照明线路、灯具等安装高度要符合规定高度。

③电工作业时应穿戴好个人防护用品,并严格执行电气安全操作规程,做到持证上岗。夜间电工值班必须两人同时上岗。

3)设备安全管理。

①各大、中型机具设备的进场,均要进行认真检查验收,填写验收记录,验收不合格的不准使用,安全保护装置不全、损坏的设备待修复后方准使用,进场的设备要有安全操作规程。

②机具设备及车辆在使用过程中,应定期维修和保养,不准带病作业,凡已维修保养的设备、车辆均应在设备台账中如实记载。

③现场的机具设备和车辆必须有专人负责,起重吊装作业必须有专职指挥,持证上岗。

4)安全保证措施:

①加强安全技术交底工作。

②配备足够的安全设施。

③各工种操作人员均要进行专门培训,做到持证上岗。

④信号指挥要规范、明确和统一。

⑤所有作业人员必须严格遵守有关安全规程,提高安全意识,消除不安全因素。

⑥起重机指挥要由专人负责,信号要明确,起吊重物要捆绑牢固,严防起吊物坠落伤人。

⑦支架及平台必须牢固、通畅,脚手板的规格、铺设符合规范,相互间钉牢、固定。

⑧施工现场要有足够的照明设施,且安全可靠,以防漏电、触电事故发生。

(2)环保要求

1)编制环境保护方案,包括施工现场排水、围挡和保洁措施等。

2)合理布置施工和生活区域,减少施工噪声对附近群众工作和生活的影响。

3)临时运输道路经常洒水湿润,减少道路扬尘。

4)进入施工现场的机械车辆少鸣笛、不带故障运行,减少噪声。

5)加强机械设备的维修保养,保证机械设备的完好率,确保施工噪声达到环境保护标准要求。

6)混凝土浇筑完成后,混凝土泵车和搅拌运输车里多余的混凝土应堆放在指定位置,不得随意弃置。混凝土泵车冲洗泵管的污水应排放到指定地点,不得随意排放。

7)工程完工后,临时租用的土地及时恢复到原地貌。

2.3.2 墩身钢筋施工作业指导书

1. 适用范围

适用于杭州至海宁城际铁路桥梁工程墩身钢筋施工。

2. 作业准备

(1)内业技术准备

1)在开工前组织技术人员认真学习实施性施工组织设计,审核施工图纸,熟悉规范和技术标准。

2)制定施工安全保证措施及相关应急预案。

3)对施工人员进行技术交底。进行上岗前技术培训,考核合格后持证上岗。

(2)外业技术准备

1)钢筋调直机、钢筋切割机、钢筋弯折机、钢筋对焊机、钢筋半成品移动起重机械(门式起重机、汽车式起重机)等机具设备准备就绪。

2)所需材料机具及时进场,机械设备状况良好。

3)钢筋加工场地平整、道路畅通,供电等满足施工需求。

4)作业面已具备安装条件。

3. 技术要求

(1)钢筋保护层采用同等级混凝土垫块控制,垫块采用梅花形布置,每平方米均布 4 块。

(2)钢筋的加工应符合设计要求。当设计未提出要求时,应符合下列规定:

1)受拉热轧光圆钢筋末端应做180°的弯钩,其弯曲直径 d 不得小于钢筋直径的 2.5 倍,钩端应留有不小于钢筋直径 3 倍的直线段。

2)受拉热轧光圆和带肋钢筋的末端,当设计要求采用直角形弯钩时,其弯曲直径 d 不得小于钢筋直径的 5 倍,钩端应留有不小于钢筋直径 3 倍的直线段。

3)弯起钢筋应弯成平滑的曲线,其弯曲半径不得小于钢筋直径的 10 倍(光圆钢筋)或 12 倍(带肋钢筋)。

4)用低碳钢热轧圆盘条制成的箍筋,其末端应做不小于 90°的弯钩,有抗震等特殊要求的结构应做 135°或 180°的弯钩;弯钩的弯曲直径应大于受力钢筋直径,且不得小于箍筋直径的 2.5 倍;弯钩端直线段的长度,一般结构不得小于箍筋直径的 5 倍,有抗震等特殊要求的结构,不得小于箍筋直径的 10 倍。

4. 施工程序与工艺流程

(1)施工程序

施工准备→测量放样→墩身钢筋绑扎→墩身钢筋预埋→接地钢筋焊接。

(2)工艺流程

桥梁墩身钢筋施工工艺流程如图 2.3.2 所示。

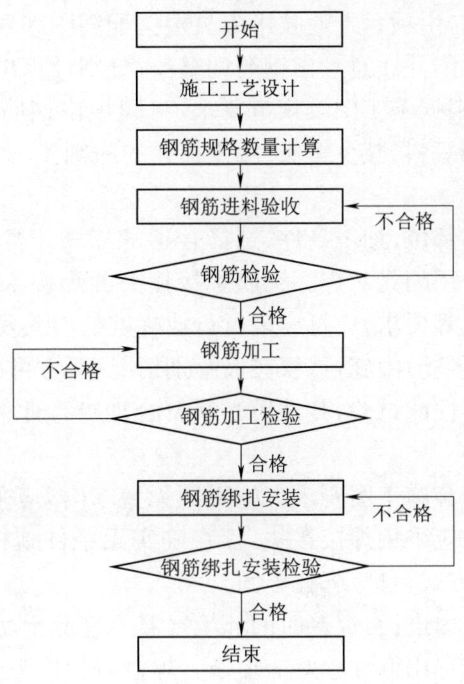

图 2.3.2 桥梁墩身钢筋施工工艺流程

5. 施工要求

(1)计算钢筋数量

按照施工图计算各种规格型号的钢筋数量,提出数量清单。

(2)钢筋加工

1)配料单编制:钢筋加工前,应依据施工图编制钢筋配料单。配料单应结合钢筋来料长度和所需长度进行编制,以使钢筋接头和余料最少。钢筋的下料长度应考虑钢筋弯曲时的伸长量,在允许误差范围内尺寸宜小不宜大,以保证保护层厚度及施工方便。

2)钢筋宜在加工棚内集中加工,运至现场绑扎成型。

3)钢筋调直:钢筋应平直,无局部折曲,对弯曲的钢筋应调直后使用,可采用冷拉或调直机调直。冷拉法多用于较细钢筋的调直,调直机多用于较粗钢筋的调直。

4)钢筋除锈去污:钢筋加工前应清除钢筋表面的油渍、漆污、水泥浆和用锤敲击能削落的浮皮、铁锈等。损伤和锈蚀严重的钢筋不得使用。可以在调直过程中除锈,还可以采用钢丝刷、砂盘除锈。

5)钢筋下料:

①下料前认真核对钢筋规格、级别及加工数量,无误后按配料单下料。

②钢筋下料长度。钢筋因弯曲或弯钩影响长度,不能直接根据施工图下料,必须按照混凝土保护层、钢筋弯曲、弯钩形式等计算确定下料长度。

③钢筋的切割宜采用钢筋切断机。在切断前,先在钢筋上按配料单标注下料长度,将切断位置明显标记。切断时,切断标记对准刀刃将钢筋放入切割槽固定,然后将其切断。钢筋的零星加工也可用砂轮锯切割。

④钢筋下料。下料之前,由项目专业技术人员根据配筋图和划分的施工程序,给出结构各部位的各种形状和钢筋大样图并注意考虑钢筋调整值,分别计算出其下料长度及根数,填写料牌,申请加工。由加工人员根据施工图及规范要求,将同规格钢筋根据不同长度长短搭配,统筹排料,遵循先断长料、后断短料、减少短头、减少损耗的原则。

(3)钢筋接头

1)钢筋接头应根据使用部位、加工条件,选择合适的形式。常用接头形式有闪光对焊、套筒连接、螺纹连接等,优先采用闪光对焊。钢筋焊接接头的焊接工艺、焊机型号、焊接参数、焊接质量以及焊工的培训考试等要求,应符合现行行业标准的有关规定。

2)钢筋的焊接应在工厂(场)内施行,仅在极个别情况下,方可在脚手架上施焊。钢筋焊接接头应按批抽取试件做力学性能试验,其性质必须符合现行行业标准《钢筋焊接及验收规程》(JGJ 18)的有关规定。

3)热轧钢筋的接头应符合施工图要求。施工图无要求时,应采用闪光对焊接头。拉杆中的钢筋,不论其直径大小,均应采用焊接接头,仅在确实无条件施行焊接时,对直径 25 mm 及以下的钢筋,方可采用搭接方式,且应绑扎牢固。

4)冬期闪光对焊宜在室内进行,焊接时的环境气温不宜低于 0 ℃。冬期电弧焊接时,应有防雪、防风及保温措施,并应选用韧性较好的焊条。焊接后的接头严禁立即接触冰雪。

(4)钢筋绑扎、安装

1)钢筋骨架应具有足够的刚度和稳定性,以便安装,为使骨架不变形,不发生松散,必要时可在钢筋的某些交叉点处加以焊接或添加辅助钢筋(斜杆、横撑等)。

2)安装钢筋骨架时,应保证其在模型中的正确位置,不得倾斜、扭曲,亦不得变更保护层的规定厚度。

3)现场安装钢筋应符合下列要求:

①钢筋的交叉点应采用钢丝扎牢。

②靠近外围两行钢筋交叉点全部绑扎牢固,中间部分交叉点可间隔交错绑扎牢,但必须保证受力钢筋不产生偏移,双向受力的钢筋,必须全部扎牢。

(5)成品保护要求

1)弯起筋、主筋绑好后,不得在上面踩踏行走,钢筋绑扎成型后,搭设跳板专门供施工人员走动。灌注混凝土时派钢筋工专门负责修理,保证负弯筋位置的正确性。

2)绑扎钢筋时禁止碰动预埋件。

3)模板内涂抹隔离剂时不得污染钢筋。

4)半成品钢筋进入绑扎现场前,应做好防锈保护措施。有锈蚀的钢筋,在后台先进行清理,清理干净,经过预检以后,才可进入绑扎现场。

5)钢筋绑扎前,钢筋工应先检查钢筋的规格、尺寸是否符合图纸要求,有疑问时应及时向项目有关人员进行反映,然后检查钢筋加工的外观质量,在运输过程中有无破坏情况,如有应及时向有关人员提出。

6)钢筋应一次绑扎到位,钢筋成型后,严禁进行蹬踏。

7)在加固模板时,严禁将模板支撑杆件焊在受力主筋上,应另加钢筋进行焊接。

8)灌注混凝土时,必须有专人看护钢筋,钢筋移位后,应及时进行调整。

6. 劳动组织

(1)劳动力组织方式采用架子队组织模式。

(2)作业人员数量应根据施工条件、工期要求进行合理配置,详见表 2.3.2-1。

表 2.3.2-1 工区施工现场作业管理人员

序 号	人员配置	人 数	备 注
1	架子队队长	1	
2	技术负责人	1	
3	技术员	1	
4	安全员	1	
5	材料员	1	
6	质检员	1	
7	试验员	1	
8	领工员	1	
9	工班长	1	
10	钢筋工	12	

7. 材料要求

(1)钢筋进场后必须经过试验人员检查,合格后方能使用。

(2)钢筋加工制作前,进行除锈、除污处理,确保表面无油渍、漆污、铁锈及泥土等杂物。

(3)钢筋应平直,无局部弯曲,成盘的钢筋和弯曲的钢筋均应调直。

(4)钢筋进场时,必须对其质量指标进行全面检查并按批抽取试件做屈服强度、抗拉强度、伸长率和冷弯试验,其质量应符合现行国家标准《钢筋混凝土用钢 第 1 部分:热轧光圆钢筋》GB/T 1499.1—2017、《钢筋混凝土用钢 第 2 部分:热轧带肋钢筋》GB/T 1499.2—2018 和《低碳钢热轧圆盘条》(GB/T 701—2008)等的规定和设计要求。

8. 设备机具配置

根据工程实际情况,拟投入的主要施工机械设备见表 2.3.2-2。

表 2.3.2-2 施工机械设备配置

序 号	名 称	规 格	单 位	数 量	备 注
1	发电机	400 kW	台	3	停电备用
2	汽车式起重机	25 t	台	3	材料转运
3	钢筋调直机	HS-Z-4 型	台	2	主体结构钢筋加工
4	钢筋切断机	GQ50	台	2	主体结构钢筋加工
5	钢筋弯曲机	50 型	台	2	主体结构钢筋加工
6	交流电焊机	BX3-500	台	8	结构焊接

9. 质量控制及检验

(1)钢筋连接。纵向受力钢筋的连接方式必须符合设计要求。

检验数量:全部检查。

检验方法:观察。

(2)钢筋接头的技术要求和外观质量应符合验收标准的规定。钢筋焊接接头应按批抽取试件做力学性能检验,其质量必须符合现行行业标准《钢筋焊接及验收规程》(JGJ 18—2012)的规定和设计要求。承受静力荷载为主的直径为 28～32 mm 带肋钢筋采用冷挤压套筒连接接头时,应按批抽取试件做力学性能检验,其质量必须符合现行行业标准的规定和设计要求。

检验数量:钢筋接头的外观质量,应全部检查。焊接接头的力学性能检验以同级别、同规格、同接头形式和同一焊工完成的每 200 个接头为一批,不足 200 个也按一批计。冷挤压套筒连接接头的力学性能检验以同等级、同规格和同接头型式的每 200 个接头为一批,不足 200 个也按一批计。施工单位每批抽检一次;监理单位见证取样检测次数为施工单位抽检次数的 20%,但至少一次。

检验方法:钢筋接头外观检验,观察和尺量。焊接接头和冷挤压套筒连接接头力学性能检验,施工单位做拉伸试验,接头增做冷弯试验。监理单位检查力学性能试验报告并进行见证取样检测。

(3)当架立和绑扎环氧涂层钢筋时,不得使用无涂层的普通钢筋和金属丝。环氧涂层钢筋与无涂层的普通钢筋之间不得有电连接。

检验数量:全部检查。

检验方法:观察和测量。

(4)在整个施工过程中,应随时检查环氧涂层钢筋的涂层损伤缺陷情况,每米环氧涂层钢筋上小于 25 mm 的涂层缺陷的总面积不得大于钢筋表面积的 0.1%。符合修补条件的应按验收标准的规定及时修补,不符合修补条件的不得再修补使用。

检验数量:全部检查。

检验方法:观察和尺量。

(5)技术标准

钢筋加工、安装及综合接地质量标准见表 2.3.2-3～表 2.3.2-5。

表 2.3.2-3 钢筋加工允许偏差和检验方法

序 号	项 目	允许偏差(mm)	检验方法
1	受力钢筋全长	±10	尺量
2	弯起钢筋的弯折位置	20	
3	箍筋内净尺寸	±3	

表 2.3.2-4 钢筋安装允许偏差和检验方法

序 号	项 目	允许偏差(mm)	检验方法
1	受力钢筋排距	±5	尺量两端中各一处
2	同排中受力钢筋间距	±20	

续上表

序　号	项　目	允许偏差(mm)	检验方法
3	分布钢筋间距	±20	尺量连续3处
4	箍筋间距	±10	
5	弯起点位置	30	尺量
6	钢筋保护层厚度	0～+10	尺量两端、中间各两处

表2.3.2-5　预埋件允许偏差

项　目		允许偏差(mm)
预埋沉降观测标	中心线位置	2
	外露长度	10
	尺　寸	10

10.安全及环保要求

(1)安全要求

1)钢筋加工人员必须严格遵守《钢筋弯折机安全操作规程》《用电安全操作规程》及国家有关安全生产劳动保护政策和法规。

2)钢筋吊装搬运要有专人指挥,门式起重机要有专人操作。

3)在钢筋绑扎时要加强安全意识,各种必备劳动保护用品配备齐全。

4)电缆线、电焊机把线要理顺,布置在合适的位置,用电要符合安全规范要求。

5)现场作业人员必须经过安全培训和岗前教育,并建立好“三级教育卡”。外来劳务人员或转岗民工在经过安全培训教育后,进行上岗作业。

6)施工现场的临时用电严格按照《施工现场临时用电安全技术规范》(JGJ 46—2005)的规定执行。

7)各大、中型机具设备、压力容器的进场,均要进行认真检查验收,填写验收记录,验收不合格的不准使用,安全保护装置不全、损坏的设备待修复后方准使用,进场的设备要有安全操作规程。

8)机具设备、使用车辆应有牌照(包括使用证)。

9)机具设备及车辆在使用过程中,应定期维修和保养,不准带病作业,凡已维修保养的设备、车辆均应在设备台账中如实记载。

10)现场的大、中型机具设备和车辆必须有专人负责,起重吊装作业必须有专职指挥,持证上岗。

(2)环保要求

1)严格执行国家及地方政府颁布的有关环境保护、水土保持的法规、方针、政策和法令,生产、生活设施按环保要求进行布置。

2)将施工噪声控制到最低程度,施工人员休息场所尽量远离有噪声的地方。

3)施工和生活中产生的废弃物及时集中处理、运至当地环保部门指定的地点弃置。

4)施工场地应经常洒水,保持清洁,控制扬尘,杜绝漏撒材料。

2.4 支架法现浇预应力混凝土连续梁

2.4.1 支架现浇连续梁支架及模板施工作业指导书

1. 适用范围

适用于杭州至海宁城际铁路桥梁工程支架现浇连续梁支架及模板施工。

2. 作业准备

(1)内业技术准备

在开工前组织技术人员认真学习施工组织设计及施工方案。逐级向施工人员进行技术、操作、安全、环保交底,确保施工过程的工程质量、环境保护和人身安全。

(2)外业技术准备

1)开工前施工现场要完成"三通一平",施工用的临时设施准备就绪,施工便道要保持畅通,机具设备配置齐全。

2)熟悉施工现场的地质、水文资料,针对不同的地质情况,对模板、支架类型等进行选择和优化。

3)开工前,对设计单位移交的导线点、永久的水准点进行复测;按施工现场的实际情况加密导线点和水准点,并与相邻标段联测。根据坐标控制点和水准控制点对模板、支架位置和高程放样。

3. 技术要求

(1)复核设计图纸,对图纸有疑问的地方及时汇总报设计单位及业主,以便及时办理设计变更作为施工依据。

(2)根据现场水文、地质条件、主体工程数量和工期要求以及现有材料、机械、设备条件拟定模板施工方案。模板、支架需做设计验算并提供施工图,保证结构强度、刚度和稳定性符合要求,技术经济指标合理。当现场条件发生变化需对支架方案进行变更时,应按要求办理设计变更签认后实施。

(3)编制支架现浇梁实施性施工组织设计,并进行施工技术交底。

(4)根据第三方提供的三角控制网和高程控制网点及复测成果,建立合适的测量定位轴线网络和标高控制网络,其中重要的控制坐标要做成相对永久性的坐标点,定期复测,并妥善保护至竣工验收。

4. 施工程序与工艺流程

支架、模板施工工艺流程如图 2.4.1 所示。

5. 施工要求

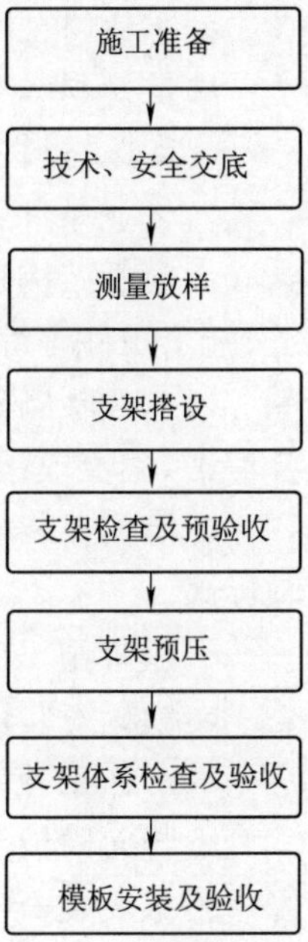

(1)支架搭设及预压

1)施工准备:

①支架已按施工方案搭设,并经过验收合格。

②预压方案已经过总监理工程师审核批准。

③预压材料已经按预压方案要求的数量进场。

④预压监测点已布置,并取得初始标高。

⑤地基承载力经检测满足要求,汽车式起重机已进场。

2)施工方法:预压材料采用汽车式起重机吊放,分级加载。

3)工艺流程:

施工准备 → 技术、安全交底 → 测量放样 → 支架搭设 → 支架检查及预验收 → 支架预压 → 支架体系检查及验收 → 模板安装及验收

图 2.4.1 支架、模板施工工艺流程图

①加载材料核重。加载材料有水袋、砂袋和预制好的混凝土块,在预压之前应对加载材料单体重量进行复核,并做好编号和记录。砂袋应有防水措施,防止被水浸泡后引起加载重量变化。

②加载堆放区放样。为确保加载重量复核预压方案要求,结构(或底模)上应测放出加载材料堆放位置。加载材料之间应留有通道,且不得遮挡住监测点或影响监测点测量。

③监测点布置。

a. 沿混凝土结构纵向每隔 1/4 跨径布置一个监测断面。

b. 每个监测断面上的监测点不宜少于 5 个,并对称布置。

c. 基础条件变化处、可能影响相关方设备、环境稳定的应增加监测点,如承台、泥浆池回填区域,地基下有管道管线、暗涵且埋深较浅的部位。

④加载。

a. 基础预压荷载不应小于基础承受的混凝土结构恒载与钢管支架、模板重量之和的 1.1 倍,预压荷载采用均布形式。

b. 基础预压范围应划分成若干个预压单元,每个预压单元内实际预压荷载强度的最大值不应超过该预压单元内预压荷载强度平均值的 120%。

c. 预压荷载应按预压单元沿混凝土结构纵横向对称进行。

⑤监测。

a. 加载之前监测点初始标高。

b. 分别加载至 60%、80%、110%后监测点标高。

c. 加载至 110%后每间隔 24 h 监测点标高。

d. 卸载 6 h 后监测点标高。

⑥预压合格判定:各监测点连续 24 h 的沉降量平均值小于 2 mm。

⑦卸载。卸载过程可一次性卸载,并沿混凝土结构纵横向对称进行。卸载后应再次对所有监测点进行一次测量,以便计算出基础弹性变形。

(2)模板安装

1)木模施工。

①施工材料:

a. 木板(竹胶板)、方木及型钢。

b. 固定材料:对拉拉杆、PVC 管、木楔块、钢管或方木、钉子、钢丝、双面胶等。

c. 支撑材料:方木或钢管等。

②作业条件:

a. 模板结构选型:模板结构与施工方案应根据工程结构特点、平面几何形状、施工机具设备、施工条件等综合比较后,选定最佳的结构形式与施工方案。

b. 木模板备料:模板数量应根据模板设计方案,并结合方案中施工流水段的划分,进行综合考虑,确定模板的配置数量。

c. 模板安装前,应根据设计图纸要求,放好纵横轴线(或中心线)和模板边线,定好水平控制标高。

d. 模板施工前,应完成前一工序的分项工程隐蔽验收,验收合格后方可进行下一道工序。

e. 模板安装前,根据模板、图纸要求和操作工艺标准向班组进行安全、技术交底。

③操作工艺:

a. 竖向模板制作安装。操作步骤:测量放样→设置模板定位导墙→面板纵肋及定位筋设置→模板安装→安装对拉拉杆→支撑加固→模板拆除。

b. 测量放样。根据设计图纸的结构尺寸在支撑面上放出模板内边缘控制线及距模板内边缘控制线 5～20 cm 的模板位置控制边线,并用墨斗弹出两控制线。

c. 设置模板定位导墙。在模板支撑面上按照基础结构尺寸,用相同强度等级的细石混凝土浇筑厚度 5～10 cm,宽度同基础结构的导墙,作为模板底部的定位基准。或在支撑面上紧贴模板内边缘线处钻孔,在孔内插入钢筋作为模板的定位基准。

d. 面板纵肋及定位筋设置。小块竖向模板拼接时可以制作拼装胎模,在胎模上按肋设计间距布置方木(型钢),在方木(型钢)上铺设木(竹)面板并用螺栓将面板和方木(型钢)固定。组拼好后检查配件位置、数量、结构尺寸等。将检查好的模板编好号码并堆放整齐,方便使用。大块面板可以直接铺放在已安装的纵肋上,并随之固定。模板定位钢筋可与结构主筋直接焊接,也可以穿墙用对拉拉杆外套硬质 PVC 管固定于两侧模板上。

e. 模板安装。模板安装前应先将底部支撑面用水泥砂浆或混凝土垫层找平,在导墙侧面粘贴双面胶或海绵,防止模板底部漏浆。在垫层达到一定强度后将制作好的模板按设计位置安装到位,然后根据墙体控制线调整模板下口到位,并用方木或钢管临时固定。相邻两块模板接缝用双面胶等材料填实,并拧紧连接螺栓,以保证接缝严密不漏浆。用线锤校正模板垂直度,并用撬棍和手拉葫芦调整模板到位。模板安装前应涂刷脱模剂,倒运时应避免碰撞,防止倾倒及影响结构尺寸。

f. 安装对拉拉杆。在横肋和面板上用手持电钻打孔,打孔时应注意保证位于同一拉杆上两孔眼连线与墙身垂直,孔眼打好后即可穿入套有 PVC 管的对拉拉杆。对拉拉杆长度应每端伸出横肋外侧约 5 cm。校紧对拉拉杆后并用线锤重新校正模板。

g. 支撑加固。模板安装完毕后,拆除临时支撑的同时安装固定模板的支撑方木或钢管,并在两侧安装缆风绳以保证模板的整体稳定性。

h. 模板拆除。待结构混凝土达到设计要求强度后拆除模板。先拆除模板支撑系统、缆风绳,拆除对拉拉杆,然后拆除横肋、纵肋和面板。

i. 水平模板制作安装。操作步骤:在支架上安装模板纵、横肋→测量放样模板位置→安装并固定面板→填塞面板接缝→验收。

安装模板纵、横肋在支架顶托(或直接在贝雷梁、军用梁等)上方按设计间距搭设面板纵、横肋,并将纵、横肋用铁钉固定。上一层的两根横肋接缝处应位于下一层纵肋上,注意纵、横肋在接缝处连接固定。

测量放样,定模板位置边线在纵、横肋上用墨斗放出模板边线,测量纵肋高程。

安装并固定面板。将模板面板按模板边线置于横肋上,将面板和横肋用铁钉固定,铁钉长度应为面板厚度的 2～3 倍,相邻面板间应用双面胶、海绵、玻璃胶、石膏或胶带填补,以保证接缝严密、不漏浆。两块面板的接缝处应置于同一条横肋上,以保证面板受力均匀。

填塞面板接缝。面板拼缝用玻璃胶、石膏等黏合材料填塞时,应用刮刀使填缝材料与面板表面平齐,填缝材料不得污染面板。面板拼缝填塞好后涂刷脱模剂。

模板拆除。拆除的拆除顺序和方法应按照规定进行,遵循先非承重部位、后承重部位以及自上而下的原则。不得使用大锤、撬棍等生砸硬撬。放松顶托木楔后即可将纵肋抽出。拔除面板和横肋之间的钉子,然后将面板和横肋拆除。支撑件和连接件应逐件拆卸,模板应逐块拆卸传递,拆除时不得损伤模板或混凝土。

2)定型组合钢模板施工。

①施工材料:

a. 定型组合钢模板(含面板、边框、横竖肋,长度为 600 mm、750 mm、900 mm、1 200 mm、1 500 mm,宽度为 100 mm、150 mm、200 mm、250 mm、300 mm),阴阳角模,连接角模。

b. 定型组合钢模板的附件(U 形卡、L 形插销、3 形扣件、蝶形扣件、对拉螺栓、钩头螺栓、紧固螺栓)、钢管、槽钢柱箍、木方、海绵条等。

②作业条件:

a. 放好轴线、模板边线,引测水平标高到预留插筋或其他过渡引测点。

b. 模板底口根据标高设置模板承垫垫层和海绵条封堵,以保证标高准确和不漏浆。

c. 钢筋绑扎完毕并验收。

③满堂式支架搭设:

a. 支架在搭设前,应进行测量放样,确定其平面位置,同时必须挂好每孔的纵向中心线,沿中心线向两侧对称搭设支架。

b. 为确保支架的整体强度、刚度和稳定性,竖杆要求每根竖直,并及时用纵、横向平面钢管连接固定,每隔一定距离设置顺桥向及横桥向剪刀撑。

c. 钢管支架搭设完毕后,应测量放样确定每根钢管的高度,并在钢管上做上标记,保证整个支架的高度一致并满足设计要求。

d. 可调顶托调整高度严格控制在 30 cm 以内,以确保支架顶自由端的稳定。

e. 按作业要求设置防护栏。

f. 碗口式支架搭设严格按照施工方案布置纵向、横向间距,其搭设要求与钢管脚支架基本相同。

④梁体模板安装:

a. 操作步骤:底模制作→外侧模板打磨除锈→安装外模→安装侧向支撑或对拉螺栓→钢筋安装→内模安装→安装顶部对拉螺栓→支撑加固→防止内模上浮措施→整体质量检查。

b. 底模安装:底模中间按设计要求预设反拱。

c. 外侧模板打磨除锈:对侧模模板表面进行打磨,清除模板表面污物,并对破损处进行修复,确保侧模表面平整,然后在模板表面涂刷脱模剂。

d. 安装外模:外模分节时宜从中间向两端开始安装,安装前底模侧面设置胶条以防止漏浆。相邻模板必须紧密连接,且拼缝内设置双面胶。侧模高度通过底部螺栓调节。用对拉螺杆将两侧模板底部进行对拉。外模安装好后可进行钢筋安装工作。

e. 安装内模:首先将内模分节拼装,打磨除锈后涂刷脱模剂,利用起重机或卷扬机等设备将内模安装到钢筋骨架内。

f. 支撑加固:钢筋绑扎完毕后,即可安装顶部对拉螺杆,顶部对拉拉杆和底部对拉拉杆要同步设置拉紧,同时检查模板尺寸、钢筋保护层等。

g. 梁体模板拆除:首先拆除内模拉杆和支撑,然后拆除上下对拉螺杆,松开外模;内模拆除可从两端向中间进行,拆除时辅以钢钎、撬棍进行逐块拆除;外模拆除时可用起重机或卷扬机辅助进行,注意拆除时防止模板对梁体混凝土有撞击;模板拆除后应有序堆放,并做好防锈工作。

⑤支架及模板拆除:在张拉完成且混凝土强度达到设计要求后,方可拆除模板及支架。当设计无要求时,除相关专业验收标准有特殊规定外,验收应符合表 2.4.1-1 的规定。模板及支架拆除应编制支架拆除作业指导书并进行交底,支架拆除应对称、少量、多次、逐渐完成,每孔从梁跨中间向两端均匀落架,直至底模与梁底分开。

表 2.4.1-1　拆除承重模板时混凝土强度要求

序号	结构类型	结构跨度(m)	达到混凝土设计强度标准值的百分率
1	板、拱	<2	≥50%
		2~8	≥75%
		>8	≥100%
2	梁	≤8	≥75%
		>8	≥100%
3	悬臂梁(板)	≤2	≥75%
		>2	≥100%

6. 劳动组织

(1)劳动力组织方式:采用架子队组织模式。

(2)施工人员应根据确定的施工方案、机械、人员组合、工期要求进行合理的安排,支架搭设及模板作业人员配置见表 2.4.1-2。

表 2.4.1-2　支架搭设及模板作业人员配置

序号	人员配置	单位	数量	备注
1	架子队队长	人	1	
2	技术负责人	人	1	
3	技术员	人	2	

续上表

序号	人员配置	单位	数量	备注
4	安全员	人	2	
5	材料员	人	4	
6	质检员	人	2	
7	试验员	人	1	
8	领工员	人	2	
9	工班长	人	1	
10	起重工	人	2	
11	电工	人	1	
12	架子工	人	10	
13	电焊工	人	4	
14	技术员	人	2	
15	模板工	人	10	

7. 材料要求

(1)优先使用钢模板和覆膜竹胶板。

(2)模板、支架加工及安装质量必须符合设计和规范要求,有足够的强度、刚度和稳定性。

(3)模板板面之间应平整,接缝严密,不漏浆,保证结构物外露面美观,线条流畅。

(4)结构简单,制作、装拆方便。

8. 设备机具配置

施工机械及工艺设备主要有汽车式起重机、平板车、电焊机、氧气乙炔切割设备、测量仪器(如全站仪、水准仪)等,机械设备须有出厂合格证及相关证件。现场具体投入的机械设备见表 2.4.1-3～表 2.4.1-5。

表 2.4.1-3　支架搭设设备

序号	设备名称	单位	规格	数量
1	汽车式起重机	台	25 t	2
2	电焊机	套		4
3	氧气乙炔切割设备	套		2
4	全站仪	套	徕卡 TCR402	1
5	水准仪	套	DSZ3	1
6	倒链	台	5 t/10 t	4/4
7	手动千斤顶	台	30 t	2

表 2.4.1-4　支架搭设工具

序号	工具名称	单位	规格	数量
1	水平尺	把		2
2	靠尺	把		2
3	磨光机	台		4
4	手锤	把		4
5	套筒扳手	把	M24	4
6	活扳手	把	中号	4
7	钢尺	把	50 m	1
		把	5 m	4
8	撬棍	把	一头扁,一头尖	6
9	线锤	把	个	4
10	梯子	把		2

表 2.4.1-5　其他辅助材料

序号	材料名称	单位	规格	数量
1	麻绳	m		30
2	钢管	根	ϕ48	50
3	枕木	根	2.5 m 木枕	20
4	钢板	t	10～30 mm	0.5

9. 质量控制及检验

(1)工程技术人员在工序开工前将各工序部位的模板安装图详细绘出,做好技术交底工作,严格按图检查验收。

(2)提高模板施工质量标准,垂直平整度均要在规定范围之内。

(3)混凝土浇筑前,做好隐蔽工程及模板支撑结构检查工作。

(4)拆模后要进行清理修正,涂刷隔离剂后才能继续使用,脱模剂禁止采用废机油。

(5)为保证板缝能满足要求,在模板安装前刮腻子补缝。

10. 安全及环保要求

(1)安全要求

1)进入现场人员必须戴好安全帽,高处作业人员必须系好安全带。

2)工作前应先检查使用的工具是否牢固,扳手等工具必须用绳系挂在身上,钉子必须放在工具袋内,以免掉落伤人,工作时要思想集中,防止钉子扎脚和空中滑落。

3)模板支撑不得使用腐朽、扭裂、劈裂的材料。顶撑要垂直,底端平整坚实,并加垫木,木楔要钉牢。

4)支模应按工序进行,模板没有固定前,不得进行下道工序。禁止利用拉杆、支撑攀登上下。

5)高处、复杂结构模板的安装与拆除,事先应有切实的安全技术措施。

6)六级以上大风时,应暂停室外的高处作业,雪霜雨后应先清扫施工现场,保证不滑时再进行工作。

7)不得在脚手架上堆放大批模板等材料。

8)支撑过程中,如需中途停歇,应将支撑、搭头、柱头板等钉牢。拆模板间歇时,应将已活动的模板、支撑等运走或妥善堆放,防止因踏空、扶空而坠落。

9)板上有预留洞者,应在安装后将洞口盖好,混凝土板上的预留洞,应在模板拆除后立即将洞口盖好。

10)拆除模板一般用长撬棒,不许站在正在拆除的模板上。

11)高处作业要搭设脚手架或操作台,上、下要使用梯子,禁止站立在墙上工作。不准站在大梁底模上行走。操作人员严禁穿硬底鞋及有跟鞋作业。

12)装拆模板时,作业人员要站立在安全地点进行操作,防止上下在同一垂直面工作。操作人员要主动避让吊物,增强自我保护和相互保护的安全意识。

13)拆模必须一次性拆清,不得留下无撑模板。拆下的模板要及时清理,堆放整齐。

14)拆除模板应经施工技术人员同意,操作时应按顺序进行,严禁猛撬、硬砸或大面积撬落和拉倒。工完前,不得留下松动和悬挂的模板。

(2)环保要求

1)生态环境保护措施:

①营造良好环境。在施工现场和生活区设置足够的临时卫生设施,经常进行卫生清理,同时在生活区周围种植花草、树木,美化生活环境。

②对有害物质如燃料、废料、垃圾等采取措施处理后运至指定地点,防止对环境造成污染。

2)大气环境及粉尘的防治措施:

①施工场地和运输道路经常洒水防护。

②车辆运料过程中,对易飞扬的物料用篷布覆盖严密,且装料适中,不得超限;车辆轮胎及车外表用水冲洗干净,不得污染道路。

③对于易松散和易飞扬的储存材料用彩条布覆盖严密。

3)固体废弃物处理措施:

①施工驻地和施工现场的生活垃圾,集中堆放。

②施工和生活中的废弃物也可经当地环保部门同意后,运至指定地点。此外,工地设置的厕所,派专门的人员清理打扫,并定期对周围喷药消毒,以防蚊蝇滋生,病毒传播。

③报废材料或施工中返工的挖除材料立即运出现场并进行掩埋等处理。对于施工中废弃的零碎配件、边角料、水泥袋、包装箱等及时收集清理并搞好现场卫生,以保护自然环境与景观不受破坏。

4)噪声防护措施:

①对使用的工程机械和运输车辆安装消声器并加强维修保养,降低噪声。

②机械车辆途经居住场所时减速慢行,不鸣喇叭。在比较固定的机械设备附近,修建临时隔声屏障,减少噪声传播。

③合理安排施工作业时间,尽量降低夜间车辆出入频率。夜间施工不得安排噪声很大的机械。

5)水土保持措施:

①施工机械的废油废水,采取有效措施加以处理,不超标排放,不造成河流和水源污染。

②来自生活区、办公区和施工区的污水,必须严格净化处理,并经检验符合环保标准后,方可按环保要求排放。

③对于施工中清洗机械设备及工具的水泥浆、油垢等在排放前,采取过滤、沉淀妥善处理。

2.4.2 支架现浇连续梁贝雷梁施工作业指导书

1. 适用范围

适用于杭州至海宁城际铁路桥梁工程支架现浇连续梁贝雷梁施工。

2. 作业准备

(1)内业技术准备

开工前组织技术人员认真阅读审核施工图纸及设计技术交底文件,制定施工方案、徐变检测方案,并编制技术交底。熟悉《高速铁路桥涵工程施工技术指南》(铁建设〔2010〕241 号)、《铁路混凝土工程施工技术指南》(铁建设〔2010〕241 号)、铁路施工图设计文件等规范和技术标准。制定施工安全保证措施,提出高空应急预案。对施工人员进行岗前培训,考核合格方可上岗。对施工人员进行技术交底。

(2)外业技术准备

开工前应检查模板尺寸、厚度、刚度、预埋件等,收集各项技术参数供制定施工、检测方案。根据方案合理配置机械设备、技术人员、安全人员、测量人员、试验人员、测量仪器、试验仪器。

3. 技术要求

(1)施工前对支架的承载力和稳定性进行检算,支架应具有足够的承载力和整体稳定性。

(2)支架采用 1.2 倍荷载预压消除部分变形,观测沉落量。

(3)支架施工应根据检算的变形量,预留适当的沉落量和施工预拱度,确保梁体线性符合设计要求。

4. 施工程序与工艺流程

(1)施工程序

施工准备→贝雷梁拼装→钢管柱支立→贝雷梁支架搭设→支架校验调整→铺设纵横方木→安装支座→安装底模板→底模板调平→支架预压→支架及底模调整。

(2)工艺流程

贝雷梁施工工艺流程如图 2.4.2-1 所示。

5. 施工要求

(1)贝雷梁拼装

1)贝雷桁架在后场分节拼装成贝雷梁单元,平板车运输到施工现场,拼装斜撑、花架连接各贝雷片成整体双排贝雷梁,根据技术员放样位置吊装就位。将贝雷梁焊接固定在承重横梁上,贝雷梁采用 14 号槽钢横向连接组成贝雷桁架体系,槽钢上下两层间距均为 3 m 交错布置。上下层贝雷桁架采用螺栓连接。

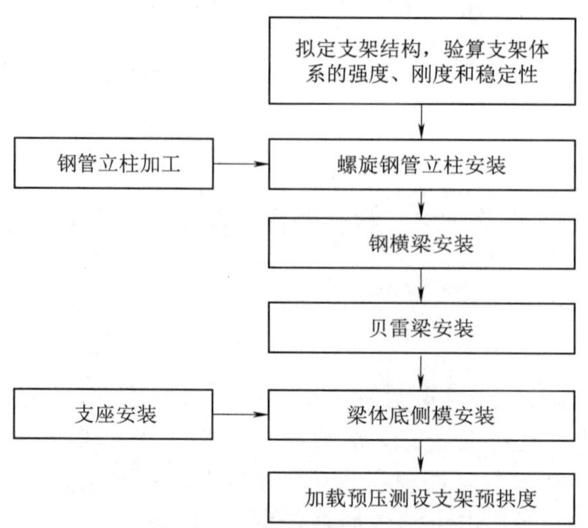

图 2.4.2-1　贝雷梁施工工艺流程图

2)安装 I10 型钢分配梁:贝雷梁安装完成后在贝雷桁架上顺桥向铺设 I10 分配横梁,按 60～90 cm 间距布置(具体参照支架结构设计图),贝雷桁架与 I10 型钢之间焊接卡子固定。

3)在 I10 型钢上搭设碗扣式支架,碗扣式支架钢管采用 $\phi48\times3.5$ mm,立柱间距在现浇连续梁腹板处横桥向间距采用 30 cm,纵向间距为 60 cm,翼缘板及空心箱室处纵桥向间距采用 60 cm,横桥向间距采用 90 cm。立柱步距均为 120 cm,在底腹板区加密为 60 cm。剪刀撑采用 $\phi48$ 钢管,纵向布置间距为 4.8 m,横向布置间距为 4.8 m,并且四周外立面须设置剪刀撑。水平剪刀撑在顶、底端各设置一道(位于顶、底横杆位置)、中间设置一道,支架必须设置足够的竖向剪刀撑,竖向剪刀撑 4.8 m 设置一道,剪刀撑接头处搭接长度大于 100 cm,并且搭接处不少于 3 个扣件。剪刀撑斜杆应用旋转扣件固定在与之相交的横向水平杆的伸出端或立杆上,扣件中心线至主节点距离不大于 150 mm。剪刀撑与地面倾角在 45°～60°之间,端部扣件的边缘至杆端距离不小于 10 cm。剪刀撑安装到位后,需要敲击锁紧剪刀撑。立杆顶部安装可调节顶托,立杆底部支立在底座上,底座安置在 I10 工字钢横梁上。

4)10 cm×10 cm 方木分配梁沿横桥向布置,直接铺设在支架顶部的可调节顶托上,连续梁底模板采用定型大块竹胶模板,后背 10 cm×10 cm 方木,然后直接铺装在 10 cm×15 cm/10 号槽钢、10 cm×10 cm 方木分配梁上进行连接固定;侧模、翼缘板模板采用木模加工。

5)每个基础上两侧钢管应同时施工,保证钢管支撑稳定性,钢管直接联结系采用 14 号槽钢焊接而成,联结系有水平连接和交叉斜向连接。

6)钢管顶同样设 800 mm×800 mm×15 mm 钢板,钢板顶设三拼/双拼 I40a 工字钢横梁。

7)工字钢横梁顶搭设贝雷支架,贝雷应按照图纸要求拼装成三排结构,用 2 个 45 cm 花架拼装 3 榀贝雷而成。贝雷梁的分布和间距应严格执行方案,必须保证贝雷支架有效地支撑在梁的腹板底部。

8)贝雷梁顶部设置横桥向 I10 工字钢作为碗扣支架受力分配梁。14 号槽钢间距 1 m,长为横桥向全长。

9)钢管贝雷支架施工前应对钢管立柱点进行放样,保证立柱钢管的位置准确和安装垂直度。钢管采用 25 t 起重机单根吊装,起重机应选择合理的起吊能力,吊装施工应遵守机械操作规程。工字钢横梁采用 25 t 起重机整根吊装，工字钢横梁吊装前应保证钢管连接系全部施工完成，确保钢管立柱稳定。工字钢吊装完成后及时焊接限位板，防止工字钢倾覆导致安全事故。

(2)钢管立柱安装

1)基础施工时应根据支架立柱位置预埋立柱固定钢板。承台施工时放样确定钢管立柱位置，起吊钢管立柱准确对位后与预埋钢板焊接连接稳固(图 2.2.4-2、图 2.4.2-3)，横向钢管立柱之间以及沿线路方向墩身两侧钢管立柱之间均采用 I14 槽钢斜撑焊接成整体。

2)为保证钢管立柱受力均匀，钢管立柱底部、顶部通过焊接加肋板进行加强，加肋板采用 1 cm厚钢板。承台内预埋钢板采用 1.5 cm 厚钢板，并在钢板下均匀焊接 6 根 ϕ20 钢筋进行锚固。

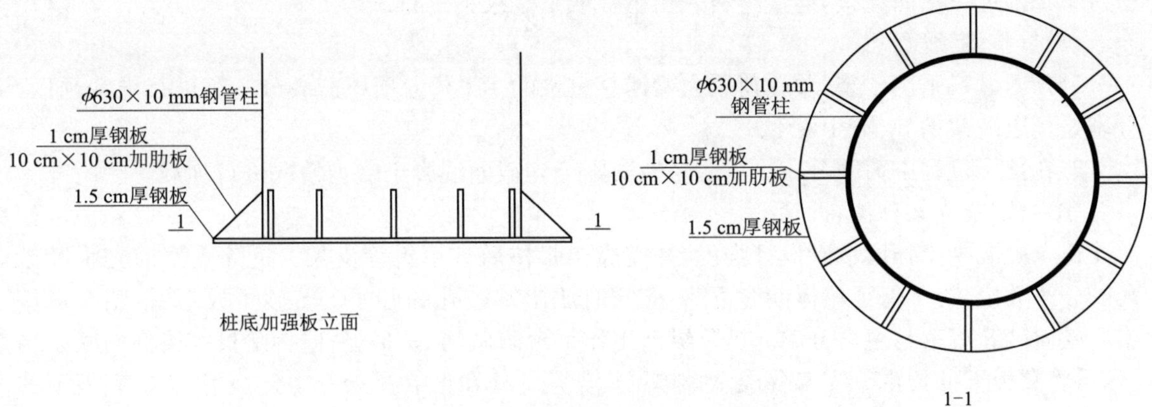

图 2.4.2-2 钢管柱底部加强大样图

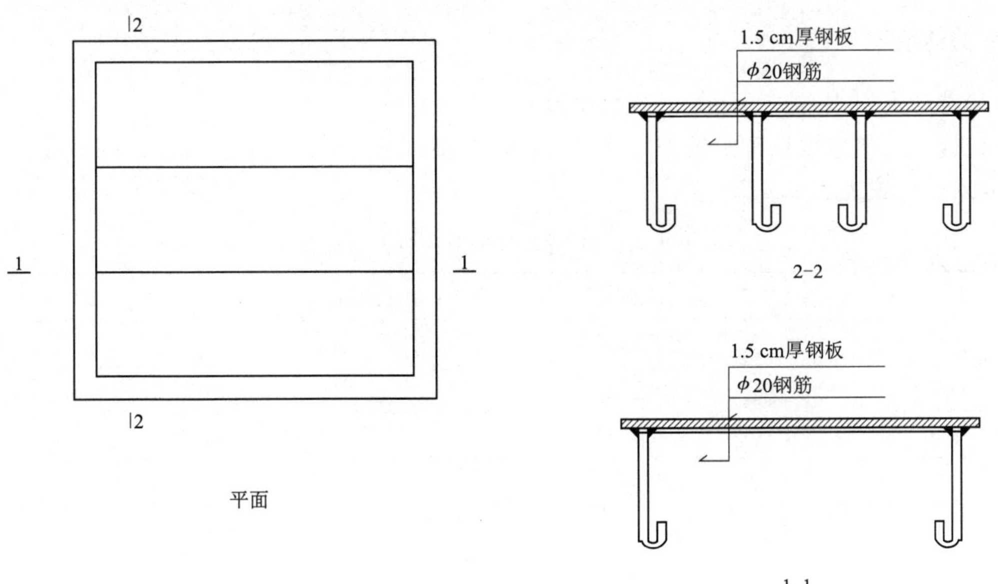

图 2.4.2-3 承台预埋钢板大样图

(3)河道钢管桩打入

河道钢管桩施工前,先进行土方回填至桩机施工作业面,在打桩机底部铺设钢板后方可进行打桩机施工。河道处贝雷梁钢管为打入桩,采用 DZ90 型振动锤打入,打入时以贯入度控制为主,以入土深度作为校核(入土深度不得小于 18 m)。

(4)钢横梁安装

1)在贝雷梁下安装双槅/三拼 I40b 工字钢,作为横向承重梁。工字钢与下面的钢管桩(柱)顶面钢板焊接牢固,工字钢横向与线路方向垂直。

2)为保证承重横梁受力均匀,承重横梁支点处腹板采用 1.5 cm 厚钢板进行加强。外径 630 mm 钢管,壁厚 1 cm。

3)为保证钢管立柱上双拼、三拼工字钢在上方载重的作用下不发生失稳的危险,对双拼、三拼工字钢进行横向连接,连接材料采用钢板或者螺纹钢进行满焊。

(5)贝雷梁预压

1)预压材料采用砂袋,预压荷载为梁体总重量的 110%。预压荷载分三级进行堆载预压,分别是预压荷载的 60%、100%、110%。

2)在预压过程中荷载分布尽可能模拟实际梁体截面混凝土受力情况进行加载。

(6)贝雷梁支架移位、拆除

待全梁混凝土强度达到设计强度,并完成初张拉后方可拆除支架。拆除支架前先将卸砂孔的砂子放出,为了保证梁体同时下落,应同时放出卸砂孔的砂子。待砂子放出后,整个贝雷梁会随着砂筒沉落与主梁分离。拆除纵向工作平台防抛网、防护栏杆;拆除贝雷梁横向联系结构,再将翼板下的贝雷梁支架分成多排单层桁架用汽车吊装在平板车上运至下一孔,底板下的贝雷梁用卷扬机向两侧横移,用同样办法吊走。横梁和钢管立柱用起重机吊走移位。拆除及落架遵循全孔多点、对称、缓慢、均匀的原则,依次循环拆除。

6. 劳动组织

(1)劳动力组织方式采用架子队组织模式。

(2)施工人员应根据确定的施工方案、机械、人员组合、工期要求进行合理的安排,支架搭设作业人员配置见表 2.4.2-1。

表 2.4.2-1 支架搭设及作业人员配置

序 号	人员配置	数量(人)	备 注
1	架子队队长	1	
2	技术负责人	1	
3	技术员	2	
4	安全员	2	
5	材料员	4	
6	质检员	2	
7	试验员	1	
8	领工员	2	

续上表

序　号	人员配置	数量(人)	备　注
9	工班长	1	
10	起重指挥员	1	
11	起重工	1	
12	电工	1	
13	架子工	10	
14	电焊工	4	

7. 材料要求

贝雷梁现有进口与国产两种规格，国产贝雷梁其桁节用16锰钢，销子采用铬锰钛钢，插销用弹簧钢制造，焊条用T505X型，桥面板和护轮木用松木或杉木。材料的容许应力按基本应力提高30%，个别钢质杆件超过上述规定时，不得超过其屈服点的85%，设计时采用的容许应力如下：

(1)木料，顺木纹弯应力、压应力及承压应力为16 MPa；受弯时顺木纹剪应力为2.7 MPa。纵纹弹性模量$E=98.5\times10^5$ MPa。

(2)钢料，16锰钢拉应力、压应力及弯应力为1.3×210=273 MPa；剪应力为1.3×160=208 MPa。

(3)30铬锰钛拉应力、压应力及弯应力为0.85×1 300=1 105 MPa；剪应力为0.45×1 300=585 MPa。

(4)现有进口贝雷梁多系20世纪40年代的产品，材料屈服点强度为351 MPa，其容许应力按0.7×351=245 MPa考虑，销子容许应力可考虑与国产销子一样。

(5)其他构件容许荷载

桁架片力学性质见表2.4.2-2。

表2.4.2-2　桁架片力学性质

类　型	高×长(cm)	弦杆横截面积 F(cm²)	弦杆惯矩 I_x(cm⁴)	弦杆断面率 W_x(cm³)	桁片惯矩 L_g(cm⁴)	桁片断面率 W_o(cm³)
国产	150×300	25.48	396.6	79.4	250 500	3 570
进口	154.94×304.8 (61 ft×120 ft)	27.48	382.9	75.2	283 000 (6 800 ft⁴)	3 910

类　型	桁片允许弯矩 M_o(kN·m)	弦杆回旋半径 $a=\sqrt{I_x/F}$(cm)	自由长度 I_p(cm)	长细比 $\lambda=I_p/R$	纵向弯曲系数 ϕ	弦杆纵向容许受压荷载(kN)
国产	975.0	3.94	75	19.0	0.953	663.0
进口	958.0	3.72	76.2	20.5	0.948	638.0

另有计算机简化成单杆系可采用:$I_x=685.12\times10^{-8}\ m^4$,$y=0.0028\ m$,截面积 $A=146.45\times10^{-4}\ m^2$。

拼装钢桥梁几何特性见表 2.4.2-3。

表 2.4.2-3 拼装钢桥梁几何特性

结构构造		几何特性	
		$W(cm^3)$	$J(cm^4)$
单排单层	不加强	3 578.5	250 497.2
	加强	7 699.1	577 434.4
双排单层	不加强	7 157.1	500 994.4
	加强	15 398.3	1 154 868.8
三排单层	不加强	10 735.6	751 491.6
	加强	23 097.4	1 732 303.2
双排双层	不加强	14 817.9	2 148 588.8
	加强	30 641.7	4 596 255.2
三排双层	不加强	22 226.8	3 222 883.2
	加强	45 962.6	6 894 382.8

桁架容许内力见表 2.4.2-4。

表 2.4.2-4 桁架容许内力

容许内力	桥型									
	不加强桥梁					加强桥梁				
	单排单层	双排单层	三排单层	双排双层	三排双层	单排单层	双排单层	三排单层	双排双层	三排双层
弯矩(kN·m)	788.2	1 576.4	2 246.4	3 265.4	4 653.2	1 687.5	3 375.0	4 809.4	6 750.0	9 618.8
剪力(kN)	245.2	490.5	698.9	490.5	698.9	245.2	490.5	698.9	490.5	698.9

注:1. 进口贝雷截面面积等是按 4 ft 槽钢查国外钢结构资料得出。

2. 进口贝雷桁片惯矩(英制单位)转引自"贝雷桁片手册"(载 1964 年公路设计资料第五期),其桁片断面率系由惯矩计算得出。

3. 国产与进口桁片容许弯矩系单排单层的数值,各由其容许应力计算得出。如规定的容许应力与前述不同,应另行计算。

(6)三排单层贝雷的容许弯矩可按单排单层的乘以 3 再乘以不均匀系数 0.9;双排双层的可按单排单层的乘以 4 再乘 0.9;三排双层的可按单排单层的乘以 8 再乘 0.8。

8. 设备机具配置

(1)钢管立柱及贝雷梁支架设备机具,按照 3 孔梁进行配置。

(2)贝雷支架搭设材料及设备配置见表 2.4.2-5~表 2.4.2-8。

表 2.4.2-5 孔梁贝雷支架材料用量

序 号	材料名称	规格型号	单 位	数 量
1	贝雷梁	3.0 m	片	432
2	贝雷梁销子		个	3 200
3	钢管立柱	ϕ800,壁厚 10 mm	根/m	36/1 080
4	槽钢	[14	m	1 000
5	竹胶板	σ=15 mm	块/m^2	790/2 351
6	方木	10 cm×10 cm	m/m^3	1 600/16
7	钢板	1 000 mm×1 000 mm×8 mm	m^2/t	81.9/3.3
8	横向分配梁	I12 工字钢	m/t	1 944/27.6
9	横向分配梁	I50b 工字钢	m/t	234/23.6

表 2.4.2-6 支架搭设设备

序 号	设备名称	单 位	规 格	数 量
1	汽车式起重机	台	25 t	2
2	电焊机	套		4
3	氧气乙炔切割设备	套		2
4	全站仪	套	徕卡 TCR402	1
5	水准仪	套	DSZ3	1
6	倒链	台	5 t/10 t	4/4
7	手动千斤顶	台	30 t	2

表 2.4.2-7 支架搭设工具

序 号	工具名称	单 位	规 格	数 量
1	水平尺	把		2
2	靠尺	把		2
3	磨光机	台		4
4	手锤	把		4
5	套筒扳手	把	M24	4
6	活动扳手	把	中号	4
7	钢尺	把	50 m	1
		把	5 m	4
8	撬棍	把	一头扁,一头尖	6
9	线锤	把		4
10	梯子	把		2

表 2.4.2-8　其他辅助材料

序　号	材料名称	单　位	规　格	数　量
1	麻绳	m		30
2	钢管	根	ϕ48	50
3	枕木	根	2.5 m木枕	20
4	钢板	t	10～30 mm	0.5

9.质量控制及检验

(1)质量控制

1)严格按照施工规范、施工操作程序组织施工,结合工程特点和创优计划,及时制定各类工艺和技术质量标准细则。

2)坚持图纸分级会审和技术交底制度。认真落实由技术人员向施工队进行四交底:施工方案交底、设计意图交底、质量标准交底、创优措施交底并有记录。

3)认真贯彻 ISO 9001:2018 标准,制定切实可行的质量检查程序,使每个施工环节都处于受控状态,每个过程都有质量记录,施工全过程有可追溯性,定期召开质量专题会,发现问题及时纠正,以推进和改善管理工作,使质量管理走向国际标准化。

4)技术资料和施工控制资料详实,能够正确反映施工全过程,同时满足竣工验交的要求。

5)工程开工前,向业主单位和监理单位递交实施性施工组织设计,分项工程开工前向业主单位和监理单位递交施工方案,并按审批的施工组织设计组织落实。加强专业技术工种岗位培训,提高实际操作水平。

(2)支架搭设检验要求见表 2.4.2-9。

表 2.4.2-9　支架搭设检验项目及要求

序　号	项　目	搭设要求
1	地基处理	利用承台和混凝土预制块作基础,按方案要求支墩处整平,压实摊铺 20 cm 5%水泥稳定层
2	钢管立柱规格、材质	钢管立柱支墩采用 42.5 cm×0.8 cm 和 60 cm×0.8 cm(高墩),管顶和管底焊50 cm×50 cm×1 cm 钢板,无严重锈蚀、脱焊、裂缝、变形
3	贝雷片规格、材质	标准贝雷片 3×1.5 m,支撑架为 8 号 A3 钢 1.2×1 m,贝雷销为 45 号钢,安装后及时在销子另一头插上专用插销固定防滑,无严重锈蚀、脱焊、裂缝、变形
4	立杆垂直度	立柱垂直偏差不大于 1%且小于 0.5 cm
5	平杆、剪刀撑设置	采用 8 号槽钢与钢管焊接牢固,竖向步距 6～8 m
6	人行爬梯	沿桥纵向呈"之"形按 1:3 设置,并搭设高度为 1.2 m(上、下各 60 cm)防护栏,挂密目网,设置踢脚板,防滑条间距为 25～30 cm,厚度为 25 cm,并用钢丝牢固在钢管上
7	作业层防护	两侧及端头设置不低于 1.2 m(上、下各 60 cm)防护栏,铺设竹笆,并固定,挂密目网,设置踢脚板
8	贝雷片拼装及安装	贝雷片两片一组,上、下平杆横向用钢管扣件对夹连接,纵向间距 3～5 m 一道,防止贝雷片横向移动,贝雷片前后断头悬挑纵向槽钢不小于 30 cm,或用槽钢将贝雷片阴阳面固定连接

10.安全及环保要求

(1)安全要求

1)施工区域应设警示标志,严禁非工作人员出入。

2)对操作人员进行安全思想教育,提高安全意识,实行持证上岗制度,不经培训或无证者,不得进行上岗操作。

3)支架、模板、钢筋安装前,做好防护措施。

4)模板吊装前,使模板连接牢固,内撑、拉杆、箍筋上紧,吊点正确牢固。起吊时,拴好溜绳,并听从信号指挥,不得超载。

5)高空作业时使用统一规定的信号、旗语、手势等与地面联系。

6)机械、电器操作人员必须持证上岗,并严格遵守操作规程,各种移动式电气设备均需有漏电跳闸保护措施,施工前对电路系统进行专项检查。

7)高空作业人员必须进行身体检查,患有高血压、心脏病、贫血以及其他不适于高空作业者,不得从事高空作业;严禁酒后登高作业。

(2)环保要求

工区成立以工区经理任组长的环境保护领导小组,配备一定数量的环保设施和技术人员,聘请环保专家现场指导,并与当地政府和环保部门联合协作,采用各种有效措施,对容易引起环境污染的各种渠道严格控制,扎扎实实抓好环境保护工作。

1)生态环境保护措施:

①营造良好环境。在施工现场和生活区设置足够的临时卫生设施,经常进行卫生清理,同时在生活区周围种植花草、树木,美化生活环境。

②对有害物质如燃料、废料、垃圾等采取措施处理后运至指定地点,防止对环境造成污染。

2)大气环境及粉尘的防治措施。施工场地和运输道路经常洒水防护,尽可能防止灰尘对生产人员和其他人员造成危害及对农作物造成污染。

3)车辆在运料过程中,对易飞扬的物料用篷布覆盖严密,且装料适中,不得超限;车辆轮胎及车外表用水冲洗干净,不得污染道路。对于易松散和易飞扬的储存材料用彩条布覆盖严密。

4)固体废弃物处理措施:

①施工驻地和施工现场的生活垃圾集中堆放。

②施工和生活中的废弃物也可经当地环保部门同意后,运至指定地点。此外,工地设置的厕所,派专门的人员清理打扫,并定期对周围喷药消毒,以防蚊蝇滋生,病毒传播。

③报废材料或施工中返工的挖除材料立即运出现场并进行掩埋等处理。对于施工中废弃的零碎配件、边角料、水泥袋、包装箱等及时收集清理并搞好现场卫生,以保护自然环境与景观不受破坏。

5)噪声防护措施:

①对使用的工程机械和运输车辆安装消声器并加强维修保养,降低噪声。

②机械车辆途经居住场所时减速慢行,不鸣喇叭。在比较固定的机械设备附近,修建临时隔声屏障,减少噪声传播。

③合理安排施工作业时间,尽量降低夜间车辆出入频率。夜间施工不得安排噪声很大的机械。

6)水土保持措施：

①施工机械的废油废水，采取有效措施加以处理，不超标排放，不造成河流和水源污染。

②来自生活区、办公区和施工区的污水，必须严格净化处理，并经检验符合环保标准后，方可按环保要求排放。

③对于施工中清洗机械设备及工具的水泥浆、油垢等在排放前，采取过滤、沉淀妥善处理。

2.4.3 支架现浇连续梁钢筋施工作业指导书

1.适用范围

适用于杭州至海宁城际铁路桥梁工程支架现浇连续梁钢筋施工。

2.作业准备

(1)内业技术准备

1)作业指导书编制后,在开工前组织技术人员认真学习实施性施工组织设计,审核施工图纸,熟悉规范和技术标准。

2)制定施工安全保证措施及相关应急预案。

3)对施工人员进行技术交底。进行上岗前技术培训,考核合格后持证上岗。

(2)外业技术准备

原材严格实施进场检验,检验标准及频次符合规范要求。

1)为防止锈蚀,钢筋原材下垫高度不小于 300 mm,上面用帆布遮盖。

2)填写好物资标识牌,按生产厂家、进场批次、规格型号分类堆放。未经检验的钢筋原材不得使用。

3.技术要求

(1)复核设计图纸,对图纸有疑问的地方及时汇总报设计单位及业主,以便及时办理设计变更作为施工依据。

(2)根据现场水文、地质条件、主体工程数量和工期要求以及现有材料、机械、设备条件拟定模板施工方案。模板、支架需做设计验算并提供施工图,保证结构强度、刚度和稳定性符合要求,技术经济指标合理。当现场条件发生变化需对支架方案进行变更时,应按要求办理设计变更签证后实施。

(3)编制现浇梁钢筋实施性施工组织设计,并进行施工技术交底。

(4)严格按照《铁路桥涵工程施工质量验收标准》(TB 10415—2018)、《高速铁路桥涵工程施工技术指南》(铁建设〔2010〕241 号)、《铁路混凝土梁支架法现浇施工技术规程》(TB 10110—2011)、《铁路混凝土工程施工质量验收标准》(TB 10424—2018)、《钢筋焊接及验收规程》(JGJ 18—2012)等规范和技术标准要求施工。

4.施工程序与工艺流程

(1)施工程序

钢筋下料→钢筋加工→绑扎底腹板钢筋→安装预应力管道→调整验收底腹板钢筋→绑扎顶板钢筋→绑扎预埋钢筋→预埋件安装→调整验收顶板钢筋。

(2)工艺流程

钢筋施工工艺流程如图 2.4.3 所示。

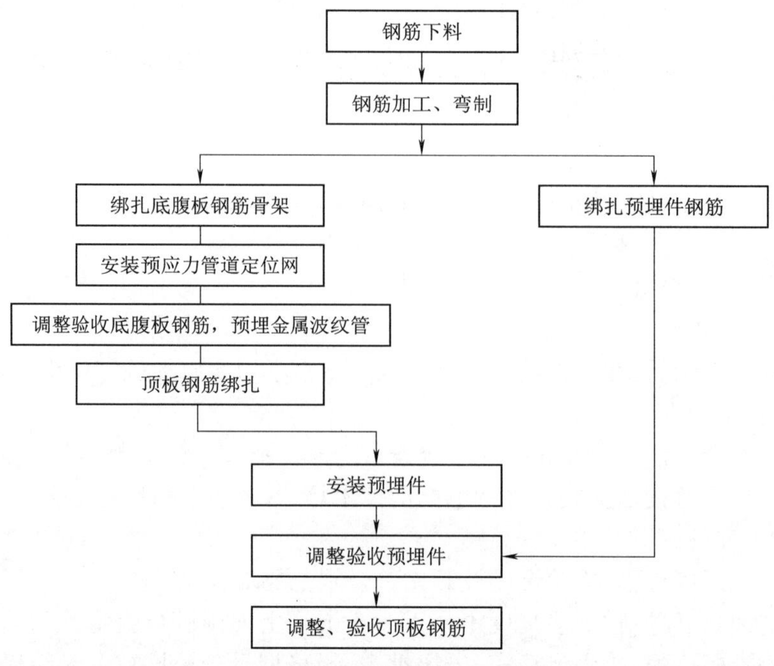

图 2.4.3　钢筋施工工艺流程图

5. 施工要求

(1)钢筋下料

1)钢筋使用前应调直,并应符合下列规定:

①钢筋表面的油渍、漆污、水泥浆和用锤敲击能剥落的浮皮、铁锈等均应清除干净。

②调直后的钢筋应平直,无局部折曲。

③调直后的钢筋,表面不应有削弱钢筋截面的痕迹。

2)由钢筋工班长根据图纸要求填写配料单,准确计算下料长度。编制钢筋下料单时应根据钢筋编号及供应商提供钢筋原材的尺寸,统筹安排以减少钢筋的损耗。

①工艺流程:备料→划线→切断→堆放。

②备料:将同规格钢筋,根据不同长度进行长短搭配,先备长料,后备短料,以尽量减少短头。

③划线:划线时避免用短尺量长度,防止造成累计误差。

④切断:钢筋切断机固定刀片与冲切刀片必须有 1～2 mm 的间隙,刀刃磨成一定的角度。钢筋端头要顶到刻度线挡板外,将钢筋落入切断机切断,为防止差错,要试断一根,检查合格后,再成批切断。

3)安全注意事项:

①机械运转时,严禁用手直接清除刀口附近的杂物,钢筋切断时在钢筋的摆动范围内非操作人员不准停留,严禁超机械负载能力切断。

②切断长钢筋的两端有人握住,防止摆动伤人,切短料时,手离刀口距离大于 150 mm。

4)质量要求:

①钢筋的断口无马蹄形或起弯等现象,若有必须切除或校直。

②为确保钢筋长度的准确，钢筋切断要在调直后进行，其允许偏差±10 mm。

③在钢筋切断配料过程中，如发现钢筋有劈裂、缩头或严重的弯头，外观不合格的对焊接头等必须切除。

(2)钢筋焊接

1)钢筋焊接采用闪光对焊，其焊接工艺应根据具体情况选择：钢筋直径较小，钢筋牌号较低，可采用连续闪光焊；钢筋直径较大，端面比较平整，宜采用预热闪光焊；端面不平整，宜采用闪光一预热一闪光焊。并应符合《钢筋焊接及验收规程》(JGJ 18—2012)的规定。

2)焊接参数。钢筋对焊参数包括：调伸长度、烧化留量、一次烧化留量、预热留量、二次烧化留量、有电顶锻留量和无电顶锻留量等，焊前应根据不同的焊接工艺合理选择。

3)对焊工艺流程。连续闪光焊：准备工作（钢筋端部 120 mm 范围内除锈、校直、选择参数，调整两钳口间的距离、断路限位开关和变压器级数、打开冷却水、夹紧钢筋、接通电源)→两钢筋局部接触并徐徐移动钢筋，形成连续闪光顶锻→松开夹具，取出钢筋→钢筋堆放。

预热闪光焊：准备工作(同上)→两钢筋端面交替接触和分开→顶锻→松夹具，取出钢筋→钢筋堆放。

闪光—预热—闪光焊：准备工作(同上)→两钢筋端头局部接触形成一次闪光→两钢筋端面交替接触和分开→两钢筋端面接触形成二次闪光→顶锻→松夹具，取钢筋→钢筋堆放。

4)受力钢筋的连接方式、接头位置必须符合设计要求。

5)现浇梁梁体受力主筋一律采用闪光对接焊，非受力主筋及预埋钢筋可采用电弧焊(含搭接焊、帮条焊)。

6)帮条焊时，帮条的牌号和直径应和主筋相同，帮条和被焊主筋的轴线应在同一平面上；搭接焊时，宜采用双面焊。当不能进行双面焊时，方可采用单面焊。搭接长度符合表 2.4.3-1 的规定(综合接地钢筋电弧焊搭接长度：单面焊为 20 cm，双面焊为 10 cm)，钢筋焊接后，必须除去焊渣以便检查。

表 2.4.3-1　钢筋搭接长度

钢筋类别	焊缝形式	搭接长度(mm)
HPB235 级钢筋	单面焊	≥8d
	双面焊	≥4d
	绑扎	≥32d
HRB335 级钢筋	单面焊	≥10d
	双面焊	≥5d
	绑扎	≥35d

注：d 为钢筋直径。

7)焊缝厚度 h 不应小于 0.3d，焊缝宽度 b 不应小于 0.8d(d 为主筋直径)。

8)电弧焊接头的焊缝应平整，不得有凹陷和焊瘤，接头区域不得有肉眼可见裂纹。

9)闪光对焊时，接头周缘应有适当的镦粗部分，并呈均匀的毛刺外形，钢筋表面不得有明显的烧伤和裂纹，接头弯折的角度不得大于 3°，接头轴线的偏移不得大于 0.1d，且不得大于 2 mm。

(3)钢筋弯制

1)工艺流程：准备→划线→试弯→成批弯曲→堆放。

2)准备:下料弯制前要进行调直,钢筋表面的油渍、漆污和用锤击能剥落的浮皮、铁锈等均清除干净。钢筋应平直,无局部折曲。

钢筋在加工前,首先熟悉要进行加工的钢筋规格、形状和各部尺寸,以便确定弯制操作步骤和配备弯制机具。

3)划线:根据钢筋料表上标明的尺寸,用石笔将各弯曲点位置划出。

4)试弯:在进行成批钢筋弯曲操作前,各类型的弯曲钢筋都要试弯,然后检查其弯曲形状、尺寸是否和施工图纸要求相符,并校对钢筋的弯曲顺序、划线、所定的弯曲标志。经过调整后,成批生产。

5)钢筋的弯钩或弯折必须符合下列规定:

①HPB235 级钢筋末端需要作 180°弯钩,其圆弧弯曲直径不小于钢筋直径的 2.5 倍,平直部分长度不小于钢筋直径的 3 倍。

②钢筋末端须作直角弯折时,钢筋的弯曲直径不小于钢筋直径的 5 倍,弯端应留有不小于钢筋直径 3 倍的直线段。

③弯起钢筋中间部位弯折处的弯曲直径不小于钢筋直径的 10 倍(光圆钢筋)或 12 倍(带肋钢筋)。

④钢筋弯曲机附有多种直径规格的芯轴,根据钢筋的不同弯曲直径选择不同直径的芯轴。

⑤钢筋弯曲成型时,应按设计弯曲角度一次性弯曲,不得反复弯折。

6)注意事项:

①钢筋弯折处的弯曲直径及末端的弯钩符合设计图的规定。

②机械弯曲时不用小直径芯轴弯曲大直径钢筋。

③在弯制过程中,发现钢筋或对焊接头开裂、脆断、太硬、回弹等失常现象,及时向工班长反映,查找原因,采取措施进行处理。

7)质量要求:

①钢筋形状正确,平面上没有翘曲不平现象。

②钢筋末端弯钩的弯曲直径不小于钢筋直径的 2.5 倍。

③钢筋弯曲点处无裂缝。

(4)定位网片加工

1)在专用胎具焊接成型。按设计要求采用 ϕ10 钢筋焊接,点焊牢固。对不同位置的钢筋网片分类堆放,标识清楚。

2)预应力钢筋定位网钢筋的布置:定位网片应按预应力钢筋定位网坐标表规范布置,布置间距为直线段 600 mm,曲线段 300 mm,并将其与梁体钢筋焊接为一体,不得扭曲变形,以确保管道位置的正确、平顺。

(5)绑扎要求

1)钢筋绑扎。

①钢筋交叉点逐点绑扎牢固,绑扎时钢筋与钢筋间要密贴,不允许有间隙存在;竖向架立筋和吊点位置处用点焊焊牢;绑扣形式以不易松脱为准,绑点如有松脱,应紧扣或重绑,钢丝尾扭向骨架内,绑丝尾端不得侵入保护层内,每股扎丝条数不得少于 4 根。

②除设计有特殊规定者外,梁中的箍筋与纵筋垂直。

③箍筋的末端向内弯曲,箍筋转角与钢筋的交接点绑扎牢固。

④生产中为确保腹板、顶板、底板钢筋的位置准确，设置加强架立钢筋。

⑤所有梁体预留孔(含通风孔、顶板泄水孔、底板泄水孔)处应严格按设计图施工，预留孔处必须配置螺旋筋；桥面泄水孔处钢筋可适当移动，并增设斜置的井字形钢筋进行加强。

⑥因梁体顶面设有 2％的横向排水坡，梁体顶面钢筋绑扎时，先进行测量定位控制好横向坡度后再进行钢筋绑扎。

2)垫块绑扎。

①梁体钢筋最小净保护层均为 35 mm＋10 mm。

②梁底及顶板垫块绑在纵向钢筋上，底板垫块离底板边缘两侧大于 100 mm。

③腹板垫块绑在钢筋交叉处；顶板垫块，每根弯起筋弯曲处必须绑垫块，其他贴模板钢筋酌情设置垫块。

④放置的垫块成梅花形分布，每平方米≥4 块。

⑤在现浇梁端部和变截面处垫块适当加密，可采用圆形垫块通过钢筋固定。

3)成孔金属波纹管绑扎要求。

①设计预应力管道采用内径 ϕ90 mm 金属波纹管。金属波纹管硬度、强度、扯断伸长率由供应商提供相关证明书，并符合企业标准要求。

②金属波纹管入定位网后，调整好位置并使其固定。

③金属波纹管接头内两波纹管对接的长度相等，两端用胶带封口并用铁线绑扎牢固，以防止灰浆进入。用扎丝将铁皮管与梁体钢筋固定不少于两扣，保证接口平整、顺直。

④浇筑前穿入内撑管，确保波纹管管道不会变形。

⑤梁端锚垫板附近螺旋筋按照图纸位置固定，并与波纹管同心，用扎丝将其与梁体钢筋骨架绑扎不少于四扣或点焊定位。

6. 劳动组织

(1)劳动力组织方式采用架子队组织模式。

(2)施工人员应根据确定的施工方案、机械、人员组合、工期要求进行合理的安排，钢筋施工作业人员配置见表 2.4.3-2。

表 2.4.3-2　钢筋施工作业人员安排

序　号	人员配置	数量(人)	备　注
1	架子队队长	1	
2	技术负责人	1	
3	技术员	2	
4	安全员	2	
5	材料员	4	
6	质检员	2	
7	试验员	1	
8	领工员	2	
9	工班长	1	

续上表

序　号	人员配置	数量(人)	备　注
10	钢筋工	16	
11	焊工	4	
12	模板工	10	
13	起重机司机	2	
14	张拉工	8	
15	其他	3	

7. 材料要求

(1)钢筋进场按照不同钢种、等级、牌号、规格及生产厂家分批验收,分别堆放,且立牌以便识别。钢筋加工前,必须有合格的试验资料。

(2)钢筋堆放必须在地面上加枕木或方木支垫,上加覆盖。

(3)钢筋加工制作在平整的加工场地进行,每梁段钢筋加工按照技术室的详细交底书进行。制作完成的钢筋必须分类编号存放,并标明责任人,绑扎前必须由质检工程师为主,钢筋班组人员配合进行检查验收,并经监理工程师检查合格后方能进行绑扎作业。检查必须经双方签字认可。如钢筋加工出现不合格,严禁进行绑扎作业。

8. 设备机具配置

现浇连续梁施工需要大量性能优异、状况良好的设备,在加大人员投入的同时也要加大设备的投入,主要机械设备见表 2.4.3-3。

表 2.4.3-3　主要机械设备

名　称	型　号	吨位/功率	数　量
发电机组		150 kW	1
起重机		25 t	2
交流电焊机	BX-400	20 kW	10
钢筋切断机	GW-40A	7.5 kW	1
钢筋弯曲机	GW-40A	7.5 kW	2
插入式振捣棒	ZN50-70		10

9. 质量控制及检验

(1)原材进场实行严格的检验制度,试验室按现行国家标准的规定抽取试件作力学性能检验,其质量符合有关标准的规定后方可使用。

(2)在正式施工前进行试焊,检验接头外观质量及力学性能,选定焊接工艺参数。在试焊质量合格和焊接工艺、参数确定后,方可成批焊接。

(3)严格控制保护层厚度,绑扎用扎丝不得伸入保护层内。

(4)工人持证上岗,并加强工人的质量意识和责任感,钢筋绑扎做到严谨,有条不紊。

(5)钢筋下料加工在钢筋加工棚内进行，钢筋原材用垫木垫平，与地面隔离防止受潮生锈，对生锈的钢筋要做防锈处理，露天钢筋存放加盖防雨布。

(6)钢筋截切及成型允许误差见表 2.4.3-4。

表 2.4.3-4　钢筋截切及成型允许误差

序　号	项　　目	允许偏差
1	受力钢筋顺长度方向的净尺寸	±10 mm
2	箍筋中心距尺寸偏差	±3 mm
3	钢筋成型后方向尺寸偏差	±5 mm
4	弯曲钢筋的弯折位置	±20 mm
5	成型后钢筋不在同一平面的偏差	<10 mm
6	钢筋不垂直度(顶偏离垂线)	$<1d$
7	复杂图形各弯折部分的高度与设计图	±5 mm
8	钢筋标准弯钩端部顺直段长度	0～10 mm
9	钢筋标准弯钩内径的偏差	$\pm0.5d$
10	成型后钢筋外观无锈坑或可剥落之锈皮及油渍	良好

注：d 为钢筋直径。

(7)钢筋绑扎质量要求见表 2.4.3-5。

表 2.4.3-5　钢筋绑扎质量要求

序　号	项　目	允许偏差
1	预留管道确保顺直，与任何方向的偏差	跨中 4 m 范围内≤4 mm，其余部位≤6 mm
2	桥面主筋间距及位置偏差(拼装后检查)	≤15 mm
3	底板钢筋间距及位置偏差	≤8 mm
4	箍筋间距及位置偏差	≤15 mm
5	腹板箍筋的不垂直度(偏离垂直位置)	≤15 mm
6	钢筋保护层厚度与设计值偏差	+5 mm，0
7	其他钢筋偏移	≤20 mm

10. 安全及环保要求

(1)安全要求

1)钢筋断面、配料、弯料等工作应在地面进行，不准在高空操作。

2)搬运钢筋要注意附近有障碍物、架空电线和其他临时电气设备，防止钢筋在回转时碰撞电线或发生触电事故。

3)现场绑扎悬空大梁钢筋时，不得站在模板上操作，必须要在脚手板上操作；绑扎独立柱头钢筋时，不准站在钢箍上绑扎，也不准将木料、管子、钢模板穿在钢箍内作为立人板。

4)起吊钢筋骨架，下方禁止站人，必须待骨架降到距模板 1 m 以下才准靠近，就位支撑好方可摘钩。

5)起吊钢筋时，规格必须统一，不准长短参差不一，不准一点吊。

6)切割机使用前,须检查机械运转是否正常,有无漏电;电源线须进漏电开关,切割机后方不准堆放易燃物品。

7)钢筋头应及时清理,成品堆放要整齐,工作台要稳,钢筋工作棚照明灯必须加网罩。

8)高空作业时,不得将钢筋集中堆放在模板和脚手架上,也不要把工具、钢箍、短钢筋随意放在脚手架上,以免滑落伤人。

9)在雷雨天时必须停止露天操作,预防雷击钢筋伤人。

10)钢筋骨架不论其固定与否,不得在其上行走。

(2)环保要求

1)钢筋加工的剩料应堆放在指定的废料地点,严禁随意丢弃,

2)生产中的废弃物及时处理,运到当地环保部门指定的地点弃置。

3)按环保部门要求集中处理试验及生活中产生的污水及废水。

2.4.4　支架现浇连续梁混凝土施工作业指导书

1. 适用范围

适用于杭州至海宁城际铁路桥梁工程支架现浇连续梁混凝土施工以及悬臂法现浇连续梁混凝土施工。

2. 作业准备

(1)内业技术准备

1)在开工前组织技术人员认真学习实施性施工组织设计,审核施工图纸,熟悉规范和技术标准。

2)制定施工安全保证措施及相关应急预案。

3)对施工人员进行技术交底。进行上岗前技术培训,考核合格后持证上岗。

(2)外业技术准备

1)混凝土用原材料产地、质量等级、类型等应与试验配合比用原材料一致。应特别注重原材料的质量稳定,选料时应充分考虑供货厂家的生产能力是否满足现场需要,并保持适度储备。

2)开工前施工现场要完成“三通一平”,施工用的临时设施准备就绪,施工便道要保持畅通,机具设备配置齐全。

3)对混凝土拌和、运输、灌注、吊装设备及工具进行调配和维修保养,以满足生产需要。

3. 技术要求

(1)混凝土拌和所用的水泥、粉煤灰、矿粉、砂、碎石、减水剂等原材料生产厂家及规格型号应与连续梁施工相一致,并经检验合格。

(2)混凝土浇筑前应采用专用设备测定混凝土的温度(电子温度仪)、坍落度、含气量等工作性能,符合要求的混凝土方可入孔灌注。

(3)对生产系统的各计量仪器设备进行计量监督和测试,确定合理的计量参数和计量精度,制定各项保证测量、试验以及施工工艺中各种测试数据准确性的计量措施。

4. 施工程序与工艺流程

(1)施工程序

施工准备→混凝土拌制(简)→场内输送混凝土→混凝土布料→灌注成型→测温监控→拆模及后期养护期等→检验验收。

(2)工艺流程

支架现浇连续梁混凝土施工工艺流程如图 2.4.4-1 所示。

5. 施工要求

(1)混凝土拌和

混凝土拌制应参照工艺拌和站拌制混凝土施工工艺相关内容,按照试验确定的配合比在拌和站集中搅拌。

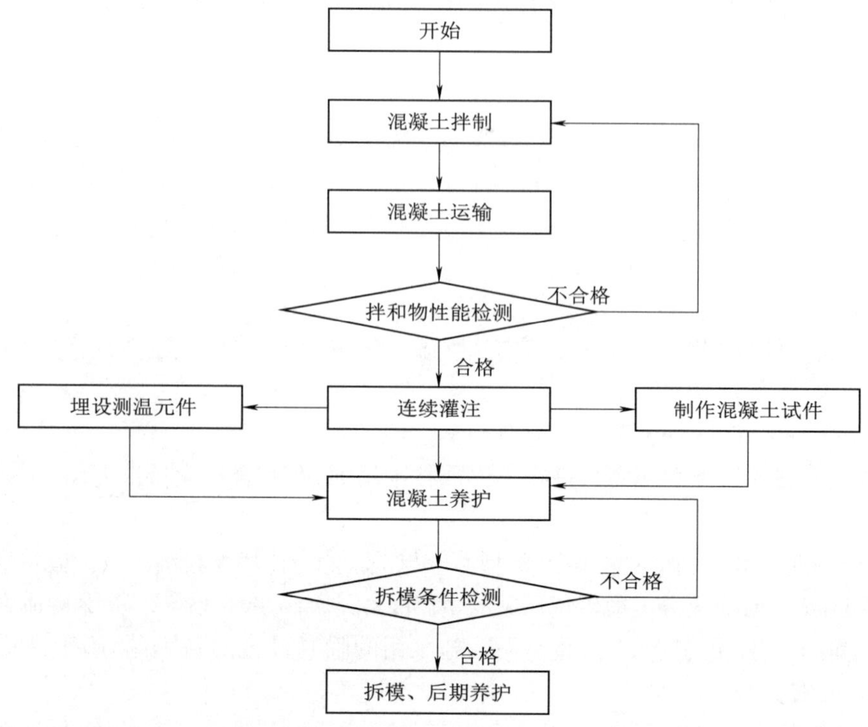

图 2.4.4-1　支架现浇连续梁混凝土施工工艺流程图

(2)混凝土运输

1)混凝土运输设备的运输能力应适应混凝土凝结速度和浇筑速度的需要,保证浇筑过程连续进行。运输过程中,应确保混凝土不发生离析、漏浆、泌水及坍落度损失过多等现象,运至浇筑地点的混凝土应仍保持均匀性和良好的拌和物性能。

2)混凝土采用混凝土罐车运输至施土现场。

3)采用搅拌运输车运送混凝土时,运输过程中宜以 2～4 r/min 的转速搅动,当搅拌运输车到达浇灌现场时,应高速旋转 20～30 转后再将混凝土拌和物喂入泵车受料斗或混凝土料斗中。

(3)混凝土浇筑

1)现浇连续梁浇筑顺序:

①混凝土灌注采用从一端开始,逐步推进的方式,每层混凝土厚度不宜超过 30 cm,底板浇筑由中间向两端进行。

②浇筑顺序:底腹板交接处→腹板下部→底板→腹板上部→顶板。

③灌注时,插入式振捣棒应垂直点振,不得平拉,防止过振、漏振。

④考虑到箱梁内模上浮及底板混凝土的密实,不宜进行内模封底,但为防止灌注腹板时混凝土拌和物的大量挤出,又要给腹板混凝土下陷予以阻力以保证腹板的密实,因此在内模侧面拐角处加放压浆板。

2)底、腹板混凝土灌注。底、腹板混凝土灌注过程如图 2.4.4-2 所示。首先从腹板下混凝土依次灌注①区域,倒角梗肋振捣后填满为宜,此时振捣主要是侧振,使混凝土向底板流动;从

②区域开始浇筑厚度以 30～40 cm 为宜；接着打开内模顶板上梅花形布置的天窗，通过天窗灌注区域③内的混凝土；灌注完后，关闭天窗，然后再分层灌注腹板区域④，每层厚度以不超过 30 cm 为宜。

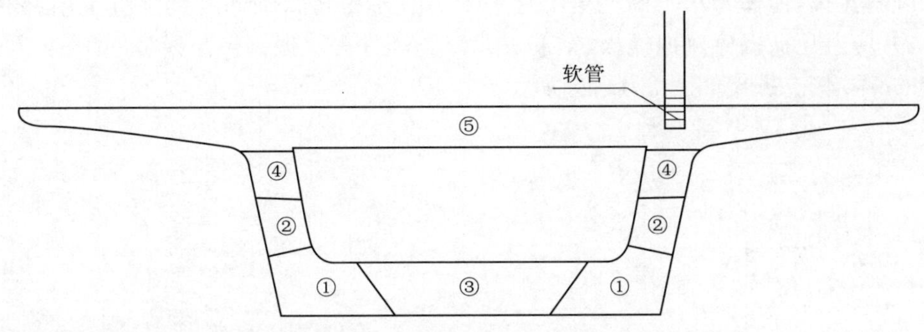

图 2.4.4-2　底腹板混凝土灌注过程图

在底、腹板整个灌注过程中应注意以下几点：

①混凝土不得附着在钢筋骨架上，必要时利用捣固铲人工捣固。

②在腹板灌注过程中，应由专人用小锤敲击内模，检查混凝土是否密实，但绝对不得用铁锹铲动翻浆混凝土。

③为避免因侧振使混凝土出现局部下陷，造成腹板空洞，当灌注②区域以上混凝土时应停止侧振，全部采用插入式高频振捣棒振捣。这样即使下部混凝土出现局部下陷现象，通过插入式振捣棒的振捣也能予以弥补。

④整个腹板振捣过程以插入式振捣棒为主，侧振为辅。侧振要短振、勤振。

⑤混凝土应分层浇筑、分层振捣，每层浇筑厚度不超过 30 cm，插入式振捣棒移动间距不大于振捣棒作用范围的 1.5 倍。一般每点振捣 30～50 s。振捣时注意钢筋密集及洞口部位，不得出现漏振、欠振或过振。每一振点延续的时间以表面出现浮浆和不再有显著沉落，不再有大量气泡上冒为止。为使上下层混凝土结合成整体，上层混凝土振捣要在下层混凝土初凝之前进行，并要求振捣棒插入下层混凝土 50～100 mm。

⑥腹板混凝土灌注时应两侧同时进行，严禁单侧灌注或两侧灌注混凝土量不均匀造成内模向一边倾斜。

3)顶板混凝土灌注。底、腹板混凝土灌注完毕，关闭内模顶板预留灌灰口，开始灌注顶板混凝土。顶板混凝土浇筑采用从一端向另一端浇筑的方式，采用“S”形逐步向前推进，每次下料宽度不超过 2 m。浇筑完一段后，开始采用收浆机对顶面进行收浆，随后用人工进行最后的收浆抹面。收面时应边收面边覆盖，防止风吹出现干缩裂纹。

4)现浇梁在灌注混凝土过程中，要随机取样进行温度和坍落度检验，同时随机取样制作混凝土强度、弹性模量试件，其中强度和弹性模量试件应分别从箱梁底板、腹板及顶板取样。试件应随现浇梁在同条件下振捣成型，施工试件随梁同条件下养护，28 d 标准试件按标准养护办理。

(4)混凝土振捣

1)大坍落度的泵送混凝土振捣时间适当减少，一般为 10～20 s，以表面翻浆不再沉落为度，振捣棒移动间距可适当加大，但不宜超过振捣棒作用半径的 2 倍。振捣工具与人员适当增加，以与泵送混凝土的来料量相适应，保证不漏振。

2)插入式振捣器振捣方法及操作要点：

①振捣器应安放在牢固的脚手板上，不应放在模板支撑或钢筋上，使用振捣器，宜采用垂直振捣。插入深度为棒长的 3/4，作用轴线应相互平行避免漏振。振捣棒难以插入钢筋密集部位时可倾斜振捣，但棒与水平面夹角不宜小于 15°，不得将软轴插入到混凝土内部和使软轴折成硬弯，并应避免振捣棒碰撞模板、钢筋、吊环、预埋件等。振捣棒与模板的距离不应大于其作用半径的 0.5 倍。振捣如图 2.4.4-3 所示。

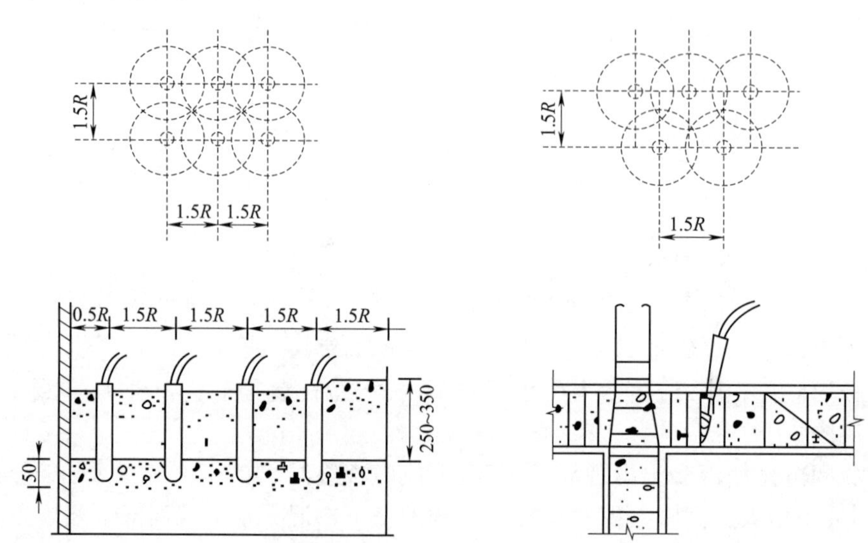

图 2.4.4-3　振捣棒作用半径及剑式振捣器振捣图(单位：mm)

②使用振捣器时，一手应紧握在振捣棒上端约 50 cm 处，以控制插点，另一手扶正软轴，两手相距 40～50 cm，使振捣棒自然沉入混凝土内，切忌用力硬插。插入式振捣器操作时，做到“快插慢拔”。“快插”是为了防止混凝土表面先振实，而下面混凝土发生分层、离析现象，“慢拔”是为了使混凝土能填满振捣器抽出时留下的空洞。振捣棒插入混凝土后，应上下抽动，幅度为 5～10 cm，以排除混凝土中的空气，振捣密实。每插点应掌握好振捣时间，过短过长都不利，每点振捣时间一般为 20～30 s，使用高频振捣器，也不应少于 10 s，待混凝土表面呈现水平，不再沉落，不再出现气泡，表面泛出灰浆时方可拔出振捣棒。拔出宜慢，待振捣棒端头即将露出混凝土表面时，再快速拔出振捣棒，以免造成空腔。

③振捣器插入点应排列均匀，可采用“行列式”或“交错式”，按顺序移动，不应混用，以免造成混乱而发生漏振。每次移动位置的距离不大于振捣器作用半径的 1.5 倍，振捣棒作用半径(通常为振捣棒半径的 8～10 倍)一般为 300～400 mm，如图 2.4.4-3 所示。

④钢筋过密处可局部拆除钢筋振捣，用钢钎捣固配合振捣器振捣、倾斜振捣或用剑式振捣器振捣，如图 2.4.4-3 所示。

(5)混凝土接缝处理

1)灌注混凝土应连续进行。若受客观条件的限制必须间歇时，间歇时间应尽量缩短，并应在前层混凝土初凝之前，将次层混凝土灌注完毕。不同混凝土的允许间歇时间应根据环境温度、水泥性能、水胶比和外加剂类型等条件通过试验确定。当上下两层混凝土灌注时间超过允许间歇时间时，必须按规定设置施工缝。

2)施工缝的平面应与结构的轴线垂直,施工缝处应埋入钢筋或型钢,并使其体积露出前层混凝土外一半左右。重新进行上层混凝土灌注前,应先将下层混凝土表面凿毛,清除浮渣,并用水冲洗干净,待混凝土满足荷载要求后再灌注上层混凝土。

(6)混凝土表面处理

1)处理程序:

初凝前一次抹压→临时覆盖塑料膜→终凝前 1～2 h 掀膜二次抹压→覆盖。

2)混凝土表面浮浆较厚时,应清除表面浮浆或添加同水胶比的石子浆,均匀撒布在混凝土表面并用抹子拍平,再进行两次抹面收浆。

3)四级以上大风天或烈日下施工应有遮阳挡风措施。

4)当施工面积较大时可分段进行表面处理。

(7)混凝土养护

1)混凝土侧面钢木模板在任何季节施工均应设保温层。

2)采用蓄水养护混凝土,混凝土表面在初凝后覆盖塑料薄膜,终凝后注水,蓄水深度不少于 80 mm。盛夏施工时采取降温拌制混凝土,并在混凝土终凝后立即覆盖塑料膜和保温层。

3)在日平均温度高于+5 ℃的自然条件下,混凝土灌注完毕后,当混凝土表面收水并初凝后,应尽快用浸水湿透的养护毯或土工布覆盖。

4)环境气温较低时,大体积混凝土的保温养护应结合保温措施同时进行,以保证混凝土表面湿润和芯部混凝土与表层混凝土温差不大于 15 ℃,避免由于混凝土避免失水干燥或温差过大而引起裂缝。养护用水的水温与混凝土表面的温度温差不宜超过 10 ℃。

(8)施工操作要点及注意事项

1)混凝土结构表面应密实、颜色均匀,不得有露筋、蜂窝、孔洞、疏松、麻面和缺棱角等缺陷。

2)夏期施工时,混凝土的入模温度不宜高于室外气温且不宜超过 30 ℃。

3)混凝土在拌制过程中,应对混凝土的拌和物的坍落度进行测定,测定值应符合理论配合比的要求,偏差不宜大于±20 mm。

4)混凝土拌制前,应测定砂、石含水率,并根据测试结果、环境条件、工作性能要求等及时调整施工配合比。

5)混凝土的入模含气量应满足设计要求。

6)新浇筑与邻接的已硬化混凝土或岩土介质间的温差不得大于 15 ℃。

7)湿接缝处的混凝土表面,在后浇混凝土前应进行凿毛处理并充分湿润,但不得有积水。

8)拆模时混凝土芯部与表层、表层与环境之间的温差不得大于 20 ℃,混凝土内部开始降温前不得拆模。

6. 劳动组织

(1)劳动力组织方式采用架子队组织模式。

(2)施工人员应根据确定的施工方案、机械、人员组合、工期要求进行合理的安排,具体表 2.4.4-1。

表 2.4.4-1　施工人员安排

序　号	人员配置	数量(人)	备　注
1	架子队队长	1	
2	技术负责人	1	
3	技术员	2	
4	安全员	2	
5	材料员	4	
6	质检员	2	
7	试验员	1	
8	领工员	2	
9	工班长	1	
10	混凝土工	16	
11	混凝土泵车司机	2	
12	罐车司机	6	

7. 材料要求

(1)混凝土原材料应符合设计要求,主要有块石、砂石、水泥等。
(2)施土用水的水质应符合工程用水标准。

8. 设备机具配置

混凝土灌注所需主要设备见表 2.4.4-2、表 2.4.4-3。

表 2.4.4-2　混凝土灌注所需主要设备

序　号	名　称	单　位	数　量	备　注
1	混凝土拌和站	座	1	
2	混凝土搅拌运输车	台	5	
3	起重机	台	4	
4	插入式振捣器	个	4	
5	混凝土泵车	台	1	
6	空压机	台	2	
7	制冷机	台	1	
8	配电箱	只	4	

表 2.4.4-3　混凝土灌注需要准备的检测设备

序　号	名　称	规　格	单　位	数　量	备　注
1	固定式振捣台		套	1	
2	泌水率测定仪		台	1	
3	水平尺		把	2	

续上表

序 号	名 称	规 格	单 位	数 量	备 注
4	小型振捣器	$\phi25$	台	1	
5	水准仪		台	1	
6	测温计		支	2	
7	坍落度检测筒		套	2	
8	混凝土含气量检测仪	LC-615	台	1	
9	试模	150 m^3	组	2～4	

9. 质量控制及检验

(1)混凝土拌制

混凝土拌制应参照工艺拌和站拌制混凝土施工工艺相关内容，并应针对大体积混凝土的特点，对以下各方面重点控制：

1)根据入模温度的规定进行热工计算，调节原材料的温度，当气温过低时应将原材料放入暖棚预热，不宜直接对原材料进行加热；当气温过高时应将原材料进行降温处理，原材料降温依次选用：

①水：加冰屑降温或用制冷机提供低温水。

②骨料：料场搭棚防烈日曝晒，或水淋或浸水降温。

③水泥和掺加料：贮罐设隔热罩或淋水降温，袋装粉料提前存放于通风库房内降温。

2)拌和物温度控制。灌注大体积混凝土应在一天中气温较低时进行，混凝土灌注温度(振捣后 50～100 mm 深处的温度)不宜高于 30 ℃。在炎热季节灌注大体积混凝土时，宜将混凝土原材料进行遮盖，避免日光曝晒，并用冷却水拌制混凝土，或采用冷却骨料、搅拌时加冰屑等方法降低入模温度，或在混凝土内埋设冷却管通水冷却。在遇气温骤降的天气或冬期灌注大体积混凝土后，应注意覆盖保温，加强养护，应尽量减少灌注层厚度，以便加快混凝土散热速度。

(2)灌注过程中混凝土质量控制

1)混凝土拌和物检测。运送到现场的混凝土坍落度每车均应目测检查，并应在灌注点取样检验坍落度、含气量、泌水率、温度等，每 50 m^3 同配合比的混凝土，其取样不得少于一次，当一个工作班组生产相同配合比的混凝土不足 50 m^3 其取样也不得少于一次。现场拌制混凝土，也按每 50 m^3 检测一次坍落度、含气量、泌水率、温度等拌和物性能，检查结果应符合要求。

2)制作混凝土检查试件。抗压强度试件应在混凝土的灌注地点随机抽样制作，不超过 100 m^3 的同配合比的混凝土，取样不得少于一次，每次取样应至少留置两组标准养护试件(每组三个)，并要考虑混凝土强度统计评定所需的最少组数。

3)确定拆模及施工期间临时负荷时的混凝土强度，应采用与结构、构件同条件养护的试件的混凝土强度，留置的试件组数应根据实际需要确定。

4)混凝土强度及耐久性检验试件抽取频次及灌注过程中质量控制的其他内容可参照铁路混凝土施工质量检验要求，并应符合施工图纸及相关要求。

5)要保证混凝土内部结构密实，振捣过程中，应采用对钢筋或者振捣棒进行标注，以控制其插入深度，并严格控制其振捣间距。

6)浇筑混凝土期间,应设专人检查支撑、模板、钢筋和预埋筋等的稳固情况,当发现有松动、变形、移位时,应及时处理。

7)混凝土浇筑过程中应按要求及时测试混凝土的坍落度、含气量、泌水率、入模温度等拌和物性能,在浇筑地点取样制作试件,留置足够数量的混凝土试件按规定进行同条件养护或标准养护,及时填写施工记录。严禁在拌和站取样制作试件。

(3)温度监控

1)测温点应在平面图上编号,并在现场挂编号标志,作详细记录并整理绘制温度曲线图,温度变化情况应及时反馈,当各种温度达到 15 ℃时应预警,22 ℃时应报警。

2)当混凝土表面温度与养护水的温度超过 15 ℃时应采取措施使温度降到 10 ℃左右。非高温雨季施工事先采取防暴雨降低养护水温的挡雨措施。

3)常温施工时混凝土终凝后应立即覆塑料膜和浇水养护,当混凝土实测内部温差或内外温差接近 20 ℃应采取增加覆盖层等加强保温的措施。

4)当施工图无特殊要求时,混凝土养护温度应符合下列规定:

①混凝土内部温差(中心于表面下 100 mm 或 50 mm 处)不大于 20 ℃。

②混凝土表面温度(表而下 100 mm 或 50 mm)与混凝土表面外 50 mm 处温度差不大于 25 ℃;对补偿收缩混凝土,允许介于 30~35 ℃之间。

③大体积混凝土降温速度不宜大于 1.5 ℃/d。

④撤除保温层时混凝土表面与大气温差不大于 20 ℃。

(4)质量检验

混凝土原材料、配合比设计和施工的检验必须符合现行规范标准的规定。

10. 安全及环保要求

(1)安全要求

1)施工人员进入现场必须佩戴安全帽,混凝土搅拌站工作人员要穿防护服。

2)非工作人员不得进入施工区域,以防发生人身安全事故。

3)应注意用电安全,检查电缆是否破损,防止因漏电引起安全隐患。非专业人员不得随意接触、使用机电设备。

4)夜间施工应注意照明,要保证在充足的照明条件下进行混凝土施工。

(2)环保要求

1)保护工区环境,及时处理施工垃圾、生活垃圾等废弃物,将废弃物运至当地环保部门指定的地点弃置。混凝土灌注过程中及灌注完毕后,清洗管道、机械的废水不得随意排放或引入河流,以免造成环境污染。无法运走的,需达到环保要求后进行填埋等无害化处理。

2)在施工区设置足够的临时卫生设施,定期清扫处理。

3)施工现场道路指定专人定期洒水清扫,形成制度,防止道路扬尘。

4)车辆开出工地做到不带泥砂,基本做到不撒土、不扬尘。

5)禁止在施工现场焚烧油毡、橡胶、塑料、皮革、树叶、枯草、各种包装物等废弃物品以及其他会产生有毒、有害烟尘和恶臭气体的物质。

6)机动车安装减少尾气排放的装置;搅拌站封闭严密,并在进料仓上方安装除尘装置;拆除旧建筑物时进行洒水,防止扬尘。

2.4.5　支架现浇连续梁预应力施工作业指导书

1. 适用范围

适用于杭州至海宁城际铁路桥梁工程支架现浇连续梁预应力施工以及悬臂法现浇连续梁预应力施工。

2. 作业准备

(1)内业技术准备

1)在开工前组织技术人员认真学习实施性施工组织设计,审核施工图纸,熟悉规范和技术标准。

2)制定施工安全保证措施及相关应急预案。

3)对施工人员进行技术交底。进行上岗前技术培训,考核合格后持证上岗。

(2)外业技术准备

1)根据需要配置张拉千斤顶、油泵、张拉油表、油管、压浆泵、压浆阀等设备。张拉千斤顶和张拉油表需在校正有效期内。油管需经常检查,确保无漏油、破损等情况。

2)梁体张拉在 48 h 内进行管道压浆。

3)确认压浆时的环境温度,保证压浆质量。

4)检查压浆机、灰浆搅拌机等设备是否正常,计量设备是否在有效期内,保证计量准确和压浆的顺利进行。

5)根据生产需要配备足够数量的钢绞线、锚具、压浆剂、水泥等材料,使用的材料必须经过检验合格。

(3)具备张拉的条件

预应力张拉顺序按图纸要求,混凝土强度及弹性模量达到设计值的 100%,且混凝土龄期达到设计要求后进行张拉。

3. 技术要求

(1)张拉分初张拉和终张拉,经过初张拉的钢绞线终张时需补拉。

(2)张拉千斤顶和张拉油表须在校正有效期内。

(3)张拉前需进行管道摩阻与锚口、喇叭口摩阻试验,必要时由设计单位进行张拉力调整。

(4)张拉以控制张拉力为主,伸长值做校核。

(5)张拉工序施工记录须有技术人员和监理工程师签认。

(6)管道压浆前,应对采用的压浆剂或压浆料按照产品说明书进行试配,经试验室验证试验,浆体性能各项指标符合要求方可使用。

(7)每次施工按配合比进行,施工过程中按规定制作、养护试件,以保证检验灰浆的各项技术指标。

4. 施工程序与工艺流程

施工程序:波纹管安装→钢绞线下料→钢绞线编束→钢绞线穿束→安装锚具→初张拉、终张拉→钢绞线切割→封端→压浆→封锚。

5. 施工要求

(1)施工准备

1)原材料选购。

①预应力筋进场时,必须对其质量指标进行全面检查并按批抽取试件做破断负荷、屈服负荷、弹性模量、极限伸长率试验,其质量必须符合《预应力混凝土用钢丝》《预应力混凝土用钢绞线》等国家现行标准的规定和设计要求。

检验数量:同牌号、同炉罐号、同规格、同生产工艺、同交货状态的预应力筋每 30 t 为一批,不足 30 t 也按一批计。

②预应力筋用锚具、夹具和连接器进场时,必须对其质量指标进行全面检查并按批进行外观及外形尺寸、硬度、静载锚固系数性能试验,其质量必须符合设计要求和相关标准的规定。

检验数量:同一种类、同中材料和同一生产工艺且连续进场的预应力筋用锚具、夹具和连接器,每 5 000 套为一批,不足 5 000 套按一批计。

③预应力施工时需采取支垫及覆盖等措施避免锚具、预应力筋受雨水、养护用水浇淋,防止出现锈蚀。进场后存放于干燥处,并高出地面 20 cm。

2)机具选购。

①千斤顶额定张拉力宜为预应力筋张拉力的 1.2～1.5 倍,最大行程宜按预应力筋的伸长量加初始张拉时预留行程量计算。张拉油泵额定油压宜为使用油压的 1.4 倍,油泵容量宜为张拉千斤顶总输油量的 1.5 倍以上。

②与千斤顶配套使用的压力表宜为防振型,其精度等级不低于 1.0 级,最小刻度值不大于 1 MPa,表盘直径不小于 15 cm,表盘量程应在最大油压的 1.25～2.0 倍之间。

③压力表的计量检定应符合国家有关标准规定。

3)张拉设备校正。

①千斤顶的校准周期应符合下列规定:

a. 千斤顶首次使用前必须经过校准。

b. 千斤顶使用一个月。

c. 千斤顶张拉作业达 300 次。

d. 千斤顶经过大修,或漏油严重,经拆修以后。

②压力表校准周期应符合下列规定:

a. 1.0 级压力表校准周期为 1 周,0.4 级压力表校准周期为 1 个月。

b. 2.0 级压力表用于张拉作业达 300 次。

c. 更换用油规格、使用超过允许偏差、发现异常故障(张拉时预应力筋多次断裂、伸长值相差过大等)时。

d. 油压表必须送有资质的试验检验部门进行标定、校正,然后将千斤顶与油表一同送检,测出力与油表方程式,并报监理单位。预应力筋张拉过程中遇有下列情况之一时,需要重新校验:千斤顶油封损坏,漏油严重;油压表指针不能返回零点;千斤顶调换新油压表。

③千斤顶伸长量的量测采用钢直尺,上面刻度 0.5 mm。

④压力表、张拉千斤顶和油泵配套使用,预应力设备需建立台账及卡片,标明千斤顶和各压力表的编号,并定期检查。设备标定后,标出油表读数和相应张拉吨位的对应曲线,并得出张拉力与油压表读数的回归方程,据此计算不同张拉应力阶段的油压表读数。

4)摩阻试验。

①试验目的。试验的目的是验证设计数据和调整张拉控制应力,校核三种摩阻系数(管道摩阻损失、锚口及锚垫板摩阻损失)进行试验。

②锚口及锚垫板摩阻损失试验。锚口及锚垫板摩阻损失试验可参照《铁路工程预应力筋用夹片式锚具、夹具和连接器技术条件》(TB/T 3193—2008)要求,在现场浇筑一个长度不小于4 m的混凝土张拉台座,台座锚固区配筋及构造钢筋按结构设计要求布置,锚垫板及螺旋筋应安装齐备,试件内管道应顺直。试件两端安装千斤顶及传感器,张拉力按 0.8 倍极限应力取值,用两侧传感器测出锚具和锚垫板前后拉力差值即为锚具锚口摩阻损失和锚垫板摩阻损失之和,以张拉力的百分率计。试验用的试件不应少于 3 套,每套锚具进行两次张拉测试,取平均值为测试结果。锚口及锚垫板摩阻损失不宜大于 6%。

③孔道摩阻试验。选取有代表性的不同部位的 4～6 个孔道进行试验(应含最大最小弯曲角度),如图 2.4.5 所示。其试验方法按下列步骤进行:

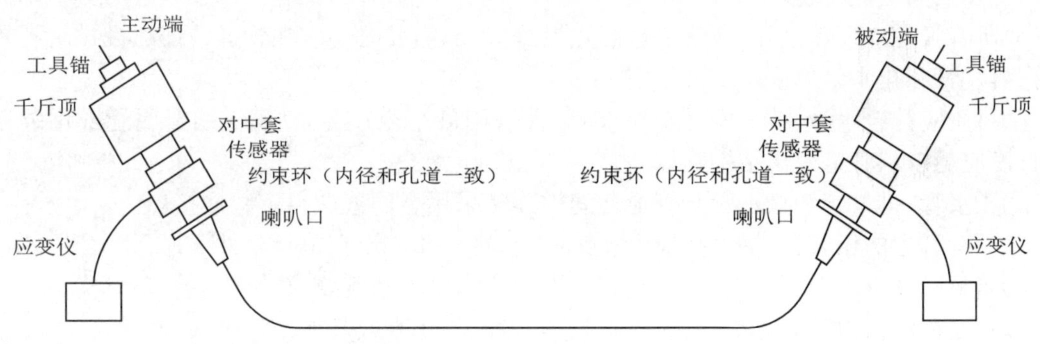

图 2.4.5 孔道摩阻试验布置图

第 1 步,根据试验布置图安装试验装置。

第 2 步,锚固端千斤顶进油空顶约 150 mm 关闭,两端预应力筋束均匀楔于千斤顶上;两端试验装置对中。

第 3 步,张拉端千斤顶进油逐级张拉,可分 8 级,每级两端同时读取和记录有关数据。

第 4 步,锚固端千斤顶回油,张拉端千斤顶回油、退锚。

第 5 步,将预应力筋束窜动数次后,按步骤进行第二次试验。

最后孔道摩阻系数 μ 和孔道偏差影响系数 K 可按下式计算:

$$\sum x_i^2 K + \sum x_i \theta_i \mu = \sum x_i \ln r_i$$

$$\sum x_i \theta_i K + \sum \theta_i^2 \mu = \sum \theta_i \ln r_i$$

式中 x_i——第 i 束孔道长度(m);

θ_i——第 i 束曲线孔道切线夹角之和(rad);

r_i——第 i 束主动端与被动端传感器压力之比；

μ——预应力筋与管道壁间的摩擦系数；

K——管道每米与设计位置偏差系数。

(2)波纹管安装

1)管道的尺寸与位置应准确，管道应平顺，端部的预埋锚垫板应垂直于孔道中心线，绑扎应牢固，并确保浇筑混凝土时管道不上浮、旁移。

2)管道安装前，应按设计规定的管道坐标进行放样，并应采用定位钢筋固定法将管道牢固地置于钢筋骨架内的设计位置。定位钢筋的结构形式、位置、数量应符合设计要求，设计无要求时，应符合下列规定：

①定位钢筋在专用胎卡具上焊成井字形。

②每侧钢筋和管道间隙 2 mm。

③定位钢筋的间距，对于钢管不宜大于 1 m，对于金属波纹管、塑料波纹管不宜大于 0.5 m，对于曲线管道宜适当加密。

3)金属管道接头处的连接管宜采用大一个直径级别的同材料管道，其长度宜为被连接管道内径的 5～7 倍，且不小于 300 mm，两端旋入长度应大致相等。连接时应不使接头处产生角度变化，在混凝土浇筑期间不应使管道发生转动或移位，并应缠裹紧密，防止漏浆。

4)管道与锚垫板之间应采用与管道接头同材料同规格的连接接头连接，连接后用密封胶封口，并加强固定，连接段不应下垂。

5)所有管道应设压浆孔，在管道最高点设排气孔，需要时还应在管道最低点设排水孔。压浆管、排气管和排水管应满足下列规定：

①材质应符合设计要求，设计未要求时，宜采用最小内径为 20 mm 的金属管或增强塑料管，长度应足以从管道引出结构物以外。

②压浆管、排气管和排水管与管道之间的连接采用金属或塑料密封连接器。

③所有管道的压浆孔、抽气孔应设在锚座上，排气孔应设在锚具附件上。

④当采用真空辅助压浆工艺时，其密封性能应满足真空度要求。

6)管道在模板内安装完毕后，应将其端部盖好，防止水或其他杂物进入。

7)钢筋焊接时，焊火花不得碰到波纹管，如有烧伤，需用胶带将波纹管缠好防止漏浆。

8)波纹管安装完成后要进行一次检查，确认数量、位置、布置形式符合设计要求后，方可浇筑混凝土。每一梁段浇筑后应立即检查有无漏浆和堵管，及时清理。预留孔道位置允许偏差和检验方法见表 2.4.5-1。

表 2.4.5-1 预留孔道位置允许偏差和检验方法

序 号	项 目	允许偏差(mm)	检验方法
1	纵向孔道	4	尺量两端、跨中、1/4 跨、3/4 跨各 1 处
2	横向孔道		尺量两端

(3)锚垫板安装

锚垫板安装前需根据封锚处尺寸加工出木盒，通过锚垫板上的螺栓孔用螺栓将锚垫板拧紧在木盒上，然后将木盒与端模固定。锚垫板安装后，螺旋筋要与锚垫板临时点焊在一起。锚垫板灌浆口要用海绵条堵塞，混凝土浇筑后抽出海绵条灌浆，不能堵塞。锚垫板要在钢筋绑扎前与端模提前安装好，锚垫板上灌浆孔或排气孔口应朝上。

(4)预应力筋制作和安装

1)预应力工程的施工单位应有专业资质，施工前需对工人进行培训，安装时必须认真。

2)提前根据设计图纸中钢绞线平竖曲线大样，计算出钢绞线在各部位处的空间坐标，核对各钢绞线是否相抵触。

3)钢绞线下料应按设计孔道长度加张拉设备长度，并留工具锚外不少于 10 cm 的长度进行下料，下料采用砂轮机平放切割，不得采用电弧或气焊切断，也不得使预应力筋接受高温、焊接火花或接地电流的影响。钢绞线下料后不得散头。下料场地应平整、洁净。

钢绞线下料长度公式如下：

$$L=L_0+2L_1+n(L_2+L_3)+2L_4$$

其中，L 为下料长度；L_0 为锚具支承板间孔道长度；L_1 为工作锚厚度；L_2 为张拉千斤顶长度；L_3 工具锚具厚度；L_4 为长度富余量(可取 100 mm)；n 单端张拉为 1，两端张拉为 2。

4)钢绞线切割完后须按各束理顺，预应力钢绞线编束时，梁体同一张拉截面上的钢绞线束应由同一厂家、同一品种、同一规格、同一批号的钢绞线组成。编束时应先梳理顺直，每隔 1～1.5 m 捆扎成束。制束及移运时防止变形、碰伤和污染。搬运时支点距离不得大于 3 m，端部悬出长度不得大于 1.5 m。

5)纵向钢束穿孔，采用卷扬机整束牵引的方法。具体方法如下：

①端部做成锥形状，并焊死后套上牵引接头。

②制作专门架子，分别立于悬臂的两端要张拉的孔位附近，钢束通过其进入孔内。

③对于要求张拉的孔道利用已在孔内的钢丝或用穿束机穿入一根钢绞线。把卷扬机上的钢丝绳拉入孔内。

④当钢丝绳从另一端伸出孔道后通过特殊设备和钢束的牵引接头相连。

⑤用卷扬机缓缓将钢束拉进管内。

⑥穿钢绞线前用高压风冲洗孔道内杂物，不许用高压水冲洗以免造成浆体离析。浇筑混凝土前先行穿入的钢绞线，外侧需用封闭塑料袋包裹防水防潮。预应力筋下料长度的允许偏差和检验方法见表 2.4.5-2。

表 2.4.5-2 预应力筋下料长度的允许偏差和检验方法

序 号	项 目		允许偏差(mm)	检验方法
1	钢绞线	与设计或计算长度差	±10	尺量
		束中各根钢绞线长度差	5	
2	预应力螺纹钢筋		±5	

(5)张拉操作工艺

1)张拉前混凝土强度及弹性模量达到设计值的 100%，且混凝土龄期达到设计要求后进行张拉。施工中要根据摩阻试验测得的数据进行张拉力的调整，一般取 3%的损失，张拉时以伸长量校核，出入在 6%范围内属正常，超出 6%需进行原因分析。

2)高压油表及千斤顶必须经过校正合格后方可使用，每跨梁张拉时必须有专人负责及时填写张拉记录，以保证张拉准确。

3)张拉时实行张拉力与伸长量双项控制，以油表读数为主，伸长值作为校核。张拉前根据进场后实测的每批钢绞线的弹性模量值对伸长量进行修正,计算伸长量时以千斤顶油缸伸出值作为标识量测长度。

4)张拉顺序先腹板束,后顶板束,从外到内左右对称进行。

5)施工时严格按设计顺序进行张拉,张拉工艺流程:

①0→20%σ_k(作伸长量标记,即测量零点)→40%σ_k(从零点测量伸长量作为 L_1)→100%σ_k(静停 5 min)→补拉 σ_k(从零点测量伸长量作为 L_2)→千斤顶停止供油压(测回缩量)→锚固。

②初张拉是指拉到 0.2σ_k,做伸长量标记;终张拉是拉到设计要求值 σ_k;补拉是指终张拉完静停 5 min 后对张拉松弛进行补拉并测伸长量。当张拉到 0.2σ_k 时画印,作为起算点;然后张拉到 0.4σ_k 量得一个伸长量 L_1 作为 0→20%σ_k 时的伸长量;然后张拉到 σ_k 时量得一个伸长量值 L_2;L_1+L_2 即为总伸长量。起算点以千斤顶外方油缸为基准时,钢绞线的理论伸长量还需加上千斤顶范围内钢绞线的长度。对长束预应力,由于 0.2σ_k 不足以将预应力束拉直,起算点应力需相应提高。

6)清除锚垫板上混凝土,夹片和锚板锥孔不应粘泥浆或其他杂物。选择与预应力筋相对应的配套锚具,用小钢管轻轻将夹片打入锚环内,带好夹片,将钢绞线从千斤顶中心穿过。

7)安装限位板,限位板有止口与锚板定位。

8)检查张拉设备,将油泵空运转 1~2 min,使油缸进回油 1~2 次,以排出千斤顶及油管中的空气,使张拉时压力平稳。

9)工具锚应与前端张拉锚具对正安装,不得使工具锚与张拉端之间钢绞线扭搅。

10)张拉时当钢绞线的初始应力达到 0.2σ_k 时停止供油。检查夹片情况完好后,画线作标识。

11)向千斤顶油缸充油并对钢绞线进行张拉,张拉值的大小以油压表的读数为主,以预应力钢绞线的伸长值加以校核,实际张拉伸长值与理论伸长值应控制在 6%范围内,每端锚具回缩量控制在 6 mm 以内。

12)油压达到张拉吨位后关闭主油缸油路,并保持 5 min,测量钢绞线伸长量加以校核。5 min 后若油压稍有下降,须补油到设计吨位的油压值,千斤顶回油,夹片自动锁定,该束张拉结束,及时做好记录。

13)打开高压油泵截止阀,张拉千斤顶油缸压力缓慢降至零,油缸回程,夹片即自动跟进锚固,逐项卸下工具锚、千斤顶、限位板,封锚并做好张拉记录,一束钢绞线张拉完毕。

14)全梁断丝、滑丝总数不得超过钢丝总数的 0.5%,且一束内断丝不得超过一根,也不得在同一侧。

15)张拉前及张拉过程中应认真测量各种应力状态下千斤顶的行程,并做好记录,其尺寸之差为实际伸长值,用以校核理论伸长值,实际伸长值与理论伸长值相差>6%时,应立即暂停张拉作业,查明误差原因,经适当处理后重新张拉。

16)张拉完成后,应在锚圈口处的钢绞线上做记号,以观察是否滑丝。经复查合格后,应用机械切割钢绞线线头,切断处距锚具外不宜小于 30 mm。

(6)管道压浆

1)预应力张拉完成后应在 48 h 内进行管道压浆。以确保孔道中的预应力筋体系在完成灌浆工序前不出现锈迹。压浆应严格按《铁路后张法预应力混凝土梁管道压浆技术条件》的各项规定进行。

2)压浆时,浆体的温度应在 5～30 ℃之间。冬期压浆过程中及压浆后 3 d 内,浆体混凝土温度不应低于 5 ℃,否则应采取预热、保温措施。夏季压浆当气温高于 35 ℃时,应在夜间气温较低时进行压浆。

3)孔道压浆应采用强度等级不低于 42.5 级的低碱硅酸盐水泥或低碱普通硅酸盐水泥拌制水泥浆,并应按设计要求配置。

4)孔道压浆顺序应自上而下进行。

5)水泥浆试件应在压浆地点随机取样制作 3 组,2 组标准养护进行抗压和抗折强度试验,1 组随梁体进行同条件养护。

6)水泥浆终凝后,方可卸拔压浆及出浆阀门。

7)同一孔道压浆应采用活塞式压浆泵连续进行,一次完成。

8)搅拌工艺:

①搅拌前,应先清洗施工设备。清洗后的设备内不应有残渣、积水,并检查搅拌机的过滤网。压浆料由搅拌机进入储料罐时,应经过过滤网,过滤网空格不应大于 3 mm×3 mm。

②浆体搅拌操作顺序:首先在搅拌机中加入实际拌和水用量的 80%～90%,开动搅拌机,均匀加入全部压浆剂,边加入边搅拌,然后均匀加入全部水泥。全部粉料加入后再搅拌2 min;然后加入剩余的 10%～20%的拌和水,继续搅拌 2 min。

③搅拌均匀后,现场进行出机流动度试验,每 10 盘进行一次检测,满足要求后,即可通过过滤网进入储料罐。浆体在储料罐中应继续搅拌,以保证浆体的流动性。不应在施工过程中由于流动性不够额外加水。

9)压注水泥浆工艺(一次压浆):

①压浆前应清除梁体孔道内杂物和积水,且水泥中不得有硬块。

②浆体压入梁体孔道之前,应首先开启压浆泵,使浆体从压浆嘴排出少许,以排除压浆管路中的空气、水和稀浆。当排出的浆体流动度和搅拌罐中的流动度一致时,方可压入梁体孔道。

③压浆的最大压力不宜超过 0.6 MPa,且不少于 3 min 的稳定期。

④压浆顺序先下后上,同一管道压浆应连续进行,一次完成。从浆体搅拌到压入梁体的时间不应超过 40 min。

⑤每班应制作不少于 3 组水泥浆试件,用以评定水泥浆强度。

⑥夏季施工,尽量选择在夜间气温较低时压浆。

10)压浆工序注意事项:

①预应力钢材张拉后应尽早压浆,应在 48 h 内完成,如情况特殊不能及时压浆者,应采取保护措施,保证锚固装置及钢绞线不被锈蚀。

②压浆要注意尽量避免高温时间进行,拌制的水泥浆温度≤30 ℃。

③压浆要注意是否有串孔现象和漏浆发生。

④压浆泵的压力要逐渐加大,加压速度不能过快。

⑤压浆过程中出现异常,如管道堵塞、机械故障不能继续压浆时,应立即用清水将管道内的水泥浆冲洗干净,并用空压机吹干积水。

⑥操作完毕后机具和现场应及时冲洗干净。

⑦填写压浆原始记录要及时、认真、整洁,试件要按规定制取。

⑧压浆用水泥一次在梁端存放不宜过多,以免偏载。

⑨浆体性能指标见表 2.4.5-3。

表 2.4.5-3 浆体性能指标

序 号	检验项目		指 标
1	凝结时间(h)	初凝	≥4
2		终凝	≤24
3	流动度(s)	出机流动度	18±4
4		30 min 流动度	≤30
5	泌水率	24 h 自由泌水率	0
6		3 h 毛细泌水率	≤0.1%
7	压力泌水率	0.22 MPa(当孔道垂直高度≤1.8 m 时)	≤3.5%
8		0.36 MPa(当孔道垂直高度>1.8 m 时)	≤3.5%
9	充盈度		合格
10	7 d 强度(MPa)	抗折	≥6.5
11		抗压	≥35
12	28 d 强度(MPa)	抗折	≥10
13		抗压	≥50
14	24 h 自由膨胀率		0~3%
15	对钢筋的锈蚀作用		无锈蚀
16	含气量		1%~3%

(7)封端

1)封端处混凝土表面应凿毛和清理干净,并对锚具进行防锈处理。

2)封端前应对锚具与锚垫板表面及外露预应力筋按设计要求进行防锈处理。

3)锚穴内应按设计要求设置钢筋网,可利用原锚板螺孔拧入带钩的螺钉,将钢筋网与锚垫板连接。

4)封端混凝土性能和强度等级应符合设计要求。封端混凝土填充宜分两步进行,即先用较干硬的混凝土填充至距离锚穴顶 2 cm 左右,并捣固密实,然后用正常稠度混凝土填满抹平。封端混凝土养护结束后,应对周边新旧混凝土接缝按设计要求进行防水处理。

5)封端混凝土自然养护时应保湿,保温材料覆盖混凝土表面,保持混凝土充分潮湿。当环境温度低于 5 ℃或高温露天暴晒时,混凝土应喷涂养护剂并采取保温、防晒措施。

6.劳动组织

(1)劳动力组织方式采用架子队组织模式。

(2)施工人员应根据确定的施工方案、机械、人员组合、工期要求进行合理安排,具体见表 2.4.5-4。

表 2.4.5-4 施工人员安排

序 号	人员配置	数量(人)	备 注
1	架子队队长	1	
2	技术负责人	1	
3	技术员	2	
4	安全员	2	
5	材料员	4	
6	质检员	2	
7	试验员	1	
8	领工员	2	
9	工班长	1	
10	张拉工	8	
11	压浆工	6	

7. 材料要求

(1)预应力钢材

预应力钢绞线应符合《预应力混凝土用钢绞线》(GB/T 5224—2014)要求,预应力螺纹钢筋技术指标应符合《预应力混凝土用螺纹钢筋》(GB/T 20065—2016)的要求。主要力学性能指标见表 2.4.5-5。

表 2.4.5-5 钢绞线、螺纹钢筋性能指标

性能指标	钢绞线	螺纹钢筋
公称直径(mm)	15.2	32
公称面积(mm^2)	140.0	804.2
弹性模量 E(MPa)	195 000	200 000
标准强度 f_{ptk}(MPa)	1 860	980
线膨胀系数(1/ ℃)	0.000 012	0.000 012

(2)预应力锚具、夹片

用于锚具装置的钢材应符合《优质碳素结构钢》(GB/T 699—2015)的 45 号钢,且应经过热处理。锚垫板应符合《碳素结构钢》(GB/T 700—2006)的 Q235 号钢。锚具装置应符合图纸及《预应力筋用锚具、夹具和连接器》(GB/T 14370—2007)的有关规定。

(3)预应力波纹管

预应力束孔道采用高密度聚乙烯(HDPE)波纹管成型,波纹管内径为 50～75 mm,有关波纹管的具体指标应符合《预应力混凝土桥梁用塑料波纹管》(JT/T 529—2016)的规定。

8. 设备机具配置

设备机具配置见表 2.4.5-6。

表 2.4.5-6 设备机具配置

序 号	设备名称	单 位	数 量
1	砂轮切割机	台	1
2	穿心式千斤顶(备用 1 台)	套	5
3	电动油泵	套	5
4	真空压浆设备	套	1
5	水泥浆制浆设备	套	1
6	倒链 2 t	个	4
7	钢管支撑架	个	4

9. 质量控制及检验

(1)预应力梁底模起拱高度按 0.5/1 000～1.5/1 000 起拱。

(2)预应力孔道尺寸应符合设计要求，螺旋管束形重点控制最低点、最高点、反弯点，竖向平滑，水平向顺直。

(3)预应力曲线筋末端的切线应与承重板相垂直，曲线段起始点至张拉锚固点应有不小于 300 m 的直线段。

(4)排气兼泌水孔应设置在波峰部位。

(5)预应力筋下料用砂轮切割机切割，不得用电弧切割，挤压锚制作时压力表油压应符合操作说明书的规定，挤压后预应力筋外端应露出挤压套筒 1～5 m。

(6)预应力筋应理顺，困扎成束，不得紊乱。

(7)钢丝、钢绞线在储存、运输、安装过程中，应采取防止锈蚀及损坏的措施。

(8)张拉前，检查构件及张拉端锚垫板后混凝土质量，有空洞时，应补灌高一个等级混凝土。

(9)张拉时，张拉力的作用线应与孔道末端中心点的切线重合。

(10)预应力筋张拉完成后应尽早进行灌浆，以减少预应力损失及锈蚀；水泥浆自调制至压入管道的时间间隔不得大于 40 min，压浆过程中应经常检查压浆管是否堵塞。

10. 安全及环保要求

(1)安全要求

1)张拉前的准备和检查。

①张拉区域设置明显的安全标志，禁止非工作人员进入。

②材料堆放整齐，场面整洁，通道畅通。

③电器设备符合用电规范，做到“一机一闸一保护”，线路完好无裸露。

④张拉机具搭设防雨防晒棚，防止张拉时雨淋日晒，以保证油路畅通，正常使用，对所有张拉机具进行全面检查。

⑤锚具不得有裂纹、伤痕、锈蚀。

⑥高压泵与千斤顶之间的所有连接点、紫铜管的喇叭口是否完好无损，螺栓是否拧紧。

⑦核对油压表性能是否良好。

2)张拉作业实施。

①参加张拉作业人员穿戴好劳动防护用品，特别要戴好防护眼镜，以防高压油泵破裂喷油伤眼。

②操作人员站立位置安全，有回旋余地，高处作业张挂好安全网，设置平台防护栏。

③张拉时，构件两端不准站人，操作人员站在侧面，两端设置防护栏（罩），高压油泵放在离构件端部左右侧。

④张拉时要缓慢均匀加压，以免发生误差。

⑤千斤顶操作人员要注意保持千斤顶水平状态，待受力后方可松开，以防止受力时千斤顶偏侧滑丝。

⑥加压时，高压油泵操作人员注意与千斤顶操作人员保持联系，避免过快或不协调导致失误。

⑦张拉时千斤顶后方不得站人，不得在有压力的情况下旋转张拉工具的螺栓或油管接头。

⑧张拉中发现张拉应力钢筋的位置与设计不相吻合，且超过规范允许偏差范围时，要经过技术负责人员同意，方能张拉。

⑨悬空张拉时，必须搭设牢固的挂篮脚手架，以保证张拉人员操作安全。

3)张拉后的工作。

①张拉后要拉闸断电，关闭油门，静停 3～5 min 后再紧螺栓，操作人员应站在侧面并用板手操作，以防止钢筋断裂伤人。

②参加张拉作业人员张拉工作完毕，要将张拉机具安全撤离现场，并进行保养，为下一次张拉做好准备。

(2)环保要求

1)定期检查张拉作业设备是否漏电、漏油，保持设备的干净、整洁，无油污、无灰尘。

2)对漏油设备应及时维修或更换，防止油污染。

3)所有张拉作业设备都应配置抗水吸油棉、橡胶手套、塑料袋盛油盆、塑料薄膜等工具，以便处理油污染。

4)废弃的钢筋头、混凝土残渣、含油废料、石棉等废弃物应按要求分类归放到指定的废物处理地点，由废物处理承包商负责处理。

2.4.6 支架现浇连续梁支座安装作业指导书

1. 适用范围

适用于杭州至海宁城际铁路桥梁工程支架现浇连续梁支座安装及悬臂法现浇连续梁支座安装施工。

2. 作业准备

(1)内业技术准备

1)在开工前组织技术人员认真学习实施性施工组织设计,审核施工图纸,熟悉规范和技术标准。

2)制定施工安全保证措施及相关应急预案。

3)对施工人员进行技术交底。进行上岗前技术培训,考核合格后持证上岗。

(2)外业准备

1)支座进入工地后,必须按规定对支座的外观尺寸和组装质量进行检查,符合设计要求才能进行安装。

2)支座安装前应检查桥梁跨距、支座位置及预留锚栓孔位置尺寸和支座垫石顶面高程、平整度,均应符合设计要求,并消除非弹性变形和空隙。

3)预留锚栓孔、支承垫石顶面与支座底面间隙应采用重力式灌浆填实,灌浆应饱满、密实。

3. 技术要求

(1)支座性能、结构形式、规格尺寸及涂装质量必须符合设计要求和相关产品标准的规定。

(2)固定支座及活动支座安装位置必须符合设计要求。

(3)支座上下座板必须水平安装,固定支座上下座板应互相对正,活动支座上下座板横向应对正,纵向预留错动量应根据支座安装施工温度与设计安装温度之差和梁体混凝土未完成徐变量及弹性压缩量计算确定,并在各施工阶段进行调整,当体系转换全部完成时梁体支座中心应符合设计要求。

(4)支座与梁底及垫石之间必须密贴无空隙,垫层材料质量及强度应符合设计要求。支座配件必须齐全,水平各层部件间应密贴无空隙。

(5)支座锚栓埋置深度和螺栓外露长度必须符合设计要求,支座锚栓固结应在支座及锚栓位置调整准确后进行施工。

(6)支座材料检验和存放支座到达现场后,必须检查产品合格证、附件清单和有关材质报告单或检查报告。并对支座外观尺寸进行全面检查,支座和配件质量应满足设计要求,支座连接正常,不得任意松动上、下支座板连接螺栓。支座存放应避免阳光直接照射、雨雪浸淋,并保持清洁;严禁与酸、碱、油类、有机溶剂等影响支座质量的物体接触,并距热源不小于1 m。

4. 施工程序与工艺流程

(1)施工程序

墩台顶垫石凿毛清理→预留孔清理→测量放样→支座就位、调整→模板安装→拌制灌浆料→重力式灌浆。

(2)工艺流程

支座安装工艺流程如图 2.4.6-1 所示。

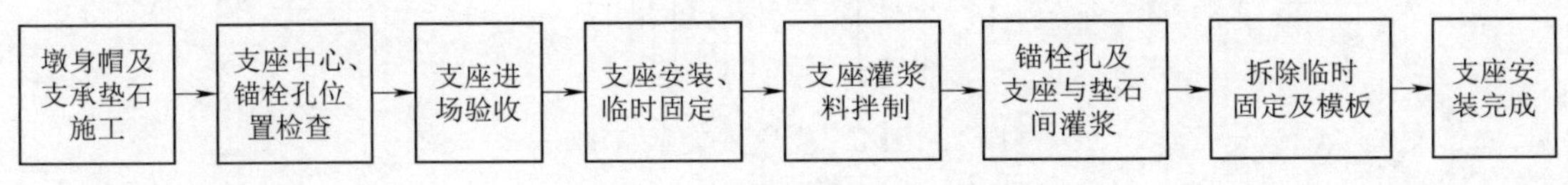

图 2.4.6-1　支座安装工艺流程图

5. 施工要求

(1)施工控制

1)支座安装前应组装好并消除弹性变形和空隙。

2)支座安装前应检查桥梁跨度、支承垫石尺寸和高程、预留锚栓孔位置和尺寸等。支承垫石和锚栓孔应清理干净，做到无泥土、无浮渣、无积水和油污等杂物。

3)支座安装前应对支承垫石顶面进行凿毛处理，新鲜混凝土面不得少于 75%。

4)支座锚栓埋置深度和螺栓外露长度必须符合设计要求。

5)支座灌浆材料应经试验合格，强度符合设计要求，并具有良好的流动性。

6)支座安装时应根据设计要求及环境温度设置预偏量。

(2)施工工艺

1)按设计要求和订货合同规定标准对球形支座进行检查，合格后安装。支座安装前可拆开包装，检查装箱清单，包括配件清单、产品合格证等，并仔细阅读支座安装说明书。检查支座组装位置是否正确，临时连接是否松动，但不得任意松动支座临时连接。

2)安装时保证桥台垫石混凝土强度不低于设计要求，对桥台、垫石轴线、高程等进行检查，合格后进行下一步施工。

3)将地脚螺栓安装、紧固于支座底板的地脚螺栓孔中。

4)墩台顶凿毛清理。固定支座时，应用铁錾对支座支承面进行凿毛，凿毛程度满足施工规范及验收标准的有关规定，并将顶面清理干净。

5)清理预留孔。检查校核墩台顶锚固螺栓孔的位置、大小及深度，合格后彻底清理螺栓孔中的杂物。

6)安装支座。吊装支座平稳就位，在支座四角用木楔将支座底板与墩台面支垫找平，调平支座，并将支座顶面调至设计标高，然后重新复核支座中心线及高程。在支座底面与支承垫石之间留有一定的灌浆空隙。支座上下座板必须水平安装，且相互对正，同时应根据设计提供的纵向预留错动量在施工阶段进行调整。支座地脚锚栓埋置深度和螺栓外留长度必须符合设计要求。支座安装示意如图 2.4.6-2 所示。

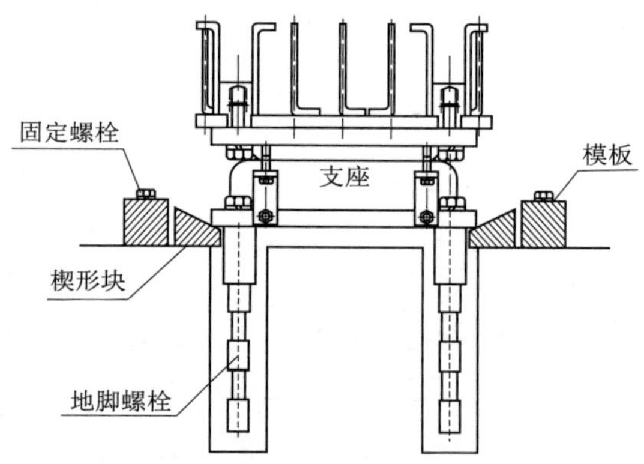

图 2.4.6-2　支座安装示意图

7)安装模板。沿支座四周支侧模,模板四周尺寸应大于支座宽度各 100 mm。安装时模板与垫石顶面应采取可靠措施,防止灌浆时发生漏浆。

8)支座安装就位后,主梁施工应做好防止灌浆料渗入支座的保护措施。

9)配制灌浆料。按配合比的要求进行支座灌浆料的调配,其强度不得低于设计要求。

10)灌注砂浆填满支座螺栓孔和支座与支承垫石之间的空隙。灌浆时,先将支座各个螺栓孔灌满灌浆料,然后再从支座一侧向另一侧挤浆,直至从钢模与支座底板周边间隙观察到灌浆料全部灌满为止。灌浆前应初步计算所需浆体体积,灌注实用浆体数量不应与计算值产生过大的误差,防止中间缺浆。支座重力式灌浆如图 2.4.6-3 所示。

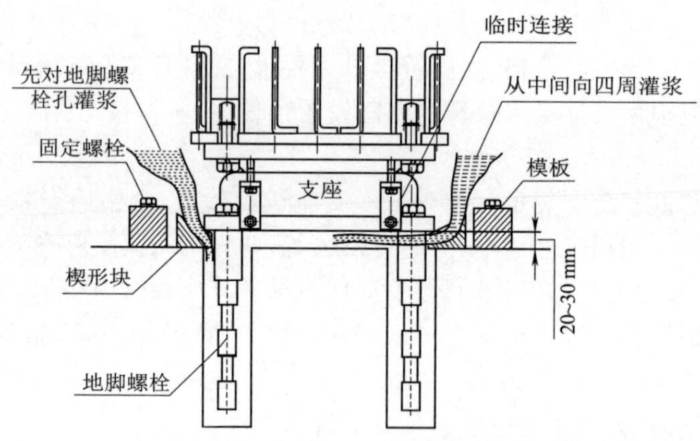

图 2.4.6-3　支座重力式灌浆示意图

11)灌浆材料终凝后,拆除模板及四角楔块,检查是否漏浆,发生漏浆时应进行补浆,并用同等强度的砂浆对垫块留下的空隙进行修补。

12)安装支座与上部结构的锚固螺栓。安装梁部模板时,仔细处理好模板与支座连接部位,防止灌注混凝土时发生漏浆。

13)梁体混凝土浇筑前不得松动支座锁定装置。灌注完梁部混凝土,在拆除脚手架之前,应先解除支座临时连接,然后将支座清理干净并及时安装好支座围护构件。

14)雨天不得进行混凝土及砂浆灌注。雨季施工时,支座安装完毕后,在上部结构混凝土浇筑前应对其采取覆盖措施,以免雨水浸入。

6.劳动组织

(1)劳动力组织方式采用架子队组织模式。

(2)施工人员应根据确定的施工方案、机械、人员组合、工期要求进行合理安排。施工作业人员配置见表2.4.6-1。

表2.4.6-1　施工人员安排

序　号	人员配置	数量(人)	备　注
1	架子队队长	1	
2	技术负责人	1	
3	技术员	2	
4	安全员	2	
5	材料员	4	
6	质检员	2	
7	试验员	1	
8	领工员	2	
9	工班长	1	
10	普工	4	

7.材料要求

(1)支座竖向承载力。支座竖向承载力分为500 kN、1 000 kN、1 500 kN、2 000 kN、2 500 kN、3 500 kN、4 000 kN、4 500 kN、5 000 kN、6 000 kN、7 000 kN、8 000 kN、9 000 kN、10 000 kN、12 500 kN、15 000 kN、17 500 kN、20 000 kN、22 500 kN,25 000 kN、27 500 kN、30 000 kN、35 000 kN、40 000 kN、45 000 kN、50 000 kN、60 000 kN,共27种。

(2)支座设计转角:0.02 rad。

(3)支座设计水平承载力。固定支座(GD)、多向支座(DX)、纵向活动支座(ZX)、横向活动支座(HX)纵桥向的水平承载力分为支座竖向设计承载力的10%、15%、20%、25%、30%五种。超出30%水平力的支座可特殊设计,不同震区桥梁按实际支座设计地震水平力折算为主力选择相应的支座。

(4)支座设计最大位移。多向活动支座和纵向活动支座的纵桥向设计位移分±50 mm、±100 mm,±150 mm三档,多向活动支座和横向活动支座(HX)横桥向设计位移为±10 mm。

(5)支座设计摩擦系数。活动支座在有硅脂润滑条件下的设计摩擦系数取值为−25～60 ℃小于等于0.03;−40～−25 ℃小于等于0.05。

(6)温度适用范围:

1)常温型支座(C)适用于−25～60 ℃。

2)耐寒型支座(F)适用于−40～60 ℃。

(7)支座的高度调节范围为0～+20 mm,超过范围可特殊设计。

(8)支座的选材、表面涂装需满足桥梁所处环境的大气环境要求。

(9)支座上座板顶面不设坡度,线路坡度采用梁底楔块调整。

8. 设备机具配置

安装灌浆用模板,灌浆料拌浆机,台秤及水泵;若是桥位制梁,支座墩顶安装时需配备起吊设备一台。

9. 质量控制及检验

(1)质量要求

1)支座的材料、质量和规格必须满足设计和有关规定的要求,经验收合格后方可安装。

2)支座底板调平砂浆性能应符合设计要求,灌注密实,不得留有空洞。

3)支座上下各部件纵轴线必须对正。当安装时温度与设计要求不同时,应通过计算设置支座顺桥向预偏量。

4)支座不得发生偏歪、不均匀受力和脱空现象。滑动面上不得有划痕、碰伤等,位置正确。

(2)检验要求

支座安装规定值或允许偏差要求见表 2.4.6-2。

表 2.4.6-2 支座安装规定值或允许偏差

<table>
<tr><th>序 号</th><th colspan="3">检查项目</th><th>规定值或允许偏差(mm)</th></tr>
<tr><td>1</td><td colspan="3">支座中心纵向位置偏差</td><td>20</td></tr>
<tr><td>2</td><td colspan="3">支座中心横向位置偏差</td><td>10</td></tr>
<tr><td rowspan="8">3</td><td rowspan="8">钢支座</td><td rowspan="2">下座板中心十字线偏转</td><td>下座板尺寸<2 000 mm</td><td>1</td></tr>
<tr><td>下座板尺寸≥2 000 mm</td><td>1‰边宽</td></tr>
<tr><td rowspan="2">固定支座十字线中心与全桥贯通测量后墩台中心线纵向偏差</td><td>连续梁或跨度 60 m 以上简支梁</td><td>20</td></tr>
<tr><td>跨度小于 60 m 简支梁</td><td>10</td></tr>
<tr><td colspan="2">固定支座上下底座中线的纵横错动量</td><td>3</td></tr>
<tr><td colspan="2">活动支座中心线的纵向错动量(按设计气温定位后)</td><td>3</td></tr>
<tr><td colspan="2">支座底板四角相对高差</td><td>2</td></tr>
<tr><td colspan="2">活动支座的横向错动量</td><td>3</td></tr>
</table>

10. 安全及环保要求

(1)安全要求

1)上岗前,对所有参加施工的技术员、施工员、劳务队组织学习安全操作知识,进行专门培训;并由专职安全员对其分层进行安全技术交底。

2)制定严格的操作规程,操作人员必须严守各自岗位,必须按规定佩戴安全防护用品。

3)施工平台周围设置安全护栏,平台下面设封闭式安全网,上下墩台身设爬梯,便于施工人员上下作业。派专人定期和不定期进行检查,人行道板上采取防滑措施。跳板压上钢筋并用铁线捆绑成为一体。

4)高空作业时,应采取防止掉落铁件、工具等措施。操作工具不用时,必须装在工具袋内,以防坠物伤人。严禁从高处向下抛掷杂物。

5)起吊作业须有专职安全人员现场监控,操作人员必须为熟练工,且经过安全培训。现场有管理人员统一调配指挥。

(2)环保要求

1)支座使用前必须在室内存放,并做好保护措施。

2)场地要进行合理规划,材料堆放要整齐,现场管理要有序,现场道路要畅通,无积水、坑陷,电线路及配电箱敷设整洁、规范。

3)要防止噪声污染,减少噪声扰民现象。对产生强噪声机械作业的工序,宜安排在白天进行。

4)支座处凿毛和清扫时,应采取降尘措施,防止粉尘污染周围环境。

5)操作人员要按要求佩戴口罩、眼罩、手套,并选择通风良好的位置进行砂浆拌制。

6)支座注浆时,要做到工完料清,及时清除多余废浆和各种剩余材料。

7)施工垃圾不得愿意丢弃,应集中到指定位置处理。

8)做好施工场地环境卫生、食品卫生、饮水卫生,定期消毒。

2.5 悬臂法现浇预应力混凝土连续梁

2.5.1 悬臂法现浇连续梁挂篮施工作业指导书

1. 适用范围

适用于杭州至海宁城际铁路桥梁工程悬臂现浇连续梁挂篮模板施工。

2. 作业准备

(1)内业技术准备

1)组织项目部有关施工管理人员和技术人员学习施工图纸、施工规范、合同文件及其他的有关施工技术文件。

2)做好施工图纸及设计说明的会审工作,对项目部施工管理人员和技术人员、现场施工人员、特种作业人员进行逐级技术交底,并认真执行各项施工技术规范。

(2)外业技术准备

1)测量放样工作:连续梁施工前,根据设计院交桩点、设计图纸准确放出所需桩点,进行精确定位及高程控制。

2)检查施工用机械、机具、材料是否到位,能否满足施工进度要求;检查安全防护是否到位,做到先防护后施工。

3)现场场地、临建设施健全,具备挂篮施工条件。

3. 技术要求

根据工程特点、工程量大小、工程地理位置及地质条件、资源设备等,以及对 0 号段支架、挂篮方案比选后,主梁 0 号块采用钢管支架的方式进行施工,1～7 号节段采用菱形挂篮的施工方案进行施工,模板采用钢模,边跨直线段采用碗扣支架进行施工。

4. 施工程序与工艺流程

悬臂连续梁挂篮施工工艺流程如图 2.5.1 所示。

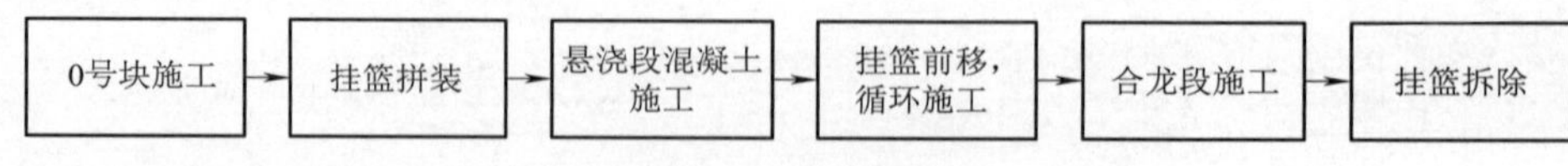

图 2.5.1 悬臂连续梁挂篮施工工艺流程图

5. 施工要求

(1)0 号块施工

1)0 号块支架。连续梁或刚构的 0 号块目前施工工艺均采用支架法施工。根据形式不一样，主要有满堂支架法、墩旁支架法以及墩顶托架法。由于悬灌梁场地受限制，以及墩柱较高时支架稳定性较差，所以满堂支架在实际施工中的很少见。根据墩身的刚度大小以及高度不一样，一般从后两种中进行比选。如果墩身是薄壁柔性墩，且又是单墩，则采取墩旁支架施工。如果墩身刚度较大或为双壁柔性墩，则墩旁支架和墩顶托架均可，但是如果墩身比较高的话从成本节约来讲往往选则墩顶托架。

2)墩旁支架。墩旁支架法一般是指在承台上预埋锚固构件，然后在墩身两侧搭设钢管支架或型钢支架。在支架上铺设模板进行 0 号块施工。同时在支架搭设时往往根据受力需要在墩身上设置支架扶墙。支架搭设完成后进行预压，以减少施工中因为非弹性变形引起的沉降以及获取弹性形变的变化趋势建模确定后续节段施工标高，确保施工质量。支架预压可采取 0 号块自重的 110%～120%等载预压，也可以利用在承台上设置预埋件利用钢绞线张拉的办法。其中等载预压可以采用砂袋、水箱或混凝土块进行，根据现场实际情况决定。

3)墩顶托架。墩顶托架一般是指利用在墩顶附近墩身上设置预埋件，然后利用预埋件焊接型钢成为牛腿托架，然后在托架上铺设构架及模板系统进行 0 号块施工。

4)0 号块施工辅助设施。0 号块辅助设施根据现场实际情况可以采取汽车式起重机、履带式起重机、塔式起重机或缆索吊配合施工。0 号块支架安装施工工序如下：预埋件留设→吊安钢管立柱→安装联结系→吊安脱模垫块→横梁安装→纵梁安装→扶墙安装→模板安装。

(2)挂篮结构设计

挂篮主要由主桁系统、走行系统、锚固系统、悬吊系统、底篮系统、模板系统及操作平台防护系统组成。各系统简介如下：

1)主桁系统。主桁系统是挂篮的主要受力构件，主要由菱形桁架、销轴、竖向平联桁架、前上横梁等部件组成。菱形桁架由受力杆件和箱体采用销轴销结而成，便于拆装和运输，菱形桁架竖放于箱梁腹板位置，桁架的片数可根据主梁的截面特性来定，一般为两片，也有多片的，以两片即应用在单箱单室箱梁上的挂篮为例，两片桁架横向通过平联桁架连成整体，前上横梁架设在菱形桁架的前端节点上，上设吊点，以做悬吊底篮系统和内外模滑梁用，横梁同时起到将主桁架连成整体的作用。

2)走行系统。走行系统主要由走行轨道、顶推装置、前支座、反扣轮、轨道压梁、轨道垫梁等构件组成。桁架走行系统布置为在主桁构架下的箱梁顶面铺设垫梁再铺设轨道，轨道用竖向预应力筋通过轨道压梁锚固，轨道前端顶面放置前支座，支座与桁架节点箱栓接，前支座沿轨道滑行，后支座以反扣轮(或后勾板)的形式沿轨道顶板下缘滚(滑)动，不需加设平衡重。走行时用液压千斤顶纵向顶推前行。

3)锚固系统。锚固系统为主桁系统的自锚平衡装置，主要由后锚压梁、后锚调整梁、后锚压杆、螺母、垫块等部分组成。为保证浇筑混凝土时挂篮有足够的抗倾覆稳定性，需在挂篮的尾部设置后锚固，一般通过箱梁顶板预留孔洞穿锚杆锚固实现，当孔洞无法预留时，也可在梁体内预埋锚杆进行锚固。锚杆一般采用冷拉精轧螺纹钢筋或 45 号钢棒和螺母垫板组成。

4)底篮系统。底篮系统由前下横梁、后下横梁、底篮纵梁和 T 型吊架等构件组成。主要承受箱梁腹板和底板混凝土重量，挂篮前下横梁通过 T 型吊架和吊杆悬吊在前上横梁上，后下横梁通过 T 型吊架和吊杆悬吊在已浇好的箱梁顶板和底板预留孔上，前后下横梁上依次放置底篮纵梁和底模板。

5)悬吊系统。悬吊系统主要由吊杆(带)、吊杆(带)垫梁、吊杆(带)调整梁、内外滑梁和吊具等构件组成。用于悬吊挂篮底篮系统和模板系统,调整底篮和模板的标高。吊杆一般采用冷拉精轧螺纹钢筋,吊带一般用16Mn或性能更好的钢板并布设销孔而成,按不同梁高分为几段,分段间用连接板和销轴连接。每根吊杆(带)利用2台千斤顶通过吊杆调整梁调整底模标高。

6)模板系统。模板系统主要由外侧模、内模、底模和端模四部分组成。外侧模和内模分别由面板、横肋、竖肋和骨架组成,模板根据箱梁结构分块加工,采用螺栓连接。骨架和模板一般分开运输,到现场进行组装拼接。底模和端模由面板和横肋组成,模板根据箱梁结构分块加工,采用螺栓连接。

7)操作平台防护系统。操作平台防护系统由前上横梁平台、前下横梁平台、后下横梁平台、底篮侧面平台、主桁通道及主桁架爬梯等组成。主要为挂篮施工时人工操作的作业平台。前上横梁平台由横梁、栏杆立杆及栏杆扶手等组成;前、后下横梁平台由L横梁、竖杆、纵向连接杆、U形卡具及栏杆扶手等组成;底篮侧面平台由平台框架及栏杆扶手等组成;主桁通道由平台框架、U形卡具及栏杆扶手等组成;主桁架爬梯由爬梯、环形护罩等组成。

(3)挂篮拼装

1)施工挂篮拼装程序:前后支座→桁架→后锚梁→后锚杆→中横梁→后吊杆→前横梁→前吊杆→底模→外模→内模。

2)安装步骤及方法。在0号梁段施工完成后,即可从0号梁段中心向两侧对称安装两套施工挂篮,挂篮安装按设计图进行。

①测量定位,清除0号梁段梁面两腹板部位的杂物,测量划线,支座底面抄平。

②安装桁架前后支座。

③吊装贝雷梁桁架,分别吊装两组贝雷梁桁架于前后支座上,并用后、中、前横联结系连接两套挂篮中间连接。

④吊装后锚梁。

⑤用精轧螺纹钢筋及扁担将后锚梁锚固在桥面板上。

⑥吊装中横梁。

⑦安装后吊杆。

⑧吊装前横梁。

⑨安装前吊杆。

⑩整体吊装底模。

⑪安装外模及外模支架。

⑫安装内模及内模支架。

⑬吊装张拉平台。

⑭挂篮安装后,用全站仪对中,拨正挂篮中线位置,用水准仪抄平,用吊杆调整标高,经中线水平检查无误后,便可进行1号梁段混凝土浇筑施工。

(4)挂篮行走

1)挂篮移动操作规程:

①浆段混凝土达到规定强度后,进行梁段预应力张拉。检查主桁后锚孔(筋)与底篮后锚孔、导梁、滑梁、后吊杆的预留孔的位置,尺寸是否准确,必要时进行修整。同时检查箱梁有无缺陷(如裂缝的长度、宽度、深度、位置等)并记录,以便挂篮移动后作对比检查。

②检查各千斤顶及各手拉葫芦、卷扬机、安全绳等,要求技术性能良好。

③检查滑梁的滚动吊架与滑梁之间的空隙是否有咬边,如有应进行调整。

④挂篮各关键部位设置的安全装置必须加设,任何人不得擅自取消。并检查各销轴的弹簧插销是否到位。

⑤后下横梁安全绳,使用 10 t 手拉葫芦,上部使用钢丝绳挂在外滑梁上,下部使用钢丝绳套在后下横梁上,注意后下横梁安全绳在挂篮行走时不受力,仅起防护作用。

⑥挂篮行走反压安全绳,在挂篮主桁下平杆上安装行走反压梁作为反扣轮行走安全装置。

⑦挂篮外滑梁防脱落装置,在挂篮安装时,需将滑梁防脱落装置安装好,在挂篮使用过程中不得取出,如行走装置损坏,需及时更换。

2)挂篮移动操作步骤:

①脱模。同步下放底篮后吊杆,使底篮脱离箱梁底 10~15 cm,再同步下放前吊杆,使前后下横梁顶面保持水平。脱模时,应注意先松后吊杆,再松前吊杆,否则短吊杆容易出现无法卸脱。底篮脱离底板,调整好两下横梁高度后,前后下横梁放置水平、两横梁高差不大于 5 cm。挂篮底篮前端挂在前上横梁上,后端通过两外侧的吊杆挂在主桁的平联上。同理下放外滑梁前后端吊杆 10~15 cm,内模同样下放 10~15 cm。这样挂篮的模板系统与梁体就完全脱离。

②轨道安装。挂篮首次行走或轨道设计为前后倒换使用的,只需准确测放出挂篮前移轨道位置,按设计图纸铺设或倒换轨道垫梁和轨道,轨道需接长的,利用螺栓和两块连接板把两根轨道连成一整体,严禁使用电焊焊接接长轨道。利用箱梁的竖向精扎螺纹钢,通过轨道压梁锚固轨道,完成轨道安装。对于挂篮轨道设计为整体拖动前移的,在第二次移动挂篮时,需将挂篮前支点用两台 32 t 螺旋千斤顶或其他顶升设备顶起 3 cm,将轨道拖至测放好的位置,然后将轨道垫梁抄平垫实,同时利用箱梁的竖向精扎螺纹钢,通过轨道压梁锚固轨道,检查确认所有轨道锚固牢靠。轨道前移到位安放好后将千斤顶缓缓下放,使前支座作用在轨道上,完成轨道前移作业。

③行走吊杆安装及保险设置。

a. 平联桁架上安装两根吊杆吊住后下横梁,然后拆除锚在箱梁上的其他后下横梁上的吊杆,底篮后下横梁同时用钢丝绳、10 t 葫芦悬挂在侧模上的滑动导梁上加以保护。

b. 无法使用平联桁架吊住后下横梁的,在滑梁上安装吊杆吊住后下横梁,使底篮转换至滑梁上受力行走。

④滑梁吊架行走前转换。

a. 各滑梁上后端的滚动吊架和承重吊架进行转换,先在箱梁上打紧滚动吊架吊杆,使滑梁后端的两种吊架同时受力,松开承受吊架吊杆,此时滚动吊架受力,承重吊架悬空在内外滑梁上完全不受力,注意承重吊架不拆除。

b. 拆除翼板下外侧导梁后端的吊具并把导梁固定在外模上。

⑤后锚拆除。在后锚压梁上利用 32 t 螺旋千斤顶缓慢放松主桁后锚杆,使反扣轮扣住轨道,检查各反扣轮与轨道是否接触紧密,反扣轮完全受力后,收回千斤顶,松开后锚杆,在外滑梁后端平台及箱内拆除后锚杆。在松开后锚前,应确认反扣轮前后的轨道压梁锚固牢靠。

⑥行走装置安装。挂篮驱动装置分两种,具体如下:

a. 穿心式液压千斤顶顶推行走。在轨道前端安装一个垫梁,通过垫梁穿一根精轧钢至前支座,在前支座后端安装穿心式千斤顶,使用螺帽与精轧钢连接,同时将千斤顶连接油泵。

b.配置的顶推装置行走。挂篮行走前,在前支座后安装顶推垫梁,将随挂篮配置的顶推油缸前端销接在顶推垫梁上,后端与顶推卡扣销接,并将顶推油缸与油泵连接。

在挂篮行走前,需再次确认行走吊杆是否锚固牢靠,各项安全装置是否安装齐备。行走前在轨道上从前支座处开始使用石笔每 10 cm 画一标记。

挂篮行走时,需保持主桁架同步向前行进,挂篮行进时根据轨道上刻画好的尺寸,主桁前后位置偏差最大不得大于 10 cm。挂篮行走过程中,应派人巡视是否有模板吊杆与混凝土或钢筋有刮碰现象。反扣轮行走至轨道压梁处时,先在反扣轮后压一根轨道压梁,然后将反扣轮前压梁拆除。主桁前移到位后,检查后下横梁箱室内预留孔、后锚预留孔是否与横梁吊具、后锚节点箱对齐,之后对挂篮后锚点进行锚固。安装底篮后吊杆、翼板吊杆(各滑梁上的滚动、承重吊具进行转换,使承重吊架受力),放松行走后吊杆,调整模板位置及标高。考虑箱梁绑扎钢筋施工方便,内模不需与挂篮同步行走的,将内模(顶板)用两台 2 t 以上手拉葫芦拉出就位,安装吊杆(承重吊具受力);解除内滑梁尾端滚动吊具锚固,移动滚动吊具到预留孔处,重新穿吊杆,等待下一次行走。

⑦挂篮施工属高空作业,现场应做好栏杆、扶梯并悬挂安全网,施工人员要按技术要求和安全操作规程作业,以确保施工质量和施工安全。

(5)挂篮预压

1)预压的目的。在施工前须对挂篮进行预压,以检测挂篮主桁承重系统的强度和稳定性,消除其非弹性压缩变形和测出弹性变形即挂篮(模板)前端点的下挠度,为以后各梁段施工的预拱度提供参数。

2)预压方法。根据现场施工条件和实际情况,为了减少加载的工作量,预压采用预制混凝土块配重预压方案。在挂蓝底部铺设木板,在木板上排放预制混凝土块进行预压。挂篮预压前,应紧固后锚系统受力杆件,特别是后压系统和前横梁系统的拉杆,使各杆件受力均匀。

3)加载方法及加载顺序。

①加载荷载按最重节段计算。

②加载采用分级、多次加载。预压时按照设计荷载的 60%、100%、110%逐级加载至设计荷载的 110%,检查各杆件焊缝有无开裂情况,同时记录加载施力和位移数据。加载程序为 0→60%→100%→110%→卸载。

(6)合龙段施工

1)施工准备。

①悬臂梁段浇筑完毕,拆除悬臂挂篮主桁。

②清除箱顶、箱内的施工材料、机具,用于合龙段施工的材料、设备有序放至墩顶;在 T 构两悬臂端预备配重水箱,重量为按合龙段现浇混凝土重量之半加载。

③近期气温变化规律测量记录。

2)边跨合龙段支架及模板。

①边跨合龙段采用碗扣支架施工,支架与边跨现浇段同时搭设、预压,底模板采用 18 mm 厚竹胶板,侧模板采用挂篮侧模板。

②安装边跨合龙临时刚性连接,张拉临时钢束,灌注边跨合龙段。

③在两端边跨合龙段临时固结解除完成后,安装中跨吊篮,用来施工中跨合龙段。

④根据前 3 d 测定的一天中气温最低时刻，迅速将劲性骨架另一端焊接好，焊接做到对称，安装中跨合龙临时刚性连接件，将梁体予以均衡、同步，焊接完成后，劲性骨架已将合龙口完全锁定。

(7)挂篮拆除

1)挂篮拆除前准备。

①梁段距离地面高度小于 10 m 且挂篮下地面开阔，可选用 2 台汽车式起重机在箱梁两侧分别吊住底篮进行挂篮底篮下放，再使用吊装设备拆除挂篮主桁及行走系统。

②梁段距离地面高度较高或位于河道中心的，可选用 4 台卷扬机下放挂篮底篮，主桁部分可后退至空阔地带，使用汽车式起重机等起重设备直接上桥对桥面上主桁系统进行拆除。

2)挂篮后退。

①在悬浇合龙段位于河道中心或公路或铁路上时，挂篮拆除前需后退至 0 号块位置。在墩身附近进行拆除作业。

②挂篮后退与挂篮行走步骤基本相同，方向相反，挂篮前下横梁吊杆需移动至箱梁外侧。挂篮后退过程中应保证底篮水平，并且底篮应距离箱梁最高节段底部 50 cm 距离。挂篮后退注意事项参照挂篮行走注意事项。

3)挂篮拆除步骤。最后一个悬浇段浇筑并张拉完成后，进行挂篮拆除工作，挂篮拆除步骤：拆除防护平台→拆除内模→拆除底篮及外侧模→拆除主桁及行走系统。

4)操作平台拆除。

①后下横梁平台拆除。后下横梁平台拆除之前先将底篮下放 1.5 m，人员站在底模上拆除平台。先拆除护栏横杆，再拆除钢格道板，钢格道板拆除从平台的一侧向另一侧进行。每拆除一块钢格道板后，将对应的 L 形梁处构件螺栓卸下并将 L 形梁移除。

②拆除底篮侧面平台。底篮侧面平台由于在底篮下放过程中还需做临时通道用，一般在底篮下放到位后再拆除。拆除时，将连接下横梁与平台小纵梁及护栏、下横杆之间连接螺栓全部拆除后，将构件分解并归类。

③拆除前上横梁平台。待底篮及滑梁结构完全拆除后，进行前上横梁平台拆除。先拆除护栏横杆，通过主桁通道运至箱梁顶面，再从横梁端头和横梁中间依次向主桁方向拆除护栏立杆、底横梁。

④主桁通道拆除。在前上横梁拆除后，将其与主桁之间连接螺栓解除，整体吊装拆除。

5)内模拆除。在最后一块悬浇段张拉完成后，首先进行内模拆除，内模及骨架在箱内分解，使用人工搬运出箱梁。

6)底篮及外侧模拆除。将挂篮外侧模下放至底篮横梁上，使用滑梁和导梁作为支撑，在箱梁上部对应挂篮两侧下横梁各放置两台卷扬机，后下横梁上方卷扬机钢绳通过导梁后端预埋孔下放至后下横梁，将后下横梁捆住，根据实际情况在钢绳转角处安装导向轮，如底篮自重过大，也可在横梁与钢绳连接处增设动滑轮。前下横梁上方卷扬机钢绳可通过前上横梁安装导向轮转向吊住前下横梁。卷扬机安装好后，将横梁及滑梁吊杆拆除。四台卷扬机操作由专人统一指挥，同步下放。下放时，应在箱梁下的地面上派人使用对讲机指挥。控制好挂篮四角保持水平。底篮下放到地面的，确保外侧模和底篮落稳后，解除钢绳，使用气割分解纵梁和横梁。

注：挂篮与地面高度低于 10 m 的，底篮下放也可使用手拉葫芦在箱梁外侧吊在前上横梁和平联桁架上整体下放。

7)主桁及行走系统拆除。挂篮底篮拆除后,进行主桁系统和行走系统拆除。桥面上主桁部分根据实际情况可后退至空阔地带,使用汽车式起重机等起重设备直接上桥对桥面上主桁系统进行拆除。将安装在前上横梁的吊杆及垫梁拆除,拆除后割除主桁架与前上横梁之间连接。使用汽车式起重机将前上横梁拆除。拆除主桁平联桁架,平联桁架拆除前,先使用手拉葫芦将主桁架对拉固定,再割去平联桁架与主桁架连接的定位角钢,将平联桁架吊出主桁架。主桁拆除,使用起重机吊住主桁,松开前支座与主桁连接螺栓,拆除后锚压梁并缓缓松开对拉手拉葫芦,待主桁在起重机吊装平稳后,完全松开手拉葫芦。主桁放于地面上打掉销轴,分解各个构件。主桁拆解后,将反扣轮从轨道梁中抽出分解。

6. 劳动组织

悬臂连续箱梁施工是控制性工程,因此为保证进度计划的完成,必须增加人员的投入,操作人员每天 24 h 作业,分两班倒,应制定详尽的人员安排计划,见表 2.5.1-1。

表 2.5.1-1　施工人员安排

序　号	人员配置	数量(人)	备　注
1	技术员	2	
2	安全员	1	
3	测量员	1	
4	质检员	1	
5	焊工	4	
6	模板工	8	
7	起重机司机	4	
8	张拉工	8	
9	普工	12	

具体施工人员根据现场施工情况进行增减。

7. 材料要求

(1)本工艺适用预应力连续梁(刚构)的 0 号段、悬浇节段及合龙段的施工,悬浇施工常用挂篮法。因此主要施工机械及工艺装备即为施工挂篮。挂篮由专业厂家生产,根据设计及实际情况,采用菱形挂篮,菱形挂篮具有自重轻、变形小、稳定性好,装拆方便和移动灵活等特点,且外形简单,受力明确,是常用的挂篮形式。考虑今后类似桥梁的通用性,挂篮设计最大悬浇长度 4.5 m。

(2)挂篮进场需要具备全套资料,包含挂篮厂家资质、钢材形式检验报告、探伤报告、挂篮合格证。报送监理验收合格后方可进行作业。

8. 设备机具配置

悬臂连续箱梁施工需要大量性能优异、状况良好的设备,在加大人员投入的同时也要加大设备的投入,施工前应制定详尽的机械设备使用计划,见表 2.5.1-2。

表 2.5.1-2　主要设备及数量

名　称	型　号	吨位/功率	数　量
挂篮	菱形挂篮		2套
混凝土输送泵	HBT60C-1816	60 m^3/h	1台
混凝土搅拌运输车		10 m^3	11辆
发电机组		150 kW	1台
张拉压浆设备		400 t	1套
起重机		25 t	2台
交流电焊机	BX-400	20 kW	10台
空压机		150 kW	1台
钢筋弯曲机	GW-40A	7.5 kW	4台
插入式振捣棒	ZN50-70		20把

9. 质量控制及检验

(1)原材料进场实行严格的检验制度,试验室按现行国家标准的规定抽取试件作力学性能检验,其质量符合有关标准的规定后方可使用。

(2)在正式施工前进行试焊,检验接头外观质量及力学性能,选定焊接工艺参数。在试焊质量合格和焊接工艺、参数确定后,方可成批焊接。

(3)严格控制挂篮安装位置、行走轨道、构件连接确保挂篮受力符合设计要求。

10. 安全及环保要求

(1)安全要求

1)在主梁施工过程中,按照"安全第一"的原则进行施工安排,防止安全事故的发生。

2)高空作业戴安全帽、系安全带,杜绝酒后作业。电梯、塔式起重机司机、起重工、电工等特殊工种必须持证上岗。

3)在施工平台四周挂设安全网,形成封闭作业区域。

4)机械设备应经常检查、维修、保养,保证设备的完好性能。

5)对临时构件的设计,安全系数必须满足有关规范的要求。

6)在不良气候条件下,如暴雨、风力达六级以上时,则停止主梁施工。

7)严格执行电气安全操作规程,所有电气设备必须质量可靠并有漏电保护与接地装置。

8)挂篮组拼完成后,做全面的检查并进行静载试验。

9)千斤顶支架必须与构件对准,放置平整、稳固,加楔和拧紧螺栓应先停止拉伸,作业人员应站在两侧操作,所有人员都不能从千斤顶正面通过或停留,以防回弹伤人。

(2)环保要求

1)生产中的废弃物及时处理,运到当地环保部门指定的地点弃置。

2)按环保部门要求集中处理试验及生活中产生的污水及废水。

2.5.2 悬臂法现浇连续梁钢筋施工作业指导书

1.适用范围

适用于杭州至海宁城际铁路桥梁工程悬臂法连续梁钢筋施工。

2.作业准备

(1)内业技术准备

在开工前应组织技术人员认真学习实施性施工组织设计,阅读、审核施工图纸,澄清有关技术问题,熟悉规范和技术标准。制定施工安全保证措施,提出应急预案。对施工人员进行技术交底,对参加施工人员进行上岗前技术培训,考核合格后持证上岗。

(2)外业技术准备

施工作业层中所涉及的各种外部技术数据收集。修建生活房屋,配齐生活、办公设施,满足主要管理、技术人员进场生活、办公需要。

3.技术要求

(1)钢筋保护层采用同等级混凝土垫块控制,垫块采用梅花形布置,每平方米均布4块。

(2)钢筋的加工应符合设计要求。当设计未提出要求时,应符合下列规定:

1)受拉热轧光圆钢筋末端应做180°的弯钩,其弯曲直径d不得小于钢筋直径的2.5倍,钩端应留有不小于钢筋直径3倍的直线段。

2)受拉热轧光圆和带肋钢筋的末端,当设计要求采用直角形弯钩时,其弯曲直径d不得小于钢筋直径的5倍,钩端应留有不小于钢筋直径3倍的直线段。

3)弯起钢筋应弯成平滑的曲线,其弯曲半径不得小于钢筋直径的10倍(光圆钢筋)或12倍(带肋钢筋)。

4)用低碳钢热轧圆盘条制成的箍筋,其末端应做不小于90°的弯钩,有抗震等特殊要求的结构应做135°或180°的弯钩;弯钩的弯曲直径应大于受力钢筋直径,且不得小于箍筋直径的2.5倍;弯钩端直线段的长度,一般结构不得小于箍筋直径的5倍,有抗震等特殊要求的结构,不得小于箍筋直径的10倍。

4.施工程序与工艺流程

(1)施工程序

钢筋下料→钢筋加工→绑扎底腹板钢筋→安装预应力管道→调整验收底腹板钢筋→绑扎顶板钢筋→绑扎预埋钢筋→预埋件安装→调整验收顶板钢筋。

(2)工艺流程

钢筋施工工艺流程如图2.5.2所示。

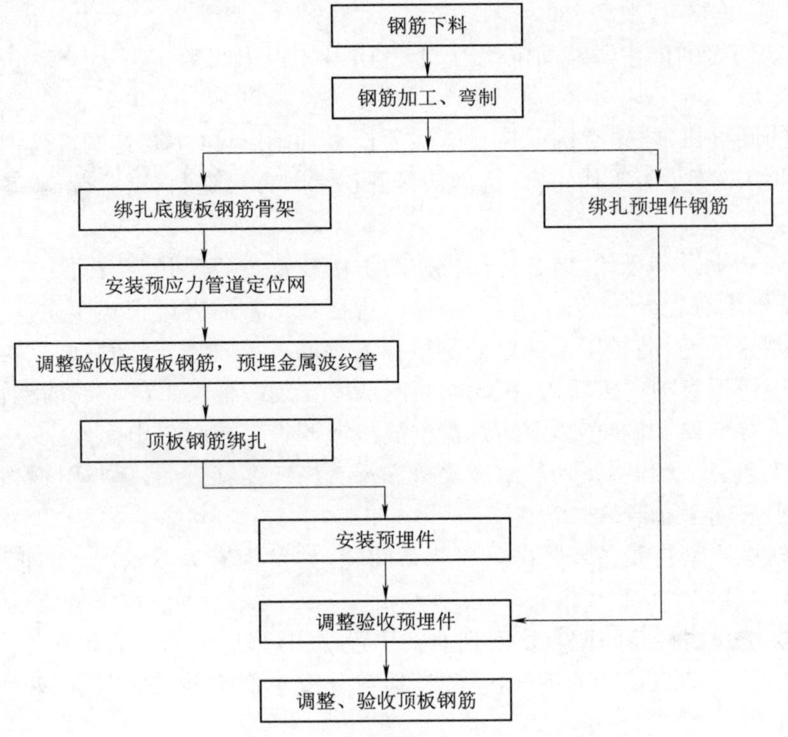

图 2.5.2 钢筋施工工艺流程图

5.施工要求

(1)原材料

1)原材料严格实施进场检验,检验标准及频次符合规范的要求。

2)为防止锈蚀,钢筋原材下垫高度不小于 300 mm,上面用帆布遮盖。

3)填写好物资标识牌,按生产厂家、进场批次、规格型号分类堆放。未经检验的钢筋原材不得使用。

(2)钢筋加工机械设备操作规范及要求

1)调直切断机。

①准备工作:

a.钢筋调直切断机应安装在坚实稳固的混凝土基础上,室外作业时应设置机棚,机旁应有足够的堆放原料、半成品的场地。

b.承受架料槽应安装平直,其中心应对准导向筒、调直筒和下切孔的中心线。钢筋转盘架应安装在调直机 5～8 m 的地方。

c.按所调直钢筋的直径,选用适当的调直块,调直块的孔径应比钢筋直径大 2～5 mm。首尾两个调直块须放在调直筒的中心线上,中间三个可偏离中心线。一般先使钢筋有 3 mm 的偏移量,经过试调直后若发现钢筋仍有旁弯,则可逐渐加大偏移量直至调直为止。

d.根据钢筋直径选择适当的引辊槽宽,一般要求在钢筋夹紧后上下辊之间有 3 mm 左右的间隙。引辊夹紧程度应保证钢筋能顺利地被拉引前进,不会有明显转动,但在切断的一瞬间允许钢筋和曳辊之间有打滑现象。

e. 根据活动切刀的位置调整固定切刀,上下切刀的刀刃间隙应不大于 1 mm,侧向间隙应不大于 0.1～0.15 mm。

f. 新安装的调直机,要先空机运转 2 h,然后检查轴承温度(主要是调直筒轴承),并检查锤头、剪切齿轮和切刀等是否工作正常,待确认各部正常时方可送料,试验调直和切断。

②操作要点:

a. 作业前先用手搬动飞轮,检查传动机构的工作装置,调整间隙,紧固螺栓,确认无误后启动空运转,检查轴承有无异响,齿轮应啮合良好,待运转正常后方可正式作业。

b. 在调直块未固定,防护罩未盖好前不得穿入钢筋,以防机器开动后调直块甩出伤人。

c. 喂料前应将不直的料头切去,在导向筒前部应安装一根长 1 m 左右的钢管,钢筋必须先穿过钢管再穿入导向筒和调直筒,以防每盘钢筋接近调直完毕时甩出伤人。

d. 在钢筋上盘、穿丝和引头切断时应停机进行。当钢筋穿入后,手与引辊必须保持一定的距离,不得接近,以防手指卷入。

e. 机械运转中严禁打开各部防护罩及调整间隙,如发现有异常情况,应即停机检查,不得勉强使用。

f. 停机后应松开调直筒的调直块回到原来位置,同时预压弹簧也必须回位。

g. 作业后应将已调直切断的钢筋按规格、根数分成小捆堆放整齐,同时清理现场,切断电源,锁好开关箱。

③检查及保养事项:

a. 检查润滑情况,按润滑表规定进行润滑。

b. 检查三角带松紧度,以用手指能在皮带中间按下 10～15 mm 为宜。

c. 检视各传动机构有无异常现象,锤头、切刀等各部分工作是否正常。若系旋转刀盘剪断式,则先运转调直筒 1～2 min,运转正常后再启动切断机构,同时检视离合器是否灵活可靠。

d. 检查各轴承温度,重点是检查调直筒轴承温度,各轴承温度不得高于 60 ℃。

e. 检查各螺栓,用力适当,紧固均匀。

f. 检视电路和开关,线头连接应牢固,熔丝应符合规定,电磁开关应接触可靠、动作灵敏,接地应良好。

g. 清除机体上的污垢、灰尘和障碍物。

2)钢筋切断机。

①准备工作:

a. 钢筋切断机应选择较坚实的地面安置平稳,机身铁轮应用三角木块塞好,接送料工作台面应和刀刃下部保持水平,工作台的长度可根据加工材料长度决定,四周应有足够搬运钢筋的场地。

b. 使用前必须清除刀口处的铁锈及杂物,检查刀片应无裂纹,刀架螺栓应紧固,防护罩需完好,接地要牢固,然后用手扳动带轮,检查齿轮啮合间隙,调整好刀刃间隙,固定刀片与冲切片的水平间隙以 0.5～1 mm 为宜。

c. 按规定向各润滑点齿轮面加注或涂抹润滑油。若需更换液压油时,应将原液压油按规定选用。

d. 启动后先空车试运转,整机运行应无卡滞和异常声响,若系液压传动,还应首先排除缸内空气，待确认各部正常后方可作业。

②操作要点：

a. 新投入使用的切断机，应先切直径较细的钢筋，以利设备磨合。

b. 切料时必须使用刀刃的中下部位，并在活动刀片向后退时，握紧钢筋对准刀口，迅速送入，以防钢筋未端摆动或甩出伤人。严禁在活动刀片已开始向前推进时向刀口送料，否则易发生机械和人身事故。

c. 严禁切断超出规定范围的钢筋，一次切断多根钢筋时，总截面积应在规定范围以内。禁止切断中碳钢筋和烧红的钢筋，切断低合金钢等特种钢筋时，应更换相应的高硬度刀片。

d. 切断短料时，靠近刀片的手和刀片之间的距离应保持 150 mm 以上，如手握一端的长度小于 400 mm 时，应用套管或夹具将钢筋短头压住或夹牢，以防弹出伤人。

e. 在机械运转时严禁用手去摸刀片或用手直接去清理刀片上的铁屑，也忌用嘴吹。钢筋摆动周围和刀片附近，非操作人员不得停留。切断长料时，也要注意钢筋摆动方向，防止伤人。

f. 运转中如发现机械不正常或有异响，以及刀片歪斜、间隙不合等现象时，应立即停车检修或调整。

g. 工作中操作者不得擅自离开岗位，取放钢筋时，既要注意自己，又要关心别人。已切断的钢筋要堆放整齐，防止个别切口突出，误踢割伤。作业后用钢刷清除刀口处的杂物，并进行整机擦试保养。

③检查及保养事项：

a. 清洁机体，按润滑表加注规定的油料。

b. 检查各部螺栓，不得缺损，要紧固牢靠。三角带的松紧度以用手指能在皮带中间按下 10～15 mm 为宜，各防护装置要齐全完好。

c. 检查电路和开关，线头应连接牢固，熔丝应符合规定，开关接触应可靠，接地应良好。

d. 调整固定刀片和活动刀片的间隙，两刀片的重叠量在正常情况下为 2 mm，间隙应不大于 0.3 mm。

e. 刀片固定架的螺栓不得松动，如刀口磨钝应予更换。

f. 检查离合器，接地应稳，分离应完全。

g. 用手转动 2～3 圈进行试运转，各部灵活无阻后，再接通电源运转 1～2 min，各部应工作正常，无异常声响。

h. 在运转中检查轴承温度，滚动轴承及滑动轴承的温度不应高于 60 ℃，电动机的温升不应超过 60 ℃。

3)钢筋弯曲机。工作时，根据钢筋弯曲形状，将钢筋平放在工作盘中心轴和相应的成型轴之间，挡铁轴的内侧。当工作盘转动时，钢筋一端被挡铁轴阻止不能转动，中心轴位置不变，而成型轴则绕中心轴作圆弧转动，将钢筋推弯。由于规范规定，当作 180°弯钩时，钢筋的圆弧弯曲直径应不小于钢筋直径的 2.5 倍，因此，心轴也相应地制成直径不同的几种规格，以适应弯曲不同直径钢筋的需要；当弯曲直径 ϕ16 mm 以下的钢筋时，应在插入主座上放置挡料架，通过调换不同直径的中心轴承和衬板厚度，使中心轴套和衬板之间的垂直距离等于被弯曲钢筋的直径，以保证钢筋的正确弯曲形状。

①准备工作：钢筋弯曲机应在坚实的地面上放置平稳，铁轮应用三角木块塞好，工作台和弯曲机台面要保持水平，当弯曲根数较多和较长的钢筋时，应作架子支持，同时四周要有足够

的工作场地。

②机械进行全面检查:

a. 检查附件是否齐全、完好,各零件连接螺栓有无松动。

b. 检查电机和电气元件的接线是否正确牢固,电源线不能直接接在按纽上,应另装开关控制电源,并应妥善接地。

c. 检查减速箱内润滑油是否充足,必要时应进行补充或更换。

③准备各种附件:

a. 根据弯曲钢筋的直径选择中心轴和成型轴。弯曲细钢筋时,中心轴换成细直径的;成型轴换粗直径的;弯曲粗钢筋时,中心轴换成粗直径的,成型轴换成细直径的。一般中心轴的直径应是钢筋直径的 2.5～3 倍,钢筋在中心轴和成型轴间的空隙不能超过 2 mm。

b. 根据弯曲钢筋的直径配换齿轮。工作盘(主轴)转速:当钢筋直径 $d \leqslant 18$ mm 时取高速;d 为 18～22 mm 时取中速;$d > 32$ mm 时取低速。一般工作盘常放在慢速上,这样就可以弯曲允许范围内所有直径的钢筋。

c. 当弯曲直径在 20 mm 以下的钢筋时,应在插入座上放置挡料架,以保证被弯钢筋能正确成型。

d. 先进行空车试运转,应平稳、无卡异常后,方可进行负载试验,先弯曲直径较小的钢筋,再弯曲大直径钢筋。

e. 为了减小度量时间,可在台面上设置标尺,在弯曲前先正确度量好弯曲点的位置,同时先试弯一根,经检查无误后再正式工作。

④操作要点:

a. 操作时注意力要集中,首先要了解倒顺开关控制工作盘旋转的方向,钢筋的放置要和挡铁轴、工作盘旋转方向相配合,不要放反。在变换工作方向时,要从正转—停—倒转,不要直接从正—倒或倒—正。

b. 弯曲较长的钢筋时,应有专人扶持,搬运钢筋时,要注意不得碰撞人和物。严禁在弯曲钢筋的作业半径内和机身不设固定销的一侧站人,弯曲好的半成品应及时堆放整齐,弯钩不得朝上。

c. 严禁超过机械对钢筋直径、根数及机械转速的有关规定。

d. 作业中严禁更换中心轴、成型轴或挡铁轴,也不得在运转过程中进行检修、加油或清扫。挡铁轴的直径和强度不得小于被弯曲钢筋的直径和强度,不直的钢筋不得在弯曲机上弯曲,以防发生事故。

⑤检查及保养事项:

a. 清除机体上的污垢,检查防护装置是否齐全牢靠,按润滑表加注规定的油料。

b. 线路连接牢固,开关要接触可靠,接地应良好。

c. 检查挡板卡头和工作盘,应装置牢固。

d. 用手转动 2～3 转,灵活无阻后再接通电源试运转 1～3 min,运转时应均匀平稳,无过大的噪声。

e. 在运转中检查轴承及电动机温度,滚动及滑动轴承的温度不能高于 60 ℃,电动机的温升不能超过 60 ℃。

(3)钢筋下料

1)钢筋使用前应调直,并符合下列规定:

①钢筋表面的油渍、漆污、水泥浆和用锤敲击能剥落的浮皮、铁锈等均应清除干净。

②调直后的钢筋应平直，无局部折曲。

③调直后的钢筋，表面不应有削弱钢筋截面的痕迹。

2)由钢筋工班长根据图纸要求填写配料单，准确计算下料长度。编制钢筋下料单时应根据钢筋编号及供应商提供钢筋原材的尺寸，统筹安排以减少钢筋的损耗。

①工艺流程：备料→划线→切断→堆放。

②备料：将同规格钢筋，根据不同长度进行长短搭配，先备长料，后备短料，以尽量减少短头。

③划线：划线时避免用短尺量长度，防止造成累计误差。

④切断：钢筋切断机固定刀片与冲切刀片必须有1～2 mm的间隙，刀刃磨成一定的角度。钢筋端头要顶到刻度线挡板外，将钢筋落入切断机切断，为防止差错，要试断一根，检查合格后，再成批切断。

⑤安全注意事项：

a.机械运转时，严禁用手直接清除刀口附近的杂物，钢筋切断时在钢筋的摆动范围内非操作人员不准停留，严禁超机械负载能力切断。

b.切断长钢筋的两端有人握住，防止摆动伤人，切短料时，手离刀口距离大于150 mm。

⑥质量要求：

a.钢筋的断口无马蹄形或起弯等现象，若有必须切除或校直。

b.为确保钢筋长度的准确，钢筋切断要在调直后进行，其允许偏差为±10 mm。

c.钢筋切断配料过程中，如发现钢筋有劈裂、缩头或严重的弯头，外观不合格的对焊接头等必须切除。

(4)钢筋焊接

1)闪光对焊焊接要求。

①钢筋焊接采用闪光对焊，其焊接工艺应根据具体情况选择：钢筋直径较小，钢筋牌号较低，可采用连续闪光焊；钢筋直径较大，端面比较平整，宜采用预热闪光焊；端面不平整，宜采用闪光－预热－闪光焊。

②焊接参数。钢筋对焊参数包括调伸长度、烧化留量、一次烧化留量、预热留量、二次烧化留量、有电顶锻留量和无电顶锻留量等，焊前应根据不同的焊接工艺合理选择。

③对焊工艺流程。

a.连续闪光焊：准备工作(钢筋端部120 mm范围内除锈、校直、选择参数，调整两钳口间的距离、断路限位开关和变压器级数、打开冷却水、夹紧钢筋、接通电源)→两钢筋局部接触并徐徐移动钢筋，形成连续闪光顶锻→松开夹具，取出钢筋→钢筋堆放。

b.预热闪光焊：准备工作(同上)→两钢筋端面交替接触和分开→顶锻→松夹具，取出钢筋→钢筋堆放。

c.闪光—预热—闪光焊：准备工作(同上)→两钢筋端头局部接触形成一次闪光→两钢筋端面交替接触和分开→两钢筋端面接触形成二次闪光→顶锻→松夹具，取钢筋→钢筋堆放。

2)受力钢筋的连接方式、接头位置必须符合设计要求。

3)箱梁梁体受力主筋一律采用闪光对接焊，非受力主筋及预埋钢筋可采用电弧焊(含搭接焊、帮条焊)。

4)帮条焊时,帮条的牌号和直径应和主筋相同,帮条和被焊主筋的轴线应在同一平面上;搭接焊时,宜采用双面焊。当不能进行双面焊时,方可采用单面焊。搭接长度符合规定(综合接地钢筋电弧焊搭接长度:单面焊为 20 cm,双面焊为 10 cm)。钢筋焊接后,必须除去焊渣以便检查。

5)焊缝厚度 h 不应小于 0.3d,焊缝宽度 b 不应小于 0.8d(d 为主筋直径)。

6)电弧焊接头的焊缝应平整,不得有凹陷和焊瘤,接头区域不得有肉眼可见裂纹。

7)闪光对焊时,接头周缘应有适当的镦粗部分,并呈均匀的毛刺外形,钢筋表面不得有明显的烧伤和裂纹,接头弯折的角度不得大于 3°,接头轴线的偏移不得大于 0.1d,且不得大于 2 mm。

(5)钢筋弯制

1)工艺流程:准备→划线→试弯→成批弯曲→堆放。

2)准备:下料弯制前要进行调直,钢筋表面的油渍、漆污和用锤击能剥落的浮皮、铁锈等均清除干净。钢筋应平直,无局部折曲。

钢筋在加工前,首先熟悉要进行加工的钢筋规格、形状和各部尺寸,以便确定弯制操作步骤和配备弯制机具。

3)划线:根据钢筋料表上标明的尺寸,用石笔将各弯曲点位置划出。

4)试弯:在进行成批钢筋弯曲操作前,各类型的弯曲钢筋都要试弯,然后检查其弯曲形状、尺寸是否和施工图纸要求相符,并校对钢筋的弯曲顺序、划线、所定的弯曲标志。经过调整后,成批生产。

5)钢筋的弯钩或弯折必须符合下列规定:

①HPB235 级钢筋末端需要作 180°弯钩,其圆弧弯曲直径不小于钢筋直径的 2.5 倍,平直部分长度不小于钢筋直径的 3 倍。

②光圆钢筋端部半圆形弯钩的内径不得小于 2.5 倍钢筋直径,并在钩的端部留一直段,其长度不小于钢筋直径的 3 倍。

③弯起钢筋中间部位弯折处的弯曲直径不小于钢筋直径的 10 倍(光圆钢筋)或 12 倍(带肋钢筋)。

④钢筋弯曲机附有多种直径规格的芯轴,根据钢筋的不同弯曲直径选择不同直径的芯轴。

⑤钢筋弯曲成型时,应按设计弯曲角度一次性弯曲,不得反复弯折。

6)注意事项:

①钢筋弯折处的弯曲直径及末端的弯钩符合设计图的规定。

②机械弯曲时不用小直径芯轴弯曲大直径钢筋。

③在弯制过程中,发现钢筋或对焊接头开裂、脆断、太硬、回弹等失常现象,及时向工班长反映,查找原因,采取措施进行处理。

7)质量要求:

①钢筋形状正确,平面上没有翘曲不平现象。

②钢筋末端弯钩的弯曲直径不小于钢筋直径的 2.5 倍。

③钢筋弯曲点处无裂缝。

(6)定位网片加工

1)在专用胎具焊接成型。按设计要求焊接，点焊牢固。对不同位置的钢筋网片分类堆放，标识清楚。

2)预应力钢筋定位网钢筋的布置：定位网片应按预应力钢筋定位网坐标表规范布置，布置间距为直线段 600 mm，曲线段 300 mm，并将其与梁体钢筋焊接为一体，不得扭曲变形，以确保管道位置的正确、平顺。

(7)钢筋绑扎

1)钢筋绑扎要求：

①钢筋交叉点逐点绑扎牢固，绑扎时钢筋与钢筋间要密贴，不允许有间隙存在；竖向架立筋和吊点位置处用点焊焊牢；绑扣形式以不易松脱为准，绑点如有松脱，应紧扣或重绑，钢丝尾扭向骨架内，绑丝尾端不得侵入保护层内，每股扎丝条数不得少于 4 根。

②除设计有特殊规定者外，梁中的箍筋与纵筋垂直。

③箍筋的末端向内弯曲，箍筋转角与钢筋的交接点绑扎牢。

④生产中为确保腹板、顶板、底板钢筋的位置准确，设置加强架立钢筋。

⑤所有梁体预留孔(含通风孔、顶板泄水孔、底板泄水孔)处应严格按设计图施工，预留孔处必须配置螺旋筋；桥面泄水孔处钢筋可适当移动，并增设斜置的井字形钢筋进行加强。

⑥因梁体顶面设有 2%的横向排水坡，梁体顶面钢筋绑扎时，先进行测量定位控制好横向坡度后再进行钢筋绑扎。

2)垫块绑扎要求：

①梁体钢筋最小净保护层均为 35 mm+10 mm。

②梁底及顶板垫块绑在纵向钢筋上，底板垫块离底板边缘两侧大于 100 mm。

③腹板垫块绑在钢筋交叉处。

④顶板垫块，每根弯起筋弯曲处必须绑垫块，其他贴模板钢筋酌情设置垫块。

⑤放置的垫块成梅花形分布，每平方米≥4 块。

⑥在箱梁端部和变截面处垫块适当加密。

3)成孔金属波纹管绑扎要求：

①设计预应力管道采用内径 90 mm 金属波纹管。金属波纹管硬度、强度、扯断伸长率由供应商提供相关证明书，并符合企标要求。

②金属波纹管入定位网后，调整好位置并使其固定。

③金属波纹管接头内两波纹管对接的长度相等，两端用胶带封口并用铁线绑扎牢固，以防止灰浆进入。用扎丝将铁皮管与梁体钢筋固定不少于两扣，保证接口平整、顺直。

④浇筑前穿入内撑管，确保波纹管管道不会变形。

⑤梁端锚垫板附近螺旋筋按照图纸位置固定，并与波纹管同心，用扎丝将其与梁体钢筋骨架绑牢不少于四扣或点焊定位。

6. 劳动组织

施工人员安排见表 2.5.2-1。

表 2.5.2-1　施工人员安排

序　号	人员配置	人数(人)	备　注
1	架子队队长	1	
2	技术负责人	1	
3	技术员	1	
4	安全员	1	
5	材料员	1	
6	质检员	1	
7	试验员	1	
8	领工员	1	
9	工班长	1	
10	钢筋工	10	
11	焊工	4	
12	模板工	8	
13	起重机司机	2	
14	张拉工	8	

7. 材料要求

(1)钢筋进场按照不同钢种、等级、牌号、规格及生产厂家分批验收,分别堆放,且立牌以便识别钢筋加工前,必须有合格的试验资料。

(2)钢筋堆放必须在地面上加枕木或方木支垫,上加覆盖。

(3)钢筋加工制作在平整的加工场地进行,每梁段钢筋加工按照技术室的详细交底书进行。制作完成的钢筋必须分类编号存放,并标明责任人,绑扎前必须由质检工程师为主,钢筋班组人员配合进行检查验收,并经监理工程师检查合格后方能进行绑扎作业。检查必须经双方签字认可。如钢筋加工出现不合格,严禁进行绑扎作业。

8. 设备机具配置

施工前应制定详尽的机械设备使用计划,见表 2.5.2-2。

表 2.5.2-2　主要机械设备使用计划表

名　称	型　号	吨位/功率	数　量
发电机组		150 kW	1
起重机		25 t	2
交流电焊机	BX-400	20 kW	10
钢筋切断机	GW-40A	7.5 kW	1
钢筋弯曲机	GW-40A	7.5 kW	2
插入式振捣棒	ZN50-70		10

9. 质量控制及检验

(1)原材进场实行严格的检验制度,试验室按现行国家标准的规定抽取试件作力学性能检验,其质量符合有关标准的规定后方可使用。

(2)在正式施工前进行试焊,检验接头外观质量及力学性能,选定焊接工艺参数。在试焊质量合格和焊接工艺、参数确定后,方可成批焊接。

(3)严格控制保护层厚度,绑扎用扎丝不得伸入保护层内。

(4)工人持证上岗,并加强工人的质量意识和责任感,钢筋绑扎做到严谨,有条不紊。

(5)钢筋下料加工在钢筋加工棚内进行,钢筋原材用垫木垫平,与地面隔离防止受潮生锈,对生锈的钢筋要做防锈处理,露天钢筋存放加盖防雨布。钢筋搭接长度要求见表 2.5.2-3。

表 2.5.2-3 钢筋搭接长度

钢筋类别	焊缝形式	搭接长度
HPB235 级钢筋	单面焊	≥8d
	双面焊	≥4d
	绑扎	≥32d
HRB335 级钢筋	单面焊	≥10d
	双面焊	≥5d
	绑扎	≥35d

注:d 为钢筋直筋。

(6)钢筋截切及成型允许误差见表 2.5.2-4。

表 2.5.2-4 钢筋截切及成型允许误差

项 次	项 目	允许偏差(mm)
1	受力钢筋顺长度方向的净尺寸	±10
2	箍筋中心距尺寸偏差	±3
3	钢筋成型后方向尺寸偏差	±5
4	弯曲钢筋的弯折位置	±20
5	成型后钢筋不在同一平面的偏差	<10
6	钢筋不垂直度(顶偏离垂线)	<1d
7	复杂图形各弯折部分的高度与设计图	±5
8	钢筋标准弯钩端部顺直段长度	0～+10
9	钢筋标准弯钩内径的偏差	±0.5d
10	成型后钢筋外观无锈坑或可剥落之锈皮及油渍	良好

(7)钢筋绑扎要求见表 2.5.2-5。

表 2.5.2-5 钢筋绑扎质量要求

序 号	项 目	允许偏差
1	预留管道确保顺直,与任何方向的偏差	跨中 4 m 范围内≤4 mm,其余部位≤6 mm
2	桥面主筋间距及位置偏差(拼装后检查)	≤15 mm

续上表

序　号	项　目	允许偏差
3	底板钢筋间距及位置偏差	≤8 mm
4	箍筋间距及位置偏差	≤15 mm
5	腹板箍筋的不垂直度(偏离垂直位置)	≤15 mm
6	钢筋保护层厚度与设计值偏差	+5 mm,0
7	其他钢筋偏移	≤20 mm

10. 安全及环保要求

(1)安全要求

1)钢筋断面、配料等工作应在地面进行,不准在高空操作。

2)搬运钢筋要注意附近有障碍物、架空电线和其他临时电气设备,防止钢筋在回转时碰撞电线或发生触电事故。

3)现场绑扎悬空大梁钢筋时,不得站在模板上操作,必须要在脚手板上操作;绑扎独立柱头钢筋时,不准站在钢箍上绑扎,也不准将木料、管子、钢模板穿在钢箍内作为立人板。

4)起吊钢筋骨架,下方禁止站人,必须待骨架降到距模板 1 m 以下才准靠近,就位支撑好方可摘钩。

5)起吊钢筋时,规格必须统一,不准长短参差不一,不准一点吊。

6)切割机使用前,须检查机械运转是否正常,有无漏电;电源线须进漏电开关,切割机后方不准堆放易燃物品。

7)钢筋头应及时清理,成品堆放要整齐,工作台要稳,钢筋工作棚照明灯必须加网罩。

8)高空作业时,不得将钢筋集中堆放在模板和脚手架上,也不要把工具、钢箍、短钢筋随意放在脚手架上,以免滑落伤人。

9)在雷雨天时必须停止露天操作,预防雷击钢筋伤人。

10)钢筋骨架不论其固定与否,不得在其上行走。

(2)环保要求

1)钢筋加工的剩料应堆放在指定的废料地点,严禁随意丢弃,

2)生产中的废弃物及时处理,运到当地环保部门指定的地点弃置。

3)按环保部门要求集中处理产生的污水及废水。

2.6 后张法预应力混凝土简支箱梁预制与架设

2.6.1 预制箱梁模板施工作业指导书

1. 适用范围

适用于杭州至海宁城际铁路桥梁工程预制箱梁模板工程施工。

2. 作业准备

组织人员认真学习实施性施工组织设计，阅读、审核施工图纸，熟悉规范标准。对施工人员进行技术交底，对参加施工人员进行上岗前技术培训。

3. 技术要求

(1)侧模与底模间、侧模与端模间用橡胶条密封，防止内模上浮，内模与底模用螺栓连接。

(2)考虑预施应力时梁体的弹性压缩及混凝土的形变、收缩影响，使梁长缩短，安装底模必须考虑提前设计压缩量。

(3)侧模与侧模间的连接利用螺栓拉结，要确保侧模拼缝平整、严密。

(4)模板的全长及跨度应考虑反拱及预留压缩量。外侧模、端模的挠度不应超过模板构件跨度的 1/400，内模的挠度不应超过模板构件跨度的 1/250；模板面部变形为 1.5 mm。

(5)端模板应与侧模和底模紧密贴合，并应与孔道轴线垂直，保证预留孔道位置的精确。

(6)模板的安装应进行检查，尤其要检查梁宽、顺直度、模板各处拼缝、模板与台座接缝及各种预留孔洞位置。

(7)钢模板安装前应先抛光打磨，清除污垢，涂刷脱模剂。应采用专用脱模剂，不得使用废机油及其混合物，不得污染钢筋及混凝土的施工缝。

4. 施工程序与工艺流程

(1)施工程序

1)底模安装。

①预制箱梁采用固定钢底模。底模钢板分段安装在台座上，底模拼接时需要注意保证各段的中心线放在同一直线上。该梁场底模预设反拱，在放置钢筋骨架之前，必须对底模进行水平调整，使之标高及平整度与轴线对中符合要求。

②底模板采用分块连接拼装而成，块与块之间采用焊接，严格按照预先设计反拱值进行调整。

2)侧模安装。

①侧模和底模一样配置，每个台座 1 套，安装完成后需考虑梁体张拉压缩量，内、外两侧都

用调节螺杆,侧模与底模采用大螺杆加小螺栓连接。

②侧模安装时先将侧模底口与底模贴近,通过两侧调节螺杆调整模板标高以及顶口尺寸。

③侧模与侧模之间通过小螺栓连接,并保证侧模拼缝平整、严密。

④每侧侧模设附着式振捣器,错开设置,在试验后尚须根据实际使用效果及时进行调整。

⑤通风孔制孔器及泄水管制作安装:通风孔处预应力筋保护层不小于设计要求,并在通风孔或泄水孔处增设环状钢筋。通风孔制孔采用在外侧模上开孔,制孔材料为钢管,一端顶住内模,另一端与外侧模固定,能有效保证腹板厚度。

3)端模安装。

①清理端模表面及密封胶条处混凝土浆,更换或维修损坏的密封胶条。

②均匀涂刷脱模剂。

③安装锚垫板时,使垫板面与模板面贴紧,不同型号锚垫板不得混淆。

④端模吊装时,垂直靠拢前,应逐根将抽拔胶管从锚垫板中穿出,抽拔胶管贯穿锚垫板做好止浆工作。

⑤端模到位后,将端模与侧模、底模进行连接和固定,在内模就位后安装端模与内模之间螺栓,最后检查各部位尺寸。

4)内模安装。

①检查模板连接端面、底部有无碰撞而造成不符合使用要求的缺陷和变形,振捣器支架及其模板焊缝是否有开裂破损,均应及时整修合格。模板面应仔细均匀地刷脱模剂,不得漏刷。

②内模提前拼装完成,钢筋绑扎好整体吊装就位后,开始安装内模,滑移到位后进行尺寸调整。为保证腹板厚度,防止灌注混凝土时内模左右移动,将内模与外模(在通风孔处)及端模用螺栓连接,内模拼装完毕后检查腹板的厚度,不可因模板偏向一侧而使腹板的厚度改变。

③内模板拼装后直线段错台不大于 2 mm,变截面处错台不大于 4 mm,板面平整度不小于 3 mm/m。

(2)工艺流程

预制箱梁模板施工工艺流程如图 2.6.1 所示。

5.施工要求

(1)端模板应与侧模和底模紧密贴合,并应与孔道轴线垂直,保证预留孔道位置的精确。

(2)模板的安装应进行检查,尤其要检查梁宽、顺直度、模板各处拼缝、模板与台座接缝及各种预留孔洞位置。

(3)钢模板安装前应先抛光打磨,清除污垢,涂刷脱模剂。应采用专用脱模剂,不得使用废机油及其混合物,不得污染钢筋及混凝土的施工缝。

(4)内模采用定型钢模,内模安装前应按模块编号并进行试拼。

(5)箱梁翼缘侧面齿板的钢板厚度应不小于 10 mm,保证浇筑混凝土时模板不变形、不移位。

6.劳动组织

(1)劳动力组织方式采用架子队组织模式。

(2)管理人员配置情况详见表 2.6.1-1。

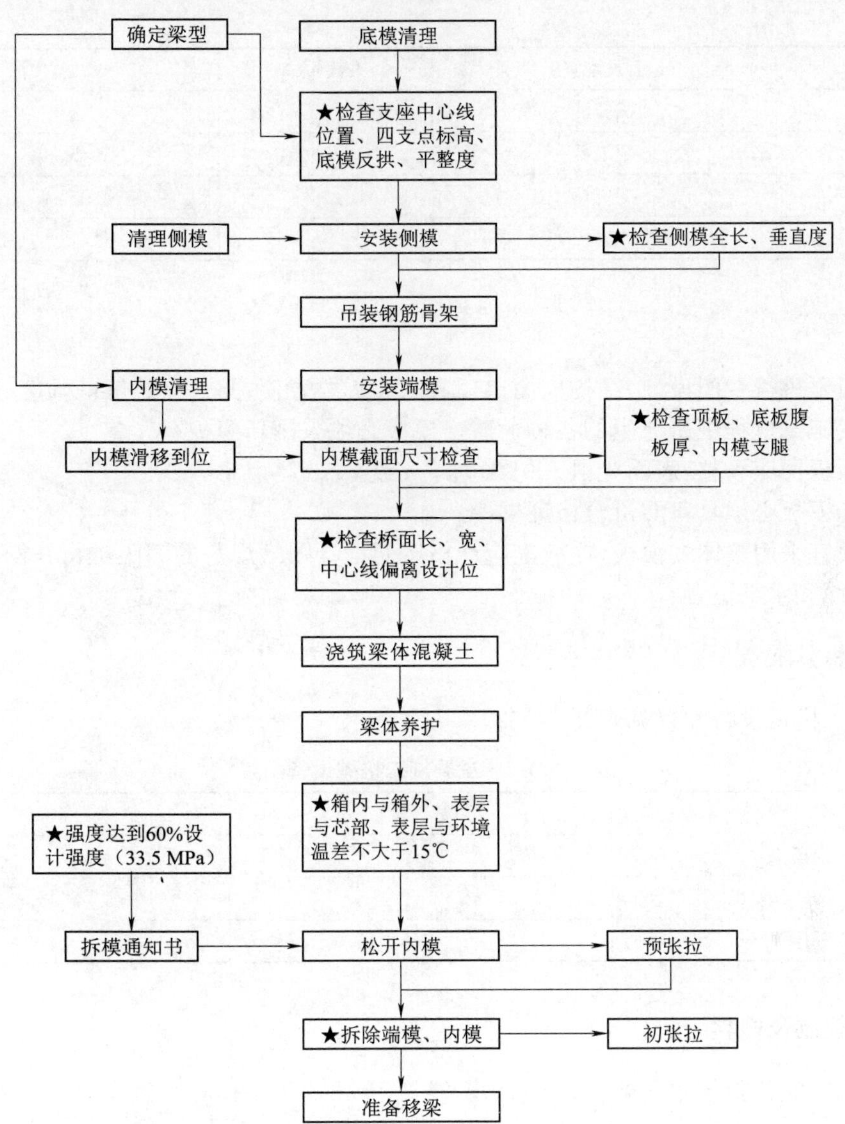

图 2.6.1　预制箱梁模板施工工艺流程图

表 2.6.1-1　管理人员配备

序　号	人员配置	人数(人)	备　注
1	架子队队长	1	
2	技术负责人	1	
3	技术员	1	
4	安全员	1	
5	材料员	1	
6	质检员	1	

续上表

序　号	人员配置	人数(人)	备　注
7	试验员	1	
8	领工员	1	
9	工班长	1	
10	工人	4	

7. 材料要求

(1)模板要进行专门设计,结构应简单,制作、装拆要方便,并具有足够的强度、刚度和稳定性,要能承受施工过程中所产生的各种荷载。模板必须采用新模板。

(2)模板板面应平整,表面光滑、平整、色泽一致。

(3)进场模板必须具备质量合格证书。

(4)端模宜采用整体式模板,模板上应严格按照设计图纸规定的间距进行开槽、开孔,尤其应保证其平面和水平位置。

8. 设备机具配备

主要施工机械设备配置见表 2.6.1-2。

表 2.6.1-2　主要施工机械设备配置

名　称	数　量	备　注
卷扬机	2 台	
50 t 门式起重机	2 台	
千斤顶	4 台	

9. 质量控制及检验

(1)验收标准及验收方法见表 2.6.1-3。

表 2.6.1-3　验收标准及验收方法

序　号	验收标准	验收方法	备　注
1	模板安装符合设计要求,稳固牢靠,接缝严密,不得漏浆	目测,测量	
2	模板总长安装允许误差:±10 mm	尺量检查各不少于 3 处	
3	底模板宽安装允许误差:+5 mm,0	尺量检查各不少于 5 处	
4	底模板中心线与设计位置偏差≤2 mm	拉线量测	
5	桥面板中心线与设计位置偏差≤10 mm	拉线量测	
6	腹板中心线与设计位置偏差≤10 mm	尺量检查	
7	模板倾斜度偏差:3‰	吊线尺量检查各不少于 5 处	
8	侧、底模不平整度≤2 mm/m	1 m 靠尺和塞尺检查各不少于 5 处	

续上表

序　号	验收标准	验收方法	备　注
9	桥面板宽安装允许误差：±10 mm	尺量检查不少于5处	
10	腹板厚度安装允许误差：+10 mm，0	尺量检查不少于5处	
11	底板厚度安装允许误差：+10 mm，0	尺量检查不少于5处	
12	顶板厚度安装允许误差：+10 mm，0	尺量检查不少于5处	
13	端模板预留预应力孔道偏离设计位置：3 mm	尺量检查	
14	横隔板厚度：+10 mm，－5 mm	尺量检查不少于5处	
15	横隔板中心位置偏差：5 mm	尺量检查	
16	端模板锚穴预设角度偏差：0.5°		
17	整体模板对角线相互差值：±15 mm	拉线量测	
18	内模板高度及纵向中心线偏离设计位置：±5 mm	尺量检查	

(2)混凝土强度达到 5 MPa 时拆除端模，清除锚口浮渣，安装预应力钢绞线以及锚具夹片；混凝土强度达到设计强度的60%后收起内模、拖出，完成预张拉以及后续的初张拉。

(3)拆模时梁体混凝土芯部与表层、箱内与箱外、表层与环境温差均不宜大于 15 ℃，并应保证梁体棱角完整。

(4)大风或气温急剧变化时不应拆模。

(5)模板拆除时禁止生拉硬撬，保证棱角完整，采用同步、对称进行。

(6)冬季混凝土拆模。

1)冬期混凝土拆模强度应符合下列要求：满足混凝土正常温度下拆模强度的要求，并同时满足抗冻强度的规定。

2)混凝土与环境的温差不得大于 15 ℃。当温差在 10 ℃以上但低于 15 ℃时，拆除模板后立即在混凝土表面采取临时覆盖措施。

3)养护完毕后的环境气温仍在 0 ℃以下时，应待混凝土冷却至 5 ℃以下且混凝土与环境气温的温差不大于 15 ℃后，方可拆除模板。

10. 安全及环保要求

(1)安全要求

1)现场作业人员必须经过安全培训和岗前教育，并建立“三级教育卡”。外来劳务人员或转岗民工在经过安全培训教育后，进行上岗作业。

2)施工现场的临时用电严格按照《施工现场临时用电安全技术规范》(JGJ 46—2005)的规定执行。

3)各大、中型机具设备、压力容器的进场，均要进行认真检查验收，填写验收记录，验收不合格的不准使用，安全保护装置不全、损坏的设备待修复后方准使用，进场的设备要有安全操作规程。

4)机具设备、使用车辆应有牌照(包括使用证)。

5)机具设备及车辆在使用过程中，应定期维修和保养，不准带病作业，凡已维修保养的设备、车辆均应在设备台账中如实记载。

6)现场的大、中型机具设备和车辆必须有专人负责,起重吊装作业必须有专职人员指挥,持证上岗。

(2)环保要求

1)严格执行国家及地方政府颁布的有关环境保护、水土保持的法规、方针、政策和法令,生产、生活设施按环保要求进行布置。

2)将施工噪声控制到最低程度,施工人员休息场所尽量远离有噪声的地方。

3)施工和生活中产生的废弃物及时集中处理,运至当地环保部门指定的地点弃置。

4)施工场地应经常洒水,保持工地清洁,控制扬尘,杜绝漏撒材料。

2.6.2 预制箱梁钢筋工程施工作业指导书

1. 适用范围

适用于杭州至海宁城际铁路桥梁工程预制箱梁钢筋施工。

2. 作业准备

组织人员认真学习实施性施工组织设计，阅读、审核施工图纸，熟悉规范标准。对施工人员进行技术交底，对参加施工人员进行上岗前技术培训。

3. 技术要求

(1)检查每批钢筋的外观质量，钢筋表面不得有裂纹、结疤和折叠、重皮、气孔、氧化、锈蚀，表面的凸块和其他缺陷的深度和高度不得大于所在部位尺寸的允许偏差(带肋钢筋为横肋的高度)。

(2)每批钢材均需对钢筋的抗拉强度、屈服强度、伸长率、冷弯性能项目进行检验。

(3)钢筋加工制作使用专用的胎卡具并由质检部检查合格后使用，保证其尺寸的精确性。

(4)梁体钢筋的布置因梁型不同而不同，施工前必须仔细确认梁型，避免出错。

4. 施工程序与工艺流程

预制箱梁钢筋工程施工工艺流程如图 2.6.2 所示。

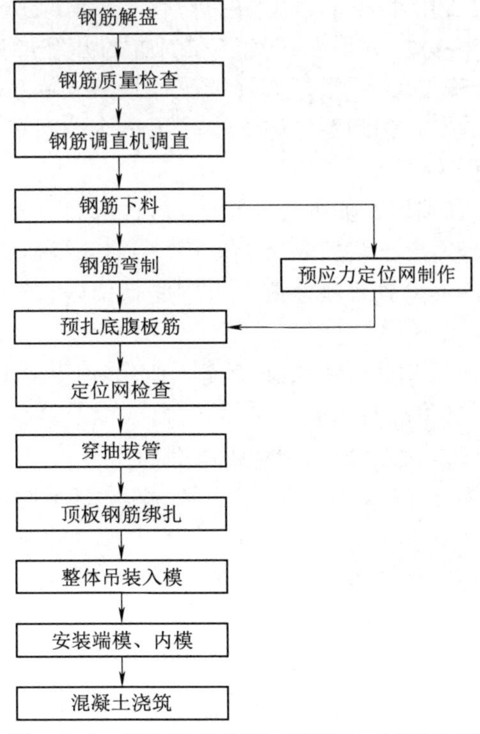

图 2.6.2 预制箱梁钢筋工程施工工艺流程图

5. 施工要求

(1)钢材的运输存放要求

1)钢材在运输时应有防雨遮盖措施,钢材应分批分类存放,并做好标识。

2)贮存应放在干燥地点,最低点离地面不小于 20 cm,严禁沾污油脂、酸、碱、盐等腐蚀物质。

3)若露天存放钢材应对其进行防雨覆盖,以防钢材锈蚀。

4)钢材运输、贮存过程中,应避免压弯。

(2)钢筋加工车间施工要求

1)钢筋下料时应注意:

①钢筋下料时去掉钢材外观有缺陷的地方。

②不弯钩的长钢筋下料长度误差为±15 mm。

③弯钩及弯折钢筋下料长度误差为$\pm d$(d 为钢筋直径)。

2)钢筋半成品制作时应注意:

①钢筋应平直,无局部弯折,成盘的钢筋和弯曲的钢筋均应用调直机调直。

②钢筋弯曲加工时,应按设计一次弯曲成型,不得反复弯折或调直后再弯,严禁热弯成型。

3)混凝土浇筑后,对外露时间较长的预留(埋)钢筋,应选择合适的防锈方式进行保护,如包裹、刷涂防锈材料等。

(3)钢筋绑扎台座安装要求

1)梁体钢筋应整体绑扎,先进行支座预埋板、支座套筒定位钢筋、底板及腹板钢筋的绑扎,然后进行顶板钢筋的绑扎。梁体钢筋最小净保护层厚度均为 3.5 cm,且绑扎钢丝的尾段不应伸入保护层内。所有梁体预留孔处均增设相应的螺旋钢筋,吊孔处需要按照图纸设置加强钢筋;桥面泄水孔处钢筋可适当移动,并增设螺旋筋和斜置的井字形钢筋进行加强;施工中为确保腹板、顶板、底板钢筋的准确位置,应根据实际情况加强架立钢筋的设置,可采用增加架立钢筋数量或增设 W 形或矩形的架立钢筋等措施。当采用垫块控制净保护层厚度时,垫块应采用与梁体同寿命的材料,且保证梁体的耐久性。

2)箱梁钢筋绑扎必须要在整体钢筋绑扎胎模上进行,绑扎完成后,通过 2 台 50 t 门式起重机及钢筋吊具整体吊装入模,完成吊装后安装端模,并在钢筋骨架底板处安装内模临时滑动轨道,内模通过卷扬机从相邻内模存放台座拖拉进入钢筋骨架内,撑起内模后检查钢筋保护层和钢筋间距,必要时增加垫块。

3)钢筋胎模制造安装完成后用全站仪放出胎模中心线以及预埋件位置,水平仪检查胎模翼板、底板相对高差,并用尺量胎模的纵横向尺寸,对角线以及翼缘外侧偏离中线位置等。

4)钢筋绑扎完成后通过门式起重机采用扁担吊装。

①钢筋吊具制造完成后进行验收,检查焊缝质量、钢丝绳质量,每次吊装前均需对吊具进行检查,吊具无损方可进行吊装作业。

②吊装采用 2 台门式起重机抬吊方式,吊装时必须有专职信号人员指挥信号,保证两台门式起重机同步进行,荷载均衡,吊装范围严禁站人。

5)凡因工作需要而断开的钢筋当再次连接时,必须进行焊接,并符合铁路桥涵施工质量验收标准及有关施工技术指南的相关规定。因设置张拉锚槽被截断的钢筋,应在预应力束(筋)穿束施工完成后等强恢复。

6)钢筋间距控制要求：

①底板纵向和横向钢筋的间距按照图纸设计要求，在角钢竖直面的肢上、钢筋位置处开槽以便于钢筋定位和固定，以保证钢筋的绑扎质量。

②在胎模的两外侧面，按翼板钢筋的高度及桥面宽度焊接一通长钢板，钢板顶面即是钢筋高度。

③下层钢筋间距控制是在胎模上按图纸设计间距要求在胎模角钢上相应位置开槽口，在绑扎时将钢筋卡在槽口内，上层钢筋与下层钢筋位置对应，采用"梳子卡"控制间距。

7)钢筋绑扎顺序要求：

①底腹板钢筋的绑扎顺序：

a. 铺设底板底层横向水平钢筋，安放腹板外侧竖向钢筋(或U形钢筋)，在腹板底口范围内腹板竖向钢筋，用电焊与底板钢筋点焊。

b. 铺设底板底层纵向水平钢筋，腹板外纵向水平钢筋，在绑扎腹板外纵向水平钢筋的时候，要注意绑扎扎丝的尾部不得直放腹板外侧，应将扎丝尾端弯向腹板内侧。

c. 腹板内顶层纵向水平钢筋需等顶板底层钢筋安装完成以后再穿入绑扎。

d. 焊接底板底层和顶层之间以及腹板两层网片间的钢筋支柱，钢筋支柱间距为1 m，两端适当加密，钢筋支柱的长度要准确，位置要和预留孔道的位置错开，并要焊接牢固，两端不得伸入保护层内。

e. 安装完支座位置的钢筋网片后，在钢筋支柱上焊接底板顶层横向水平钢筋(先将底板纵向钢筋放好)，将预先放好的纵向水平钢筋采用"梳子卡"控制间距绑扎。

f. 绑扎底板顶层横向水平钢筋，从外到内逐层绑扎腹板钢筋。

g. 安装齿块钢筋。

②顶板钢筋的绑扎顺序：

a. 铺设顶板底层横向水平钢筋

b. 铺设顶板底层纵向水平钢筋。

c. 焊接顶板底层和顶层之间的钢筋支柱，钢筋支柱间距为1 m，两端适当加密，钢筋支柱的长度要准确，并要焊接牢固，两端不得伸入保护层内。

d. 在钢筋支柱上焊接顶板顶层横向水平钢筋(先将顶板纵向钢筋放好)，将预先放好的纵向水平钢筋采用"梳子卡"控制间距绑扎。

e. 绑扎顶板顶层横向水平钢筋。

f. 顶板倒角钢筋在顶板底层钢筋与腹板竖向钢筋固定后安装。

③顶板预埋钢筋：

a. 接触网支柱预埋件(如果有)。

b. 声屏障基础预埋钢筋(如果有)。

c. 吊点孔处加强钢筋。

d. 综合接地钢筋和接地端子。

e. 桥面预埋钢筋(钢筋预先弯曲，梁面强度达到要求后凿出，箱梁架设完成后调直)。

8)钢筋骨架绑扎要求：以焊代绑，加快绑扎速度，增加钢筋骨架牢固性，防止搬运时变形。此外，焊接钢筋为扩散电流预留了通路，利于减少电位差存在的可能性。用钢丝绑扎时，钢丝应向里弯，不得伸向保护层；腹板的箍筋位置必须准确。

9)钢筋成型要求：根据图纸预先放样后，成型、安装。

10)保护层要求：在钢筋与模板间设置保护层垫块。保护层垫块采用抗腐蚀能力和抗压强度高于梁体混凝土的带钢筋限位槽的细石混凝土垫块。垫块强度、耐久性达到设计要求。垫块绑扎在钢筋十字交叉处，以保证垫块绑扎后不会转动。垫块呈梅花形均匀布置，确保垫块每平方米不少于 4 个；模板安装和浇筑混凝土前，仔细检查保护层垫块的位置、数量及紧固程度，并指定专人作重复性检查以提高保护层厚度尺寸的质量保证率。

11)定位网钢筋的制作和安装要求：

①定位网钢筋采用 HPB300 钢筋焊接成钢筋网片，定位网孔尺寸满足预应力管道尺寸要求，允许偏差符合规范要求。

②底腹板定位网，根据胎模上设置的位置坐标控制点，将定位网通过和腹板钢筋焊接定位，焊接要牢固，不得发生变形和移位。其中，钢束管道的定位网片点焊预制，其尺寸误差 ±2 mm，网眼尺寸误差≤3 mm。

③为保证孔道位置准确，定位网钢筋间距设置按照设计图纸规定实施。

12)橡胶抽拔管安装要求：

①抽拔胶管根据设计尺寸选用，外径允许偏差±5 mm，不圆度不超过外径公差。

②抽拔胶管无表面裂口、表面热胶粒、胶层海绵。胶层气泡、表面杂质痕迹长度不大于 3 mm，深度不大于 1.5 mm，且每米不多于一处；不圆率小于 20%；硬度为 65±5(邵尔 A)；拉伸强度不小于 12 MPa，拉断伸长率不小于 350%，300%定伸强度不小于 6 MPa。

③抽拔胶管有较好的挠曲性能。

④抽拔胶管在试验拉力下胶层不脱层，放松后直径要能恢复原来的尺寸或不超过直径允许公差的残余变形。

⑤每根孔道制孔用的橡胶管分为两根，每根长度为预应力管道长的一半加上 1.2 m，在中间接头位置外套 PVC 管，并用胶布裹紧，防止漏浆。

⑥胶管与钢筋相碰时，可适当移动梁体构造钢筋。

6. 劳动组织

(1)劳动力组织方式采用架子队组织模式。

(2)人员配置情况详见表 2.6.2-1。

表 2.6.2-1　人员配置情况

序　号	人员配置	人数(人)	备　注
1	架子队队长	1	
2	技术负责人	1	
3	技术员	1	
4	安全员	1	
5	材料员	1	
6	质检员	1	
7	试验员	1	
8	领工员	1	

续上表

序　号	人员配置	人数(人)	备　注
9	工班长	1	
10	钢筋工	20	

7. 材料要求

(1)钢筋的牌号、级别、强度等级、直径符合施工图要求。

(2)进场钢筋应具有出厂质量证明书和试验报告单。

8. 设备机具配置

主要施工机械设备见表 2.6.2-2。

表 2.6.2-2　主要施工机械设备配置

名　称	数　量	备　注
调直机	2 台	
弯曲机	8 台	
桥式起重机	4 台	
钢筋切割机	3 台	
电焊机	6 台	

9. 质量控制及检验

(1)加工完成的钢筋应堆置在钢筋加工棚内;露天堆置时,应垫高并采用防水材料遮盖。已成型的骨架,应垫高放置并加遮盖,应有防止滑动、滚动的斜块、楔块或拉绳。

(2)钢筋的级别、直径、根数和间距均应符合设计要求。绑扎或焊接的钢筋网和钢筋骨架不得有变形、松脱和开焊,钢筋位置的偏差不得超过规范要求。

(3)钢筋在钢筋绑扎胎模绑扎,钢筋胎模采用钢结构焊接,成型后检查胎模尺寸、扭曲,保证钢筋骨架轮廓尺寸,钢筋间距通过钢筋胎模上限位槽控制,一槽一钢筋,有效保证钢筋间距。

(4)钢筋下料通过下料胎卡具控制下料长度,数控弯曲中心进行弯曲,保证成型尺寸,初次成型时在地上画出 1∶1 大样,成型钢筋与大样对比,合格后方可批量成型。

(5)钢筋安装完成后吊装前进行钢筋安装质量验收,钢筋安装质量必须满足表 2.6.2-3 的要求。

表 2.6.2-3　钢筋安装质量要求

序　号	检查项目	偏差要求(mm)	检测方法
1	受力钢筋全长	±10	尺量
2	弯起筋弯折位置	20	尺量和 1∶1 大样对比
3	箍筋内净尺寸	±3	1∶1 大样对比

(6)抽拔胶管须保证位置准确,线形平顺,在浇筑混凝土之前,需在胶管中穿入钢绞线作为

芯棒。预留孔道位置、坐标和间距允许偏差见表2.6.2-4。

表2.6.2-4　预留孔道位置、坐标和间距允许偏差

序　号	检查项目	偏差要求(mm)	检测方法
1	桥面主筋间距及位置	15	尺量
2	底板钢筋间距及位置	8	尺量
3	箍筋间距及位置	15	尺量
4	腹板箍筋垂直度	15	吊线、尺量
5	钢筋保护层厚度	+5,0	尺量
6	其他钢筋偏移量	20	尺量

10.安全及环保要求

(1)钢筋加工作业前,必须检查机械设备、照明设施等,符合安全要求后方可作业。进入作业现场人员必须佩戴安全防护用品。

(2)操作人员必须经过培训,了解设备的构造、性能和用途,掌握有关使用、维修、保养的安全技术知识。电路故障必须有专业电工排除。

(3)电缆线、电焊机把线要理顺,布置在合适的位置,用电要符合安全规范要求。

(4)电动机械在运转过程中停电时,应立即切断电源。作业完毕离开现场前,必须切断电源,锁好闸箱,清理作业现场。

(5)展开盘条钢筋时,应卡牢端头,切断前应压稳;人工弯曲钢筋时,应放平扳手,用力不得过猛。

(6)绑扎钢筋的绑丝头要弯回至骨架内侧。施工人员不得站在钢筋骨架上,不得攀登钢筋骨架上下。暂停绑扎时,认真检查所绑扎的钢筋或骨架,确认连接牢固后方可离开现场。

(7)设备操作人员必须取得设备操作证,并熟悉设备性能,专人操作专机。

(8)及时对设备进行维护、保养,库房配备常规、易损配件,配件损坏后能及时更换,定期对设备运转情况进行全面检查,发现问题及时整改。

(9)设备使用前办理检查签证,使用人员对设备运转情况和性能进行检查,合格后签认方可进行使用。

(10)起吊作业必须有专人指挥,信号明确,司索工持证上岗,50 t门式起重机吊装钢筋为两台共同抬吊,必须两端同步进行,避免偏载,同时避免吊具扭曲。

(11)设备基础定期进行沉降观测,控制沉降量,避免沉降造成设备失稳倾覆。

(12)门式桥式起重机处于高空地带,必须有安全防护措施,检修等作业时人员必须正确佩戴安全防护用品。

2.6.3 预制箱梁混凝土施工作业指导书

1. 适用范围

适用于杭州至海宁城际铁路桥梁工程预制箱梁混凝土施工。

2. 作业准备

(1)作业条件

1)浇筑前应制定详细的施工方案和技术、质量、安全措施,包括应急措施的落实。浇筑前对作业人员及浇筑管理人员进行专项技术交底,并对浇筑过程的实施进行组织落实到人。

2)浇筑混凝土前,模板内的杂物、积水和钢筋上的污垢应清理干净。模板如有缝隙,应填塞严密,模板内面应涂刷脱模剂。

3)浇筑前,对梁体钢筋模板、预应力筋和预留管道、预埋件(孔)等尺寸、规格、数量和位置进行作业班组自检、互检和项目部技术人员专检,确保以上内容满足设计和规范要求,之后报验监理,确保检查验收通过。

4)浇筑混凝土前由安质部牵头,工程部、作业队等相关人员对模板支撑的稳定性以及内模加固情况的详细检查。

5)混凝土浇筑前掌握天气情况并依此制定浇筑具体日期与相应的施工措施。现场准备坍落度桶、混凝土强度试模,并应增加拆模、预应力张拉所需的同条件养护试模。

(2)人员及机具

1)浇筑前所有施工相关人员必须到位,人员布置按人员分配表配备,各组之间由专人负责协调。

2)在浇筑混凝土前应检查混凝土浇筑所用的机具(振捣棒、电机、混凝土收面器具等)及备用件是否准备齐全。并对施工用电情况进行专项排查,要求照明线与施工用电分类摆放。对作业人员交底,严禁擅自搭接电线,防止意外事故造成电箱跳闸。

3)混凝土浇筑前应对搅拌站进行专项检查,了解搅拌站的砂石料、水泥、外加剂储备情况,落实相关材料,对设备进行保养维护,防止浇筑过程停产,混凝土运输车辆及泵车的配置应满足浇筑要求。

3. 技术要求

(1)混凝土配合比及其技术要求

混凝土设计强度为C50,混凝土配合比应符合国家现行标准《混凝土结构工程施工质量验收规范》(GB 50204—2015)、《普通混凝土配合比设计规程》(JGJ 55—2011)的规定。通过试配确定,试配时应使用施工实际采用的材料,配制的混凝土拌和物应满足和易性、凝结速度等施工技术条件,制成的混凝土应符合强度、弹模等质量要求。在施工过程中,应及时积累资料,为合理调整混凝配合比提供依据。

(2)水泥、砂、石等原材料技术要求

拌制混凝土所使用的各项材料及拌和物的质量应经过检验,试验方法应符合现行《铁路混凝土工程施工质量验收标准》(TB 10424—2018)的有关规定。

4. 施工程序与工艺流程

(1)混凝土拌制和运输

混凝土拌和采用梁场自建拌和站的预拌混凝土。因为行程短,混凝土运输采用四台混凝土灌车运送至制梁台座,采用由混凝土输送泵配合布料机组合浇筑梁体。

(2)混凝土浇筑施工顺序

2 台布料机同时从梁端向梁另一端进行浇筑,分层、连续、对称浇筑(图 2.6.3-1),顺序如下:

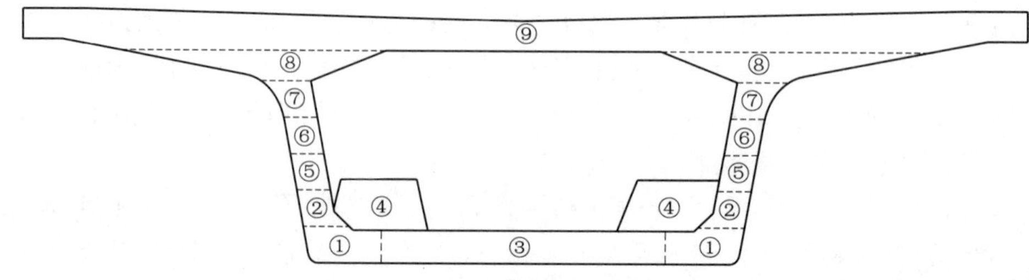

图 2.6.3-1　箱梁浇筑顺序横断面示意图

1)先浇筑与底板交叉处的腹板①②。

2)浇筑底板③,完成后浇筑齿块部分④,自内模顶的下料口处下料。

3)继续浇筑腹板⑤⑥⑦⑧。

4)浇筑顶板⑨时再由梁一端向另一端方向进行浇筑。

(3)混凝土振捣

振捣时先使用插入式振捣器振捣,使混凝土基本到位,然后使用附着式振捣器振捣到密实为止。保证箱梁混凝土内在及外观质量,抽拔橡胶棒以下先以 ϕ30 振捣棒结合附着式振捣器振捣,插入布点间距 30～40 cm,插入下层混凝土 5～10 cm,对每一振捣部位必须振动到该部位混凝土停止下沉、不再冒气泡、表面呈现平坦泛浆为止,振动时间一般为 20～30 s,振动时不得接触橡胶棒。橡胶棒以上用 ϕ50 振捣棒振捣,均匀布料,振捣充分,过振易造成离析,漏振将引起蜂窝麻面。振捣器不得碰撞模板、橡胶棒和其他预埋件。

(4)混凝土收浆、拉毛并收尾

梁面混凝土浇筑完成后,桥面振捣应采用振动式提浆机,提浆机应有足够的刚度,在激振力及施工荷载作用下变形不大于 5 mm。提浆机在移动时应缓慢平稳,其移动速度及反复振捣的次数应视混凝土的坍落度而定。为便于提浆机振捣及收浆抹面,灌注桥面混凝土从一端往另一端进行灌注。振动式提浆机振动提浆完后,还有采用人工收浆平台进行人工收浆、抹平。人工收浆平台和振动式提浆机一体,收浆人员站在人工收浆平台上对箱梁顶面进行收浆抹面。收浆抹面后立即用塑料薄膜覆盖保湿。桥面一经收浆抹面初凝前不得踩踏。

(5)混凝土养护

混凝土浇筑完毕后,对箱梁进行养护。一般情况下采取自然养护,当昼夜平均气温连续 3 d低于 5 ℃或最低气温低于 0 ℃时要按冬期施工处理,采取暖棚保温养护。养护期间,混凝土芯部温度不宜超过 60 ℃,最高温差不大于 65 ℃,混凝土芯部温度与表面温度之差、表面温度与环境温度之差不宜大于 15 ℃,养护用水温度与混凝土表面温度之差不大于 15 ℃。

(6)模板拆除

1)模板拆除流程:拆除端模→松开内模→内模拖出→起梁吊出台位。

2)混凝土强度达到 5 MPa 时拆除端模,清除锚口浮渣,安装预应力钢绞线以及锚具夹片;混凝土强度达到设计强度的 60%后收起内模,完成预张拉以及后续的初张拉。

预制箱梁混凝土施工工艺流程如图 2.6.3-2 所示。

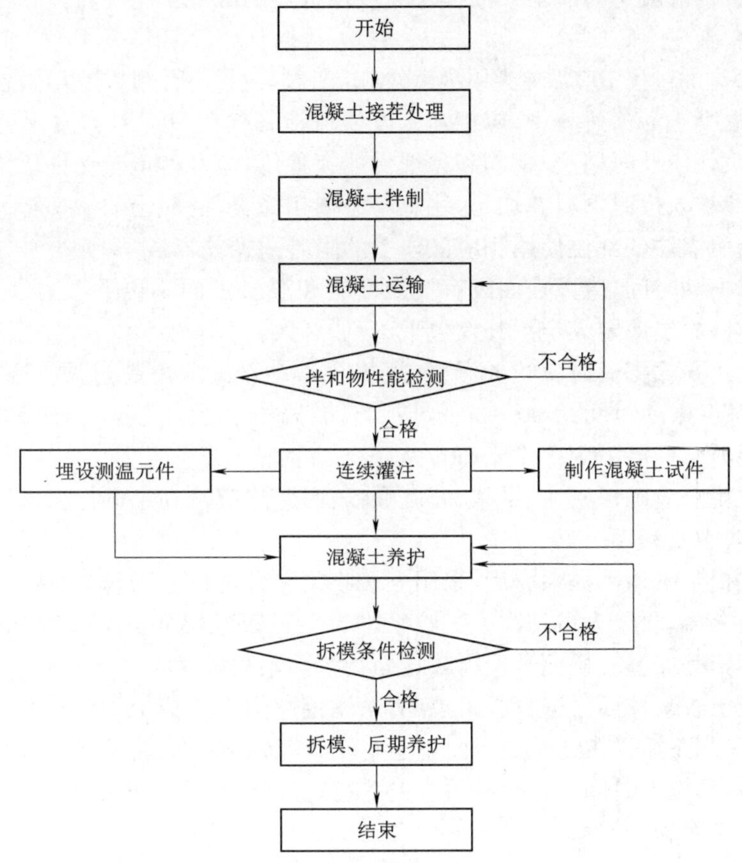

图 2.6.3-2　预制箱梁混凝土施工工艺流程图

5. 施工要求

(1)梁体混凝土采用一次性连续灌注成型,单片梁混凝土灌注时间不宜超过 6 h。预制梁混凝土拌和物入模前含气量应控制在 2.0%～4.0%,模板温度宜在 5～35 ℃,混凝土拌和物入模温度宜在 5～30 ℃。

(2)浇筑原则:自下向上,先腹板后底板,最后至顶板,分层浇筑,对称布料,振捣密实。

(3)灌注腹板倒角处时,为保证底板交接部位及其附近区域混凝土密实,采用腹板往下振捣,底板往腹板方向振捣交叉,同时与附着式振捣器相结合进行。底板混凝土的振捣以振捣棒振捣为主。振捣下倒角处的底板混凝土时应特别小心,不得将振捣棒插入下倒角下部,以免造成下倒角上部形成空洞。腹板的下部混凝土以附着式振捣器振捣为主;振捣重点为近模板处、预埋件(预留孔)处,预应力管道周围及锚下、钢筋密集处。

(4)腹板混凝土灌注采用纵向分段斜向分层的方式,每层混凝土厚度不宜超过 30 cm,层间时间间隔不宜大于 1 h。两台布料机分别从两端向中间灌注,但在跨中部位应交叉搭接,以防跨中部位形成水泥浆集中造成截面薄弱。

(5)灌注底板混凝土时应让混凝土充分翻浆,保证腹板下倒角处的混凝土密实。下倒角处的腹板混凝土在没有灌满之前不应将翻浆堆积的混凝土摊平。

(6)灌注底腹板混凝土时滴落在内模及翼板顶板上的混凝土应及时清除掉,以免底部形成干灰或夹渣。

(7)在腹板灌注的过程中应派专人用小锤敲击内外模,通过声音判断腹板内混凝土是否灌满。

(8)在梁体混凝土灌注过程中,应指定专人值班检查模板、钢筋,如发现螺栓、支撑等松动应及时拧紧,漏浆处应及时堵严,钢筋和预埋件如有移位,应及时调整保证位置正确。

(9)混凝土灌注入模时下料要均匀,注意与振捣相配合,混凝土的振捣与下料交错进行,每次振捣按混凝土所灌注的部位使用相应区段上的附着式振捣器。

(10)混凝土振动时间,应以表面没有气泡逸出和混凝土面不再下沉为宜。混凝土振捣应有专人指挥、检查,振捣应定人定点分片包干、责任到人。

(11)操作插入式振捣棒时宜快插慢拔,振捣棒移动距离应不超过振捣棒作用半径的 1.5 倍(约 40 cm),每点振动时间约 20～30 s,振动时振捣棒上下略为抽动,振捣棒插入深度以进入前次灌注的混凝土面层下 50～100 mm 为宜。

(12)桥面混凝土应确保密实、平整、坡度顺畅,因此除应按规定进行振捣外,还必须执行三次收浆抹平,以防裂纹和不平整。

(13)振动式提浆机振动提浆完后,采用人工收浆平台进行人工收浆、抹平。人工收浆平台和振动式提浆机一体,收浆人员站在人工收浆平台上对箱梁顶面进行收浆抹面。收浆抹面后立即用塑料薄膜覆盖保湿。桥面一经收浆抹面初凝前不得踩踏。

(14)在混凝土收浆抹面后进行人工拉毛,采用钢丝刷或竹扫把横向拉毛,深度控制在 1～2 mm,要掌握好拉毛时间,在混凝土表面用手指压时有轻微硬感,按下能出现 2 mm 左右深度的凹痕时,即为最佳拉毛时间。拉毛横桥方向进行,一次进行中不得停留。拉毛外观要纹理顺畅美观且形成沟槽而利于排水。

(15)混凝土养护:

1)在混凝土浇筑完毕后及时对混凝土进行保温保湿养护。

2)在箱梁内埋设测温元件,对箱梁的温度进行控制。

3)梁场混凝土梁面采用土工布覆盖,自然洒水养护。养护用水采用自来水,水温与表面混凝土之间的温差不得大于 15 ℃。白天洒水 2 h 一次,晚上 4 h 一次,养护天数不少于 14 d。

4)当环境温度低于 5 ℃时,禁止对梁体混凝土洒水,高温时要防晒。

(16)模板拆除:

1)拆模时梁体混凝土芯部与表层、箱内与箱外、表层与环境温差均不宜大于 15 ℃,并应保证梁体棱角完整。大风或气温急剧变化时不应拆模。

2)模板拆除时禁止生拉硬撬,保证棱角完整,采用同步,对称进行。

6. 劳动组织

(1)劳动力组织方式采用架子队组织模式。

(2)管理人员配置情况详见表 2.6.3-1。

表 2.6.3-1 管理人员配备

序号	人员配置	人数(人)	备注
1	架子队队长	1	
2	技术负责人	1	
3	技术员	2	
4	安全员	1	
5	材料员	1	
6	质检员	1	
7	试验员	1	
8	领工员	1	
9	工班长	1	
10	测量人员	3	

7. 材料要求

混凝土原材料技术要求见表 2.6.3-2～表 2.6.3-7。

表 2.6.3-2 水泥技术要求

序号	项目	技术要求
1	比表面积(m^2/kg)	300～350
2	80 μm 方孔筛筛余	≤10%
3	游离 CaO 含量	≤1.0%
4	碱含量	≤0.60%
5	熟料中的 C_3A 含量	≤8%
6	氯离子含量	≤0.06%

表 2.6.3-3 粉煤灰技术要求

序号	项目	技术要求
1	细度	≤12.0%
2	烧失量	≤5.0%
3	含水率	≤1.0%
4	需水量比	≤95%
5	SO_3 含量	≤3.0%
6	Cl^- 含量	≤0.02%
7	CaO 含量	≤10%
8	游离 CaO 含量	≤1.0%

表 2.6.3-4　矿渣粉技术要求

序　号	项　目	技术要求
1	密度(g/cm^3)	≥2.8
2	比表面积(m^2/kg)	400～500
3	烧失量	≤3.0%
4	MgO 含量	≤14.0%
5	SO_3含量	≤4.0%
6	Cl^-含量	≤0.06%
7	含水率	≤1.0%
8	流动度比	≥95%
9	活性指数(28 d)	≥95%

表 2.6.3-5　粗骨料技术要求

项　目	质量指标
含泥量	≤0.5%
泥块含量	≤0.2%
针、片状颗粒总含量	≤5%
氯离子含量	≤0.02%
硫化物及硫酸盐含量(折算成 SO_3)	≤0.5%

表 2.6.3-6　细骨料技术要求

项　目	C50 混凝土
含泥量(按质量计)	≤2.0%
泥块含量(按质量计)	≤0.25%
云母含量(按质量计)	≤0.5%
轻物质(按质量计)	≤0.5%
Cl^-含量(按质量计)	<0.02%
硫化物及硫酸盐含量(折算成 SO_3按质量计)	≤0.5%
有机物含量(用比色法试验)	颜色浅于标准色,如深于标准色,则按水泥胶砂强度试验方法进行强度对比试验,抗压强度比不低于 0.95

表 2.6.3-7　外加剂性能指标

序　号	项　目	指　标
1	减水率	≥25%
2	含气量	≤3.0%
3	泌水率比	≤20%
4	压力泌水率比	≤90%

续上表

序号	项目		指标
5	抗压强度比	7 d	≥150%
		28 d	≥140%
6	坍落度变化量(mm)	1 h	≤80
7	凝结时间差(min)		−90～+120
8	甲醛含量(按折固含量计)		≤0.05%
9	硫酸钠含量(按折固含量计)		≤5%
10	氯离子含量(按折固含量计)		≤0.6%
11	碱含量		≤10.0%
12	收缩率比		≤110%

8. 设备机具配置

主要施工机械设备见表2.6.3-8。

表2.6.3-8　主要施工机械设备配置

设备名称	数量	备注
搅拌车	4辆	
混凝土输送泵	2台	
布料机	4台	
提浆整平机	2台	
附着式振捣器	20台	
插入式振捣器	20台	

9. 质量控制及检验

(1)做好工序的及时报验工作,严格按照施工程序组织施工,施工技术人员跟班作业,勤交底、勤检查,严格技术交底复核制度,并深入工班检查指导,与班组一道保证各工序质量。

(2)混凝土浇筑过程中对模板及支撑作重点跟踪检查,对台座基础变形进行跟踪观测。浇筑过程中应设专人检查模板支撑情况,杜绝跑模、胀模、缩模等现象发生。

(3)模板拼缝要密贴,保证浇筑混凝土的外观质量,特别注意钢模板之间的接缝处理,模板内的杂物在浇筑前应清理干净。

(4)优化混凝土配合比设计,采用高效优质减水剂,改善和提高混凝土和易性及早期强度。混凝土坍落度由现场实际控制。

(5)各岗位人员必须加强责任感,特别是混凝土振捣人员一定要把好混凝土振捣质量关。为便于观察混凝土在模内的情况,如在夜间施工应在各适当位置设置活动照明灯。

10. 安全及环保要求

(1)施工过程中统一指挥,精心组织,合理安排。

(2)各级安全人员要严格按照制订的安全保障措施执行,发现安全隐患要及时处理,杜绝安全事故的发生。

(3)施工人员经过培训,技术交底全面。明确责任制,做到各自岗位心中有数。

(4)员工上岗前必须进行岗前安全培训,并在工地悬挂安全标牌。工作人员戴好安全帽,高空作业系好安全带。施工人员严格按规定操作,禁止违章作业。

(5)加强各项设施的安装、布置,定期进行安全大检查,并配备专职安全检查人员。施工机械安全性能良好,安全防护措施齐全。夜间作业做好照明工作。

(6)在桥面施工期间,施工桥梁边缘要设置栏杆加以围护,并在邻近道路边侧设置防抛网。上下步梯及栏杆搭设保证稳固安全,外侧和底面要挂设安全网。夜间施工有良好的照明设备。

(7)在梁部工作平台要满布脚手板以提供工作条件和防止上层的混凝土落下,同时应设置安全网防止钢筋、螺栓等坠落伤人。

(8)所有机械的操作人员均应持证上岗,严格遵守操作规程,严禁违章作业。机械设备夜间作业必须有充足的照明。

(9)机械操作人员必须听从施工人员的正确指挥,精心操作。工地中的所有机械、电力设施要张贴安全操作规程及安全警示标志。

(10)施工用电安全:电气线路布置要按照规范操作,电路不得有老化现象,接头和破损处必须用绝缘胶带缠绕,局部架空。对电力线路进行检查,严禁接头裸露,消除隐患。

(11)施工现场做到排水畅通,混凝土浇筑要有避开雨季的施工计划。在扶梯及施工平台上设置防滑条,电力设备应增设漏电保护开关,做好雨季用电安全。

2.6.4 预制箱梁预应力施工作业指导书

1. 适用范围

适用于杭州至海宁城际铁路桥梁工程预制箱梁预应力工程施工。

2. 作业准备

(1)组织人员认真学习实施性施工组织设计,阅读、审核施工图纸,熟悉规范标准。对施工人员进行技术交底,对参加施工人员进行上岗前技术培训。

(2)检查梁体混凝土表面,若有轻微的缺陷,允许在预施应力后进行修补处理;缺陷较大者要在预施应力前修补好,且达到设计强度,并将锚垫板及锚下管道扩大部分的残余灰浆铲除干净,否则不得进行张拉;缺陷严重削弱梁体断面者要另行处理,暂不予张拉。

(3)检查梁体梁号或台位号是否与张拉通知单上内容一致,梁体强度、龄期、弹性模量是否满足张拉要求,否则不允许预加应力。

(4)检查钢绞线是否有铁锈、砂子等杂质,如有要清除,否则铁锈、砂子会塞满夹片的牙齿缝隙而导致滑丝。钢绞线经验证符合要求方能下料、使用,准备与钢绞线直径配套槽深限位板。

(5)张拉采用 YCW300B 型液压千斤顶,千斤顶和油压表均已校正并在使用有效期内。其中,以下情况时要进行重新校正:千斤顶严重漏油;油压表和千斤顶使用期限达到校验的有效期;油压表指针不能回零;油压表使用时超过允许误差或发生故障。

(6)油压表选用精度等级为 0.4 级,最小分度值为 0.5 MPa 的油压表,油压表盘直径大于 15 cm,表盘量程为 60 MPa。根据规定,油表、油泵与油顶配套校正、使用,其有效期为一个月。

(7)使用的锚具有技术合格证且自检合格才能投入使用。锚具要经验证符合要求才能使用。

(8)钢束穿放前要检查孔道是否有积水、弃渣,孔道是否堵塞。

3. 技术要求

(1)箱梁预应力采用 GB/T 5224—2014 的 1×7-15.2-1 860 钢绞线,锚固体系采用自锚式拉丝体系,张拉设备采用与之配套机具设备,管道形成采用直径 80 mm、90 mm、100 mm 的抽拔橡胶管成孔。

(2)35 m 箱梁每片梁预应力钢绞线共 18 束,底板 12 束;两边腹板各 3 束。30 m 箱梁每片梁预应力钢绞线共 18 束,底板 12 束;两边腹板各 3 束。25 m 箱梁每片梁预应力钢绞线共 18 束,底板 12 束;两边腹板各 3 束。

(3)预施应力按预张拉、初张拉和终张拉三个阶段进行。初张拉后箱梁由制梁台座搬运至存梁台座,终张拉在存梁台座上完成。

(4)预施力采用两端同步、左右对称张拉,预施应力采用三控措施,预施应力值以油压表读数为主,以预应力筋伸长值进行校核,张拉过程中应保持两端的伸长量基本一致,并且在张拉到控制张拉力时持荷 5 min。

4. 施工程序与工艺流程

(1)施工程序

箱梁强度检查→检查设备→设备就位→安装千斤顶→同步对称施加应力→检查数据、测量伸长量→记录数据→下索施工。

(2)工艺流程

预应力施工工艺流程如图 2.6.4-1 所示。

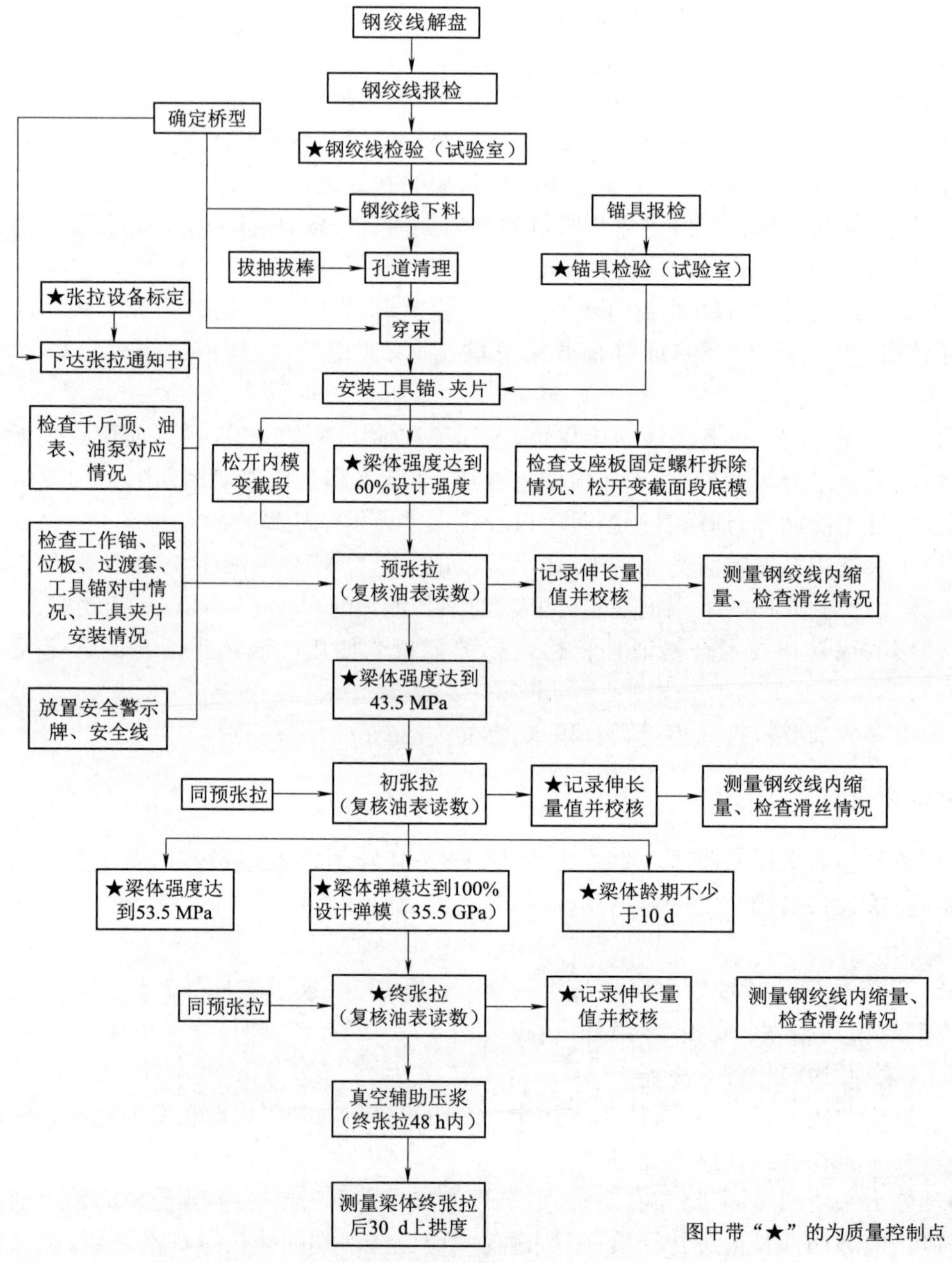

图 2.6.4-1 预应力施工工艺流程

5. 施工要求

(1)抽拔橡胶管

预应力孔道成孔用抽拔橡胶管有直径 80 mm、90 mm、100 mm 三种规格。

1)抽拔橡胶管安装。

①抽拔橡胶管安装前应仔细检查橡胶管。安装穿送时前端须人工引导进预设的定位网眼中。

②每个预应力孔道由两根抽拔橡胶管连接而成,接头先用 PVC 管包裹,再用胶带纸缠好,避免浇筑混凝土时水泥浆渗入管内造成堵塞,接头位置应相互错开 50 cm 以上,避免再统一截面设置。

③为增加制孔时胶管的刚度,保证孔道的位置准确,胶管内穿 1 根 ϕ15.2 钢绞线。

④抽拔橡胶管安装完毕后,应检查其位置是否正确,误差应不大于 5 mm,抽拔管曲线应圆顺,否则须进行调整直至符合要求为止。

⑤制孔胶管安装时要在胶管上设置记号,保证每次均将固定的一端留在外面,另一端对接,不能调头。

⑥制孔胶管在施工过程中要注意保存,防止挤压以及油、酸等的侵蚀,也要避免曝晒。

2)抽拔橡胶管时间。

①抽拔制孔胶管时间与混凝土强度以及环境温度有关,一般在混凝土强度达到 4～8 MPa 时抽拔胶管较为合适。

②抽拔橡胶管时间(自混凝土灌注完毕后算起):30 ℃以上时,3 h;20～30 ℃,5～6 h;10～20 ℃,6～8 h;10 ℃以下时,10～12 h。

3)抽拔橡胶管原则。抽拔制孔器应执行先灌先拔的原则,每次最多只能抽拔 3 根,抽拔方向大致与孔道出口切线方向一致,以免损伤胶管。抽拔时先用麻绳缠绕住橡胶棒孔外外露部分,再用卷扬机钢丝绳牵拉麻绳拖拉胶管。

4)抽拔制孔器的绳索不得挤压、磨损胶管。

5)孔道检查。橡胶管抽拔完毕后应立即进行孔道检查。经孔道检查,若发现孔道被混凝土或水泥浆堵塞,待混凝土达到脱模强度时,以芯棒焊梅花形钻头捅捣;若胶管拔断残留在孔道中,先以芯棒捅捣,如不能排除,则以特别的倒挂钩头焊在芯棒端部伸入孔道将胶管断头拉出。

6)抽拔橡胶管技术要求:全胶管应无表面裂口、表面热胶粒、胶层海绵、胶层气泡。表面杂质痕迹长度不应大于 3 mm,深度不应大于 1.5 mm,每米不多于一处;外径偏差±4 mm;不圆率应小于 20%;硬度为 65±5(邵尔 A);拉伸强度不小于 12 MPa,扯断伸长率不小于 350%,300%定伸强度不小于 6 MPa。

(2)钢绞线束制作

1)钢绞线必须先经试验室检定合格后方能使用,材质不合格者单独放置,并插上不合格标识,不得混杂。不合格材料及早清退出场,以免用混。

2)钢绞线散盘后要仔细检查表面质量、直径偏差、捻距以及进行力学性能试验。钢绞线表面不得带有润滑剂、油污等降低钢绞线与混凝土黏结力的物质。钢绞线表面允许有轻微的浮锈,但不得锈蚀成目视可见的麻坑。其弯折度(弦与弧的最大自然矢高)不大于 25 mm,如发现有异常现象要及时向有关部门汇报并复检。

3)钢绞线下料用切割锯片下料。钢绞线下料需用下料架,把钢绞线盘竖放下料架内,再切割包装带,并注意钢绞线头弹出伤人,下料要从内圈端头开始外拉。

4)根据每束钢绞线的工作长度加 1 600 mm 下料(每端增加 800 mm),钢绞线采用人工穿束。

(3)钢束的穿放及张拉

1)严格按施工图纸及张拉阶段穿入钢绞线束,钢绞线两端伸长量基本一致。

2)装顶工作。

①将钢绞线按顺直方向每根都要穿过锚具孔,使锚具靠近支承板;将夹片用橡胶皮圈捆住,使夹片沿钢绞线滑移到锚具孔内;夹片装完后,用一内径略大于钢绞线直径长度约 1 200 mm 的钢管将夹片捅捣整齐并打紧。

②安装限位板及接长套,将钢绞线穿入油顶,使油顶、限位板、锚具、接长套尽量靠拢并对正。

③在油顶的后面安装工具锚及夹片。为使工具锚好退下,可在工具锚孔内涂油或在夹片上打蜡;再用内径略大于钢绞线直径的钢管将夹片捅捣整齐并打紧,以防滑丝。

④通过千斤顶上的倒链葫芦调整顶、锚成一条直线,并与孔道中心线尽量保持一致,做到“三同心”。千斤顶布置如图 2.6.4-2 所示。

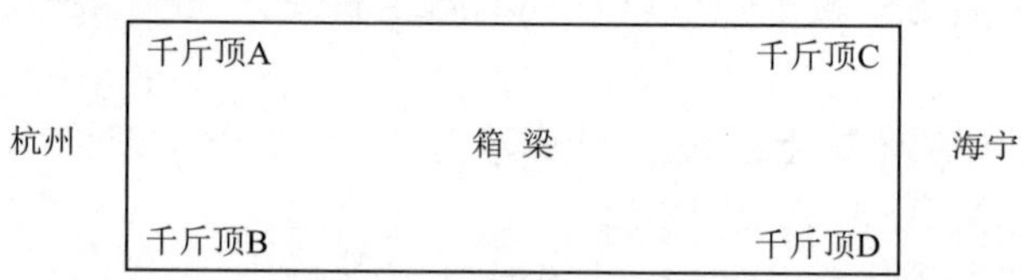

图 2.6.4-2 千斤顶布置图

3)箱梁张拉。箱梁张拉应分三次进行,即预张拉、初张拉和终张拉。

①预张拉在梁体混凝土强度达到设计值 60%即 30 MPa 后进行。预张拉时,模板应松开,不应对梁体压缩造成阻碍。张拉孔数及张拉力值应符合设计要求。预应力束张拉前,应清除管道内的杂物及积水。

②初张拉应在模板拆除后和梁体混凝土强度达到 40 MPa,按设计要求进行。初张拉后,梁体方可移出制梁台位。

③终张拉应在梁体混凝土强度达到 50 MPa 及弹性模量达到 35.5 GPa 后、龄期不少于 10 d时进行。

4)预施应力前应做好如下准备工作:

①检查梁体混凝土是否已达到张拉前的“三控”要求,即设计强度和弹性模量要求、混凝土龄期是否达到设计要求,否则不允许预加应力。

②张拉千斤顶和油压表均在校验有效期内。

③生产初期应至少对 2 孔梁进行喇叭口摩阻、管道摩阻等预应力瞬时损失测试,必要时由设计方对张拉控制力进行调整,以保证预施应力准确。批量预制后每 100 片箱梁进行一次孔道摩阻测试。

④张拉预应力钢绞线时,采用应力应变双控制,张拉程序:0→初应力 0.10σ_{con}(作伸长量标

记)→σ_{con}持续 5 min→锚固。

⑤预施力值以油压表读数为主,以预应力筋伸长值作校核,按预应力筋实际弹性模量计算的伸长值与实测伸长值相差不应大于±6%;实测伸长值以 20%σ_{con}作为测量的初始点。油压表读数以油压表与千斤顶配套标定所得线性回归方程进行计算所得。

⑥当实测伸长值与理论伸长值相差大于±6%时,应分析原因(如油压表不准、千斤顶内摩阻过大、预应力筋实际弹模偏高或偏低等)并进行处理。

⑦钢绞线伸长量按下式计算:

$$\Delta L=\frac{PL\left[1-e^{-(kL+\mu\theta)}\right]}{A_y E_p(kL+\mu\theta)}$$

式中 P——锚下张拉力;

L——预应力筋的长度;

E_p——预应力筋的弹性模量;

A_y——预应力筋面积;

k——孔道局部偏差对摩擦的影响系数;

μ——预应力筋与孔道壁的摩擦系数。

⑧张拉顺序、张拉控制应力及总张拉力应严格按照设计要求进行。对于二次张拉的预应力筋,其终张拉的初应力等于第一次张拉锚固应力值。

⑨张拉应两端同时张拉、左右对称进行,最大不平衡束不得超过一束,张拉顺序严格按设计图纸进行。

⑩初始张拉:梁两端同时对千斤顶主油缸充油,使钢绞线束略为拉紧,充油时随时调整锚圈、垫圈及千斤顶位置,使孔道、锚具和千斤顶三者之轴线互相吻合,同时应注意使每根钢绞线受力均匀,随后打紧工具锚夹片开始张拉。张拉时两端千斤顶同步、匀速供油,供油速度不能过快,以保证两端伸长量基本一致。

⑪钢绞线锚固:钢绞线束在达到σ_{con}时,持荷 5 min,并维持油压表读数不变,然后主油缸回油,钢绞线锚固。最后回油卸顶,张拉结束。

⑫实际张拉力尚需根据孔道摩阻、锚口摩阻、千斤顶摩阻系数由设计院调整各孔钢绞线张拉力。

⑬张拉质量要求:

a. 实际伸长量不超过计算伸长量的±6%(两端之和)。

b. 张拉过程中出现以下情况之一者,需要换钢绞线重新张拉:后期张拉时发现早期张拉的锚具当中夹片断裂者;锚具内夹片错牙在 2 mm 以上者;锚具内夹片断裂两片以上者(含有错牙的两片断裂);锚环裂纹损坏者;切割钢绞线或者压浆时发生滑丝者。

⑭张拉过程中,严密注意钢绞线断丝及锚具滑丝情况,全梁断丝及滑丝数量不应超过预应力钢丝总数的 0.5%,并不应处于梁的同一侧,且一束内断丝不得超过一丝。当一束出现单根滑丝时,可用张拉油顶进行单根补拉。当一束内出现多根钢绞线滑丝时,须放松钢绞线束并重新装夹片整束重拉。

⑮张拉完成后,在锚圈口处的钢绞线上做记号,以作为张拉后对钢绞线锚固情况的观察依据。张拉完毕 24 h 后复查,确认无新滑断丝即可进行钢绞线头的切割,切割处距锚具表面 30～40 mm。

⑯张拉完成后,要测量梁体上拱度和弹性压缩值。实测上拱度值不许大于 1.05 倍的设计计算值。

⑰张拉完毕后,必须经技术人员检查签字认可。

(4)滑丝与断丝的产生原因及其处理

1)在整个张拉过程中,严密注意钢绞线滑丝、断丝情况及其他意外情况。钢绞线的滑丝除与夹片的质量有关外,还与许多施工因素有关。具体如下:

①张拉时千斤顶与锚具不同心。张拉时千斤顶与锚具不同心时,会造成张拉伸长时一边夹片刮伤钢绞线,而刮掉的铁屑会充满夹片牙齿的缝隙,回顶时,由于夹片牙齿缝隙中充满了铁屑无法嵌入钢绞线,此时钢绞线高速回缩损伤夹片的牙齿,造成滑丝。

②限位板磨损。随着限位板使用次数的增加,在相当大的压力作用下,限位板的支撑部分会压瘪下去,限位尺寸变小,张拉钢绞线向后移动时,夹片内孔打不开,小于钢绞线的直径,因夹片硬度高于钢绞线,当千斤顶带着钢绞线强行向后移动时,夹片会刮伤钢绞线外表,造成钢绞线直径变小,夹片牙齿间充满铁屑,回顶时,高速回缩的钢绞线会损伤夹片牙齿,产生滑丝。

③安装工作夹片时不要弹性圈。安装工作夹片时,有时套在夹片上的弹性圈会损坏或丢失,这样,回顶时,夹片与钢绞线的摩擦力变小而导致夹片不跟进,高速回缩的钢绞线会损坏夹片牙齿,产生滑丝。

④限位板内含有泥砂。当限位板内含有泥砂时,磨损限位板会导致限位尺寸变小而产生滑丝。

2)当出现断丝,按规定需要处理时,用 YCJ26 穿心前卡式千斤顶逐根进行。将前卡式千斤顶夹住断丝的钢绞线并对准,将千斤顶充油,钢绞线受力后将夹片带出时,立即停止充油。用小钢针从叉形垫圈的缺口卡住夹片,千斤顶回油卸下夹片。这样将整束钢绞线松掉,将整束钢绞线从孔道中抽出,换掉断线的钢绞线,重新穿束和张拉。滑丝后的钢绞线需要处理,处理方法同断丝。

3)因处理滑丝、断丝而引起钢绞线束重复张拉时,同一束张拉次数不得超过三次。

4)当一束出现少量滑丝时,可用单根张拉千斤顶进行补拉。当一束内出现多根钢绞线滑丝时,须放松钢绞线并重新装夹片整束补拉。

6. 劳动组织

(1)劳动力组织方式采用架子队组织模式。

(2)人员配置情况详见表 2.6.4-1。

表 2.6.4-1 人员配置

序 号	人员配置	人数(人)	备 注
1	架子队队长	1	
2	技术负责人	1	
3	技术员	1	
4	安全员	1	
5	材料员	1	
6	质检员	1	

续上表

序　号	人员配置	人数(人)	备　注
7	试验员	1	
8	领工员	1	
9	工班长	1	
10	作业人员	8	

7. 材料要求

(1)钢绞线为 ϕ15.2 高强低松弛钢绞线，标准强度为 1 860 MPa，弹性模量为 1.95×10^{5} MPa。

(2)锚具、夹片等必须符合《铁路工程预应力筋用夹片式锚具夹具和连接器》(TB/T 3193—2016)的规定。

(3)检查钢绞线是否有锈皮、砂子等杂质，如有要清除，否则铁锈、砂子会塞满夹片的牙齿缝隙而导致滑丝。钢绞线经验证符合要求方能下料、使用，准备与钢绞线直径配套槽深限位板。

(4)钢绞线必须先经试验室检定合格后方能使用，材质不合格者单独放置。不合格材料及早清退出场，以免用混。

8. 设备机具配置

主要施工机械设备见表 2.6.4-2 所示。

表 2.6.4-2　主要施工机械设备配置

名　称	数　量	备　注
张拉架	4 个	
200 t 千斤顶	4 台	
300 t 千斤顶	4 台	
400 t 千斤顶	4 台	
自动张拉设备	4 套	

9. 质量控制及检验

(1)千斤顶不得超出规定的行程，转移油泵对油压表有振动影响时必须将油压表拆卸另行携带转运。

(2)实际伸长量不超过理论计算伸长量的±6%(两端之和)。

(3)以应力控制为主，伸长值作为校核。

(4)锚固后，夹片外露要平齐，错牙不超过 2 mm。

(5)夹片式锚具回缩量不大于 6 mm。

(6)每片梁滑丝、断丝总数不得超过钢绞线总丝数的 5‰，并不得位于梁体同一侧，且一束内断丝不得超过一丝。

(7)后张梁终张后要实测梁体弹性上拱,实测梁体弹性上拱不得大于1.05倍设计计算值。终张拉30 d后梁体拱度不应超过$\pm L/3\ 000$。

(8)张拉过程中出现以下情况之一者,需要换锚具或换钢绞线重新张拉:

①后期张拉时发现早期张拉的锚具当中夹片断裂者。

②锚具内夹片断裂者。

③锚环可见裂纹者。

④切割钢绞线或者压浆时又发现滑丝者。

10. 安全及环保要求

(1)安全要求

1)张拉前:

①张拉区域设置明显的安全标志,禁止非工作人员进入。

②材料堆放整齐,场面整洁,通道畅通。

③电气设备符合用电规范,做到一机一闸一保护,线路完好无裸露。

④张拉机具搭设防雨防晒棚,以保证油路畅通,正常使用,对所有张拉机具进行全面检查。

⑤锚具不得有裂纹、伤痕、锈蚀。

⑥高压泵与千斤顶之间的所有连接点、紫铜管的喇叭口完好无损,螺栓拧紧。

⑦核对油压表性能是否良好。

2)张拉作业:

①参加张拉人员穿戴好劳动防护用品,特别要戴好防护眼镜,以防高压油泵破裂喷油伤眼。

②操作人员站立位置安全,有回旋余地,高处作业张挂好安全网,设置平台防护栏。

③张拉时,构件两端不准站人,操作人员站在侧面,两端设置防护栏(罩),高压油泵放在离构件端部左右侧。

④张拉时要缓慢均匀加压,以免发生误差。

⑤千斤顶操作人员要注意保持千斤顶水平状态,待受力后方可松开,以防止受力时千斤顶偏侧滑丝。

⑥加压时,高压油泵操作人员注意与千斤顶操作人员保持联系,避免过快或不协调导致失误。

⑦张拉时千斤顶后方不得站人,不得在有压力的情况下旋转张拉工具的螺栓或油管接头。

⑧张拉中发现张拉应力钢筋的位置与设计不吻合,且超过规范允许偏差范围时,要经过技术负责同意方能张拉。

⑨悬空张拉时,必须搭设牢固的挂篮脚手架,以保证张拉人员操作安全。

⑩桥面明槽内已施预应力筋,应加以保护,不得在上面堆放物件和抛物撞击。

⑪张拉时如遇临时停电,要立即拉闸断电,以防突然来电发生危险。

⑫张拉筋的对焊接头要符合质量要求,严禁用电弧切割梢头外多余的钢丝、钢绞线或应力钢筋,以免降低强度而发生意外。

⑬张拉台座前后均应设挡板(墙),以保护张拉人员安全。

⑭在先张拉而后将喷嘴插入孔时,喷嘴后面的橡胶垫圈要压紧在孔洞上,橡胶管与灰浆泵

连接牢固，才能开动灰浆泵，堵灌浆时操作人员应站在孔的侧面，以防灰浆喷出伤人。

3)张拉后：

①张拉后要拉闸断电，关闭油门，静停 3～5 min 后再紧螺栓，操作人员应站侧面并用板手操作，以防止钢筋断裂伤人。

②参加张拉人员张拉工作完毕，要将张拉机具安全撤离现场，并进行保养，为下一次张拉做好准备。

(2)环保要求

1)定期检查张拉作业设备是否漏电、漏油，保持设备的干净、整洁，无油污、无灰尘。

2)对漏油设备应及时维修或更换，防止油污染。

3)所有张拉作业设备都应配置抗水吸油棉、橡胶手套、塑料袋盛油盆、塑料薄膜等，以便处理油污染。

4)废弃的钢筋头、混凝土残渣、含油废料、石棉等废弃物应按要求分类归放到指定的废物处理地点。

2.6.5 预制箱梁支座安装作业指导书

1. 适用范围

适用于杭州至海宁城际铁路桥梁工程预制箱梁支座安装。

2. 作业准备

(1)内业技术准备

1)在开工前组织技术人员认真学习实施性施工组织设计,审核施工图纸,熟悉规范和技术标准。

2)制定施工安全保证措施及相关应急预案。

3)对施工人员进行技术交底。进行上岗前技术培训,考核合格后持证上岗。

(2)外业准备

1)支座进入工地后,必须按规定对支座的外观尺寸和组装质量进行检查,符合设计要求才能进行安装。

2)支座安装前应检查桥梁跨距、支座位置及预留锚栓孔位置尺寸和支座垫石顶面高程、平整度,均应符合设计要求,并消除非弹性变形和空隙。

3)预留锚栓孔、支承垫石顶面与支座底面间隙应采用压力注浆填实,注浆压力不得小于1.0 MPa。

3. 技术要求

(1)支座品种性能、结构形式、规格尺寸及涂装质量必须符合设计要求和相关产品标准的规定。

(2)固定支座及活动支座安装位置必须符合设计要求。

(3)支座上下座板必须水平安装,固定支座上下座板应互相对正,活动支座上下座板横向应对正,纵向预留错动量应根据支座安装施工温度与设计安装温度之差和梁体混凝土未完成徐变量及弹性压缩量计算确定,并在各施工阶段进行调整,当体系转换全部完成时梁体支座中心应符合设计要求。

(4)支座与梁底及垫石之间必须密贴无空隙,垫层材料质量及强度应符合设计要求。支座配件必须齐全,水平各层部件间应密贴无空隙。

(5)支座锚栓埋置深度和螺栓外露长度必须符合设计要求,支座锚栓固结应在支座及锚栓位置调整准确后进行施工。

(6)支座材料检验和存放支座到达现场后,必须检查产品合格证、附件清单和有关材质报告单或检查报告。并对支座外观尺寸进行全面的检查,支座和配件质量应满足设计要求,支座连接正常,不得任意松动下支座板连接螺栓。支座存放应避免阳光直接照射、雨雪浸淋,并保持清洁;严禁与酸、碱、油类、有机溶剂等影响支座质量的物体接触,并距热源1 m。

4. 施工程序与工艺流程

(1)支座安装工艺流程如图2.6.5-1所示。

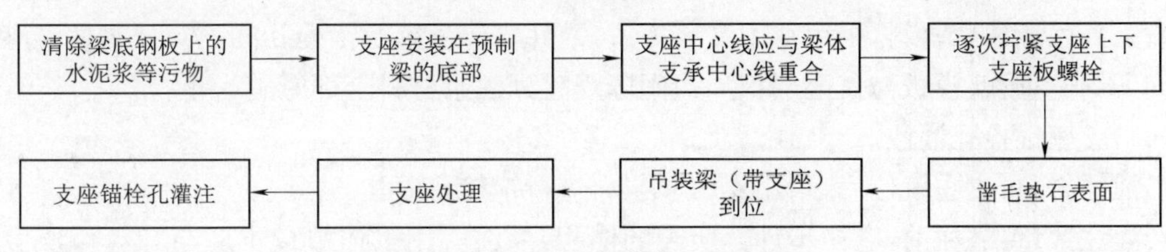

图 2.6.5-1　支座安装工艺流程图

(2)清除梁底钢板上的水泥浆等污物，避免支座与梁底钢板因水泥浆等污物而不密贴。同时要保证支座上、下板之间没有污物。

(3)先将支座安装在预制梁的底部，上支座板与梁底预埋钢板应安装 5 mm 厚石棉板，石棉板尺寸不得小于上支座板，尺寸偏小的石棉板禁止使用。上支座板、石棉板、梁底三者之间应密贴，不得留有空隙，梁底螺栓及垫圈上齐上紧。

(4)支座中心线应与梁体支承中心线重合，偏差交角不大于 5′。

(5)当支座设计有坡度时，支座放置时其坡度方向应与设计图纸要求一致。

(6)逐次拧紧支座上下支座板螺栓，拧紧螺栓时应首先在螺纹上涂抹润滑油脂，然后施加不小于 150 kg·m 的扭矩，各个螺栓要受力均匀平稳，直至螺栓旋紧。

(7)支座同端、同侧布置。

双线桥梁：

1)每孔梁安装四个支座，分别为固定(GD)、横向活动(HX)、纵向活动(ZX)和多向活动(DX)支座各一个。

2)固定支座与横向活动支座为同一端，纵向活动支座与多向活动支座为同一端；位于 T 梁中心线左侧的支座为固定支座、纵向活动支座，位于 T 梁中心线右侧为横向活动支座、多向活动支座。

(8)凿毛垫石表面。

1)凿毛支座就位部位的支承垫石表面，清除预留锚栓孔中的杂物，并用水将支承垫石表面浸湿。

2)落梁前检查支座锚固螺栓及螺帽、垫圈数量是否齐全。

(9)吊装梁(带支座)到位。

1)落梁前，先在支承垫石顶面铺一层厚 20～30 mm 的 M50 的干硬性无收缩砂浆，砂浆面铺成中间略高于四周的形状，调整标高和水平，落梁就位。

2)支座锚栓孔灌注完成后将支座和支承垫石表面清理干净，梁的纵向误差应在±15 mm 以内，并把误差向两端均分，保证梁缝均匀，外观圆顺平直。

3)梁落到距支承垫石面 1.5 m 后慢慢落下，接近支承垫石顶面时，先将套筒与锚栓相连，再将地脚螺栓穿过支座底板与套筒相连，落梁就位。

(10)支座处理。

1)支座在锚栓孔灌注前需对其安装质量进行检查，如有问题应及时处理，将各项偏差调整至规范允许范围内，问题处理完成后再进行锚栓孔灌注。

2)支座就位后，在支座底板与桥墩支承垫石顶面之间应留有 20～30 mm 的空隙，用以灌注无收缩高强度灌浆材料,采用重力灌浆方式,灌注支座下部及锚栓孔间隙。灌浆从支座中心部位向四周,直至从模板与支座底板周边间隙观察到灌浆材料全部灌满为止。

(11)支座锚栓孔灌注。

1)灌注材料:支座就位后,采用支座灌浆料进行锚栓孔灌注。

2)灌注数量:灌注前,应初步计算所需的体积,灌注实用浆体数量不应与计算值产生过大误差,应防止中间缺浆。重力灌浆如图 2.6.5-2 所示。

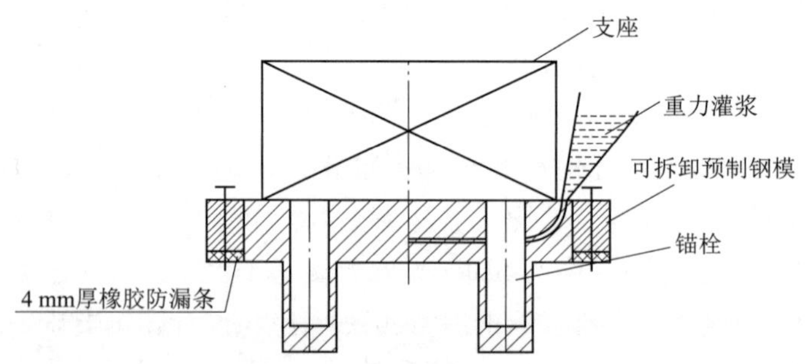

图 2.6.5-2 重力灌浆示意图

3)配合比要求:配合比按照混凝土、砂浆配料单施工。

4)浆体强度达到 20 MPa 后,拆除钢模板,检查是否有漏浆处,必要时对漏浆处进行补浆。拧紧下支座板锚栓,拆除各支座的上、下支座连接锚栓,并拆除临时支撑千斤顶。

5. 施工要求

(1)支座在装卸、运输、吊装过程中严禁磕碰、摔伤。

(2)支座进场后首先应查看支座外包装是否完好,有无型号标记,核对支座的规格、型号和制造厂的成品合格证,还应检查其外观尺寸,孔眼位置大小是否合适,坡度型支座的厚端是否与上顶板所标箭头相符,支座表面平整度,防锈油漆质量,支座位移指针是否对准零位,支座上下支座板是否发生扭转等,对于达不到质量要求的支座,不得使用。验收后用油漆标出规格,分类堆放。

(3)支座存放时应排放整齐,不得排放太高,应避免阳光直接照晒、雨雪浸淋,并保持清洁。不应与酸、碱、油类有机溶剂等影响支座质量的物质接触。

(4)测量桥墩中心的距离,据以调整和测放支座中心线,调整后的支座中线与桥墩支座设计中线的偏差应符合《客运专线铁路桥涵工程施工质量验收暂行标准》(铁建设〔2005〕160 号)的有关规定。

(5)复测支承垫石高程,其偏差符合《客运专线铁路桥涵工程施工质量验收暂行标准》(铁建设〔2005〕160 号)的有关规定,支承垫石锚栓孔位置及深度应符合设计要求,相关技术要求见表 2.6.5-1。

表 2.6.5-1　支承垫石锚栓孔位置及深度允许偏差

序　号	项　目		允许偏差(mm)
1	墩台支承垫石顶面高程		0,−10
2	简支混凝土梁	每片梁一端两支承垫石顶面高差	3
3		每孔混凝土梁一端两支承垫石顶面高差	4
4		支承垫石顶面四角高差	2
5	预埋件及预留孔位置		5
6	锚栓孔直径 60 mm		20
7	锚栓孔深度 350 mm		20
8	预留锚栓孔中心及对角线位置偏差		≤10

(6)安装前应首先在支座就位处(梁底、墩台顶)划出中心线,以便安装时与支座顶、底板上标注的中心线对中找正,然后凿毛支座就位部位的支承垫石表面,清除预留锚栓孔中的杂物,并用水将支承垫石表面浸湿。

6. 劳动组织

(1)劳动力组织方式采用架子队组织模式。

(2)人员配置情况详见表 2.6.5-2。

表 2.6.5-2　人员配置

序　号	人员配置	人　数	备　注
1	架子队队长	1	
2	技术负责人	1	
3	技术员	1	
4	安全员	1	
5	材料员	1	
6	质检员	1	
7	试验员	1	
8	领工员	1	
9	工班长	1	
10	工人	4	

7. 材料要求

(1)桥梁支座安装作业所用材料应严格按照国家有关规程和规定进行使用。

(2)本架梁段双线单孔箱梁安装,支座采用城市轨道交通简支箱梁桥球形支座,图号为 CGQZ-B-J。根据城市轨道交通简支箱梁桥 CGQZ-B-J 球形钢支座安装图,35 m/30 m/25 m 箱梁均采用支座 CGQZ-B-J-Ⅲ-3500 型。

(3)简支箱梁架设,每孔双线箱梁采用固定支座(GD)、纵向支座(ZX)、横向支座(HX)和多向支座(DX)各一个。固定支座安装在下坡方向的前端,固定支座在架设区间桥梁曲线较长的曲线段内侧。纵向支座在固定支座的纵向位置,横向支座在固定支座的横向位置,多向支座在固定支座的对角位置。

(4)固定支座和纵向、横向及多向活动支座的安装位置和方向必须符合设计要求,带坡度的支座坡度端与现场一致。

(5)支座安装方法应先将支座安装在梁体上,然后随梁吊装对位安装到支承垫石上,支座安装完毕后方可拆除支座的临时连接。

(6)同一孔梁的四个支座对位允许偏差经检查确认符合标准后,应同步平稳落梁,使四个支座均匀受力。

(7)支座防尘罩应及时安装,并应做到严密、牢固、栓钉齐全。防尘罩开启不应与防落梁装置或梁端限位装置相抵触。

(8)支座上、下座板应水平安装,采用改变上支座板顶面坡度的方式适应梁体坡度要求。

8. 设备机具配置

安装灌浆用模板,灌浆料拌浆机,台秤及水泵;若是桥位制梁,支座墩顶安装时需配备起吊设备一台。

9. 质量控制及检验

(1)桥梁支座安装前,应将支承垫石和锚栓孔清理干净,做到无泥土、无浮砂、无积水、无冰雪、无油污,并对支承垫石进行凿毛处理。

(2)施工前,凿除支座就位部位的支承垫石表面,支承垫石表面用清水进行浸湿。

(3)支座处理完毕后需及时进行锚栓孔灌注,每孔梁支座灌注时需检查每个支座状态是否在允许偏差范围内。如未及时灌注,灌注前需再次进行检查。

(4)桥梁支座安装时,固定支座和纵向、横向及多向活动支座的安装位置和方向必须符合设计要求。支座上、下座板与梁底及支承垫石之间和支座各层部件之间应密贴无缝隙,整孔桥梁的支座应均匀受力无"三条腿"现象,支座配件应齐全无损伤,螺栓螺母应拧紧无松动。

(5)桥梁支座安装发生梁端及梁间缝偏小时,应在保持梁体竖直和桥梁顶面中心线与墩台纵向中心线相一致条件下按《铁路架桥机架梁暂行规程》执行。

(6)支座在储存和搬运时,应避免日晒、雨雪浸淋和撞击,严禁与酸、碱、油类及有机溶剂等接触,并应保持清洁和距热源 1 m 以上。

(7)灌浆料搅拌需严格按照配合比进行施工,砂浆称量完毕后先将砂浆倒入搅拌机内干搅 2~3 min,然后边搅边加水。当加水至 80%时,停止加水并继续搅拌 3~5 min,最后加入剩余 20%的水,加完所有的水后继续搅拌 3 min。在搅拌过程中,用抹子将结块的砂浆捣碎,使砂浆无结块。砂浆搅拌时,要注意砂浆搅拌的时间,从开始加水搅拌至灌注完毕不能超过 30 min。

(8)灌浆料灌注保证支座下底板与支承垫石间无空隙,确保孔内无空鼓现象。

(9)支座安装允许偏差见表 2.6.5-3。

表 2.6.5-3 支座安装允许偏差

<table>
<tr><th>序 号</th><th colspan="3">项 目</th><th>允许偏差(mm)</th><th>检验方法</th></tr>
<tr><td>1</td><td colspan="3">支座中心纵向位置偏差</td><td>20</td><td rowspan="19">测量</td></tr>
<tr><td>2</td><td colspan="3">支座中心横向位置偏差</td><td>10</td></tr>
<tr><td>3</td><td colspan="3">T梁同端支座中心横向距离</td><td>+15
−10</td></tr>
<tr><td rowspan="3">4</td><td rowspan="3">盆式橡胶支座</td><td colspan="2">支座板四角高差</td><td>1</td></tr>
<tr><td colspan="2">固定支座上下座板的纵、横错动量</td><td>1</td></tr>
<tr><td colspan="2">活动支座中线的纵横错动量(按设计气温定位后)</td><td>3</td></tr>
<tr><td rowspan="9">5</td><td rowspan="9">钢支座</td><td rowspan="2">下座板中心十字线偏转</td><td>下座板尺寸<2 000 mm</td><td>1</td></tr>
<tr><td>下座板尺寸≥2 000 mm</td><td>1%边宽</td></tr>
<tr><td rowspan="2">固定支座十字线中心与全桥贯通测量后墩台中心线纵向偏差</td><td>连续梁或跨度 60 m 以上简支梁</td><td>20</td></tr>
<tr><td>跨度小于 60 m 简支梁</td><td>10</td></tr>
<tr><td colspan="2">固定支撑上下座板中线的纵横错动量</td><td>3</td></tr>
<tr><td colspan="2">活动支座中心线的纵向错动量(按设计气温定位后)</td><td>3</td></tr>
<tr><td colspan="2">支座底板四角相对高差</td><td>2</td></tr>
<tr><td colspan="2">活动支座的横向错动量</td><td>3</td></tr>
<tr><td colspan="2">上下座板及摇轴、辊轴之间的偏转</td><td>1</td></tr>
<tr><td rowspan="4">6</td><td rowspan="4">板式橡胶支座</td><td colspan="2">同一梁端两支座相对高差</td><td>1</td></tr>
<tr><td colspan="2">每一支座板的边缘高差</td><td>2</td></tr>
<tr><td colspan="2">上下座板十字线扭转</td><td>2</td></tr>
<tr><td colspan="2">活动支座的纵向错动量(按设计温度定位后)</td><td>±3</td></tr>
</table>

10.安全及环保要求

(1)安全要求

1)建立健全各项安全制度。根据本标段工程特点，制定具有针对性的各项安全管理制度：提、运、架设备的安全作业制度；用电安全制度；施工现场文明作业制度；防洪、防火、防风等措施；跨线架梁安全措施；起重作业安全制度；各种安全标志的设置及维护措施等。

2)安全生产教育与培训。开工前，对所有施工人员进行岗前安全教育。对从事起重、高空作业、焊接、架桥机操作等特殊工种的人员，经过专业培训，获得操作资质证书后，方准上岗。

3)开工前的安全检查。主要内容：施工机械设备是否配齐安全防护装置，安全防护设施是否符合要求，施工人员是否经过安全教育和培训，施工安全责任制是否建立，施工中潜在事故和紧急情况是否有应急预案等。

4)定期安全生产检查。每月组织安全生产大检查，积极配合上级进行专项检查；施工班组每日进行自检、互检、交接班检查。

5)经常性的安全检查。安质部或安全员日常巡回安全检查。检查重点：易燃品管理、施工用电、机械设备、高空作业、设备结构和安全防护装置等。

6)专业性的安全检查。针对施工现场的重大危险源，对施工现场的特种作业安全，现场的施工技术安全,设备的使用、运转、维修进行检查。

(2)环保要求

支座灌浆采用无收缩高强度灌注材料,实行现场拌和浇筑。该材料流动性好,施工过程中应防止灌浆料从模板缝处溢流,对于溢流出来和施工过程中撒落的要及时清理。施工用水和废弃的灌浆材料要运送到指定地点,不得任意排放。必须保证施工现场整洁美观。

2.6.6 预制箱梁架设施工作业指导书

1.适用范围

适用于杭州至海宁城际铁路桥梁工程预制箱梁架设施工。

2.作业准备

(1)施工设计图纸及有关资料到位后,组织技术人员进行图纸复核,澄清图纸中的技术问题。

(2)组织施工人员学习、培训相关技术标准和设计图纸等文件,对现场施工人员进行交底培训、考核,合格后持证上岗。对特种作业施工人员进行安全教育及操作培训,并持证上岗。

(3)完成运梁车、提梁机、架桥机等相关设备的安装、试验,并取得许可证。

(4)完成线下工程交桩工作,复核支座垫石以及预留孔位置,检查垫石顶面标高以及基面处理情况,与线下单位办理作业面移交工作。

(5)沿线勘察是否有影响架桥机过孔障碍物,如高压线等。办理相关手续,改迁或采取其他技术措施,保证架桥机顺利通行。

(6)箱梁架设的各种标准、制度完善齐备,各项责任落实到位,分工明确,施工方案等需批复的文件已批复完备。

3.技术要求

(1)梁体按长度分为25 m、30 m、35 m三种,梁宽10.6 m,梁高2 m(梁端中心处,扣除挡水墙)。梁体采用斜腹板,跨中腹板厚0.35 m,梁端逐渐加厚,支座1.2 m范围内腹板厚1 m,桥面采用中间集中排水,2%双面横坡,顶板设置直径12 cm吊点孔,梁底设置4个锯齿块安装预应力。

(2)箱梁在预制场制造形成成品梁后架设前通过梁场内的搬运机搬运箱梁至场内运梁车上,由场内运梁车输送箱梁至桥址处的提梁区,通过门式起重机提梁上桥放置在桥上的运梁车上,由桥上运梁车运送箱梁至待架孔位的架桥机处,采用上导梁架桥机通过喂梁、起梁、落梁、过孔等工序完成箱梁架设工作。

(3)箱梁采用球形支座,每片梁4个,支座与梁之间通过锚栓连接箱梁支座预埋板,支座与垫石之间采用地脚螺栓连接,将地脚螺栓放置在垫石预留孔内,对预留孔以及支座和垫石之间的间隙采用支座灌浆剂灌满。

4.施工程序与工艺流程

(1)施工程序

施工准备→搬运机提梁→场内运梁车装梁→场内运梁车运梁至提梁区→运梁车落梁→安装支座→提梁机提梁上桥→桥上运梁车装梁→桥上运梁车运梁至架桥机处→运梁车喂梁→架桥机起梁纵移→架桥机落梁→千斤顶调整,测量精确定位→支座灌浆→千斤顶及架桥机吊杆拆除→架桥机过孔进行下一孔架设。

(2)工艺流程

箱梁架设施工工艺流程如图 2.6.6-1 所示。

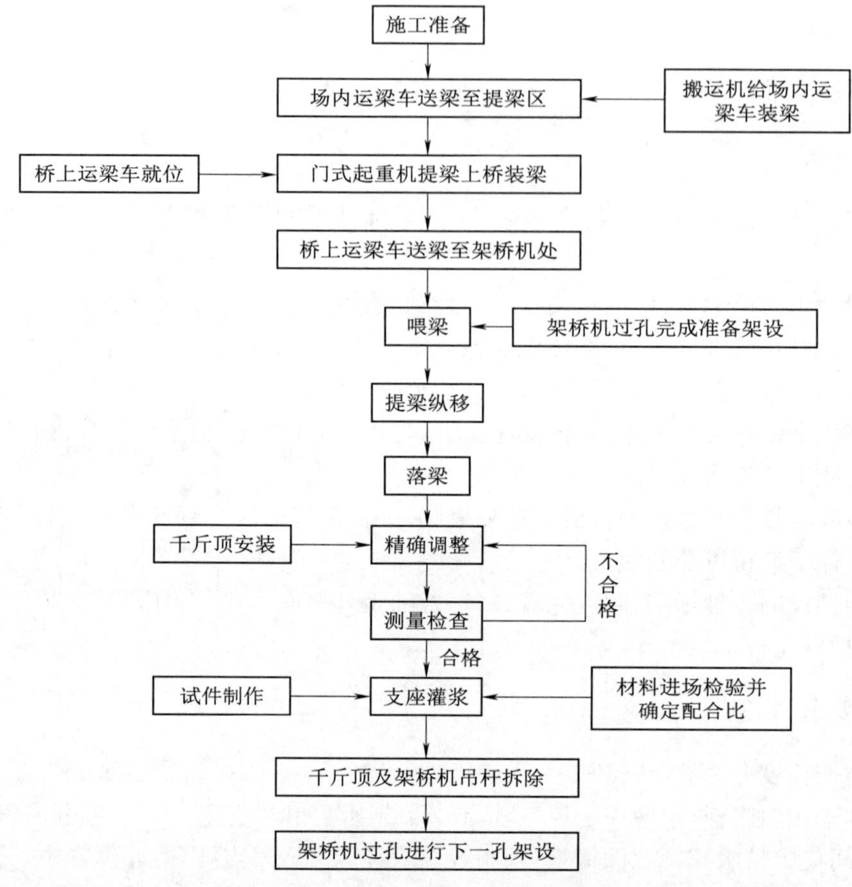

图 2.6.6-1 箱梁架设施工工艺流程图

5. 施工要求

(1)施工准备

1)梁场搬提运架设备拼装完成检验合格,并取得相关资质证书。

2)箱梁已经经过成品检验合格,具备架设条件。

3)架梁相关方案等文件已经过审批,交底按要求编制,培训进行了全员覆盖。

4)现场测量控制网已经建立,并与线下工程交接完成,检查支承垫石标高,预留孔位合格,并在墩顶放出了纵横向中心线作为箱梁平面控制线。

5)精调支撑千斤顶以及配套油压表进行了标定,支座砂浆计量设备经过了标定,检定合格。

(2)提梁运梁及支座安装

1)受场地限制,提梁和运梁各分两次进行,梁场内搬运机提梁装车和提梁区跨墩门式起重机提梁装车,运梁包括梁场内运梁和桥上运梁。

2)在制梁台座和存梁台座之间布置一条宽 22 m 的送梁通道,送梁通道直接延伸至提梁区域,搬运机将成品箱梁从存梁区搬运至送梁通道上的运梁车上,运梁车将梁输送到提梁区,在提梁区安装支座后由门式起重机同步提升箱梁上桥,放置在桥上运梁车上,由桥上运梁车送梁至架桥机处架设。

3)送梁通道采用混凝土路面结构,承载能力能满足运梁车接地比压要求,提梁区大小能满足运梁车转弯以及架桥机调头要求。

4)提梁时需检查吊杆是否垂直在吊点孔内,同时检查吊杆螺母安装情况,注意安装橡胶垫,提梁和运梁时有专人指挥信号。

5)运梁车装箱梁启动起步应缓慢平稳,严禁突然加速或急刹车。重载运行速度控制在 5 km/h以内,曲线、坡道地段应严格控制在 3 km/h 以内。当运梁车接近架桥机应一度停车,在得到指令后才能喂梁。

6)提梁时控制提升速度,缓慢提升,保证梁体两端始终基本处于水平状态。装梁时吊点缓慢放松,两端同步下落在运梁车支墩上。

7)箱梁支座均采用符合城市轨道交通要求的球形钢支座。箱梁支座横向间距 3.1 m,距离梁端 0.45 m。支座安装在梁端的支座预埋板处,支座上下座板必须水平布置。为了以后支座维护更换方便,所有支座与梁体采用套筒螺栓连接。

8)支座到达现场后,必须检查产品合格证、附件清单和有关材质报告单或检验报告。并对支座外观尺寸进行全面检查。根据线路坡度,按设计要求选用支座类型,保证支座不能选错。在支座安装前,工地应检查支座连接状况是否正常,但不得任意松动上下支座连接螺栓。支座在提梁区安装,上支座板与梁底预埋钢板之间不得留有间隙,安装后予以检查,注意支座方向,杜绝支座安装方向错误。

(3)架梁

1)箱梁架设采用架桥机进行。架梁通过喂梁、落梁、测量定位、灌浆等工序进行,施工步骤如下:

步骤 1:两桥式起重机前跨配重,运梁车喂梁到位,支撑运梁车前端和中部支腿油缸,3 号支腿立柱油缸伸出,支撑在运梁车牛腿上,如图 2.6.6-2 所示。

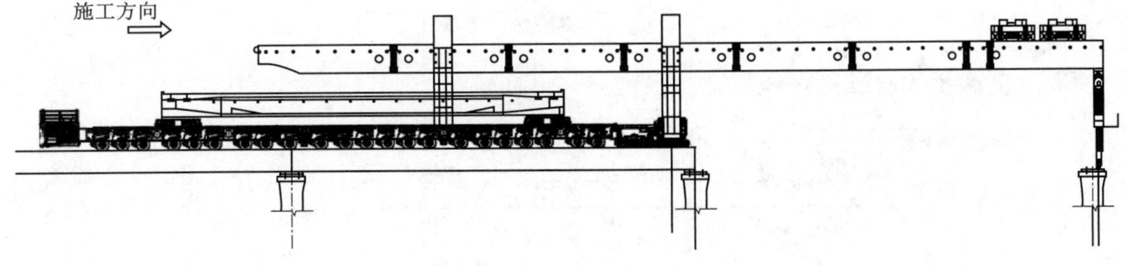

图 2.6.6-2 箱梁架设步骤 1

步骤 2:两桥式起重机开至后跨,前桥式起重机吊梁(注意在支撑 3 号支腿至前桥式起重机吊梁前,应始终保持运梁车支腿油缸压力在设定值,然后锁定前端支腿油缸),如图 2.6.6-3 所示。

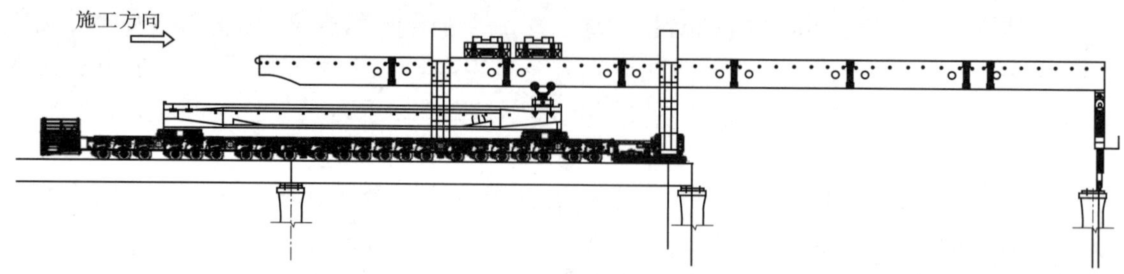

图 2.6.6-3 箱梁架设步骤 2

步骤 3:前桥式起重机及运梁车后移梁小车同步携梁前移至指定位置,后桥式起重机吊梁,如图 2.6.6-4 所示。

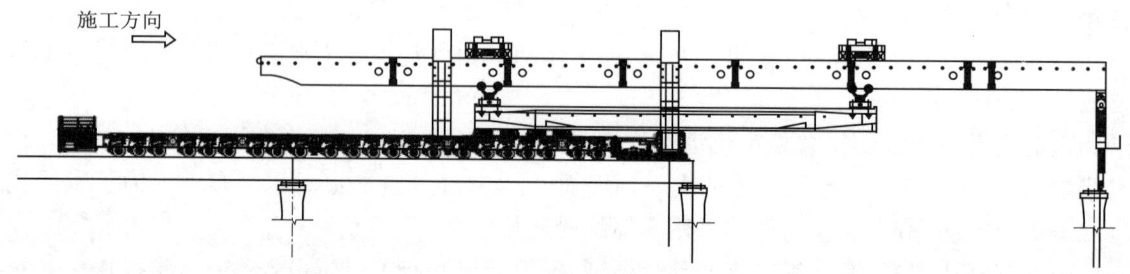

图 2.6.6-4 箱梁架设步骤 3

步骤 4:两桥式起重机同步吊梁至前跨指定位置,3 号支腿脱空,运梁车退出,如图 2.6.6-5 所示。

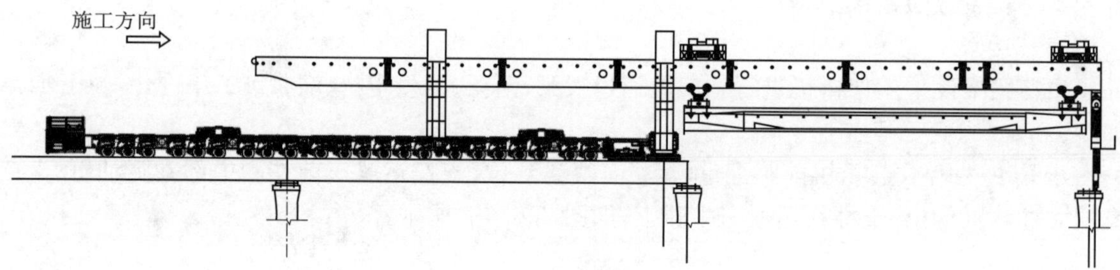

图 2.6.6-5 箱梁架设步骤 4

步骤 5:两桥式起重机同步落梁,如图 2.6.6-6 所示。

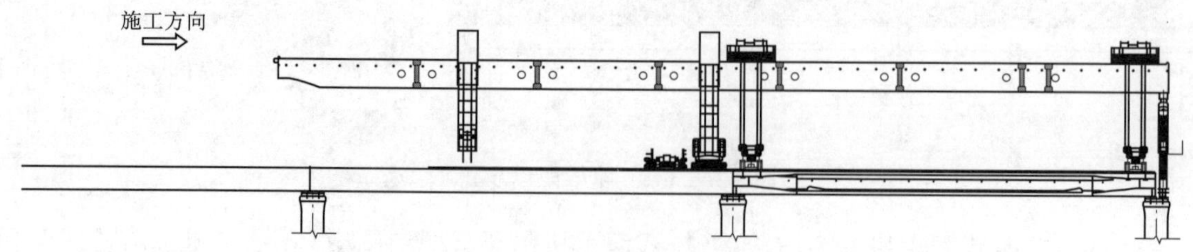

图 2.6.6-6 箱梁架设步骤 5

2)箱梁架设前在墩顶放设出桥墩纵横向中心线,架梁时对梁端处箱梁中心线,以墩顶横向中心线控制箱梁纵向位置，以墩顶纵向中心线控制箱梁横向位置，采用水准仪倒尺测量梁底标高。

3)落梁时，采用测力千斤顶作为临时支点，在保证每支点反力与4个支点的平均值相差不超过±5%后再进行支座灌浆。同一梁段的千斤顶油压管路应保证同端的支座受力一致，采用并联。测力千斤顶放置在梁端支座内侧防落梁挡块预埋件处。

4)支座灌浆采用重力式灌浆，灌浆材料为支座灌浆剂加水，配合比应满足材料说明书要求。灌浆剂在现场采用磅秤计量，磅秤应进行检验且精度合格，灌浆采用型钢做钢模，钢模板亦可在落梁前安装，模板尺寸略大于支座尺寸，满足模板与支座下垫板之间间隙30～50 mm要求。灌浆剂在桥面拌和，在伸缩缝处引一根软管，软管伸入支座中心，从支座中心向四周灌注，直至钢模板周边与支座底板之间间隙全部注满为止，要求注浆浆面稍高于支座底板底面。现场制作试件3组，留置1组2 h，标养2组，分别为7 d、28 d。

5)要求浆体强度达到20 MPa后拆除千斤顶以及支座上下板连接螺栓，方可通过运架设备进行下孔箱梁架设。

6)支座灌浆强度达到要求后拆除支撑千斤顶，同时架桥机吊点松钩，准备过孔进行下一孔架设，过孔作业步骤如下：

步骤1：铺设桥面轨道。3号支腿走行机构返回3号支腿立柱下方，安装3号支腿走行机构，如图2.6.6-7所示。

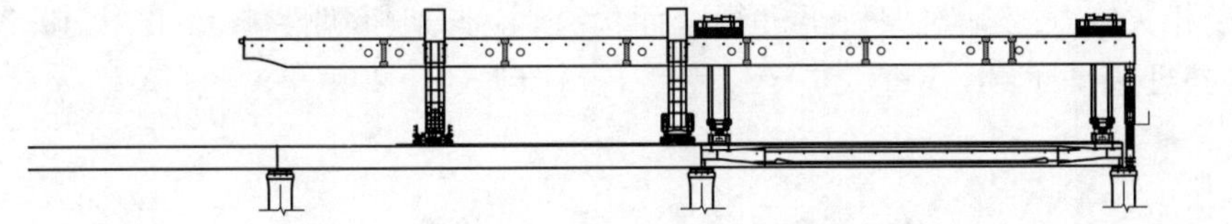

图2.6.6-7　箱梁架设过孔步骤1

步骤2：解除桥式起重机吊具，两桥式起重机开至架桥机尾部配重，2号支腿转换为走行状态，1号支腿油缸缩回脱空，如图2.6.6-8所示。

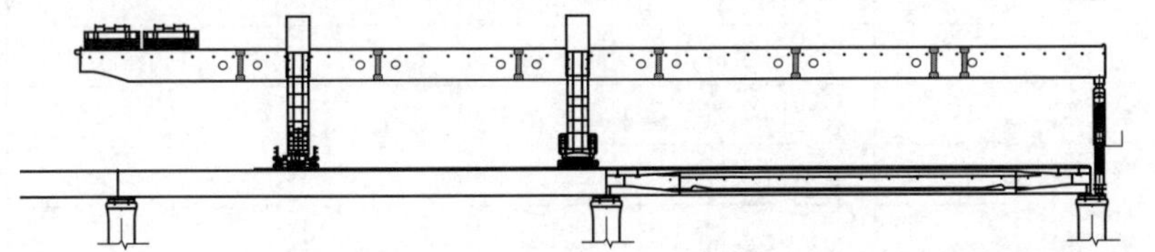

图2.6.6-8　箱梁架设过孔步骤2

步骤3：架桥机由2、3号支腿走行机构驱动向前移动至指定位置，1号支腿支承在桥墩墩顶，如图2.6.6-9所示。

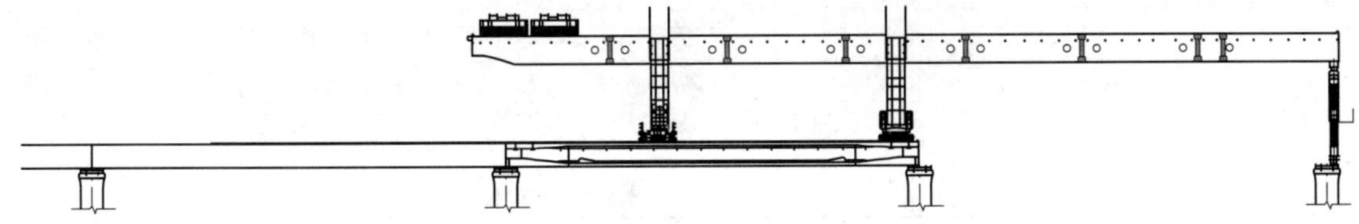

图2.6.6-9　箱梁架设过孔步骤3

步骤 4:2 号支腿转换为支承状态,两桥式起重机开至前跨配重,如图 2.6.6-10 所示。

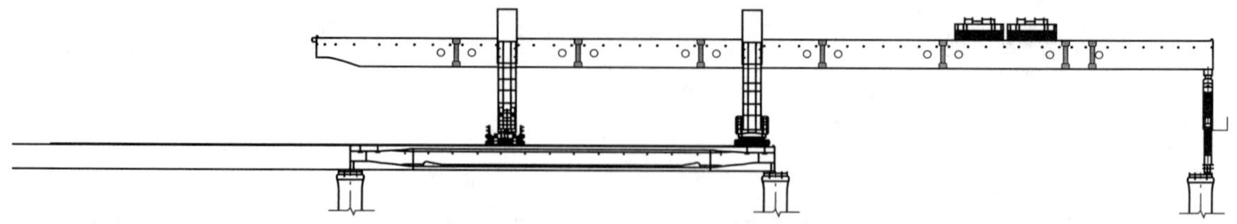

图 2.6.6-10　箱梁架设过孔步骤 4

步骤 5:解除 3 号支腿走行机构与 3 号支腿立柱之间的连接,三号支腿脱空,3 号支腿走行机构开至前端 2 号支腿附近,准备喂梁,如图 2.6.6-11 所示。

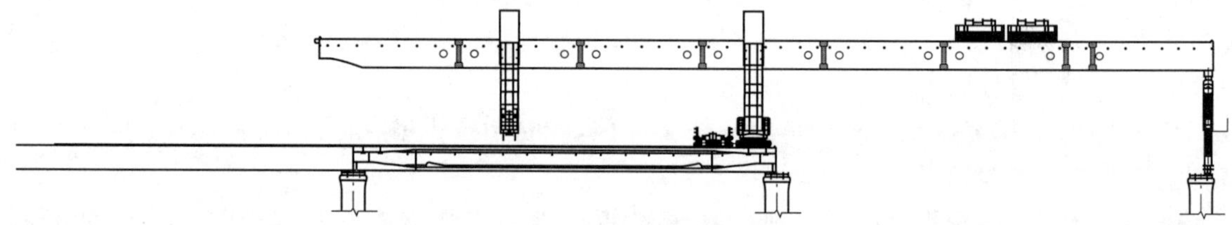

图 2.6.6-11　箱梁架设过孔步骤 5

架桥机走行前现场相关人员必须对架桥机进行全面检查,检查架桥机性能、工作状态、各工况下所处位置,同时办理签证手续,检查人员予以签字,责任到人。

6. 劳动组织

(1)劳动力组织方式采用架子队组织模式。

(2)作业人员数量应根据施工条件、工期要求进行合理配置,详见表 2.6.6-1。

表 2.6.6-1　架梁人员配备

序　号	人员配置	人数(人)	职责分工
1	架子队队长	1	统一全面负责箱梁架设
2	技术负责人	1	全面负责箱梁架设技术管理工作
3	技术员	2	负责现场架梁技术管理工作
4	质检员	2	检查架梁过程中的质量工作
5	安全员	2	负责现场安全作业
6	材料员	1	负责施工材料计划、收料检验等工作
7	试验员	2	负责物资进场检验,现场取样检测工作
8	领工员	2	负责现场施工的协调工作
9	工班长	8	负责施工现场施工人员的相互协调
10	测量工	3	负责现场的放样、复核,架梁精确定位
11	司机	14	负责运梁车、门式起重机、架桥机等设备操作
12	装吊工	14	负责现场吊装操作

续上表

序　号	人员配置	人数(人)	职责分工
13	信号指挥	8	负责吊梁、运梁、架梁信号指挥工作
14	钳工	4	负责设备保养、检修
15	普工	20	清理现场、辅助操作

7. 材料要求

(1)箱梁架设材料主要包括支座和灌浆剂,支座每孔箱梁 4 个,灌浆剂根据支座板和垫石间隙以及预留孔大小深度确定,现场初步测量计算后进行备料。

(2)架梁所需物资由工程部根据施工月计划提取材料计划,提前向物资部门报物资申请单,由物资部进行购置。

(3)对进场物资进行检验,支座检查其外观质量有无掉漆、锈蚀等现象,检查位移对中点是否归零,支座上下板间距是否一致,连接螺栓是否松动,检查不合格时返厂处理。

(4)支座灌浆剂按要求取样检验,不合格不得在梁场使用,同时注意环境温度与材料性能相匹配,避免因凝结时间影响现场施工。支座灌浆剂在干燥的库房内存放,下垫 30 cm 高,避免潮湿影响其质量。

8. 设备机具配置

主要机具设备见表 2.6.6-2。

表 2.6.6-2　主要机具设备

序　号	机具设备名称	规格型号	单　位	数　量	备　注
1	跨墩门式起重机	450 t	台	2	提梁上桥
2	运梁车	900 t	台	2	场内和桥上运输箱梁
3	叉车		台	1	支座安装
4	架桥机	900 t	台	1	箱梁架设
5	平板车	9 m	辆	1	小型构配件、材料运输
6	拌浆设备		套	2	支座砂浆搅拌、灌注
7	全站仪	莱卡	台	1	现场测量
8	水平仪	T2	台	1	现场测量

9. 质量控制及检验

(1)质量标准

箱梁架设符合《高速铁路桥涵工程施工质量验收标准》(TB 10752—2018)、《铁路混凝土工程施工质量验收标准》(TB 10424—2018)要求。

(2)质量控制

1)从源头控制箱梁架设质量,加强进场支座以及灌浆剂质量控制,以合格的材料作为保证施工质量的第一手段。

2)灌浆剂的计量设备以及现场的测量设备必须经过计量检验合格,并且在有效期内,以先进、精良的设备保质量。

3)加强人员队伍素质建设,着重培养作业人员的实际操作能力,进行层层技术交底,将作业指导书现场宣贯,做到人员全覆盖,使现场工人懂技术、会操作。

4)加强现场检查、检测工作,对支座的安装位置和安装质量进行检查,检查合格后贴上检查人员签字的标签,没有签字标签不准进行箱梁架设。对支座垫石标高、孔位、孔深、孔型以及凿毛情况着重检查,不合格不得进行箱梁架设。

(3)检测

1)垫石质量检查。箱梁架设前检查支座垫石质量,检查要求见表 2.6.6-3。

表 2.6.6-3　垫石质量检查要求

检查项目	凿毛范围	孔　深	孔 间 距	孔对角线	顶 标 高
偏差要求(mm)	0～+30	0～+20	10	10	−10～0

2)架设后的支座检查。箱梁架设支座应满足表 2.6.6-4 中的要求。

表 2.6.6-4　支座安装质量要求

序　号	项　目	允许误差
1	支座中心线与墩台十字线的纵向错动量	≤15 mm
2	支座中心线与墩台十字线的横向错动量	≤10 mm
3	支座板每块板边缘高差	≤1 mm
4	支座螺栓中心位置偏差	≤2 mm

(4)架梁质量检测

箱梁架设时对梁体的位置进行测量,必须满足表 2.6.6-5 中的要求。

表 2.6.6-5　架梁质量要求

序　号	检查项目	允许偏差
1	梁体中线与桥梁线路设计中心线偏移	±2 mm
2	固定支座处支承中心里程与设计里程纵向偏差	±15 mm
3	同墩两侧梁顶面高差	10 mm
4	桥面高程	0,−20 mm
5	梁段尾部的梁端面不垂直度	不大于 1/1 000 梁高

10. 安全及环保要求

(1)安全要求

1)架桥机前支腿抄垫应采用刚性防滑支垫,禁止采用柔性橡胶支垫。在下坡及曲线段架梁时,应放缓架桥机过孔及吊梁前行速度,确保结构稳定安全。

2)作业人员进入施工场地必须佩戴安全帽,防止坠物伤人,严禁穿拖鞋进入施工场地,上桥通道必须有安全防护装置，有安全防护栏及休息平台。

3)桥面上施工场面狭窄，各种机具、材料要有序堆放，严禁靠桥边堆放，架桥机范围内人员众多，穿梭频繁，邻近三孔梁两侧安装移动栏杆，随着架桥机前移而逐孔前行，保证作业人员不坠落。

4)桥面施工用电安全是安全控制的重点之一，必须严格执行“三级配电”与“三相五线”制，必须确保线路无破损。施工用电设专人检查防护，电线外皮不能破损，并安装漏电保护器，电工必须持作业许可证上岗。

5)检查支座垫石等架梁作业均属于高空作业，作业人员必须系好安全绳。

6)定期对设备检查、保养，设备工作状态不良或有任何安全隐患时均应暂停作业，进行检修，排除隐患后方可继续架设。

7)桥下沿线路均为施工便道，禁止向桥下扔任何东西，以免砸伤行人。

8)夜间架设时保证足够的照明设施，且要齐全可靠，满足施工及安全需要。

9)随时关注天气变化，遇到雷雨、大风天气，暂停作业。

10)吊梁、运梁有专人指挥，梁下禁止站人。

(2)环保要求

1)桥面上收集的各种废弃物必须按照相关规定进行处理或统一运输到指定的弃渣场。

2)桥上施工用水必须规范，特别在冲洗桥面或养护支座灌浆的过程中，避免施工用水污染桥下环境。

3)架梁大型设备较多，机修频繁，机修时必须加强油料管理，避免洒落，污染现场，且应进行必要的回收处理。

4)运输物资的施工便道注意洒水，避免扬尘。

5)邻近居民区不得在夜间采用发电机发电，当必须发电时应采用消声措施，以免噪声扰民。

6)做好现场文明施工，保持施工现场整洁，做到工完料净场地清。

3 车站工程

3.1 地下车站

3.1.1 地下车站主体结构支架施工作业指导书

1. 适用范围

适用于杭州至海宁城际铁路地下车站主体结构支架施工。

2. 作业准备

(1)内业技术准备

在开工前组织技术人员认真学习施工组织设计,阅读、审核施工图纸,澄清有关技术问题,熟悉规范和技术标准,制定施工安全保证措施,提出应急预案。对施工人员进行技术交底。对参加施工人员进行上岗前技术培训,考核合格后持证上岗。

(2)外业技术准备

复测底板或中板平面位置及高程,建立独立的控制网,对板架进行组拼验收,对原材料进行检查。

3. 技术要求

(1)支架基底的处理必须符合要求,支架基础必须满足支架及上层结构施工荷载的要求。

(2)支架拼装时应严格按照计算的挠度进行预拱度的设置,拼装好后需施行预压试验。

(3)立杆基础表面坚实平整、不积水、不晃动、不滑动、无沉降。

(4)脚手架应按立杆、横杆、斜杆的顺序逐层搭设,底层水平框架的纵向直线度偏差应小于1/200 架体长度,横杆间水平度偏差应小于 1/400 架体长度。

(5)每段脚手架搭设后必须经检查验收后,方可投入使用。

(6)脚手架垂直度偏差小于等于 $H/500$(H 为脚手架搭设高度)。

(7)支架四周从底到顶设置竖向剪刀撑;中间纵横向由底至顶连续设置竖向剪刀撑,其间距应小于或等于 4.5 m;斜杆与地面倾角 45°～60°,斜杆应每步与立杆扣接。满堂脚手架应在架体外侧四周及内部纵、横向每 6～8 m 由底至顶设置连续竖向剪刀撑。

(8)顶端和底部设置水平剪刀撑,中间水平剪刀撑设置间距应小于或等于 4.5 m。当架体搭设高度在 8 m 以下时,应在架顶部设置连续水平剪刀撑;当架体搭设高度在 8 m 及以上时,应在架体底部、顶部及竖向间隔不超过 8 m 分别设置连续水平剪刀撑。水平剪刀撑宜在竖向剪刀撑斜杆相交平面设置。剪刀撑宽度应为 6～8 m。

(9)底层纵横向水平杆作为扫地杆,距离地面应小于或等于 350 mm,立杆底部应设置可调底座或固定底座;立杆上端包括可调螺杆伸出顶层水平杆的长度不得大于 0.7 m。

(10)所有碗扣接头必须锁紧。

(11)扣件螺栓拧紧扭力矩 40～65 N·m。

4. 施工程序与工艺流程

(1)施工程序

1)底(中)板混凝土浇筑完成达到设计强度并拆除钢支撑后，即可进行支架的搭设。即按照施工作业指导书或交底尺寸先将底托置于底板(中)顶面上，再将立杆安装于底托上，然后采用 900 mm、600 mm 不同长度立杆，1 200 mm、900 mm、600 mm、300 mm 横杆钢管相互交错，井字形式参差布置，并保证碗扣架限位销将上扣碗固定可靠，钢管扣件紧固到位，立杆、钢管同一断面接头率不超过 50%。

2)立杆搭设时需设置扫地杆，将立杆连接成一整体，以保证立杆的稳定。采用立杆自带的碗扣将横杆和立杆锁定，连接时，先将上碗扣滑至限位销以上并旋转，使其搁在限位销上，将横杆接头插入下碗扣，待应装横杆接头全部装好后，落下上碗扣并锁紧。

3)碗扣式脚手架的底层组架和线形顺直最为关键，因此，施工时严格控制过程搭设质量，保证支架单排和整体纵横向处于一条线上，保证纵、横向两端偏差立杆或钢管的轴线偏差不超过 25 mm，并逐个检查立杆底座螺栓和碗扣是否拧紧。

4)立杆的接长是靠焊于立杆顶端的连接管承插而成，立杆插好后，使上立杆底端与下立杆顶端连接孔对齐，所有立杆必须保持垂直。

5)横竖杆支架搭设完成后，及时设置剪刀撑，采用 ϕ48 钢管将纵横向立杆和竖杆以“X”形式连接成整体，间距每 4.5 m 设置一道，保证支架的纵横向不发生局部位移和变形。

(2)工艺流程

地下车站主体结构支架施工工艺流程如图 3.1.1 所示。

5. 施工要求

检查验收依据标准《建筑施工扣件式钢管脚手架安全技术规范》(JGJ 130—2011)以及《建筑施工碗扣式钢管脚手架安全技术规范》(JGJ 166—2016)，检查验收内容：

(1)支架搭设的钢管、连接件、扣件、顶托等是否满足规范要求。立杆基础表面坚实平整，不积水，垫板不晃动、底座不滑动。立杆垂直度是否满足规范要求。立杆纵、横向间距及平面位置、水平杆步距是否满足设计要求。纵向水平杆高差是否满足规范要求。

(2)剪刀撑是否按方案要求设置，剪刀撑扣件的安装是否满足规范要求，安装后的扣件螺栓拧紧扭力矩采用扭力扳手检查。杆件的连接是否满足规范要求，支架拆除时混凝土结构是否达到设计强度条件。

6. 劳动组织

(1)劳动力组织方式采用架子队组织模式。

(2)作业人员数量应根据施工条件、工期要求进行合理配置，详见表 3.1.1-1。

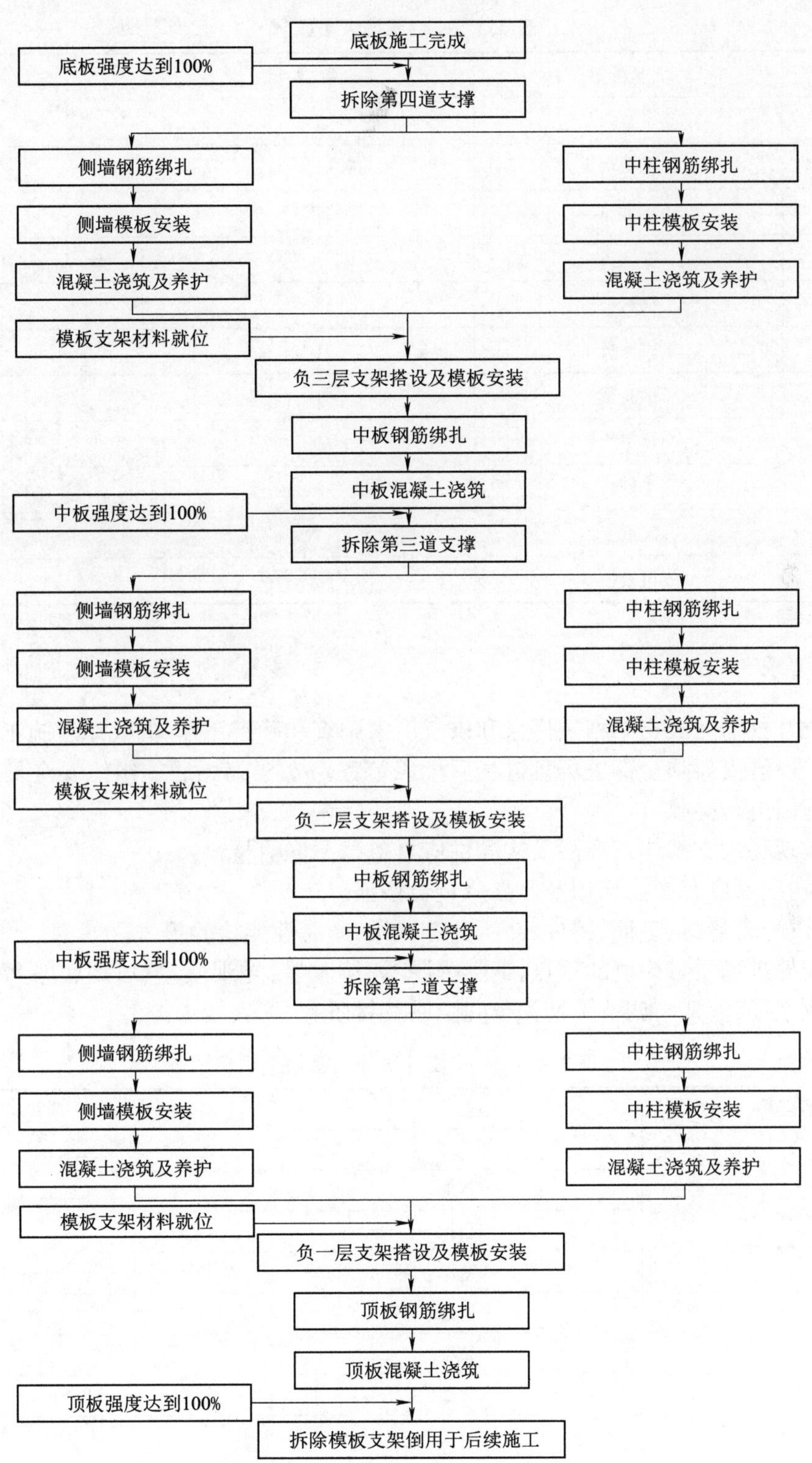

图 3.1.1　地下车站主体结构支架施工工艺流程图

表 3.1.1-1 现场人员配置

序号	人员配置	人数(人)	备注
1	架子队队长	1	
2	技术负责人	1	
3	技术员	1	
4	安全员	1	
5	材料员	1	
6	质检员	1	
7	试验员	1	
8	领工员	1	
9	工班长	1	
10	起重工	4	
11	司索工	2	

7. 材料要求

(1)基坑开挖前完成支架租赁厂家和供货厂家调查和确定工作,并在结合施工进度计划组织支架材料进场,支架须全部进场且进场后堆码整齐。支架到场后须组织安全员、施工员、材料、技术等部门进行验收。

(2)进入现场的支撑体系产品及构配件应具备以下证明材料:

1)主要构配件应有产品标识及产品质量合格证。

2)应提供配套管材、零件、铸件、冲压件等材质、产品性能检验报告。

(3)构配件进场质量检查的重点,钢管壁厚、焊接质量、外观质量、可调底座和可调托座丝杆直径、有效半径、丝杆与调节手柄配合间隙以及材质等,见表 3.1.1-2。

表 3.1.1-2 构配件进场质量检查项目

部件名称	检查项目	允许偏差
立杆 横杆	长度	±1.5 mm
	弯曲	6 mm
	裂纹	无
	壁厚	−0.2 mm
	锈蚀	无或轻微
斜杆	长度	2.0 mm
	弯曲	8 mm
	裂纹	无
	壁厚	−0.2 mm
	锈蚀	无或轻微

续上表

部件名称	检查项目	允许偏差
可调托座 可调底座	长度	±3.0 mm
	弯曲	1 mm
	丝杆直径	−0.1 mm
	丝杆有效半径	−0.1 mm
	丝杆与调节手柄配合间隙	$L/200$
	锈蚀	无或轻微

注：L 为丝杆总长度。

8. 设备机具配置

支架工程施工机械设备配置见表 3.1.1-3。

表 3.1.1-3　主要施工机械设备配置

名　称	数　量	备　注
5 t 叉车	2 辆	
25 t 门式起重机	2 台	
10 t 门式起重机	1 台	
扭力扳手	2 把	
电动扳手	12 台	

9. 质量控制及检验

(1)质量控制

1)支架基础必须按设计要求进行处理，支架应具有足够的强度、刚度和稳定性，支架设置的预拱度必须满足设计要求。

2)支架必须设置横、纵向扫地杆，距离地面的距离符合规范与设计要求。

3)水平、纵向剪刀撑须根据间距要求设置。

4)搭接长度符合设计与规范要求。

5)支架搭设技术要求见表 3.1.1-4。

表 3.1.1-4　支架搭设的允许偏差与检验方法

序　号	项　目	允许偏差	检验方法
1	地基基础	表面坚实平整、不积水、不沉降	观察
2	立杆垂直度	$L/500$(L 为立杆总长度)，±100 mm	用经纬仪或卷尺
3	步距	±20 mm	钢板尺
4	纵距	±50 mm	钢板尺
5	横距	±20 mm	钢板尺
6	纵向水平杆高差	±20 mm(一根杆的两端) ±10 mm(同跨内两根纵向水平杆高差)	水平仪或水平尺

续上表

序　号	项　目	允许偏差	检验方法
7	主要节处各扣件中心点相互距离	≤150 mm	钢板尺
8	同步立杆上两个相隔对接扣件的高差	≥500 mm	钢板尺
9	立杆上的对接扣件至主节点的距离	≤步距×1/3	钢板尺
10	扣件螺栓拧紧扭力矩	40～65 N·m	扭力扳手
11	剪刀撑斜杆与地面的斜角	45°～60°	角尺

(2)质量检验标准

检查验收依据标准《建筑施工扣件式钢管脚手架安全技术规范》(JGJ 130－2011)以及《建筑施工碗扣式钢管脚手架安全技术规范》(JGJ 166－2016)。

10. 安全及环保要求

(1)安全要求

1)加强对技术及施工人员的培训,提高全体参建人员的安全、质量意识。

2)施工用各项支架、起重机具设备必须经过力学验算方可投入使用。

3)特种机械操作人员必须经培训后持证上岗。

4)进入施工现场必须配戴安全帽,严禁穿拖鞋上班,严禁酒后上班。

5)高空作业必须系安全绳,在操作时安全绳必须与支架连接牢固。

6)起重机起吊运物件时,必须配备专人进行指挥,安全员应随时监视吊运过程中可能存在安全隐患,并及时要求相关人员整改。

7)严禁从高空中直接抛掷物件。

8)根据安全施工应急预案,日常做好应急物资储备。

9)当风、雨、雪较大的恶劣天气时应立即停止吊装作业,高空作业人员应立即停止施工,进入安全的地点进行避险。

10)支架周围的堆积土应及时清理和平整。

11)操作人员上下班前均应对施工用机械进行检查,发现问题必须及时处理,严禁带“病”操作。

12)高空作业必须穿防滑鞋。

13)严格遵守机械操作规程,杜绝违章违规操作。

14)夜间施工应注意照明,提高施工现场的安全性。

(2)环保要求

1)生态环境保护措施:

①营造良好环境。在施工现场和生活区设置足够的临时卫生设施,经常进行卫生清理,同时在生活区周围种植花草、树木,美化生活环境。

②对有害物质如燃料、废料、垃圾等通过焚烧或其他措施处理后运至指定地点进行掩埋,防止对环境造成损害。

2)大气环境及粉尘的防治措施:

①施工场地和运输道路经常洒水防护。

②车辆运料过程中，对易飞扬的物料用篷布覆盖严密，且装料适中，不得超限；车辆轮胎及车外表用水冲洗干净，不得污染道路。

③对于易松散和易飞扬的储存材料用彩条布覆盖严密。

3）固体废弃物处理措施：

①施工驻地和施工现场的生活垃圾集中堆放。

②施工和生活中的废弃物经当地环保部门同意后，运至指定地点。此外，工地设置的厕所，派专门的人员清理打扫，并定期对周围喷药消毒，以防蚊蝇滋生，病毒传播。

③施工中废弃的零配件、边角料、水泥袋、包装箱等及时收集清理并搞好现场卫生。

4）噪声防护措施：

①对使用的工程机械和运输车辆安装消声器并加强维修保养，降低噪声。

②机械车辆途经居住场所时减速慢行，不鸣喇叭。在比较固定的机械设备附近，修建临时隔声屏障，减少噪场传播。

③合理安排施工作业时间，尽量降低夜间车辆出入频率。夜间施工不得安排噪场很大的机械。

5）水土保持措施：

①施工机械的废油废水，采取有效措施加以处理，不超标排放，不造成河流和水源污染。

②来自生活区、办公区和施工区的污水，必须严格净化处理，并经检验符合环保标准后，方可按环保要求排放。

③对于施工中清洗机械设备及工具的水泥浆、油垢等在排放前采取过滤、沉淀处理，然后将废渣弃放到指定地点。

3.1.2 地下车站主体结构模板工程施工作业指导书

1. 适用范围

适用于杭州至海宁城际铁路地下车站主体结构模板施工。

2. 作业准备

(1)内业技术准备

1)在开工前组织技术人员认真学习实施性施工组织设计,审核施工图纸,熟悉规范和技术标准。

2)制定施工安全保证措施及相关应急预案。

3)对施工人员进行技术交底。进行上岗前技术培训,考核合格后持证上岗。

(2)外业技术准备

1)开工前施工现场要完成"三通一平",施工用的临时设施准备就绪,施工便道要保持畅通,机具设备配置齐全。

2)修建生活房屋,配齐生活、办公设施,满足主要管理、技术人员进场生活、办公需要。

3. 技术要求

(1)模板拼接时,相邻两块模板无论横向拼缝还是纵向拼缝,保证在同一根方木或钢肋上进行搭接,设钢钉或焊接进行固定,避免出现错台。

(2)模板工程的施工质量符合《混凝土结构工程施工质量验收规范》的要求,保证工程结构和构件各部位尺寸及相互位置的正确性。实际施工中根据设计情况对支撑系统进行计算调整,保证支架工程满足《建筑施工碗扣式钢管脚手架安全技术规范》的要求。

(3)选择合理的拆模时间,对于非承重混凝土强度达到 2.5 MPa 以上时方可拆模,避免因拆模过早混凝土早期受力引起结构裂缝。

4. 施工程序与工艺流程

车站主体结构施工工艺流程如图 3.1.2 所示。

5. 施工要求

(1)底板模板施工

1)底板下翻梁施工。

①车站底板共设计一道(局部两道)底纵梁,为便于钢筋绑扎,下翻梁垫层浇筑时下翻梁两侧立模进行浇筑。

②先采用小型挖掘机挖槽,槽宽大于梁设计宽度 20～30 cm。

③浇筑 15 cm 厚 C20 素混凝土垫层,施作防水层和 5 cm 厚防水保护层。

2)底板上翻梁采用"吊模"体系,采用 15 mm 厚木胶板。

3)底板倒角模板。底板倒角 900 mm×300 mm 模板采用"吊模"体系,在现场根据图纸尺寸配制导墙模板，模板采用 15 mm 厚木胶板，将模板加工成整体，采用与结构钢筋相连的预埋钢筋固定模板。预埋钢筋纵向间距 0.6 m，其中靠近墙的一根与侧墙模板的预埋钢筋共用。模板拆除时，割下钢筋上方的固定节，向上将模板撬出。根据不同部位导墙高度确定模板配置及支撑方式。

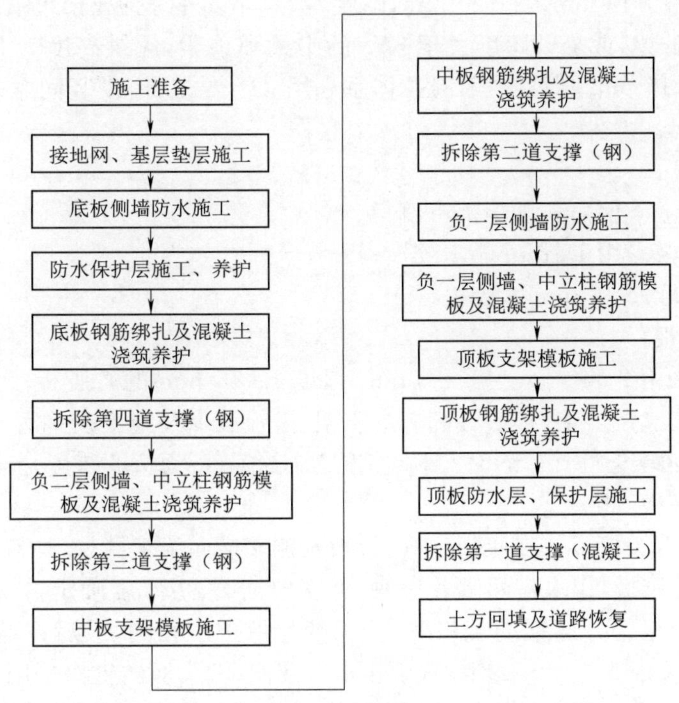

图 3.1.2　车站主体结构施工工艺流程图

4)底板集水坑处模板采用 15 mm 厚木胶板。

(2)侧墙模板施工

1)由于墙体高度大，浇筑混凝土时对模板的侧压力较大，容易产生使结构截面尺寸变大(跑模)现象，对模板及支撑的强度、刚度和稳定性要求较高。

2)侧墙外模为 800 mm 厚地下连续墙，内模采用钢模板，负二层侧墙段高 6.25 m(端头井段 7.75 m)，负一层 4.55 m，结构侧墙一次支模架浇筑 4.55 m，部分负一层一次浇筑 3.95 m。内侧模板分别采用 4.55 m 和 3.95 m 钢模板。

3)模板拆除。

①吊走单侧支架，模板继续贴靠在墙面上，临时用钢管撑上。

②混凝土浇筑完 48 h 后拆模板。

③混凝土拆模后应采取养护措施。

④模板拆除应符合《混凝土结构工程施工质量验收规范》和《地下铁道工程施工及验收标准》中混凝土强度的有关规定。

(3)柱模板

1)中间立柱模板采用 15 mm 厚竹胶板。

2)模板采用对拉体系对柱模板进行加固，对拉杆采用 $\phi16$ 钢拉杆，对拉杆竖向间距

600 mm,对拉杆配“3”形扣件及双螺母,利用压木及对拉螺栓组合约束侧向压力,柱底部沿柱边预埋 2 根 ϕ25 钢筋,也可采用石膏进行封堵,避免出现烂根现象。为保证柱模板体系的垂直度,柱模板利用 ϕ48 钢管作为斜向支撑体系。

(4)梁模板

梁底模板采用 2 440 mm×1 220 mm,厚度 t=15 mm 竹胶板,长边纵向布置。对于跨度为6 m及 6 m 以上的梁,或悬臂跨度大于 2 m 的中梁和顶梁,起拱高度为 L/500(L 为梁的跨度),梁体侧模采用 15 mm 厚竹胶板,对拉体系采用 ϕ14 对拉杆,横竖间距 600 mm,对拉杆配“3”形扣件及双螺母。

(5)倒角模板

1)倒角分底板上下倒角和顶板上下倒角。

2)顶板下倒角模采用 15 mm 厚木胶板。

3)倒角面板采取厚 15 mm 木胶板。

(6)顶、中板模板

中、顶板模板采用 2 440 mm×1 220 mm,厚度 t=15 mm 的竹胶板。为保证下部建筑限界、沉降后净空仍能满足要求,板底标高考虑支架、搭板沉降及施工误差适当提高,同时在跨中位置考虑预拱度,当跨度大于 4 m 时,起拱高度为 L/400(L 为板的跨度)。

(7)特殊部位模板

1)横向施工缝端头模板。在底板、中(顶)板及侧墙横向施工缝处,均有端头模板。端头模板采用 15 mm 厚竹胶板,止水带两侧各一块,宽度根据墙、板厚度确定,在模板上按钢筋间距切割方槽,方槽大小根据分部钢筋规格确定,深度与保护层相同,最后方槽采用小模板封闭。纵向内楞采用 50 mm×100 mm 方木,置于止水带两侧;端头横向支撑采用 100 mm×100 mm 方木,竖向间距 600 mm,横向支撑用 ϕ12 水平拉杆,ϕ12 水平拉杆焊接于底板、中(顶)板及侧墙的水平钢筋上。

2)上倒角模板。车站上倒角均为 300 mm×900 mm,模板采用厚度为 15 mm 的竹胶板。

3)主体与附属结构接口预留洞口模板。

①墙体预留洞口和主体侧墙一次立模浇筑,主体底板、边墙水平施工缝结合洞口考虑。

②预留洞口模板在模板加工场配置完成后,运至现场进行安装,并架设支撑体系。模板支撑体系要根据图纸尺寸做到方正、垂直,内部固定牢固。模板采用 15 mm 厚胶合板。

4)预留区间洞门模板。车站东西两端明挖结构均与盾构区间连接,接口部位预留洞口均为圆形洞口。预留洞口采用洞门钢环作为模板,盾构井处底板施工缝留置位置同标准段底板施工缝标高,洞口处混凝土浇筑施工前及时预埋钢环,根据混凝土施工缝位置及钢环便于安装固定要求,洞口钢环分四片进行安装。

5)车站环向施工缝模板。

①首先按图纸固定止水钢板位置,止水带上下用快易收口网(不能生锈)封闭,然后配制止水带两侧的模板,模板采用 15 mm 厚胶合板,由里向外。

②施工缝模板安装尺寸要准确,支顶牢固可靠。快易网的使用必须注意正反面。在模板支搭完毕后,用棉纱将钢筋与模板之间的空隙堵塞严密,防止漏浆。

6)其他预埋件模板设置。预埋件主要涉及到预留孔洞、预埋钢板、套管、吊钩等,预埋件位置是模板支设的薄弱环节,特别要做好预埋件定位,以及该位置处的漏浆、加固处理。预留孔洞模板支设要尽量对称；预埋钢板、吊钩、套管应采用小模板封堵好，防止漏浆。

6. 劳动组织

(1)劳动力组织方式采用架子队组织模式。

(2)作业人员数量应根据施工条件、工期要求进行合理配置，详见表3.1.2-1。

表3.1.2-1　施工人员配置

序　号	人员配置	人数(人)	备　注
1	架子队队长	1	
2	技术负责人	1	
3	技术员	1	
4	安全员	1	
5	材料员	1	
6	质检员	1	
7	试验员	1	
8	领工员	1	
9	工班长	1	
10	模板工	20	
11	起重工	3	
12	电工	2	
13	普工	2	

7. 材料要求

(1)材料要求满足设计图纸相应部位的材料要求，并满足国家及相关行业的规范及标准要求。

(2)所有材料对比择优选购，实行进场检查验收制，不合格者不使用。

(3)做好材料的堆放、保管及发放、使用工作。

(4)供料过程中及时向供料厂家索取产品质量合格证，在工地指定位置堆放。

(5)对于所采购的材料，均建立完善的试验检测手段，主材、地材首先自检合格，经有关试验室检测合格，并经监理工程师审批同意后，方可使用。同时要加强材料的不定期动态抽查，确保材料合格。

8. 设备机具配置

根据工期、质量的要求，结合现有机械设备情况，本着确保工程质量、满足工程进度需要，最大限度发挥机械效率，合理地利用好机械设备资源的原则配置机械设备。

拟投入主要施工机械设备见表3.1.2-2。

表 3.1.2-2　拟投入的主要施工机械设备

序　号	名　称	规　格	单　位	数　量	备　注
1	门式起重机	10 t/25 t	台	3	根据施工,陆续进场
2	发电机	泰山 320GFS-C	台	1	
3	交流电焊机	AX-320×1 型	台	6	
4	台锯	通用	台	2	

9. 质量控制及检验

(1)质量控制

1)模板施工前,必须先进行模板及支撑系统的配置设计,绘出模板排列图。翻样员与技术员必须对模板支撑、排列、施工顺序、拆装方法向班组人员作详细交底。对运到现场的模板及配件应按规定数量逐次清点及检查,不符合质量要求的不得使用。

2)加工的模板应事先在地面进行预拼,校核平面尺寸和平整度等,并检查模板的连接节点,全部合格后方可使用。

3)模板安装必须正确控制轴线位置及截面尺寸,模板拼缝要紧密,不得漏浆。当拼缝≥10 mm的要用老粉批嵌或用白铁皮封钉,跨度大于 4 m 时,模板应起拱 3‰。为保证模板接缝宽度符合标准要求,施工中应加强对模板的使用、维修、管理。

4)模板支承系统必须横平竖直,支撑点必须牢固,扣件及螺栓必须拧紧,模板严格按排列图安装。浇捣混凝土前对模板的支撑、螺栓、扣件等紧固件派专人进行检查,发现问题及时整改。

5)孔洞、埋件等应正确留置,建议在翻样图上自行编号,防止错放漏放。安装要牢固,经复核无误后方能封闭模板。

6)模板支撑必须严格按照设计图纸要求做到上下、进出一致,木工施工员必须做到层层复核。

7)施工过程中要有专人负责检查、验收,以确保施工缝后浇带的施工质量。每层模板施工完毕后,必须进行技术复核工作,达到要求方可浇筑混凝土。

8)模板拆除应根据施工验收规范和设计规定的强度要求统一进行,未经有关技术部门同意,不得随意拆模。现场增加混凝土拆模试块,必要时进行试块试压,以保证质量和安全。

9)模板拆除后,必须及时进行清理,铲除浇捣混凝土时留于模板表面的残浆,铲除残浆和整理后模板表面必须均匀满涂隔离剂。

10)对各材料原产地进行考察,原材料做材质试验,出具材质试验报告单。

(2)质量检验

1)模板的接缝不应漏浆;在浇筑混凝土前,木模板应浇水湿润,但模板内不应有积水。

2)模板与混凝土的接触面应清理干净并涂刷隔离剂,但不得采用影响结构性能或妨碍装饰工程施工的隔离剂。

3)浇筑混凝土前,模板内的杂物应清理干净。

4)用作模板的地坪、胎模等应平整光洁,不得产生影响构件质量的下沉、裂缝、起砂或起鼓。

5)模板安装允许偏差见表 3.1.2-3。

表 3.1.2-3 模板安装允许偏差

项目		允许偏差	检验方法
轴线位置		±5 mm	钢尺检查
高程	垫层	+10 mm,−20 mm	水准仪或拉线、钢尺检查
	板(加预留沉落量)、柱	+10 mm,0	
截面内部尺寸		+4 mm,−5 mm	钢尺检查
垂直度	柱	0.1%	经纬仪或吊线、钢尺检查
	墙、变形缝端头	0.2%	
相邻两板表面高低差		2 mm	钢尺检查
表面平整度		5 mm	靠尺、塞尺检查

10.安全及环保要求

(1)安全要求

1)施工前认真检查作业环境:脚手架、跳板、模板是否牢固可靠,发现不安全因素,必须纠正后方准进行操作。进入现场的操作人员必须戴安全帽。

2)施工前对投入的机电设备和施工设施进行全面的安全检查,未经有关部门验收的不准使用。

3)室内配电柜、配电箱前要有绝缘垫,并安装漏电保护装置。

4)各种机械有专人负责维修、保养,并经常对机械的关键部位进行检查,预防机械故障及机械伤害的发生,严禁对运转中的机械设备进行维修、保养、调整等作业。

(2)环保要求

1)作业现场应保持清洁,施工废料与垃圾应集中堆放并及时清理,运送至指定地点处理。

2)生产及生活污水达标排放应符合环保要求。

3)严格限制作业时间,禁止夜间和休息时间进行高强度噪声作业。

4)脱模剂等施工现场的化学品和含有害化学成分的特殊材料一律实行封闭式、容器式管理,并设警示标识牌,必要时设专人看护。

5)合理安排施工作业、重型运输车辆的运行时间,避开噪声敏感时段;较大噪声、较大振动的施工作业尽量安排在环境噪声值较高的白天施工;禁止施工人员在居民区附近和夜间施工时高声喧哗,避免人为噪声扰民。

6)施工现场采用全封闭式围挡,施工场地及道路进行硬化,适时洒水,减轻扬尘污染。

7)在工作场地内设置沉淀池,对施工废水进行沉淀净化,并用于洒水降尘。

3.1.3　地下车站主体结构钢筋工程施工作业指导书

1. 适用范围

适用于杭州至海宁城际铁路地下车站主体结构钢筋施工。

2. 作业准备

(1)内业技术准备

开工前组织技术人员认真审核施工图纸,熟悉规范和技术标准,依据图纸和规范制定主体结构施工方案报相关部门审批,报监理单位确认,专家评审通过后实施。对施工人员进行技术交底,对参加施工人员进行上岗前技术培训及三级教育,考核合格后持证上岗。

根据设计图纸计算钢筋工程数量,提报材料计划。

(2)外业技术准备

根据控制点测量成果控制主体结构主要结构坐标,测量放样结构位置、高程。

3. 技术要求

(1)钢筋原材、构件加工符合图纸中相关标准要求,符合国家现行技术规范、图集及验收标准。

(2)钢筋位置、间距、保护层厚度、细部构造满足技术交底要求;预埋件位置准确;严禁钢筋直接顶在防水卷材上。

4. 施工程序与工艺流程

(1)施工程序

每个施工段为一个完整的作业区,包含三个区段:后台加工区段、钢筋吊装区段、钢筋安装区段。施工程序:施工准备→钢筋加工→验收垫层(基面或底模)→测量放样→钢筋吊装→钢筋安装→检查验收。

(2)工艺流程

钢筋工程施工工艺流程如图 3.1.3-1 所示。

5. 施工要求

(1)钢筋下料

根据混凝土保护层厚度、钢筋搭接长度等计算下料长度。对于弯曲钢筋的下料长度调整系数见表 3.1.3-1。

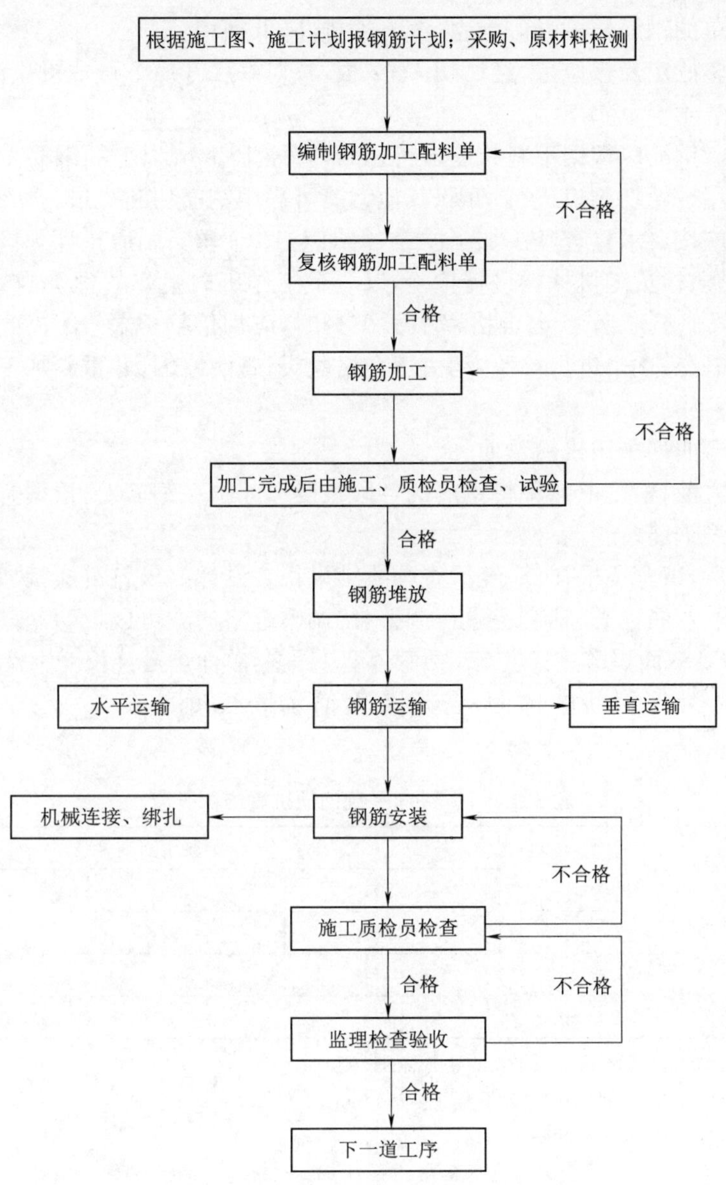

图 3.1.3-1　钢筋工程施工工艺流程图

表 3.1.3-1　弯曲钢筋下料长度调整系数

钢筋弯曲角度	30°	45°	60°	90°	135°
钢筋弯曲调整值	0.35d	0.5d	0.85d	2d	2.5d

注：d 为钢筋直径。

1)钢筋加工前对在运输过程中有弯折的进行调直。

2)钢筋加工的形状、尺寸符合设计要求;钢筋表面洁净,无损伤、油渍和锈蚀。

3)钢筋级别、钢号和直径符合设计要求。

4)钢筋的切割按下列步骤进行:

①根据下料单的钢筋长度做好配料,统筹安排,降低损耗。

②操作前调整好定尺板位置,经试切 1～2 根,核对好尺寸后方可成批生产。

(2)钢筋加工

1)钢筋切断。钢筋应根据下料长度进行切断,直径 16 mm 以上的钢筋需采用机械连接套丝的端头必须采用砂轮切割机进行切断,其他钢筋可采用钢筋切断机进行切断。

2)操作人员应按要求检查丝头加工质量,每加工 10 个丝头用通止环规检查一次。经自检合格的丝头,应由质检员随机抽样进行检验,以一个工作班内生产的丝头为一个验收批,随机抽样 10%,且不得少于 10 个。当合格率小于 95%时,应加倍抽检,复检中合格率仍小于 95%时,应对全部钢筋丝头逐个进行检验,切去不合格丝头,查明原因,并重新加工螺纹。

3)钢筋弯曲。

①所有钢筋弯曲均采用机械弯曲。

②钢筋成型之前,根据下料单将钢筋的各段长度尺寸画在钢筋上,根据弯曲点线按规定方向弯曲后得到成型钢筋。

③钢筋画线后,试弯一根样件,经检查画线结果符合设计要求就可成批加工;若不符合,应对弯曲顺序、画线、弯曲标志、轴套等进行调整,待调整合格后方可成批弯制。

④搭接焊预弯:双面焊搭接长度 $5d$,预弯角度 $11°32'$,单面焊搭接长度 $10d$,预弯角度 $5°44'$。

⑤墙、板、柱、梁等钢筋的锚固,各尺寸钢筋锚固长度见表 3.1.3-2,钢筋等级均为 HPB300/HRB400。

表 3.1.3-2　纵向受拉钢筋抗震锚固长度

钢筋种类与直径		混凝土强度等级		
		C30	C35	C45
HPB300		$35d$	$32d$	$28d$
HRB400	$d \leqslant 25$ mm	$40d$	$37d$	$32d$
	$d > 25$ mm	$45d$	$40d$	$36d$

注:1. 考虑抗震要求的构件的纵向受拉钢筋的最小锚固长度。

2. 在任何情况下,受拉钢筋的锚固长度不得小于 250 mm。

3. HPB300 级钢筋端部应另加弯钩。

(3)钢筋运输及吊装

1)钢筋(特别是长的主筋)在运输过程中应绑扎牢固,以免滑落、改变钢筋应有的形状,影响钢筋的加工质量。

2)钢筋骨(网)架或长的主筋在吊装过程中,要选择适宜的吊点,防止钢筋在自重作用下发生弯曲,影响钢筋的加工和安装质量。

(4)钢筋连接

1)所有钢筋接长连接方式优先选用顺序为套筒连接、焊接、搭接。

2)受力钢筋的接头位置应设在受力较小处,接头应互相错开。当采用非焊接的搭接接头时,从任一接头中心至 1.3 倍搭接长度的区间范围内,或当采用焊接接头时在任一焊接接头中心至长度为钢筋直径的 35 倍且不小于 500 mm 的区段范围内,有接头的受力钢筋截面面积占受力钢筋总截面面积的百分率应符合表 3.1.3-3 中的规定(未注明钢筋搭接长度的均按受拉区处理)。

表 3.1.3-3　搭接接头面积百分率

接头形式	受拉区	受压区	备注
绑扎搭接接头	25%	50%	
机械或焊接接头	50%	不限	

3)ϕ22 及以上的钢筋接长均采用直螺纹连接,ϕ22 及以下的钢筋连接采用焊接,非受拉钢筋单面焊接长度满足搭接长度 10d,且同一截面钢筋接头焊接不得超过 50%,搭接接头错开应满足 35d,受拉钢筋搭接长度具体数据见表 3.1.3-4。

表 3.1.3-4　受拉钢筋绑扎接头的最小搭接长度

搭接接头面积百分率	搭接长度
25%	1.2 L_{aE}
50%	1.4 L_{aE}
100%	1.6 L_{aE}

注:1. 在任何情况下,受拉钢筋的搭接长度不得小于 300 mm。
2. L_{aE}为抗震构件的钢筋最小锚固长度。

4)受力钢筋搭接长度范围内箍筋应加密,其间距不应大于搭接钢筋较小直径的 5 倍,且不大于 100 mm。

5)框架主梁板钢筋接头位置:顶、中板梁上部钢筋在跨中,下部钢筋在支座处;底板梁则相反。所有受其弯曲直径 d 不得小于钢筋直径的 2.5 倍。

6)梁内箍筋采用封闭形式,箍筋末端应弯成 135°弯钩,弯钩端头平直段长度不应小于 10d,如图 3.1.3-2 所示。

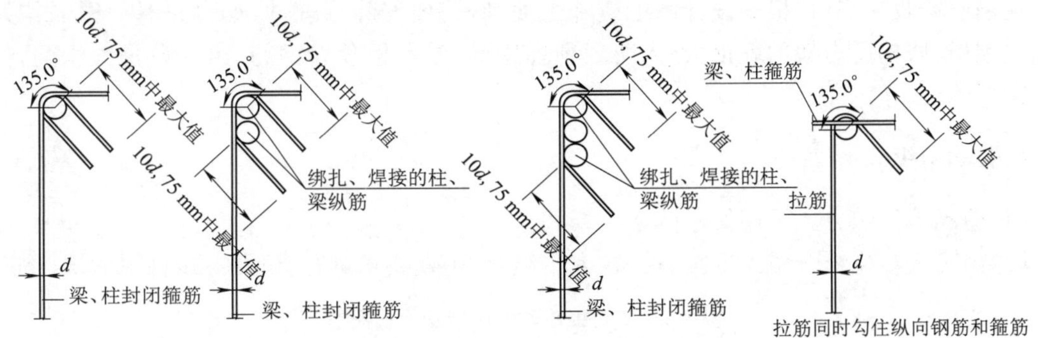

图 3.1.3-2　梁、柱、墙箍筋和拉筋弯钩构造

(5)钢筋安装

1)墙、柱与底板的节点。墙、柱竖向钢筋应插至基础底板底部,并支在底部钢筋上,钢筋末端成 90°弯折。墙平直长度按设计图要求设置。

2)墙、柱与顶板(梁)的节点。墙竖向钢筋锚入顶板的长度不小于 L_{aE},并按设计要求布置加强钢筋。板上层钢筋锚入墙体内的长度满足钢筋锚固长度要求。端头井位置处的抗震边柱的外侧钢筋锚入梁内,与梁上部纵筋搭接≥1.5L_{aE}。柱内侧钢筋直锚长度如小于1.5laE,可在末端90°弯折,平直长度不小于15d。板上层横向主筋锚入侧墙内,锚固长度不小于钢筋的抗震锚固长度L_{aE}(L_{aE}表示抗震构件的钢筋最小锚固长度)。

3)墙转角位置钢筋的处理。墙体外侧分布钢筋在转角位置连续通过,内侧分布钢筋分别伸至另一面墙体的外侧钢筋上,并在末端90°弯折,平直长度不小于20 cm。

4)洞口、洞室钢筋构造。

①对于侧墙上的预留洞室,墙体内侧横向、竖向钢筋断开,并将钢筋90°弯折至外侧钢筋上。在洞室位置的墙内侧钢筋、洞室底部及墙外侧钢筋上按设计要求加设横向和竖向的补强钢筋。

②对于板上的洞口,板主筋、分布钢筋断开,并分别将钢筋90°弯折至上下层钢筋上。洞口四周、上下层板钢筋上按设计交叉放置补强钢筋,补强钢筋交叉伸出的钢筋必须满足抗震锚固要求。

(6)钢筋杂散电流处理

钢筋施工时对防杂散电流的钢筋焊接成网状闭合回路。每一结构段两端各设两个框形横向钢筋圈固定连接端子,在结构段内部每隔5 m设一个框形横向钢筋圈,所有横向钢筋圈与底板、侧墙、顶板、中板的纵向筋全部作电气焊接。在底板的表层钢筋中,上下行线各选两根纵向分布筋作为排流条,与所有横向钢筋作电气焊接,并穿过诱导缝。所有防杂散电流的钢筋焊接由专人检查,不得漏焊或少焊。

(7)钢筋验收

钢筋绑扎完毕后,首先进行班组自检、施工队长检查,检查合格后报工区技术主管检查,技术主管检查合格后报专业质检员进行检查,专业质检员检查合格后报验监理,监理验收合格方可进行下道工序。

(8)预埋件安装

在钢筋验收完毕后,根据设计图纸或施工便利,需要安装预埋件,如:盾构钢环、盾构始发架预埋钢板、盾构反力架预埋钢板、人防门预埋钢筋、站台板预埋钢筋、出入口预埋钢筋、楼梯预埋钢板等。

6.劳动组织

(1)劳动力组织方式采用架子队组织模式。

(2)施工人员应结合施工方案、机械、人员组合、工期要求进行合理配置,详见表3.1.3-5。

表3.1.3-5 每个作业区现场人员配置

序 号	人员配置	人数(人)	备 注
1	架子队队长	1	
2	技术负责人	1	
3	技术员	1	
4	安全员	1	
5	材料员	1	
6	质检员	1	

续上表

序号	人员配置	人数(人)	备注
7	试验员	1	
8	领工员	1	
9	工班长	1	
10	起重工	4	
11	电焊工	2	
12	电工	2	
13	司索工	2	
14	钢筋工、普工	30～50	

其中，负责人、工班长、技术人员、专兼职安全员必须由施工单位正式职工担任，并可根据工程情况适当配备若干劳务工人。

7. 材料要求

(1)钢筋工程所使用的钢筋品种应符合国家相关标准。

(2)钢筋牌号、级别、强度等应符合设计文件要求。

(3)所使用的钢筋应具备原制造厂的质量证明书，运到工地后应在现场监理旁站的情况下进行抽样检查，并应有试验委托单和相应的试验报告，如有缺项不得进场投入使用。

(4)钢筋应平直、无损伤，表面不得有裂纹、油污、颗粒状或片状锈蚀。

8. 设备机具配置

主要施工机械设备配置见表 3. 1. 3-6。

表 3. 1. 3-6　主要施工机械设备配置

名称	数量	名称	数量
钢筋调直机	1 台	5 t 门式起重机	1 台
弯曲机	1 台	平板车	1 辆
切断机	1 台	25 t 门式起重机	2 台
砂轮切割机	2 台	10 t 门式起重机	1 台
砂轮打磨机	2 台	扭力扳手	1 把
车丝机	2 台	电焊机	6 台

9. 质量控制及检验

(1)质量控制要求：

1)钢筋直螺纹加工采用钢筋直螺纹剥肋攻丝机在钢筋加工场加工。钢筋丝头有效螺纹长度应不小于 1/2 套筒长度，允许误差为 0～+2P(P 为螺距)。根据供货商提供的滚轧直螺纹钢筋接头型式检验报告,直螺纹套丝长度应符合表 3.1.3-7 规定。

表 3.1.3-7　剥肋攻丝头加工尺寸

规　格	剥肋直径(mm)	螺纹尺寸(mm)	丝头长度(mm)	完整丝扣圈数
25	23.7±0.2	M26×3	35	≥9
28	26.6±0.2	M29×3	40	≥10
32	30.5±0.2	M33×3	45	≥11

2)钢筋安装应严格按照施工图纸及规范要求执行,安装允许偏差见表 3.1.3-8。

表 3.1.3-8　钢筋安装允许偏差

<table>
<tr><th colspan="3">项　目</th><th>允许偏差(mm)</th></tr>
<tr><td rowspan="2">钢筋骨架</td><td colspan="2">长</td><td>±10</td></tr>
<tr><td colspan="2">宽、高</td><td>±5</td></tr>
<tr><td rowspan="4">受力钢筋</td><td colspan="2">间距</td><td>±10</td></tr>
<tr><td colspan="2">排距</td><td>±5</td></tr>
<tr><td rowspan="2">保护层厚度</td><td>柱、梁</td><td>±5</td></tr>
<tr><td>板、墙</td><td>±3</td></tr>
<tr><td colspan="3">箍筋、横向钢筋间距</td><td>±10</td></tr>
<tr><td colspan="3">钢筋起弯点位置</td><td>±10</td></tr>
<tr><td rowspan="2">预埋件</td><td colspan="2">中心位置</td><td>5</td></tr>
<tr><td colspan="2">水平高差</td><td>+3,0</td></tr>
</table>

(2)钢筋焊接连接质量要求:

1)焊缝均匀饱满。

2)钢筋咬边深度不得超过 0.5 mm。

3)与钳口接触处的钢筋表面无明显烧伤。

4)钢板无焊穿、根部无凸陷现象。

5)直径 20 mm 以下的钢筋焊接采用单面焊接,焊接长度满足 $10d$。

6)同一连接区段内,纵向受拉钢筋搭接接头面积百分率应符合:梁、板及墙,不宜大于 25%;柱,不宜大于 50%。

(3)钢筋螺纹套筒连接质量要求:

1)外观质量无裂纹及其他肉眼可见缺陷。

2)螺纹小径,通端量规应能通过螺纹的小径,而止端量规则不能通过螺纹小径,光面规检查。

3)钢筋连接采用正反丝及正丝套筒,套筒连接必须拧紧,套筒连接接头安装时的最小拧紧扭矩值参照表 3.1.3-9。

表 3.1.3-9　套筒连接最小拧紧扭矩值

钢筋直径(mm)	≤16	18～20	22～25	28～32	36～40
拧紧扭矩(N·m)	100	200	260	320	360

(4)受力钢筋的接头位置设在受力较小处,接头相互错开,采用焊接接头时,接头应错开35d,且≥500 mm 区域范围不能有两个接头。

10. 安全及环保要求

(1)安全要求

1)进入现场作业,作业人员一定要穿戴好防护用品,电焊专业人员应戴好防护眼镜和防护面罩,严禁酒后作业。

2)钢筋焊接施工人员必须持证上岗。

3)钢筋切断时必须按操作规程进行操作。

4)钢筋在吊装过程中现场施工负责人(专职安全员)必须到位。

5)吊装之前应对吊点进行逐个检查,严格执行"十不吊"作业规程,吊装过程中必须有专人指挥。

6)夜间施工必须有足够照明。

7)施工现场严禁焚烧废弃物,防止烟尘污染空气。

8)施工过程不得向基坑内乱丢劳动工具。

9)钢筋绑扎过程中如遇雨天必须将钢筋进行覆盖防止钢筋生锈。

(2)环保要求

1)作业现场应保持清洁,施工废料与垃圾应集中堆放并及时清理,运送至指定地点处理。

2)生产及生活污水达标排放应符合环保要求。

3)严格限制作业时间,禁止夜间和休息时间进行高强度噪声作业。

4)施工现场的化学品和含有害化学成分的特殊材料一律实行封闭式、容器式管理,并设警示标识牌,必要时设专人看护。

5)合理安排施工作业、重型运输车辆的运行时间,避开噪声敏感时段;较大噪声、较大振动的施工作业尽量安排在环境噪声值较高的白天施工;禁止施工人员在居民区附近和夜间施工时高声喧哗,避免人为噪声扰民。

6)施工现场采用全封闭式围挡,施工场地及道路进行硬化,适时洒水,减轻扬尘污染。

7)在工作场地内设置沉淀池,对施工废水进行沉淀净化,并用于洒水降尘。

3.1.4 地下车站主体结构混凝土施工作业指导书

1.适用范围

适用于杭州至海宁城际铁路地下车站主体结构混凝土施工。

2.作业准备

(1)内业技术准备

1)在开工前组织技术人员认真学习实施性施工组织设计,审核施工图纸,熟悉规范和技术标准。

2)制定施工安全保证措施及相关应急预案。

3)对施工人员进行技术交底,进行上岗前技术培训,考核合格后持证上岗。

(2)外业技术准备

1)开工前施工现场要完成"三通一平",施工用的临时设施准备就绪,施工便道要保持畅通,机具设备配置齐全。

2)修建生活房屋,配齐生活、办公设施,满足主要管理、技术人员进场生活、办公需要。

3.技术要求

(1)混凝土拌和所用的水泥、粉煤灰、矿粉、砂、碎石、减水剂等原材料生产厂家及规格型号应与桩基施工相一致,并经检验合格。

(2)混凝土浇筑前应采用专用设备测定混凝土的温度(电子温度仪)、坍落度、含气量等工作性能,符合要求的混凝土方可入孔灌注。

(3)对生产系统的各计量仪器设备进行计量监督和测试,确定合理的计量参数和计量精度,制定各项保证测量、试验以及施工工艺中各种测试数据准确性的计量措施。

(4)混凝土浇筑时,应分层、水平、对称灌注,振捣器不得触及防水层。

4.施工程序与工艺流程

车站主体结构混凝土施工工艺流程如图 3.1.4 所示。

5.施工要求

(1)混凝土浇筑前检查

1)在混凝土供应方面采用经质量监督站和业主考察后选定的商品混凝土厂商,并由业主、监理联合对搅拌站的资质与仪器设备、材料供应进行检验,检验合格后投入使用。试验人员对混凝土配合比进行检验,必要时委托检测单位检测混凝土性能,各项指标符合设计及规范要求后才能使用。

2)混凝土浇筑前对支架、模板、钢筋保护层和预埋件及隐蔽工程部位进行检查,并清理模板内杂物。混凝土到达现场后,核对质量出厂证明书,并在现场作坍落度核对,允许误差±2 cm,并按规定留足抗压抗渗试件。混凝土自由倾落高度不得大于 1.5 m。

3)检查混凝土施工中所涉及到的电源、闸箱、振捣器、振捣棒是否能正常工作,数量是否满足施工要求,施工人员的防护用品是否齐全。

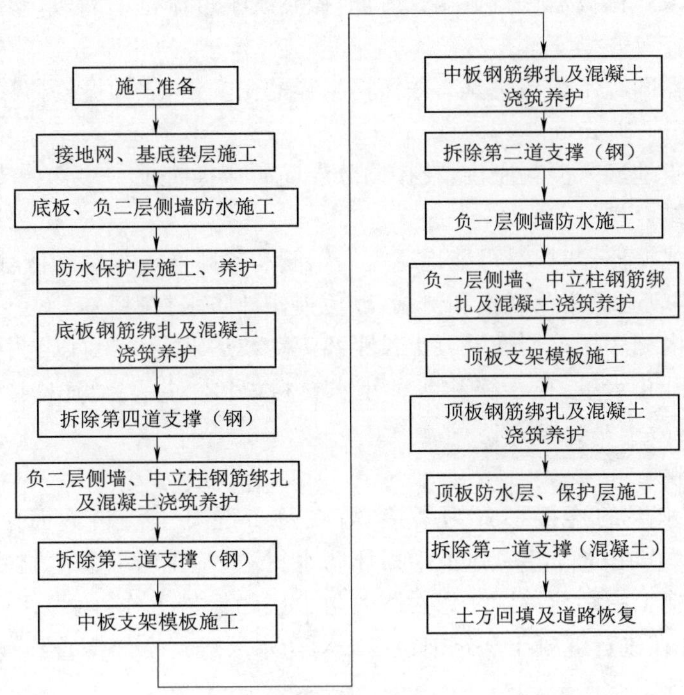

图 3.1.4 车站主体结构混凝土施工工艺流程图

(2)混凝土浇筑

1)商品混凝土由拌和站制定运输路线,并根据使用情况编排好拌和运输线路,保证运输车及时入场,连续使用。在条件允许的情况下,混凝土浇筑时间尽量错开场外交通高峰期,为混凝土连续供应提高保证。

2)底板、顶板混凝土分两层浇筑至标高且在初凝前,用振捣器振一遍后压实、收浆、抹面。墙体混凝土浇筑采取左右对称水平分层灌注,每层浇筑厚度宜为 300～400 mm。顶板、中板混凝土连续水平、分台阶由边墙、中墙分别向中线方向进行灌注至标高。初凝前,采用振捣器振一遍后,压实,收浆、抹面。浇筑过程中随时观测模板、支架、钢筋预埋件和预留孔洞情况,发现问题及时处理。混凝土施工缝采用橡胶式钢边止水带、遇水膨胀橡胶止水条形式,已完成混凝土表面应凿毛处理。

3)在浇筑混凝土期间设专人检查支架、模板、钢筋和预埋件等稳固情况,当发现有松动、变形、移位时及时处理。混凝土初凝后,模板不得再受振动,钢筋不得承受外力。

4)混凝土输送泵开始工作后,中途停机时间不得超过 30 min,停机期间应每隔一定时间泵动几次,以防混凝土凝结,堵塞管道。

5)工程的每一部分混凝土按规范要求留取试件,并增加混凝土抗压、抗渗试件数量。每次混凝土的浇筑日期、时间及浇筑条件、过程都进行完整记录,并留置同条件养护试件作为拆除支撑的依据。

6)在夏季温度特别高时,混凝土入模温度应控制在 30 ℃以下,冬季应提高混凝土温度,入模温度不宜低于5 ℃。

(3)混凝土振捣

混凝土采用插入式振捣器进行振捣，振捣时做到既不过振也不漏振，操作人员在施工中注意以下要点：

①插入式振捣器间距不得超过其有效振捣半径的1.5倍，表面振捣器移位间距，应使振捣器能覆盖已振实部分100 mm左右为宜。

②振捣器要竖直地插入混凝土内，在振捣分层面时应插进前一层50～100 mm，以保证新浇混凝土与下一层结合良好。

③当使用插入式振捣器时，尽可能地避免与钢筋和预埋件等构件相接触，特别是在底板与侧墙振捣的过程中，应避免碰及底板和侧墙，以免损伤外防水材料。

④不能在模板内利用振捣器使混凝土长距离流动或运输混凝土，以至引起混凝土离析。

⑤振捣时要避开止水条、止水板和各种止水材料，且要对以上部位周围的混凝土加强振捣，同时保证新旧混凝土结合紧密。

(4)施工注意事项

1)由于侧墙防水层的连接形式为搭接，故在每步混凝土浇筑截面位置处预留不小于15 cm的宽度。为防止在进行各项施工中损坏防水材料，施工时对防水材料的搭接边口采用胶带同墙面粘贴。施工中必须特别注意对侧墙防水层的保护工作，电焊作业在防水层与焊接点之间设防火板，并在进行混凝土浇筑前设专人对防水层进行全面检查，确认无任何破损后再进行混凝土的浇筑施工。

2)施工缝界面的处理工作是确保施工缝防水效果的关键部位，对此部位必须认真操作。施工前检查并安装固定好止水带、止水条，并对混凝土界面凿毛处理，清除混凝土浆皮且无任何松动的土块。对于沉降缝处混凝土的浇筑应注意橡胶止水带位置不能移动，先振捣止水带下部的混凝土再将其铺好。

3)在端头井与区间相接位置处设计有预埋盾构钢环，这将给混凝土的浇筑形成很大的困难。为确保钢环下混凝土浇筑后的密实性，在进行此部位施工时，可在其下部开孔，直径为80 mm，间距为500 mm，以此作为混凝土下料并兼作混凝土捣实工作孔。

(5)混凝土养护

混凝土中心温度和混凝土表面温度之差不应大于25 ℃，混凝土表面温度与大气温度之差不应大于20 ℃。混凝土拆模时，混凝土表面温度与周围气温温差不得超过15 ℃。结构混凝土终凝后，用草袋覆盖，及时洒水养生。冬季混凝土养护应注意混凝土外露表面采用薄膜加草袋(土工布)进行覆盖，在负温情况下不得浇水养护。结构混凝土养护期不少于14 d。现场留置试件，与主体结构同条件养护，作为拆模和拆除支撑的依据。

6.劳动组织

(1)劳动力组织方式采用架子队组织模式。

(2)施工人员应结合施工方案、机械、人员组合、工期要求进行合理配置，人员配置见表3.1.4-1。

表 3.1.4-1 混凝土施工人员配置

序 号	人员配置	人数(人)	备 注
1	架子队队长	1	
2	技术负责人	1	
3	技术员	1	
4	安全员	1	
5	材料员	1	
6	质检员	1	
7	试验员	1	
8	领工员	1	
9	工班长	1	
10	混凝土工	8	

7. 材料要求

(1)混凝土原材料应符合设计要求,主要有块石、砂石、水泥等。根据入模温度的规定进行热工计算,调节原材料的温度,当气温过低时,应将原材料放入暖棚预热,不宜直接对原材料进行加热;当气温过高时,应将原材料进行降温处理。

(2)水:加冰屑降温或用制冷机提供低温水。

(3)骨料:料场搭棚防烈日曝晒,或水淋或浸水降温。

(4)水泥和掺加料:贮罐设隔热罩或淋水降温,袋装粉料提前存放于通风库房内降温。

(5)施工用水的水质应符合工程用水标准。

8. 设备机具配置

根据工期、质量的要求,结合现有机械设备情况,本着确保工程质量、满足工程进度需要,最大限度发挥机械效率,合理地利用好机械设备资源的原则配置机械设备。

拟投入主要施工机械设备见表 3.1.4-2。

表 3.1.4-2 拟投入的主要施工机械设备

序 号	名 称	规 格	单 位	数 量	备 注
1	门式起重机	10 t/25 t	台	3	
2	电动空压机	LS-20-200	台	2	
3	发电机	泰山 320GFS-C	台	1	
4	交流电焊机	AX-320×1 型	台	6	
5	钢筋调直机	GT4/14	台	2	
6	插入式振捣器	通用	台	5	
7	电锯	通用	台	1	
8	平刨机	通用	台	1	
9	布料机		台	2	

9. 质量控制及检验

(1)质量控制

1)商品混凝土到现场由管理人员核准无误后方能灌注,同时进行温度检验,控制混凝土入模温度在 30 ℃以下。从混凝土运输车卸出的混凝土不得发生离析现象,否则需重新搅拌合格后方能使用。

2)混凝土生产后,需在规定时间内灌注,若由于交通、车辆等原因造成延误,超出时间的不准采用,也不允许加水搅拌使用。

3)混凝土灌注前应对模板工程进行全面检查,模板必须支撑牢固、稳定,对大跨度模板,应按规定设置预拱度。

4)及时进行混凝土表面修整及二次压光,及时养生,养护施工定方案、定人员、定设备、定时间、定措施,确保养护方案在执行过程中不走样。

5)混凝土强度未达设计要求强度前,禁止重型设备从旁频繁经过及在结构表面堆载重物;对结构不同部位,采取不同的拆模时间,禁止拆模过早,拆模时不得硬砸硬橇。

6)混凝土终凝后应及时洒水养护,必要时采用塑料膜覆盖养护,结构混凝土养护期不少于 14 d。

(2)质量检验

1)车站主体结构混凝土质量检测按《混凝土结构工程施工质量验收规范》(GB 50204—2015)、《地下铁道工程施工及验收标准》(GB/T 50299—2018)规定的试验方法检验。

2)混凝土强度必须满足设计要求,耐久性等指标应满足地铁混凝土结构的有关规定。

3)主筋保护层的厚度必须满足设计要求,用于保护层的垫块其强度应与实体混凝土等强,并保证保护层厚度均匀。

4)混凝土原材料、配合比设计、施工和外观质量的检验必须符合现行标准及设计要求。

5)混凝土宜连续浇筑。当分段浇筑时,混凝土接缝设置应符合设计要求,施工缝的处理应保证颜色一致。

6)混凝土表面不得出现结构性裂缝,非外力裂缝的最大宽度不得大于 0.2 mm,结构尺寸允许偏差按表 3.1.4-3 控制。

表 3.1.4-3 现浇结构尺寸偏差

<table>
<tr><th colspan="3">项 目</th><th>允许偏差(mm)</th><th>检验方法</th></tr>
<tr><td rowspan="4">轴线位置</td><td colspan="2">基础</td><td>15</td><td rowspan="4">钢尺检查</td></tr>
<tr><td colspan="2">独立基础</td><td>10</td></tr>
<tr><td colspan="2">墙、柱、梁</td><td>8</td></tr>
<tr><td colspan="2">剪力墙</td><td>5</td></tr>
<tr><td rowspan="3">垂直度</td><td rowspan="2">层高</td><td>≤5 m</td><td>8</td><td>经纬仪或吊线、钢尺检查</td></tr>
<tr><td>>5 m</td><td>10</td><td>经纬仪或吊线、钢尺检查</td></tr>
<tr><td colspan="2">全高 H</td><td>H/1 000,且≤30</td><td>经纬仪、钢尺检查</td></tr>
<tr><td rowspan="2">标高</td><td colspan="2">层高</td><td>±10</td><td rowspan="2">水准仪或拉线、钢尺检查</td></tr>
<tr><td colspan="2">全高</td><td>±30</td></tr>
<tr><td colspan="3">截面尺寸</td><td>+8,−5</td><td>钢尺检查</td></tr>
</table>

10.安全及环保要求

(1)安全要求

1)施工前认真检查作业环境:脚手架、跳板、模板是否牢固可靠,发现不安全因素,必须纠正后方准进行操作。进入现场操作人员必须戴安全帽。

2)保证混凝土运输道路畅通。

3)振捣器操作人员应穿胶靴戴绝缘手套,湿手不能接触电源开关。

4)施工前对投入的机电设备和施工设施进行全面的安全检查,未经有关部门验收的不准使用。

5)室内配电柜、配电箱前要有绝缘垫,并安装漏电保护装置。

6)各种机械有专人负责维修、保养,并经常对机械的关键部位进行检查,预防机械故障及机械伤害的发生,严禁对运转中的机械设备进行维修、保养、调整等作业。

(2)环保要求

1)作业现场应保持清洁,施工废料与垃圾应集中堆放并及时清理,运送至指定地点处理。

2)生产及生活污水达标排放应符合环保要求。

3)严格限制作业时间,禁止夜间进行高强度噪声作业。

4)脱模剂等施工现场的化学品和含有害化学成分的特殊材料一律实行封闭式、容器式管理,并设警示标识牌,必要时设专人看护。

5)合理安排施工作业、重型运输车辆的运行时间,避开噪声敏感时段;较高噪声、较大振动的施工作业尽量安排在环境噪声值较高的白天施工;禁止施工人员在居民区附近和夜间施工时高声喧哗,避免人为噪声扰民。

6)施工现场采用全封闭式围挡,施工场地及道路进行硬化,适时洒水,减轻扬尘污染。

7)在工作场地内设置沉淀池,对施工废水进行沉淀净化,并用于洒水降尘。

3.1.5 地下车站主体结构防水施工作业指导书

1. 适用范围

适用于杭州至海宁城际铁路地下车站主体结构防水施工。

2. 作业准备

(1)内业技术准备

1)在开工前组织技术人员认真学习实施性施工组织设计,审核施工图纸,熟悉规范和技术标准。

2)制定施工安全保证措施及相关应急预案。

3)对施工人员进行技术交底。进行上岗前技术培训,考核合格后持证上岗。

(2)外业技术准备

1)开工前施工现场要完成"三通一平",施工用的临时设施准备就绪,施工便道要保持畅通,机具设备配置齐全。

2)修建生活房屋,配齐生活、办公设施,满足主要管理、技术人员进场生活、办公需要。

3. 技术要求

(1)车站主体结构、出入口及机电设备集中区段的防水等级为一级,不允许渗水,结构表面无湿渍。裂缝宽度迎水面不得大于 0.2 mm,背水面不得大于 0.3 mm,并且不得出现贯通裂缝。

(2)车站风道、风井、区间隧道及连接通道等结构(机电设备集中区段以外)防水等级为二级,不允许漏水,结构表面可有少量湿渍,总湿渍面积不应大于总防水面积的 2/1 000;任意 100 m^2 防水面积上的湿渍不超过 3 处,单个湿渍的最大面积不大于 0.2 m^2.

(3)车站、区间、风井主体结构主要采用防水混凝土进行结构自防水,底板、底梁、顶板、顶梁、侧墙采用 C35/P8 防水混凝土,同时车站设结构外包防水层,结构底板及侧墙附加防水层采用预铺式防水卷材等材料;顶板防水采用 1.2 mm 厚双组份聚氨酯涂层等。车站结构防水为钢筋混凝土结构自防水体系,辅以附加防水层加强防水。

(4)外形应有利于通风排水,避免水汽在混凝土表面积聚,便于施工时混凝土浇筑和养护,减少荷载作用下或发生变形时应力集中。暴露在混凝土构件外的吊环、连接件等金属部位表面应采用可靠的防腐措施。

(5)混凝土浇筑后应仔细抹面压平,抹面时严禁洒水,并应防止过度操作。新浇筑混凝土表面应洒水及时养护。

4. 施工程序与工艺流程

防水施工工艺流程如图 3.1.5 所示。

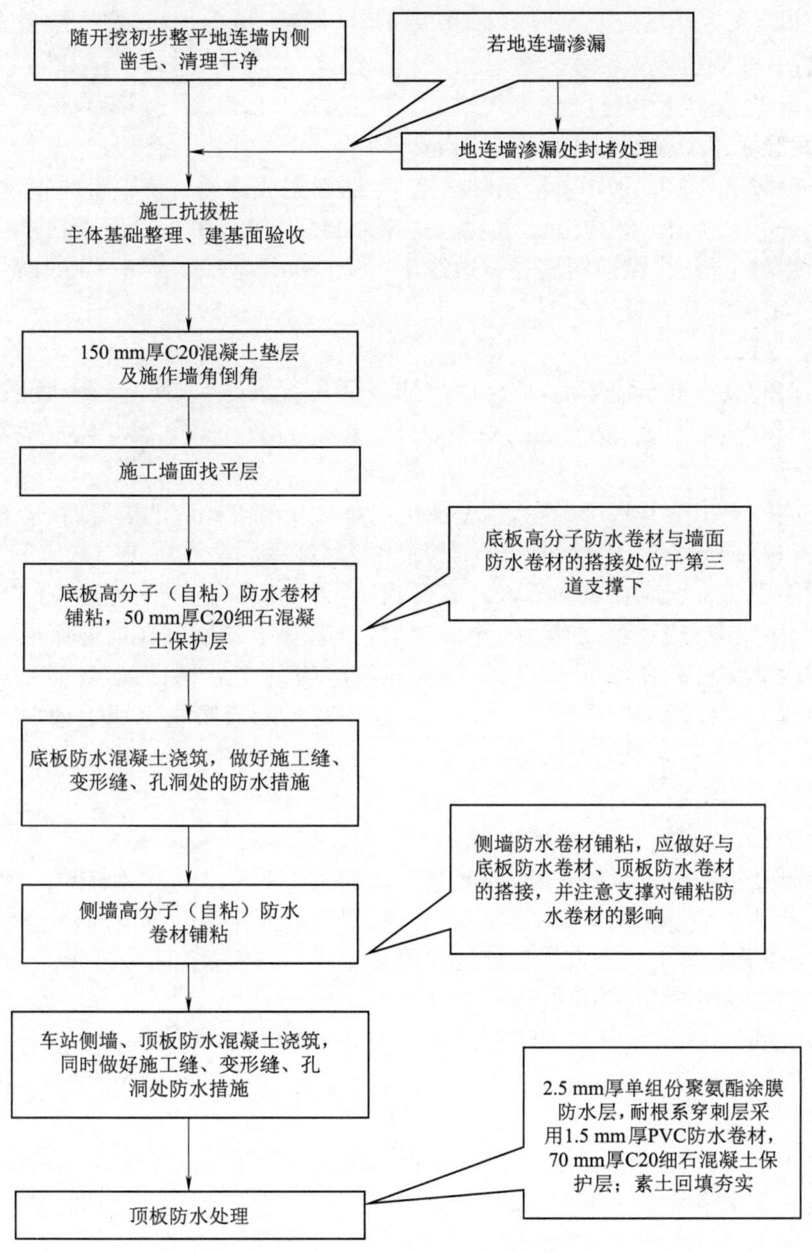

图 3.1.5　防水施工工艺流程图

5. 施工要求

(1)基层处理

1)防水层基底采用水泥砂浆找平，厚度在 40 mm 以下的找平层用 1∶3 水泥砂浆，厚度在 40 mm以上的找平层用 1∶2∶4 细石混凝土。水泥砂浆和细石混凝土尽可能使用干硬性的，找平层用木抹子铺设，厚度为 40 mm；相邻两部分的找平层厚度如不同，应根据防水层总厚度调整找平层厚度，但找平层最少不得少于 20 mm。墙面洗刷干净，洒水充分湿润并清除多余的水分，找平层在施工完毕后，应立即加以保护，如搭防晒棚、覆盖塑料薄膜，避免太阳爆晒和表面水分蒸发过快，并安排专人洒水养护。

2)严禁在雨天、五级及以上大风天气施工，自粘法施工的环境气温不宜低于 5 ℃。当基面潮湿时，应涂刷湿固化型胶粘剂或潮湿界面隔离剂。

3)分子自粘防水卷材宜采用预铺反粘法施工，铺设完成的卷材应平整顺直，相邻两幅搭接 100 mm 以上，不得产生扭曲和皱折。卷材长边采用自粘搭接，短边采用胶粘带搭接。立面防水卷材应防止卷材下滑，自粘边距离卷材边缘 10～20 mm，应每隔 400～600 mm 进行机械固定，并应保证固定位置被卷材完全覆盖。

(2)顶板防水层施工

1)顶板结构混凝土浇筑完毕后，应采用木抹子反复收水压实，使基层表面平整(其平整度用 2 m 靠尺进行检查，直尺与基层的间隙不超过 5 mm，且只允许平缓变化)、坚实，无明水、起皮、掉砂、油污等。

2)基层表面的突出物从根部凿除，当基层上出现大于 0.3 mm 的裂缝时，应在裂缝部位凿出深 1 cm、上口宽 1 cm 的三角形凹形槽 ，然后用聚氨酯涂膜防水层进行嵌缝密封。

3)聚氨酯涂膜防水层应在基面干燥时方可施工，否则应涂刷湿固化型胶结剂或潮湿界面隔离剂；聚氨酯涂膜应分五至六层涂刷，涂层应均匀，涂刷第二层应在前遍涂层干燥成膜后进行。每遍涂刷时应交替改变涂层的涂刷方向，同层涂膜的先后搭压，宽度宜为 30～50 mm。两层聚氨酯涂膜的总厚度不得小于 2.5 mm，接着在聚氨酯涂膜防水层上铺 PVC 防水卷材，然后再浇 70 mm 厚细石混凝土保护层。

(3)施工缝、变形缝防水

1)施工缝防水。

①现浇混凝土结构应少留施工缝，环向施工缝的间距 8～12 m，否则在两道施工缝之间的混凝土结构易开裂。水平施工缝浇灌混凝土前，应将其表面浮浆杂物清除，先涂刷混凝土界面处理剂，并及时浇灌混凝土。垂直施工缝浇灌混凝土前，应将其表面清理干净，并涂刷水泥净浆或涂刷混凝土界面处理剂，并及时浇灌混凝土。

②水平施工缝的设置：水平施工缝距结构顶板、中板和底板上下表面一般不小于300 mm。施工缝安设镀锌钢板水带，并在施工缝范围内涂刷水泥基渗透结晶型防水涂料，中楼板施工缝安设遇水膨胀止水条。

③施工缝止水带部位的混凝土应进行充分的振捣，防止欠振和漏振。止水带与混凝土之间的咬合密实是止水带发挥止水作用的关键因素，同时应做好不同止水带之间的交叉点的防水。按施工顺序设置水平施工缝和横向施工缝。

④止水带的固定宜采用专用钢筋夹或扁钢固定。采用扁钢固定时，止水带端部应先用扁钢夹紧，并将扁钢与结构内钢筋焊牢。固定扁钢用的螺栓间距不大于 400 mm。采用钢筋夹固定时，用钢丝将止水带与钢筋夹绑连，并使钢筋夹与结构钢筋焊接牢固，以保持止水带竖直，并保证止水带在混凝土浇筑过程中不发生卷折。钢筋夹与结构钢筋的固定间距不得大于 400 mm，固定应牢固、可靠，不得出现扭曲、变形等现象。

⑤底板和顶板环向施工缝部位的止水带应采用盆式安装方法，止水带两翼与水平方向的夹角控制在 15°～20°之间，保证振捣时产生的气泡能够顺利排出，使止水带部位的混凝土与止水带之间咬合密实不透水。

⑥振捣时严禁振捣棒触及止水带。

⑦橡胶止水带的接头(十字、T字)采用预制接头,止水带在工地进行接头处理时,应严格按照设计止水带的对接做法进行施工。

⑧浇筑施工缝部位混凝土前,需对施工缝表面进行凿毛处理,此时应确保不得对止水带造成破坏。然后将施工缝表面清理干净并涂刷界面剂,界面剂采用优质水泥基渗透结晶型防水材料,厚度为1.2 mm,每平米不少于1.5 kg。涂刷界面剂的时间及工艺等应严格按有关要求进行,以达到预期防水效果。

2)变形缝防水。

①变形缝的宽度为20 mm,采用复合防水构造形式,主要是采用中埋式止水带止水。变形缝内侧采用嵌缝膏沿变形缝环向封闭,中埋式止水带的材质为钢边橡胶止水带。在底板及侧墙变形缝部位的模筑混凝土外侧设置背贴式止水带,利用背贴式止水带表面突起的齿条与模筑防水混凝土之间的密实咬合进行密封止水。结构施工时,在顶板和侧墙两侧的混凝土表面预留凹槽,内置接水盒,对渗漏水及时引排,并采用双组份聚硫嵌缝膏进行加强处理。

②竖直向止水带两边混凝土加强振捣,保证缝边混凝土自身密实,将止水带与混凝土表面的气泡排出。水平向止水带下充满混凝土并充分振捣后,剪断固定止水带的钢丝,放平止水带并压出少量混凝土浆,然后浇灌止水带上部混凝土,振捣上部混凝土时要防止止水带变形。止水带安好采取措施予以保护,防止电焊烧伤等。

③在侧墙与顶板结构施工时,预留凹槽,待混凝土达到设计强度后,安装镀锌钢板接水盒,便于对渗漏水及时引排。首先将预留凹槽处混凝土进行清理,检查嵌缝膏有无断点,之后用水泥钉将接水盒钉在预留凹槽内,再用嵌缝膏将钉头部位封闭。

(4)节点部位防水施工

对结构阴阳角部位节点处按规范及设计要求进行加强处理,铺设自粘卷材加强层。然后再铺帖大面自粘卷材,以提高结构节点部位的防水效果。在卷材防水层隐蔽前,发现防水层存在破损时,应采用以下措施及时进行修补:将破损处卷材清理干净,取周边大于破损处100 mm的自粘卷材粘牢,再用密封膏沿周边密封。

1)后浇带混凝土部位的防水做法。主体结构在端头井处盾构吊装孔部位顶、中板的混凝土需要待盾构区间施工完毕后方可浇筑,在新旧混凝土接缝处需做防水处理,采用缓膨型遇水膨胀腻子条(或膏)。

2)车站与盾构区间防水节点。盾构隧道洞口防水卷材按要求进行收口处理,先将遇水膨胀嵌缝胶粘贴在预埋钢环表面,然后将防水卷材与钢环紧密粘贴。后浇环梁施工前,将缓膨型止水条(或膏)粘贴在预埋钢环上。

3)车站主体与出入口、风道相交处防水。浇筑和振捣混凝土时,特别注意对未做刚性保护层的预留搭接部位的防水层进行有效的保护,必要时可在防水层表面覆盖一层柔性保护板,如5 mm厚聚乙烯泡沫塑料板。

4)穿墙管、接地线穿防水层的防水做法。

①穿墙管防水。穿墙管的主管在浇筑混凝土前埋设在混凝土内,穿墙管是防水的关键部位,采用10 mm厚钢片止水环,并在止水环与穿墙管相交处粘贴缓膨胀止水条(膏)与止水环密贴,在自粘卷材处采用丁基橡胶密封胶粘带及双组份聚氨酯密封膏进行加强防水。

②接地引出线防水。采用10 mm厚钢片止水环,并在止水环与穿墙管相交处粘贴缓膨胀

止水条(膏)与止水环密贴,在自粘卷材处采用丁基橡胶密封胶粘带进行加强防水。

(5)防水施工注意事项

1)防水施工前应对围护结构进行检查,发现渗漏情况,及时采取适当的处理措施。

2)背贴式止水带加强防水施工方法。

①采用不透水粘贴的方法,将背贴式止水带固定在变形缝处的防水板上,止水条粘贴处设木板条留槽,保证能平整、密贴地贴止水条,保证粘贴牢固,无裂口和脱胶现象。并确保埋入先浇、后浇混凝土内宽度各为1/2。

②先期施工的混凝土绑扎钢筋时注意保护高分子防水卷材,保证止水带平整,并用木模抵住止水带端部,防止止水带在混凝土浇筑过程中发生卷折或翘起。并注意在混凝土等强过程中用湿麻布加薄铁皮遮盖保护已安设的止水带。

③后浇缝处混凝土基面进行充分凿毛(凿毛时应防止损伤止水条),之后清洗干净,排除杂物。取掉止水带表面覆盖物,进行认真清理,不允许止水带表面粘有泥砂等杂物,若有卷折部分则扶正并粘贴好。同样,用木模抵住止水带端部,防止止水带在混凝土浇筑过程中发生卷折或翘起。

④后浇混凝土端头模板坚实可靠,且在灌注中不跑模。采取措施防止振捣施工缝处混凝土时水泥浆液溢出,影响施工缝处混凝土密实度。保证缝边混凝土自身密实,保证止水带与混凝土牢固结合,止水带处混凝土不出现粗骨料集中或漏振。

3)其他注意事项:排除基坑周围的地面水和基坑内的积水,保证基坑不带水和泥浆。防水层施工前,应确保穿墙管、预埋件均应施工完毕。防水层铺贴后,严禁在防水层上开洞,以免引起渗漏水。顶板宜采用灰土、黏土或亚黏土进行回填,但不得含石块、碎石、灰渣等硬质物及有机物。人工夯实每层不大于250 mm,机械夯实每层不大于300 mm。夯实时应防止损伤防水层。只有在回填压实后的厚度超过500 mm时,才允许采用机械回填碾压。

6. 劳动组织

(1)劳动力组织方式采用架子队组织模式。

(2)施工人员应结合施工方案、机械、人员组合、工期要求进行合理配置,详见表3.1.5-1。

表3.1.5-1　人员配置

序　号	人员配置	人数(人)	备　注
1	架子队队长	1	
2	技术负责人	1	
3	技术员	1	
4	安全员	1	
5	材料员	1	
6	质检员	1	
7	试验员	1	
8	领工员	1	

续上表

序　号	人员配置	人数(人)	备　注
9	工班长	1	
10	卷材铺装人员	12	
11	注浆管止水胶施工人员	6	
12	顶板聚氨酯施工人员	8	
13	接水盒安装人员	6	

7. 材料要求

橡胶止水带材料指标控制见表 3.1.5-2。

表 3.1.5-2　橡胶止水带材料指标

序　号	检测项目		指　标	
			B	S
1	硬度(邵尔 A)(度)		60±5	60±5
2	拉伸强度(MPa)		≥15	≥12
3	扯断伸长率		≥380%	≥380%
4	压缩永久变形	70 ℃×24 h	≤35%	≤35%
		23 ℃×168 h	≤20%	≤20%
5	撕裂强度(kN/m)		≥30	≥25
6	脆性温度(℃)		≤−45	≤−40
7	热空气老化(70 ℃×168 h)	硬度变化(邵尔 A)(度)	≤+8	≤+8
		拉伸强度(MPa)	≥12	≥10
		扯断伸长率	≥300%	≥300%
8	臭氧老化 50×10^{-8}:20%,48 h		2 级	2 级
9	橡胶与金属粘合		断面在弹性体内	

8. 设备机具配置

施工工具根据施工现场需要量及现场施工进度要求分批组织进场,并做好保养和试用等项工作。一些常用的机械及设备配件要有一定数量的储备以便及时替换,保证各种设备、工具正常使用。主要施工设备见表 3.1.5-3。

表 3.1.5-3　主要设备投入计划

序　号	名　称	规格型号	单　位	数　量
1	爬焊机	ZX7-200	部	2
2	铆钉枪	EN410	个	4
3	风镐	G10	把	2

续上表

序号	名称	规格型号	单位	数量
4	手持焊枪		把	10
5	密封胶枪		支	10
6	风机		个	2
7	切割机	GQ40	部	2
8	磨光机	WSB10-115 T	个	5
9	墨斗		套	4
10	电缆线		个	6
11	电动螺栓刀		盘	6
12	裁纸刀、剪刀、铅笔		把	若干
13	毛刷		把	若干
14	扫帚		把	若干
15	卷尺		把	若干

9. 质量控制及检验

(1)严格执行检查、验收制度

防水工程质量检查严格执行“三检”和旁站监理制度。对每一道工序进行质量检查,做好记录。在经过自检、质检工程师和监理工程师检查验收签认后,方可进入下一道工序的施工。

(2)保证防水卷材施工质量

加强防水卷材铺设、绑扎钢筋、浇筑混凝土时的保护,保证防水卷材施工质量。

(3)混凝土结构自防水控制措施

1)混凝土结构自防水是最重要环节,施工时按图纸要求,选用相应等级的防水混凝土,必要时,可采用防腐、抗裂高性能混凝土。

2)结构自防水体系必须采取综合措施,保证混凝土的防裂、抗裂、防腐、抗渗达到预期效果。

(4)防水层防渗漏保证措施

1)防水层的原材料应有出厂质量证明文件、试验报告以及现场取样复检报告,其质量必须符合要求,并经监理工程师检验认可后,方可用于防水工程施工。

2)卷材防水层在施工缝、穿墙管周围等细部做法必须符合设计要求和施工规范的规定。

3)卷材防水层的基面应牢固,表面洁净、平整,保证防水卷材铺设过程中不被钢筋头、碎石等扎破。

(5)变形缝、施工缝防渗漏保证措施

1)变形缝的止水带、止水条、填充材料的性能和规格,必须符合设计要求和施工规范的规定。

2)分次浇筑混凝土时,应清除原混凝土表面的浮浆及脆弱表层,对混凝土表面进行凿毛,露出粗骨料,使其表面呈凹凸不平状,用高压水冲洗表层,彻底清扫原混凝土表面的泥土、松散骨料及杂物,让混凝土表面充分吸水、湿润。

3)变形缝的止水带安装应顺直、密贴,安装位置和方法正确。混凝土浇筑时止水带内外侧应均匀，水平灌注，捣固密实，保证止水带与混凝土牢固结合，接触止水带处的混凝土不应出现粗骨料集中或漏振现象。

4)施工缝的遇水膨胀橡胶止水条应直接粘贴在施工缝界面混凝土槽内，使之与混凝土紧密接触。

10.安全及环保要求

(1)安全要求

1)单组份聚氨酯主剂(A液)与固化剂(B液)搅拌时，必须采用搅拌棒，人员配戴防毒面具、手套等。

2)在防水施工高空铺挂作业时，要搭设临时脚手平台操作，不得蹬踩接头。

3)盛装单组份聚氨酯的铁桶须集中处理，不得随意丢弃，以免污染周边环境。

4)防水卷材的废料必须集中丢入垃圾桶内。

5)在进行高空作业时，应在地面做好安全保护措施，施工人员必须佩戴安全带。

6)防水工程施工过程中，严格按照"施工安全管理工作程序"中的安全防护控制要求实施，把好"教育、措施、交底、防护、验收、检查"六关。

7)认真贯彻安全生产防火制度。防水材料是易燃品，要设防火标志，施工现场要建立用火申请制度。

8)不得在雨天或四级以上大风天条件下进行防水施工。

9)施工现场配备安全员，发现隐患及时向项目技术负责人及有关领导反馈情况。

10)作业场地要有安全防护措施，加强施工人员的劳动保护，防止发生烧伤、触电、火灾、爆炸以及烧坏机器等事故。焊接火花飞溅的区域内，要设置薄钢板或水泥石棉挡板防护装置，在焊机与操作人员之间，可在机上装置活动罩，防止火花射灼操作人员。

11)施工现场设置安全宣传标语牌，危险地点按《安全色》和《安全标志》要求悬挂标牌，有人经过的坑洞夜间设红灯示警。

12)施工现场临时用电按《施工现场临时用电安全技术规范》执行，防止误触带电体。设专人管理生产及生活区的供电线路，随时检查、维修电力设施。对于经常带电设备的防护，根据电气设备的性质、电压等级、周围环境和运行条件，要求保证防护意外的接触、意外的接近，做到不可能接触。

13)工地所有设备，必须定期保养，使其保持良好的工作状态及具有完备的安全装置，所有机具设备的操作人员经过严格训练，持证上岗，并遵守操作规程。

14)配备好消防、灭火设备，施工现场严禁吸烟，并按现场实际情况配备相应的消防器材。

15)雨季施工，准备一定数量的遮雨材料(雨布、塑料薄膜等)，雨量过大时暂停施工。

16)各施工操作人员相互配合，防止事故发生。

17)施工时材料工具分开放置，并设置专人看管。

18)按规定要求作业，做到组织、制度、措施三落实，确保作业区的安全。

19)消防器材由专人管理，定期检查。抽调职工组成义务消防队，培训其掌握消防设备的性能及使用方法。

20)作业人员进入施工现场必须戴安全帽，穿防滑鞋。

21)施工完成后，立即清理现场，对剩下的材料及不使用的工具应立即退回料库，确保能立即进入下一道工序的施工。随时保持施工现场整齐有序。

22)做好施工现场平面布置图和场地设施管理以及环保、消防、材料、卫生、设备等文明施工管理工作。

23)在现场施工的照明电线不准随意挂放,导线严禁采用裸线。

(2)环保要求

1)作业现场应保持清洁,施工废料与垃圾应集中堆放并及时清理、运送至指定地点处理。

2)生产及生活污水达标排放应符合环保要求。

3)严格限制作业时间,禁止夜间和休息时间进行高强度噪声作业。

4)施工现场的化学品和含有害化学成分的特殊材料一律实行封闭式、容器式管理,并设警示标识牌,必要时设专人看护。

5)合理安排施工作业、重型运输车辆的运行时间,避开噪声敏感时段;较高噪声、较大振动的施工作业尽量安排在环境噪声值较高的白天施工;禁止施工人员在居民区附近和夜间施工时高声喧哗,避免人为噪声扰民。

6)施工现场采用全封闭式围挡,施工场地及道路进行硬化,适时洒水,减轻扬尘污染。

7)在工作场地内设置沉淀池,对施工废水进行沉淀净化,并用于洒水降尘。

3.2 高架车站

3.2.1 高架车站主体结构模板及支架施工作业指导书

1. 适用范围

适用于杭州至海宁城际铁路高架车站主体结构模板及支架施工。

2. 作业准备

(1)内业技术准备

1)在开工前组织技术人员认真学习实施性施工组织设计,审核施工图纸,熟悉规范和技术标准。

2)制定施工安全保证措施及相关应急预案。

3)对施工人员进行技术交底。进行上岗前技术培训,考核合格后持证上岗。

(2)外业技术准备

1)开工前施工现场要完成“三通一平”,施工用的临时设施准备就绪,施工便道要保持畅通,机具设备配置齐全。

2)修建生活房屋,配齐生活、办公设施,满足主要管理、技术人员进场生活、办公需要。

3. 技术要求

(1)模板拼接时,相邻两块模板无论横向拼缝还是纵向拼缝,保证在同一根方木或钢肋上进行搭接,设钢钉或焊接进行固定,避免出现错台。

(2)模板工程的施工质量符合《混凝土结构工程施工质量验收规范》的要求,保证工程结构和构件各部位尺寸及相互位置的正确性。实际施工中根据设计情况对支撑系统进行计算调整,保证支架工程满足《建筑施工碗扣式钢管脚手架安全技术规范》的要求。

(3)选择合理的拆模时间,对于非承重混凝土强度达到 2.5 MPa 以上时方可拆模,避免因拆模过早混凝土早期受力引起结构裂缝。

4. 施工程序与工艺流程

模板及支架施工工艺流程如图 3.2.1 所示。

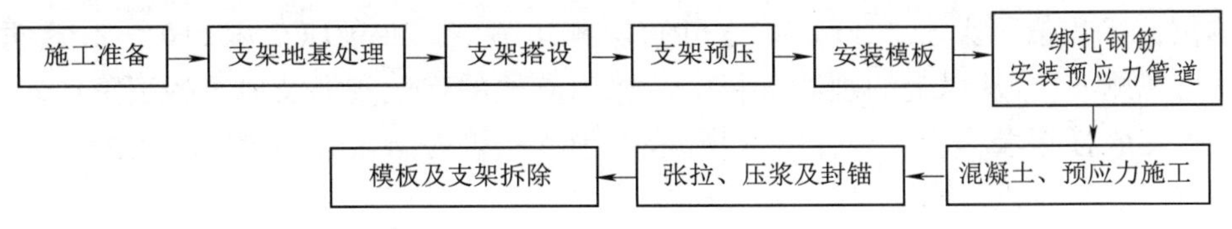

图 3.2.1 模板及支架施工工艺流程图

5. 施工要求

(1)支架地基处理

1)根据桥位处的实际地基情况，对地基进行处理，并做地基承载力检测，使地基承载力达到设计要求。如原地基地质状况较差，采用换填一定深度的砂砾、石料；如原地基地质状况较好，将原有地基整平压实后，在其上分层填筑一定厚度的砂砾，并用振动压路机进行碾压密实。

2)设置横坡及排水沟，便于及时排除雨水。如纵向坡度过大，采取设置台阶方式，便于底托支垫平整。

3)在处理后的地基上施作 15～20 cm 厚的 5%石屑水泥稳定层或 C20 素混凝土作为支架基础。

(2)支架搭设

1)钢管支架搭设。

①支架搭设前，应进行测量放样，确定其平面位置，同时必须挂好每孔的纵向中心线，沿中心线向两侧对称搭设支架。

②为确保支架的整体强度、刚度和稳定性，竖杆要求每根竖直，并及时用纵、横向平面钢管连接固定，并每隔一定距离设置顺桥向及横桥向剪刀撑。

③钢管支架搭设完毕后，应测量放样确定每根钢管的高度，并在钢管上做上标记，保证整个支架的高度一致并满足设计要求。

④可调顶托螺杆插入立杆的长度不得小于 150 mm，伸出立杆的长度不得大于 300 mm，也不得小于 100 mm，以确保架子顶自由端的稳定。

⑤按作业要求设置防护栏。

2)碗口式支架搭设。严格按照施工方案布置纵向、横向间距，其搭设要求与钢管脚支架基本相同。

(3)支架预压

1)预压目的：检验支架及地基的强度、稳定性，消除整个支架的塑性变形，消除地基沉降变形，测量出支架的弹性变形。

2)预压方法：在铺设完底模后，用编织袋装碎石或混凝土预制混凝土块对支架分节段进行预压，预压荷载不小于最大施工荷载的 110%。预压过程中应注意防水，支架地基排水要通畅。

3)预压观测。为了解支架沉降情况，在预压之前测出各测量控制点标高，再加载施工荷载的 60%、100%、110%后均要复测各控制点标高，每级加载完成 1 h 后进行支架的变形观测，以后间隔 6 h 监测记录各监测点的位移量，当相邻两次监测位移平均值之差不大于 2 mm 时，方可进行后续加载。全部预压荷载施加完成后，应间隔 6 h 监测记录各监测点的位移量，当连续 12 h 监测位移平均值不大于 2 mm 时，方可卸除预压荷载。在预压荷载卸载 6 h 后再对测量控制点标高观测一次，从以上的观测资料中计算出支架的弹性变形及地基的沉降值。

4)预压完成移除水箱或砂袋等压重物，根据预压结果得出设置预拱度有关的数值，据此对理论计算数值进行修正以确定更适当的预拱度。

(4)模板安装

1)底模。底模采用竹胶板，厚度一般为 15 mm，根据荷载大小、模板使用次数选用。底模的楞木可以采用 10 cm×10 cm 的方木，间距一般在 20～40 cm 之间。楞木与竹胶板用钉子固定。

2）侧模。木侧模与内模之间需设置对拉拉杆，拉杆一般锚固在横向背肋上。根据模板侧压力大小控制拉杆间距，一般为 50～100 cm。对拉拉杆根据设计选择光圆钢筋或精轧螺纹钢筋制作。

(5)支架及模板拆除

在张拉完成，且混凝土强度达到设计要求后，方可拆除模板及支架，当设计无要求时(除相关专业验收标准有特殊规定外)，应符合表 3.2.1-1 的规定。模板及支架拆除应编制支架拆除作业指导书并进行交底，支架拆除应对称、少量、多次、逐渐完成，每孔从梁跨中间向两端均匀落架，直至底模与梁底分开。

表 3.2.1-1　拆除承重模板时混凝土强度要求

序　号	结构类型	结构跨度(m)	达到混凝土设计强度标准值的百分率
1	板、拱	<2	≥50%
		2～8	≥75%
		>8	≥100%
2	梁	≤8	≥75%
		>8	≥100%
3	悬臂梁(板)	≤2	≥75%
		>2	≥100%

6. 劳动组织

(1)劳动力组织方式采用架子队组织模式。

(2)施工人员应根据确定的施工方案、机械、人员组合、工期要求进行合理的安排，支架搭设及模板作业人员配置见表 3.2.1-2。

表 3.2.1-2　支架搭设及模板作业人员配置

序　号	人员配置	数量(人)	备　注
1	架子队队长	1	
2	技术负责人	1	
3	技术员	2	
4	安全员	2	
5	材料员	4	
6	质检员	2	
7	试验员	1	
8	领工员	2	
9	工班长	1	
10	起重工	2	
11	电工	1	

续上表

序　号	人员配置	数量(人)	备　注
12	架子工	10	
13	电焊工	4	
14	技术员	2	
15	模板工	10	

7. 材料要求

(1)采购、租赁的钢管、扣件必须有产品合格证和法定检测单位的检测检验报告,生产厂家必须具有技术质量监督部门颁发的生产许可证。没有质量证明或质量证明材料不齐全的钢管、扣件不得进入施工现场。

(2)搭设模板支架用的钢管、扣件,使用前必须进行抽样检测,抽检数量按有关规定执行。未经检测或检测不合格的一律不得使用。

(3)钢管表面应平直光滑,不应有裂缝、结疤、分层、错位、硬弯、毛刺、压痕和深的划道;钢管应进行防锈处理。

(4)有裂缝、变形或螺栓出现滑丝的扣件严禁使用;扣件应进行防锈处理。

(5)经检验合格的钢管、扣件应按品种、规格分类,堆放整齐、平稳,堆放场地不得有积水。

8. 设备机具配置

根据支架方案选用施工机具,常用施工机械及工艺装备:

(1)地基处理:挖掘机、装载机、压路机等。

(2)起重吊装:汽车式起重机、履带式起重机等。

(3)支架:碗扣式钢管支架。

(4)模板加工:锯床、刨床、手电锯等。

(5)测量:水准仪、全站仪、水准尺等。

(6)试验:混凝土试模,台秤,万能材料试验机、压力机等。

(7)电力设备:内燃发电机、变压器。

(8)安全生产设施:防护网、防落网、安全带、安全帽等。

9. 质量控制及检验

(1)模板安装允许偏差控制见表 3.2.1-3。

表 3.2.1-3　模板安装允许偏差

序　号	项　目	允许偏差(mm)
1	轴线位置	15
2	表面平整度	5
3	高程	±20
4	相邻两板表面高低差	1

(2)承台模板质量标准及检查方法见表 3.2.1-4。

表 3.2.1-4　承台模板允许偏差和检验方法

序　号	项　目	允许偏差(mm)	检验方法
1	前后、左右距中心线尺寸	±10	测量检查每边不少于 2 处
2	表面平整度	3	1 m 靠尺检查不少于 5 处
3	相邻模板错台	1	尺量检查不少于 5 处

(3)模板安装及拆除的检验应符合国家现行标准《铁路混凝土工程施工质量验收标准》(TB 10424—2018)。

10. 安全及环保要求

(1)安全要求

1)应遵照执行《铁路桥涵工程施工安全技术规程》(TB 10303—2009)和《铁路工程基本作业施工安全技术规程》(TB 10301—2009)。

2)现场作业人员必须经过安全培训和岗前教育，并建立“三级教育卡”。

3)施工现场的临时用电严格按照《施工现场临时用电安全技术规范》(JGJ 46—2005)的规定执行。

4)各大中型机具设备、压力容器进场，均要进行认真检查验收，填写验收记录，验收不合格的不准使用；安全保护装置不全、损坏的设备待修复后方准使用，进场的设备要有安全操作规程。

5)机具设备、使用车辆应有牌照(包括使用证)。

6)机具设备及车辆在使用过程中，应定期维修和保养，不准带病作业，凡已维修保养的设备、车辆均应在设备台账中如实记载。

7)现场的大中型机具设备和车辆必须有专人负责，起重吊装作业必须有专职人员指挥，持证上岗。

(2)环保要求

1)严格执行国家及地方政府颁布的有关环境保护、水土保持的法规、方针、政策和法令，生产、生活设施按环保要求进行布置。

2)将施工噪声控制到最低程度，施工人员休息场所尽量远离有噪声的地方。

3)施工和生活中产生的废弃物及时集中处理，运至当地环保部门指定的地点弃置。

4)施工场地应经常洒水，保持工地清洁，控制扬尘，杜绝漏撒材料。

3.2.2 高架车站主体结构钢筋施工作业指导书

1.适用范围

适用于杭州至海宁城际铁路高架车站主体结构钢筋施工。

2.作业准备

（1）内业技术准备

1）作业指导书编制后，在开工前组织技术人员认真学习实施性施工组织设计，审核施工图纸，熟悉规范和技术标准。

2）制定施工安全保证措施及相关应急预案。

3）对施工人员进行技术交底。进行上岗前技术培训，考核合格后持证上岗。

（2）外业技术准备

1）原材严格实施进场检验，检验标准及频次符合规范要求。

2）为防止锈蚀，钢筋原材下垫高度不小于 300 mm，上面用帆布遮盖。

3）填写好物资标识牌，按生产厂家、进场批次、规格型号分类堆放。未经检验的钢筋原材不得使用。

3.技术要求

（1）钢筋保护层采用同等级混凝土垫块控制，垫块采用梅花形布置，每平方米均布 4 块。

（2）钢筋加工应符合设计要求。当设计未提出要求时，应符合下列规定：

1）受拉热轧光圆钢筋末端应做 180°的弯钩，其弯曲直径 d 不得小于钢筋直径的 2.5 倍，钩端应留有不小于钢筋直径 3 倍的直线段。

2）受拉热轧光圆和带肋钢筋的末端，当设计要求采用直角形弯钩时，其弯曲直径 d 不得小于钢筋直径的 5 倍，钩端应留有不小于钢筋直径 3 倍的直线段。

3）弯起钢筋应弯成平滑的曲线，其弯曲半径不得小于钢筋直径的 10 倍（光圆钢筋）或 12 倍（带肋钢筋）。

4）用低碳钢热轧圆盘条制成的箍筋，其末端应做不小于 90°的弯钩，有抗震等特殊要求的结构应做 135°或 180°的弯钩；弯钩的弯曲直径应大于受力钢筋直径，且不得小于箍筋直径的 2.5 倍；弯钩端直线段的长度，一般结构不得小于箍筋直径的 5 倍，有抗震等特殊要求的结构，不得小于箍筋直径的 10 倍。

4.施工程序与工艺流程

（1）施工程序

施工准备→测量放样→主体钢筋绑扎→钢筋预埋→接地钢筋焊接。

（2）工艺流程

钢筋施工工艺流程如图 3.2.2 所示。

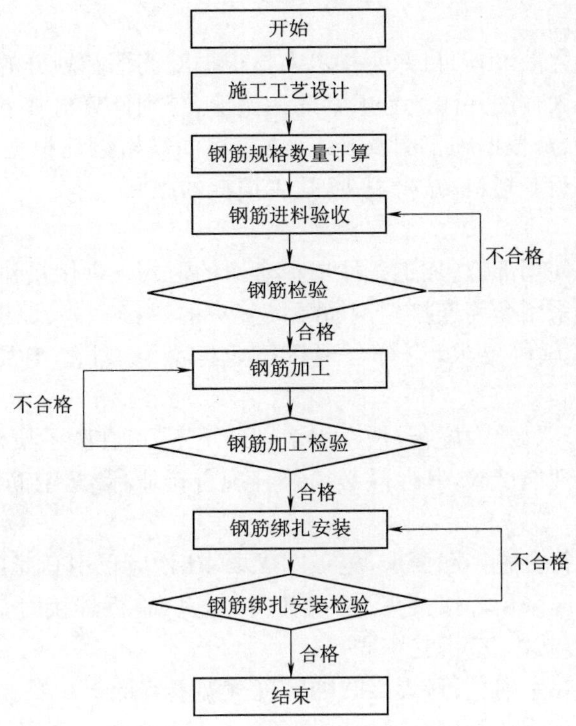

图 3.2.2 钢筋施工工艺流程图

5.施工要求

(1)计算钢筋数量

按照施工图计算各种规格型号的钢筋数量,提数量清单。

(2)钢筋加工

1)配料单编制:钢筋加工前,应依据施工图编制钢筋配料单。配料单应结合钢筋进料长度和所需长度进行编制,以使钢筋接头和余料最少。钢筋的下料长度应考虑钢筋弯曲时的伸长量,在允许误差范围内尺寸宜小不宜大,以保证保护层厚度及施工方便。

2)钢筋宜在加工棚内集中加工,运至现场绑扎成型。

3)钢筋调直:钢筋应平直、无局部折曲,对弯曲的钢筋应调直后使用,可采用冷拉或调直机调直。冷拉法多用于较细钢筋的调直,调直机多用于较粗钢筋的调直。

4)钢筋除锈去污:钢筋加工前应清除钢筋表面的油渍、漆污、水泥浆和用锤敲击能削落的浮皮、铁锈等。损伤和锈蚀严重的钢筋不得使用。可以在调直过程中除锈,还可以采用钢丝刷、砂盘除锈。

(3)钢筋下料

1)下料前认真核对钢筋规格、级别及加工数量,无误后按配料单下料。

2)钢筋下料长度。钢筋因弯曲或弯钩影响长度,不能直接根据施工图下料,必须按照混凝土保护层、钢筋弯曲、弯钩形式等计算确定下料长度。

3)钢筋的切割宜采用钢筋切断机。在切断前,先在钢筋上按配料单标注下料长度,将切断位置明显标记。切断时,切断标记对准刀刃将钢筋放入切割槽固定,然后将其切断。钢筋的零星加工也可用砂轮锯切割。

4)钢筋断料。下料之前,由项目专业技术人员根据配筋图和划分的施工程序,给出结构各部位的各种形状和钢筋大样图并注意考虑钢筋调整值,分别计算出其下料长度及根数,填写料牌,申请加工。由加工人员根据施工图及规范要求,将同规格钢筋根据不同长度长短搭配,统筹排料,遵循先断长料、后断短料、减少短头、减少损耗的原则。

(4)钢筋接头

1)钢筋接头应根据使用部位、加工条件选择合适的形式。常用接头形式有闪光对焊、套筒连接、螺纹连接等,优先采用套筒连接。钢筋焊接接头的焊接工艺、焊机型号、焊接参数、焊接质量以及焊工的培训考试等要求,应符合现行行业标准《钢筋焊接及验收规程》(JGJ 18—2012)的有关规定。

2)钢筋焊接应在工厂(场)内施行,仅在极个别情况下,可在脚手架上施焊。钢筋焊接接头应按批抽取试件做力学性能试验,其性质必须符合现行行业标准《钢筋焊接及验收规程》(JGJ 18—2012)的有关规定。

3)热轧钢筋接头应符合施工图要求,施工图无要求时,应采用套筒连接接头。拉杆中的钢筋,不论其直径大小,均应采用焊接接头,仅在确实无条件施行焊接时,对直径 25 mm 及以下的钢筋,方可采用搭接方式,且应绑扎牢固。

4)冬期闪光对焊宜在室内进行,焊接时的环境气温不宜低于 0 ℃。冬期电弧焊接时,应有防雪、防风及保温措施,并应选用韧性较好的焊条。焊接后的接头严禁立即接触冰雪。

(5)钢筋绑扎、安装

1)钢筋骨架应具有足够的刚度和稳定性,以便安装。为使骨架不变形,不发生松散,必要时可在钢筋的某些交叉点处加以焊接或添加辅助钢筋(斜杆、横撑等)。

2)安装钢筋骨架时,应保证其在模型中的正确位置,不得倾斜、扭曲,亦不得变更保护层的规定厚度。

3)现场安装钢筋应符合下列要求:

①钢筋的交叉点应采用钢丝扎牢。

②靠近外围两行钢筋交叉点全部绑扎牢固,中间部分交叉点可间隔交错绑扎牢,但必须保证受力钢筋不产生偏移,双向受力的钢筋必须全部扎牢。

(6)施工操作要点及注意事项

1)焊接作业时,严禁在主筋上打火引弧,以防烧伤主筋。

2)绑扎好的钢筋不得随意变更位置或进行切割。

3)应采取措施避免钢筋被脱模剂等污物污染。

4)焊接时,应确定焊缝有效长度、高度及宽度等达到规范及施工图要求,每层焊完应及时清渣,焊缝应表面平整、光滑、美观。

5)灌注混凝土前应对钢筋进行下列检查:

①钢筋的品种、规格、数量、位置和间距。

②钢筋的连接方式、接头位置、接头数量和接头面积百分率。

③预埋件的规格和数量。

④钢筋保护层厚度。

(7)成品保护要求

1)弯起筋、主筋绑好后,不得在上面踩踏行走,钢筋绑扎成型后,搭设跳板专门供施工人员走动。灌注混凝土时派钢筋工专门负责修理,保证负弯筋位置的正确性。

2)绑扎钢筋时禁止碰动预埋件。

3)模板内涂抹隔离剂时不得污染钢筋。

4)半成品钢筋进入绑扎现场前,应做好防锈保护措施。有锈蚀的钢筋,应先进行清理,清理干净经过预检以后,才可进入绑扎现场。

5)钢筋绑扎前,钢筋工应先检查钢筋的规格、尺寸是否符合图纸要求,有疑问时应及时向项目有关人员进行反映,然后检查钢筋加工的外观质量,在运输过程中有无破坏情况,如有应及时向有关人员提出。

6)钢筋应一次绑扎到位,钢筋成型后,严禁进行蹬踏。

7)在加固模板时,严禁将模板支撑杆件焊在受力主筋上,应另加钢筋进行焊接。

8)灌注混凝土时,必须有专人看护钢筋,钢筋移位后,应及时进行调整。

6.劳动组织

(1)劳动力组织方式采用架子队组织模式。

(2)作业人员数量应根据施工条件、工期要求进行合理配置,详见表3.2.2-1。

表3.2.2-1　工区施工现场人员配置

序　号	人员配置	人数(人)
1	架子队队长	1
2	技术负责人	1
3	技术员	1
4	安全员	1
5	材料员	1
6	质检员	1
7	试验员	1
8	领工员	1
9	工班长	1
10	钢筋工	12

7.材料要求

(1)钢筋进场后必须经过试验人员检查,合格后方能使用。

(2)钢筋加工制作前,进行除锈、除污处理,确保表面无油渍、漆污、铁锈及泥土等杂物。

(3)钢筋应平直,无局部弯曲,成盘的钢筋和弯曲的钢筋均应调直。

(4)钢筋:钢筋进场时,必须对其质量指标进行全面检查,并按批抽取试件作屈服强度、抗拉强度、伸长率和冷弯试验,并应采用抗震钢筋。

(5)电焊条:应有产品出厂合格证,品种、规格和技术性能等应符合国家现行标准的规定和施工图的要求,选用的焊条型号应与主体金属强度相适应,并烘干后使用。

8. 设备机具配置

根据工程实际情况,拟投入的主要施工机械设备见表 3.2.2-2。

表 3.2.2-2　施工机械设备配置

序　号	名　称	规　格	单　位	数　量	备　注
1	发电机	400 kW	台	3	停电备用
2	汽车式起重机	25 t	台	3	材料转运
3	钢筋调直机	HS-Z-4 型	台	2	主体结构钢筋加工
4	钢筋切断机	GQ50	台	2	主体结构钢筋加工
5	钢筋弯曲机	50 型	台	2	主体结构钢筋加工
6	交流电焊机	BX3-500	台	8	结构焊接

9. 质量控制及检验

(1)钢筋连接。纵向受力钢筋的连接方式必须符合设计要求。

检验数量:全部检查。

检验方法:观察。

(2)钢筋接头的技术要求和外观质量应符合验收标准的规定。钢筋焊接接头应按批抽取试件做力学性能检验,其质量必须符合现行行业标准《钢筋焊接及验收规程》(JGJ 18—2012)的规定和设计要求。承受静力荷载为主的直径为 28～32 mm 带肋钢筋采用冷挤压套筒连接接头时,应按批抽取试件做力学性能检验,其质量必须符合现行行业标准的规定和设计要求。

检验数量:钢筋接头的外观质量应全部检查。焊接接头的力学性能检验以同级别、同规格、同接头形式和同一焊工完成的每 200 个接头为一批,不足 200 个也按一批计。冷挤压套筒连接接头的力学性能检验以同等级、同规格和同接头形式的每 200 个接头为一批,不足 200 个也按一批计。施工单位每批抽检一次;监理单位见证取样检测次数为施工单位抽检次数的 20%,但至少一次。

检验方法:钢筋接头外观检验,观察和尺量。焊接接头和冷挤压套筒连接接头力学性能检验,施工单位做拉伸试验,接头做冷弯试验。监理单位检查力学性能试验报告并进行见证取样检测。

(3)当架立和绑扎环氧涂层钢筋时,不得使用无涂层的普通钢筋和金属丝。环氧涂层钢筋与无涂层的普通钢筋之间不得有电连接。

检验数量:全部检查。

检验方法:观察和测量。

(4)在整个施工过程中,应随时检查环氧涂层钢筋的涂层损伤缺陷情况,每米环氧涂层钢筋上小于 25 mm 的涂层缺陷的总面积不得大于钢筋表面积的 0.1%。符合修补条件的应按验收标准的规定及时修补,不符合修补条件的不得再修补使用。

检验数量:全部检查。

检验方法:观察和尺量。

(5)技术标准。钢筋加工、安装及综合接地质量标准见表 3.2.2-3～表 3.2.2-5。

表 3.2.2-3　钢筋加工允许偏差和检验方法

序　号	项　目	允许偏差(mm)	检验方法
1	受力钢筋全长	±10	尺量
2	弯起钢筋的弯折位置	20	
3	箍筋内净尺寸	±3	

表 3.2.2-4　钢筋安装允许偏差和检验方法

序　号	项　目	允许偏差(mm)	检验方法
1	受力钢筋排距	±5	尺量两端中各一处
2	同排中受力钢筋间距	±20	
3	分布钢筋间距	±20	尺量连续 3 处
4	箍筋间距	±10	
5	弯起点位置	30	尺量
6	钢筋保护层厚度	0～＋10	尺量两端、中间各两处

表 3.2.2-5　预埋件允许偏差

项　目		允许偏差(mm)
预埋沉降观测标	中心线位置	2
	外露长度	10
	尺　寸	10

10. 安全及环保要求

(1)安全要求

1)钢筋加工人员必须严格遵守《钢筋弯折机安全操作规程》《用电安全操作规程》及国家有关安全生产劳动保护政策和法规。

2)钢筋吊装搬运要有专人指挥,门式起重机要有专人操作。

3)在钢筋绑扎时要加强安全意识,各种必备劳动保护用品配备齐全。

4)电缆线、电焊机把线要理顺,布置在合适的位置,用电要符合安全规范要求。

5)现场作业人员必须经过安全培训和岗前教育,并建立好“三级教育卡”。

6)施工现场的临时用电严格按照《施工现场临时用电安全技术规范》(JGJ 46—2005)的规定执行。

7)各大中型机具设备、压力容器进场,均要进行认真检查验收,填写验收记录,验收不合格的不准使用;安全保护装置不全、损坏的设备待修复后方准使用,进场的设备要有安全操作规程。

8)机具设备、使用车辆应有牌照(包括使用证)。

9)机具设备及车辆在使用过程中,应定期维修和保养,不准带病作业,凡已维修保养的设备,车辆均应在设备台账中如实记载。

10)现场的大中型机具设备和车辆必须有专人负责,起重吊装作业必须有专职指挥,持证上岗。

(2)环保要求

1)严格执行国家及地方政府颁布的有关环境保护、水土保持的法规、方针、政策和法令,生产、生活设施按环保要求进行布置。

2)将施工噪声控制到最低程度,施工人员休息场所尽量远离有噪声的地方。

3)施工和生活中产生的废弃物及时集中处理,运至当地环保部门指定的地点弃置。

4)施工场地应经常洒水,保持清洁,控制扬尘,杜绝漏撒材料。

3.2.3　高架车站主体结构混凝土施工作业指导书

1.适用范围

适用于杭州至海宁城际铁路高架车站主体结构混凝土浇筑施工。

2.作业准备

(1)内业技术准备

1)在开工前组织技术人员认真学习实施性施工组织设计,审核施工图纸,熟悉规范和技术标准。

2)制定施工安全保证措施及相关应急预案。

3)对施工人员进行技术交底。进行上岗前技术培训,考核合格后持证上岗。

(2)外业技术准备

1)开工前施工现场要完成"三通一平",施工用的临时设施准备就绪,施工便道要保持畅通,机具设备配置齐全。

2)修建生活房屋,配齐生活、办公设施,满足主要管理、技术人员进场生活、办公需要。

3.技术要求

(1)混凝土拌和所用的水泥、粉煤灰、矿粉、砂、碎石、减水剂等原材料生产厂家及规格型号应与主体结构混凝土施工相一致,并经检验合格。

(2)混凝土浇筑前应采用专用设备测定混凝土的温度(电子温度仪)、坍落度、含气量等工作性能,符合要求的混凝土方可入孔灌注。

(3)对生产系统的各计量仪器设备进行计量监督和测试,确定合理的计量参数和计量精度,制定各项保证测量、试验以及施工工艺中各种测试数据准确性的计量措施。

(4)混凝土浇筑时,应分层、水平、对称灌注,振捣器不得触及防水层。

4.施工程序与工艺流程

(1)施工程序

施工准备→混凝土拌制→场内输送混凝土→混凝土布料→浇筑成型→测温监控→拆模及后期养护期等→检验验收。

(2)工艺流程

混凝土施工工艺流程如图3.2.3-1所示。

5.施工要求

(1)混凝土拌和

混凝土拌制应参照工艺拌和站拌制混凝土施工工艺相关内容,按照试验确定的配合比在拌和站集中搅拌。

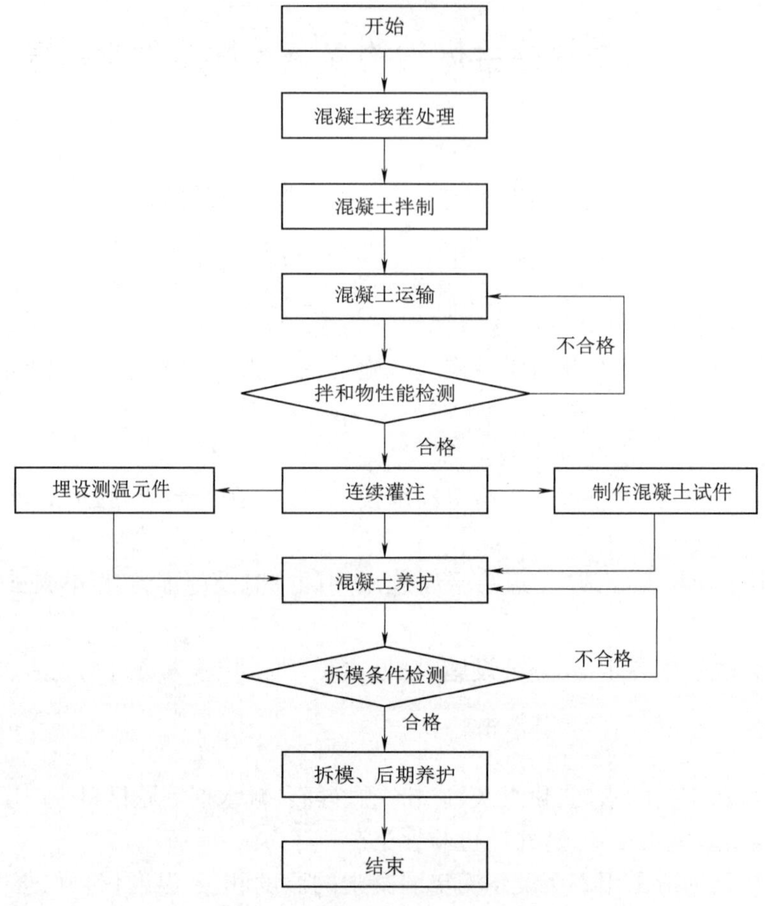

图 3.2.3-1　混凝土施工工艺流程图

(2)混凝土运输

1)混凝土运输设备的运输能力应适应混凝土凝结速度和浇筑速度的需要,保证浇筑过程连续进行。运输过程中,应确保混凝土不发生离析、漏浆、泌水及坍落度损失过多等现象,运至浇筑地点的混凝土应仍保持均匀性和良好的拌和物性能。

2)混凝土采用混凝土罐车运输至施土现场。

3)采用搅拌运输车运送混凝土时,运输过程中宜以 2～4 r/ min 的转速搅动,当搅拌运输车到达浇灌现场时,应高速旋转 20～30 s 后再将混凝土拌和物喂入泵车受料斗或混凝土料斗中。

(3)混凝土浇筑

1)分层灌注方式

①全面分层,如图 3.2.3-2 所示。这种方法适用于结构面积不太大的工程,施工时从短边开始进行灌注,也可以从中间向两端或两端向中间同时进行浇筑。第一层浇筑完毕后,再回头浇筑第二层,此时第一层混凝土应保证还未初凝。如此逐层连续进行,直到浇筑完毕。

②分段分层,如图 3.2.3-3 所示。这种方法适用于厚度不大而面积或者长度较大的工程。施工时从底层一端开始浇筑,进行到一定距离后就回头浇筑第二层,再同样依次浇筑以上各层。当浇筑完最后一层时,应保证第一层还没有初凝,则又可进行第二段的依次分层灌注,如

此依次向前踏步式推进灌注。

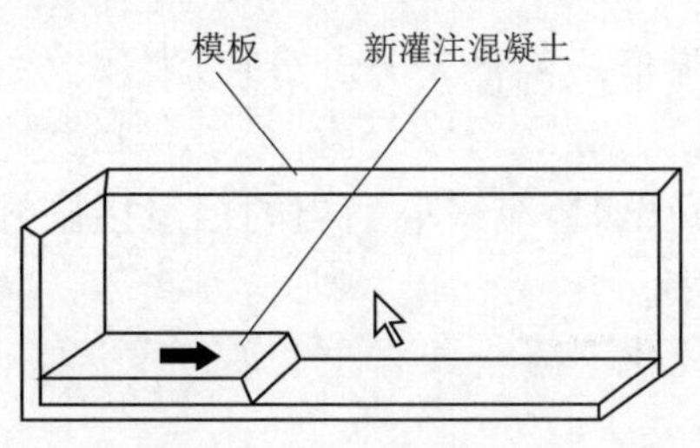

图 3.2.3-2　全面分层

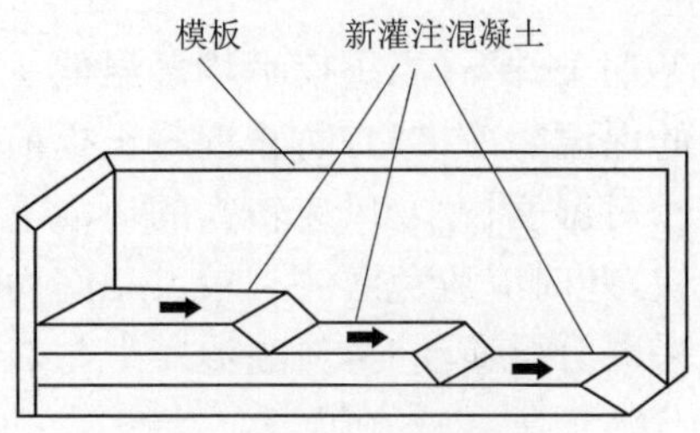

图 3.2.3-3　分段分层

③斜面分层，如图 3.2.3-4 所示。这种方法适用于结构的长度超过厚度 3 倍以上，先从端部底下开始，是灌注层成斜面逐渐上移，如工程较大，可从两端开始，在中部汇合。

④自然分层，如图 3.2.3-5 所示。这种方法适用于泵送大坍落度混凝土，灌注时可利用混凝土自然流淌形成的斜坡进行分层，采用"分段定点下料，一个坡度，薄层灌注，循序渐进，一次到顶"的灌注方法，振捣时一般布置三道振捣棒，第一道在混凝土坡顶，第二道在混凝土斜坡中间，第三道在混凝土坡脚，三道相互配合，保证覆盖整个坡面，确保不漏振。随着混凝土灌注工作的向前推进，振捣棒也相应跟上，以确保整个高度混凝土的质量。

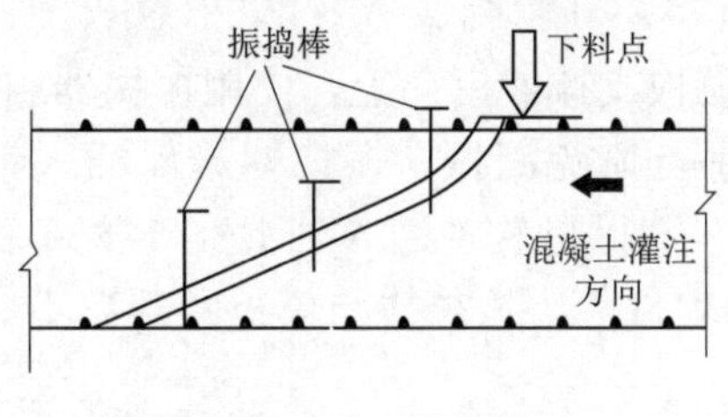

图 3.2.3-4　斜面分层

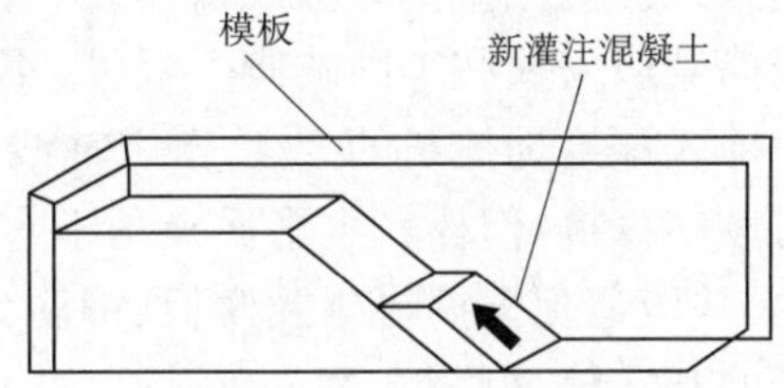

图 3.2.3-5　自然分层

2)灌注大体积混凝土。

①灌注大体积混凝土应沿高度均匀分段、分层灌注。分段数目宜减少，每段混凝土厚度应为 1.5～2.0 m。当横截面面积在 200 m^2 以内时，分段不宜大于 2 段；当横截面面积在 300 m^2 以内时，分段不宜大于 3 段，且每段面积不得小于 50 m^2。段与段间的竖向施工缝应平行于结构较小截面尺寸方向。当采用分段灌注时，竖向施工缝应设置模板。上、下两邻层中的竖向施工缝应相互错开。

②混凝土入模前，应采用专用设备测量混凝土的温度、坍落度、含气量、水胶比和泌水率等工作性能，只有拌和物性能符合施工工艺要求的混凝土方可入模灌注。

③混凝土灌注时的自由倾落高度不得大于 2 m，当大于 2 m 时，应采用滑槽、串筒、漏斗等器具辅助输送混凝土，保证混凝土不出现分层离析现象。

④混凝土的灌注应采用分层连续推移的方式进行，间隙时间不得超过 90 min，不得随意留置施工缝。

⑤混凝土的一次摊铺厚度不宜大于 600 mm(当采用泵送混凝土时)或 400 mm(当采用非泵送混凝土时)。灌注竖向结构的混凝土前，底部应先灌入 50～100 mm 厚的水泥砂浆(水胶比略小于混凝土)。

⑥在夏期灌注混凝土时，应避免模板和新灌混凝土直接受阳光照射，保证混凝土入模前模

板和钢筋的温度以及附近的局部气温均不超过 40 ℃,应尽可能安排在傍晚而避开炎热的白天灌筑混凝土。

⑦在冬期条件下(当昼夜平均气温低于 5 ℃或最低气温低于 −3 ℃时)灌注混凝土时,应采取适当的保温防冻措施,防止混凝土提前受冻。

⑧在相对湿度较小、风速较大的环境下灌注混凝土时,应采取适当的挡风措施,防止混凝土失水过快,此时应避免灌注有较大暴露面积的构件。

⑨当采取分层灌注时,新灌混凝土与邻接的已硬化混凝土或岩土介质间的温差不得大于 15 ℃。

⑩混凝土初凝时间应满足拌制至灌注完的最大延续时间。

(4)混凝土入模

混凝土自由倾落高度,不应超过 2 m ,当灌注高度超过 3 m 时,使用串筒、斜槽或溜管下料,串筒的最下两节应保持与混凝土灌注面垂直。

(5)混凝土振捣

1)大坍落度的泵送混凝土振捣时间适当减少,一般为 10～20 s,以表面翻浆不再沉落为度。振捣棒移动间距可适当加大,但不宜超过振捣棒作用半径的 2 倍。振捣工具与人员适当增加,以与泵送混凝土的来料量相适应,保证不漏振。

2)插入式振捣器振捣方法及操作要点。

①振捣器应安放在牢固的脚手板上,不应放在模板支撑或钢筋上。使用振捣器,宜采用垂直振捣。插入深度为棒长的 3/4,作用轴线应相互平行避免漏振。振捣棒难以插入钢筋密集部位时可倾斜振捣,但棒与水平面夹角不宜小于 15°,不得将软轴插入到混凝土内部和使软轴折成硬弯,并应避免振捣棒碰撞模板、钢筋、吊环、预埋件等。振捣棒与模板的距离不应大于其作用半径的 0.5 倍,如图 3.2.3-6 所示。

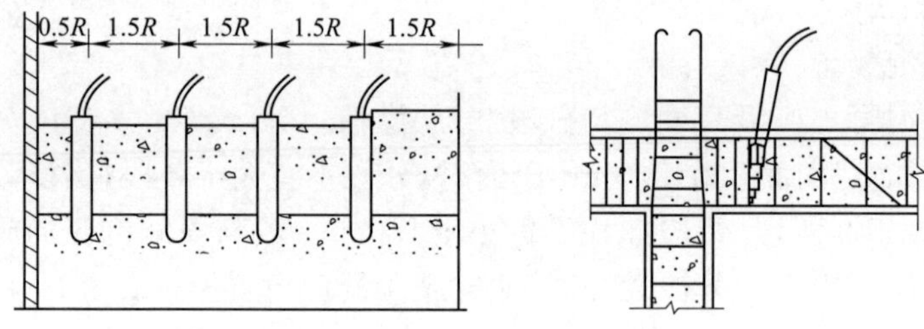

图 3.2.3-6　分层捣固振捣

②使用振捣器时,一手应紧握在振捣棒上端约 50 cm 处,以控制插点,另一手扶正软轴,两手相距 40～50 cm ,使振捣棒自然沉入混凝土内,切忌用力硬插。插入式振捣器操作时,做到"快插慢拔"。"快插"是为了防止混凝土表面先振实,而下面混凝土发生分层、离析现象,"慢拔"是为了使混凝土能填满振捣器抽出时留下的空洞。振捣棒插入混凝土后,应上下抽动,幅度为 5～10 cm,以排除混凝土中的空气,振捣密实。每插点应掌握好振捣时间,过短过长都不利,每点振捣时间一般为 20～30 s,使用高频振捣器,也不应少于 10 s。待混凝土表面呈现水平,不再沉落,不再出现气泡,表面泛出灰浆时方可拔出振捣棒。拔出宜慢,待振捣棒端头即将露出混凝土表面时,再快速拔出振捣棒,以免造成空腔。

③振捣器插入点应排列均匀,可采用"行列式"或"交错式",按顺序移动,不应混用,以免造

成混乱而发生漏振。每次移动位置的距离不大于振动器作用半径的 1.5 倍，振捣棒作用半径(通常为振捣棒半径的 8～10 倍)一般为 300～400 mm。

④钢筋过密处可局部拆除钢筋振捣、用钢钎捣固配合振捣器振捣、倾斜振捣或用剑式振捣器振捣。

(6)混凝土接缝处理

1)灌注混凝土应连续进行。若受客观条件的限制必须间歇时，间歇时间应尽量缩短，并应在前层混凝土初凝之前，将次层混凝土灌注完毕。不同混凝土的允许间歇时间应根据环境温度、水泥性能、水胶比和外加剂类型等条件通过试验确定。当上下两层混凝土灌筑时间超过允许间歇时间时，必须按规定设置施工缝。

2)施工缝的平面应与结构的轴线垂直，施工缝处应埋入钢筋或型钢，并使其体积露出前层混凝土外一半左右。重新进行上层混凝土灌注前，应先将下层混凝土表面凿毛，清除浮渣，并用水冲洗干净，待混凝土满足荷载要求后再灌注上层混凝土。

(7)混凝土的表面处理

1)混凝土表面浮浆较厚时，应清除表面浮浆或添加同水胶比的石子浆，均匀撒布在混凝土表面并用抹子拍平，再进行两次抹面收浆。

2)四级以上大风天或烈日下施工应有遮阳挡风措施。

3)当施工面积较大时可分段进行表面处理。

(8)混凝土养护

1)混凝土侧面钢木模板在任何季节施工均应设保温层。

2)采用蓄水养护混凝土，混凝土表面在初凝后覆盖塑料薄膜，终凝后注水，蓄水深度不少于 80 mm。盛夏施工时采取降温拌制混凝土，并在混凝土终凝后立即覆盖塑料膜和保温层。

3)在日平均温度高于＋5 ℃ 的自然条件下，混凝土灌注完毕后，当混凝土表面收水并初凝后，应尽快用浸水湿透的养护毯或土工布覆盖。

4)环境气温较低时，大体积混凝土的保温养护应结合保温措施同时进行，以保证混凝土表面湿润和芯部混凝土与表层混凝土温差不大于 15 ℃，避免由于混凝土避免失水干燥或温差过大而引起裂缝。养护用水的水温与混凝土表面的温度不宜超过 10 ℃。

(9)施工操作要点及注意事项

1)桩身顶端必须清理上层浮浆露出新鲜混凝土面，桩顶高程和主筋伸入承台的长度必须符合设计要求。

2)承台混凝土应匀质，完整。

3)混凝土结构表面应密实、颜色均匀，不得有露筋、蜂窝、孔洞、疏松、麻面和缺棱角等缺陷。

4)夏期施工时，混凝土的入模温度不宜高于气温且不宜超过 30 ℃。

5)混凝土在拌制过程中，应对混凝土的拌和物的坍落度进行测定，测定值应符合理论配合比的要求，偏差不宜大于±20 mm。

6)混凝土拌制前，应测定砂、石含水率，并根据测试结果、环境条件、工作性能要求等及时调整施工配合比。

7)混凝土的入模含气量应满足设计要求。

8)新浇筑与邻接的已硬化混凝土或岩土介质间的温度不得大于 15 ℃。

9)湿接缝处的混凝土表面,在后浇混凝土前应进行凿毛处理并充分湿润,但不得有积水。

10)拆模时混凝土芯部与表层、表层与环境之间的温差不得大于 20 ℃,混凝土内部开始降温前不得拆模。

11)墩台混凝土宜连续浇筑,当分段浇筑时,混凝土与混凝土之间接缝,周边应预理直径不小于 16 mm 的钢筋或其他铁件,埋入与露出长度不应小于钢筋直径的 30 倍,间距不应大于直径的 20 倍。

6. 劳动组织

(1)劳动力组织方式:采用架子队组织模式。

(2)作业人员数量应根据施工条件、工期要求进行合理配置,详见表 3.2.3-1 所示。

表 3.2.3-1 人员配备表

序 号	工 种	人数(人)	备 注
1	架子队长	1	
2	技术负责人	1	
3	技术员	1	
4	安全员	1	
5	材料员	1	
6	质检员	1	
7	试验员	1	
8	领工员	1	
9	工班长	1	
10	混凝土工	15	

7. 材料要求

(1)混凝土原材料应符合设计要求,主要有块石、砂石、水泥等。根据入模温度的规定进行热工计算,调节原材料的温度当气温过低时应将原材料放入暖棚预热,不宜直接对原材料进行加热;当气温过高时应将原材料进行降温处理,原材料降温依次选用。

(2)水:加冰屑降温或用制冷机提供低温水。

(3)骨料:料场搭棚防烈日暴晒,或水淋或浸水降温。

(4)水泥和掺加料:贮罐设隔热罩或淋水降温,袋装粉料提前存放于通风库房内降温。

(5)施工用水的水质应符合工程用水标准。

8. 设备机具配置

主要设备见表 3.2.3-2、表 3.2.3-3。

表 3.2.3-2 混凝土浇筑主要设备

序号	名称	单位	数量	备注
1	混凝土拌和站	座	1	
2	混凝土搅拌运输车	台	5	
3	起重机	台	4	
4	插入式振捣器	个	4	
5	溜槽	m	10	
6	混凝土泵车	台	1	
7	空压机	台	2	
8	制冷机	台	1	
9	配电箱	只	4	

表 3.2.3-3 混凝土浇筑检测设备

序号	名称	规格	单位	数量	备注
1	固定式振动台		套	1	
2	泌水率测定仪		台	1	
3	水平尺		把	2	
4	小型振捣器	ϕ25	台	1	
5	水准仪		台	1	
6	测温计		支	2	
7	坍落度检测筒		套	2	
8	混凝土含气量检测仪	LC-615	台	1	
9	试模	150 m³	组	2～4	

9. 质量控制及检验

(1)拌和物温度控制

灌注大体积混凝土应在一天中气温较低时进行。混凝土灌注温度(振捣后 50～100 mm 深处的温度)不宜高于 30 ℃。在炎热季节灌注大体积混凝土时,宜将混凝土原材料进行遮盖,避免日光暴晒,并用冷却水拌制混凝土,或采用冷却骨料、搅拌时加冰屑等方法降低入模温度,或在混凝土内埋设冷却管通水冷却。在遇气温骤降的天气或冬期灌注大体积混凝土后,应注意覆盖保温,加强养护,应尽量减少灌注层厚度,以便加快混凝土散热速度。

(2)灌注过程中混凝土质量控制

1)混凝土拌和物检测。运送到现场的混凝土坍落度每车均应目测检查,并应在灌注点取样检验坍落度、含气量、泌水率、温度等,每 50 m³ 同配合比的混凝土,其取样不得少于一次,当一个工作班组生产相同配合比的混凝土不足 50 m³,其取样也不得少于一次。现场拌制混凝土,也按每 50 m³ 检测一次坍落度、含气量、泌水率、温度等拌和物性能,检查结果应符合要求。

2)制作混凝土检查试件。

①抗压强度试件应在混凝土的灌注地点随机抽样制作,不超过 100 m³ 的同配合比的混凝

土,取样不得少于一次,每次取样应至少留置两组标准养护试件(每组三个),并要考虑混凝土强度统计评定所需的最少组数。

②确定拆模及施工期间临时负荷时的混凝土强度,应采用与结构、构件同条件养护的试件的混凝土强度,留置的试件组数应根据实际需要确定。

③混凝土强度及耐久性检验试件抽取频次及灌筑过程中质量控制的其他内容可参照铁路混凝土施工质量检验要求,并应符合施工图及相关要求。

3)使用振捣棒时,一手应紧握在振捣棒上端约 50 cm 处,以控制插入点,另一手扶正软轴,两手相距 40～50 cm,使振捣棒自然沉入混凝土内。插入式振捣器操作时,应做到"快插慢拔"。"快插"是为了防止混凝土表层先振实,而下层混凝土发生分层、离析现象,"慢拔"是为了使混凝上能填满振捣捧抽出时形成的"空隙",防止形成空洞。

4)要保证混凝土内部结构密实,振捣过程中,应采用对钢筋或者振捣棒进行标注,以控制其插入深度,并严格控制其振捣间距。

5)浇筑混凝土期间,应设专人检查支撑、模板、钢筋和预埋筋等的稳固情况,当发现有松动、变形、移位时,应及时处理。

6)混凝土浇筑过程中应按要求及时测试混凝土的坍落度、含气量、泌水率、入模温度等拌和物性能,在浇筑地点取样制作试件,留置足够数量的混凝土试件按规定进行同条件养护或标准养护,及时填写施工记录。严禁在拌和站取样制作试件。

7)承台混凝土浇筑完毕,收面压光后,应设专人看护,并设警示标志,防止因人踩踏引起承台顶面不平整。

8)拆除的模板应放置于承台之外,不应置于承台顶面,以防碰伤承台混凝土顶面。

9)在任意养护时间,淋注于混凝土表面的养护水温度低于混凝土表面温度时,二者间温差不得大于 15 ℃。

(3)质量检验

1)混凝土原材料、配合比设计和施工的检验必须符合现行规范标准的规定。

2)桩头与承台连接必须符合设计要求。当设计无要求时,承台边缘与桩外缘净距必须符合下列规定:

①桩径≤1 m 时,承台边缘与桩外缘净距不小于 0.5 倍桩径,且不小于 250 mm。

②桩径>1 m 时,承台边缘与桩外缘净距不小于 0.3 倍桩径,且不小于 500 mm。

③承台的允许偏差和检验方法应符合表 3.2.3-4 的规定。

表 3.2.3-4　允许偏差和检查方法

序号	项目	允许偏差(mm)	检验方法
1	尺寸	±30	尺量长、宽、高各 2 点
2	顶面高程	±20	测量 5 点
3	轴线偏位	15	测量纵横各 2 点
4	前后、左右边缘距设计中心线尺寸	±50	尺量各边 2 处

10. 安全及环保要求

(1)安全要求

1)施工人员进入现场必须佩戴安全帽,混凝土搅拌站工作人员要穿防护服。

2)非工作人员不得进入施工区域,以防发生人身安全事故。

3)应注意用电安全,检查电缆是否破损,防止因漏电引起安全隐患。非专业人员不得随意接触、使用机电设备。

4)夜间施工应注意照明,要保证在充足的照明条件下进行混凝土施工。

(2)环保要求

1)保护施工区的环境,及时处理施工垃圾、生活垃圾等废弃物,将废弃物运至当地环保部门指定的地点弃置。混凝土灌注过程中及灌注完毕后,清洗管道、机械的废水不得随意排放或引入河流,以免造成环境污染。无法运走的,需达到环保要求后进行填埋等无害化处理。

2)在施工区设置足够的临时卫生设施,定期清扫处理。

3)施工现场道路指定专人定期洒水清扫,形成制度,防止道路扬尘。

4)车辆开出工地做到不带泥砂,基本做到不洒土、不扬尘。

5)禁止在施工现场焚烧油毡、橡胶、塑料、皮革、树叶、枯草、各种包装物等废弃物品以及其他会产生有毒、有害烟尘和恶臭气体的物质。

6)机动车安装减少尾气排放的装置;搅拌站封闭严密,并在进料仓上方安装除尘装置;拆除旧建筑物时进行洒水,防止扬尘。

4 路基工程

4.1 地 基 处 理

4.1.1 高压旋喷桩施工作业指导书

1. 适合范围

适用于杭州至海宁城际铁路路基工程高压旋喷桩软土地基加固施工。

2. 作业准备

(1)技术准备

组织工程部、试验室、作业队等有关人员进行熟悉施工设计图纸以及施工技术规范要求，并认真组织学习施工方案及工艺要求，质量检测标准及质量操作要点，材料质量要求及检测方式频率等。对施工人员进行技术交底和安全交底。

(2)机械设备

对施工机械设备配套情况、完好情况等检查、维修、保养；对所有计量的仪表(计量装置、压力表等)检定情况进行确认。

(3)材料准备

调查水泥料源，严把材料进场关，保证水泥的质量符合要求，进场水泥经试验室检测合格后方可使用。

3. 技术要求

(1) 施工前根据现场地质情况原土取样，按设计要求进行室内配比试验，确定浆液配比。

(2)施工前应根据地质情况和室内配合比分段进行成桩工艺性试验，确定工艺参数(钻进速度、旋转速度、压力、电流)。成桩后 28 d 进行单桩承载力、复合地基承载力试验及桩身强度检测，并形成试桩报告。

(3) 旋喷桩施工时要求水泥掺量应满足设计要求，且最小掺量不小于 18%(质量比)，水胶比宜为(1∶1)～(1∶1.5)，加固处理后实测桩间土无侧限抗压强度要求不小于 1 MPa。

4. 施工程序与工艺流程

(1) 施工程序

施工准备→确定工艺→定孔位→钻机就位→钻孔→制浆→试喷→下喷射管→旋喷→冲洗及移位。

(2) 工艺流程

高压旋喷桩施工工艺流程如图 4.1.1 所示。

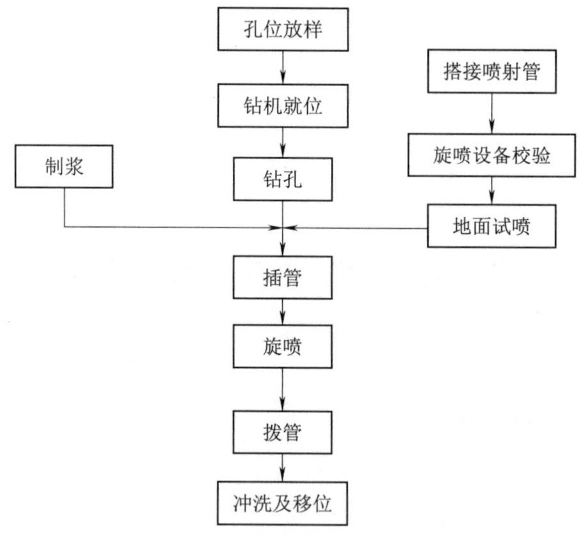

图 4.1.1　高压旋喷桩施工工艺流程图

5. 施工要求

(1) 测量放样:严格按照设计图放样桩位,其误差控制在设计及规范允许范围内,桩位中心点钉入小木楔并撒白灰做标记。

(2) 钻机就位:将钻机安置在设计桩位上,使钻杆头对准孔位中心。为保证钻孔达到设计要求的垂直度,钻机就位后作水平校正,使钻杆轴线垂直对准钻孔中心位置。旋喷注浆管的允许倾斜度不得大于 1.5%。

(3)钻孔:当采用地质钻机钻孔时,钻头在预定桩位钻孔至设计标高。

(4)插管:当采用旋喷注浆管进行钻孔作业时,钻孔和插管两道工序可合二为一。当第一阶段贯入土中时,可借助喷射管本身的喷射或振动贯入。其过程为启动钻机,同时开启高压泥浆泵低压输送水泥浆液,使钻杆沿导向架振动、射流成孔下沉,直到桩底设计标高,观察工作电流不应大于额定值。三重管法钻机钻孔后,拔出钻杆,再插入旋喷管。在插管过程中,为防止泥砂堵塞喷嘴,可用较小压力边下管、边射水。

(5)提升喷浆管、搅拌:喷浆管下沉到设计深度后,钻机停止,旋转不停,高压泥浆泵压力增到施工设计值(20～40 MPa),底座喷浆 30 s 后,边喷浆边旋转,同时严格按照设计和试桩确定的提升速度提升钻杆。若为二重管法或三重管法施工,在达到设计深度后,接通高压水管、空压管,开动高压清水泵、泥浆泵、空压机和钻机进行旋转,并用仪表控制压力、流量和风量,分别达到预定数值时开始提升,继续旋喷和提升,直到达到预期的加固高度后停止。

(6)桩头部分处理:当旋喷管提升接近桩顶时,应从桩顶以下 1.0 m 开始,慢速提升旋喷,旋喷数秒,再向上慢速提升 0.5 m,直至桩顶停浆面。

(7)若遇砾石地层,为保证桩径,可重复喷浆、搅拌。按上述(2)～(5)重复喷浆、搅拌,直至喷浆管提升至停浆面,关闭高压水泥浆泵(清水泵、空压机),停止水泥浆(水、风)的输送,将旋喷浆管旋转提升出地面,关闭钻机。

(8)冲洗及移位:高压喷射完毕后,应迅速拔出喷射管,把喷射管等机具冲洗干净,管内机具内不得残存水泥浆。通常把浆液换成水,宜在地面上喷射,以便把泥浆泵、喷射管路内的浆液全部排出。冲洗干净后,把钻机等机具设备移到下一孔位。

(3)高压旋喷桩施工参数见表 4.1.1-1。

表 4.1.1-1 高压旋喷桩施工参数

序 号	项 目	单 位	控制参数	备 注
1	喷嘴直径	mm	2.8	
2	提升速度	cm/min	25	
3	喷浆压力	MPa	≥25	
4	水泥浆密度	g/cm^3	1.49	
5	稠度	s	＞6.8	
6	水胶比		1∶1	
7	单位水泥用量	kg/m	171	

6. 劳动组织

(1)劳动力组织方式采用架子队组织模式。

(2)作业人员配置见表 4.1.1-2。

表 4.1.1-2 作业人员配备

序 号	人员置配	数 量
1	架子队队长	1人
2	技术主管	1人
3	技术、安全、质检、测量、试验及材料人员	6~7人
4	工班长	1人
5	机械工及普工	10人

7. 材料要求

(1) 原材料应符合设计要求。

(2) 作为固化剂的普通硅酸盐水泥其种类和规格应符合设计要求,有产品质量合格证并按有关规定抽检,严禁使用受潮、结块或失效的固化剂。

(3) 搅拌浆液用水应符合现行《混凝土用水标准》(JGJ 63—2006)的有关规定。

8. 设备机具配置

主要机具设备见表 4.1.1-3。

表 4.1.1-3 主要机具设备

序 号	名 称	规格、型号	数量(台)
1	高压泥浆泵	Y-2 型液压泵 300 kg/cm^2	4
2	旋喷桩机		4

续上表

序　号	名　称	规格、型号	数量(台)
3	泥浆搅拌机		4
4	空气压缩机		4
5	高压胶管	19～22 mm	

9. 质量控制及检验

(1) 质量控制

旋喷桩是地下隐蔽工程,旋喷桩的施工质量取决于地面的规范操作。主要质量控制点控制如下:

1) 钻机就位应平稳,钻杆与桩位对正。

2) 喷射注浆前要检查高压设备和管路系统,设备的压力和排量必须满足工艺参数要求。管路系统的密封必须良好,各通道和喷嘴内不得有杂物。

3) 按设计配比进行浆液拌制,在拌制浆液过程中应随时测量浆液相对密度,每孔高压喷浆结束后要统计该孔的材料用量。浆液用高速搅拌机拌制,拌制浆液必须连续均匀,搅拌时间要符合设计及规范要求。配制好的水泥浆在使用前要不停的搅拌,如果浆液因机械故障或停电等原因2 h内未使用,必须废弃,不得继续使用。

4) 喷射注浆应注意设备开动顺序,喷射注浆搭接长度不得小于 0.5 m,以保证固结体的整体性。

5) 在高压喷射过程中当发现压力突增或突降、大量冒浆或完全不冒浆时应查明原因,采取相应措施。当发现喷浆量不足而影响工程质量时,可采用复喷技术。旋喷钻施工完成后,不能随意堆放重物,以防止桩变形。

(2) 质量检验

1) 桩的质量检验应在旋喷桩施工结束 4 周后进行。

2) 高压旋喷桩桩体无侧限抗压强度、成桩均匀性应符合设计要求。处理后的复合地基承载力应符合设计要求。

3) 高压旋喷桩检查项目参照表 4.1.1-4。

表 4.1.1-4　高压旋喷桩检查项目

序　号	项　目	规定值或允许偏差	检查方法
1	桩距	±100 mm	尺量
2	桩径	不小于设计值	尺量
3	桩长	不小于设计值	查施工记录
4	垂直度	<1.5%	查施工记录
5	单桩注浆量	不小于设计值	查施工记录
6	桩体 28 d 强度	≥1 MPa	钻芯取样
7	单桩承载力	≥300 kN	荷载试验
8	复合地基承载力	间距 2.0 m,≥130 kPa 间距 1.8 m,≥140 kPa 间距 1.6 m,≥150 kPa	荷载试验

10. 安全及环保要求

(1) 安全要求

1) 在施工作业场地设置明显标志,施工重地,闲人免进。进入施工现场,必须戴安全帽;防高空坠物,登高作业必须系安全带。

2) 安全用电,配电盘应严加保护,设置漏电保护装置,防止漏电。电线不得私自乱拉乱扯,经常检查电路系统是否有破皮、漏电、短路等问题。

3) 非机械操作人员,不得操作机械施工,做到持证上岗。在夜间施工时,应有足够的照明,加强安全管理。施工期间,做好防火、防盗安全保卫工作,严禁人员酒后作业。

(2) 环保要求

1) 对有害物质(如燃料、废料、垃圾等)采取措施处理后运至指定地点。

2) 施工废水、生活污水、机械废油按有关要求进行处理,不得直接排入江河中。

3) 做好施工场地内的临时排水、废弃杂物及时清除出场,不准乱丢乱放,注意施工场地的整洁。

4)施工时加强对环境的保护,避免水泥散灰或水泥浆大面积污染场地,防止污染附近农田及河流。

5) 施工场地和运输道路经常洒水,减少灰尘对生产人员和其他人员造成危害。

4.1.2 水泥搅拌桩施工作业指导书

1. 适用范围

适用于杭州至海宁城际铁路路基工程软土地基加固施工。

2. 作业准备

(1) 平整场地,清除地面杂物及地上和地下的一切障碍物,特别是建筑垃圾及建筑物的基础构造。遇场地低洼时应抽水或清淤,分层夯实回填黏性土料,不得回填杂填土和生活垃圾。

(2) 组织技术及有关人员学习设计文件及相关的施工技术规范,技术人员进行技术交底和现场桩位放样。

(3) 组织水泥搅拌桩施工机械进场,开机前必须先调试,检查桩机运转和输料管畅通。

3. 技术要求

(1) 施工前选择具有代表性地段进行成桩工艺性试桩,复核地质资料以及设备配置、施工工艺是否适宜,确定搅拌桩施工工艺参数(钻进速度、旋转速度、压力、电流)。待工艺试验搅拌桩经检验满足设计和质量要求后,进行大面积施工。

(2) 水泥搅拌桩处理,桩径、桩长、桩间距符合设计及相关规定要求。

4. 施工程序与工艺流程

(1) 施工程序

原地面整平→施工放样→钻机定位→钻杆下沉钻进→上提压浆→重复下沉搅拌、提升→提杆出孔→钻机移位→成桩。

(2) 工艺流程

水泥搅拌桩二喷四搅施工工艺流程如图 4.1.2 所示。

5. 施工要求

(1)搅拌机到达指定桩位,对中,桩位偏差不得大于 50 mm。使搅拌机基本垂直于地面,要注意平整度和导向架垂直度,偏差不得超过 1.5%。

(2)启动搅拌机电机,搅拌头在原地搅拌 1~3 min 待搅拌头转速正常后放松起吊钢丝绳,使搅拌头沿导向架边搅边下沉,下沉及提升速度由电气控制装置的电流监测表控制,工作电流不应大于额定值 70 A,下沉速度一般不超过 1 m/min,提升速度一般不超过 0.5 m/min,重复搅拌提升速度在 0.8~1.0 m/min,注浆压力宜为 1.5~2.5 MPa。下沉时不宜冲水,当遇到较硬土层下沉较慢时,方可适量冲水,但应考虑冲水对成桩强度的影响,此时应适当调整配合比和适当减少用水量。记录员按规定的表式填写下沉速度、深度和相关的技术参数。

(3)在搅拌头下沉同时,后台拌制固化浆液,浆液要搅拌均匀,加筛过滤,现制现用,不得停放过久,在压浆前按配合比拌匀后倒入集料斗。在预拌浆液前,水泥要过筛。砂浆稠度为8~

12 cm。记录员按规定表式填写拌制固化剂的配合比等技术参数。

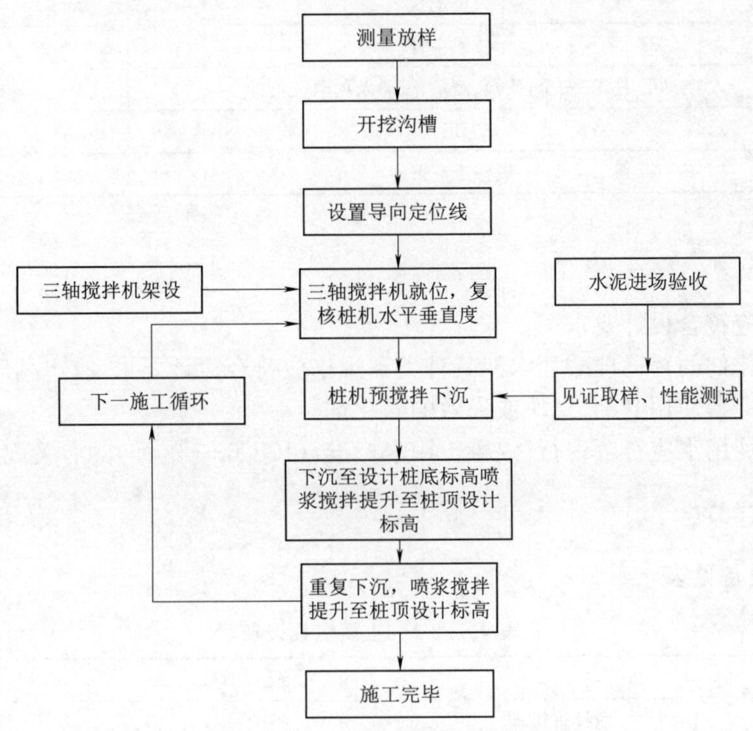

图 4.1.2　水泥搅拌桩施工工艺流程图

(4)搅拌头下沉到达设计标高后,开启灰浆泵,泵送距离宜小于 50 m。待浆液到达喷浆口,再按规定的提升速度边喷浆边提升搅拌头,使浆液和土体充分拌和直至设计顶面标高加预留量。在成桩过程中,凡由于电压过低或其他原因造成停机,使成桩工艺中断的,在搅拌机重新启动后,将搅拌叶片再搅拌下沉 0.5 m 后再继续成桩。搅拌头喷浆提升的速度和次数必须符合施工工艺的要求。记录员按规定表式记录喷浆每米提升速度,施工中发现的问题及处理情况均应注明。

(5)搅拌头喷浆提升至设计顶面标高加预留量时,关闭灰浆泵,搅拌头重复下沉或按设计要求在桩顶下局部部位重复下沉、提升、拌和一次,此时集料斗中浆液正好排空。为使原土和固化剂搅拌均匀,也可再次将搅拌头边旋边进入土中直到设计深度后,再边旋边提升提出地面。记录员按实作出记录,并注明注入的固化剂用量。

6.劳动组织

(1) 劳动力组织方式采用架子队组织模式。

(2) 作业人员配置见表 4.1.2-1。

表 4.1.2-1　作业人员配备

序　号	人员配置	数　量
1	架子队队长	1人

续上表

序　号	人员配置	数　量
2	技术主管	1人
3	技术、安全、质检、测量、试验及材料人员	6～7人
4	工班长	1人
5	机械工及普工	10人

7. 材料要求

(1)原材料应符合设计要求。

(2)作为固化剂的普通硅酸盐水泥其种类和规格应符合设计要求,有产品质量合格证并按有关规定抽检,严禁使用受潮、结块或失效的固化剂。

(3)搅拌浆液用水应符合现行《混凝土用水标准》(JGJ 63—2006)的有关规定。

8. 设备机具配置

主要机具设备见表4.1.2-2。

表4.1.2-2　主要机具设备

序　号	名　称	规格、型号	数　量
1	搅拌桩机	SJB-Ⅱ	1台
2	灰浆泵	UB-3	1套
3	泥浆搅拌机	立式搅拌机	1台

9. 质量控制及检验

(1)质量控制标准

1)桩完成后,桩位平面偏差不得大于50 mm;桩位垂直偏差不得超过1.5%。

2)加固土强度标准值宜采用90 d龄期试块的无侧限抗压强度。围护桩宜取28 d强度,强度不小于1 MPa。

3)水泥搅拌桩做载荷试验,检验承载力时,应在28 d后进行,检验点数按设计要求,按标准进行测试。

4)使用水泥应过筛,制备好的浆液不得离析,泵送必须连续。拌制浆液的罐数、固化剂和外掺剂的用量以及泵送浆液的时间等应有专人记录。

5)为了保证桩端施工质量,当浆液达到出浆口后,应喷浆座底30 s,使浆液完全到达桩端。

6)搅拌机预搅下沉时不宜冲水,当遇到较硬土层下沉太慢时,方可适量冲水,但应考虑冲水成桩对桩身强度的影响。

7)施工时如因故停浆,宜将搅拌机下沉至停浆点以下0.5 m处,待恢复供浆时再喷浆提升。若停机超过3 h,为防止浆液硬结堵管,宜先拆卸输浆管路,并进行清洗。

8)壁状加固时桩与桩的搭接长度宜大于20 mm,搭接时间不应大于24 h,如间歇时间太长(如停电等)与下一根无法搭接时,应在部门认可后,采取局部补桩或注浆措施。

9)搅拌机喷浆提升的速度和次数必须符合施工工艺的要求，应有专人记录搅拌机每米下沉或提升的时间。深度记录误差不得大于 100 mm；时间记录误差不得大于 5 s。

10)水泥搅拌桩的检测标准和方法见表 4.1.2-3。

表 4.1.2-3 水泥搅拌桩的检测标准和方法

序 号	项 目	规定值或允许偏差	检查方法
1	桩距	±50 mm	尺量
2	桩径	不小于设计值	尺量
3	桩长	不小于设计值	查施工记录
4	垂直度	1.5%	查施工记录
5	单桩注浆量	不小于设计值	查施工记录
6	强度	不小于设计值	钻芯取样
7	单桩承载力	不小于设计值	荷载试验
8	复合地基承载力	不小于设计值	荷载试验

(2)质量检验

1)施工过程中必须随时检查施工记录，并对照规定的施工工艺对每根工程桩进行质量评定。检查重点：水泥用量、桩长、制桩过程中是否有断桩现象、搅拌提升时间和复搅次数。

2)水泥搅拌桩应在成桩 7 d 内进行质量跟踪检验。可用轻便触探器中附带的勺钻钻取桩身加固土样，观察搅拌均匀程度和判断桩身强度，或用静力触探测试桩身强度沿深度的变化。检验桩的总数应不小于总桩数的 1%，且不少于 3 根。

3)若因工程需要，可在桩头截取试块或钻芯取样做抗压强度试验，必要时可取基础下 500 mm长的桩段进行现场抗压强度试验。

4)按要求做单桩承载力试验，复合地基载荷试验宜在龄期 28 d 后进行。

10. 安全及环保要求

(1)安全要求

1)在施工作业场地设置明显标志，施工重地，闲人免进。进入施工现场，必须戴安全帽；防高空坠物，登高作业必须系安全带。

2)安全用电，配电盘应严加保护，设置漏电保护装置，防止漏电。电线不得私自乱拉乱扯，经常检查电路系统是否有破皮、漏电、短路等问题。

3)非机械操作人员，不得操作机械施工，做到持证上岗。在夜间施工时，应有足够的照明，加强安全管理。施工期间，做好防火、防盗安全保卫工作，严禁人员酒后作业。

(2)环保要求

1)对有害物质(如燃料、废料、垃圾等)采取措施处理后运至指定地点。

2)施工废水、生活污水、机械废油按有关要求进行处理，不得直接排入江河中。

3)做好施工场地内的临时排水、废弃杂物及时清除出场，不准乱丢乱放，注意施工场地的整洁。

4)施工时加强对环境的保护，避免水泥散灰或水泥浆大面积污染场地，防止污染附近农田及河流。

5)施工场地和运输道路经常洒水，减少灰尘对生产人员和其他人员造成危害。

4.1.3 塑料排水板施工作业指导书

1. 适用范围

适用于杭州至海宁城际铁路路基工程塑料排水板软基处理施工。

2. 作业准备

（1）技术准备

组织技术人员认真学习实施性施工组织设计，阅读、审核施工图纸，梳理有关技术问题，熟悉规范和技术标准。对施工人员进行技术交底，对参加施工人员进行上岗前技术培训，考核合格后方可上岗。

（2）材料准备

塑料排水板按设计要求选择其类型及型号，按地基设计要求与地形地质条件，确定排水孔的平面布置及施插排水板的顺序。

（3）机械准备

排水板打设机械宜采用 ZC-3 型插板机，施工场地与道路要符合施插排水板的要求，临时设施应安排有序。

3. 技术要求

（1）在进行塑料排水板施工前，首先进行场地清表，即要清除地面上的淤泥、树根、草皮及杂物，其顶面作成三角形，中心高 0.2 m，两侧与地面平，其宽度不应小于路堤加护道底宽。碾压密实度不小于 90%。

（2）地面处理完成后，在土拱上铺设 0.3 m 的砂垫层，以便于打设塑料排水板。砂垫层采用含泥量不宜大于 5%的中粗砂，砂垫层面尺寸如宽度及纵横向坡度符合设计要求，基面平整，不积水，路拱明显，坡面平顺。

（3）塑料排水板按三角形布置，顶部插入砂垫层 0.3 m。

（4）塑料排水板施工质量检验：填土施工完成 6 个月后，对地基土进行原位十字板剪切试验，检验数量为每 3 000 m^2 抽样检验 6 点。

4. 施工程序与工艺流程

（1）塑料排水板施工工艺流程如图 4.1.3 所示。

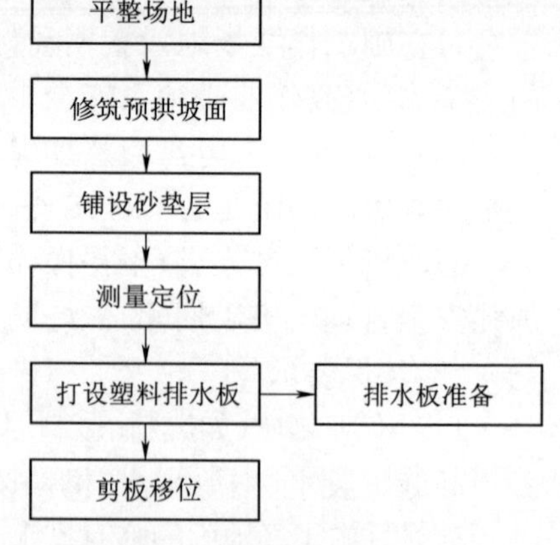

图 4.1.3 塑料排水板施工工艺流程图

（2）施工程序。严格按照设计定位，采用 ZC-3 插板机作业。塑料排水板的施工程序包括施工准备、定位、穿板、插板、上拔导管和切断排水板等工序。

1）地面处理。在进行塑料排水板施工前，首先进行场地清表，即清除地面上的淤泥、树根、草皮及杂物。

2）地面处理完成后，在土拱上铺设 0.3 m 的砂垫层，以便于打设塑料排水板。

3)测量定位。施工前严格按照设计施工图进行桩位布点,桩点中心用白灰标识,以确保施工时导管插入准确位置。

4)机械定位。机械进入加固地段不要损坏已铺设并压实的砂砾石层,防止局部塌陷。插板顺序从低处往高处,定位时要保证桩锤中心与地面定位在同一点上,板间距允许偏差控制在±150 mm以内,并用垂球或其他观测方法控制桩锤或塔架的垂直。安设套管时,套管顶端有便于起吊的吊钩或吊环,并在套管上划出控制标高的刻度线。如套管接长时,在打设前要试接,要求连接口平顺密闭。

5)塑料板与桩尖连接。在塔架卷筒上安置塑料板,然后将塑料板通过套管从管靴穿出,固定在桩尖上,并一起贴紧管靴对准板位。

6)沉管插板。ZC-3型插板桩机利用振动锤的振动锤击力和卷扬机的拉力沉管。刚开始时沉管要缓慢,防止套管突然出现偏斜,套管入土深度距设计标高约2 m时,要减慢沉管速度,注意观察,防止超深或碰上基岩时能及时采取应变措施。

7)拔管剪断塑料板。沉管达到设计深度后即可拔管,拔管时要连续缓慢进行,中途不得放松吊绳,防止因套管下坠而损坏塑料板。套管拔出后,在砂垫层上0~10 cm处剪断塑料板。

5. 施工要求

(1)塑料排水板在插入地基的过程中应保证板不扭曲,透水膜无破损和不被污染。板的底部应有可靠的锚固措施,以免在抽出保护套管时将其带出。

(2)塑料排水板插好后应对排水板予以保护,以防因插板机移动,车辆的进出使塑料排水板受到损坏而降低排水效果。

(3)排水板施插过程,应注意是否在插入时真正送入土中,或在拔管(心轴)时,排水板回带上来。经常注意卷筒内塑料板的耗用量(或用自动记录装置)。施插排水板到达设计入土深度后方能拔管。打设时回带长度不得超过500 mm,且回带的根数不宜超过总打设根数的5%,如回带长度超过500 mm时,应在插点附近补插。

(4)当碰到地下障碍物而不能继续打进或令孔体倾斜(超过允许偏差),则应弃置该孔而拔管移位(相距30 cm左右),重新施打排水孔。

(5)排水孔的施打过程要采用定载振动压入的方法,一直打到设计要求的深度,不允许重锤夯击。

(6)施打过程保持排水孔的垂直度,其垂直偏差按进入深度控制≤1.5 cm/m(1.5%)。

(7)保持排水板入土的连续性,发现断裂即重新施插。

(8)施插设塑料排水板时,其间距尺寸误差应小于10 cm,其露出于砂垫层上的长度按20 cm控制;塑料排水板插入深度应控制在±200 mm以内。

(9)上拔插入杆时带出的淤泥,不得弃于砂垫层上,以免堵塞排水通道。

6. 劳动组织

(1)劳动力组织方式采用架子队组织模式。

(2)作业人员配置见表4.1.3-1。

表 4.1.3-1 作业人员配备

序 号	人员配置	数 量
1	架子队队长	1 人
2	技术主管	1 人
3	技术、安全、质检、测量、试验及材料人员	6~7 人
4	工班长	1 人
5	机械工及普工	10 人

7. 材料要求

(1)供应方应提供塑料排水板出厂合格证及技术性能参考书。

(2)每批塑料排水板运到工地后应进行外观检查与验收。

(3)同批生产的塑料排水板,每 20 万 m 应进行一次抽样检验,少于此数时也应抽样检验一次;不同批次的塑料排水板应分批次抽样检验。

(4)塑料排水板抗拉强度及延伸率的试验应符合下列规定:

1)塑料排水板抗拉强度和延伸率在拉伸机上 50 mm/min 的速度进行测试。

2)塑料排水板复合体抗拉强度,指干态纵向抗拉强度,测试件数量不少于 6 条,测试件宽 50 mm,不含夹持部分的长度 100 mm。

3)塑料排水板滤膜干拉强度或湿拉强度测试件数不少于 6 个,测试件宽 50 mm,不含夹持部分的长度 100 mm。

4)塑料排水板滤膜湿拉强度的测试件在水中浸泡 24 h 后测试。

5)塑料排水板抗拉强度以拉伸达到规定延伸率的抗拉力为计算依据。当延伸率小于规定值而测试件已破坏时,以破坏时抗拉力作为计算依据,且破坏的延伸率不小于 4%。

以上指标有一项不合格,则应在该产品中重新抽取双倍数量的样品制作试样,对不合格项目进行复检,复检全部合格,判该批为合格批;检测结果若仍有一项不合格,则判该批产品为不合格。复检结果作为最终判定的依据。

8. 设备机具配置

主要机具配备见表 4.1.3-2。

表 4.1.3-2 排水板施工机械设备配置

序 号	名 称	规格型号	单 位	数 量
1	插板机	ZC-3	台	3
2	挖机	220 型	台	1
3	推土机	160 型	台	1

9. 质量控制及检验

(1)质量控制

1)原材料。供应方应提供塑料排水板出厂合格证及技术性能鉴定书。同批次生产的塑料排水板,每 20 万 m 检测一次,少于此数时也应抽样检验一次;不同批次的塑料排水板应分批次抽样检验。

2)砂垫层的铺设厚度。砂垫层采用含泥量不大于5%的中粗砂,砂垫层面尺寸如宽度及纵横向坡度符合设计要求,基面平整,不积水,路拱明显,坡面平顺。

3)塑料排水板插打。施插设塑料排水板时,其间距尺寸误差应小于5 cm,其露出于砂垫层上的长度不小于20 cm控制;塑料排水板插入深度应控制在±20 cm以内。

4)塑料排水板回带。打设时回带长度不得超过500 mm,且回带的根数不宜超过总打设根数的5%,如回带长度超过500 mm时,应在插点附近补插。

(2)质量检验

塑料排水板打设的允许偏差、检验方法见表4.1.3-3。

表4.1.3-3 塑料排水板施工允许偏差及检验方法

项　目	序　号	检查项目	允许偏差值		检验方法
			单位	数值	
主控项目	1	承载力或其他性能指标	符合设计要求		按规定方法
一般项目	2	沉降速率(与控制值比)		±10%	水准仪
	3	塑料排水板位置	mm	±50	用钢尺量
	4	塑料排水板插入深度	mm	±200	插入时用经纬仪检查
	5	插入排水板时回带长度	mm	≤500	用钢尺量
	6	塑料排水板高出砂垫层	mm	≥200	用钢尺量
	7	插入排水板的回带根数		不超过打设总根数的5%	目测
	8	垂直度		<1.5%	经纬仪、吊线、钢尺

10. 安全及环保要求

(1)安全要求

1)各分项工程施工进行中,由施工负责人组织有关人员,每星期进行一次安全知识教育和一次安全检查,发现问题及时处理。

2)建立调度统一指挥制度和车辆管理制度。施工中工程车辆、工程机械进行统一指挥。对司机定期进行交规和纪律教育,杜绝操作责任事故。

3)进入施工现场的人员,按规定佩戴劳动保护用品和安全用具,作业人员不得穿拖鞋、硬底易滑鞋。

4)机械设备操作司机、电工等专业工种,必须经过培训,考试合格,发给操作证后方可单独作业。严禁无证操作。

5)施工现场临时电线路必须符合《施工现场临时用电安全技术规范》(JGJ 46—2012)的要求,严禁任意拉线接电。

(2)环保要求

1)施工道路经常保养维护,为文明施工创造必要的条件。施工设备严禁沿道停放,在指定地点有序停放。

2)尽量少破坏路线周围原有的地物、地貌、植被。工程完工后,按要求及时拆除所有安全防护设施和其他临时设施,并将工地及周围环境清理整洁,做到工完、料清、场地净。

3)表土及淤泥施工时注意保管,主体工程完工后作为边坡绿化及借土场改造耕植用。

4)材料和土石方工程的弃方处理,按图纸规定或工程师的指示在适当地点设置弃土场。

4.1.4 真空预压施工作业指导书

1. 适用范围

适用于杭州至海宁城际铁路路基工程软土地基真空预压施工。

2. 作业准备

(1)内业技术准备

在开工前组织技术人员认真学习实施性施工组织设计,阅读、审读、审核施工图纸,熟悉规范和技术标准。对施工人员进行技术交底和安全交底。

(2)外业技术准备

施工作业层中所涉及的各种外部技术数据收集。检查地基处理范围内地质条件,检查是否有透气层,保证真空预压效果。观测点和观测断面应按设计要求设置。

3. 技术要求

(1)真空预压是在竖向排水体上,用抽真空代替堆载体软土层排水固结的地基加固法,具有固结均匀、工期短、费用省等优点。

(2)真空预压法是在需要加固的软土地基表面铺好砂垫层,打设袋装砂井、埋设滤水管,再在砂垫层上铺设不透气的塑料薄膜。用胶管将密封膜与真空装置连成一体,利用真空装置将密封膜下的空气抽出,使其形成真空。在真空的吸力和大气的压力作用下将土体中的孔隙水吸出,通过砂井、砂垫层、滤水管排出膜外,从而使土体固结压密。

4. 施工程序与工艺流程

真空预压施工工艺流程如图 4.1.4 所示。

5. 施工要求

(1)施工前应按施工图要求设置观测点、观测断面,每一断面上的观测点布置数量、观测频次和观测精度应符合设计要求。

(2)场地平整,铺设砂垫层,打设竖向排水体(砂井或塑料排水管)。

(3)人工布设真空管。

(4)开挖密封沟,铺设密封膜。膜与膜之间应采用热粘结法粘结;密封沟开挖深度应符合设计要求,密封膜顺密封沟铺设,且四周用黏土压实密封。

(5)安装抽真空装置,连接各系统进行抽真空试验,检查密封性。

(6)经检查各项指标符合设计要求后,方可进行路基填筑作业。

(7)在抽真空过程中应观测泵、真空管和膜内等真空度及地表总沉降、侧向位移等。

6. 劳动组织

(1)劳动力组织方式采用架子队组织模式。

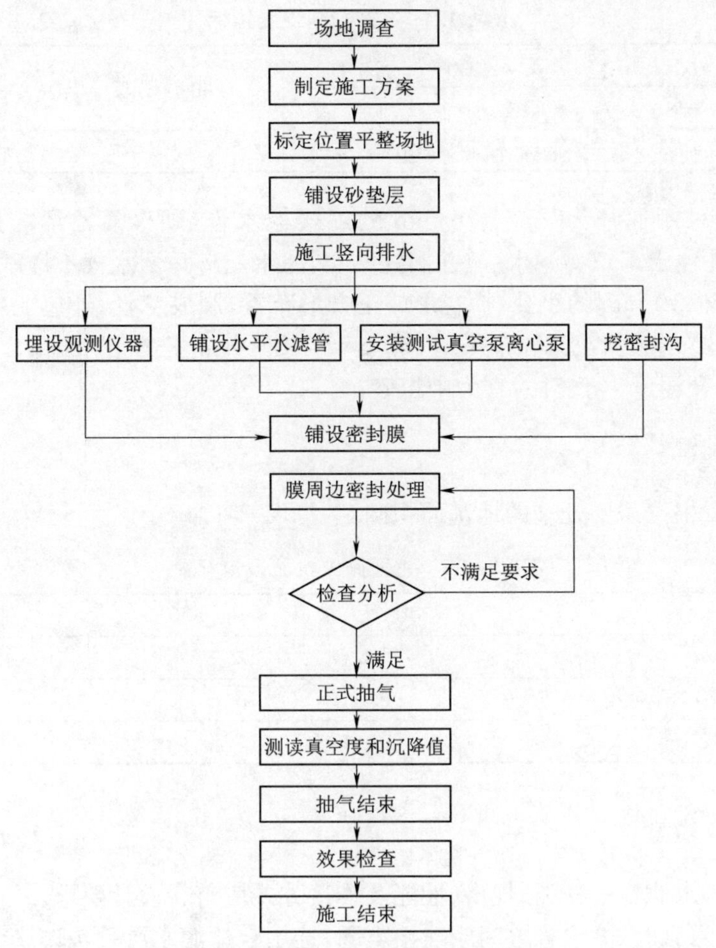

图 4.1.4　真空预压施工工艺流程图

(2)施工人员应结合试验段确定的施工方案、人员组合、工期要求进行合理配置，见表 4.1.4-1。

表 4.1.4-1　作业人员配备

序　号	人员配置	数　量
1	架子队队长	1 人
2	技术主管	1 人
3	技术、安全、质检、测量、试验及材料人员	6～7 人
4	工班长	1 人
5	机械工及普工	6 人

7. 材料要求

(1)密封膜采用三层聚乙烯(或聚氯乙烯)薄膜，根据各预压区实际长度每边各增加 7.5 m 订购密封膜，密封膜在工厂热合一次成型。其性能指标见表 4.1.4-2。

表 4.1.4-2　密封膜性能指标

拉伸强度(MPa)		伸长率		直角断裂强度(MPa)	厚度(mm)
纵向	横向	断裂	低温		
≥18.5	≥6.5	≥220%	20%～45%	≥4.0	0.12～0.17

(2)滤管一般采用通径为 ϕ60～76 mm 的硬式透水管(硬聚氯乙烯或聚丙烯管),壁厚 2.9 mm,加工后外包土工织物滤水层,并捆扎结实,滤水层应只透水气不透砂。在管壁上每隔 5 cm 钻一直径 ϕ8～10 mm 的小孔,梅花形或正方形布置,制成花管,外包 3 层尼龙纱窗布,最外层用一层透水滤布包裹严密,滤布采用 150 g/m^2 长丝针刺土工布。

(3)砂垫层的含泥量小于 5%,宜为中粗砂。

8. 设备机具配置

机械设备配置根据需要处理的地基面积确定,见表 4.1.4-3。

表 4.1.4-3　主要施工机械设备配置

名　称	数　量	备　注
挖掘机	3 台	
抽水机	10～15 台	
真空泵	10～15 台	

9. 质量控制及检验

(1)密封膜、排水滤管的种类、规格、性能及连接方式应符合设计要求。

(2)在铺设滤水管时,滤水管之间应连接牢固,选用合适滤水层且包裹严密,避免抽气后杂物进入抽真空装置中。

(3)密封膜应连接牢固,热合加工的搭接长度不小于 15 mm;铺设时密封要适当放松,表面不得损坏。膜在埋入密封沟时,注意不要被坚硬物戳破。

(4)在膜上放置沉降板时,应在膜上垫一层土工布或一小块密封膜,注意放置平稳,以防戳破薄膜。膜铺好后应对膜的完好性进行全面检查,发现膜破的地方应及时进行粘结修补。

(5)密封沟开挖时若发现土层中有孔洞或透气性的夹层等,则应增加沟深或将夹层挖除换填软黏土。

(6)在密封沟施工中,应做好真空度测头和孔压测头导线引出处的密封,并保护好导线。

(7)抽真空作业前应按设计要求检查真空预压装置的布设及密封程度。

(8)做好真空度、地面沉降、侧向位移等观测和施工记录。施工过程检测应符合设计要求。

(9)当真空预压时间和沉降量达到设计要求时,应根据观测资料和工后沉降推算结果,由建设单位组织设计、监理、施工单位共同研究确定卸载时间。

10. 安全及环保要求

(1)安全要求

1)施工现场专职电工应加强施工现场用电安全巡查,并就巡查情况做好书面记录。

2)进入施工区域的人员应穿好防触电用绝缘鞋,以免进入用电区域发生触电事故。

3)真空预压区周边、用电设备应立安全警示标志,杜绝无关人员进入或攀爬,防止发生触电等事故。

(2)环保要求

1)发电机使用的各种油料,严格按照规定存放,废油不得随意排放,回收后定点处理。

2)废弃的塑料排水板、各种管材、包装材料等收集到指定地点集中处理,严禁现场焚烧。

4.2　基床以下路堤填筑

4.2.1　路堤填筑施工作业指导书

1. 适用范围

适用于杭州至海宁城际铁路路基工程路堤填筑施工。

2. 作业准备

(1)内业技术准备

组织技术人员认真学习实施性施工组织设计,阅读、审核施工图纸,熟悉规范和技术标准。对施工人员进行技术交底和安全交底。

(2)外业技术准备

施工作业中所涉及的各种外部技术数据收集,地基和原地面按设计要求进行处理。

3. 技术要求

(1)路堤填料应符合设计要求。

(2)路堤均应分层填筑,并碾压至规定的压实标准。

(3)大面积填筑前应选取长度不小于 100 m 的地段进行填筑压实工艺试验,确定工艺参数。

4. 施工程序与工艺流程

(1)施工程序

1)路堤填筑严格按"四区段、八流程"作业方法分层填筑、分层压实,实行程序化、标准化施工。

①四区段:填筑区、平整区、碾压区、检验区。每区段长度视现场情况和机械设备施工能力按 50～100 m 划分。

②八流程:施工准备、基底处理、分层填筑、摊铺平整(洒水、晾晒、拌和改良)、机械碾压、检验签认、路面整形、边坡整修。

③各区段或流程内只允许进行该段或该流程的作业,不允许几种作业交叉进行。

2)施工程序:施工准备→填筑试验段→确定工艺→基底处理→测量放样→分层填筑→摊铺平整(洒水、晾晒、拌和改良)→机械碾压→检验签认→路面整形→边坡整修。

(2)工艺流程:

路堤填筑施工工艺流程如图 4.2.1 所示。

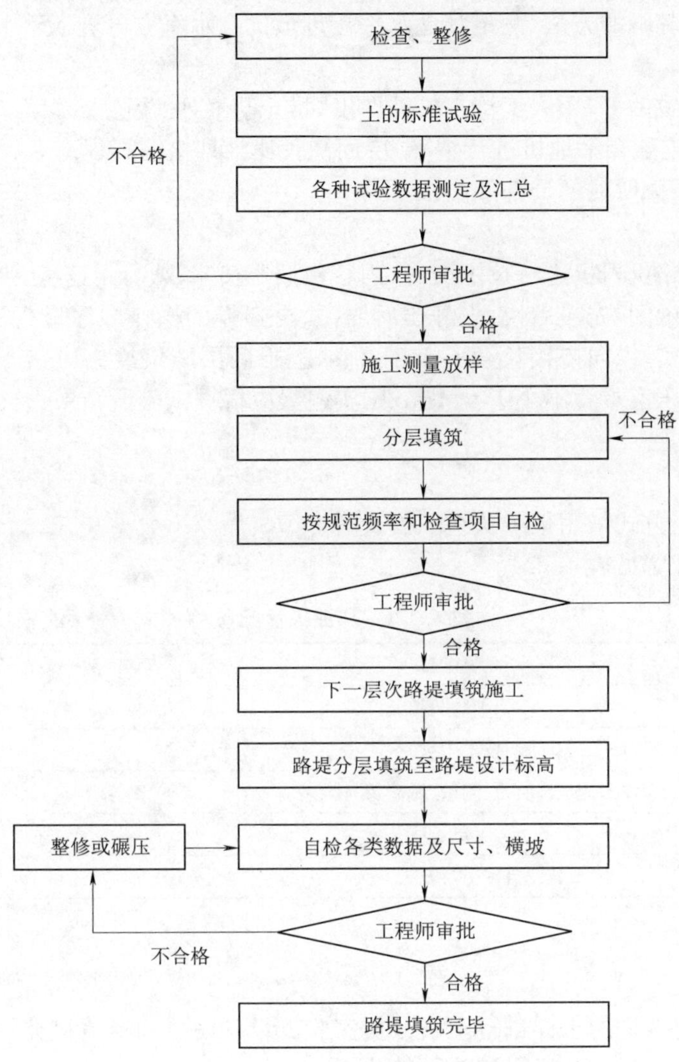

图 4.2.1　路堤填筑施工工艺流程图

5. 施工要求

土样进行土壤分析实验、击实试验，确定填料类别，按规定填写土工试验报告，确定路堤试验段的施工。

(1)测量放样

用全站仪放出中桩、边桩，确定好填筑边界，在界外打好控制桩，做好标识，用石灰划出中线及左、右边线(两边各加 0.5 m)，并测量好各断面的标高。

(2)填料

根据松铺厚度和自卸车容量，估算出多大面积卸料一车，然后沿路堤纵横轴线方向用石灰线格来控制卸料车数及位置。每一水平层的全宽只能用同一种填料填筑。

(3) 测定填料含水率

上料前测定填料含水率，若填料含水偏低，应及时采取洒水措施，当填料含水过大，可采用推土机松土器拉松晾晒的方法,测定其含水率接近最优含水率方可进入整平碾压工序。

(4)摊铺整平

先用推土机大致整平,用人工检查松铺厚度,推土机整平两遍后,层面高程比计划松铺高程高 4 cm,再用人工配合平地机进行整平,层面高程比计划松铺高程高 3 cm,形成不小于 2% 的排水坡,同时表层无明显的局部凹凸。

(5)压实

碾压前应向压路机司机进行技术交底,内容包括压实遍数、行走速度、强弱振控制等;压实顺序应按先两侧后中间,先慢后快,先静压后弱振、再强振的操作顺序进行碾压。各区段的交接处应互相重叠压实,纵向搭接长度不小于 2 m,上下两层填筑接头应错开不小于 3 m,沿线路纵向行与行之间压实重叠不小于 0.4 m;压实遍数应根据试验段结果进行确定。

6. 劳动组织

(1)劳动力组织方式采用架子队组织模式。

(2)作业人员配置见表 4.2.1。

表 4.2.1 作业人员配备

序 号	人员配置	数 量
1	架子队队长	1 人
2	技术主管	1 人
3	技术、安全、质检、测量、试验及材料人员	6～7 人
4	工班长	1 人
5	机械工及普工	10 人

7. 材料要求

(1)由试验室对选送的土样进行土壤分析实验、击实试验,确定填料类别,按规定填写土工试验报告,经审查签认后方可投入试验段的施工。

(2)A、B 类的填料可以作为路堤主体和基床底层的填料,挖方段和半填半挖段采用改良土,基床表层的级配碎石从选定的采石场获得。按试验段路堤的三个部位选取相应的填料,再分别进行各个工艺的填筑试验,以满足整体路堤填筑的要求。

8. 设备机具配置

主要配置有推土机、挖掘机、压路机、洒水车、平地机、自卸车。

9. 质量控制及检验

(1)每种填料的施工工艺试验分三步进行

1)第一步:试验松铺厚度、碾压遍数。试验条件:四种松铺厚度(30 cm、35 cm、40 cm 和 45 cm)的试验,压路机行进速度为 2 km/h。

每一种松铺厚度情况下,按照下面的碾压顺序:先静压 1 遍+弱振 2 遍,以后按强振 2 遍+静压 1 遍作为一次组合碾压连续重复 4 次,每一次组合碾压后都进行密实度、含水量、K_{30}

值、E_{vd}值等测试，且密实度、含水量、K_{30}值的试验点数不小于3，E_{vd}值的试验点数不小于12。不同检测选点满足如下要求：每测1个K_{30}点，在该点0.5 m范围内选取1个密度测试点以及对称的4个E_{vd}测试点。根据试验结果，确定碾压机械。

2)第二步：试验压路机行进速度。在第一步得到的合理松铺厚度为基础，振动压路机碾压，分别以1 km/h、2 km/h、4 km/h和6 km/h的速度，按第一步确定合理的碾压次序和遍数进行碾压，测试不同行进速度碾压后的密实度、含水量、K_{30}值、E_{vd}值，根据试验结果提出合理经济可行的压路机行进速度。

3)第三步：试验压路机械以光轮拖式振动压路机为振动碾压机械，重复第一步和第二步，比较三种压路机械的合理经济的松铺厚度、碾压遍数和行进速度，提出各自的施工工艺以及设备配套方案。

(2)质量检测方法

1)试验人员应根据填料的不同选定不同的检测方法，对改良细粒土应采用压实系数和地基系数为控制指标；对砂类土及细砾土、碎石类及粗砾土应采用孔隙率和地基系数作为控制标准。

2)工艺参数试验测试的密度、含水量、K_{30}和E_{vd}，通过相关分析，研究填料压实指标如孔隙率、压密系数、K_{30}和E_{vd}之间的相关关系，检测数据必须建立数据库。

(3)试验结果整理分析

通过记录、整理、分析各种变换参数情况下的数据，绘制松铺厚度、碾压遍数、碾压速度等压实参数与设计指标之间相关性曲线，确定施工最佳参数，并编写相应的施工工艺指南。

10. 安全及环保要求

(1)安全要求

1)施工区域应设警示标志，严禁非工作人员出入。

2)施工中应对机械设备进行定期检查、养护、维修。

3)为保证施工安全，现场应有专人统一指挥，并设一名专职安全员负责现场的安全工作，坚持班前进行安全教育制度。

(2)环保要求

1)清淤过程中挖出的大量淤泥要卸入项目部划定的弃土场范围内，严禁乱卸。

2)各种车辆进出村镇，文明驾车，尽可能不鸣笛或少鸣笛，以免惊扰附近村镇居民。

3)各种运输车辆采取相应措施防止扬尘，污染空气。施工便道保持路面干净，经常洒水，减少扬尘。

4)紧邻村庄地段尽可能避开深夜施工，以免影响附近居民的正常生活、工作和休息。

5)施工废水集中排放，各种施工废油、废液集中储积，集中处理，严禁乱流、乱淌，污染水源，破坏环境。

4.3 基床填筑

4.3.1 基床底层施工作业指导书

1. 适用范围

适用于杭州至海宁城际铁路路基工程基床底层填筑施工。

2. 作业准备

(1)内业技术准备

作业指导书编制后,应在开工前组织技术人员认真学习实施性施工组织设计,阅读、审核施工图纸,梳理有关技术问题,熟悉规范和技术标准。

(2)外业技术准备

1)施工前按设计要求进行用地测量放线,对路基用地范围内的树木进行砍伐,并清除树根和地表耕植土。

2)加强现场调查,特别是高填方地段注意核对设计文件,有无不良地质地段(如坑穴、局部松软等),清除松软及有机土质。

3)施工作业层中所涉及的各种外部技术数据的收集。

3. 技术要求

(1)择优选取合格填料,尽量采用A、B组填料,选择运距较近、储量大、填料较为稳定的填料。

(2)对填料进行反复的试验,确定填料类型,取得准确参数,以供路基填筑使用。

(3)选择不小于200 m的地段进行路基填筑压实工艺试验,确定工艺参数,并报监理单位确认,进行试验段施工。

(4)采用"三阶段、四区段、八流程"的施工工艺平行流水作业。"三阶段"包括准备阶段、施工阶段和整修阶段;"四区段"包括填筑区段、平整区段、碾压区段和检测区段;"八流程"包括施工准备、基底处理、分层填筑、摊铺平整、洒水晾晒、碾压夯实、检验签认和路基整修。

4. 施工程序与工艺流程

(1)基床底层填筑施工工艺流程如图4.3.1-1所示。

(2)基底验收:路基填筑前应验收基底,合格后,才可进行路堤填筑。

(3)分层填筑:采用按横断面全宽纵向水平分层填筑压实方法,填筑虚铺厚度为40 cm,采用自卸车卸土,可根据车容量计算推土间距,在填筑面上画出卸装网格,以便平整时控制层厚度均匀。为了保证边坡压实质量,一般填筑时路基两侧各加宽50 cm。

(4)推铺平整:填料应用推土机进行初平,平地机终平,控制层面无显著的局部凹凸,填筑层面应做成向两侧4%的横向排水坡。为了有效控制虚铺厚度,初平后应用水平仪或钢尺检查虚铺厚度。

(5)洒水晾晒:填料碾压前应作含水率检测,一般应接近最优含水率,但不允许超出试验段压实工艺确定的施工允许含水率限值。当填料含水率较低时,应及时进行洒水,加水率可按一般规定中加水量公式计算,洒水可采用取土场内提前洒水闷湿和路堤内洒水搅拌两种方法;当填料含水率过大,可采用取土场内挖沟拉槽降低水位和用推土机松土器拉松晾晒相结合的方法,可将填料运至路堤摊铺晾晒。

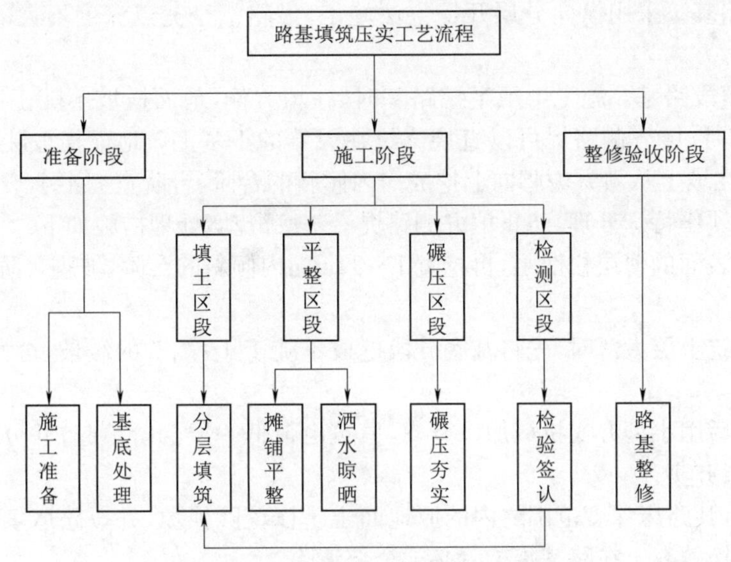

图 4.3.1-1　基床底层填筑施工工艺流程

(6)碾压夯实:碾压前应向压路机司机进行技术交底,其内容包括碾压范围、压实遍数、行走速度、碾压顺序等。根据填料的不同和路堤不同部位,应配备相适应的压实机械。压实应遵循"先慢后快、先静压后振压、先两侧后中间"的操作程序进行,区段交接处应互相重叠压实,纵向搭接长度不小于2 m,沿线路纵向行与行间压实重叠不小于40 cm。对路肩两侧边角压路机不易压到的地方,可采用小型压路机或夯实机及人工夯压。

(7)路基整修:路基整修包括路基面排水横坡、平整度,边坡等。路基整修应按照设计结构尺寸进行,对于加宽部分应在整修阶段人工挂线清刷夯拍,路基验收检查项目见表 4.3.1-1。

表 4.3.1-1　路基验收检查项目

检查项目	允许偏差	检查频次
纵断面高程	±50 mm	每 100 m 用水准仪检查 5 点
中线至边缘	≥50 mm	每 100 m 用经纬仪检查 5 点
宽度	≥设计值	每 100 m 检查 3 处
横坡	±0.5%	每 100 m 检查 2 个断面
边坡(偏陡量)	5%设计坡度	每 100 m 检查 3 处
平整度	土质≤15 mm	每 100 m 用 2.5 m 直尺检查 10 点

5. 施工要求

(1)核实路基填料种类,技术条件应符合设计要求,填筑前应对填料进行取样检验,填筑过程中按规定频率进行抽样检验。

(2)填方段路基。根据现场实际情况,原地面纵坡大于12%的地段采用纵向分层筑法,其他地段采用水平分层填筑。在稳定的斜坡上,地面横坡为(1∶5)～(1∶2.5)时,原地面挖成宽度大于1 m的台阶。地面横坡大于1∶2.5或基底有松软地层,按设计要求进行施工处理。填筑应由最低一层台阶填起。

(3)挖方段路基。采用纵向分层开挖方法施工,沿路堑全宽以深度不大的纵向分层挖掘前进。

(4)半挖半填段路基。施工半填半挖路基时,在填方侧,地面横坡不陡于1∶5,且基底符合规范规定要求时,填方侧路堤可以直接修筑在天然的土基上。地面横坡陡于1∶5且缓于1∶2.5时,必须在坡上从填方坡脚向上挖成向内倾斜的台阶,台阶宽度不小于1 m。地面横坡陡于1∶2.5时,须作特殊处理,防止填方侧路堤沿基底滑动,处理措施如下:

1)清除基底表面的薄层松散土,再挖宽1～2 m向内倾斜的台阶,坡脚台阶宜宽些,大致为2～3 m。

2)坡下部填筑土层太薄时,先将基底分段挖成不陡于1∶2.5的缓坡,再按上一条处理的方法处理。

3)台阶挖好后用小型夯实机械加以夯实,填筑由最低一层台阶填起,并分层夯实,然后逐台向上填筑,分层夯实。

4)挖方一侧,其路床深度范围之内的原地面土予以挖除换填,并按路床填方的要求施工。设计边坡外面的松散弃土在路基竣工后必须全部清除。

5)填挖交界处,沿路线纵向原地面坡度小于1∶5时,按一般路段处理;若原地面坡度大于1∶5时,沿纵向开挖台阶,台阶宽度不小于2 m。

6)半填半挖地段挖、填施工方法同路基填筑施工方法和路基挖土施工方法。

6. 劳动组织

(1)劳动力组织方式采用架子队组织模式。

(2)作业人员配置见表4.3.1-2。

表4.3.1-2 作业人员配备

序 号	人员配置	数 量
1	架子队队长	1人
2	技术主管	1人
3	技术、安全、质检、测量、试验及材料人员	6～7人
4	工班长	1人
5	机械工及普工	10人

7. 材料要求

原材料应符合设计要求。填筑前对取土场填料进行取样检验;填筑时应对运至现场的填料进行抽样检验。当填料土质发生变化或更换取土场时应重新进行检验。对填料的强度、颗粒级配等相关项目按《铁路工程土工试验规程》(TB 10102—2010)规定的试验方法进行检验,确保基床底层填层的填料达到A、B组填料标准要求。储备适当合格填料,保证施工连续。

8. 设备机具配置

主要配置推土机、挖掘机、压路机、洒水车、平地机、自卸汽车。

9. 质量控制及检验

对需要填筑的填料种类进行核实,路堤填料种类、质量应符合合计要求,质量控制程序如图4.3.1-2所示。

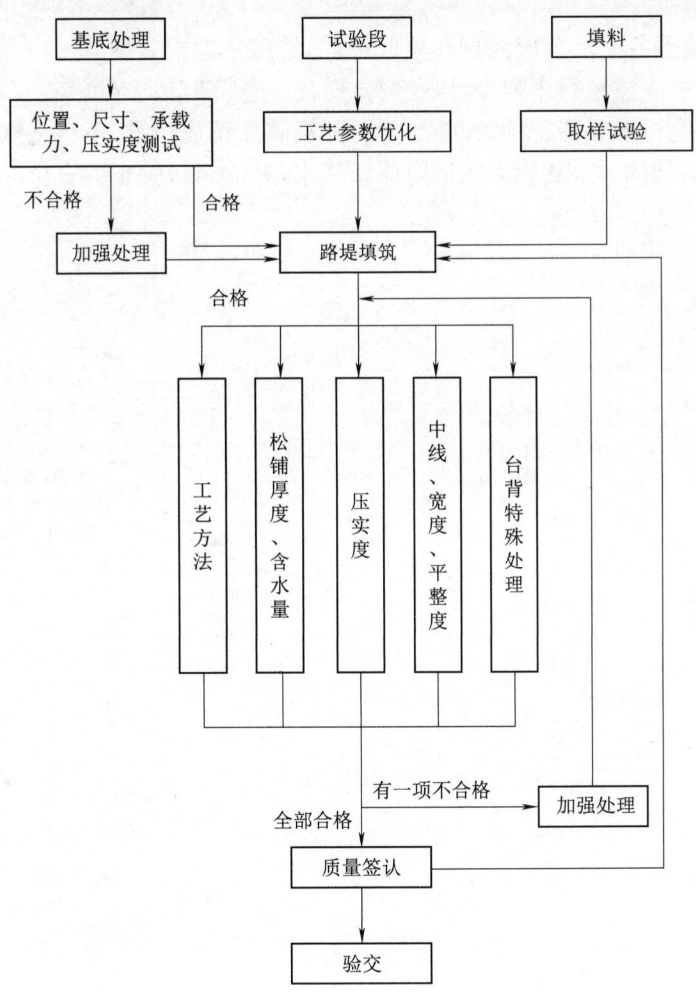

图4.3.1-2　路基填筑质量控制程序

10. 安全及环保要求

(1)安全要求

1)加强安全教育,提高全体人员的安全意识,贯彻专业检查与经常检查相结合的方针,施工现场设专职安全员做到随时检查督促,发现隐患及时排除,严禁违章作业。

2)搞好安全生产的宣传,施工现场做到有固定标语和针对性醒目标牌,确保安全生产。

3)坚持班前安全教育和检查。进入施工现场人员均佩戴安全帽,严禁穿拖鞋、有跟鞋进场作业。

4)加强司机安全教育,禁止无证及酒后开车,行驶时应慢速,文明行车。

5)严禁机械带病运转,超负荷作业。夜间作业时,有足够的照明设备,工作视线不清时不得作业。

6)加强对易燃、易爆及危险品的管理,对炸药、雷管等危险品的采购运输贮存及使用各环节均严格按照有关安全操作规程执行。

(2)环保要求

1)拉运、摊铺等各个环节应注意环境保护,尽量避免尘土飞扬。

2)拉运过程中应注意行车速度,以免料土撒落,不得随意乱弃剩余的和不合格的填料。

3)运输车辆应行驶在指定的线路上,不得随意碾压草皮植被,不得乱倒乱排垃圾油污。

4)在土方运输过程中,灰尘大的地段注意洒水,并注意行驶车辆安全。

4.3.2 基床表层施工作业指导书

1. 适用范围

适用于杭州至海宁城际铁路路基工程基床表层填筑施工。

2. 作业准备

(1)施工前应做好级配碎石备料工作,拌和场内不同粒径的碎石、砂砾等集料应分别堆放。

(2)基床表层级配碎石必须采用厂拌法施工。拌和设备应计量准确,混合料必须进行材质及级配试验,材质及级配碎石均要符合设计和规范的要求。正式拌和前,调试厂拌设备。

(3)基床表层填筑前应检查基床底层几何尺寸,核对压实标准,不符合标准的基床底层应进行修整,达到基床底层验收标准。

3. 技术要求

(1)基层表层级配碎石采用的碎石粒径、级配及材料性能应符合国家及行业现行规范、标准要求。级配碎石和级配砂砾石必须严格控制 0.5 mm 以下细集料的含量及其液限和塑性指数。选用品质优良的原材料是确保级配碎石质量的基础。要确保筛选并按比例混合组成的级配碎石混合料的粒径、级配及品质指标符合规定的要求。

(2)每一压实层全宽应采用同一种类的填料。采用重型振动压路机严格按照试验段确定的压实参数控制压实速度和压实遍数。分层的压实厚度按试验段确定的方案控制。

(3)通过质量检测了解施工过程的质量情况,对达不到质量要求的检验项目,进行分析和研究,查明原因,制定改进措施和工艺,加强施工质量管理,确保基床表层路基质量满足设计要求。

(4)要特别重视对路基内预埋管线、设施及结构物等周围的填料摊铺整形和碾压。压路机在构造物接头处、拐角、预埋管线等基础周围部分不能靠近压实时,采用小型压实机具或振动夯板压实,并采取相应的加固措施。电缆槽、声屏障与接触网等基础的施工与路基工程同步实施,路基成型一段,基础成型一段。并对各类与路基同步施工的预埋管线及设施,在施工前根据设计图纸和相关文件要求制订有针对性和详细的作业指导书或技术交底,并加强检查与监测。确保路基表层和与路基同步施工的预埋管线、设施及结构物的施工质量和安全。

(5)基床表层级配碎石填筑压实标准采用 K_{30}、n、E_{vd} 三项指标控制。压实标准及检验数量应符合规定。对填筑压实质量可疑地段,应根据工程质量控制的需要,增加检验的点数。

(6)施工前应对所选择的填料进行核对确认并经试验鉴定,使其能够确保路堤各相应部位填料的质量检测、压实标准等指标达到设计要求。

(7)熟悉设计图纸要求和验收规范标准。

(8)在大面积填筑前,应根据初选的摊铺、碾压机械及试生产出的填料,进行现场填筑压实工艺试验,试验段长度不宜小于 100 m。确定填料级配、施工含水率、松铺厚度和碾压遍数、机械配套方案、施工组织,且试验段取得的各项技术参数符合设计要求。

4. 施工程序与工艺流程

(1)基床表层的填筑宜按验收基床底层、搅拌运输、摊铺碾压、检测修整“四区段”和拌和、运输、摊铺、碾压、检测试验、修整养护“六流程”的施工工艺组织施工。摊铺碾压区段的长度应根据使用机械的能力、数量确定。区段的长度一般宜在100 m以上,各区段或流程只能进行该区段和流程的作业,严禁几种作业交叉进行。

(2)施工工艺。填筑前对所需的材料作全面的检查,提前做好储料的一切准备工作,并有足够的储料场和储料设备,保证基床表层的正常铺筑。

1)验收基床底层:基床表层填筑前应检查基床底层几何尺寸,核对压实标准,不符合标准的基床底层应进行修整,达到基床底层验收标准。

2)测量放样:在施工现场附近引临时水准点,严格控制标高;按10 m一桩,放中线和边线,设置钢丝绳基准线。

3)拌和:级配碎石混合料用级配碎石拌和设备在拌和厂集中进行拌和,混合料需拌和均匀,采用不同粒径的碎石和石屑,按预定配合比在拌和设备内拌制级配碎石混合料。在正式拌制级配碎石混合料之前,必须先调试所用的厂拌设备,使混合料的颗粒组成、级配和含水量都能达到规定的要求,并通过试验段的试拌、试铺总结的各种施工参数进一步合理地调整和确定拌和需要各种级配的碎石数量,以使基床表层的级配碎石填层具有更好的强度和刚度。

4)运输:装料时,车要有规律地移动,使混合料在装车时不致产生离析。采用大吨位自卸车运输,并保证足够的运输车辆,确保摊铺机能够不间断的连续摊铺。车辆运输过程中用防水篷布覆盖。运料汽车在摊铺机前10～30 cm处停住,不得撞击摊铺机。卸料过程中汽车挂空挡,靠摊铺机推动前进,以确保摊铺层的平整度。

5)摊铺:摊铺时以日进度需要量和拌和设备的产量为度,合理计算卸料需要量。基床表层下层的级配碎石的摊铺可采用摊铺机或平地机进行,顶层必须用摊铺机摊铺。每层的摊铺厚度应按工艺试验确定的参数严格控制。用平地机摊铺时,必须在路基上采用方格网控制填料量,方格网纵向桩距不宜大于10 m,横向应分别在路基两侧及路基中心设方格网桩。用摊铺机摊铺时,应根据摊铺机的摊铺能力及拌和厂的拌和能力配置运输车辆,使摊铺机的摊铺作业能够不间断的连续进行。

6)碾压:采用三轮压路机、重型光轮振动压路机进行碾压,按试验段确定的碾压遍数和程序进行压实,使其达到规定压实度,且表面平整,各项指标符合设计要求。直线地段,应由两侧路肩开始向路中心碾压;曲线地段,应由内侧路肩向外侧路肩进行碾压。碾压遵循先轻后重、先慢后快的原则。各区段交接处应相互重叠压实,纵向搭接压实长度不小于2.0 m,纵向行与行之间的轮迹重叠不小于40 cm,上下两层填筑接头应错开不小于3.0 m。

7)检测。

①每层施工完成后进行自检,合格后进行报验检测,严格按照规范要求的试验方法、试验点数、检验频次,逐层分段、分部进行试验检测。

②拌和、运输、摊铺、碾压、检测这一系列作业,需要在工艺性试验中确定工艺流程,这之中要根据混合料的初凝时间,组织好一个作业段的施工,并制定相关标准,如碾压遍数,作到达到要求的遍数,经一次检验能够合格。

③各类填料及压实标准应符合规定,凡检验不合格者,不得进行下一道工序施工。

基床表层施工工艺流程如图4.3.2所示。

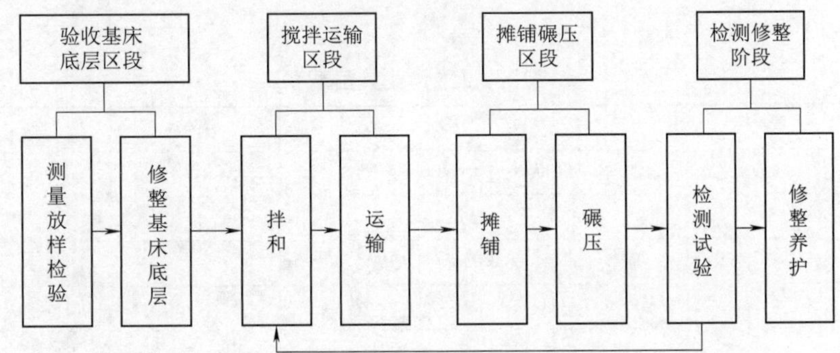

图 4.3.2 基床表层级配碎石或级配砂砾石施工工艺流程图

5. 施工要求

(1)集料配合比应经过反复试验比选,既要按颗粒级配要求和是否易于达到压实质量标准两方面验证,还要兼顾各种集料的生产比例,以保证施工质量,降低工程成本。

(2)基床表层级配碎石与上部道床及下部填土之间应满足 $D_{15}<4d_{85}$ 要求。当与下部填土之间不能满足此项要求时,基床表层应采用颗粒级配不同的双层结构,或在基床底层表面铺设土工合成材料(当下部填土为改良土时,可不受此项规定限制)。

(3)基床表层级配碎石或级配砂砾石应分层填筑,每层的最大填筑压实厚度不得大于 30 cm,最小填筑压实厚度不得小于 15 cm,具体的摊铺厚度及碾压遍数按工艺试验确定并经监理工程师批准的参数进行控制。

(4)横向接缝处填料应翻挖并与新铺的填料混合均匀后再进行碾压,并注意调整其含水率,纵向应避免工作缝。

(5)摊铺机或平地机摊铺后应及时消除粗细集料离析现象。

(6)局部表面不平整应进行补平,碾压后的基床表层质量应符合设计要求。对构造物等基础周围采用人工及小型机具摊铺整形,小型振动夯实机具夯实。

(7)整形后,当表面尚处湿润状态时应立即进行碾压。如表面水分蒸发较多,明显干燥失水,应在其表面喷洒适量水分,再进行碾压。用平地机摊铺的地段,应用轮胎压路机快速碾压一遍,暴露的潜在不平整再用平地机整平和整形。

(8)已完成的基床表层应采取措施控制车辆通行,并做好基床表面的保护工作,防止表层扰动破坏。严禁在已完成的或正在碾压的路段上调头或急刹车。

(9)路基内及各附属构筑物(如电缆槽、接触网、声屏障、综合接地线、预埋设施、信号电缆过轨钢管、防灾安全监控等设备)多,相关专业之间的衔接质量控制要细化到施工工序及施工过程中,确保不得因各种设施的施工而损坏和危及各接口工程的稳固和安全。接口管理中协调好与各相关专业的衔接,并提前确定接口界面问题和解决方案。按照接口管理程序:识别→确认→定义→分配→解决→测试进行接口管理。同时和各相关专业间的接口管理互相勾通和交流,了解接口间有哪些要求,使接口管理工作贯穿于整个项目工作中。

6. 劳动组织

(1)劳动力组织方式采用架子队组织模式。

(2)作业人员配置见表 4.3.2-1。

表 4.3.2-1 作业人员配备

序 号	人员配置	数 量
1	架子队队长	1人
2	技术主管	1人
3	技术、安全、质检、测量、试验及材料人员	6~7人
4	工班长	1人
5	机械工及普工	10人

7. 材料要求

基层表层级配碎石采用的碎石粒径、级配及材料性能应符合国家及行业现行规范、标准要求,级配碎石必须严格控制 0.5 mm 以下细集料的含量及其液限和塑性指数。选用品质优良的原材料是确保级配碎石质量的基础。要确保筛选并按比例混合组成的级配碎石混合料的粒径、级配及品质指标符合规定的要求。基床表层填料采用级配碎石,其规格应符合下列要求:

(1)粒径大于 1.7 mm 的集料的洛杉矶磨损率不大于 30%。

(2)粒径大于 1.7 mm 的集料的硫酸钠溶液浸泡损失率不大于 6%。

(3)粒径小于 0.5 mm 的细集料液限不大于 25%,塑性指数小于 6。

(4)不得含有黏土及其他杂质。

级配碎石粒径级配应符合表 4.3.2-2 中的要求。

表 4.3.2-2 基床表层级配碎石粒径级配范围

筛孔边长(mm)	1	0.5	1.7	7.1	22.4	31.5	45
质量百分率	0~11%	7%~32%	13%~46%	41%~75%	67%~91%	82%~100%	100%

基床表层填料材质、级配必须经室内试验及现场填筑压实工艺试验,保证其孔隙率、地基系数、变形模量及动态变形模量符合设计要求并确定填筑工艺参数,方可正式填筑。

8. 设备机具配置

主要机具设备配置有挖掘机、装载机、推土机、压路机、自卸汽车、拌和设备、平地机、摊铺机等。

9. 质量控制及检验

(1)基床表层质量控制

1)路基基床表层质量控制要点主要抓好三个方面:填料与原材料控制;施工过程控制;试验与检测控制。

2)严格控制填料及原材料质量,制定原材料的进货检验和进场前检查验收制度,杜绝不合格材料进场。级配碎石选料标准应满足材料的规格、材质和级配的有关规定。路堤填料种类及原材料质量应符合设计要求。

3)严格按试验段总结的施工工艺流程组织施工,同时在施工中,根据实际情况不断完善施工质量控制措施,确保路基工程质量。

(2)基床表层质量检测

按《铁路工程土工试验规程》(TB 10102—2010)和有关规定的试验方法检验。

1)各种集料进场过程中,每2 000 m^3进行一次颗粒级配检验,并进行试配混合料的颗粒级配、颗粒密度、重型击实的最大干密度、最优含水率试验,基床表层级配碎石同时进行黏土团和其他杂质含量的检验(其他项目每料场抽样检验不少于3次),过渡段级配碎石同时进行针状和片状颗粒含量、质软易碎颗粒含量、黏土团及其他杂质含量检验,其检测指标符合设计要求。

2)每工班生产混合料前测定粗细集料的含水率,换算施工配合比。级配碎石混合料拌和生产过程中,随时观察目测混合料级配和含水率变化情况,正常情况下,每一工作班抽检三次(每次不大于2 000 m^3),第一次必须在拌和开始时检验,如发现生产过程有异常,增加抽查试验次数,根据颗粒级配、含水量、水泥含量检测信息及时调整配料比例,使混合料符合要求。

检验方法:在料场抽样进行室内试验,并在每层的填料过程中目测检查级配有无明显变化。

(3)E_{vd}测试

1)E_{vd}动态变形模量测试基本原理:利用落锤从一定高度自由下落在阻尼装置上,产生的瞬间冲击荷载,通过阻尼装置及传力系统传递给直径300 mm的承载板,在承载板下面(即测试面)产生的动应力,使承载板发生沉陷s,即承载板振动的振幅,由沉陷测定仪采集记录下来。沉陷值s越大,则被测点的承载力越小;反之,越大。

2)E_{vd}动态变形模量测试仪的标定:出厂前标定,每年标定一次,修理后标定,使用者每三个月校验标定记录中的落锤落距。

掺加水泥的级配碎石存在凝固的问题,采用灌砂或灌水法检验孔隙率,要考虑检验不合格时有继续进行碾压的时间。要求针对级配碎石生产能力、初凝时间、摊铺碾压设备等条件,计划好一个循环工作段。在该段从级配碎石的拌和、运输、摊铺碾压、孔隙率检查要在初凝要求的时间内完成,并留有补压的余地。

10. 安全及环保要求

(1)安全要求

1)施工区域应设警示标志,严禁非工作人员出入。

2)施工中应对机械设备进行定期检查、养护、维修。

3)为保证施工安全,现场应有专人统一指挥,并设一名专职安全员负责现场的安全工作,坚持班前进行安全教育制度。

4)基床表层级配碎石施工中,现场设专人指挥、调度,确定合适的机械车辆走行路线,并设立明显标志,防止相互干扰碰撞,机械作业要留有安全距离。制订作业程序和运行路线,确保协调施工,安全生产。

(2)环保要求

1)级配碎石搅拌施工中,容易造成对环境的污染。在搅拌过程中,减少甚至避免扬尘。

2)搅拌施工中产生的污水及废水应集中处理,并应符合环保部门规定要求。

3)施工前,应与地方气象部门联系,掌握当地的气候变化情况,避免雨天施工,并在雨、雪天气做好防护措施。

4.3.3 复合土工膜施工作业指导书

1. 适用范围

适用于杭州至海宁城际铁路路基工程复合土工膜施工。

2. 作业准备

(1)路堤分层碾压完好,平整度符合规范要求。

(2)组织技术及有关人员学习设计文件及相关的施工技术规范,技术人员进行技术交底和现场划格放样。

3. 技术要求

(1)当填筑高度达到设计铺设土工膜的高程时,在检验合格的填层面上进行测量放线,按设计要求定出铺设土工膜的位置。

(2)土工膜的搭接要符合技术规范要求。

4. 施工程序与工艺流程

(1)土工膜铺设

1)土工膜施工工艺按以下顺序进行:土工膜铺设→裁膜→搭齐焊接缝→焊接→现场检测→修补→再检→钢丝网绑扎→钢纤维混凝土浇筑。

2)土工膜铺设施工宜在气温 5~45 ℃,风力四级以下且无雨天气进行。

3)膜与膜之间接缝的搭接宽度 80~120 mm,通常应使接缝排列方向平行于最大坡度线,即沿坡度方向排列,错缝间距不小于 500 mm。

4)土工膜施工现场的所有人员禁止抽烟,不允许从事有可能破坏土工膜的一切活动。

5)土工膜应自然,与垫层贴实,不能起折褶、悬空。

6)土工膜校正,新铺的土工膜之间的接缝必须准确,以保证焊机能顺利焊接,位置校正时多人同时拉拽,使土工膜最大可能平均受力。禁止 1~2 人拉拽,致使局部受力,损伤土工膜。

7)土工膜分段施工时,焊接完成后应及时完成上层混凝土浇筑,避免土工膜长时间暴露在外。

8)边坡铺设:纵向接头应距离坝脚、弯脚处 1.50 m 以上,相邻两幅的纵向接头不应在一条水平线上,应相互错开 50 cm 以上;先边坡后场底;边坡铺设时,展膜方向应基本平行于最大坡度线。纵向接缝:上坡段在上,下坡段在下,并且留有足够的搭接长度。边坡交汇处即拐弯处,在此区域内,操作人员要精心测量后再裁膜。

9)土工膜铺设时尽量一幅从头到尾,需要拼接而成时,尽量选取宽度相近的土工膜进行焊接。

(2)土工膜焊接

1)土工膜焊缝搭接面不得有污垢、砂土、积水(包括露水)等影响焊接质量的杂质存在,在焊接时应清理干净,采用随清理随焊接。焊机焊接前应清理辊轮周围粘结杂物。

2)焊接开始时,必须在现场先进行试焊,合格后再进行正式焊接。

3)焊缝处土工膜应熔结为一个整体,不得出现虚焊、漏焊或超量焊。

4)在焊接中,司焊人员要密切注视焊缝的状况,及时调整焊接速度,以确保焊接质量。

5)从事焊接工作时,根据安装条件,一般 2～4 人为一组。

6)双缝热合焊机的技术和工艺要求:

①铺膜前,施工材料及施工部位应清理;检查整机有无松动,搬动夹紧杆,上下辊应动作灵敏,按下搬动杆,开启电源,开启传动开关,上下辊开始转动,旋转调速按钮,上下辊转速连续可调。焊机预热至 260～350 ℃(根据现场实际情况确定),保证焊机温度的稳定性,达到温度后再进行焊接。

②对铺膜后的搭接宽度的检查:双焊缝焊接,双焊缝宽度为 2×10 mm,搭接宽度 80～120 mm。

③焊接前试验:将复合土工膜压茬>100 mm,然后将中间的膜放入热楔焊机的夹具里面,然后根据焊缝外观质量来观测焊缝质量,再调整焊缝机的行走速度,初步试验行走速度控制在 1～2 m/min、2～3 m/min 及 3～4 m/min,反复几次进行调整焊缝机的温度和行走速度,直到试验合格时为止,再进行实际施工。当温度、风速有较大变化时,应及时调整参数,重做试验,以确保用与施工的焊机性能、现场条件、产品质量符合规范要求。

④在焊接前,要对搭接的 200 mm 左右范围内的膜面进行清理,用湿抹布擦掉灰尘、污物,使这部分保持清洁、干燥。焊接部位不得有划伤、污点、水分、灰尘以及其他妨碍焊接和影响施工质量的杂质。

7)挤压熔焊机的技术和工艺要求:

①检查接缝处基层是否平整、坚实,如有异物,应事先处理妥善。

②检查焊缝处的搭接宽度是否合适(≥60 mm),接缝处的膜面应平整,松紧适中。

③定位黏接:用热风枪将两幅膜的搭接部位黏接;黏接点的间距不宜大于 60～80 mm。要控制热风的温度,不可烫坏土工膜,又不得能轻易撕开。

④打毛:用打毛机将焊缝处 30～40 mm 宽度范围内的膜面打毛,达到彻底清洁,形成糙面。以增加其接触面积,但其深度不可超过膜厚的 10%,打毛时操作要轻,尽量少损伤膜面。

⑤焊接时要将机头对正接缝,不得焊偏,不允许滑焊、跳焊。焊缝中心的厚度不低于 3 mm。使用的焊条,入机前必须保持清洁、干燥,不得用有油污、脏污的手套、抹布、棉纱等擦拭焊条。

⑥挤压熔焊作业因故中断时,必须慢慢减少焊条挤出量,不可突然中断焊接,重新施工时应从中断处进行打毛后再焊接。

5. 施工要求

(1)对原地面进行清理碾压,基底处理同一般路基填筑施工处理,处理完毕检验合格后再进行路基的分层填筑。

(2)土工膜铺开后,应及时填筑填料,未铺填料时,机械车辆不得在上面行走。

6. 劳动组织

(1)劳动力组织方式采用架子队组织模式。

(2)作业人员配置见表 4.3.3-1。

表 4.3.3-1　作业人员配备

序　号	人员配置	数　量
1	架子队队长	1人
2	技术主管	1人
3	技术、安全、质检、测量、试验及材料人员	6～7人
4	工班长	1人
5	机械工及普工	10人

7. 材料要求

土工膜材料规格及性能、纵向抗拉强度、伸长率等符合设计及规范要求。

8. 设备机具配置

主要机具设备配置有运输汽车、热熔焊机。

9. 质量控制及检验

(1)质量控制

1)原材料质量按规定频率和标准抽检,施工中加强防护,防治污染和破坏。

2)土工膜材料的下承层表面应整平、压实,并清除表面坚硬突出物。

3)铺设土工膜材料时,应将强度高的方向置于路堤主要受力方向,当设计有特殊要求时按设计铺设。

4)土工膜材料铺好后应按设计要求铺回折段,并及时用砂覆盖。

5)严禁碾压及运输设备等直接在土工膜材料上行走作业。

6)搭接和锚固宽度符合要求。

7)原地面排水应形成4%的路拱。

8)铺土工膜材料属于隐蔽工程,施工过程中应有质检人员现场监控并做好隐蔽工程检查记录,报监理签认后方可进行下一道工序施工。

(2)质量检验

质量检验方法和数量见表4.3.3-2和表4.3.3-3。

表 4.3.3-2　原材料施工质量标准及检验方法

检验项目		质量要求	检查数量	检验方法
原材料	土工合成材料	土工合成材料的品种、规格及质量应满足设计要求	同一厂家、品种、批号的土工合成材料,每10 000 m^2为一批,不足10 000 m^2也按一批计。每批抽样检验1组	查验每批产品出厂合格证、性能报告单。抽样检验土工合成材料的拉伸强度、延伸率、渗透系数或土工格栅的抗拉强度、延伸率、指定延伸率下对应的拉伸力
	砂	砂垫层应采用天然级配的中、粗砾砂,不含草根、垃圾等杂质,其含泥量不得大于5%,用作排水固结地基的砂垫层其含泥量不得大于3%	同一产地、品种、规格且连续进场的砂料,每3 000 m^3为一批;当不足3 000 m^3时也按一批计。每批抽样检验1组	现场抽样检验砂子含泥量及颗粒级配,在施工过程中观察检查有无草根、垃圾等杂质

续上表

检验项目		质量要求	检查数量	检验方法
原材料	碎石	碎石垫层应采用未风化的干净砾石或碎石，其最大粒径不得大于 50 mm，含泥量不得超过 10%，且不含草根、垃圾等杂质	同一产地、品种、规格且连续进场的碎石，每 3 000 m^3 为一批，当不足 3 000 m^3 时也按一批计。每批抽样检验 1 组	在现场抽样检验碎石最大粒径、含泥量，并在施工过程中观察检查有无草根、垃圾等杂质及岩性变化情况
施工	土工合成材料铺设	土工合成材料的铺设层数、铺设方向和连接方法应满足设计要求	沿线路纵向每 100 m 抽样检验 5 处	观察、计数
	压实	砂垫层应碾压密实。碎石垫层，当路堤填高≤3.0 m 时，顶面压实质量应满足 K_{30} ≥ 150 MPa/m；当路堤填高＞3.0 m 时，顶面压实质量应满足 K_{30} ≥ 130 MPa/m	沿线路纵向每一压实层每 100 m抽样检验 3 个点，其中：路基中间 1 点，两侧距路基边缘 2 m处各 1 点	按《铁路工程土工试验规程》(TB 10102)规定的试验方法检验

表 4.3.3-3　土工膜施工质量检验方法和检验数量

序　号	检验项目	允许偏差	施工单位检验数量	检验方法
1	铺设范围	不小于设计值	沿线路纵向每 100 m 抽样检验 3 处，且每检验批不少于 3 处	尺量，查施工记录
2	搭接宽度	＋50 mm		
3	竖向间距	±30 mm		
4	上下层接缝错开距离	±50 mm		
5	回折长度			

10. 安全及环保要求

(1) 安全要求

1)在施工作业场地设置明显标志，施工重地闲人免进，进入施工现场，人员必须戴安全帽，防高空坠物。

2)安全用电，配电盘应严加保护，设置漏电保护装置，防止漏电。所用电线不得私自乱拉乱扯，经常检查电路系统是否有破皮、漏电、短路等问题。

3)非机械操作人员不得操作机械施工，做到持证上岗。在夜间施工时，应有足够的照明，加强安全管理。施工期间，做好防火、防盗安全保卫工作，严禁人员酒后作业。

(2)环保要求

1)施工场地内的临时排水、废弃杂物及时清除出场，不准乱丢乱放，注意施工场地的整洁。

2)施工时加强对环境的保护，避免裁剪的土工膜到处散落。

4.4 路基边坡防护及路基防排水

4.4.1 片石护坡施工作业指导书

1. 适用范围

适用于杭州至海宁城际铁路路基工程片石护坡施工。

2. 作业准备

(1)内业技术准备

开工前组织技术人员认真学习实施性施工组织设计,阅读、审核施工图纸,梳理有关技术问题,熟悉规范和技术标准。对施工人员进行技术交底和安全交底。

(2)外业技术准备

施工作业层中所涉及的各种外部技术数据已收集完毕。施工道路通畅,临时用水、临时用电满足施工需要。

3. 技术要求

(1)石料质地坚硬、不易风化,无裂缝的岩石,其抗水性、抗冻性、抗压强度等均应符合设计要求,无尖角、薄边。上下两面基本平行且大致平整,石料最小边尺寸不宜小于 20 cm。

(2)砌筑片石按从外到内、从低到高的顺序进行。

(3)片石护坡砌筑时形成一个整体,以错缝锁结方式铺砌,缝隙紧密,严禁出现通缝、叠砌和浮塞,片石间契合紧密无松动。

(4)砌体表面砌缝的宽度小于 20 mm,砌石边缘顺直,整齐牢固。

(5)坡面平顺美观,表面平整度符合规范要求,不得有凹陷凸肚现象。

4. 施工程序与工艺流程

(1)施工程序

1)核实图纸防护类型及其形状、尺寸。

2)检查路基沉降是否稳定,坡面是否平整。

3)砂、石、水泥等材质是否符合要求,砂浆配合比是否确认。

4)根据图纸测量放样路肩和路基边坡线位置,设好护桩。

5)整理坡脚及坡面。基脚清理应安排在路堤填筑一定高度、无雨时段进行,先施工支挡结构、排水设施,后施作防护工程。当基底或坡面为岩层混凝土应先将表面清洗,再坐浆砌筑。

6)挂线找平。按照边坡坡度、砌体厚度、基底和路肩高程固定样板挂线,对高路堤边坡宜采用分层挂线法进行。

7)选石洗石。根据铺砌位置选择合适的块石,并进行试摆。片石表面有污泥的应在砌前进行清洗,夏天高温气候,应把石块表面浇水润湿。

8)拌制砂浆。砂浆拌制采用机械拌制,拌制时间宜为 3～5 min。砂浆应随拌随用,一般宜在 3～4 h 内用完。砂浆应具有适当的流动性和和易性,砂浆的稠度应在 10～50 mm 之间。

9)砌石。

①片石应采用挤浆法施工,铺砌时自下而上进行,砌块不得大面平铺,石块应彼此交错搭接,错缝一般为 7～8 cm ,不得松动,严禁浮塞。砂浆在砌体内必须饱满、密实,不得有悬浆。

②砌体宜用 15 cm 以上的块(片)石。干砌边坡表面应平整,如遇坚石可挖成台阶。砌体护坡分段施工时,每隔 10～15 m 宜设一道伸缩缝。

10)安装泄水管。砌体施工应做好伸缩缝、沉降缝及泄水孔,泄水孔后面应设置反滤层。

11)勾缝养护。勾缝前,应先将松动和变形处修整完好,干砌护坡勾缝应在路堤沉降已趋稳定后进行。浆砌片石应进行洒水养生。砂浆凝固后,坡面应全部清理干净,使外貌整洁美观。

(2)工艺流程

片石护坡施工工艺流程如图 4.4.1 所示

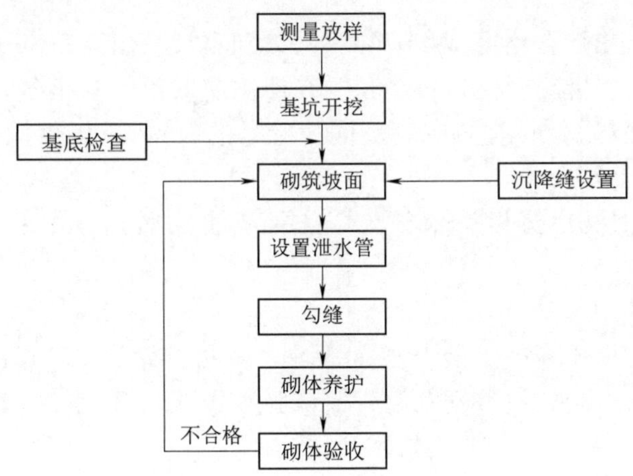

图 4.4.1　片石护坡施工工艺流程图

5. 施工要求

(1)坡面应有均匀的颜色和外观。

(2)坡面上的干砌石砌筑,以一层与一层错缝锁结方式铺砌。护坡表面砌缝的宽度不应大于 25 mm,砌石边缘应顺直、整齐牢固,严禁出现通缝、叠砌和浮塞。

(3)不得在外露面用块石砌筑,而中间以小石填心。

(4)应由低向高逐步铺砌,要嵌紧、整平,铺砌厚度应达到设计要求。

6. 劳动组织

(1) 劳动力组织方式采用架子队组织模式。

(2)作业人员配置见表 4.4.1-1。

表 4.4.1-1　作业人员配备

序　号	人员配置	数　量
1	架子队队长	1 人
2	技术主管	1 人
3	技术、安全、质检、测量、试验及材料人员	6～7 人
4	工班长	1 人
5	机械工	3 人
6	砌筑工	6 人
7	普工	10 人

7. 材料要求

(1)片石护坡所使用的石材及砂浆的强度等级必须符合设计要求。选用的片石必须合格，中部最小厚度不得小于 150 mm，石料应坚硬且未风化，能抵抗冰冻作用，同时具有良好的抗水性。不得用扁片细长条式或圆球状的石料。表面无污染、水锈等杂质，用于面上的石材色泽应均匀。

(2)水泥：进场应有出厂合格证，对水泥品种、级别、包装、出厂日期进行检查，并对应其强度、安定性及其他必要的性能指标进行复验，并在使用前取得复验报告，其质量必须符合现行国家标准的规定。水泥尽量使用同一品牌、同一批号的材料，进场后应有良好的堆放地及防雨、防潮措施。

(3)砂：采用中砂，进场后按相关标准要求检验，有害物质含量小于 1%，砂含泥量及泥块含量应符合规范要求。

(4)水：采用市政饮用水。

(5)商品混凝土：如采用商品混凝土，需商品混凝土搅拌站提供合格的资质证书，每次浇筑时，需商品混凝土搅拌站提供质量证明、配合比试验报告、砂、石、水泥和外加剂的检测报告等文件。

8. 设备机具配置

主要施工机械及工器具见表 4.4.1-2。

表 4.4.1-2　主要施工机械及工器具

序　号	名　称	数　量	备　注
1	搅拌机	2 台	
2	挖掘机	1 台	
3	翻斗车	2 辆	
4	振捣棒	2 把	
5	抽水机	2 台	
6	铁锹	15 把	
7	贯入度试验锤	2 把	

续上表

序 号	名 称	数 量	备 注
8	水准仪	1台	
9	全站仪	1台	
10	钢卷尺	2把	

9. 质量控制及检验

(1)工程材料检验标准

1)石料要求质地坚硬,不易风化,无裂纹。石料表面的污渍应予以清除。片石形状不受限制,但其中部厚度不得小于 15 cm。用作镶面的片石宜表面平整、尺寸较大,边缘厚度不得小于 15 cm。

2)砂浆强度等级主体工程不得小于 M7.5,一般工程不得小于 M5。砂浆强度等级按边长 70.7 mm 立方体试件,在标准条件下养护 28 d 的抗压极限强度表示。

3)砂浆要具有适当的流动性和良好的和易性,且随拌随用。砂浆的稠度以砂浆稠度仪测定的下沉度表示,下沉度宜为 10～50 mm。

(2)过程控制标准

1)片石边坡防护施工前,应将坡面杂质、浮土、松动石块及表层风化破碎岩体等清除干净;当有潜水露出时,应作引水或截流处理。

2)防护工程的各种防护都必须加强基础处理和圬工质量,防止水流冲刷和淘空,保证路基稳定。

(3)片石施工允许偏差见表 4.4.1-3。

表 4.4.1-3 片石施工允许偏差

序 号	项 目	允许偏差	检验数量	检查方法
1	平面位置	±50 mm	每 25 m 检查 3 处	全站仪测量
2	基底高程	±50 mm	每 25 m 检查 1 处	水准仪测量
3	坡顶高程	−20 mm,0	每 25 m 检查 3 处	水准仪测量
4	坡度	±0.5%	每 25 m 检查 3 处	吊垂线测量
5	护肩,镶边及基础厚度、宽度	不小于设计值	每 25 m 检查 6 处	尺量
6	砌砌石厚度	不小于设计值	每 25 m 检查 6 处	尺量
7	垫层厚度	不小于设计值	每 25 m 检查 6 处	尺量
8	坡面平整度	30 mm	每 25 m 检查 3 处	尺量

10. 安全及环保要求

(1)安全要求

1)经常对边坡稳定情况及其他安全情况进行检查,发现异常现象应立即处理,并经检查合格后方可施工。

2)砌石、砂子等原材料堆放不应影响边坡的稳定。

3)砌筑护坡自上而下进行,不得重叠作业。

4)加工石料要带防护镜,石料要轻拿轻放防止挤手。

(2)环保要求

1)施工便道定期洒水,保证整个线路平整、干净。

2)施工现场垃圾不得随意丢弃。

3)施工完成后,植被破坏地段须恢复植草绿化。

4.4.2 排水沟施工作业指导书

1.适用范围

适用于杭州至海宁城际铁路路基工程排水沟施工。

2.作业准备

(1)内业技术准备

作业指导书编制后,应在开工前组织技术人员认真学习实施性施工组织设计,阅读、审核施工图纸,梳理有关技术问题,熟悉规范和技术标准。对施工人员进行技术交底和安全交底。

(2)外业技术准备

施工作业层中所涉及的各种外部技术数据收集。施工道路通畅,临时用水、临时用电满足施工需要。

3.技术要求

(1)排水沟地基应坚密压实,土质地段当沟底纵坡大于3%时,应采取加固措施。

(2)排水沟应分段设置排水口,多雨地区梯形边沟不超过300 m。

(3)排水沟应按图纸规定施工,边沟和涵洞结合处应与涵洞洞口建筑物配合,以便水流顺畅进入涵洞。

4.施工程序与工艺流程

(1)浆砌片石水沟

1)砌筑施工工艺流程:施工准备→沟槽开挖→2∶8灰土垫层施工→沟底铺砌→沟帮砌筑→勾缝→沟顶抹面→竣工。

2)地面排水沟分为路堤坡脚外的排水沟、侧沟、平台截水沟、天沟及排水沟、坡面排水槽等。

3)地面排水沟在施工时要选好排水沟的排水方向,施工材料应满足设计要求。

4)排水沟的线形平直、圆顺,排水沟的位置、坡度、长度符合设计要求。

(2)混凝土预制构件水沟

1)施工前熟悉施工图纸,施工前技术人员应统计各个路基段集水井的数量、形式、位置。

2)基础采用人工开挖,施工前按照测量出的桩位及控制轴线放出检查井的开挖尺寸。

3)开挖过程中控制好检查井的尺寸和竖直度,施工中不允许出现超挖,对于超挖的部分采用与检查井井身同强度等级的混凝土回填。

4)井口周围要做好防排水工作,以免雨水或施工废水流入基坑内。

5)开挖到设计标高时应检查集水井的基底标高是否符合设计要求;并采用垂球和直尺检查检查井的竖直度和尺寸。

6)在基础混凝土初凝后,混凝土面上用垂球定出检查井的中心位置及控制轴线,用墨线标出井身位置。按照放样出的位置安装模板,并加固牢靠。

(3)混凝土现浇水沟

1)施工工艺:测量放线→基础开挖→基地换填夯实→混凝土垫层施工→钢筋绑扎→安装模板→混凝土浇筑→养护。

2)钢筋应平直,无局部弯折,成盘的钢筋和弯曲钢筋均应调直。

3)钢筋成型后,应详细检查尺寸和形状,并注意有无裂纹;同一类型钢筋应存放在一起,一种形式弯完后,应捆绑好,并挂上编号标签,写明钢筋规格尺寸,必要时还应注明使用的工程名称。

4)模板板面之间应平整,接缝严密、不漏浆,保证结构物外露面美观,线条流畅。

5)浇筑混凝土前,模板应涂刷脱模剂,不得使用废机油等油料,且不得污染钢筋及混凝土的施工缝处。

6)模板安装完毕后,应对其平面位置、顶部标高、节点联系及纵横向稳定性进行检查,待自检合格后后,请监理工程师复核无误签认后方可浇筑混凝土。浇筑时,发现模板有超过允许偏差变形值的可能时,应及时纠正。

7)浇筑混凝土时,避免振捣器碰撞钢筋及模板,以保证其位置及尺寸符合设计要求。

8)混凝土的浇筑应连续进行,如因故必须间断时,其间断时间应小于前层混凝土的初凝时间,若超过规范规定时间,应预留施工缝。

5. 施工要求

(1)路基边沟、侧沟、天沟等地表排水设施应与天然沟渠和相邻的桥涵、隧道、车站等排水设施及路基面排水、坡面排水、电缆沟槽两侧排水衔接,组成完整的排水系统。路基施工前应核对全线排水系统的设计是否完备和妥善。

(2)调查线路范围上游 50 m、下游 30 m 范围内黄土陷穴的分布,并对陷穴进行处理。

(3)路基工程施工前,对影响路基稳定的地下水,应予以截断、疏干、降低水位,并引排到路基范围以外。在路基施工期,不得任意破坏地表植被和堵塞水路;各类排水设施应及时维修和清理,保持排水畅通、有效。

(4)路基排水工程应及时实施,防止在施工期间因地表水及地下水的侵入而造成路基松软和坡面坍塌。

(5)地下排水设施应与地表排水系统相配套,保证水路畅通无隐患。渗沟的出水口应设置端墙,端墙下部留出与渗沟排水通道大小一致的排水沟,端墙排水孔底面距排水沟沟底的高度不宜小于 20 cm;端墙出口的排水沟应进行加固,防止冲刷。

(6)排水沟或暗沟采用混凝土浇筑或浆砌片石砌筑时,应在沟壁与含水地层接触面的高度处,设置一排或多排向沟中倾斜的渗水孔,沟壁最下一排渗水孔的底部应高出沟底不小于 20 cm。

(7)过渡段桥台背渗水板、横向排水沟(管)等排水设施应按设计要求及时完成,其连接方式应符合设计要求,铺设应平顺、整齐、牢固,排水畅通。

6. 劳动组织

(1) 劳动力组织方式采用架子队组织模式。

(2) 作业人员配置见表 4.4.2-1。

表 4.4.2-1 作业人员配备

序 号	人员配置	数 量
1	架子队队长	1人
2	技术主管	1人
3	技术、安全、质检、测量、试验及材料人员	6～7人
4	工班长	1人
5	机械工及普工	10人

7. 材料要求

(1)原材料应符合设计要求。

(2)普通硅酸盐水泥及混凝土等材料其种类和规格应符合设计要求,有产品质量合格证并按有关规定抽检,严禁使用受潮、结块或失效的固化剂。

(3)工程中采用的石料应坚固、结构紧密、色泽均匀、不易风化、无裂痕,其强度等级应符合设计要求。

(4)搅拌浆液用水应符合现行《混凝土用水标准》(JGJ 63—2006)的有关规定。

8. 设备机具配置

主要机具设备见表 4.4.2-2。

表 4.4.2-2 主要机具设备

序 号	名 称	数 量
1	挖机	1台
2	铁锹	10把
3	振捣棒	2把
4	手提木工锯	2把
5	手推车	2辆

9. 质量控制及检验

(1)排水工程严格按照设计图纸施工。

(2)挖方段的天沟以及路基填筑的临时排水工程,尽量在雨季到来之前完成。

(3)注重做好系统性的永久防排水和施工期间临时防排水,重点做好基底、水沟槽底、路基边坡防排水。

(4)各种水沟施工尽量避开雨季,防止地表水下渗。做到路基成型一段,排水系统跟进一段,形成合理的防排水体系。

(5)工程所用的砂、石、水泥、钢筋等的品种规格、质量应符合设计要求,进场时进行验收。检验方法:查验钢筋、水泥的产品质量证明文件和材料性能报告单,现场抽样对水泥的安定性、凝结时间和强度、钢筋的屈服强度、极限强度、伸长率和冷弯性能、砂石含泥量进行检验。

(6)排水设施、垫层、滤层的结构形式应符合设计要求,并保证排水通畅。检验方法:观察、尺量。

(7)沉缩缝的设置、缝宽与缝的塞缝应符合设计要求。检验方法:观察、尺量。

(8)垫层、滤层的厚度应不小于设计要求。检验方法:尺量。

10. 安全及环保要求

(1)安全要求

1)加强对管理人员、施工人员的安全技术教育,提高素质,持证上岗。

2)悬挂安全警示牌,确保施工区域内所有人员的人身安全。

3)进行定期安全检查,防患于未然。对发现的问题和存在的隐患及时发出整改通知书,限期改正。对于安全事故坚持"四不放过"的原则,认真分析、查找原因、吸取教训。

4)施工中严格执行技术标准和工艺流程及各项安全规章,杜绝违章蛮干,以确保施工安全。

(2)环保要求

1)施工道路必须保持干净、整洁,防止扬尘污染。

2)场内堆放土方应采用网格布覆盖,减少扬尘污染。

3)严禁在工地燃烧各种垃圾废弃物。

4)做好水土保持工作,防止水土流失。

5　房建工程

5.1 地基与基础

5.1.1 预应力管桩施工作业指导书

1. 适用范围

适用于杭州至海宁城际铁路房建工程软基处理预应力管桩施工。

2. 作业准备

(1)施工前应作场地查勘工作,对防碍施工或对安全操作有影响的设施,应先作清除、移位或妥善处理后方能开工。

(2)施工前应做好场地平整工作,对不利于施工机械运行的松软场地,必须采取有效的措施进行处理。

(3)测量放线,定出桩位基准线、水准基点,并妥加保护,施工前已复核桩位。

(4)选择和确定桩机的进出路线施工顺序,做好技术交底。

(5)根据施工图纸,为确定桩承载力是否满足设计要求及确定压桩的各种技术参数,试桩数量定为 3 根,其位置由业主、监理及设计现场确定。

(6)在具体施工时应选择合理的压桩施工顺序,能减少桩的侧向位移,本工程施工时按整体施工安排分区段施工,每个区段施工遵循“先里后外、对称施工”的原则,以确保基土挤压应力的平衡。

(7)在正式压桩前,应按顺序规划出桩机行走路线、管桩运输道路和堆场。管桩的进场堆放应根据压桩顺序,按不同的规格分类堆放。

3. 技术要求

(1)静压法沉桩即借助桩机自重和配重,通过压梁将整个桩机自重和配重,以电动油泵液压方式施加在桩身上,当施加给桩的静压力与桩的入土阻力达到动态平衡时,桩的自重和静压力作用下逐渐压入地基土中。

(2)静力压桩与锤击相比具有无噪声、无振动、无污染、安全等优点,但在饱和软黏土地区压桩与打桩一样,都可能产生超静孔隙水压力。压桩期间,应由建设单位委托有资质的监测单位对已有建筑物和管线进行跟踪动态监测。

(3)要做好施工现场的排水工作,以保证在沉桩过程中场地无积水,施工用水、用电已接入到施工现场规定之处。

(4)检查打桩机械设备、起重机具、压力表等。

(5)压桩机安装必须按设备说明书和有关规定程序进行。

(6)启动门架支撑油缸,使门架微倾 15°,以便插预制桩。

(7)当桩尖插入桩位后,微微启动压桩机油缸,待桩入土至 50 cm 时,再次校正桩的垂直度和平台的水平,然后再启动压桩机油缸,把桩徐徐压下,施工速度一般控制在 2 m/min 以内。

(8)当压桩力已达到两倍设计荷载或桩端已达到持力层时,应随时进行稳压。

(9)压桩施工时,应派专人或开启自动记录设备,做好沉桩施工记录。

(10)沉桩施工前,应先试桩。试桩数量不少于两根,以确定贯入度及桩长,并校验压桩设备和沉桩施工工艺及技术措施是否符合实际要求。

4. 施工程序与工艺流程

(1)施工程序

压桩施工程序如图 5. 1. 1-1 所示。

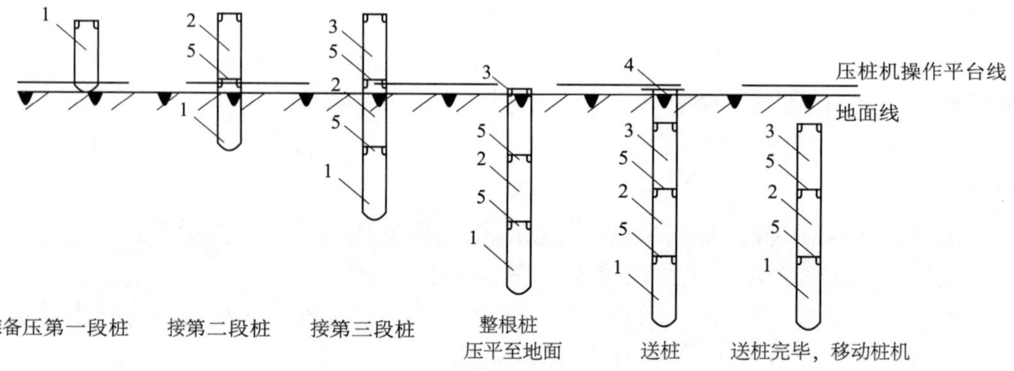

图 5. 1. 1-1　压桩施工程序示意图

1—第一段桩;2—第二段桩;3—第三段桩;4—送桩;5—接桩处

(2)工艺流程

压桩施工工艺流程如图 5. 1. 1-2 所示。

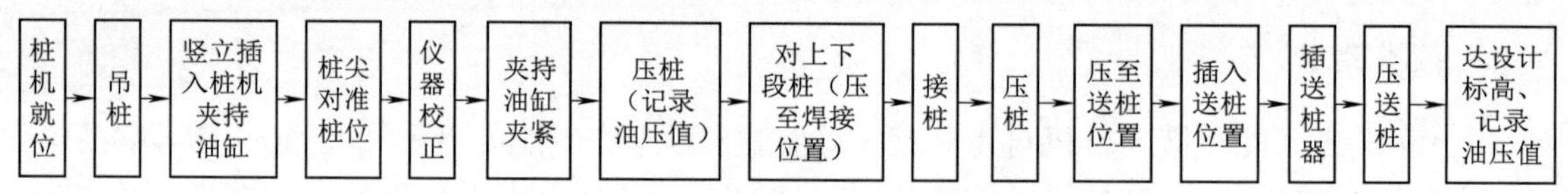

图 5. 1. 1-2　压桩施工工艺流程图

5. 施工要求

(1)桩位放线

场地平整后放线定桩位,定位后要在每个桩位中心点打入一根竹签做桩位标记。桩位放线后会同有关人员对轴线和桩位进行复核,轴线和桩位经复核无误后才可施工。

(2)桩位测设

根据平面方格控制网按设计要求进行桩定位放线,确定桩位,每根桩中心钉一小木桩,并设置油漆标志。同时测出每个桩位的实际标高,场地外设水准点,以便随时检查之用。

(3)管桩进场质量检验

1)桩身完整性进场前按设计要求进行质量检测。

2)管桩进场时,应有出厂合格证,其规格、批号、制作日期应符合所属的验收批号内容,混凝土强度应达到设计强度等级标准值以上,故要求现场要堆放一定量的桩,按"先进场桩先打"的原则,满足管桩的强度要求。同时,还应对管桩的规格尺寸和外观质量进行检查,严禁使用质量不合格及在吊运过程中产生裂缝的管桩。

(4)堆放吊运

考虑到场地的不平度,管桩堆放时一般需设计两个支点。叠层堆放管桩时,在垂直于管桩长度方向的地面上设置 2 道垫木,垫木分别位于距桩端 0.2 倍桩长处,叠层堆放时不超过 3 层。管桩起吊运输中应免受振动、冲撞。

(5)试压桩

1)根据施工图纸,为确定桩承载力是否满足设计要求及确定压桩的各种技术参数,每个施工区试桩数量不少于两根,其位置由建设单位、监理及设计现场确定。

2)在具体施工时应选择合理的压桩施工顺序,能减少桩的侧向位移,本工程施工时分区段施工,每个区段施工遵循"先里后外、对称施工"的原则,以确保基土内挤压应力的平衡。

3)在正式压桩前,应按顺序规划出桩机行走路线、管桩运输道路和堆场。管桩的进场堆放应根据压桩顺序,按不同规格分类堆放。

(6)插桩

桩打入过程中修正桩的角度较困难,因此就位时应正确安放。第一节管桩插入地下时,要尽量保持位置方向正确,认真检查,若有偏差应及时纠正,必要时要拔出重压。校核桩的垂直角,即用两个方向(互成 90°)经纬仪使导架保持垂直,通过桩机导架进行调整。经纬仪应设置在不受桩影响处,并经常加以调平,使之保持垂直。

(7)接桩

1)接桩时要注意新接桩节与原桩节的轴线一致,两施焊面上的泥土、油污、铁锈等要预先清刷干净。上节桩找正方向后,对称点焊 4～6 点加以固定,管桩焊接施工应由经过培训、持有焊工特种作业上岗证的焊工按照技术规程的要求认真进行;焊接时,为减少焊接变形,两焊工同时相向对焊;采用多层焊,施焊第一层时,应适当加大电流,加大熔深。采用手工焊接,第一层用 ϕ3.2 或 ϕ4.0 的 E4320 型焊条,第二层以后用 ϕ4.0～5.0 的 E4320 型焊条,要保证焊接质量。

2)在桩帽基坑土方开挖时,对桩长度低于桩顶标高的工程桩必须将桩长接至桩顶标高。接桩前在接桩位置处的桩帽土方应挖至桩顶下 50 cm 处,在桩基周围留有 800 mm 宽的操作空间,以便于工人在接桩时操作,同时应将桩径周围的地下水和污泥进行处理,并将桩头施焊处的油污、铁锈等预先清理干净后再进行接桩,其接桩要求按压桩时的接桩要求进行操作。

(8)送桩

为将管桩打到设计标高,需要采用送桩器。送桩器用钢板制作,设计送桩器的原则是压入阻力不能太大,容易拔出,能将冲击力有效地传到桩上,并能重复使用,同时在送桩时应掌握好送桩的长度要求,原则上送桩的长度应控制在基础标高下 1 m 的范围内,不宜送桩过深。

(9)记录

记录现场施工人员应及时、准确地做好管桩施工原始记录。

(10)检测单桩承载力

根据规范及设计要求,本工程单桩竖向承载力验桩数量不少于桩总数的 0.2%,且不少于 3 根。单桩竖向承载力采用现场载荷试验方法检测,按各区块单体设计要求,验桩位置由设计、质检、监理和建设等有关单位现场确定,由专业检测单位检测。

6. 劳动组织

(1)劳动力组织方式采用架子队组织模式。

(2)作业人数根据施工条件、工期要求进行合理配置,见表 5.1.1-1。

表 5.1.1-1　劳动力安排(100 m 桩长)

序　号	人员配置	人数(人)
1	架子队队长	1
2	技术负责人	1
3	技术员	1
4	安全员	1
5	材料员	1
6	质检员	1
7	试验员	1
8	领工员	1
9	工班长	1
10	机械操作工	6
11	起重工	4

7. 材料要求

管桩外观质量要求见表 5.1.1-2。

表 5.1.1-2　管桩外观质量要求

项　目	产品等级		
	优等品	一等品	合格品
粘皮和麻面	不允许	局部粘皮和麻面累计面积不大于桩总外表面积的 0.2%;每处粘皮麻面的深度不大于 5 mm,且应修补	局部粘皮和麻面累计面积不大于桩总外表面积的 0.5%,每处粘皮和麻面的深度不大于 10 mm,且应修补
桩身合缝漏浆	不允许	漏浆深度不大于 5 mm,每处漏浆长度不大于 100 mm,累计长度不大于管桩长度的 5%,且应修补	漏浆深度不大于主筋保护层厚度,每处漏浆长度不大于 300 mm,累计长度不大于管桩长度的 10%,或对称漏浆的搭接长度不大于 100 mm,且应修补
局部磕损	不允许	磕损深度不大于 5 mm,每处面积不大于 20 cm^2,且应修补	磕损深度不大于 10 mm,每处面积不大于 50 cm^2,且应修补
内外表面露筋	不允许		

续上表

<table>
<tr><td colspan="2" rowspan="2">项 目</td><td colspan="3">产品等级</td></tr>
<tr><td>优等品</td><td>一等品</td><td>合格品</td></tr>
<tr><td colspan="2">表面裂缝</td><td colspan="3">不得出现环向和纵向裂缝，但龟裂、水纹和内壁浮浆层中的收缩裂纹不在此限</td></tr>
<tr><td colspan="2">桩端面平整度</td><td colspan="3">管桩端面混凝土和预应力钢筋镦头不得高出端板平面</td></tr>
<tr><td colspan="2">断筋、脱头</td><td colspan="3">不允许</td></tr>
<tr><td colspan="2">桩套箍凹陷</td><td>不允许</td><td>凹陷深度不大于 5 mm</td><td>凹陷深度不大于 10 mm</td></tr>
<tr><td colspan="2">内表面混凝土塌落</td><td colspan="3">不允许</td></tr>
<tr><td rowspan="2">接头和桩套箍与桩身结合面</td><td>漏浆</td><td>不允许</td><td>漏浆深度不大于 5 mm，漏浆深度不大于周长的 1/8，且应修补</td><td>漏浆深度不大于主筋保护层厚度，漏浆长度不大于周长的 1/4，且应修补</td></tr>
<tr><td>空洞和蜂窝</td><td colspan="3">不允许</td></tr>
</table>

8. 设备机具配置

(1)压桩机：采用全液压步履式静力压桩机。

(2)运输及垂直运输设备：平板车、汽车式起重机。

(3)测量设备：水准仪、经纬仪、全站仪等。

(4)电力设施：内燃发电机、变压器。

9. 质量控制及检验

(1)静力压桩单桩竖向承载力，可通过桩的终止压力值大致判断，但因土质的不同而异。桩的终止压力不等于单桩的极限承载力，要通过静载对比试验来确定一个系数 K，然后再利用系数 K 和终止压力 σ_s，求出单桩竖向承载力的标准值 σ_k，即 $\sigma_k=K\sigma_s$。如判断的终止压力值不能满足设计要求，应立即采取送压加深处理或补桩，以保证桩基的施工质量。压桩应控制好终止条件。压桩到设计桩长时，压力表的压力达到单桩承载力 2 倍时，即可停止压桩，否则应会同设计和监理单位确定是否增加桩长。

(2)压桩应连续进行，接桩均采用钢端板焊接法焊接，接桩面应保持干净；上下段中心线应对齐，偏差不大于 10 mm；节点矢高不得大于 1%桩长。

(3)垂直度控制，调校桩的垂直度是沉桩质量的关键，须高度重视。插桩在一般情况下入土 30～50 cm 为宜，然后进行调校。桩机操作人员在施工员的组织、指挥下，掌握好双方角度尺两个方向上都归零点，使桩机纵横方向保持水平，调校垂直在规范允许值以内才能沉桩。在沉桩过程中施工员随时观察桩的进尺变化，如遇地质层有障碍物、桩杆偏移时，应分 1～2 个行程逐渐调直。

(4)适当限制压桩速度，沉桩速度一般控制在 2 m/min 以内，使各层土体能正确反映其抗剪能力。当地基表层中存在大块石头等障碍物时，要避免压偏。

(5)采用焊接法接桩，要分层均匀地将套箍对焊的焊缝填满，为加快施工速度，减少接桩时间，可设 2～3 名焊工同时施焊，焊毕自然冷却后即可进行沉桩。

(6)确保管桩桩身不受损坏；桩帽、桩身和送桩的中心线应重合；压同一根桩应缩短停歇时间。

(7)记录入桩行程深度及相应压力值,以判别入桩情况正常与否及桩的承载能力。

10. 安全及环保要求

(1)安全要求

1)各岗位的操作人员必须经过技术培训,并取得有审批资格部门颁发的合格证后方可上岗操作。严禁无证操作。

2)进入施工现场的人员,必须正确佩戴安全帽。

3)桩机操作员必须按规定穿着工作鞋。

4)高空作业和下桩管作业的操作人员必须正确佩戴经检验合格的安全带。

5)各种动力设备均应设置安全保护罩。

6)压桩压力过大引起抬机是正常现象,但不能抬得过高,倾斜。

7)吊运桩前,必须认真检查所有机具及索夹具是否可靠,并进行一次试吊,符合安全使用要求后才能投入使用。

8)严格按起重“十不吊”规程作业,应注意现场的协调配合,起重机在运吊回转过程中,应注意周围人员动向。

9)管桩堆放应按要求不宜超过二层,底层两端的桩应采用木楔枕紧,谨防桩体滚动伤人。

10)压桩时要认真检查使用机具,关键部位重点检查,经试运转,符合安全施工要求才能正式投入生产,施工中每一星期对设备进行一次检查,避免事故发生。

11)桩架照明要用低压(24 V),严禁使用 220 V 电压。

12)起吊重物前,班长、指挥员、起重机司机必须检查施工现场人员所在位置是否安全,方可操作。现场没有指挥人员时,严禁进行起重吊装工作。

13)起吊桩管时,负责吊装的操作人员必须集中精力,吊装范围内严禁站人和放置设备。

14)预防火灾措施及其他安全措施:

①现场备有灭火器和砂箱等灭火工具,不得移作他用。

②油料及易燃物品必须远离火种,妥善存放,油料着火时,应用灭火器和砂扑灭,严禁用水扑救。

(2)环保要求

1)施工现场机械设备加油要防止洒漏,严禁污染。

2)每一区域打桩完成后,要及时清理施工现场,做到工完场地清。

3)施工区内材料堆放要整齐,车辆停放要有规则,保持道路通畅,施工区内道路不得随意挖断、堆放器材、乱停放车辆。

4)随时做好施工区域排水工作,排水沟要保持通畅,场地不应有积水。

5.1.2　地下防水工程施工作业指导书

1. 适用范围

适用于杭州至海宁城际铁路房建工程地下防水工程施工。

2. 作业准备

(1)技术准备工作

1)地下工程的防水等级分为四级。防水混凝土的使用环境温度不得高于 80 ℃。

2)地下防水工程施工前,施工单位应进行图纸会审,掌握工程主体及细部构造的防水技术要求,编制防水工程施工方案。

(2)材料准备工作

1)防水材料应有产品合格证和性能检测报告,材料的品种、规格、性能等应符合国家产品标准和设计要求。

2)水泥基渗透结晶型防水涂料性能指标见表 5.1.2-1。

表 5.1.2-1　水泥基渗透结晶型防水涂料性能指标

试验项目		性能指标
安定性		合格
凝结时间	初凝时间(min)	≥20
	终凝时间(h)	≤24
抗折强度(MPa)	7 d	≥2.8
	28 d	≥3.5
抗压强度(MPa)	7 d	≥12
	28 d	≥18
湿基面粘贴强度(MPa)		1
抗渗压力(28 d)(MPa)		≥1.2
第二次抗渗压力(56 d)(MPa)		≥0.8
抗渗压力比(28 d)		≥300%

3)SBS 卷材主要技术指标见表 5.1.2-2。

表 5.1.2-2　SBS 卷材主要技术指标

SBS 卷材胎体品种	聚酯胎	玻纤胎
拉力(N)	≥400	200
延伸率	≥30%	≥50%
耐热度	85 ℃受热 2 h 不流淌,涂盖层无滑动	
低温柔性	−15 ℃绕规定直径圆棒,无裂纹	
不透水性	(压力/保持时间)0.2 MPa/30 min	

4)橡胶质中孔式中埋止水带技术指标(天然橡胶):拉伸强度≥18 MPa,拉断延伸率≥450%;应使用指定品牌、生产厂家的橡胶止水带。

(3)生产准备工作

1)防水施工的主体结构和找平层的刚度、强度、密实度、平整度、表面坡度均应符合设计及规范的要求,表面无起砂、起皮现象,基层裂缝应提前进行凿槽填补或压力灌浆修补。

2)以铲刀和扫帚将基层表面的突起物、砂浆疙瘩等异物铲除,并将尘土杂物彻底清扫干净,如发现有油污、铁锈等,要用钢丝刷、砂纸和有机溶剂等将其彻底清除干净。

3)对于涂膜防水的墙面与地面的阴角部位,应做成半径 10～15 mm 的小圆角,以利于防水涂料施工。

4)对于卷材防水的墙面与地面的阴角部位,应做成半径 20～50 mm 的小圆角,以利于防水卷材的施工。

5)所有管件、地漏或排水口等必须安装牢固,接缝严密,收头顺滑,不得有任何松动现象。

(4)机械准备

搅拌机等机械由机管站维修保养,保证正常运转。

(5)劳动力准备

地下防水工程必须由具备相应资质的专业防水施工队伍进行施工,主要施工人员应持有建设行政主管部门或其指定单位颁发的特种作业职业资格证书。

3. 技术要求

(1)使用的材料应符合设计要求和质量标准的规定。

(2)防水混凝土的抗压强度和抗渗压力必须符合设计要求。

(3)防水混凝土应密实,表面应平整,不得有露筋、蜂窝等缺陷;缝隙混凝土应符合设计要求。

(4)水泥砂浆防水层应密实、平整、粘贴牢固,不得有空鼓、裂缝、起砂、麻面等缺陷;防水层厚度应符合设计要求。

(5)卷材接缝应粘贴牢固、封闭严密,防水层不得有损伤、空鼓、皱折等缺陷。

(6)涂层应粘贴牢固,不得有脱皮、流淌、鼓泡、露胎、皱折等缺陷;涂层厚度应符合设计要求。

(7)塑料板防水层应铺设牢固、平整、搭接焊缝严密,不得有焊穿、下垂、绷紧现象。

(8)金属板防水层焊缝不得有裂纹、夹渣、焊溜、咬边、烧穿、弧坑、针状气孔等缺陷,保护涂层应符合设计要求。

(9)变形缝、施工缝、后浇带、穿墙管道等防水构造符合设计要求。

4. 施工程序与工艺流程

防水混凝土施工工艺流程如图 5.1.2-1 所示,水泥基渗透结晶型防水涂料施工工艺流程如图 5.1.2-2所示,SBS 改性沥青防水卷材施工工艺流程如图 5.1.2-3 所示。

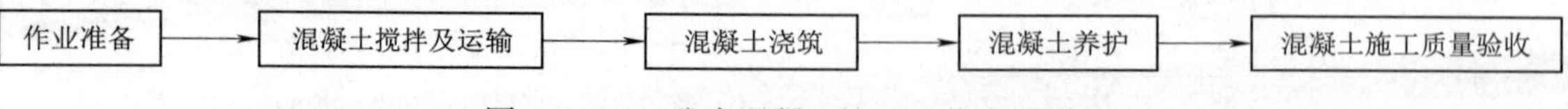

图 5.1.2-1　防水混凝土施工工艺流程图

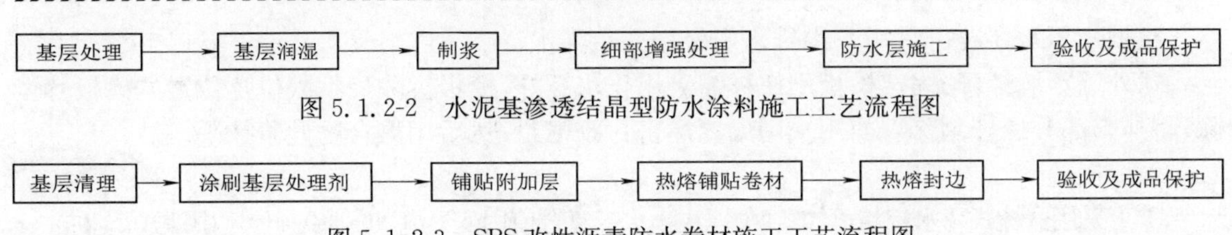

图 5.1.2-2 水泥基渗透结晶型防水涂料施工工艺流程图

图 5.1.2-3 SBS 改性沥青防水卷材施工工艺流程图

5. 施工要求

(1)主要材料施工要求

1)检查粘贴防水层的基层，基层表面应平整、牢固、清洁，阴阳角处要做成圆弧形或钝角，变形缝、预埋管件等细部做法，必须符合设计要求和施工规范的规定。

2)检查铺贴，基层表面满涂冷底子油，卷材的沥青胶结材料厚度一般为 1.5～2 mm。沥青胶结材料的加热温度和使用温度应符合表 5.1.2-3。

表 5.1.2-3 沥青胶结材料加热温度和使用温度

类 别	加热温度(℃)	使用温度(℃)
普通石油沥青(高脂沥青)或掺配建筑石油沥青的普通沥青胶结材料	不应高于 280	不宜低于 240
建筑石油沥青胶结材料	不应高于 240	不宜低于 190
焦油沥青胶结材料	不应高于 180	不宜低于 140

3)铺贴卷材：将改性沥青防水卷材按铺贴长度进行裁剪并卷好备用，操作时将已卷好的卷材，用 ϕ30 的管穿入卷芯，卷材端头比齐开始铺设。点燃汽油喷灯或专用火焰喷枪，加热基层与卷材交接处，喷枪距加热面保持 300 mm 左右的距离，往返喷烤，观察当卷材的沥青刚刚熔化时，手扶管芯两端向前缓缓滚动铺设，要求用力均匀、不窝气，铺设压边宽度应掌握好，满贴法搭接宽度为 80 mm，条粘法搭接宽度为 100 mm。

4)热熔封边：卷材搭接缝处用喷枪加热，压合至边缘挤出沥青粘牢。卷材末端收头用沥青嵌缝膏嵌固填实。

5)地下室卷材防水应注意，地下室底板为第一个阶段，地下室外墙为第二个阶段，施工时应注意两端施工的接茬处理，一般搭接不得小于 100 mm。在施工外墙防水时，要着重检查底板防水所留的接茬部分是否有损坏，如有损坏应提前处理。

6)所有卷材粘贴好后，应在其表面上均匀地涂刷一层厚度为 1～1.5 mm 的热沥青胶结材料。

7)立面卷材防水层铺贴在需防水的结构外表面时，为外防水外贴法，应先铺贴平面，后铺贴立面，交接处交叉搭接。

8)卷材防水层铺贴在永久性保护墙的内墙表面上，为外防水内贴法，应先铺贴立面，后铺平面，再铺转角。

9)水平施工缝浇筑混凝土前，铺设水泥基渗透结晶型防水涂料，并应及时浇筑混凝土。

10)垂直施工缝浇筑混凝土前，涂刷水泥基渗透结晶型防水涂料，并应及时浇筑混凝土。

(2)质量技术及质量通病防治措施

1)防水混凝土施工：

①地下工程在施工过程中，应保持地下水位低于防水混凝土 500 mm 以上，并应排除地下

水。根据地下水情况可采用盲沟排水或轻型井点降水。

②外墙穿墙螺杆:固定模板用螺杆需采用止水螺杆,模板拆除后将限位片位置的模板片凿除,将外露部分螺杆割除表面用采用聚氨酯密封胶密封,然后用聚合物砂浆抹平。

2)变形缝:

①可采用嵌缝式止水带与可卸式、中埋式止水带复合使用变形缝,也可单独使用中埋式止水带。

②中埋式止水带接头应采用热接,不得叠接,接缝平整、牢固,不得有裂口和脱胶现象。

③中埋式止水带中心线应和变形缝中心线重合,止水带不得穿孔或用铁钉固定。

④混凝土浇筑前应校正止水带位置,止水带损坏处应修补(热熔法焊接);顶、底板止水带的下侧混凝土应振捣密实,边墙止水带内外侧混凝土应均匀,保持止水带位置正确、平直,无卷曲现象。

⑤变形缝迎水面处增设一道卷材加强层。

3)地下室水平缝:

①地下室水平施工缝留置在底板向上 30 cm(或按设计)处的墙板上,设置钢板止水带;钢板止水带折边应向迎水面;钢板止水带搭接长度不小于 50 mm,搭接部位的两条边均应满焊;转角处钢板用整块弯制而成,搭接离转角处≥500 mm。

②施工缝迎水面处增设防水加强层。

4)后浇带。顶板后浇带两侧止水采用膨胀止水条,迎水面加贴防水附加层。底板、墙板后浇带可采用超前止水,局部混凝土加厚,并设中埋式止水带(图 5.1.2-4),当未采用超前止水时,可采用膨胀止水条(图 5.1.2-5),底板后浇带部位局部加深,预防混凝土侧面凿毛后碎渣无法清理影响底板结构有效高度。墙板后浇带外侧砖砌集水井采用水泵排尽积水。

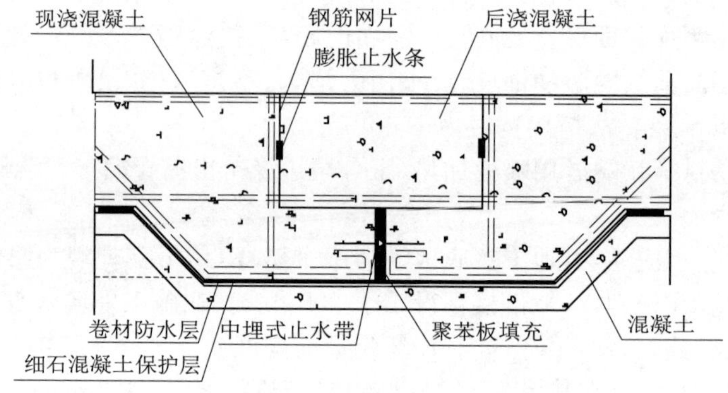

图 5.1.2-4　底板、墙板超前止水后浇带做法

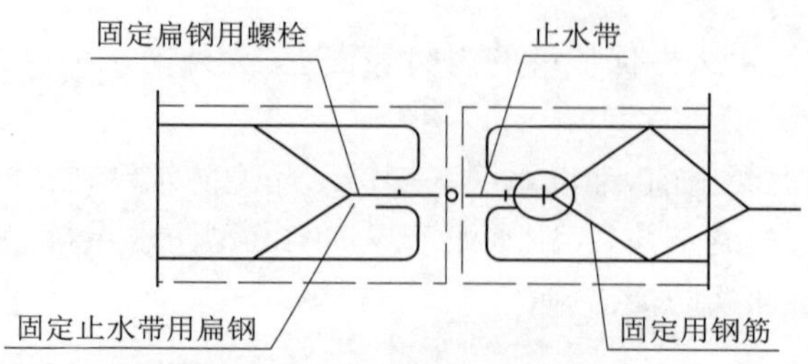

图 5.1.2-5　膨胀止水条做法

5)管道防水。穿墙防水套管节点迎水面防水涂料加强处理如图 5.1.2-6 所示;穿顶板防水套管节点做法如图 5.1.2-7 所示。

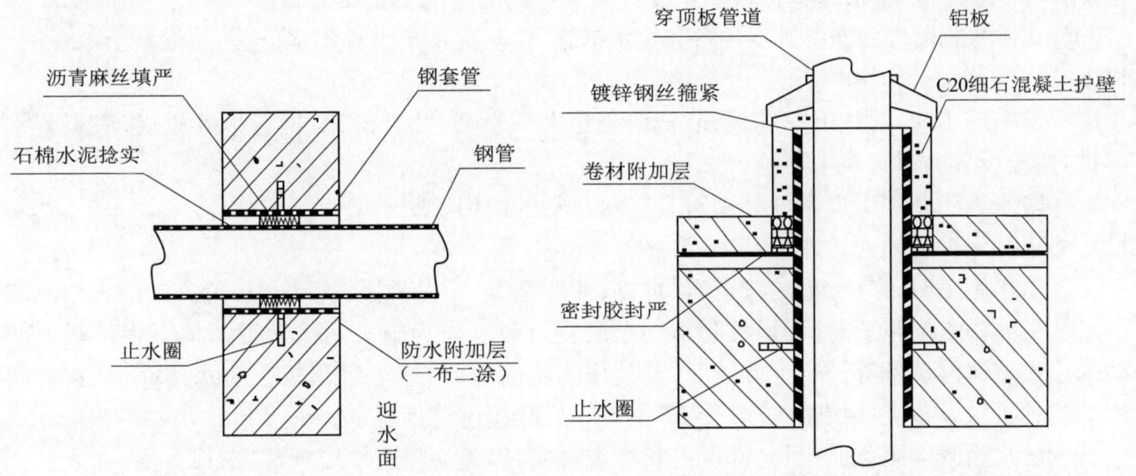

图 5.1.2-6 穿墙管防水节点做法

图 5.1.2-7 管道穿顶板防水节点做法

6)电梯基坑、集水井坑施工。

①地下室电梯基坑设计时可适当抬高,使地下室电梯厅标高高出车库 300 mm,避免水流入基坑。

②电梯基坑、集水井坑采用防水混凝土整体浇筑,底板以下的坑底板相应降低,防水层保持连续。混凝土浇筑前排出坑内积水。

7)顶面防水(图 5.1.2-8)。地下室顶板设计不宜采用反梁结构形式,不利于防水施工。审图凡遇顶板为反梁结构建议设计调整。

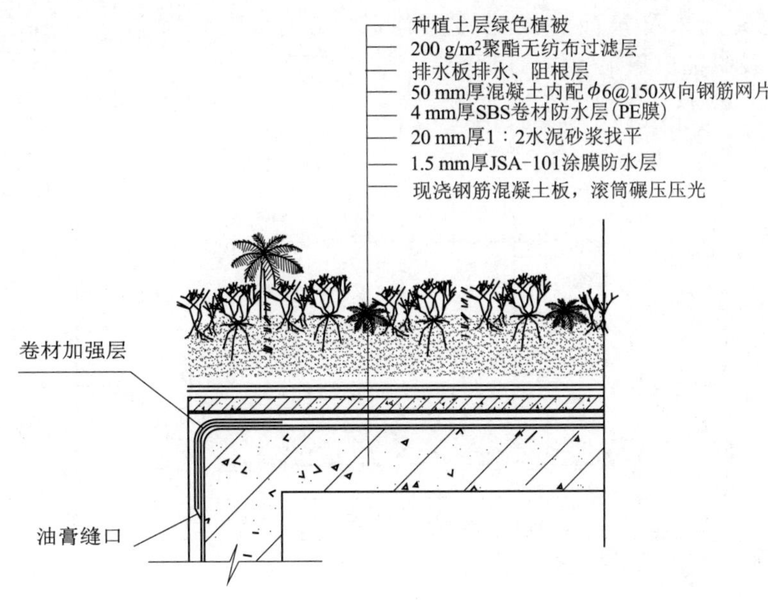

图 5.1.2-8 顶板防水及加强层节点做法

8)季节性施工措施:

①安排组织施工前应及时了解天气预报和变化,避免安排防水施工在雨天、雪天和风力达5级以上时进行施工,不超过材料使用允许温度范围的情况下施工。

②雨季来临前提前准备排水设备和排水措施,将基坑水及时排出,降至防水混凝土500 mm以下。

③夏季施工时,对地下室底板、墙板应避免太阳暴晒,及时覆盖,推迟拆除模板,底板蓄水养护,墙板设置喷淋管浇水养护。

④防水施工基层干燥条件必须符合防水材料的使用说明书要求。

9)成品保护措施:

①防水施工时,穿墙、板的管道、预埋件、变形缝等,不得碰损、扰动和移位。

②平面防水层施工时,不得在防水层上放置材料及作为施工运输车道。地下室顶板上严禁采用重型运输设备等进行土方作业,严禁作为临时道路;地下室顶板上防水层完成后,表面严禁各种机械设备直接接触防水层。覆土厚度严禁超过设计要求。

③防水涂膜未固化前,不允许上人和堆积物品,以免涂膜防水层损坏,造成渗漏。

④防水层施工完成具备蓄水试验条件后,应及时进行试验和组织验收,以便尽快进行保护层施工;如不能及时验收的防水工程必须做好临时防护措施,避免防水层长期外露、浸泡或阳光直射,从而造成材料损坏及过早老化。

⑤防水层施工完毕后需增加钢架等构筑物时,严禁直接破坏屋面防水层设置埋件,以免渗漏。

⑥橡胶止水带的运输施工应小心轻放,并采取有效措施进行保护(图5.1.2-9)。

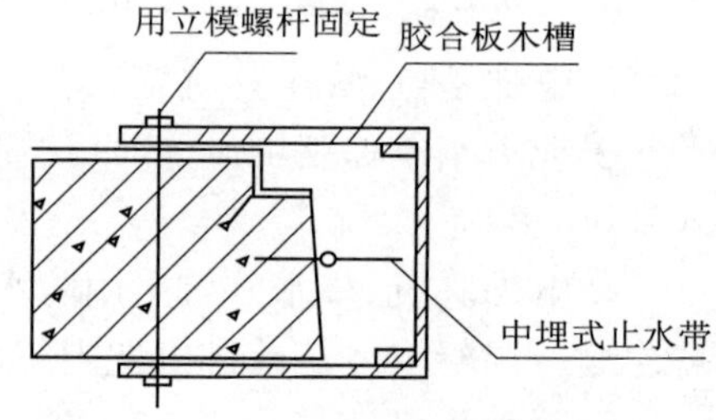

图5.1.2-9 墙板止水带保护做法

⑦后浇带混凝土未浇筑前宜用模板盖住(图5.1.2-10),预留350 mm×350 mm、深250 mm集水坑,及时抽出积水。

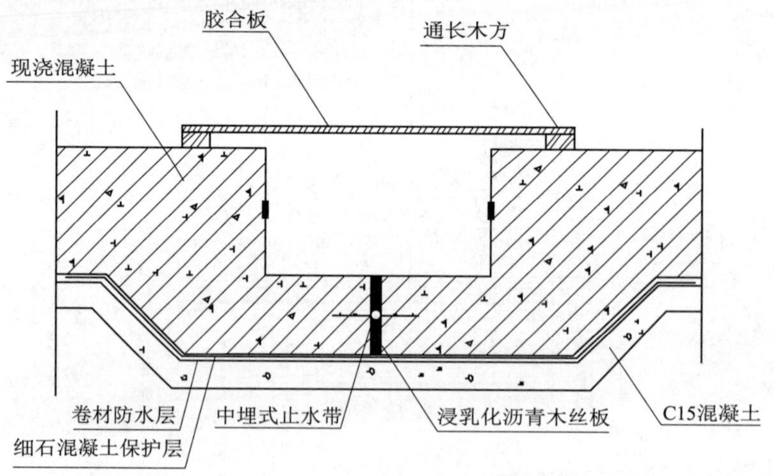

图5.1.2-10 后浇带保护做法

⑧地下外墙防水层施工完成后，土方回填施工时注意不要损坏防水层。

6. 劳动组织

(1)劳动力组织方式采用架子队组织模式

(2)作业人员数量应根据施工条件、工期要求进行合理配置，见表5.1.2-4。

表5.1.2-4 劳动力配置

序 号	人员配置	数量(人)	备 注
1	架子队队长	1	
2	技术负责人	1	
3	技术员	1	
4	安全员	1	
5	材料员	1	
6	质检员	1	
7	试验员	1	
8	领工员	1	
9	工班长	1	
10	防水工	8	

7. 材料要求

(1)防水混凝土

1)防水混凝土使用的水泥品种应按设计要求选用，其强度等级不应低于32.5级，不得使用过期或受潮结块水泥；碎石或卵石的粒径宜为5～40 mm，含泥量不得大于1.0%，泥块含量不得大于0.5%；砂宜用中砂，含泥量不得大于3.0%，泥块含量不得大于1.0%；拌制混凝土所用的水，应采用不含有害杂质的洁净水；外加剂的技术性能，应符合国家或行业标准一等品及以上的质量要求；粉煤灰的级别不应低于二级；硅粉掺量不应大于3%，其他掺合料的掺量应通过实验确定。

2)防水混凝土首先必须满足设计的抗渗等级要求，同时适应强度要求，所以防水混凝土的配合比必须由实验室根据实际使用的材料及选用的外加剂(或外渗料)通过实验确定，其抗渗等级应比设计要求提高0.2 MPa；水泥用量不得少于300 kg/m^3，掺有活性掺合料时，水泥用量不得少于280 kg/m^3；砂率宜为35%～45%，灰砂比宜为(1∶2)～(1∶2.5)，水胶比不得大于0.55；普通防水混凝土坍落度不宜大于50 mm，泵送时人泵坍落度宜为100～140 mm。

(2)防水卷材

1)检查卷材、胶结材料是否符合设计要求及施工规范的规定，是否具有出厂合格证或实验报告。

2)防水卷材必须具备以下性能：

①耐水性：在水的作用和被水浸润后其性能基本不变，在水的压力下具有不透水性。

②温度稳定性：在高温下不流淌、不起泡、不滑动；低温下不脆裂的性能，亦可认为是在一定温度变化下保持原有性能的能力。

③机械强度:延伸性和抗断裂性。即在承受建筑结构允许范围内荷载应力和变形条件下不断裂的性能。

④柔韧性:由于防水材料特别要求具有低温柔性,保证易于施工、不脆裂。

⑤大气稳定性:即在阳光、热气、氧气及其他化学侵蚀介质、微生物侵蚀介质等因素的长朗综合作用下抵抗老化、抵抗侵蚀的能力。

(3)水泥基渗透结晶型防水材料

1)一般以硅酸盐水泥、石英砂为基材,掺入活性化学物质,不同品牌的产品活性化学物质有所不同,既有无机类物质,也有有机类活性化学物质,活化物的含量必须达到合格产品的要求含量;严禁采用其他外形相似的刚性防水粉代替。

2)产品出厂必须有合格证及相应必要的检测报告。材料进场后按监理及甲方的要求做材料的匀质性指标试验报告、抗渗压力或渗透压力比试验报告及物理力学性能检测报告。产品应附有说明书,产品说明书内容应包括产品性能及成分、适用范围、推荐用量与推荐掺量、使用注意事项与施工、养护方法等。

8. 设备机具配置

设备机具配置见表 5.1.2-5。

表 5.1.2-5　主要施工机具配置

序　号	名　称	规格型号	单　位	数　量	用　途
1	喷灯		个	2	烘烤防水卷材
2	小平铲	小型	个	5	清理基层
3	扫帚	普通	把	3	清理基层
4	滚动刷		把	10	涂刷基层处理剂
5	铁桶	20 L	个	4	装基层处理剂
6	壁纸刀、剪刀	普通	把	3	裁剪卷材
7	皮卷尺	50 m	把	2	度量
8	钢卷尺	2 m	把	4	度量
9	手持压辊		只	3	压合卷材
10	线绳		50 m	2	弹基准线
11	钢丝刷		把	1	特殊部位清理
12	振捣棒		台	4	防水混凝土振捣
13	铁锹		把	6	防水混凝土局部倒运
14	焊机	BX1	台	1	钢板止水带焊接
15	泵车		台	1	浇筑混凝土

9. 质量控制及检验

(1)监理检查防水材料产品质保书、产品合格证,抽样复试,复试报告合格后方可使用。

(2)监理检查变形缝橡胶止水带产品质保书、产品合格证,现场抽样检查橡胶止水带几何尺寸和外观质量。

(3)监理全数检查穿墙止水螺杆、变形缝橡胶止水带、施工缝、后浇带等钢板止水带安装位置、固定方式是否满足设计和相关规定要求，并做隐蔽验收，专业工程师随监理检查。

(4)监理全数检查水电预埋套管的安装是否满足相关规定，并做隐蔽验收，专业工程师抽检。

(5)监理旁站检查后浇带、施工缝等清理情况，并做隐蔽验收，旁站检查地下室部分、后浇带混凝土浇筑，专业工程师随监理检查。

(6)监理全数检查预留洞口、出混凝土面管道封堵经 24 h 试水不渗漏方可进入下道工序，并做隐蔽验收，专业工程师抽检。

(7)监理全数检查找平层有无缺陷、含水率等，满足要求进入下道工序，专业工程师抽检。

(8)监理旁站检查防水施工过程，防水加强层和大面施工是否满足相关规定要求，专业工程师随监理检查。

(9)专业工程师、监理抽检涂膜防水层厚度。

(10)防水施工完成后施工单位自检合格后报监理部，应由总监理工程师组织，专业监理工程师、施工单位技术人员、工程技术部专业工程师参加对防水施工进行检查与验收评定。

10. 安全及环保要求

(1)安全要求

1)切实做好安全工作，所有施工人员必须经安全培训，考核合格方可上岗。

2)施工员在下达施工计划的同时，应下达具体的安全措施，每天出工前，施工员要针对当天的施工情况，布置施工安全工作，并讲明安全注意事项。

3)落实安全施工责任制度、安全施工教育制度、安全施工交底制度、施工机具设备安全管理制度等。并落实到岗位责任到人。

4)遵章守法，杜绝违章指挥和违章作业，现场设立安全措施及有针对性的安全宣传牌、标语和安全警示标志。

5)进入施工现场必须佩戴安全帽，高空作业人员应系好安全带，禁止酒后作业。

6)卷材热熔法施工时，环境温度不低于－10 ℃，雨天、五级风(含五级)以上均不得施工。操作时要注意通风和风向，防止人员中毒、受伤。

7)卷材及辅助材料运输及存储时应立放，严禁烟火，堆放处要远离热源及易燃品。

(2)环保要求

1)施工场地应平整，夜间施工照明应有保证。

2)严格按施工组织设计要求合理布置施工现场的临时设施，做到材料堆放整齐，标识清楚，办公环境文明，施工现场每日清扫，确保工地文明卫生。

3)做好安全防火工作，严禁吸烟或其他不文明行为。

4)注意施工废水排放，防止造成下水管道堵塞。

5)定期会同监理、建设单位对工地卫生、材料堆放、作业环境进行检查。

6)施工完毕，剩余的卷材不得到处乱扔，特别是零碎的小块卷材，要及时收集倒入固定的垃圾箱，保持施工环境的整洁，减少对环境的污染。

7)基层施工中使用的冷底子油，使用后必须将容器的封盖盖紧，不得随意乱扔、乱倒。

5.2 主 体 结 构

5.2.1 模板工程施工作业指导书

1. 适用范围

(1)木(竹)胶合板模板适用于现浇钢筋混凝土结构中的平板、地下室墙体及层数较少并且结构复杂的框架及剪力墙结构;单层框架结构车库中的梁、顶板及柱。

(2)整体钢大模板适用于高层建筑中标准层变化较少时的墙体模板;其他造型变化较少且需多次循环利用模板可采用小型普通钢模板。

2. 作业准备

(1)内业准备

1)根据工程结构的形式及特点进行模板设计。

2)熟悉设计施工图纸和大模板施工说明书,编制施工技术方案。

3)对施工人员进行技术交底。

(2)外业准备

1)轴线、模板线放线完毕。水平控制标高引测到预留插筋或其他过渡引测点,并经过预检。

2)柱子、墙、梁钢筋绑扎完毕,水电管线、预留洞、预埋件已安装完毕,绑好钢筋保护层垫块,并办完隐预检手续。

3. 技术要求

模板工程由模板、支撑件和紧固件组成,模板和支撑应经过计算确定,使其具有足够的承载力、刚度和稳定性,能可靠地承受浇筑混凝土的重量、侧压力及施工荷载。

4. 施工程序与工艺流程

(1)施工程序

1)整体钢大模应选择专业加工厂家提前进行加工制作,施工时现场整吊整拆方式进行,一般采用流水作业,高层建筑钢大模施工过程中应在楼层内进行周转,一般不下到地面。

2)钢大模安装前应对墙柱钢筋隐蔽验收,合格后直接就位、连接、加固及调校即可;对于梁板模板(多采用胶合板)一般先安装支撑系统,而后进行模板安装、加固、调校等;竖向构件先进行底板配板,而后立板就位,最后加固、调校。

(2)工艺流程

1)整体钢大模板施工工艺流程如图 5.2.1-1 所示。

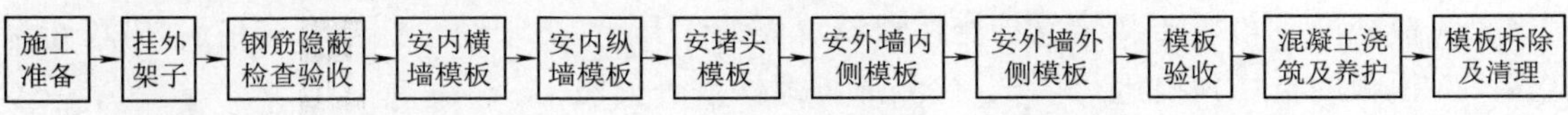

图 5.2.1-1 整体钢大模板施工工艺流程图

2)柱模施工工艺流程如图 5.2.1-2 所示。

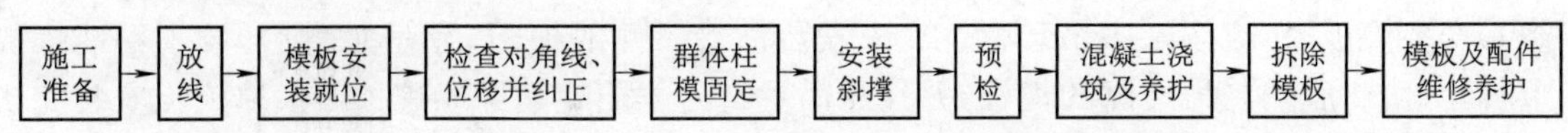

图 5.2.1-2 柱模施工工艺流程图

3)梁模支设施工工艺流程如图 5.2.1-3 所示。

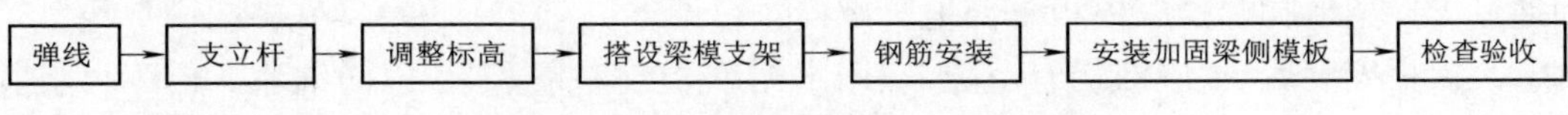

图 5.2.1-3 梁模支设施工工艺流程图

4)楼梯模板支设施工工艺流程如图 5.2.1-4 所示。

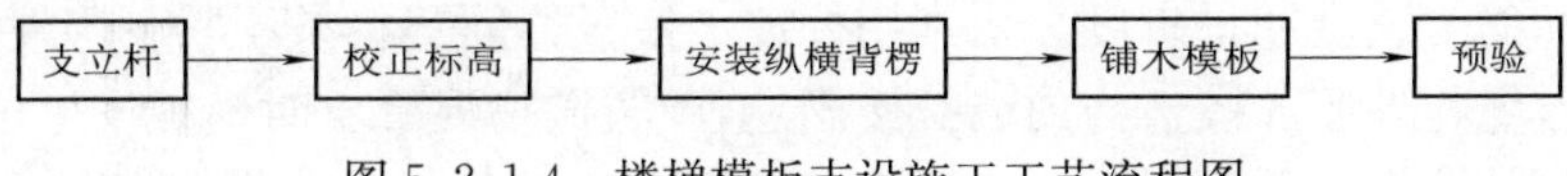

图 5.2.1-4 楼梯模板支设施工工艺流程图

5)楼板、梁模板拆除施工工艺流程如图 5.2.1-5 所示。

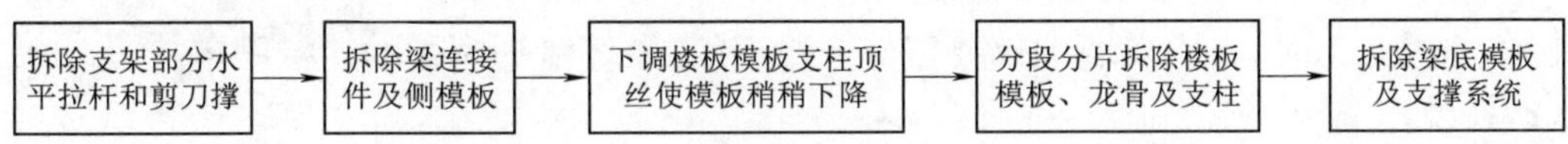

图 5.2.1-5 楼梯、梁模板拆除施工工艺流程图

5. 施工要求

(1)整体钢大模板

1)施工流水段划分的原则。流水段的划分,要根据建筑物的平面、工程量、工期要求和机具设备条件综合考虑。一般应注意以下几点:

①尽量使各流水段的工程量大致相等,模板的型号、数量基本一致,劳动力配备相对稳定,以利于组织均衡施工。

②要使各流水段的吊装次数大致相等,以便充分发挥垂直起重设备的能力。

③采取有效的技术组织措施,做到每天完成一个流水段的支、拆模工序,使大模板得到充分利用。即配备一套大模板,按日夜两班制施工,每 24 h 完成一个施工流水段,其流水段的范围是几条轴线(指内横轴线);另外,根据流水段的范围,计算全部工程量和所需的吊装次数,以确定起重设备(一般采用塔式起重机)的台数。

2)内墙大模板安装和拆除。

①大模板运到现场后,要清点数量,核对型号,清除表面锈蚀和焊渣,板面拼缝处要用环氧树脂腻子嵌缝,背面涂刷防锈漆,并用醒目字体注明编号,以便安装时对号入座。

②大模板的三角挂架、平台、护身栏以及背面的工具箱,必须经全部检查合格后,方可组装就位。对模板的自稳角要进行调试,检测地脚螺栓是否灵便。

③大模板安装前,应将安装处的楼面清理干净。为防止模板缝隙偏大出现漏浆,一般可采取在模板下部抹找平层砂浆,待砂浆凝固后再安装模板;或在墙体部位用专用模具,先浇筑高5～10 cm的混凝土导墙,然后再安装模板。

④安装模板时,应按顺序吊装就位。先安装横墙一侧的模板,靠吊垂直后,放入穿墙螺栓和塑料套管,然后安装另一侧的模板,并经靠吊垂直后才能旋紧穿墙螺栓。横墙模板安装完毕后,再安装纵墙模板。墙体的厚度主要靠塑料套管和导墙来控制。因此,塑料套管的长度和墙体厚度一致。

⑤靠吊模板的垂直度,可采用2 m长双“十”字靠尺检查。如板面不垂直或横向不水平时,必须通过支撑架地脚螺栓或模板下部地脚螺栓进行调整。

⑥大模板安装后,如底部仍有空隙,应用水泥纸袋或木条塞紧,以防漏浆。但不可将其塞入墙体内,以免影响墙体的断面尺寸。

3)外墙大模板安装和拆除。

①施工时要弹好模板的安装位置线,保证模板就位准确。安装外墙大模板时,要注意上下楼层和相邻模板的平整度和垂直度。要利用外墙大模板的硬塑料条压紧下层外墙,防止漏浆。并用倒链和钢丝绳将外墙大模板与内墙拉接固定,严防振捣混凝土时模板发生位移。

②为了保证外墙上、下层平整一致,还可以采用“导墙”的做法。即将外墙大模板加高(视现浇楼板厚度而定),使下层的墙体作为上层大模板的导墙,在导墙与大模板之间,用泡沫条填塞,防止漏浆,可以做到上下层墙体平整一致。

③外墙后施工时,在内横墙端部要留好连接钢筋,做好堵头模板的连接固定。

(2)柱模

1)保证柱模的长度符合模数,不符合部分放到节点部位处理;或以梁底标高为准,由上往下配模,不符合模数部分放到柱根部位处理;高度在4 m和4 m以上时,一般应四面支撑。当柱高超过6 m时,不宜单根柱支撑,宜几根柱同时支撑连成构架。

2)柱模根部要用水泥砂浆堵严,防止跑浆;柱模的浇筑口和清扫口在配模时应一并考虑留出。

3)梁、柱模板分两次支设时,在柱子混凝土达到拆模强度时,最上一段柱模先保留不拆,以便于与梁模板连接。

4)柱模的清渣口应留置在柱角一侧,如果柱子断面较大,为了便于清理,亦可两面留设。清理完毕,立即封闭。

5)柱模安装就位后,立即用四根支撑或有张紧器花篮螺栓的缆风绳与柱顶四角拉结,并校正其中心线和偏斜,全面检查合格后,再群体固定。

(3)梁模

1)安装梁模支架之前,首层为土壤地面时应平整夯实,地基承载力满足设计要求。立杆间距、横杆间距应经计算确定,以满足支撑系统的刚度、强度和稳定性的要求。

2)在支撑上调整梁底短钢管,预留梁底模板的厚度,拉线安装梁底模板并找直。梁底板应起拱,当梁跨度等于或大于4 m时,梁底板按设计或规范要求起拱。

3)在底模上绑扎钢筋,安装梁侧模板,安装外竖楞、斜撑,其间距一般为750 mm。当梁高超过600 mm时,需加腰楞,并穿对拉螺栓拉结;侧梁模上口要拉线找直,安装牢固,以防跑模。

4)复核检查梁模尺寸,与相邻梁柱模板连接固定。

(4)楼板模板

1)安装模板支撑系统前的要求同梁模。

2)支架搭设完毕后,要认真检查板下龙骨与支撑的连接及支架安装的牢固与稳定;根据给定的水平标高线,认真调节顶托的高度,将龙骨找平,注意起拱高度参考梁模,并留出楼板模板的厚度。

3)铺设竹胶板:应先铺设整块的木模板,对于不够整数的模板,再用小块模板补齐,但拼缝要严密;将木模板与下面的方木龙骨钉牢。

4)铺设完毕后,用靠尺、塞尺和水平仪检查模板的平整度与底标高,并进行必要的校正。

(5)楼板、梁模板拆除

1)侧模拆除在混凝土强度能保证其表面及棱角不因拆除模板而受损时方可拆除。

2)底模及冬季施工模板的拆除,必须待同条件养护试块抗压强度达到规范允许的拆模强度。

3)已拆除模板及支架的结构,在混凝土达到设计强度等级后方可承受全部使用荷载;当施工荷载所产生的效应比使用荷载的效应更不利时,必须经核算,加设临时支撑。

4)拆除时,应遵循先支后拆、后支先拆,先拆不承重的模板,后拆承重部分的模板,自上而下的顺序进行。

5)拆除跨度较大的梁支架及其模板时,应从跨中开始向两端进行。

6. 劳动组织

(1)劳动力组织方式采用架子队组织模式。

(2)作业人员数量根据施工条件、工期要求进行合理配置,见表5.2.1。

表5.2.1 作业人员配置

序 号	人员配置	数量(人)	备 注
1	架子队队长	1	
2	技术负责人	1	
3	技术员	1	
4	安全员	1	
5	材料员	1	
6	质检员	1	
7	试验员	1	
8	领工员	1	
9	工班长	1	
10	架子工	12～18	
11	木工	30～40	

7. 材料要求

模板进场后,应向加工制作单位或租赁单位索取检验合格证明、使用说明书、材质证明、相关的计算书等必备资料,实地核对大模板及配件的型号、数量、标识等,并按不同类型分区堆放。使用前应用砂纸、钢丝球等除去大模板表面锈迹,清理干净并涂刷脱模剂。

8. 设备机具配置

(1)施工机械:塔式起重机、电锯、电刨等。

(2)施工工具:手工锯、钢卷尺、线坠、撬杠、倒链、扳手、钳子等。

9. 质量控制及检验

(1)严格按照图纸设计文件要求对梁板模板进行起拱,设计无明确要求时,跨度大于 4 m 的板或梁要按 1‰~3‰的坡度起拱,以防跨中挠度过大引起梁板质量问题。

(2)轴线控制网必须逐层闭合检查,控制好各层墙体及柱模板垂直度,模板斜撑稳固牢靠;混凝土浇筑前,用线坠检查模板垂直度是否在误差范围内,偏差较大的应及时纠正。

(3)施工前涂刷隔离剂应均匀适量,使模板表面生成一层均匀的隔离层,且使隔离剂不致流淌;模板拼缝处应将两块模板分别钉在同一根方木上,翘曲的模板不得使用;模板拼缝处贴胶带使拼缝处高低差平缓过渡且防止漏浆。

(4)模板工程施工前,应编制专项施工方案,验算模板支撑系统的刚度、强度和稳定性,达到专家论证条件的还应组织专家论证。支撑系统的基础承载力必须满足设计要求。

10. 安全及环保要求

(1)安全要求

1)在现场安装模板时,所用工具应装入工具袋内,防止高处作业时工具掉下伤人;拆除模板必须经施工负责人同意,方可拆除;装钉楼面模板,在下班时对已铺好而来不及钉牢的定型模板或散板、钢模板等,应拿起堆放稳妥,以防事故发生;操作时应按顺序分段进行,超过 4 m 以上高度,不允许让模板材料自由落下,严禁猛撬、硬砸或大面积撬落和拉倒;完工后,不得留下松动和悬挂的模板材料等,拆下的模板材料应及时运送到指定地点集中堆放稳妥。

2)模板安装前应先搭设脚手架或挂好安全网;高空作业时应规范佩戴劳保用品;安装模板应按工序进行,当模板没有固定前,不得进行下一道工序作业。禁止利用拉杆、支撑攀登上楼;安装楼面模板遇有预留洞口的地方,应作临时封闭,以防误踏和坠物伤人。

3)模板工程施工用机械设备的电线电缆使用前应全面检查,接线必须接通漏电保护器;焊工等操作人员需穿绝缘鞋戴绝缘手套,严禁私拉乱接电线电缆。

4)塔式起重机调运模板必须严格执行操作规程的"十不吊"原则,防止坠物伤人。

5)木工制作模板使用机具时,严格按照操作规程施工,木工锯应设挡板进行防护。

6)模板支撑不得使用腐朽、扭裂、劈裂的材料。顶撑要垂直、底部平整坚实,并加垫木。木楔要钉牢,并用横向拉杆和剪刀撑拉结牢固。

(2)环保要求

1)选用木模时,尽量合理配模,增加模板的周转次数;暂时不用的模板应按规格尺寸堆放整齐,堆放地点应干燥无暴晒。

2)废旧木质模板及方木不得随意烧毁处理。

5.2.2 主体结构钢筋施工作业指导书

1. 适用范围

适用于杭州至海宁城际铁路房建工程主体结构钢筋施工。

2. 作业准备

(1)内业准备

1)进场钢材进行检查验收,核对成品钢筋的钢号、直径、形状、尺寸和数量等是否与料单料牌相符。

2)技术人员根据设计图纸和标准图集,编制钢筋下料单。

(2)外业准备

1)准备绑扎用的钢丝、绑扎工具(如钢筋钩、小撬棍)、绑扎架等。

2)准备控制混凝土保护层用的水泥砂浆垫块或塑料卡。

3)划出钢筋位置线。平板或墙板的钢筋,在模板上划线;柱的箍筋,在两根对角线主筋上划点;梁的箍筋,则在架立筋上划点;基础的钢筋,在两向各取一根钢筋划点或在垫层上划线。

3. 技术要求

(1)钢筋网绑扎。四周两行钢筋交叉点应每点扎牢,中间部分交叉点可相隔交错扎牢,但必须保证受力钢筋不位移;双向主筋的钢筋网,则需将全部钢筋相交点扎牢;绑扎时应注意相邻绑扎点的钢丝扣要成八字形,以免网片歪斜变形。

(2)基础底板采用双层钢筋网时,在上层钢筋网下面应设置钢筋撑脚,以保证钢筋位置正确。

(3)钢筋的弯钩应朝上,不要倒向一边;但双层钢筋网的上层钢筋弯钩应朝下。

(4)独立柱基础为双向钢筋时,其底面短边的钢筋应放在长边钢筋的上面。

(5)现浇柱与基础连接用的插筋,一定要固定牢靠,位置准确,以免造成柱轴线偏移。

(6)基础中纵向受力钢筋的混凝土保护层厚度应按设计要求,且不应小于 40 mm;当无垫层时,不应小于 70 mm。

(7)钢筋连接。

1)受力钢筋的接头宜设置在受力较小处。在同一根纵向受力钢筋上不宜设置两个或两个以上接头。接头末端至钢筋弯起点的距离不应小于钢筋直径的 10 倍。

2)绑扎搭接接头,则相邻纵向受力钢筋的绑扎接头宜相互错开。钢筋绑扎接头连接区段的长度为 1.3 倍搭接长度。凡搭接接头中点位于该区段的搭接接头均属于同一连接区段,位于同一区段内的受拉钢筋搭接接头面积百分率不宜大于 25%。

3)当受拉钢筋的直径 $d>28$ mm 及受压钢筋的直径 $d>32$ mm 时,不宜采用绑扎接头,宜采用焊接或机械连接接头。

4. 施工程序与工艺流程

钢筋工程施工工艺流程如图 5.2.2 所示。

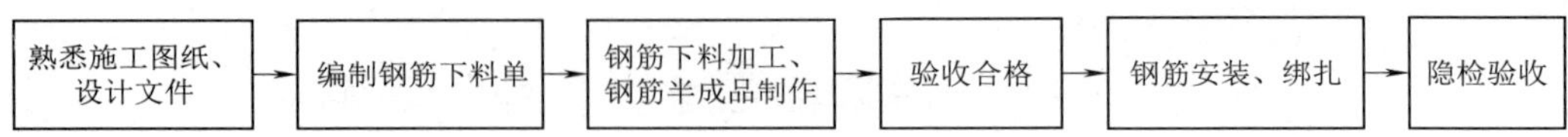

图 5.2.2　钢筋工程施工工艺流程图

5. 施工要求

(1)钢筋下料

1)直钢筋下料长度计算:

钢筋下料长度=直段长度-保护层厚度+弯钩增加长度(表 5.2.2-1)。

表 5.2.2-1　半圆弯钩增加长度参考(用机械弯)

钢筋直径(mm)	≤6	8～10	12～18	20～28	32～36
一个弯钩长度(mm)	40	6.0d	5.5d	5.0d	4.5d

2)弯起钢筋下料长度:

弯起钢筋下料长度=直段长度+斜段长度(表 5.2.2-2)-弯曲调整值(表 5.2.2-3)+弯钩增加长度(表 5.2.2-1)。

表 5.2.2-2　弯起钢筋斜段长度

弯起角度	30°	45°	60°
斜边长度 s	2h	1.41h	1.15h
底边长度 l	1.732h	h	0.575h
增加长度 $s-l$	0.268h	0.41h	0.575h

注:h 为弯起高度。

表 5.2.2-3　钢筋弯曲调整值

钢筋弯曲角度	30°	45°	60°	90°	135°
钢筋弯曲调整值	0.35d	0.5d	0.85d	2d	2.5d

注:HPB235 级钢筋末端应作 180°弯钩,弯钩的弯后水平长度不应小于钢筋直径的 3 倍;其他钢筋弯后水平长度应符合设计要求。d 为钢筋直径。

3)箍筋下料长度:

箍筋下料长度=箍筋周长+箍筋调整值(表 5.2.2-4)。

表 5.2.2-4　箍筋调整值　(单位:mm)

箍筋量度方法	箍筋直径(mm)			
	4～5	6	8	10～12
量外包尺寸	40	50	60	70
量内皮尺寸	80	100	120	150～170

(2)钢筋加工制作

1)钢筋调直。

①采用钢筋调直机调直冷拔钢丝和细钢筋时,要根据钢筋的直径选用调直模和传送压辊,

并要正确掌握调直模的偏移量和压辊的压紧程度。

②调直模的偏移量，根据其磨耗程度及钢筋品种通过试验确定；调直筒两端的调直模一定要在调直前后导孔的轴心线上，这是钢筋能否调直的一个关键。如果发现钢筋调的不直就要从以上两个方面检查原因，并及时调直调直模的偏移量。

③压辊的槽宽，一般在钢筋穿入压辊之后，在上下压辊间宜有 3 mm 之内的间隙。压辊的压紧程度要做到既保证钢筋能顺利地被牵引前进，看不出钢筋有明显的转动，而在被切断的瞬时钢筋和压辊间又能允许发生打滑。

2)钢筋切断。现场钢筋切断通常使用钢筋切断机，少量小直径钢筋也有使用剪钳剪断。钢筋切断时，应根据型号、规格、直径、长度和数量，长短搭配，先切断长料，后断短料，尽量减少和缩短钢筋短头，以节约钢材。

3)钢筋的连接方式包括绑扎连接、焊接连接和机械连接三种方式，对于钢筋焊接的一般规定如下：

①电渣压力焊应用于柱、墙、烟囱等现浇混凝土结构中竖向受力钢筋的连接；不得用于梁、板等构件中水平钢筋的连接。

②在工程开工或每批钢筋正式焊接前，应进行现场条件下的焊接性能试验。合格后方可正式生产。

③钢筋焊接施工前，应清除钢筋或钢板焊接部位和与电极接触的钢筋表面上的锈斑、油污、杂物等；钢筋端部若有弯折、扭曲时，应予以校直或切除。

④进行电阻点焊、闪光对焊、电渣压力焊或埋弧压力焊时，应随时观察电源电压的波动情况。对于电阻点焊或闪光对焊，当电源电压下降大于 5%、小于 8%时，应采取提高焊接变压器基数的措施；当大于或等于 8%时，不得进行焊接。对于电渣压力焊或埋弧压力焊，当电源电压下降大于 5%时，不宜进行焊接。

⑤对从事钢筋焊接施工的班组及有关人员应经常进行安全生产教育，并制定和实施安全技术措施，加强焊工的劳动防护，防止发生烧伤、触电、火灾、爆炸以及烧坏焊接设备等事故。

⑥焊机应经常维护保养和定期检修，保证正常使用。

4)钢筋冷弯成型。

①钢筋下料(或对焊后)后即可开始冷弯，对大直径钢筋使用机械弯曲成型，小直径钢筋还可以使用手工弯曲成型。

②手工弯曲前应对钢筋各段长度进行划线，一般划线的方法：将不同角度弯曲下料长度调整值在弯曲操作方向相反的一侧长度内扣除，划上分段尺寸线(弯曲点线)，然后按规定方法进行弯曲。成批钢筋冷弯前，应对各种钢筋均试弯一根。

③钢筋使用弯曲机成型时，芯轴直径应符合规范的规定，成型轴必须加偏心套，以适应不同直径钢筋的弯曲；钢筋弯曲机操作时，应先进行试弯。

(3)钢筋安装

1)钢筋绑扎接头。

①钢筋绑扎接头宜设置在受力较小处。同一纵向受力钢筋不宜设置两个或两个以上接头。接头末端至钢筋弯起点的距离不应小于钢筋直径的 10 倍。

②同一构件中相邻纵向受力钢筋的绑扎搭接接头宜相互错开。同一连接区段内，纵向受拉钢筋绑扎搭接接头面积百分率及箍筋配置应符合规范要求。绑扎搭接接头中钢筋的横向间

距不应小于钢筋直径,且不应小于 25 mm。

③当纵向受拉钢筋的绑扎搭接接头面积百分率不大于 25%时,其最小搭接长度应符合表 5.2.2-5 的规定。

表 5.2.2-5 纵向受拉钢筋的最小搭接长度

钢筋种类	混凝土强度等级			
	C15	C20~C25	C30~C35	≥C40
HPB235 级光圆钢筋	45*d*	35*d*	30*d*	25*d*
HRB335 级带肋钢筋	55*d*	45*d*	35*d*	30*d*
HRB400 级带肋钢筋	—	55*d*	40*d*	35*d*

注:1. 受压钢筋绑扎接头的搭接长度应为表中数值的 0.7 倍。

2. 在任何情况下,纵向受拉钢筋的搭接长度不应小于 300 mm,受压钢筋搭接长度不应小于 200 mm。

3. 两根直径不同钢筋的搭接长度,以较细钢筋直径计算。

4. 当纵向受拉钢筋搭接接头面积百分率大于 25%时,表中数值应增大,并满足规范规定。

5. 当出现下列情况,如钢筋直径大于 25 mm,混凝土凝固过程中受力钢筋易受扰动、涂环氧的钢筋、带肋钢筋末端采取机械锚固措施、混凝土保护层厚度大于钢筋直径的 3 倍、抗震结构构件等,纵向受拉钢筋的最小搭接长度应满足规范规定。

6. 在绑扎接头的搭接长度范围内,应采用钢丝绑扎三点。

2)基础钢筋绑扎。

①钢筋网绑扎。四周两行钢筋交叉点应每点扎牢,中间部分交叉点可相隔交错扎牢,但必须保证受力钢筋不移位。双向主筋的钢筋网,则需将全部钢筋相交点扎牢。绑扎时应注意梁绑扎点的钢丝扣要成八字形,以免网片歪斜变形。

②基础底板采用双层钢筋网时,在上层钢筋网下面应设置钢筋撑脚或混凝土撑脚,以保证钢筋位置正确。钢筋撑脚应每隔 1 m 放置一个。其直径选用:当板厚 $h \leqslant 30$ cm 时为 8~10 mm;当板厚 $h=30 \sim 50$ cm 为 12~14 mm;当板厚 $h>50$ cm 时为 16~18 mm。

③钢筋的弯钩应朝上,不要倒向一边;但双层钢筋网的上层钢筋弯钩应朝下。

④独立柱基础为双向弯曲,其底面短边的钢筋应放在长边钢筋的上面。

⑤先浇柱与基础连接用的插筋,其箍筋应比柱的箍筋缩小一个柱筋直径,以便连接。插筋位置一定要固定牢靠,以免造成柱轴线偏移。

⑥对厚片筏上部钢筋网片,可采用钢管临时支撑体系。在上部钢筋网片绑扎完毕后,需置换出水平钢管;为此另取一些垂直钢管通过直角扣件与上部钢筋网片的下层钢筋连接起来(该处需另用短钢筋段加强),替换了原支撑体系。在混凝土浇筑过程中,逐步抽出垂直钢管,此时,上部荷载可由附近的钢管及上下端均与钢筋网焊接的多个拉结筋来承受。由于混凝土不断浇筑与凝固,拉结筋细长比减少,提高了承载力。

3)柱钢筋绑扎。

①柱中的竖向钢筋搭接时,角部钢筋的弯钩应与模板成 45°(多边形柱为模板内角的平分角,圆形柱应与模板切线垂直),中间钢筋弯钩应与模板成 90°。如果用插入式振捣器浇筑小型截面柱时,弯钩与模板的角度不得小于 15°。

②箍筋的接头(弯钩叠合处)应交错布置在四角纵向钢筋上;箍筋转角与纵向钢筋交叉点均应扎牢(箍筋平直部分与纵向钢筋交叉点可间隔扎牢),绑扎箍筋时绑扣相互间应成八字形。

③下层柱的钢筋露出部分，宜用工具式柱箍将其收进一个柱筋直径，以利上层柱的钢筋搭接。当柱截面有变化时，其下层柱钢筋的露出部分，必须在绑扎梁的钢筋之前，先行收缩准确。

④框架梁、牛腿及柱帽等钢筋，应放在柱的纵向钢筋内侧。

⑤柱钢筋的绑扎，应在模板安装前进行。

4)墙钢筋绑扎。

①墙的垂直钢筋每段长度不宜超过 4 m(钢筋直径≤12 mm)或 6 m(直径>12 mm)，水平钢筋每段长度不宜超过 8 m，以利绑扎。

②墙的钢筋网绑扎同基础，钢筋的弯钩应朝向混凝土内。

③采用双层钢筋网时，在两层钢筋间应设置撑铁，以固定钢筋间距。撑铁可用直径 6～10 mm的钢筋制成，长度等于两层网片的净距，间距约为 1 m，相互错开排列。

④墙的钢筋可在基础钢筋绑扎之后浇筑混凝土之前插入基础内。

5)梁板钢筋绑扎。

①纵向受力钢筋采用双层排列时，两排钢筋之间应垫以直径≥25 mm 的短钢筋，以保持其设计距离。

②箍筋的接头应交错布置在两根架立钢筋上，其余同柱。

③板的钢筋网绑扎与基础相同，但应注意板上部的负筋，要防止被踩下；特别是雨篷、挑檐、阳台等悬臂板，要严格控制负筋位置，以免拆模后断裂。

④板、次梁与主梁交叉处，板的钢筋在上，次梁的钢筋居中，主梁的钢筋在下；当有圈梁或垫梁时，主梁的钢筋在上。

⑤框架节点处钢筋穿插十分稠密时，应特别注意梁顶面主筋间的净距要有 30 mm，以利浇筑混凝土。

⑥梁钢筋的绑扎与模板安装之间的配合关系：梁的高度较小时，梁的钢筋架空在梁顶上绑扎，然后再落位；梁的高度较大(≥1.0 m)时，梁的钢筋宜在梁底模上绑扎，其两侧模或一侧模后装。

⑦梁板钢筋绑扎时应防止水电管线将钢筋抬起或压下。

6. 劳动组织

(1)劳动力组织形式采用架子队组织模式。

(2)作业人员数量应根据施工条件、工期要求进行合理配置，见表 5.2.2-6。

表 5.2.2-6 劳动力配置

序 号	人员配置	数量(人)	备 注
1	架子队队长	1	
2	技术负责人	1	
3	技术员	1	
4	安全员	1	
5	材料员	1	
6	质检员	1	
7	试验员	1	
8	领工员	1	

续上表

序　号	人员配置	数量(人)	备　注
9	工班长	1	
10	钢筋制作工	6～8	
11	钢筋安装工	18～22	
12	电焊工	2	持有效证件
13	机械工	1	持有效证件
14	电工	1	持有效证件

7. 材料要求

(1)进场钢材应有出厂证明书、质量检验报告、合格证。

(2)钢材尺寸、规格、表面质量符合设计要求。

(3)制作半成品应验收合格后才能安装。

8. 设备机具配置

(1)施工机械

垂直运输机械、钢筋调直机、钢筋弯曲机、钢筋切断机、套丝机、对焊机、电焊机等。

(2)施工工具

切割机、钢筋扳手、钢卷尺、大剪子、粉笔等。

9. 质量控制及检验

(1)质量控制

1)在满足连接区段要求的前提下尽量缩短纵向钢筋长度,并将定位箍筋点焊固定;严格按照设计文件制作箍筋,与墙柱纵筋必须绑扎牢固,箍筋开口区必须与柱纵筋转圈布置;将剪力墙竖向钢筋在伸出板顶 100 mm 处用水平定位钢筋点焊固定,严格采用八字扣进行绑扎,扎丝采用两股或两股以上,绑扎牢固。同时采用定位钢筋控制剪力墙厚度,以保证钢筋骨架不变形;钢筋绑扎完毕后,严禁施工人员踩踏、施工机械碰撞钢筋骨架,加强成品保护;浇筑混凝土期间应设专人旁站监督,严禁施工人员摇动竖向钢筋,用振动棒激振钢筋以达到下料目的;在墙柱纵筋外侧必须将垫块与纵筋绑扎牢固,厚度必须满足设计要求。

2)熟悉设计图纸及标准图集构造要求,并结合工程实际情况合理确定框架节点钢筋绑扎顺序;框架纵横梁底模支撑完成后,即可放置梁下部钢筋,然后根据梁高计算出核心区内需加柱箍筋数量,将所需箍筋(未绑扎)套到柱主筋上,然后在箍筋四角分别用一根钢筋(长度取最高框架梁高)作导筋,按加密区箍筋间距要求绑扎固定箍筋形成一个钢筋笼。再穿梁的上部钢筋使钢筋笼与梁筋同时绑扎,绑扎完毕后,将梁筋骨架与柱箍筋钢筋笼一起落入梁、柱模板内,将柱主筋与钢筋笼连接绑扎牢固;当梁柱节点处梁的高度较高或实际操作中个别部位确实存在绑扎节点柱箍困难时,可将此部分柱箍筋做成两个相同的两端带 135°弯钩的 L 形箍从柱子侧向插入,钩住四角柱筋,或采用两个相同的开口半箍,套入后焊牢箍筋的接头。

3)合理考虑,统筹安排,把加工好的钢筋分门别类堆放,并贴标签标注使用部位及连接方式，严格按技术交底选择正确的连接方式；凡接头中点位于连接区段长度内的连接接头均属于同一连接区段。同一连接区段内，接头面积百分率对梁板及墙类构件，不宜大于 25%；柱类构件，不宜大于 50%；对有特殊要求时，梁类构件可放宽至 50%；机械连接和焊接连接为 $35d$ 且不小于 500 mm 接头面积百分率不应大于 50%；钢筋的接头宜设置在受力较小处，钢筋连接对框架柱来讲应避开箍筋加密区，框架梁上部纵筋应在跨中 1/3 范围内进行连接，下部纵筋应在制作处 1/4 范围内进行连接，另外接头末端至钢筋弯起点的距离不应小于钢筋直径的 10 倍。

4)技术交底时一定要明确框架柱、剪力墙上柱、梁上柱的箍筋加密区：底层柱加密区长度为柱根以上 1/3 柱净高范围，中间层箍筋加密区长度应取柱截面长边尺寸，柱净高的 1/6 和 500 mm 中的最大值。框架梁箍筋加密区长度：一级抗震等级加密区长度为两倍的梁截面高度和 500 mm 中取大值，二级至四级抗震等级加密区长度为 1.5 倍的梁高和 500 mm 中取大值，且从距柱边 50 mm 处开始布置第一道箍筋；在主次梁交接处，按设计要求，在主梁上从距次梁边缘 50 mm 处开始布置第一道附加箍筋，在交接处次梁宽度范围内主梁箍筋正常设置；加强箍筋成型制作，角度要微弯至 135°，弯弧内直径不小于钢筋直径的 4 倍，平直段长度不应小于 $10d$ 和 75 mm 的较大值，绑扎要紧贴箍筋角部，用双段铅丝绑扎牢固，尽量减少踩踏，避免骨架变形。

5)当框架柱宽度较小时，水平段长度小于 $0.4L_{aE}$（L_{aE}为受拉钢筋抗震锚固长度）时，在满足强度要求的前提下可与设计单位协商，减小钢筋的直径，使弯折前的水平段满足大于 $0.4L_{aE}$长度的要求；钢筋下料计算时，应从端柱外侧向内侧计算，先考虑柱纵筋保护层再计算梁的第一排上部纵筋，第二排上部纵筋，然后再计算梁的下部纵筋，最后，保证最内层的下部纵筋直锚长度不小于 $0.4L_{aE}$；当柱的截面宽度足够时，两纵筋伸至柱内长度不小于 L_{aE}且不小于 $0.5h_c+5d$ 时，可直锚，不必再弯锚。

6)负弯矩钢筋与分布筋交叉点处要全部绑扎牢固，不得花绑，这样才能使钢筋网形成牢固稳定的整体；每平方米钢筋马凳放置不能少于一个，可采用配置钢筋马凳的方式，来保证负弯矩钢筋处于现浇板中的准确位置；加强对施工人员的质量意识教育，尽量避免在绑扎好的负弯矩钢筋上踩踏行走，并安排专人看护钢筋，发现钢筋绑扎松或位移变形时，进行技术修复。在高层建筑结构施工过程中，必须认真熟悉施工设计文件及标准构造图集和相关规范要求，提高质量意识，加强质量管理力度，提高施工人员的业务水平，做到精心施工，管理到位。

(2)质量检验

1)钢筋绑扎接头应符合：受拉区内的 HPB235 级光圆钢筋末端应作成彼此相对的弯钩，HRB335 级钢筋应作成彼此相对的直角弯钩。绑扎接头的搭接长度应符合表 5.2.2-7 的规定。在钢筋搭接部分的中心及两端共绑扎三处钢丝。

表 5.2.2-7　钢筋绑扎接头的最小搭接长度

钢筋级别	受拉区	受压区
HPB235	$30d$	$20d$
HRB335	$35d$	$25d$

注：1. d 为钢筋直径(mm)。

2. 位于受拉区的搭接长度同时不应小于 25 cm，位于受压区的搭接长度同时不应小于 20 cm。

2)电弧焊接接头的焊缝表面应平顺，无缺口、裂纹和较大的金属焊瘤，其缺陷及尺寸允许偏差不应超过表 5.2.2-8 的规定。

表 5.2.2-8　电弧焊接钢筋接头的缺陷和尺寸允许偏差

序　号	项　目	允许偏差
1	帮条对焊接头中心的纵向偏移	$0.5d$
2	接头处钢筋轴线的弯折	4°
3	接头处钢筋轴线的偏移	$0.1d$
		3 mm
4	焊缝高度	$0\sim0.1d$
5	焊缝宽度	$0\sim0.1d$
6	焊缝长度	$0.3d$
7	咬肉深度	0.05 mm
		$0.5d$
8	在长 $2d$ 的焊缝表面上，焊缝气孔及夹渣的数量和大小	2 个
9		6 mm^2

注：1. 当表中的允许偏差在同一项目内有两个值时，应按其中较严的数值控制。

2. d 为钢筋直径(mm)。

3)加工钢筋的允许偏差见表 5.2.2-9。

表 5.2.2-9　加工钢筋允许偏差

序　号	项　目	允许偏差
1	受力钢筋顺长度方向的全长	±10 mm
2	弯起钢筋弯起位置	±20 mm

4)钢筋安装的允许偏差当专业施工规范无规定时，应符合表 5.2.2-10 的规定。

表 5.2.2-10　安装钢筋允许偏差

序　号	项　目		允许偏差
1	更换钢筋规格后钢筋总截面面积偏差		−2%
2	双排钢筋排与排间距的局部偏差		±5 mm
3	同一排中受力钢筋间距的局部偏差	板、墙、大体积混凝土	±20 mm
		柱、梁	±10 mm
4	分布钢筋间距		±20 mm
5	箍筋间距	绑扎骨架	±20 mm
		焊接骨架	±10 mm
6	弯起点的偏差(加工偏差 20 mm 包括在内)		±30 mm
7	最外层钢筋的位置偏差	$c\geqslant35$ mm	+10 mm，−5 mm
		25 mm$<c<$35 mm	+5 mm，−2 mm
		$c\leqslant25$ mm	+3 mm，−1 mm

注：c 为钢筋的混凝土保护层厚度。

5)焊接钢筋骨(网)架的偏差不得超过表5.2.2-11的规定。

表5.2.2-11 焊接钢筋骨(网)架允许偏差

序 号	项 目	允许偏差(mm)	备 注
1	网的长宽	±10	
2	网眼尺寸	±10	
3	骨架的高宽	±5	
4	骨架长	±10	
5	箍筋间距	点焊±10,绑扎±20	

6)钢筋焊接接头的焊接工艺、焊接型号、参数、质量及焊工的要求,应符合现行行业标准的有关规定。

10.安全及环保要求

(1)安全要求

1)上岗作业人员须经过安全培训考试合格,特殊工种必须持有效证件上岗。

2)手工切断钢筋时,夹具必须牢固。

3)切断长料时,应设专人扶稳钢筋,操作时动作应一致。钢筋短于30 cm时,应使用钢管套夹具,严禁手扶。

4)在吊装钢筋骨架时,不要碰撞脚手架、电线等物品。

5)机械吊运钢筋应捆绑牢固,吊点的数目和位置符合要求,严格控制吊装重量,不准超吊。

6)机械吊运钢筋,应设专人指挥,在吊运及安装钢筋时,防止碰人撞物。高空吊运时,要注意不要碰撞脚手架,模板支撑及其他临时施工结构物,不要触碰电线,确保安全作业。

7)所有钢筋加工设备必须有地线连接,设备电源必须有漏电保护装置,设备维修必须由专职人员进行,不得私自进行维修。

(2)环保要求

先根据构件配筋图填写钢筋配料表,使钢筋满足设计要求的形状和尺寸,下料时的钢筋剪切下料长度要仔细计算,防止出现废料。

5.2.3 大体积混凝土施工作业指导书

1.适用范围

适用于杭州至海宁城际铁路房建工程筏板基础或箱形基础、人防及地下建筑、大型公共建筑的基础底板,桩基础的承台、高层建筑转换层结构等大体积混凝土的施工。

2.作业准备

(1)内业准备

1)施工前应编制施工技术方案、进行配合比设计和施工技术交底。

2)要求商品混凝土供应方应编制混凝土供应方案,对混凝土搅拌、运输人员进行技术交底。

3)标养室各项设备配备齐全并经过检定。

(2)外业准备

对标高点、轴线点按照施工方案的规定进行测量放线,测出浇筑部位结构标高点和轴线控制点,并予以标识,用以控制浇筑高度和钢筋位置。

3.技术要求

以优化混凝土配合比为前提、提高模板设计及安装工艺水平的基础上,通过混凝土的预拌、运输、浇筑、测温、养护,严格执行混凝土施工过程质量标准,严密组织施工,通过各分项工程的工艺组合,防止混凝土表面有害裂缝产生,保证结构的美观、稳定性和整体性。

4.施工程序与工艺流程

(1)施工程序

通过对混凝土配合比和外加剂的优选,在满足设计指标的前提下,降低水泥用量,采取综合温控措施,在计算混凝土内部温度和应力的前提下,对混凝土搅拌、运输、入模、浇筑、测温、养护等全过程进行控制,防止混凝土结构裂缝的产生。

(2)工艺流程

大体积混凝土工程施工工艺流程如图 5.2.3 所示。

5.施工要求

(1)混凝土配合比设计的基本要求

1)混凝土配合比按设计抗渗水压加 0.2 MPa 控制,储备不可过高。

2)在保证混凝土强度和抗渗性能的前提下应尽可能添加掺合料,粉煤灰应不低于二级,其掺量不宜大于 20%,硅粉掺量不应大于 3%,当有充分根据时掺合料的掺量可适当调高。

3)送达现场混凝土的坍落度:泵送宜为 80~140 mm,其他方式输送宜为 60~120 mm。坍落度允许偏差±15 mm,到达现场前坍落度损失不应大于 30 mm/h,总损失不应大于 60 mm。

4)混凝土最小水泥量不低于 300 kg/m^3,掺活性粉料或用于补偿收缩混凝土的水泥用量不少于 280 kg/m^3。

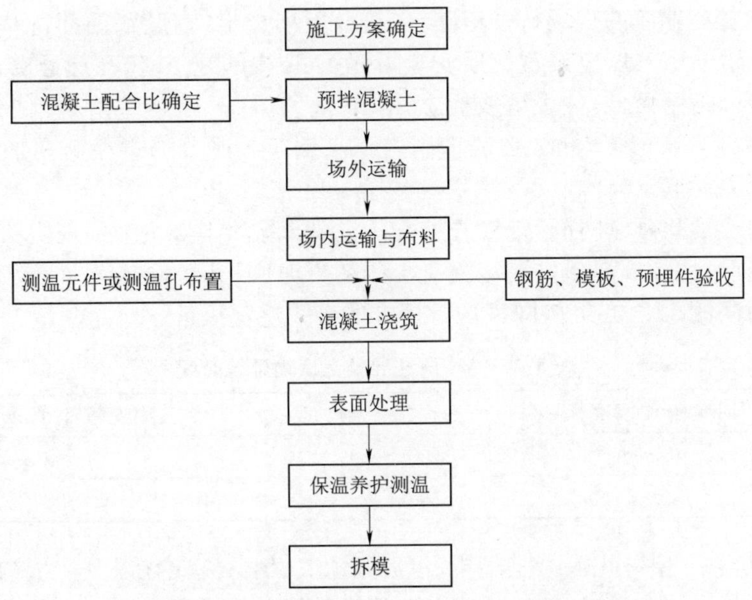

图 5.2.3 大体积混凝土工程施工工艺流程图

5)水胶比宜控制在 0.45～0.5 之间，最高不超过 0.55；用水量宜在 170 kg/m³ 左右；用于补偿收缩混凝土用水量在 180 kg/m³ 左右。

6)粗骨料适宜含量：强度≤C30 时，1 150～1 200 kg/m³；当强度＞C35 时，1 050～1 150 kg/m³。

7)砂率宜控制在 35%～45%，灰砂比宜为(1∶2)～(1∶2.5)。

8)混凝土中总含碱量，当使用碱性活性骨料时限制在 3 kg/m³ 以下；混凝土中氯离子总含量不得大于水泥用量的 0.3%，当结构使用年限为 100 年时为 0.06%。

9)混凝土的初凝应控制在 6～8 h，混凝土终凝时间应在初凝后 2～3 h。

10)根据水泥品种，施工条件和结构使用条件选择化学外加剂，缓凝剂用量不可过高，尤其是在补偿收缩混凝土中，应严格限量以防减少膨胀率，膨胀剂取代水泥量应按结构设计和施工设计要求的限制膨胀率及产品说明书，并经试验确定；其取代水泥量必须充足，以满足膨胀率的要求。

(2)混凝土搅拌

1)根据施工方案的规定对原材料进行温度调节。

2)搅拌采用二次投料工艺，加料顺序为先将水和水泥、掺合料、外加剂搅拌约 1 min 成水泥浆，然后投入粗、细骨料拌匀。

3)计量精度每班至少检查两次，计量控制：外加剂，±0.5%；水泥、掺合料、膨胀剂、水，±1%；砂石，±2%以内。其中加水量应扣除骨料含水量及冰屑重量。

4)搅拌应符合所用机械说明中所规定的时间，一般不少于 90 s，加膨胀剂的混凝土搅拌时间延长 30 s，以搅拌均匀为准，时间不宜过长。

5)出罐混凝土应随时测定坍落度。

(3)混凝土运输

1)混凝土运输宜采用搅拌运输车运送。当混凝土泵连续作业时，每台混凝土泵所需配备的混凝土搅拌运输车台数应满足要求。

2)混凝土搅拌运输车的现场行驶道路,应符合下列规定:宜设置循环行车道,并应满足重车行驶要求;车辆出入口处,宜设置交通安全指挥人员;夜间施工时,在交通出入口和运输道路上,应有良好照明;危险区域,应设警戒标志。

3)混凝土搅拌运输车装料前,必须将筒内积水倒净。严禁随意往筒内加水,拌筒应保持3～6 r/min的慢速运转。

4)泵送混凝土运送延续时间:未掺外加剂的混凝土按表5.2.3-1的规定执行;采用其他外加剂时,按实际配合比和气温条件测定混凝土的初凝时间,其运输延续时间,不宜超过所测得的混凝土初凝时间的1/2,亦可按国家现行标准的有关规定执行。

表5.2.3-1　泵送混凝土运输延续时间

混凝土出机温度(℃)	运输延续时间(min)
25～35	50～60
5～25	60～90

5)在运输过程中,要防止混凝土离析、水泥浆流失、坍落度变化以及产生初凝等现象。

6)混凝土搅拌运输车喂料完毕后,应及时清洗拌筒并排尽积水。

(4)混凝土浇筑

1)大体积混凝土的浇筑方法:全面分层法、斜面分层法、分段分层法。

①全面分层法:整体分层连续浇筑或推移式连续浇筑,应缩短间歇时间,并在前层混凝土初凝之前将次层混凝土浇筑完毕。层间最长的间歇时间不应大于混凝土的初凝时间。混凝土的初凝时间应通过试验确定。当层间间隔时间超过混凝土的初凝时间时,层面应按施工缝处理。混凝土浇筑宜从低处开始,沿长边方向自一端向另一端进行。当混凝土供应量有保证时,亦可多点同时浇筑。

②分段分层法:混凝土浇筑采用分层分段进行时,每段浇筑高度应根据结构特点、钢筋疏密程度决定,一般分层高度为振捣器作用半径的1.25倍,最大不得超过500 mm。混凝土浇筑时,严格掌握控制下灰厚度、混凝土振捣时间,浇筑分为若干单元,每个浇筑单元间隔时间不超过3 h。

③斜面分层法:混凝土浇筑采用"分段定点、循序推进、一个坡度、一次到顶"的方法——自然流淌形成斜坡混凝土的浇筑方法,能较好地适应泵送工艺,提高泵送效率,简化混凝土的泌水处理,保证了上下层混凝土不超过初凝时间,一次连续完成。当混凝土大坡面的坡角接近端部模板时,改变混凝土的浇筑方向,即从顶端往回浇筑。

2)大体积混凝土振捣。

①每浇筑一层混凝土都应及时均匀振捣,保证混凝土的密实性。混凝土振捣采用赶浆法,以保证上下层混凝土接茬部位结合良好,防止漏振,确保混凝土密实。振捣上一层时应插入下层约50 mm,以消除两层之间的接茬。平板振捣器移动的间距,应能保证振捣器的平板覆盖范围,以振实振动部位的周边。

②在混凝土初凝之前,适当的时间内给予两次振捣,可以排除混凝土因泌水在粗骨料、水平钢筋下部生成的水分和空隙,提高混凝土与钢筋握裹力。两次振捣时间间隔宜控制在2 h左右。

③混凝土应连续浇筑,特殊情况下如需间歇,其间歇时间应尽量缩短,并应在前一层混凝

土凝固以前将下一层混凝土浇筑完毕。间歇的最长时间，按水泥的品种及混凝土的凝固条件而定，一般超过 2 h 就应按“施工缝”处理。

3)大体积混凝土泌水处理。斜面分层法浇筑混凝土采用泵送时，在浇筑、振捣过程中，上涌的泌水和浮浆将顺坡向集中在坡面下，应在侧模适宜部位留设排水孔，使大量泌水顺利排出。采取全面分层法时，每层浇筑，都须将泌水逐渐往前赶，在模板处开设排水孔使泌水排出或将泌水排至施工缝处，设水泵将水抽走，至整个层次浇筑完。

4)大体积混凝土施工缝处理。混凝土的强度不小于 1.2 MPa，才能浇筑下层混凝土；在继续浇混凝土之前，应将界面处的混凝土表面凿毛，剔除浮动石子，并用清水冲洗干净后，再浇一遍高强等级水泥砂浆，然后继续浇筑混凝土且振捣密实，使新老混凝土紧密结合。

5)大体积混凝土养护和温控。

①混凝土侧面钢木模板在任何季节施工均应设保温层，使用砖侧模在混凝土浇筑前宜回填完毕。

②蓄水养护混凝土：混凝土表面在初凝后覆盖塑料薄膜，终凝后注水，蓄水深度不少于 8 mm。

③当混凝土表面温度与养护水的温差超过 20 ℃时，应注入热水令温差降到 10 ℃左右。非高温雨季施工事先采取防暴雨降低养护水温的挡雨措施。

④蓄热法养护混凝土：盛夏采用降温搅拌混凝土施工时，混凝土终凝后立即覆盖塑料膜和保温层。常温施工时混凝土终凝后立即覆盖塑料膜和浇水养护，当混凝土实测内部温差或内外温差超过 20 ℃再覆盖保温层。当气温低于混凝土成型温度时，混凝土终凝后应立即覆盖塑料膜和保温层，在有可能降雨雪时为保持保温层的干燥状态，保温层上表面应覆有不透水的遮盖。

⑤混凝土养护期间需进行其他作业时，应掀开保温层尽快完成随即恢复保温层。

⑥当设计无特殊要求时，混凝土硬化期的实测温度应符合下列规定：

a. 混凝土内部温差（中心与表面下 100 mm 或 50 mm 处）不大于 20 ℃。

b. 混凝土表面温度（表面以下 100 mm 或 50 mm）与混凝土表面外 50 mm 处的温度差不大于 25 ℃。

c. 混凝土降温速度不大于 1.5 ℃/d。

d. 撤除保温层时混凝土表面与大气温差不大于 20 ℃。

当实测温度不符合上述规定时则应及时调整保温层或采取其他措施使其满足温度及温差的规定。

⑦混凝土的养护期限：混凝土的养护时间自混凝土浇筑开始计算，使用普通硅酸盐水泥不少于 14 d，使用其他水泥不少于 21 d，炎热天气适当延长。

⑧养护期内（含拆除保温层后）混凝土表面应始终保持温热潮湿状态（塑料膜内应有凝结水），对有膨胀剂的混凝土尤应富水养护；但气温低于 5 ℃时，不得浇水养护。

6)大体积混凝土冬期施工。

①冬期浇筑的混凝土掺负温复合外加剂时，应根据温度情况的不同，使用不同的负温外加剂。且在使用前必须经专门试验及有关单位技术鉴定。冬期施工前应制定冬期施工方案，对原材料的加热、搅拌、运输、浇筑和养护等进行热工计算，并应据此施工。

②混凝土在浇筑前，应清除模板和钢筋上的冰雪、污垢。运输和浇筑混凝土用的容器应有保温措施。运输浇筑过程中，温度应符合热工计算所确定的数据，如不符时，应采取措施进行

调整。整体式结构加热养护时,浇筑程序和施工缝位置,应能防止发生较大的温度应力,如加热温度超过 40 ℃时,应征求设计单位意见后确定。混凝土升、降温度速率不得超过规范规定。

③混凝土试块除正常规定组数制作外,还应增设二组与结构同条件养护,一组用以检验混凝土受冻前的强度,另一组用以检验转入常温养护 28 d 的强度。

6. 劳动组织

按照 1 000 m^2 的建筑面积考虑混凝土工程的劳动力配置,见表 5.2.3-2。

表 5.2.3-2 劳动力配置

序 号	人员配置	人数(人)	备 注
1	架子队队长	1	
2	技术负责人	1	
3	技术员	1	
4	安全员	1	
5	材料员	1	
6	质检员	1	
7	试验员	1	
8	领工员	1	
9	工班长	1	
10	混凝土工	26	
11	电工	2	持有效证件
12	普工	5	

7. 材料要求

(1)按照物资供应计划储备足够的保温材料,确保浇筑混凝土及时保温和应急保温措施所需要的物资。

(2)大体积混凝土有连续施工的要求,现场应配置备用电源或发电设备。

(3)商品混凝土生产供应单位,应具有企业资质等级证书,并应符合其资质等级营业范围。混凝土质量应符合现行规范、规程的相关要求。

8. 设备机具配置

(1)施工机械:混凝土泵车、混凝土运输车、液压布料机或手动布料杆等。

(2)施工工具:流动电箱、插入式振捣棒、平板式振捣器、抹平机、刮杠、胶管、抹子、铁锹、溜槽等。

9. 质量控制及检验

(1)大体积混凝土浇筑完后及时覆盖养护,减少混凝土出现由表及里的干燥收缩裂缝。根据结构尺寸增加抗裂钢筋及混凝土接近终凝时用木模第二次收面;降低混凝土的入模温度,控制混凝土的内外温差。

(2)大体积混凝土施工前，做好各种施工准备，组织好充足劳动力和避免发生停电、停水及其他恶劣气候条件等因素的影响，防止出现施工冷缝。

10. 安全及环保要求

(1)安全要求

1)严格执行《施工现场临时用电安全技术规范》(JGJ 46—2005)规定的建筑施工现场安全用电标准，混凝土振捣器使用前必须经电工检验确认合格后方可使用；开关箱内必须装设合格有效漏电保护器；插座、插头应完好无损，不得使用破皮老化的电源线，电线应地支空架设，严禁随地拖拉；振捣器作业应两人配合，不得用电源线拖拉振捣器；操作人员必须穿绝缘鞋(胶鞋)，戴绝缘手套；电机出现故障，非专业人员严禁随意拆装电机，严防触电事故发生。

2)所有机械设备必须做到定期检查，非专业人员不得开启机械。大型机械的吊装必须符合规定要求，并办理验收手续，经验收合格后方可使用。

(2)环保要求

1)混凝土施工过程中，选用噪声和振动符合城市环境噪声标准的施工机械，同时合理安排施工作业时间，尽量避免夜间施工，减少噪声对周边居民的影响。

2)混凝土施工现场设置沉淀池，沉淀的清水用于场地洒水降尘；严格合理控制混凝土用量，减少落地灰的产生，产生的固体废弃物集中统一处理，防止污染环境。

5.2.4 钢结构施工作业指导书

1. 适用范围

适用于杭州至海宁城际铁路房建工程轻型钢结构的制作与安装施工。

2. 作业准备

(1)内业准备

1)熟悉施工图纸,认真审图阅图确定施工方法。

2)编制施工组织设计及优化方案。

3)编制材料计划及加工计划。

(2)外业准备

1)根据土建结构提供的测量控制网,对基础轴线、标高进行技术复核。对超出规范要求的,必须采取相应的纠偏措施。

2)规划现场拼装、组装场地。

3)检查地脚螺栓外露部分的情况,若有弯曲变形、螺牙损坏的螺栓,必须对其修正。

4)将柱子就位轴线、标高控制线弹测在柱基表面,并对柱基标高进行找平。

5)混凝土柱基标高浇筑一般预留 50～60 mm(与钢柱底设计标高相比),在安装时用钢垫板或是提前采用坐浆承板找平。采用钢垫板时,应检查垫板与基础面和柱底面的接触是否平整、紧密。采用坐浆承板时,应检查砂浆垫块的强度是否高于基础混凝土强度一个等级,及砂浆垫块面积的承载力是否满足要求。

3. 技术要求

(1)钢结构工程施工单位应具备相应的钢结构工程施工资质。施工现场质量管理应有相应的施工技术标准、质量管理体系、质量控制及检验制度。

(2)钢结构施工必须采用经过计量检定、校验合格的计量器具。

(3)钢结构工程质量验收应在施工单位自检的基础上,按照检验批、分项工程、分部(子分部)工程的程序进行。钢结构分部(子分部)工程中的分项工程划分应按照现行国家标准《建筑工程施工质量验收统一标准》(GB 50300)的规定执行。每项钢结构分项工程可按一个或分成若干个检验批进行验收。

(4)单层钢结构安装除执行本施工工艺标准外,须符合国家及行业有关现行标准要求。

4. 施工程序与工艺流程

(1)钢结构制作程序

原材料校直→放样、号料→下料(剪切、气割)→零件加工(钻孔、零件煨弯、小装配件焊接等)→焊定位架(档)→总装配(装屋架杆件、檩托、支撑连接板、下弦有关零件以及柱和底座、柱头等)→定位点焊→焊接→成品检验。

(2)钢结构安装程序

柱→柱间墙梁、拉结条→屋架(或组合屋面梁)→屋架间水平支撑、垂直支撑→檩条、拉结条。

(3)钢结构涂装程序

钢结构制作→防腐底漆一道→钢结构安装→清理构件表面→防腐中间漆一道→防腐面漆两道→防火涂料两道。

5. 施工要求

(1)施工准备

1)根据设计单位提供的设计文件、资料绘制钢结构施工详图。编制作业工艺卡,组织学习图纸和有关技术规程,向工人小组进行技术交底。

2)对所供应的原材料按设计要求逐一进行物理力学性能和化学成分的检验;检查原材料、焊条质量证明书;原材料运进工厂或现场按规格和数量进行清点,并分类整齐堆放,以备使用。

3)根据制作安装工艺要求,备齐制作机具设备、吊装起重设备、绳索、吊具及安装工具,以及焊接设备,并保持完好状态;对焊工进行考试,经考试合格取得相应施焊条件的合格证者才准操作,并按其技术水平定人、定点并编号。

4)运到现场的钢结构构件,必须有出厂合格证;各类拼装连接件、垫板及螺栓、铆钉的规格和数量应符合安装要求。

5)柱基础施工完毕,强度达到要求,回填土完毕,并办理交接验收手续。

6)在柱基上用砂浆找平标高,弹好安装十字轴线,检查螺栓平面位置和外露长度,应符合要求。在钢柱、屋架等钢构件上弹好安装中心线及连接构件的位置线。

7)按安装单元构件明细表核对进场构件,要求准备齐全,以保证结构安装的稳定性和连续性。

8)准备好连接件,并将各有关钢构件的连接件事先焊在某一钢构件的设计位置上,以减少高空作业。

(2)施工工艺

1)钢结构制作操作要点。

①原材料校直。型钢构件和圆钢,在运输、堆放过程中易产生弯曲或翘曲变形,下料前应予校直、整平。

②放样、号料。

a. 放样应在平整的平台或水泥地面上进行,以 1∶1 的尺寸放出构件详图。屋架应使杆件重心线在节点处交汇一点,避免偏心;上下弦应同时起拱(15 m 跨以内屋架起拱值 10 mm 左右),并使竖腹杆尺寸不变。

b. 根据放样实际外形尺寸,用 0.5~0.75 mm 厚钢板(或油毡纸)制作样板,制作样杆,作为下料加工的依据。

c. 号料要根据材料长度留出 1~4 mm 的切割余量。号料允许偏差:长度 1 mm,孔距 0.5 mm。

③下料成型。

a. 切割一般用冲剪机、无齿锯或砂轮锯切割;特殊形状可用氧乙炔焰切割,用小口径割嘴,端头用砂轮或风铲整修,清除毛刺、熔渣等,打磨平整,并打坡口(或刨边)。每根杆件先下一根料,经试装配检查无误,方可成批下料。

b. 杆件钻孔应用钻模制孔,用电钻或在钻床上进行,不得用氧乙炔焰气割成孔,以免损伤母材。

c. 圆钢煨弯多用加热弯曲法,即用氧气乙炔焰焊炬加热弯曲半径处,边加热边弯曲,小直径钢筋可用冷弯加工。蛇形腹杆通常以两节以上为一个加工单元,以保证平整和减少节点焊缝。

④构件装配。

a. 屋架(桁架,下同)组装方法。有平装和立装两种,跨度 15 m 以内的轻型屋架宜用平装法,在平整坚实的拼装台上进行。

b. 在平台上先弹出整榀屋架几何轴线及节点位置,校对无误后,用钢冲做好标记,然后划线,在屋架外形尺寸的两侧焊定位钢板或型钢,使弦杆与檩条、支撑连接板处的位置正确,但每一固定点应避开节点位置。焊接时,再用卡具将屋架和定位钢板卡紧,以防止焊接变形。

c. 装配宜用装配胎膜,按胎膜形状装配,以保证几何尺寸的准确。屋架组装顺序:先将上、下弦杆摆放就位,再放连接板(点焊),之后由跨中向两侧左右对称装上下弦连接腹杆,最后组装两端支座。组装时,构件的中心线应在同一水平面上,其误差不得大于 3 mm,连接孔中心的误差不得大于 2 mm。整个屋架组装完毕,要通盘检查几何尺寸、跨度、起拱及杆件焊缝长度是否满足设计要求。

d. 简单双角钢桁架多采用复制法,先按放样将一面组装定位焊好,然后翻身组装并定位焊另一面。翻身时须用杉木杆或其他材料横向进行加固,使屋架各点受力均匀,防止侧向变形。

e. 杆件截面由三根杆件组成的"▽"形空间结构,如棱形桁架,可先装成单片平面桁架,然后再点焊另一角零件,组合成三角形截面,装配腹杆间距要均匀,无论弦杆或腹杆均应先单肢拼配焊接校正后,然后再进行拼装。

f. 工字柱组装前,腹板应修边,须将柱中心线标注在腹板、翼板上(标三个面,两个小面,一个大面)。组装时要垫平,中心线对齐,用拉通线法进行检查。腹板与翼板之间要顶紧,以减小缝隙,上下翼板的错位要求不大于 1 mm,接头缝隙宽度的偏差不大于 1 mm,缝隙处的坡口角偏差不得大于$\pm 5^{\circ}$,然后将拼装板装上,用夹具与母材夹紧后进行点焊。

⑤焊接。

a. 焊接宜用小直径(2.5~3.2 mm)焊条,采用较小的电流焊接,防止发生咬肉、烧穿、夹渣等缺陷。当有多种焊缝时,相同电流强度焊接的焊缝宜同时焊完,然后调整电流强度焊另一种焊缝,焊条使用前要烘干。

b. 焊接顺序:由中间向两端对称施焊,相同高度焊缝尽量一次焊完,避免多次调电流,影响焊接质量。焊接斜梁的圆钢腹杆与弦杆连接焊缝时,应尽量采取围焊,以增加焊缝长度,避免或减少节点偏心。

c. 圆钢与圆钢、圆钢与钢板之间的贴角焊缝的有效厚度不小于 $0.2d$(d 为圆钢直径)或 3 mm,且不大于 1.2 倍钢板厚度,焊缝计算长度不小于 20 mm。

d. 工字形柱的腹板对接头,要求坡口等强焊接,焊透全截面,并且引弧板施焊,腹板及翼缘板接头应错开 200 mm。焊口必须平直,工字形柱的四条焊缝应按工艺顺序一次焊完,焊缝高度一次焊满成型,避免焊缝超高。单个对接口处的焊接顺序:先焊横缝,后焊纵缝,要严格控制焊接电流,尽可能避免仰焊,可用自制船形翻转焊胎进行,以保证焊接质量。

e. 对于檩条等小型构件,可使用一种辅助固定夹具,或辅助定位板,以保证结构的几何尺寸正确。

⑥钢结构构件的进场验收。

a. 钢材的质量合格证明文件、中文标识及复试报告齐全有效。

b. 钢材的厚度及尺寸与设计要求符合。

c. 钢材表面刷漆符合要求。

d. 焊接无裂纹、焊瘤等缺陷。

2)钢结构吊装操作要点。

①构件吊装就位，应根据场地和构件重量选择吊装设备。为防止构件变形，应根据情况采用辅助吊架、多点绑扎等措施。

②柱、屋架构件应随安装随吊线坠校正。校正后，构件间隙用螺栓固定。檩条和墙梁间的拉杆应先预张紧，以增加屋面和墙面刚度，并传递屋面、墙面荷载，但避免过紧，而使檩条、墙梁侧向变形。屋架上弦水平支撑，应在屋架与檩条安装完后拉紧，以增加屋盖的刚度。

③钢桁架必须采用四点起吊，钢丝绳为 2 根，左右对称布置，桁架吊装要有防构件变形措施。当起重机的起重高度和起重量能满足要求时，亦可采用组合安装法，可每两榀屋架一组预组装，将檩条、支撑系统、屋面压型板安上，螺栓拧紧，作为吊装单元；用起重机吊起，采取一节间隔一节整体吊装到柱头就位，以减少高空作业，发挥起重设备的效率，加快安装进度。两组整体屋盖间，另组装半榀屋盖，在跨外两侧吊装。每安完两组柱子，将其间上下两根钢梁用滑车挂在柱头吊起安上，以保证两组柱间纵向的稳定。

3)高强度螺栓连接操作要点。

①高强度螺栓储存。

a. 高强度螺栓连接副由制造厂按批号、一定数量同一规格配套后装为一箱(桶)，从出厂至安装前严禁随意开包。在运输过程中应轻装、轻卸，防止损坏，防雨、防潮。

b. 工地储存高强度螺栓时，应放在干燥、通风、防雨、防潮的仓库内，并不得损伤丝扣和沾污。连接副入库应按包装箱上注明的规格、批号分类存放。安装时，要按使用部位，领取相应规格、数量、批号的连接副。

c. 使用前应进行外观检查，表面油膜正常无污物的方可使用。

d. 使用开包时应核对螺栓的直径、长度。

②高强度螺栓的紧固方法。

a. 大六角头高强度螺栓一般用两种方法拧紧，即扭矩法和转角法。扭矩法分初拧和终拧，初拧扭矩用终拧扭矩的 0～50%，再用终拧扭矩把螺栓拧紧。如板层较厚，板叠较多，初拧的板层达不到充分密贴，还要在初拧和终拧之间增加复拧，复拧扭矩和初拧扭矩相同或略大。转角法分初拧和终拧两次进行。初拧用定扭矩扳手以终拧扭矩的 30%～50%进行。使接头各层钢板达到充分密贴，再在螺母和螺栓杆上面通过圆心画一条直线，然后用扭矩扳手转动螺母一个角度，使螺栓达到终拧要求。转动角度的大小在施工前由试验统计确定。

b. 扭剪型高强度螺栓紧固分初拧和终拧两次进行。初拧用定扭矩扳手，以终拧扭矩的 30%～50%进行，使接头各层钢板达到充分密贴，再用电动扭剪型扳手把梅花头拧掉，使螺栓杆达到设计要求的轴力。对于板层较厚，板叠较多，安装时发现连接部位有轻微翘曲的连接接头等原因使初拧的板层达不到充分密贴时应增加复拧，复拧扭矩和初拧扭矩相同或略大。

③高强度螺栓的安装顺序。一个接头上的高强度螺栓，应从螺栓群中部开始安装，逐个拧紧。初拧、复拧、终拧都应从螺栓群中部开始向四周扩展逐个拧紧，每拧一遍均应用不同颜色

的油漆做上标记，防止漏拧。接头如有高强度螺栓连接又有电焊连接时，先紧固还是先焊接应按设计要求规定的顺序进行，设计无规定时，按先紧固后焊接的施工工艺顺序进行，先终拧完高强度螺栓再焊接焊缝。高强度螺栓的紧固顺序从刚度大的部位向不受约束的自由端进行，同一节点内从中间向四周，以使板间密贴。

4)地脚螺栓施工操作要点。

①定位夹具制作。根据设计图纸按各种类型基础的螺栓组、群绘制定位夹具详图，夹具宜安排到专业车间或机修厂进行加工制作，制作时应严格控制。

②基础混凝土垫层浇筑时预留钢筋头。在混凝土基础垫层浇筑时，用废短钢筋头沿预埋螺栓方向两侧呈梅花交错布置插入混凝土垫层中，作为固定预埋螺栓斜拉筋的支撑点。预埋钢筋头间距应根据设备基础预埋螺栓的间距而定，一般不大于 600 mm。露出垫层长度 100 mm 左右。

③搭设专用夹具支架。夹具应设置独立支架，与支模架、浇捣架等其他各种支架完全脱离，并保证其有足够的稳定性。

④夹具就位、调整。夹具就位前将螺栓定位夹具按实际尺寸绘制到各基础平面位置。在已搭设的可调独立支架，且基础底板钢筋绑扎已经完毕后，可以进行螺栓定位夹具的初步就位工作。

⑤地脚螺栓就位。

a. 地脚螺栓就位应由两人操作，插入夹具定位孔时应注意，不宜碰撞夹具，地脚螺栓下脚先临时垫块固定，并使地脚螺栓与定位孔的间隙均匀一致，不得有地脚螺栓一边紧贴定位孔的情况。

b. 地脚螺栓初步固定后，目测地脚螺栓与定位孔之间间隙均匀，并且基本垂直后，螺栓上口旋入螺帽。将螺帽旋至定位夹具的槽钢平面，目测螺帽与槽钢面应无间隙。

⑥地脚螺栓顶标高调整、垂直度调整。

a. 调整螺栓的次序，先调整四角上的螺栓上口标高，然后调整中间间隔 1.5 m 的螺栓上口标高。

b. 螺栓垂直度的调整。调整方法是用钢丝线将螺栓下口一一缠绕，用钢丝线基础上部钢筋下 100 mm 的螺栓中上部(距上部基础上部钢筋下 100 mm 左右处)与混凝土垫层预留钢筋头绑孔缠绕。在钢丝线缠绕过程中进行螺栓垂直度的调整。

⑦地脚螺栓固定。地脚螺栓标高和垂直度调整完毕检查无误后，由专业焊工用钢筋将预埋螺栓底脚一一点焊连接，用钢筋将螺栓中部与垫层预埋的钢筋点焊连接，每个螺栓中部与垫层预埋钢筋头不少于两处连接。保证预埋螺栓与水平钢筋及斜钢筋成为空间不变体。焊接完成后，将细钢丝解开，再次进行标高和水平位移复核。

5)钢结构防腐涂料涂装操作要点。

①基面清理。油漆涂刷前，应采取适当的方法将需要涂装部位的铁锈、焊缝药皮、焊接飞溅物、油污、尘土等杂物清理干净。油污的清除方法根据工件的材质、油污的种类等因素来决定，通常采用溶剂清洗或碱液清洗。

②涂料涂装方法。

a. 刷涂法操作工艺要求。使用油漆刷子，应采用直握方法，用腕力进行操作。涂刷时，应蘸少量涂料，刷毛浸入油漆的部分应为毛长的 1/3～1/2。涂刷顺序，一般应按自上而下、从左向右、先里后外、先斜后直、先难后易的原则，使漆膜均匀、致密、光滑和平整。

b. 滚涂法操作工艺要求。涂料应倒入装有滚涂板的容器内，将滚子的一半浸入涂料，然后提起在滚涂板上来回滚涂几次。滚动时，初始用力要轻，随后逐渐用力，使涂层均匀。

c.浸涂法操作工艺要求。浸涂法就是将被涂物放入油漆槽中浸渍，经一定时间后取出后吊起，让多余的涂料尽量滴净，再晾干或烘干的涂漆方法。适用于形状复杂的骨架状被涂物，适用于烘烤型涂料。

d.空气喷涂法操作工艺要求。空气喷涂法是利用压缩空气的气流将涂料带入喷枪，经喷嘴吹散成雾状，并喷涂到被涂物表面上的一种涂装方法。进行喷涂时，必须将空气压力、喷出量和喷雾幅度等参数调整到适当程度，以保证喷涂质量。

e.无气喷涂法操作工艺要求。无气喷涂法是利用特殊形式的气动或其他动力驱动的液压泵，将涂料增至高压，当涂料经由管路通过喷枪的喷嘴喷出后，使喷出的涂料体积骤然膨胀而雾化，高速地分散在被涂物表面上，形成漆膜。

6)钢结构防火涂料涂装操作要点。

①厚涂型钢结构防火涂料涂装工艺及要求。喷涂应分若干层完成，第一层喷涂以基本盖住钢材表面即可，以后每层喷涂厚度为5～10 mm，一般为7 mm左右为宜。在每层涂层基本干燥或固化后，方可继续喷涂下一层涂料，通常每天喷涂一层。喷涂保护方式、喷涂层数和涂层厚度应根据防火设计要求确定。

②薄涂型钢结构防火涂料涂装工艺及要求。底涂层一般应喷涂2～3遍，待前一遍涂层基本干燥后再喷涂后一遍。第一遍喷涂以盖住钢材基面70%即可，二、三遍喷涂每层厚度不超过2.5 mm。喷涂保护方式、喷涂层数和涂层厚度应根据防火设计要求确定。

6.劳动组织

以单层钢结构厂房为例，劳动力投入情况见表5.2.4-1。

表5.2.4-1 作业人员配置

序　号	人员配置	人数(人)	备　注
1	架子队队长	1	
2	技术负责人	1	
3	技术员	1	
4	安全员	1	
5	材料员	1	
6	质检员	1	
7	试验员	1	
8	领工员	1	
9	工班长	1	
10	安装工	18	持有效证件上岗
11	起重工	6	持有效证件上岗
12	吊装工	2	持有效证件上岗
13	焊工	6	持有效证件上岗
14	油漆工	10	持有效证件上岗
15	普工	6	持有效证件上岗

7. 材料要求

(1)钢材的规格、品种、性能应符合设计要求及国家标准。

(2)每批钢材必须有厂家提供的材质证书、合格证。

(3)钢材表面不应有质量缺陷,如结疤、折叠、裂纹、分层。

(4)钢结构连接用高强度大六角头螺栓连接副、扭剪型高强度螺栓连接副、钢网架用高强度螺栓、普通螺栓、铆钉、自攻钉、拉铆钉、射钉、锚栓(机械型和化学试剂型)、地脚锚栓等紧固标准件及螺母、垫圈等标准配件,其品种、规格、性能等应符合现行国家产品标准和设计要求。高强度大六角头螺栓连接副和扭剪型高强度螺栓连接副出厂时应分别随箱带有扭矩系数和紧固轴力(预拉力)的检验报告。高强螺栓等辅助材料合格证、复检检验报告齐全。

8. 设备机具配置

(1)施工机械

起重吊装设备、载重汽车、电气焊设备等。

(2)施工工具

卡具、夹具、楔铁、滑轮、倒链、钢丝绳、棕绳、铁扁担、千斤顶、线坠、钢卷尺、塞尺等。

9. 质量控制及检验

(1)质量控制

1)预埋件位置偏差较大控制。

2)焊缝质量不合格控制。

3)除锈不彻底控制。

(2)质量控制措施

1)混凝土浇筑前,必须对定位轴线间距、柱基面标高和地脚螺栓预埋位置进行检查,确保每根柱的地脚螺栓必须用预埋钢架固定牢固可靠,合格后方可浇筑混凝土。

2)焊缝质量控制措施:

①不得使用药皮剥落、开裂、变质、偏心和焊芯锈蚀的焊条,对焊条和焊剂要进行烘烤。

②认真处理坡口。

③控制焊接电流和电弧长度。

④提高操作技术,改善焊接环境。

3)表面处理的质量优劣,将直接影响着涂层质量,当采用不同的表面处理方法和所得到的除锈等级,会使最终出现的钢材涂装保护效果差异很大。除锈后必须进行隐蔽验收,不合格的严禁涂刷防锈漆。

(3)质量检验

1)钢材。钢材、钢铸件的品种、规格、性能等应符合现行国家产品标准和设计要求。进口钢材产品的质量应符台设计和合同规定标准的要求。

检查数量:全数检查。

检验方法:检查质量合格证明文件、中文标志及检验报告等。

对属于下列情况之一的钢材,应进行抽样复验,其复验结果应符合现行国家产品标准和设计要求：

①国外进口钢材。

②钢材混批。

③板厚等于或大于 40 mm，且设计有 Z 向性能要求的厚板。

④建筑结构安全等级为一级，大跨度钢结构中主要受力构件所采用的钢材。

⑤设计有复验要求的钢材。

⑥对质量有疑义的钢材。

检查数量：全数检查。

检验方法：检查复验报告。

2)焊接材料。

①焊接材料的品种、规格、性能等应符台现行国家产品标准和设计要求。

检查数量：全数检查。

检验方法：检查焊接材料的质量合格证明文件、中文标志及检验报告等。

②重要钢结构采用的焊接材料应进行抽样复验，复验结果应符合现行国家产品标准和设计要求。

检查数量：全数检查。

检验方法：检查复验报告。

3)连接用紧固标准件。

①钢结构连接用高强度大六角头螺栓连接副、扭剪型高强度间性连接副、钢网架用高强度螺栓、普通螺栓、铆钉、自攻钉、拉铆钉、射钉、锚栓(机械型和化学试剂型)、地脚锚栓等紧固标准件及螺用、垫圈等标准配件，其品种、规格、性能应符合现行国家产品标准和设计要求。高强度大六角头螺栓连接副和扭剪型高强度螺栓连接副出厂时应分别随箱带有扭矩系数和紧固轴力(预拉力)的检验报告。

检查数量：全数检查。

检验方法：检查产品的质量合格证明文件、中文标志及检验报告等。

②高强度大六角头螺栓连接副应按紧固件连接工程检验项目的规定检验其扭矩系数，其检验结果应符合规定的相应标准。

检查数量：参见紧固件连接工程检验项目。

检验方法：检查复验报告。

③扭剪型高强度螺栓连接副应按紧固件连接工程检验项目的规定检预拉力。

检查数量：参见紧固件连接工程检验项目。

检验方法：检查复验报告。

4)焊接球。

①焊接球及制造焊接球所采用的原材料，其品种、规格、性能等应符合现行国家产品标准和设计要求。

检查数量：全数检查。

检验方法：检查产品的质量合格证明文件、中文标志及检验报告等。

②焊接球焊缝应进行无损检验，其质量应符合设计要求。

检查数量:每一规格按数量抽查5%,且不应少于3个。

检验方法:超声波探伤或检查检验报告。

5)螺栓球。

①螺栓球及制造螺栓球节点所采用的原料,其品种、规格、性能等应符合现行国家产品标准和设计要求。

检查数量:全数检查。

检验方法:检查产品的质量合格证明文件、中文标志及检验报告等。

②螺栓球不得有过烧、裂纹及褶皱。

检查数量:每种规格抽查5%,且不应少于5只。

检查方法:用10倍放大镜观察和表面探伤。

6)封板、锥头和套筒。

①封板、锥头和套筒及制造封板、锥头和套筒所采用的原材料,其品种、规格、性能等应符合现行国家产品标准和设计要求。

检查数量:全数检查。

检验方法:检查产品的质量合格证明文件、中文标志及检验报告等。

②封板、锥头、套筒外观不得有裂纹、过烧及氧化皮。

检查数量:每种抽查5%,且于应少于10只。

检验方法:用放大镜观察检查和表面探伤。

7)单层钢结构、地下钢结构。

①单层钢结构安装工程可按变形缝或空间刚度单元等划分成一个或若干个检验批,地下钢结构要按不同地下层划分检验批。

②钢结构安装检验批应在进场验收和焊接连接、紧固件连接、制作等分项工程验收合格的基础上进行验收。

③安装的测量校正,高强度螺栓安装、负温度下施工及焊接工艺等,应在安装前进行工艺试验或评定,并应在此基础上制定相应的施工工艺或方案。

④安装偏差的检测,应在结构形成空间刚度单元并连接固定后进行。

8)基础和支承面。

①主控项目:

建筑物的定位辅线、基础轴线和标高、地脚螺栓的规格及其紧固应符合设计要求。

检查数量:按柱基数抽查10%,且不应少于3个。

检验方法:用经纬仪、水准仪、全站仪和钢尺现场实测。

基础顶面直接作为柱的支承面和基础顶面预埋钢板或支座作为柱的支承面时,其支承面、地脚螺栓(锚栓)位置的允许偏差应符合表5.2.4-2的规定。

检查数量:按柱基数抽查10%,且不应少于3个。

检验方法:用经纬仪、水准仪、全站仪、水平尺和钢尺实测。

采用座浆垫板时,座浆垫板的允许偏差应符合表5.2.4-3的规定。

检查数量:资料全数检查,按基数抽查10%,且不应少于3个。

检验方法:用水准仪、全站仪、水平尺和钢尺现场实测。

表 5.2.4-2　支承面、地脚螺栓(锚栓)位置允许偏差

项　目		允许偏差(mm)
支承面	标高	±3.0
	水平度	L/1 000
地脚螺栓(锚栓)	螺栓中心偏移	5.0
预留孔心偏移		10.0

注:L 为支承面长度。

表 5.2.4-3　座浆垫板允许偏差

项　目	允许偏差(mm)
顶面标高	0～3.0
水平度	L/100
位置	20.0

注:L 为座浆垫板长度。

采用杯口基础时,杯口尺寸的允许偏差应符合表 5.2.4-4 的规定。

检查数量:按基础数抽查 10%,且不应少于 4 处。

检验方法:观察及尺量检查。

表 5.2.4-4　杯口尺寸允许偏差

项　目	允许偏差(mm)
底面标高	0,−5.0
杯口深度 H	±5.0
杯口垂直度	H/100,且不应大于 10.0
位置	10.0

②一般项目:

地脚螺栓(锚栓)尺寸的偏差应符合表 5.2.4-5 的规定。地脚螺栓(锚栓)的螺纹应受到保护。

检查数量:按柱基数抽查 10%,且不应少于 3 个。

检验方法:用钢尺现场实测。

表 5.2.4-5　地脚螺栓(锚栓)尺寸允许偏差

项　目	允许偏差(mm)
螺栓(锚栓)露出长度	+30.0,0
螺纹长度	+30.0,0

9)安装和校正。

①主控项目:

运输、堆放和吊装等造成的钢构件变形及涂层脱落,应进行校正和修补。

检查数量:按柱构件数抽查 10%,且不应少于 3 个。

检验方法:用拉线、钢尺现场实测或观察。

设计要求顶紧的节点,接触面不应少于 70%紧贴,且边缘最大间隙不应大于 0.8 mm。

检查数量:按柱节点数抽查 10%,且不应少于 3 个。

检验方法:用吊线、拉线、经纬仪和钢尺现场实测。

钢屋(托)架、桁架、梁及受压杆件的垂直度和侧向弯曲矢高的允许偏差应符合表 5.2.4-6 的规定。

检查数量:按同类构件数抽查 10%,且不应少于 3 个。

检验方法:用吊线、拉线、经纬仪和钢尺现场实测。

表 5.2.4-6　垂直度和侧向弯曲矢高的允许偏差

<table>
<tr><th>项　目</th><th colspan="2">允许偏差(mm)</th></tr>
<tr><td>跨中垂直度</td><td colspan="2">$h/250$,且不应大于 15.0</td></tr>
<tr><td rowspan="3">侧向弯曲矢高</td><td>$L \leqslant 30$ m</td><td>$L/1\,000$,且不应大于 10.0</td></tr>
<tr><td>30 m$<L\leqslant$60 m</td><td>$L/1\,000$,且不应大于 30.0</td></tr>
<tr><td>$L>60$ m</td><td>$L/1\,000$,且不应大于 50.0</td></tr>
</table>

注:h 为梁高(mm);L 为梁长(mm)。

单层钢结构主体结构的整体垂直度和整体平面弯曲的允许偏差符合表 5.2.4-7 的规定。

检查数量:对主要产品全部检查,每个所检查的立面除两列角柱外,尚应至少选取一列中间柱。

检验方法:采用经纬仪、全站仪等测量。

表 5.2.4-7　整体垂直度和整体平面弯曲的允许偏差

项　目	允许偏差(mm)
主体结构的整体垂直度	$H/1\,000$,且不应大于 25.0
主体结构的整体平面弯曲	$L/1\,500$,且不应大于 25.0

②一般项目:

钢柱等主要构件的中心线及标高基准点等标记应齐全。

检查数量:按同类构件数抽查 10%,且不应少于 3 件。

检验方法:观察检查。

当钢桁架(或架)安装混凝土柱上时,其支座中心对定位轴线的偏差不应大于 10 mm,当采用大型混凝土屋面板时,钢桁架(或梁)间距的偏差不应大于 10 mm。

检查数量:按同类构件数抽查 10%,且不应少于 3 榀。

检验方法:用拉线和钢尺现场实测。

钢柱安装允许偏差应符合表 5.2.4-8 的规定。

检查数量:按钢柱数抽查 10%,且不应少于 3 件。

检验方法:见表 5.2.4-8。

表 5.2.4-8　钢柱安装允许偏差和检验方法

<table>
<tr><td colspan="3">项　目</td><td>允许偏差(mm)</td><td>检验方法</td></tr>
<tr><td colspan="3">柱脚底座中心线对定位轴线的偏移</td><td>5.0</td><td>用吊线和钢尺检查</td></tr>
<tr><td colspan="2" rowspan="2">柱基准点标高</td><td>有吊车梁的柱</td><td>+3.0,−5.0</td><td>用水准仪检查</td></tr>
<tr><td>无吊车梁的柱</td><td>+5.0,−8.0</td><td>用水准仪检查</td></tr>
<tr><td colspan="3">弯曲矢高</td><td>H/1 200 且不应大于 15.0</td><td>用经纬仪或拉线和钢尺检查</td></tr>
<tr><td rowspan="4">柱轴线垂直度</td><td rowspan="2">单层柱</td><td>H≤10 m</td><td>H/1 000</td><td rowspan="4">用经纬仪或吊线和钢尺检查</td></tr>
<tr><td>H>10 m</td><td>H/1 000,且不应大于 25.0</td></tr>
<tr><td rowspan="2">多节柱</td><td>单节柱</td><td>H/1 000,且不应大于 10.0</td></tr>
<tr><td>柱全高</td><td>35.0</td></tr>
</table>

注:H 为钢柱高。

檩条、墙架等构件安装的允许偏差应符合表 5.2.4-9 的规定。

检查数量:按同类构件数抽查 10%,且不应少于 3 件。

检验方法:见表 5.2.4-9。

5.2.4-9　檩条、墙架等次要构件安装允许偏差和检验方法

<table>
<tr><td colspan="2">项　目</td><td>允许偏差(mm)</td><td>检验方法</td></tr>
<tr><td rowspan="3">墙架立柱</td><td>中心线对定位轴线的偏移</td><td>10.0</td><td>用钢尺检查</td></tr>
<tr><td>垂直度</td><td>H/1 000 且不应大于 10.0</td><td>用经纬仪或吊线和钢尺检查墙架立</td></tr>
<tr><td>弯曲矢高</td><td>H/1 000 且不应大于 15.0</td><td>用经纬仪或吊线和钢尺检查墙架立</td></tr>
<tr><td colspan="2">抗风桁架的垂直度</td><td>h/250 且不应大于 15.0</td><td>用吊线和钢尺检查</td></tr>
<tr><td colspan="2">檩条、墙梁的间距</td><td>±5.0</td><td>用钢尺检查</td></tr>
<tr><td colspan="2">檩条的弯曲矢高</td><td>L/750 且不应大于 12.0</td><td>用拉线和钢尺检查</td></tr>
<tr><td colspan="2">墙梁的弯曲矢高</td><td>L/750 且不应大于 10.0</td><td>用拉线和钢尺检查</td></tr>
</table>

注:1. H 为墙架立柱的高度。
2. h 为抗风衍架的高度。
3. L 为檩条或墙梁的长度。

钢平台、钢梯、栏杆安装应符合现行国家标准《钢结构工程施工质量验收规范》(GB 50205—2001)的规定,钢平台、钢梯和防护栏杆安装的允许偏差应符合表 5.2.4-10 的规定。

检查数量:按钢平台总数抽查 10%,栏杆、钢梯按总长度各抽查 10%,但钢平台不应少于 1 个,栏杆不应少于 5 m,钢梯不应少于 1 跑。

检验方法:见表 5.2.4-10。

表 5.2.4-10　钢平台、钢梯和防护栏杆安装允许偏差和检验方法

项　目	允许偏差(mm)	检验方法
平台高度	±15.0	用水准仪检查
平台梁水平度	l/1 000 且不应大于 20.0	用水准仪检查
平台支柱垂直度	H/1 000 且不应大于 15.0	用经纬仪或吊线和钢尺检查

续上表

项　目	允许偏差(mm)	检验方法
承重平台梁侧向弯曲	l/1 000 且不应大于 10.0	用拉线和钢尺检查
承重平台梁垂直度	h/250 且不应大于 15.0	用吊线和钢尺检查
直梯垂直度	l/1 000 且不应大于 15.0	用吊线和钢尺检查
栏杆高度	±15.0	用钢尺检查
栏杆立柱间距	±15.0	用钢尺检查

现场焊缝组对间隙的允许偏差应符合表 5.2.4-11 的规定。

检查数量:按同类节点数抽查 10%,且不应少于 3 个。

检验方法:用尺量检查。

表 5.2.4-11　现场焊缝组对间隙允许偏差

项　目	允许偏差(mm)
无垫板间隙	+3.0,0
有垫板间隙	+3.0,−2.0

钢结构表面应干净,结构主要表面不应有疤痕、泥砂等污垢。

检查数量:按同类构件数抽查 10%,且不应少于 3 个。

检验方法:观察检查。

10)涂装。

①主控项目:

涂装前钢材表面除锈应符合设计要求和国家现行的关标准的规定。处理后的钢材表面不应有焊渣、焊疤、灰尘、油污、水和毛刺等。当设计无要求时,钢材表面除锈等级符合表 5.2.4-12 的规定。

检查数量:按桅件数抽查 10%,且同类构件不应少于 3 件。

检验方法:用铲刀检查和用现行国家标准《涂装前钢材表面锈蚀等级和除锈等级》GB 8923 规定的图片对照观察检查。

表 5.2.4-12　各种底漆或防锈漆要求最低的除锈等级

涂料品种	除锈等级
油性酚醛、醇酸等底漆或防锈漆	St2
高氯化聚乙烯、氯化橡胶、氯磺化聚乙烯、环氧树脂、聚氨酯等	St2
无机富锌、有机硅、过氯乙烯等底漆	Sa2.5

涂料、涂装遍数、涂层厚度均应符合设计要求。当设计对涂层厚度无要求时,涂层干漆膜总厚度:室外应为 150 μm,室内应为 125 μm,其允许偏差为−25 μm。每遍涂层干漆膜厚度的允许偏差为−5 μm。

检查数量:按构件数抽查 10%,且同类构件不应少于 3 件。

检验方法:用干漆膜测厚仪检查。每个构件检测 5 处,每处的数值为 3 个相距 50 mm 测点涂层干漆膜厚度的平均值。

②一般项目：

构件表面不应误涂、漏涂，涂层不应脱皮和返锈等。涂层应均匀，无明显皱皮、流坠、针眼和气泡等。

检查数量：全数检查。

检验方法：观察检查。

当钢结构处在有腐蚀介质环境或外露且设计有要求时，应进行涂层附着力测试，在检测处范围内，当涂层完整程度达到70%以上时，涂层附着力达到合格质量标准的要求。

检查数量：按构件附着力达到合格质量标准的要求。

检验方法：按照现行国家标准《漆膜附着力测定法》(GB 1720)或《色漆和清漆、漆膜的划格试验》(GB 9286)执行。

涂装完成后，构件的标志、标记和编号应清晰完整。

检查数量：全数检查。

检验方法：观察检查。

11)防火涂料。

①主控项目：

防火涂料涂装前钢材表面除锈及防锈底漆涂装应符合设计要求和国家现行有关标准的规定。

检查数量：按构件数抽查10%，且同类构件不应少于3件。

检验方法：表面除锈用铲刀检查和用现行国家标准《涂装前钢材表面锈蚀等级和除锈等级》(GB 8923)规定的图片对照观察检查。底漆涂装用干漆膜测厚仪检查，每个构件检测5处，每处的数值为3个相距50 mm测点涂层干漆膜厚度的平均值。

钢结构防火涂料的黏结强度应符合国家现行标准《钢结构防火涂料应用技术规程》(CECS 24:90)的规定。检验方法应符合现行国家标准《建筑构件防火喷涂材料性能试验方法》(GB 9978)的规定。

检查数量：每使用100 t或不足100 t薄涂型防火涂料应抽检一次黏结强度；每使用500 t或不足500 t厚涂型防火涂料应抽检一次黏结强度和抗压强度。

检验方法：检查复检报告。

薄涂型防火涂料的涂层厚度应符合有关耐火极限的设计要求。厚涂型防火涂料涂层的厚度，80%及上面积应符合有关耐火极限的设计要求，且最薄处厚度不应低于设计的85%。

检查数量：按同类构件数抽查10%，且均不应少于3件。

检验方法：用涂层厚度测量仪、测针和钢尺检查。测量方法应符合国有现行标准《钢结构防火涂料应用技术规程》(CECS 24:90)的规定及《钢结构工程施工质量验收规范》(GB 50205—2001)。

薄涂型防火涂料涂层表面裂纹宽度不应大于0.5 mm；厚涂型防火涂料涂层表面裂纹宽度不应大于1 mm。

检查数量：全数检查。

检验方法；观察检查。

②一般项目：

防火涂料装基层不应有油污、灰尘和泥砂等污垢。

检查数量：全数检查。

检验方法;观察检查。

防火涂料不应有误涂、漏涂,涂层应闭合无脱层、空鼓、明显凹陷、粉化松散和浮浆等外观缺陷,乳突已剔除。

检查数量:全数检查。

检验方法;观察检查。

10.安全及环保要求

(1)安全要求

1)防止发生起重伤害事故的要求:

①构件翻身起吊绑扎必须牢固,起吊点应通过构件的重心位置,吊升时应平稳,避免振动或摆动。在构件就位并临时固定前,不得解开索具或拆除临时固定用具,以防脱落伤人。

②起重设备行走路线应坚实、平整,停放地点应平坦;严禁超负荷吊装,操作时避免斜吊,同时不得起吊重量不明的钢柱。

③钢柱安装就位后应随即校正固定,并将柱间支撑系统装好,如不能很快固定,刮风天气应设缆风绳,防止造成失稳。钢柱制作安装完毕,应清理现场,保持环境整洁。

2)防止发生高空坠落事故的要求:

①屋面檩条、水平支撑及压型板安装下部应挂安全网,四周设安全栏杆;墙面构件和压型板安装时,工人应系安全带。

②高处作业使用的撬杠和其他工具应防止坠落;高空用梯子、吊篮、临时操作台应绑扎牢靠;跳板应铺平绑扎,严禁出现挑头板。

3)防止发生触电事故的要求:

①操作各种加工机械及电动工具的人员,应经专门培训,考试合格后方准上岗,操作时应遵守各种机械及电动工具的操作规程。

②钢结构制作场地用电应有专人负责安装、维护和管理用电设备和电线路。架设的低压线路不得用裸导线,电线铺设要防砸、防碰撞、防挤压,以防触电。电焊机的电源线不宜超过5 m,并应架高。电焊线和电线要远离起重钢丝绳 2 m 以上;电焊线在地面上与钢丝绳和钢构件相接触时,应有绝缘隔离措施。

③各种用电加工机械设备,必须有良好的接地和接零,接地线应用截面不小于 25 mm^2 的多股软裸铜线和专用线夹,不得用缠绕的方法进行接地和接零。对手动电动工具必须装设漏电保护器。

④在雨季或潮湿地点加工钢结构,铆工、电焊工应戴绝缘手套和穿绝缘胶鞋,以防止操作时漏电伤人。塔式起重机或长臂杆的起重设备,应有避雷设施。

(2)环保要求

1)涂装涂料施工中使用擦过溶剂和涂料的棉纱、棉布等物品应存放在带盖的铁桶内,并定期处理掉,严禁随意丢弃。

2)涂装施工前,做好对周围环境和其他半成品的遮蔽保护工作,防止污染环境。

5.2.5 砌体施工作业指导书

1. 适用范围

适用于杭州至海宁城际铁路房建工程砌块墙体砌筑工程施工。

2. 作业准备

(1)砌筑材料物理性能、外观尺寸、表观质量等技术指标应符合国家、行业以及当地标准。

(2)加气混凝土砌块的上墙龄期不得少于 28 d。

(3)砌筑所用砂浆强度等级必须符合设计要求。

3. 技术要求

(1)加气混凝土砌块的砌筑面上应适量洒水。

(2)在墙体转角处设置皮数杆,皮数杆上画出砌块皮数及砌块高度,并在相对砌块上边线间拉准线,依准线砌筑。

(3)加气混凝土砌块墙如无切实有效措施,不得使用于下列部位:

1)建筑物室内地面标高以下部位。

2)长期浸水或经常处于干湿交替部位。

3)受化学环境侵蚀(如强酸、强碱)或高浓度二氧化碳等环境。

4)砌块表面经常处于 80 ℃以上的高温环境。

(4)加气混凝土砌块墙上不得留设脚手眼。

(5)砌块墙体留槎时应留成斜槎,或在门窗洞口侧边间断。

4. 施工程序与工艺流程

清理基层→定位放线→立皮数杆→设置拉结钢筋→墙根坎台施工→选砌块→浇水湿润→满铺砂浆→摆砌块→砌筑顶砖→勾缝。

5. 施工要求

(1)施工准备

1)砌块砌筑前应对施工部位图纸进行审查,熟悉图纸掌握设计要求和标准。

2)按设计要求和质量标准编制砌块砌体的施工方案。

3)根据施工方案要求提出劳动力及材料和施工机具使用计划。

(2)施工工艺

1)墙体放线:墙体施工前,应将基础顶面或楼层结构面按标高找平,依据图纸放出第一皮砌块的轴线,砌体的边线及门窗洞口位置线。

2)砌块提前 2 d 进行浇水湿润,浇水时把砌块上的浮尘冲洗干净。

3)根据砌块砌体标高要求立好皮数杆,皮数杆立在砌体的转角处,纵向长度一般不应大于 15 m立一杆。

4)制配砂浆:按设计要求的砂浆品种、强度制配砂浆,配合比应由试验室确定,采用重量比,计量精度为水泥±2%,砂、灰膏控制在±5%以内,应采用机械搅拌,搅拌时间不少于 1.5 min。

5)砌块的排列:应根据工程设计施工图纸,结合砌块的品牌规格,绘制砌体砌块的排列图,经审核无误后,按图进行排列。

6)排列应从基础顶面或楼层面进行,排列时应尽量采用主规格的砌块,砌体中主规格砌块应占总量的 80%以上。

7)砌块排列上下皮应错缝搭接,搭砌长度一般为砌块长度的 1/3,且不应小于 150 mm。

8)外墙转角处及纵横墙交接处,应将砌块分皮咬槎,交错搭砌,砌体砌至门窗洞口边非整块时,应用同品种的加工切割而成,不得用其他砌块或砖镶砌。

9)砌体水平灰缝厚度一般为 15 mm,如果加钢筋网片的砌体,水平灰缝厚度为 20～25 mm,垂直灰缝宽度为 20 mm。水平灰缝砂浆饱满度不应小于 90%;竖向灰缝砂浆饱满度不应小于 80%,大于 30 mm 的垂直缝,应用 C20 的细石混凝土灌实。

10)砌块砌体与结构构件位置有矛盾时,应先满足构件要求。

11)铺砂浆:将搅拌好的砂浆,通过吊斗、灰车运至砌筑地点,在砌块就位前,用大铲、灰勺进行分块铺灰,较小的砌块铺灰长度不得超过 1 500 mm。

12)砌块就位与校正:砌块砌筑前一天应进行浇水湿润,冲去浮尘,清除砌块表面的杂物后方可吊运就位。砌筑就位应先远后近、先下后上、先外后内;每层开始时,应从转角处或定位砌块处开始,应吊砌一皮、校正一皮,皮皮拉线控制砌体标高和墙面平整度。

13)砌块就位与起吊应避免偏心,使砌块底面水平下落,就位时由人手扶控制对准位置,缓慢下落,经小撬棍微撬,拉线控制砌体标高和墙面平整度,用托线板挂直,校正为止。

14)竖缝灌浆法:每砌一皮砌体就位后,用砂浆灌实直缝,随后进行灰缝的勒缝(原浆勾缝),深度一般为 3～5 mm。

6. 劳动组织

劳动力配置情况见表 5.2.5-1。

表 5.2.5-1 劳动力配置

序 号	人员配置	人数(人)	备 注
1	架子队队长	1	
2	技术负责人	1	
3	技术员	1	
4	安全员	1	
5	材料员	1	
6	质检员	1	
7	试验员	1	
8	领工员	1	
9	工班长	1	
10	瓦工	15	
11	普工	12	

7. 材料要求

(1)蒸压加气混凝土砌块规格、尺寸、干密度、外观质量必须符合设计要求及施工规范规定。

(2)蒸压加气混凝土砌块应符合《建筑材料放射性核素限量》的规定。

(3)水泥等级满足设计要求，砂子宜采用中砂，含泥量不超过5%。

8. 设备机具配置

(1)施工机械

垂直运输设备(如施工升降机等)、搅拌机、电动切割机等。

(2)施工工具

夹具、电动手锯、灰斗、大铁锹、手推车、吊篮、小撬棍、钢卷尺、卷尺、垂线球等。

9. 质量控制及检验

(1)质量控制

1)墙面垂直度、平整度、灰缝饱满度满足要求。

2)加气混凝土砌块表面质量满足要求。

3)马牙槎留置符合规范要求。

(2)质量控制措施

1)砌块砌筑前，应在底部先用三皮烧结普通砖进行找平，墙体砌筑时必须双面挂线，如果长墙几个人均使用一根通线，中间应设几个支线点，小线要拉紧，每层砖都要穿线看平，使水平缝均匀一致，平直通顺，每砌筑1 m进行垂直度和平整度检测，发现问题及时纠正。

2)加气混凝土砌块墙的灰缝应横平竖直，砂浆饱满，水平灰缝砂浆饱满度不应小于90%；竖向灰缝砂浆饱满度不应小于80%。水平灰缝厚度宜为15 mm；竖向灰缝宽度宜为20 mm。砌筑过程中要勤检查，发现问题及时纠正。

3)加气混凝土砌块运输、装卸过程中，严禁抛掷和倾倒，防止损坏棱角边。砌块严禁水泡、雨淋；墙体上的预留孔槽应留准，严禁后期乱剔乱凿。拆除施工架子时应注意保护墙体及门窗洞口边角。

4)加气混凝土砌块砌筑时，不应与其他块材混砌，砌块搭砌长度不应小于砌块长度的1/3，最小搭砌长度不得小于150 mm，竖向通缝不得大于2皮砌块高度，纵横交叉转角处应同时砌筑。

(3)质量检验

1)加气混凝土砌块砌体质量合格应符合以下规定：

①主控项目应全部符合规定。

②一般项目应有80%及以上的抽检处符合规定，或偏差值在允许偏差范围以内。

2)加气混凝土砌块砌体主控项目：砌块和砌筑砂浆的强度等级应符合设计要求。

检验方法：检查砌块的产品合格证书、产品性能检测报告和砂浆试块试验报告。

3)加气混凝土砌块砌体一般项目：

①砌体一般尺寸的允许偏差应符合表5.2.5-2的规定。

抽检数量:对表 5.2.5-2 中 1、2 项,在检验批的标准间中随机抽查 10%,但不应少于 3 间;大面积房间和楼道按两个轴线或每 10 延长米按一标准间计数,每间检验不应少于 3 处。对表中 3、4 项,在检验批中抽检 10%,且不应少于 5 处。

表 5.2.5-2 加气混凝土砌体一般尺寸允许偏差

<table>
<tr><th>项次</th><th colspan="2">项 目</th><th>允许偏差(mm)</th><th>检验方法</th></tr>
<tr><td rowspan="3">1</td><td colspan="2">轴线位移</td><td>10</td><td>用尺检查</td></tr>
<tr><td rowspan="2">垂直度</td><td>小于或等于 3 m</td><td>5</td><td rowspan="2">用 2 m 托线板或吊线、尺检查</td></tr>
<tr><td>大于 3 m</td><td>10</td></tr>
<tr><td>2</td><td colspan="2">表面平整度</td><td>8</td><td>用 2 m 靠尺和楔形塞尺检查</td></tr>
<tr><td>3</td><td colspan="2">门窗洞口高、宽(后塞口)</td><td>±5</td><td>用尺检查</td></tr>
<tr><td>4</td><td colspan="2">外墙上、下窗口偏移</td><td>20</td><td>用经纬仪或吊线检查</td></tr>
</table>

②加气混凝土砌块不应与其他块材混砌。

抽检数量:在检验批中抽检 20%,且不应少于 5 处。

检验方法:外观检查。

③加气混凝土砌块砌体的灰缝砂浆饱满度不应小于 80%。

抽检数量:每步架子不少于 3 处,且每处不应少于 3 块。

检验方法:用百格网检查砌块底面砂浆的黏结痕迹面积。

④加气混凝土砌块砌体留置的拉结钢筋或网片的位置与砌块皮数相符合。拉结钢筋或网片应置于灰缝中,埋置长度应符合设计要求,竖向位置偏差不应超过一皮砌块高度。

抽检数量:在检验批中抽检 20%,且不应少于 5 处。

检验方法:观察和用尺量检查。

⑤砌块砌筑时应错缝搭接,搭接长度不应小于砌块长度的 1/3;竖向通缝不应大于 2 皮。

抽检数量:在检验批的标准间中抽查 10%,且不应少于 3 间。

检验方法:观察和用尺检查。

⑥加气混凝土砌块砌体的水平灰缝厚度及竖向灰缝宽度分别宜为 15 mm 和 20 mm。

抽检数量:在检验批的标准间中抽查 10%,且不应少于 3 间。

检验方法:用尺量 5 皮砌块的高度和 2 m 砌体长度。

⑦加气混凝土砌块墙砌至接近梁、板底时,应留一定空隙,待墙体砌筑完并应至少间隔 7 d 后,再将其补砌挤紧。

抽检数量:每验收批抽 10%墙片(每两柱间的填充墙为一墙片),且不应少于 3 片墙。

检验方法:观察。

10. 安全及环保要求

(1)安全要求

1)砌筑用脚手架搭设完成后,必须经验收合格后方可使用。砌筑时不准随意拆除和改动脚手架,楼层屋盖上的盖板防护栏不得随意挪动拆除。

2)采用内脚手架砌砖时,不得站在墙上勾缝或在墙顶上行走。

3)在架子上砍砖时,操作人员应向里把碎砖打在架板上,严禁把砖头打向架外。挂线用的坠砖,应绑扎牢固,以免坠落伤人。

4)砌筑过程中,“四口”及临边洞口的防护必须到位,严禁随意拆除防护设施。

5)起吊砖笼和砂浆料斗,砖和砂浆不能过满。吊臂工作范围内不得有人停留。

6)现场施工用电严格按照《施工现场临时用电安全技术规范》(JGJ 46—2005)执行。严禁人员私接乱拉电线,施工用电线电缆严禁沿地敷设,以防线路破损,发生触电事故。

(2)环保要求

1)施工现场实行封闭化,主要道路硬化,水泥库房及时覆盖,易起尘的施工面及时洒水围挡保证现场扬尘排放达标。

2)固体废物实现分类存放,有效管理,提高回收利用率。生产和生活用水分类排放。

5.2.6 扣件式钢管脚手架施工作业指导书

1. 适用范围

适用于杭州至海宁城际铁路房建工程扣件式钢管脚手架施工。

2. 作业准备

(1)材料

1)钢管:直径为 48 mm 或 51 mm、壁厚 3～3.5 mm 的热轧无缝或有缝钢管,用作主柱、大横杆、小横杆、斜撑等。

2)连接构件:回转扣、直角扣、对接扣等。

3)底座:用 ϕ40 钢管和厚 4～5 mm 钢板制成,用于主柱的垫脚。

4)脚手板:竹、木或钢脚手板。

(2)作业条件

1)根据工程特点和施工要求编制脚手架搭设方案。

2)搭架的位置已进行场地清理。

3)对土质松软的地基已进行强化处理。

3. 技术要求

(1)立杆

1)立杆应选用无严重锈蚀、无弯曲变形的钢管。

2)立杆的纵向间距不应超过 2 m,一般在八层建筑物内 30 m 以下使用,八层以上的另出搭设方案。双排架的内外排柱间距为 0.8～1.2 m。内排柱离墙 20 cm,当大于 20 cm 时,平桥下必须加兜底安全网。如遇装饰线,也可以适当加长内柱的小横杆。

3)立杆搭设时先搭临时支架将柱固定,柱脚套上底座。当柱的荷载超过底座承载面积地基反力时,底座下应垫厚板或混凝土垫块。

4)立好立杆后,用钢管或篙竹将同一平面内的柱脚连接牢固。柱驳口应交错,不得全部在同一水平面。

5)在双排架的外排主柱及单排架的主柱之间设副柱(俗称“针柱”),副柱一般采用篙竹,间距不大于 1 m,从第一度大横杆(打底梁)开始向上设置。

6)立杆的接长,先在已装的立柱顶插入驳芯,再将后装的立柱套上、摆正,然后在接口处装上对接口,上紧螺栓。

(2)大横杆

1)大横杆应选用无弯曲变形的钢管。用直角扣将大横杆与纵向排列的主柱连接,扣接要稳固、平直,与主柱互成 90°。

2)大横杆的垂直间距不大于 2.1 m,在脚手架外侧每两度大横杆之间绑扎两行篙竹作安全护栏。高层用棚板 1.2 m 左右护脚及挂安全网。

3)大横杆的接长做法与主柱相同。

(3)小横杆

1)小横杆应先用无严重锈蚀、无弯曲变形的短钢管。小横杆两端用直角扣分别与内、外排主柱连接,扣接要稳固,与主柱和大横杆互成90°。

2)小横杆的水平间距不大于1 m,垂直间距不大于2.1 m。

(4)斜撑

1)不得采用有严重锈蚀、弯曲、屈折、表面明显凹陷的钢管。

2)斜撑应与脚手架的主柱和大、小横杆的交点连接,不得支撑在非受力点处。斜撑与脚手架杆件的连接采用回转扣。

(5)平台

平台的柱及底托(横杆)均采用钢管,间距一般为2 m,柱与底托的交点用直角扣扣紧。

4.施工程序与工艺流程

地基处理→抄平控制标高→搭设竖向构件(柱等)模板→浇筑竖向构件混凝土→按方案图进行梁板立杆放线→搭设立杆→立辅助斜撑→设置扫地杆→搭设纵(横)向水平杆→拆辅助斜撑→搭设上一层架体→搭设立面(水平)剪刀撑→安装可调顶托→验收支撑架支撑。

5.施工要求

(1)脚手架高度在7 m以内时,每5～6条主柱设一条风撑。

(2)脚手架高于7 m,无法设风撑时,必须设连墙杆。

(3)各杆件相交伸出的端头部分均应大于10 cm,以防杆件滑脱。

(4)用于连接大横杆的对接扣,应避免开口向上设置,防止雨水侵入。

(5)扣件螺栓拧紧要适宜,一般扭力控制在40～50 N·m。

(6)在大风、雨天或停工一段时间后必须对脚手架进行全面检查,如发现变形、下沉,钢构件锈蚀严重、连接扣松脱等,要及时加固维修后方可使用。

6.劳动组织

作业人员配置见表5.2.6-1。

表5.2.6-1　作业人员配置

序　号	人员配置	人数(人)	备　注
1	架子队队长	1	
2	技术负责人	1	
3	技术员	1	
4	安全员	1	
5	材料员	1	
6	质检员	1	
7	试验员	1	
8	领工员	1	
9	工班长	1	

续上表

序　号	人员配置	人数(人)	备　注
10	架子工	40(其中辅助人员 15)	特殊工种
11	电工	1	特殊工种
12	电焊工	1	特殊工种

7. 材料要求

(1)钢管

1)脚手架钢管应采用现行国家标准中规定的 Q235 普通钢管,其质量应符合现行国家标准中 Q235 级钢的规定。

2)本工程脚手架统一选用外径 48 mm,壁厚 3.5 mm 钢管,旧钢管腐蚀后的壁厚不小于 3.0 mm。为保证支架体系安全储备计算中的参数全部取 ϕ48×2.8 脚手钢管为验算依据。

(2)扣件

扣件由有扣件生产许可证的生产厂家提供,应采用可锻铸铁或铸钢制作,其质量和性能应符合现行国家标准《钢管脚手架扣件》(GB 15831)的规定。采用其他材料制作的扣件,应经试验证明其质量符合标准的规定后方可使用。扣件螺栓拧紧力矩不应小于 40 N·m,且不应大于 65 N·m,达到 65 N·m 时,不得发生破坏。不得有裂纹、气孔、缩孔、砂眼等锻造缺陷,扣件的规格应与钢管相匹配,贴和面应平整,活动部位灵活,对接扣件开口应朝上或朝内。

8. 设备机具配置

主要设备机具配置见表 5.2.6-2。

表 5.2.6-2　主要设备机具配置

序　号	名　称	型　号	数　量	单　位	用　途
1	全站仪	K52209	1	台	放线
2	水准仪	S1	2	台	标高放设
3	游标卡尺	0～150 mm	1	把	钢管厚度检测
4	台秤	TGT-50	1	台	扣件筛选
5	塔尺	5 m	1	把	标高放设
6	力矩扳手		8	把	扣件扭紧力检测
7	水平尺	91B	1	把	模板平整度检测
8	钢卷尺	50 m、5 m	15	把	测量
9	手电筒		2	把	照明

9. 质量控制及检验

(1)脚手架立柱要垂直,大、小横杆要平正。

(2)各种连接扣件必须扣接牢固,防止杆件打滑。

(3)相邻两柱的接头必须错开,不得在同一步距内。

(4)里、外、上、下相邻的两根大横杆的接头必须错开,不得集中在一组主柱间距之间驳接。

(5)搭设十字撑,应将一根斜杆扣在主柱上,另一根则扣在小横杆的伸出部分。斜杆两端的扣件与立杆节点的距离不大于 20 cm,最下面的斜杆与主柱的连接点离地面不大于 50 cm。

10. 安全及环保要求

(1)安全要求

1)脚手架搭设完成后,必须经验收合格后,方可使用。

2)现场施工用电严格按照《施工现场临时用电安全技术规范》(JGJ 46—2005)执行。严禁人员私接乱拉电线,施工用电线电缆严禁沿地敷设,以防线路破损,发生触电事故。

(2)环保要求

1)施工现场实行封闭化,主要道路硬化,水泥库房及时覆盖,易起尘的施工面及时洒水围挡保证现场扬尘排放达标。

2)固体废物实现分类存放,有效管理,提高回收利用率。生产和生活用水分类排放。

5.3　建筑装饰装修

5.3.1　楼面地砖施工作业指导书

1. 适用范围

适用于杭州至海宁城际铁路房建工程楼面地砖施工。

2. 作业准备

(1)室内装饰装修施工所需材料全部进场,并且所用的材料必须符合国家质量标准要求。现场进场的材料必须有出厂合格证及合格有效的检验报告,并经过进场验收。

(2)室内地砖施工必须具备施工作业条件,如:现场材料、垃圾等清理,前一道工序的完成,为铺贴地砖提供施工条件。

(3)室内装饰装修所需用的工具,如切割机、电钻、小型手持电动工具等备齐。

(4)为室内装饰装修提供必要的水平线。非卫生间地板砖选用600 mm×600 mm,卫生间地面砖选用300 mm×300 mm,踢脚线选用600 mm×110 mm。合理组织施工,认真摆砖、排砖,合理解决面砖的对缝问题。

3. 技术要求

(1)地砖工程应进行专项设计,包括:地砖的品种、规格、颜色、图案和主要技术性能;找平层、黏结层、填缝等所用材料的品种和技术性能;基体处理;地砖的排列方式、分格和图案;地砖粘贴的伸缩缝位置,地面坡度等。

(2)面层与基层必须结合牢固,无空鼓;面层表面平整、洁净,色泽一致,接缝均匀,周边顺直,无裂纹、掉角、缺棱等现象。

(3)地漏和面层坡度符合设计要求,不倒泛水,无积水,与地漏(管道)结合处严密牢固,无渗漏。

(4)踢脚线表面洁净,接缝平整均匀,高度一致,结合牢固,出墙厚度适宜,基本一致。

(5)与各种面层邻接处的镶边用料及尺寸符合设计要求和施工规范的规定;边角整齐、光滑。

4. 施工程序与工艺流程

(1)普通地砖施工程序

素土夯实→10 mm厚C15混凝土垫层→20 mm厚DS干拌砂浆找平层→5 mm厚DTA砂浆黏结层→5～10 mm厚地砖铺贴→DTG擦缝。

(2)铺防滑地砖地面施工工艺

素土夯实→60 mm厚C15混凝土垫层→C15细石混凝土找坡→1.5 mm厚聚合物水泥基防水涂料→20 mm厚干拌砂浆找平层→5 mm厚DTA砂浆黏结层→5～10 mm厚地砖铺贴→

DTG 擦缝。

5. 施工要求

(1)铺防滑地砖地面要求

1)找标高、弹地面水平线:根据墙面上已有的建筑 50 水平标高线,量测出需要填土的高度,回填土的压实系数不得小于 0.94。

2)根据建筑 50 线,浇筑 60 mm 厚的 C15 混凝土垫层,用 C15 细石混凝土向地漏进行找坡(最薄处 35 mm 厚,压实赶光,有管部位及阴角部位用砂浆抹出八字角)。

3)在找坡层上涂刷 1.5 mm 厚的聚合物水泥基防水涂料,防水层做蓄水试验,并验收合格,方可进行下道工序。

4)用 20 mm 厚干拌砂浆做找平层,用 DTA 砂浆做结合层,铺贴 5～10 mm 厚的地砖,根据建筑 50 线铺设面砖,用橡胶锤敲实,铺设的面砖严禁出现空鼓。一间房地砖贴完,用 DTG 擦缝。

5)面砖铺贴完之后,用清水将面砖表面擦洗干净,接缝处用干水泥浆镶缝,并将表面擦净,严禁造成二次污染。

6)单间房面砖成品铺贴完成之后,必须做好的现场的成品保护,严禁踩踏,最好采取防护措施进行围挡或粘贴明显的标示标牌。

(2)铺地砖地面施工要求

1)找标高、弹地面水平线:根据墙面上已有的建筑 50 水平标高线,量测出需要填土的高度,回填土的压实系数不得小于 0.94。

2)根据建筑 50 线,浇筑 100 mm 厚的 C15 混凝土垫层,抹平拉毛。

3)用 20 mm 厚干拌砂浆做找平层,用 DTA 砂浆做结合层,铺贴 5～10 mm 厚的地砖,根据建筑 50 线铺设面砖,用橡皮锤敲实,铺设的面砖严禁出现空鼓。一间房地砖贴完,用 DTG 擦缝。

4)面砖铺贴完之后,用清水将面砖表面擦洗干净,接缝处用干水泥浆镶缝,并将表面擦净,严禁造成二次污染。

(3)室内防滑地砖地面要求

1)找标高、弹地面水平线:根据墙面上已有的建筑 50 线水平标高线,成品地面高度,一般从建筑 50 线向下 50 cm。

2)根据建筑 50 线,浇筑 C15 混凝土垫层。用 C15 细石混凝土向地漏进行找坡(最薄处 35 mm厚,压实赶光,有管部位及阴角部位用砂浆抹出八字角)。

3)在找坡层上涂刷 1.5 mm 厚的聚合物水泥基防水涂料,防水层做蓄水试验,并验收合格,方可进行下道工序。

4)用 20 mm 厚干拌砂浆做找平层,用 DTA 砂浆做结合层,铺贴 5～10 mm 厚的地砖,根据建筑 50 线铺设面砖,用橡皮锤敲实,铺设的面砖严禁出现空鼓。一间房地砖贴完,用 DTG 擦缝。

5)面砖铺贴完之后,用清水将面砖表面擦洗干净,接缝处用干水泥浆镶缝,并将表面擦净,严禁造成二次污染。

6. 劳动组织

劳动力安排见表 5.3.1-1。

表 5.3.1-1　劳动力安排

序　号	人员配置	人数(人)	备　注
1	架子队队长	1	
2	技术负责人	1	
3	技术员	1	
4	安全员	1	
5	材料员	1	
6	质检员	1	
7	试验员	1	
8	领工员	1	
9	工班长	1	
10	普工	3	
11	瓦工	10	

7. 材料要求

施工所用的面砖、水泥、砂、颜料的品种、规格、颜色、质量,必须符合设计要求和有关标准的规定。

8. 设备机具配置

主要设备机具配置见表 5.3.1-2。

表 5.3.1-2　主要设备机具配置

序　号	名　称	型　号	数　量	备　注
1	吊篮	ZLP(D)630	2 台	验收合格
2	手提切割机	S200-100	2 台	
3	手推车		5 辆	
4	橡胶锤		5 把	
5	手锤		5 把	
6	水平尺	0.6 m	5 把	
7	靠尺	2 m	5 把	

9. 质量检查及检验

(1)质量检查

1)施工所用的面砖、水泥、砂、颜料的品种、规格、颜色、质量,必须符合设计要求和有关标准的规定。

2)面层表面平整、洁净,色泽一致,接缝均匀,周边顺直,无裂纹、掉角、缺棱等现象。

3)地漏和面层坡度符合设计要求,不倒泛水,无积水,与地漏(管道)结合处严密牢固,无渗漏。

4)踢脚线表面洁净,接缝平整均匀,高度一致,结合牢固,出墙厚度适宜,基本一致。

5)与各种面层邻接处的镶边用料及尺寸,符合设计要求和施工规范的规定;边角整齐、光滑。

(3)允许偏差及检验方法(表 5.3.1-3)

表 5.3.1-3 面砖允许偏差及检验方法

项 目	允许偏差(mm)	检验方法
表面平整度	2	用 2 m 靠尺和楔形塞尺检查
板块行列(接缝)直线度	3	拉 5 m 线,不足 5 m 拉通线和尺量检查
相临两块板的高度差	1	尺量和楔形塞尺检查
踢脚线上口平直	3	拉 5 m 线,不足 5 m 拉通线和尺量检查
板块间隙宽度	≤2	尺量检查

10. 安全及环保要求

(1)安全要求

1)搬运面砖时,应用木板整联托住。

2)剔裁陶瓷锦砖应戴防护眼镜和橡胶手套。

3)碎片、废料不得由窗口向外抛扔。

(2)环保要求

1)铺砌时,不同品种、规格的面砖不得混杂使用,严禁散装散放。

2)剩余的面砖应及时装入纸箱,不可到处乱扔。

3)施工人员注意不要在已做好的饰面砖墙面上乱写乱画、手摸等,以免造成墙面污染。

5.3.2 抹灰施工作业指导书

1. 适用范围

适用于杭州至海宁城际铁路建筑装饰装修抹灰施工。

2. 作业准备

(1)施工前应检查门窗框、接线盒、电箱、管线、管道套管、栏杆、预埋件等位置的准确性和连接的牢固性,并及时将基层的孔洞、沟槽填补密实、整平,清除基层表面的浮灰并洒水润湿。

(2)抹灰砂浆在施工前应按照规定进行配合比设计,经过试配、调整,最终确定施工配合比。

(3)抹灰工程施工应在主体结构和砌体工程质量验收合格后进行,施工前应做好技术交底工作。根据确定的施工配合比实地选取一户(层)做好样板间,在规定龄期进行拉伸黏结强度试验,经相关部门验收合格后方可进行正式施工。

3. 技术要求

(1)一般抹灰工程用砂浆宜选用预拌抹灰砂浆,品种和强度等级应满足设计要求。抹灰砂浆应采用机械搅拌,搅拌时间应自加水开始计算,水泥抹灰砂浆和混合砂浆搅拌时间不得小于120 s,预拌砂浆和掺有粉煤灰、添加剂等的抹灰砂浆,搅拌时间不得小于180 s。

(2)抹灰砂浆强度不宜比基体材料强度高出两个及以上强度等级,且强度高的水泥抹灰砂浆不应涂抹在强度低的水泥抹灰砂浆基层上。对于无黏结饰面砖的外墙,底层抹灰砂浆宜比基体材料高一个强度等级或等于基体材料强度。对于无粘贴饰面砖的内墙,底层抹灰砂浆宜比基体材料低一个强度等级。对于有粘贴饰面砖的内墙和外墙,中层抹灰砂浆宜比基体材料高一个强度等级且不宜低于M15,并宜选用水泥抹灰砂浆。孔洞填补和窗台、阳台抹面等宜采用M15或M20水泥抹灰砂浆。

(3)抹灰层的平均厚度:内墙普通抹灰不宜大于20 mm,内墙高级抹灰不宜大于25 mm,外墙墙面抹灰不宜大于20 mm,勒脚抹灰不宜大于25 mm,现浇混凝土顶棚抹灰不宜大于5 mm,条板、预制混凝土顶棚抹灰不宜大于10 mm,蒸压加气混凝土砌块基层抹灰宜控制在15 mm以内,当采用聚合物水泥砂浆抹灰时,平均厚度宜控制在5 mm以内,采用石膏砂浆抹灰时,平均厚度宜控制在10 mm以内。

(4)抹灰应分层进行,水泥抹灰砂浆每层厚度宜为5～7 mm,水泥石灰抹灰砂浆每层宜为7～9 mm,并应待前一层达到六七成干后再涂抹下一层。当抹灰层厚度大于35 mm时,应采取与基体黏结的加强措施。不同材料的基体交接处应设加强网,加强网与各基体的搭接宽度不应小于100 mm。

(5)各层抹灰砂浆在凝结硬化前,应防止暴晒、淋雨、水冲、撞击、振动。

4. 施工程序与工艺流程

(1)内墙抹灰施工程序

基层清理→吊垂直、套方、找规矩、做灰饼→冲筋→抹底灰→抹罩面灰→养护。

(2)外墙抹灰施工程序

基层清理→吊垂直、套方、找规矩、抹灰饼、冲筋→抹底层灰、中层灰→弹线分格、嵌分格条→抹面层灰→抹滴水线→养护。

(3)抹灰工程施工工艺流程(图 5.3.2)

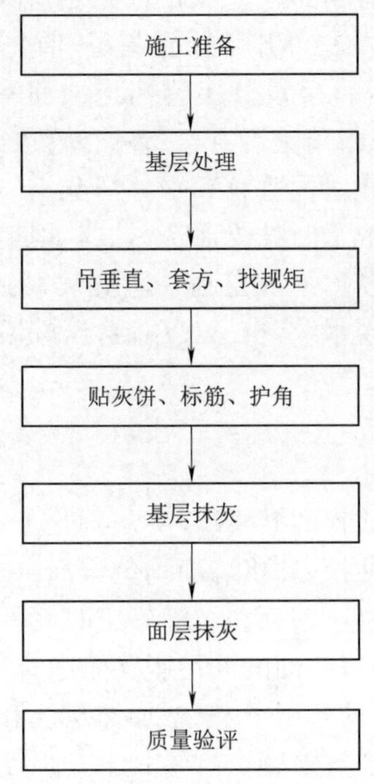

图 5.3.2　抹灰工程施工工艺流程图

5. 施工要求

(1)内墙抹灰操作要点

1)基层清理。

①砖砌体:应清除表面杂物、残留灰浆等。

②混凝土基体:表面凿毛或在表面洒水润湿后涂刷 1∶1 水泥砂浆(加适量胶黏剂或界面剂)。

③加气混凝土基体:润湿后边涂刷界面剂,边抹砂浆。修抹预留孔洞、配电箱、槽、盒抹灰施工之前由专人把预留孔洞、配电箱、槽、盒周边 5 cm 宽的砂浆刮掉,并清除干净,用大毛刷沾水沿周边刷水润湿,然后用砂浆把洞口、箱、槽、盒周边压抹平整、光滑。

2)吊垂直、套方、找规矩、做灰饼。根据设计图纸要求的抹灰质量,根据基层表面平整垂直情况,用一面墙做基准,吊垂直、套方、找规矩,确定抹灰厚度,抹灰厚度 7～9 mm。操作时应先抹上灰饼,在抹下灰饼。抹灰饼时应根据室内抹灰要求,确定灰饼的正确位置,再用靠尺板找好垂直和平整。然后根据灰饼冲筋。

3)做护角。墙、柱间的阳角应在墙、柱面抹灰前用 M20 以上水泥砂浆做护角,自地面开始,护角高度不宜小于 1.8 m,每侧宽度宜为 50 mm。

4)墙面冲筋。

①当灰饼砂浆达到七八成干,即可用与抹灰层相同砂浆冲筋,冲筋根数应根据房间的宽度和高度确定,一般标筋宽度为 5 cm,两筋间距不大于 1.5 m。当墙面高度小于 3.5 m 时宜做立筋,大于 3.5 m 时宜做横筋,做横向冲筋时灰饼的间距不宜大于 2 m。

②一般情况下冲筋完成 2 h 左右可开始抹底灰,抹前先抹一层薄灰,要求将基体抹严,抹时用力压实使砂浆挤入细小缝隙内,接着分层装档与冲筋平,用刮杠找平整,用木抹子搓毛。然后全面检查底子灰是否平整,阴阳角是否方直、整洁,管道后与阴角交接处、墙顶板交接处是否光滑平整、顺直,并用托线板检查墙面垂直和平整情况。

5)抹罩面灰。应在底灰六七成干时抹罩面灰(抹时如底灰过干应浇水湿润),罩面灰两遍成活,操作时最好两人同时配合进行,一人先刮一遍薄灰,另一人随即抹平。依先上后下的顺序进行,然后赶实压光,既不要出现水纹,也不可压活,压好后随即用毛刷蘸水将罩面灰污染处清理干净。

(2)外墙抹灰操作要点

1)墙面基层清理、浇水湿润。

①砖墙基层处理。将墙面上残存的砂浆、舌头灰剔除干净,污垢、灰尘等清理干净,用清水冲洗墙面,将砖缝中的浮砂、尘土冲掉,并将墙面均匀湿润。

②混凝土墙基层处理。因混凝土墙面在结构施工时大都有脱膜隔离剂,表面比较光滑,故应将其表面进行处理,采用脱污剂将墙面的油污脱除干净,晾干后刷一层薄胶粘性水泥浆或一层混凝土界面剂,使其凝固在光滑的基层上,以增加抹灰层和基层的附着力,不出现空鼓开裂。

③加气混凝土墙基层处理。加气混凝土砌体其本身强度较低,孔隙率较大,在抹灰前应对松动及灰浆不饱满的拼缝或梁、板下的顶头缝,用砂浆填塞密实。将墙面凸出部分或舌头灰剔凿平整,并将缺棱掉角、坑凹不平和设备管线槽、洞等同时用砂浆整修密实、平顺,用托线板检查墙面垂直偏差及平整度,根据要求将前面抹灰基层处理到位,然后喷水湿润。

2)堵门窗口缝及脚手眼、孔洞等。堵缝工作要作为一道工序安排专人负责,门窗框安装位置准确牢固,用砂浆将缝隙塞严。堵脚手眼和废弃的孔洞时,应将洞内杂物、灰尘等物清理干净,浇水湿润,然后用砖将其砌满。

3)吊垂直、套方、找规矩、做灰饼、冲筋。根据建筑高度确定放线方法,高层建筑可利用墙大角、门窗口两边,用经纬仪打直线找垂直。多层建筑时,可从顶层吊线坠吊垂直,绷钢丝找规矩,横向水平线可依据楼层标高或施工 50 线为水平基准线进行交圈控制,然后按抹灰操作层抹灰饼,做灰饼时应注意横竖交圈,以便操作。每层抹灰时则以灰饼做基准冲筋,使其保证横平竖直。

4)抹底层灰、中层灰。根据不同的基体,抹底层灰前可刷一道胶粘性水泥砂浆,然后抹砂浆,每层厚度控制在 5~7 mm 为宜,分层抹灰与冲筋平时用刮杠刮平找直,木抹搓毛,每层抹灰不宜跟的太紧,以防收缩影响质量。

5)弹线分格、嵌分格条。根据图纸要求弹线分格、粘分格条,分格条粘时在条两侧用素水泥浆抹成 45°八字坡形。粘分格条时应注意竖条应粘在所弹立线的同一侧,防止左右乱粘,出现分格不均匀。分格条粘好后待底层呈七八成干后可抹面层灰。

6)抹面层灰。待底层灰呈七八干时再抹面层灰,将底灰墙面浇水均匀润湿,先刮一层薄薄的素水泥浆，随即抹罩面灰和分格条平，并用刮杠横竖刮平，木抹子搓毛，铁抹子溜光、压实。待其表面无明水时，用软毛刷蘸水垂直于地面向同一方向轻刷一遍，以保证面层灰颜色一致，避免出现收缩裂缝。随后将分格条起出，待灰层干后，用素水泥膏将缝勾好。

7)抹滴水线。在抹檐口、窗台、窗楣、阳台、雨棚、压顶和突出前面的腰线以及装饰凸线时，应将其做成向外的流水坡度，严禁出现倒坡，下面做滴水线(槽)。窗台上面的抹灰层应深入窗框下坎裁口内，堵塞严实，流水坡度及滴水线(槽)距外表面不小于 4 cm，滴水线深度和宽度一般不小于 10 mm，并应保证其流水坡度方向正确。

6. 劳动组织

(1)劳动力组织方式采用架子队组织模式。

(2)作业人员数量应根据施工条件、工期要求进行合理配置，劳动力配置见表 5.3.2-1。

表 5.3.2-1　劳动力配置

序　号	工作项目	人数(人)	备　注
1	基层处理	6	墙面清理、甩浆、养护
2	砂浆供应	8	搅拌、运输
3	吊垂直、套方	2	施工测量、吊线、水平控制线
4	贴灰饼	5	贴饼冲筋
5	底层抹灰	9	底层抹灰
6	面层抹灰	9	面层抹灰
7	养护	2	保湿养护

7. 材料要求

(1)水泥宜采用 42.5 级硅酸盐水泥、32.5 级普通硅酸盐水泥，也可采用矿渣水泥、火山灰水泥、粉煤灰水泥及复合水泥。水泥进场需核查强度等级、品种、规格、产品合格证、出厂日期等，并进行外观检查，同时按规定抽样复验水泥强度和安定性，不同品种、不同等级、不同厂家的水泥，不得混合使用。

(2)砂宜采用平均粒径 0.35～0.5 mm 的过筛中砂，不得含有有害杂质，含泥量不超过 5%。

(3)粉煤灰宜采用Ⅱ级及Ⅱ级以上，掺量为水泥用量的 12%～20%。

(4)石灰膏应在储灰池中熟化，熟化时间不应少于 15 d，且用于罩面抹灰砂浆时不应少于 30 d，磨细生石灰粉熟化时间不应少于 3 d。

(5)其他掺合料、外加剂必须符合设计要求及国家标准规定。

(6)有条件的地区推广使用预拌砂浆。

8. 设备机具配置

设备机具配置见表 5.3.2-2。

表 5.3.2-2　设备机具配置

序　号	名　称	型　号	数　量	备　注
1	砂浆搅拌机	JZC-350L	1 台	
2	纸筋灰拌和机	JZC-200L	1 台	
3	手推车		3 辆	
4	木抹子		9 把	
5	铁抹子		9 把	
6	水平尺		3 把	

9. 质量控制及检验

(1)防止出现空鼓、开裂、脱落等质量缺陷的措施要求。

1)基体表面要认真清理干净,浇水湿润。

2)基体表面光滑的要进行毛化处理或涂刷界面剂一道。

3)准确控制各抹灰层的厚度,防止一次抹灰过厚。

4)大面积抹灰应分格,防止砂浆收缩,造成开裂。不同材料基体交接处表面的抹灰,应采取防止开裂的加强措施,当采用加网时,加强网与各基体的搭接宽度不应小于 100 mm。

(2)电气箱盒周边空隙过大,应采用细石混凝土填塞密实,预留洞口位置确定准确后,采用专用工具操作,以确保其方正,并且在砂浆初凝前及时做好洞口周边的切割,做到横平竖直。

(3)防止抹灰面不平整,阴阳角不方正、不垂直的质量措施:

1)抹灰前应认真对整个抹灰部位进行测量,确定抹灰总厚度,对坑凹不平的应分层补平。

2)抹阴阳角时要冲筋,并使用专用工具操作以控制其方正。

(4)抹灰工程验收时应检查文件和记录:工程施工图、设计说明或其他设计文件;原材料的产品合格证书和性能检测报告、进场验收记录和复验报告;隐蔽工程验收记录;砂浆配合比报告及试块抗压强度检验报告;外墙及顶棚抹灰层拉伸黏结强度检测报告;抹灰工程施工记录。

(5)抹灰层与基层之间及各抹灰层之间应黏结牢固,抹灰层应无脱层,空鼓面积不应大于 400 cm^2,面层应无爆灰和裂缝,采用观察或小锤轻击的方法检查。

(6)护角、孔洞、槽盒周围及与构件交接处的墙面抹灰表面应整齐、光滑,管道后面的抹灰表面应平整,观察法检查。

(7)滴水线(槽)应整齐顺直、内高外低,滴水槽宽度和深度均不应小于 10 mm,通过观察、尺量检查。

(8)分格缝的设置应符合设计规定,宽度和深度应均匀一致,表面应光滑密实,棱角应完整,通过观察、尺量检查。

10. 安全及环保要求

(1)安全要求

1)防止发生高空坠落事故安全要求:

①在脚手架搭设和使用过程中,必须随时进行检查,经常清除架上的垃圾,注意控制架上荷载,禁止在架上过多堆放材料和多人挤在一起。

②脚手板要铺满铺稳，不得留空头板，保证有 3 个支撑点，并绑扎牢固。

③垂直运输材料时，卸料平台通道的两侧边的安全防护必须齐全、牢固，吊盘（笼）内小推车必须加挡车掩，操作人员不得向井内探头张望。

④遇有恶劣天气影响安全施工时，禁止高空作业。

⑤高空作业衣着要轻便，禁止穿硬底鞋和易滑鞋作业。

2)防止发生物体打击事故的安全要求：

①对安全帽、安全网、安全带要定期检查，不符合要求的严禁使用。

②外墙抹灰作业时，应避免上下同时作业，否则应采取有效的防护措施。

③外架作业时，禁止向下抛弃废料或向上抛递施工机具等。

3)防止发生触电事故的安全要求：

①夜间或光线不好区域作业，应用 36 V 以下安全电压照明。

②专业电工定期检查临时用电情况，保证所有用电符合安全规范。电缆破损及时整改或更换，防止漏电。

4)防止发生脚手架坍塌事故的安全要求：

①搭设抹灰用高大架子必须有设计和施工方案，架子工必须经培训合格，持证上岗。架子搭设完成后，必须经验收合格，方可投入使用。

②必须按规定设剪刀撑和连墙件，未经许可，严禁私自拆除连墙件。

③暂停工程复工和风、雨、雪后应对脚手架进行详细检查，发现有立杆沉陷、悬空、接头松动、架子歪斜、桁架或吊钩变形等情况应及时处理。

(2)环保要求

1)现场搅拌应设沉淀池，未经处理搅拌用水不得随意排放。

2)施工中用的水泥、石灰膏、界面剂等材料应采用上苫下垫的方法集中堆放，不得露天堆放。

5.3.3　门窗安装作业指导书

1. 适用范围

适用于杭州至海宁城际铁路建筑装饰装修工程门窗安装施工。

2. 作业准备

(1)内业准备

1)门窗设计图纸应规定门窗的规格、类型、尺寸、数量、开启方向和五金配件的配置要求。

2)施工技术交底文件应明确门窗的安装位置、连接方法及其他安装要求。

(2)外业准备

1)主体结构已经经有关质量部门验收合格。工种之间已办好交接手续。

2)检查门窗洞口尺寸及标高是否符合设计要求。

3)脚手架和安全设施已准备好。

3. 技术要求

在施工过程中,根据图纸设计要求,在已经施工完成墙体上预留洞口,安装相应的门窗,使建筑物能够满足使用功能的需要。

4. 施工程序与工艺流程

(1)施工程序

在砌体结构完成后开始施工,先根据土建施工弹出的门窗安装标高控制线及平面中心位置线测出每个门窗洞口的平面位置,确认安装基线,随后进行门窗框的安装,并且保证位置符合图纸设计。土建队伍对安装好的门窗框处进行抹灰收口,完成后开始安装门窗扇,并在缝隙处填发泡剂、塞海绵棒,在门窗外打密封胶,随后安装门窗五金件,安装玻璃及打胶固定,最后进行门窗的清洗及检查验收。

(2)工艺流程

门窗安装工艺流程如图 5.3.3 所示。

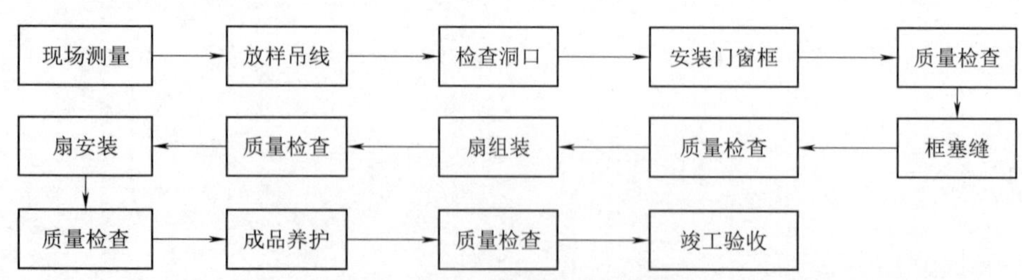

图 5.3.3　门窗安装工艺流程图

5. 施工要求

(1)施工准备

1)验收门、窗。塑钢门、窗、成品套装木门、防火门运到现场后,应由现场材料及质量检查人员按照设计图纸对其品种、规格、数量、制作质量以及有无损伤、变形等进行校验。如发现数量、规格不符合要求，制作质量粗劣或有开焊、断裂等损坏，应予更换。对塑钢门、窗安装需用的锁具、执手、插销铰链、密封胶条及玻璃压条等五金配件和附件，均应整点清楚。塑钢门、窗、套装木门检验合格后，应将门、窗及其五金配件和附件分类进行存放。

2)门、窗存放。塑钢门、窗、套装木门应放置在清洁、平整的地方，且应避免日晒雨淋。存放时应将塑钢门、窗立放，立放角度不应小于70°，并应采取防倾倒措施。贮存塑钢门、窗、套装门的环境温度应小于50 ℃，与热源的距离不应小于1 m，塑钢门、窗、套装门放置的时间不应超过两个月。当在环境温度为0 ℃的环境中存放门、窗时，安装前应在室温下放置24 h。

3)门、窗运输。运输门、窗应竖立排放并固定牢靠，防止颠振破坏，樘与樘之间应用非金属软质材料隔开。装卸门、窗应轻拿轻放，严禁撬、甩、摔。吊运门、窗时，其表面应用非金属软质材料衬垫，并在门、窗外边缘选择牢靠、平稳的着力点，不得在门、窗框内插入抬扛起吊。

4)洞口检查。用于同一类型的门、窗及其相邻上、下、左、右的洞口应保持拉通线，洞口应横平竖直，洞口宽度与高度尺寸的允许偏差应符合表5.3.3-1的规定。

表5.3.3-1　洞口宽度或高度尺寸允许偏差　　(单位:mm)

墙体表面	洞口高度或宽度		
	<2 400	2 400～4 800	>4 800
未粉刷墙面	±10	±15	±20
已粉刷墙面	±5	±10	±15

5)检查连接点位置和数量。门、窗框与墙体的连接固定，应考虑受力和塑性变形两个方面的因素，并符合下列要求：

①连接固定点的中距不应大于600 mm。

②连接固定点距框角不应大于150 mm。

③不允许在有横挡或竖梃的框外设置连接点。

6)弹线。按照设计图纸要求，在墙上弹出门、窗框安装的位置线。

(2)门、窗框上安装铁件

应在塑钢门、窗框上已安装好的Z形连接铁件与洞口的四周固定。固定时应先固定上框，再后固定边框。固定的方法应符合下列要求：

1)混凝土墙洞口，应采用射钉或塑料膨胀螺钉固定。

2)砖墙洞口，应采用塑料膨胀螺钉或水泥钉固定，但不得固定在砖缝上。

3)加气混凝土墙洞口，应采用木螺钉将固定片固定在胶粘圆木上。

4)设有预埋铁件的洞口，应采用焊接方法固定，也可在预埋件上按紧固件打基孔，然后用紧固件固定。

5)塑钢门、窗框与墙体无论采用何种方法固定，均必须结合牢固，每个Z形连接件的伸出端不得少于两只螺钉固定。同时还应使塑钢门、窗框与洞口之间的缝隙均等。

(3)嵌缝密封

门、窗的连接件与墙体固定后，卸下对拔木楔，清除墙面和边框上的浮灰，即可进行门、窗与墙体的缝隙处理，并应符合下列要求：

1)在门、窗框与墙体之间的缝隙内嵌塞PE高发泡条、矿棉毡或其他软填料，外面留出

10 mm左右的空槽。

2)在软填料内、外两侧的空槽内注入嵌缝膏密封。

3)注嵌缝膏时墙体需干净、干燥,注嵌缝膏后应保持 24 h 不得见水。

(4)安装门、窗扇

1)平开门、窗,应先剔好框上的铰链槽,再将门、窗扇装入框中,调整扇与框的配合位置,并用铰链将其固定,然后复查开关是否灵活自如。

2)推拉门、窗由于推拉门、扇窗与框不连接,因此对可拆卸的推拉扇,则应先安装好玻璃后再安装门、窗扇。

3)出厂时框、扇就连在一起的平开塑料门、窗,则可将其直接安装,然后再检查开闭是否灵活自如,如发现问题,则应进行必要的调整。

(5)安装玻璃

1)玻璃不得与玻璃槽直接接触,应在玻璃四边垫上不同厚度的玻璃垫块。

2)边框上的玻璃垫块,应用聚氯乙烯胶加以固定。

3)将玻璃装入门、窗扇框内,然后用玻璃压条将其固定。

4)安装双层玻璃时,应在玻璃夹层四周嵌入中隔条,中隔条应保证密封,不变形、不脱落。玻璃槽及玻璃内表面应清洁、干燥。

5)安装玻璃压条时可先装短向压条,后装长向压条。玻璃压条夹角与密封胶条的夹角应密合。

(6)镶配五金

1)安装五金配件时,应先在框、扇杆件上钻出略小于螺钉直径的孔眼,然后用配套的自攻螺钉拧入,严禁将螺钉用锤直接打入。

2)安装门、窗铰链时,固定铰链的螺钉应至少穿过塑料型材的中空腔壁,或与衬筋连接。

3)在安装平开塑钢门、窗时,剔凿铰链槽不可过深,不允许将框边剔透。

4)平开塑钢门窗安装五金时,应给开启扇留一定的吊高,正常情况是门扇吊高 2 mm,窗扇吊高 1～2 mm。

5)安装门锁时,应先将整体门扇插入门框铰链中,再按门锁说明书的要求装配门锁。

6)塑钢门、窗的所有五金配件均应安装牢固,位置端正,使用灵活。

(7)清洁保护

1)门、窗表面及框槽内粘有水泥、白灰砂浆等时,应在其凝固清理干净。

2)塑钢门安装好后,可将门扇暂时取下编号保管,待交活前再安上。

3)塑钢门框下部应采取措施加以保护。

4)粉刷门、窗洞口时,应将塑料门、窗表面遮盖严密。

5)在塑钢门、窗上一旦沾有污物时,要立即用软布擦拭干净,切忌用硬物刮除。

6. 劳动组织

(1)劳动力组织方式采用架子队组织模式。

(2)作业人员数量应根据施工条件、工期要求进行合理配置,具体见表 5.3.3-2。

表 5.3.3-2 门窗工程施工劳动力配置

序　号	人员配置	数量(人)	备　注
1	门框安装人员	4	
2	门窗材料搬运人员	2	
3	门扇安装人员	2	
4	填发泡剂及打胶人员	2	
5	玻璃安装人员	1	
6	清理人员	1	

7. 材料要求

(1)门窗的规格、型号应符合设计要求,五金配件配备齐全,并具有出厂合格证、材质检验报告书并加盖厂家印章。

(2)镀锌连接件、射钉、膨胀螺栓、发泡轻质软料、建筑防水密封胶、电焊条等材料质量应符合设计要求。

8. 设备机具配置

(1)施工机械:垂直运输设备,如施工电梯等。

(2)施工工具:冲击电钻、手枪钻、射钉枪、打胶筒、橡胶锤、手锤、一字形和十字形螺钉旋具、扁产、钢凿、铁锉、刮刀、对拔木楔、挂线板、线坠、水平尺、粉线包等。

9. 质量控制及检验

(1)门窗加工前,首先核对预留洞口尺寸,确保洞口尺寸满足规范要求,门窗框安装时应吊垂线,查水平线。用木楔固定窗框、校正,用膨胀螺栓或射钉固定安装铁脚,砖部位不得采用射钉,仔细检查不得遗漏。个别门窗框不垂直,可在框板内放垫片找直。

(2)应及时对门窗五金件进行现场检查,五金件缺失或损坏应及时维修。

(3)对滑道底杂物进行清理,检查滑轮是否损坏,如损坏及时处理。

(4)门窗安装完成后应进行成品保护措施,防止在门窗表面乱刻乱画。

(5)外窗安装完成后应用密封胶将窗四周缝隙封堵严实,外墙瓷砖未勾缝处及时勾缝,防止周边渗水。

10. 安全及环保要求

(1)安装外窗时,应系好安全带。施工升降机提升或下降时,必须关好安全门,人员头、手不准伸入井架内,待施工升降机停稳,方可进出施工升降机。

(2)门窗型材余料废料应分类做好回收,清洁剂空瓶等易燃化学品严禁乱扔,统一回收处置。

5.3.4　饰面砖工程施工作业指导书

1. 适用范围

适用于杭州至海宁城际铁路建筑装饰装修工程内墙饰面砖施工。

2. 作业准备

(1)顶棚、墙柱面粉刷抹灰施工完毕,表面清洁,门窗洞、脚手眼、阳台和落水管预埋件等应处理完毕,影响面砖铺贴凸出的墙柱面应凿平,过度凹陷的墙柱面应用 1∶2.5 水泥砂浆分层抹压找平。

(2)墙柱面暗装管线、接线盒及门窗安装完毕,并经检验合格。安装好的窗台板、门窗框与墙柱之间缝隙用 1∶2.5 水泥砂浆堵灌密实,门窗应粘贴好保护膜。

(3)大面积施工前,应采用设计要求的饰面砖和黏结材料,在待施工的每种类型的基层上应各粘贴至少 1 m^2 饰面砖样板,按现行行业标准《建筑工程饰面砖黏结强度检验标准》(JGJ 110)检验饰面砖黏结强度应合格,并应经建设、设计和监理等单位确认。

(4)日最低气温应在 5 ℃以上,当低于 5 ℃时,必须有可靠的防冻措施,当气温高于 35 ℃时,应有遮阳设施。

(5)施工现场所需的水、电、机具和安全设施应齐备。

3. 技术要求

(1)饰面砖工程应进行专项设计,包括:饰面砖的品种、规格、颜色、图案和主要技术性能;找平层、黏结层、填缝等所用材料的品种和技术性能;基体处理;饰面砖的排列方式、分格和图案;饰面砖粘贴的伸缩缝位置,接缝和凹凸处的墙面构造;墙面凹凸部位的防水、排水构造。

(2)基体的黏结强度不应小于 0.4 MPa,当小于 0.4 MPa 时,应进行加强处理。加气混凝土、轻质墙板、外墙外保温系统等基体,当采用外墙饰面砖时,应有可靠的加强及黏结质量保证措施。

(3)饰面砖粘贴应设置伸缩缝,间距不宜大于 6 m,宽度宜为 20 mm。外墙饰面砖伸缩缝应采用耐候密封胶嵌缝。变形缝两侧粘贴的饰面砖之间的距离不应小于变形缝的宽度。饰面砖接缝的宽度不应小于 5 mm,缝深不宜大于 3 mm,也可为平缝。

(4)墙面阴阳角处宜采用异型角砖。窗台、檐口、装饰线等墙面凹凸部位应采用防水和排水构造。

(5)在水平阳角处,顶面排水坡度不应小于 3%,应采用顶面饰面砖压立面饰面砖、立面最低一排饰面砖压底平面面砖的做法,并应设置滴水构造。

4. 施工程序与工艺流程

基层处理→吊垂直、套方、找规矩→贴灰饼→抹底层砂浆→弹线分格→排砖→浸砖→镶贴面砖→面砖勾缝与擦缝。

5. 施工要求

(1)基层处理

1)将凸出墙面的混凝土剔平,对大钢模施工混凝土墙面应甩浆,保证墙面毛面,清除干净,然后浇湿润;对于基体混凝土表面很光滑的,可采取“毛化处理”。

2)吊垂直、套方、找规矩、贴灰饼、冲筋:高层建筑物应在四大角和门窗口边用经纬仪打垂直线找直;多层建筑物,可从顶层开始用特制的大线坠绷低碳钢丝吊垂直,然后根据面砖的规格尺寸分层设点、做灰饼,间距 1.6 m。横向水平线以楼层为水平基准线交圈控制,竖向垂直线以四周大角和通天柱或墙垛子为基准线控制,应全部是整砖。阳角处要双面排直。每层打底时,应以此灰饼作为基准点进行冲筋,使其底层灰做到横平竖直。同时要注意找好突出檐口、腰线、窗台、雨棚等饰面的流水坡度和滴水线(槽)。

3)先刷一道水泥素浆,打底应分层分遍进行,抹底层砂浆(常温时采用配合比为 1∶3 水泥砂浆),第一遍厚度宜为 5 mm,抹后用木抹子搓平、扫毛;待第一遍六至七成干时,即可抹第二遍,厚度为 8～12 mm,随即用木杠刮平、木抹子搓毛,终凝后洒水养护。砂浆总厚不得超过 20 mm,否则应作加强处理。

4)待基层灰六至七成干时,即可按图纸要求进行分段分格弹线,亦可进行面层贴标准点的工作,以控制面层出墙尺寸及垂直、平整。

(2)施工排砖

根据大样图及墙面尺寸进行横竖向排砖,以保证面砖缝隙均匀,符合设计图纸要求,注意大墙面、通天柱子和垛子要排整砖,以及在同一墙面上的横竖排列,均不得有一行以上的非整砖。非整砖行应排在次要部位,如窗间墙或阴角处等。但要注意一致和对称,如遇有突出的卡件,应用整砖套割吻合,不得用非整砖随意拼凑镶贴。面砖接缝的宽度不应小于 5 mm,不得采用密缝。

(3)选砖、浸泡

釉面砖和外墙面砖镶贴前,应挑选颜色、规格一致的砖;浸泡砖时,将面砖清扫干净,放入净水中浸泡 2 h 以上,取出待表面晾干或擦干净后方可使用。

(4)粘贴面砖

粘贴应自上而下进行。高层建筑采取措施后,可分段进行。在每一分段或分块内的面砖,均为自下而上镶贴。从最下一层砖下皮的位置线先稳好靠尺,以此托住第一皮面砖。在面砖背面宜采用水泥∶石灰膏∶砂＝1∶0.2∶2 的混合砂浆镶贴,砂浆厚度为 6～10 mm,贴上后用灰铲柄轻轻敲打,使之附线,再调整竖缝并用小杠通过标准点调整平面和垂直度。

(5)面砖勾缝与擦缝

面砖铺贴拉缝时,用 1∶1 水泥砂浆勾缝或采用勾缝胶,先勾水平缝再勾竖缝,勾好后要求凹进面砖外表面 2～3 mm。若横竖缝为干挤缝,或小于 3 mm 者,应用白水泥配颜料进行擦缝处理。面砖缝勾完后,用布或棉丝蘸稀盐酸擦洗干净。

6. 劳动组织

(1)劳动力组织方式采用架子队组织模式。

(2)作业人员数量应根据施工条件、工期要求进行合理配置,以一栋层高 3 m 的 12 层住宅楼为例,外墙面砖面积约 5 000 m^2,外墙其余工序无干扰考虑,工期为 50 d,各个工序上的劳动力配置情况见表 5.3.4-1。

表 5.3.4-1 劳动力配置

序 号	工作项目	人数(人)	备 注
1	基层处理	3	清理建筑物表面
		8	建筑物墙面甩浆
		2	建筑墙面养护
2	吊垂直、套方	2	施工测量
		16	吊线、水平控制线
		16	排砖、找规矩
3	贴灰饼	2	测量找平
		2	贴饼冲筋
4	底层抹灰	10	底层抹灰
5	弹线分格	10	弹线分格
6	面砖铺贴	16	面砖铺贴
7	面砖勾缝清洗	3	面砖勾缝
		2	面砖清洗

7. 材料要求

(1)饰面砖产品应符合国家现行标准的规定和设计文件的要求,现场粘贴饰面砖所用材料和施工工艺必须与施工前黏结强度检验合格的饰面砖样板相同。宜采用背面有燕尾槽的产品,槽深不小于 0.5 mm。

(2)用于二层(或高度 8 m)以上外保温粘贴的外墙饰面砖单块面积不应大于 15 000 mm^2,厚度不应大于 7 mm。

(3)外墙饰面砖工程中采用的陶瓷砖应符合《外墙饰面砖工程施工及验收规程》(JGJ 126—2015)中的规定。

(4)基体找平材料宜采用预拌水泥抹灰砂浆。饰面砖粘贴应采用水泥基黏结材料,不得采用有机物为主的黏结材料。

(5)填缝材料应符合《陶瓷墙地砖填缝剂》(JC/T 1004)的规定,其中外墙外保温系统粘贴外墙饰面砖所用填缝材料的横向变形不得小于 1.5 mm。

8. 设备机具配置

设备机械配置见表 5.3.5-2。

表 5.3.5-2 设备机具配置

序 号	名 称	型 号	数 量	备 注
1	施工升降机	JT2C	1 台	验收合格
2	吊篮	ZLP(D)630	4 台	验收合格
3	手提切割机	S200-100	5 台	

续上表

序　号	名　称	型　号	数　量	备　注
4	手推车		5 辆	
5	橡胶锤		10 把	
6	手锤		10 把	
7	水平尺	0.6 m	10 把	
8	靠尺	2 m	10 把	
9	其他小型机具		按需配置	

9. 质量控制及检验

(1)满粘砂浆应均匀铺设在面砖上，铺贴完成后重点对面砖拼缝部位检查，保证整体平整，基层表面残存的灰浆、尘土、油渍等应用草酸进行清理，清洗之前对面砖缝隙采用白水泥进行勾缝处理。

(2)面砖阳角的搭接方式应进行准确施工，阴角部位的非整砖的留置应设置在阴角部位，如非整砖小于砖长的 1/3，此部位砖排列应该重新进行。

(3)根据设计要求，统一弹线分格、排砖。如按整块分格，可采取调整砖缝大小解决，确定缝的大小做嵌缝条，一般宜控制在 8～10 mm。根据弹线分格在底子灰上从上到下弹上若干水平线。竖向要求阳角窗口都是整块，并在底子灰上弹上垂直线，突出墙面的部位，如窗台、腰线阳角及滴水线排砖方法，注意的是正面面砖要往下突出 3 mm 左右，底面面砖要留有流水坡度。

(4)镶贴时，在面砖背后满铺黏结砂浆，镶贴后，用小铲把轻轻敲击，使之与基层黏结牢固，并用靠尺方尺随时找平找方。贴完一皮后须将砖上口灰刮平，每日下班前须清理干净。

(5)在与抹灰交接的门窗套、窗间墙、柱子等处应先抹好底子灰，然后镶贴面。罩面灰可在面砖贴后进行。面砖与抹灰交接处做法可按设计要求处理，嵌缝条应在镶贴面砖次日(也可以当天)取出，并用水洗净继续使用，在面砖镶贴完成一定流水段后，立即用1∶1水泥砂浆勾缝。

(6)主控项目：

1)饰面砖的品种、规格、图案颜色和性能应符合设计要求，通过观察、检查产品合格证书、进场验收记录、性能检测报告和复验报告检验。

2)饰面砖粘贴工程的找平、防水、粘贴和勾缝材料及施工方法应符合设计要求及国家现行产品标准和工程技术标准的规定，通过检查产品合格证书、复验报告和隐蔽工程验收记录检验。

3)饰面砖粘贴必须牢固，通过检查样板间粘贴强度检测报告和施工记录检验。

4)满粘法施工的饰面砖工程应无空鼓、裂缝，通过观察、用小锤轻击检查。

(7)一般项目：

1)饰面砖表面应平整、洁净、色泽一致，无裂痕和缺损，通过观察检验。

2)阴阳角处搭接方式、非整砖使用部位应符合设计要求，通过观察检验。

3)墙面突出物周围的饰面砖应整砖套割吻合，边缘应整齐。墙裙突出墙面的厚度应一致，通过观察、尺量检查检验。

4)饰面砖接缝应平直、光滑,填嵌应连续、密实,宽度和深度应符合设计要求,通过观察、尺量检查检验。

5)有排水要求的部位应做滴水线(槽)。滴水线(槽)应顺直,流水坡向应正确,坡度应符合设计要求,通过观察、水平尺检查检验。

6)饰面砖粘贴的允许偏差和检验方法应符合表 5.3.5-3 的规定。

表 5.3.5-3　饰面砖粘贴的允许偏差和检验方法

项　次	项　目	允许偏差(mm)		检验方法
		外墙面砖	内墙面砖	
1	立面垂直度	3	2	用 2 m 垂直检测尺检查
2	表面平整度	4	3	用 2 m 靠尺和塞尺检查
3	阴阳角方正	3	3	用直角检测尺检查
4	接缝直线度	3	2	拉 5 m 线,不足 5 m 拉通线,用钢直尺和塞尺检查
5	接缝高低差	1	0.5	用钢直尺和塞尺检查
6	接缝宽度	1	1	用钢直尺检查

10. 安全及环保要求

(1)做好施工作业人员的安全交底,严禁从上向下抛掷建筑垃圾及建筑材料,同时要求项目管理人员对外墙施工人员与周边施工人员竖向作业面进行合理搭配划分,尽量避免同一竖向作业面上下施工人员同时施工。

(2)对施工作业用的脚手架以及吊篮要进行日常检查,发现隐患及时纠正。

(3)进入施工现场人员必须戴好安全帽,每天作业前后检查所用工具,作业前清理作业场地,下班后整理场地。

(4)基层处理及面砖铺贴过程中所用砂浆搅拌棚必须设置沉淀池,使清洗机械和运输车的废水经沉淀后,方可排入市政污水管线。

(5)废旧破损面砖全部集中在废弃物临时贮存场地,废弃物运输确保不撒。

5.3.5 玻璃幕墙施工作业指导书

1. 适用范围

适用于杭州至海宁城际铁路建筑装饰装修工程玻璃幕墙施工。

2. 作业准备

(1)安装施工之前，应会同幕墙安装厂商检查现场清洁情况、脚手架和起重运输设备，确认是否具备幕墙施工条件。

(2)构件储存时应依照安装顺序排列，储存架应有足够的承载能力和刚度。在室外储存时应采取保护措施。

(3)玻璃幕墙与主体结构连接的预埋件，应在主体结构施工时按设计要求预埋；预埋件位置偏差不应大于 20 mm。

(4)预埋件位置偏差过大或未设预埋件时，应制订补救措施或可靠连接，经与业主、土建设计单位洽商同意后，方可实施。

(5)由于主体结构施工偏差而妨碍幕墙施工安装时，应会同业主采取相应措施，并在幕墙安装前实施。

(6)采用新材料、新结构的幕墙，宜在现场制作样板，经业主、监理、土建设计单位共同认可后方可进行安装施工。

(7)构件安装前均应进行检验与校正，不合格构件不得安装使用。

3. 技术要求

(1)玻璃幕墙的安装施工应单独编制施工组织设计，并应包括：工程进度计划；与主体结构施工、设备安装、装饰装修的协调配合方案；搬运、吊装方法；测量方法；安装方法；安装顺序；构件、组件和成品的现场保护方法；检查验收；安全措施。

(2)采用脚手架施工时，应与玻璃幕墙安装施工厂商协商幕墙施工所用脚手架方案。悬挂式脚手架宜为 3 层层高；落地式脚手架应为双排布置。

(3)玻璃幕墙分格轴线的测量应与主体结构测量相配合，其偏差应及时调整，不得积累。并定期对玻璃幕墙的安装定位基准进行校核。

(4)安装镀膜玻璃时，镀膜面的朝向应符合设计要求。

4. 施工程序与工艺流程

(1)施工程序

施工准备→测量放线→预埋件处理→连接角码安装→立柱安装→横梁安装→结构玻璃装配组件制作安装→清洁检查→竣工验收。

(2)玻璃幕墙施工工艺流程如图 5.3.5 所示。

5. 施工要求

(1)施工准备

1)构件搬运、吊装时不得碰撞和损坏。

2)构件应按品种和规格堆放在特种架子或垫木上。在室外堆放时,应采取保护措施。

3)构件安装前均应进行检验与校正。构件应平直,不得有变形和刮痕。不合格的构件不得安装。

4)构件进行钻孔、装配接头、安装连接附件等辅助加工时,其加工位置、尺寸应准确。

5)玻璃幕墙与主体结构连接的预埋件,应在主体结构施工时按设计要求埋设。埋件应牢固,位置准确,埋件的标高偏差不应大于 10 mm,埋件位置与设计位置的偏差不应大于 20 mm。

6)幕墙施工时,应配备必要的起重吊装工具和设备。

7)应在主体结构施工时控制和检查固定幕墙的各层楼面标高、边线尺寸和预埋件位置的偏差,并在幕墙施工前应对其进行检查与测量。当结构边线尺寸偏差过大时,应先对结构进行必要的修正;当预埋件位置偏差过大时,应调整框料的间距或修改连接件与主体结构的连接方式。

8)不应在大风大雨气候下进行幕墙施工。当气温低于 -5 ℃时不得进行玻璃安装,不应在雨天进行密封胶施工。

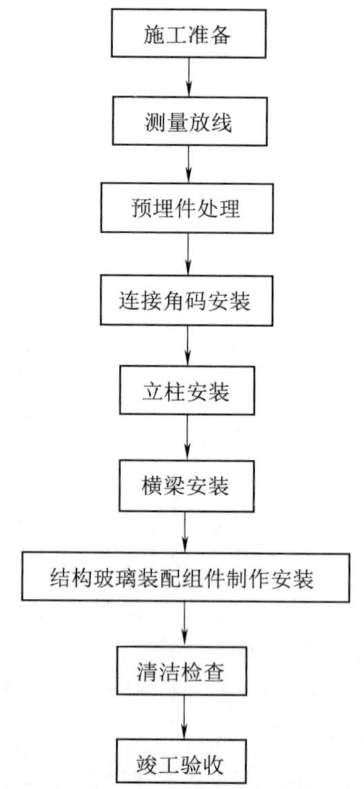

图 5.3.5　玻璃幕墙施工工艺流程

(2)测量放线

1)建筑物外轮廓测量:根据土建标高基准线复测每一层预埋件标高中心线,据此线检查预埋件标高偏差,并做好记录;找出幕墙立柱与建筑轴线的关系,根据土建轴线测量立柱轴线,据此检查预埋件左右偏差,并做好记录。整理以上测量结果,确定幕墙立柱分隔的调整处理方案。

2)幕墙立柱外平面定位:根据设计图纸和土建结构误差确定幕墙立柱外平面轴线距建筑物外平面轴线的距离,在墙面顶部合适位置用钢丝线定出幕墙立柱外平面轴线。

3)幕墙立柱轴线定位:幕墙前后位置确定后,结合建筑物外轮廓测量结果,用钢丝线定出每条立柱的左右位置。每一定位轴线间的误差在本定位轴线间消化,误差在每个分格间分摊小于 2 mm。

4)幕墙立柱标高定位:确定每层立柱顶标高与楼层标高的关系,沿楼板外沿弹出墨线定出立柱顶标高线。

(3)立柱制作安装

1)立柱制作。为节约铝材减少现场加工,在立柱材料订购时,附上准确的立柱加工图,委托铝材生产厂家按图加工。立柱加工图在立柱测量放线完毕后由现场技术员绘制。

2)立柱安装。

①立柱安装前,先把芯套插入立柱内,然后在立柱上钻孔,将连接角码用不锈钢螺栓安装在立柱上,二者之间用防腐垫片隔开。立柱安装顺序由下至上。

②第一条立柱安装:两名操作工人把立柱搬运到安装工作面上,使立柱上已有的中心线和测量时所定的立柱站线重合,立柱顶和测量时所定的标高控制线水平,另一焊工把连接角码临

时点焊在预埋钢板上，然后调整立柱位置。第一条立柱准确无误后，把上一层立柱套入下一层立柱芯套，就位准确后点焊。如此循环，完成一组立柱安装。

③一面幕墙立柱安装完毕，经检查位置准确、安装牢固后，再按焊缝要求加焊。立柱安装标高偏差不应大于 3 mm，轴线前后偏差不应大于 2 mm，左右偏差应大于 3 mm；相邻两根立柱安装标高偏差不应大于 3 mm，同层立柱的最大标高偏差不应大于 5 mm；相邻两根立柱的距离偏差不应大于 2 mm。

(4)横梁安装

1)横梁位置测量。用水准仪把楼层标高线引到立柱上，以楼层标高线为基准，在立柱侧面标出横梁位置。每一层间横梁分隔的误差在本层内消化，不得积累。

2)横梁安装。将横梁两端的连接件和弹性橡胶垫安装在立柱的预定位置，要求安装牢固、接缝严密。同一层横梁的安装应由下向上进行，当安装完一层高度时，应进行检查、调整、校正、固定，使其符合质量要求。相邻两根横梁的水平标高偏差不应大于 1 mm。同层标高偏差：当一幅宽度小于或等于 35 m 时，不应大于 5 mm；当一幅宽度大于 35 m 时，不应大于 7 mm。

(5)结构玻璃装配组件制作安装

1)定位划线：确定玻璃板块在立面上的水平、垂直位置，并在主框格上划线。

2)调整：玻璃板块临时固定后对板块进行调整，调整标准为横平、竖直、面平。

3)固定：用压块把玻璃板块固定在主框格上，压块间距不大于 300 mm。压块一定要压紧。

(6)耐候硅酮密封胶嵌缝

1)充分清洁板材间缝隙，不应有水、油渍、涂料、铁锈、水泥砂浆、灰尘等。充分清洁黏结面，加以干燥。

2)为调整缝的深度，避免三边粘胶，缝内填泡沫塑料棒。

3)在缝两侧贴保护胶纸保护玻璃不被污染。

4)注胶后将胶缝表面抹平，去掉多余的胶。

5)注胶完毕，将保护纸撕掉，必要时用溶剂擦拭玻璃。

6)胶在未完全硬化前，不要沾灰尘和划伤。

(7)保护和清洗

1)应按设计图纸规定的节点构造要求，进行幕墙的防雷接地以及所有构造节点(包括防火节点)和收口节点的安装与施工。

2)清洗幕墙的洗涤剂应经检验，应对铝合金型材镀膜，玻璃及密封胶条无侵蚀作用，并应及时将其冲洗干净。

6. 劳动组织

(1)劳动力组织方式采用架子队组织模式。

(2)作业人员数量应根据施工条件、工期要求进行合理配置。以单位面积 1 000 m^2 的玻璃幕墙为例，投入劳动力情况，见表 5.3.5-1。

表 5.3.5-1　劳动力配置

序　号	工　种	人数(人)	备　注
1	焊工	6	用于预埋件及龙骨安装,并持有效证件上岗
2	安装玻璃工	10	最少要 10 人,10 人一个工作日能够安装 100 m^2 玻璃
3	打胶工	2	
4	架子工	2	持有效证件上岗
5	电工	1	持有效证件上岗
6	小工	2	

7. 材料要求

(1)玻璃幕墙材料宜采用不燃性材料或难燃性材料,防火密封构造应采用防火密封材料。

(2)隐框或半隐框玻璃幕墙,其玻璃与铝型材的黏结必须采用中性硅酮结构密封胶;全玻幕墙和点支承幕墙采用镀膜玻璃时,不应采用酸性硅酮结构密封胶黏结。

(3)硅酮结构密封胶和硅酮建筑密封胶必须在有效期内使用。

(4)玻璃幕墙采用的铝合金材料的化学成分、型材质量、表面处理、配套用铝合金门窗、附件及紧固件应符合现行国家标准和设计文件要求。

(5)玻璃幕墙用碳素结构钢和低合金结构钢的品种、牌号、质量、防腐、涂膜厚度和焊接应符合现行国家标准和设计文件要求。

(6)幕墙玻璃的外观质量和性能应符合现行国家标准、行业标准的规定。采用中空玻璃时,气体层厚度不应小于 9 mm。

(7)硅酮结构密封胶使用前,应经国家认可的检测机构进行与其相接触材料的相容性和剥离黏结性试验,并应对邵氏硬度、标准状态拉伸黏结性能进行复验。检验不合格的产品不得使用。进口硅酮结构密封胶应具有商检报告。

(8)玻璃幕墙的耐候密封应采用硅酮建筑密封胶,点支承幕墙和全玻幕墙使用非镀膜玻璃时,其耐候密封可采用酸性硅酸建筑密封胶,夹层玻璃板缝间的密封,宜采用中性硅酮建筑密封胶。

(9)与单组份硅酮结构密封胶配合使用的低发泡间隔双面胶带,应具有透气性。玻璃幕墙宜采用聚乙烯泡沫棒作填充材料,其密度不应大于 37 kg/m^3,隔热保温材料宜采用岩棉、矿棉、玻璃棉、防火板等不燃或难燃材料。

8. 设备机具配置

以单位面积 1 000 m^2 的玻璃幕墙为例,投入设备机具情况,见表 5.3.5-2。

表 5.3.5-2　设备机具配置

序　号	设备名称	型　号	数　量	备　注
1	施工升降机	JT2C	1 台	验收合格
2	吊篮	ZLP(D)630	4 台	验收合格
3	电焊机	BX-300	3 台	

续上表

序　号	设备名称	型　号	数　量	备　注
4	砂轮机	SIST 系列	6 台	
5	水准仪	S3E	1 台	
6	手枪钻	6510 型	10 把	
7	注胶机		10 把	
8	钢板尺		10 把	
9	其他小型机具		按需配置	

9. 质量控制及检验

(1)严格控制立柱放线的准确度，测量人员在工作中必须反复校对，确保放线精准。

(2)加强隐蔽工程质量检查，焊接、除锈、安装精度必须满足要求。

(3)构件安装过程中，技术人员要勤吊勤靠，发现问题及时纠正，确保各种构件的安装精度和可靠度符合要求。

(4)玻璃幕墙验收时应提交下列资料：

1)幕墙工程的竣工图或施工图、结构计算书、设计变更文件及其他设计文件。

2)幕墙工程所用各种材料、附件及紧固件、构件及组件的产品合格证、性能检测报告、进场验收记录和复验报告。

3)进口硅酮结构胶的商检证，国家指定检测机构出具的硅酮结构胶相容性和剥离黏结性试验报告。

4)后置埋件的现场拉拔检测报告；张拉杆索体系预拉力张拉记录。

5)幕墙的风压变形性能、气密性能、水密性能检测报告及其他设计要求的性能检测报告。

6)打胶、养护环境的温度、湿度记录；双组份硅酮结构胶的混匀性试验记录及拉断试验记录。

7)防雷装置测试记录；隐蔽工程验收文件；幕墙构件和组件的加工制作记录；幕墙安装施工记录。

8)淋水试验记录。

(5)玻璃幕墙工程验收前，应在安装施工中完成下列隐蔽项目的现场验收：

1)预埋件或后置螺栓连接件；构件与主体结构的连接节点；幕墙四周、幕墙内表面与主体结构之间的封堵。

2)幕墙伸缩缝、沉降缝、防震缝及墙面转角节点；隐框玻璃板块的固定。

3)幕墙防雷连接节点；幕墙防火、隔烟节点；单元式幕墙的封口节点。

(6)不同结构形式的玻璃幕墙，质量检验要求参见《玻璃幕墙工程技术规范》(JGJ 102—2003)。

10. 安全及环保要求

(1)玻璃幕墙应采用安全玻璃，对使用中容易受到撞击的部位，应设置明显的警示标志。

(2)当高层建筑的玻璃幕墙安装与主体结构施工交叉作业时，在主体结构的施工层下方应设置防护网;在距离地面约 3 m 高度处,应设置挑出宽度不小于 6 m 的水平防护网。

(3)采用外脚手架施工时,脚手架应经过设计,并应与主体结构可靠连接。采用落地式钢管脚手架时,应双排布置。

(4)采用吊篮施工时,吊篮应进行设计,使用前应进行安全检查,吊篮不应作为竖向运输工具,并不得超载,不应在空中进行吊篮检修,吊篮上的施工人员必须配系安全带。

(5)安装施工机具在使用前应进行严格检查。电动工具应进行绝缘电压试验;手持玻璃吸盘及玻璃吸盘机应进行吸附重量和吸附持续时间试验。

(6)施工现场严禁使用护套线,并对使用的电缆定期检查,发现隐患及时处理。接线拆线必须由专业电工进行操作,严禁私接乱拉电线电缆。

(7)电焊作业时,各种防火工具必须齐全并随时可用,定期检查维修和更换。

(8)合理安排作业时间,尽量减少夜间作业,以减少施工时机具噪声污染。

(9)完成每项工序后,应及时清理施工后滞留的垃圾,保证施工现场的清洁。

(10)对于密封材料及清洗溶剂等可能产生有害物质或气体的材料,应做好保管工作,并在挥发过期前使用完毕,以免对环境造成影响。

5.3.6　外墙保温施工作业指导书

1. 适用范围

适用于杭州至海宁城际铁路工程建筑节能工程外墙保温施工。

2. 作业准备

(1)技术准备

组织工程部、试验室、作业队等有关人员进行熟悉施工设计图纸以及施工技术规范要求，并认真组织学习施工方案及工艺要求，质量检测标准及质量操作要点，材料质量要求及检测方式频率等。对施工人员进行技术交底，对参加施工人员进行上岗前技术培训，考核合格后上岗。

(2)机械设备准备

对施工机械设备配套情况、完好情况等检查、维修、保养，施工设备在安装完成并组织验收合格后，方可进行施工。

(3)材料准备

调查保温板料源；严把材料进场关，黏结砂浆、保温板的质量符合要求，进场的黏结砂浆、保温板检测合格后方可使用。

3. 技术要求

(1)施工应在基层质量验收合格后进行。施工前应根据建筑实际尺寸进行排板设计，按照排板设计进行划线分格。施工过程中应根据外保温系统挂线控制粘贴发泡陶瓷保温板的垂直度和平整度。

(2)粘贴砂浆应按规定的配合比配制，随用随配，并注意防晒、避风，配好的砂浆存放时间不宜超过 2 h；粘贴前基层应保持湿润，发泡陶瓷保温板不得浇水浸湿。

(3)如基层较光滑或设计有要求，应先涂刷界面剂；发泡陶瓷保温板与墙体黏结应满贴。

(4)施工时及施工后 7 d 内，进行必要的遮蔽保护应防止雨水冲刷及烈日暴晒；冬季施工应按相关标准采取防冻措施；当室外环境温度高于 37 ℃或低于 5 ℃，不得施工。

(5)设计有固定件的系统，安装固定件应在发泡陶瓷保温板粘贴牢固后进行，锚固件设置应符合下列要求：抗震设防烈度为 8 度的地区，外墙高度 80 m 以下锚固件每平方米不应少于 5 个，高度 80 m 以上不少于 6 个；其他地区，外墙高度 24 m 以下可不设增强网和锚固件，外墙高度 24～40 m，锚固件每平米不少于 3 个；外墙高度 40～60 m，锚固件每平米不少于 4 个。锚固件应呈梅花状布置，按设计要求的位置用冲击钻钻孔，锚固到基层深度混凝土不小于 30 mm，砌体不小于 50 mm。

(6)增强网及抹面层的施工同相应的外保温系统的做法，应符合《外墙外保温工程技术规程》(JGJ 144—2017)的要求。

(7)雨、冬期施工应按照《外墙外保温工程技术规程》(JGJ 144—2017)等相关标准要求进行。

4. 施工程序及工艺流程

(1)施工程序

基层墙体检验、润湿→弹线→黏结保温板→抗裂砂浆抹面→铺压网格布→安装锚栓→抹面罩面施工→抹面层养护→保温系统验收。

(2)工艺流程

外墙保温施工工艺流程如图 5.3.6-1 所示。

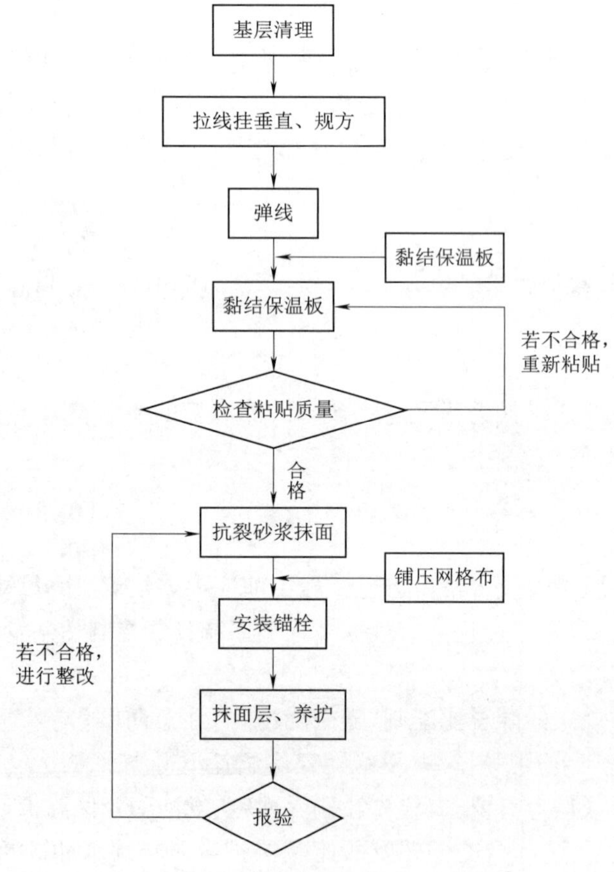

图 5.3.6-1　外墙保温施工工艺流程图

5. 施工要求

(1)基层处理

发泡陶瓷板附着的基层应干燥、平整。基层墙体应进行如下处理：

1)基层墙体必须清理干净，墙表面没有油、浮尘、污垢、脱模剂、风化物、涂料、蜡、防水剂、潮气、霜、泥土等污染物或其他妨碍黏结的材料，并剔除墙表面的凸出物，使之清洁平整，必要时用水冲洗墙面。经冲洗的墙面必须晾干后，方可进行下道工序的施工。

2)清除基层墙体中松动或风化的部分，用砂浆填充后找平。

3)基层墙体的平整度应符合现行《建筑工程施工质量验收统一标准》(GB 50300—2013)

要求;不符合要求时,用砂浆找平。

4)基层墙体含水率应以表面干燥为准,不可有明水。

(2)黏结剂配制

1)在适当的容器中,先加入适量清水,再按比例慢慢加入黏结剂干粉料,用电动搅拌机低速边倒料边搅拌,充分搅拌均匀,静置 3~5 min,再搅拌 1~2 min 即可使用。

2)黏结剂应随用随配,配制好的黏结剂 2 h 内用完。超过 2 h 已凝固的黏结剂不允许重新兑水搅拌使用。

(3)发泡陶瓷保温板安装

1)保温板粘贴前应先根据施工图在处理过的基层墙体表面弹线。

2)发泡陶瓷保温板粘贴宜采用条粘法和满粘法,也可采用点粘法。

3)点粘或条贴法时粘贴面积应不小于板材面积的 40%。

4)将搅拌好的黏结剂在基层墙面上均匀地批抹一层薄底,然后用齿形刮刀将黏结剂均匀满批(或成条纹状)。

5)每次涂抹 1~2 m^2,在 20~30 min 内,将发泡陶瓷保温板按工字形贴好。平整度可用橡胶锤调整,直至满足平整度的误差要求。

(4)发泡陶瓷保温板粘贴要求

1)铺砌时一般至下而上,沿水平方向横向铺贴。

2)保温板应错缝排列,错缝长度为 1/2 标准板长,并不小于 100 mm。相邻板材之间应互相靠紧、对齐,板缝距不应大于 2 mm,墙角处应交错互锁。

3)黏结剂应分别涂抹于保温板背面、侧面和墙面,挤出部分应及时清除。

4)粘贴窗或门四角下保温板时,应采用整块保温板切割成形,块体最小边长尺寸不应小于 150 mm,不允许有水平通缝和垂直通缝;严禁将非标准板粘贴在窗四角处。

5)发泡陶瓷保温板粘贴时应及时用力压实,并可用橡胶锤轻轻敲打并揉搓,调整板面高度、平整度和位置,保证保温板墙面的垂直度以及平整度。凝结过程中不得敲击扰动。

6)发泡陶瓷保温板黏结层厚度宜为 3~4 mm。

7)发泡陶瓷保温板铺贴 24 h 后,对平整度不符合要求的可用专用搓板打磨找平。

(5)护面层施工要求

1)护面层应在发泡陶瓷保温层粘贴 48 h 后方可施工。

2)施工前应对粘贴的发泡陶瓷保温层进行检查,平整度超过 2 mm 的应磨平,板块间缝隙不饱满时应补好。

3)采用两道抹灰施工法将专用抹面胶浆均匀地涂抹在发泡陶瓷保温层上,其中第一层厚 2~3 mm;待第一层抹面胶浆凝固后再抹第二层,第二层厚度 2~3 mm,总厚度控制在4~6 mm。面砖饰面的抹面层厚度宜控制在 5~8 mm。

4)铺设耐碱玻璃纤维网格布时,批刮头道抹面胶浆后应立即铺贴耐碱玻纤网布,用抹子将耐碱玻纤网布压入胶浆中,耐碱玻纤网布相互搭接宽度应符合设计要求,严禁干搭。耐碱玻纤网布的搭接宽度≥100 mm,网格布不应皱褶、空鼓、翘边。

5)门窗洞口外侧周边应各加一层 300 mm×200 mm 的 45°斜向耐碱玻纤网布进行加强,或预留 100 mm 宽作包边处理。并将大面积铺设的耐碱玻纤网布沿门窗的转角拐进由粉刷基面粘贴。

6)在墙体拐角处、阴阳角处,所用的耐碱玻纤网布应从每边双向包转或相互搭接宽度≥200 mm。

7)第二层抹面胶浆应待第一层砂浆干硬可碰触时方可施工,并应完全覆盖耐碱玻纤网布。

(6)锚固件安装

先用冲击电钻进行打眼,清理眼孔内积灰后放入锚栓,并用锤击锚栓至完全进入墙体,锤击力道应均匀,不得出现锚栓歪斜、破损等现象。锤击时应避免用力过猛造成发泡陶瓷板破损。锚固件混凝土基层锚固深度不小于 30 mm,进入砌体墙体基层的有效锚固深度不小于 50 mm。

(7)发泡陶瓷外墙保温系统

1)发泡陶瓷外墙外保温系统基本构造如图 5.3.6-2 所示。

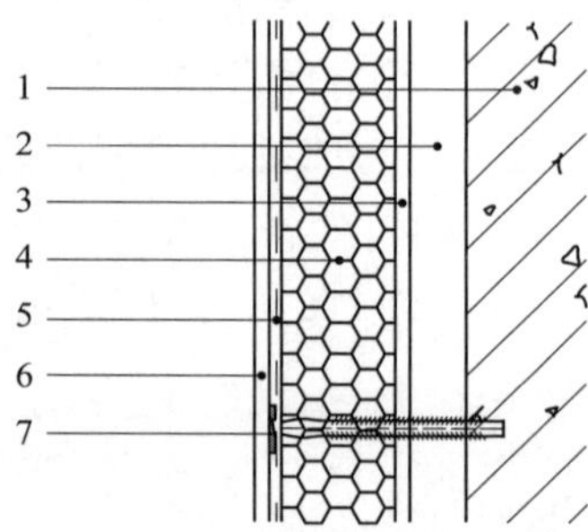

图 5.3.6-2　发泡陶瓷保温板外墙外保温系统基本构造

1—基层墙体;2—防水砂浆找平层;3—黏结层;4—发泡陶瓷保温板;5—抹面层(内置玻纤网布);6—饰面层(涂料、柔性面砖等);7—锚栓

2)洞口四角附加耐碱纤维网格布示意如图 5.3.6-3 所示。

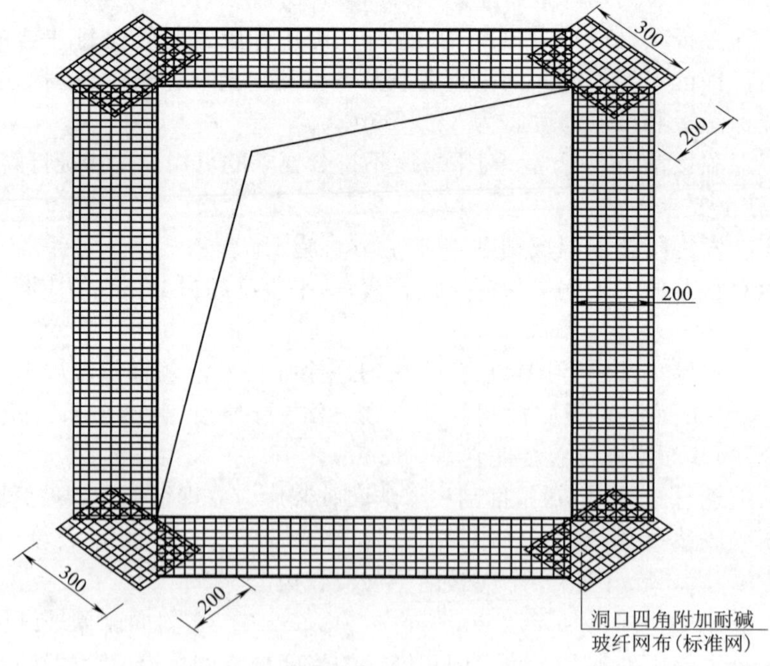

图 5.3.6-3　洞口四角附加耐碱纤维网格布(单位:mm)

3)女儿墙及挑檐构造示意图,如图 5.3.6-4 所示。

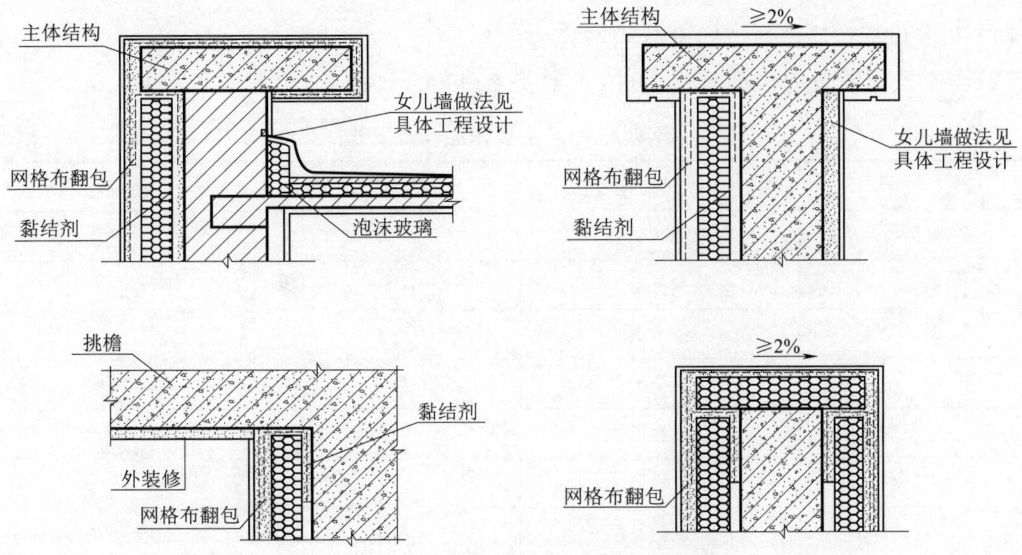

图 5.3.6-4　女儿墙及挑檐构造示意图

注:女儿墙内侧墙面设与外墙保温做法同厚的泡沫玻璃板见具体工程设计。

4)窗洞口构造做法示意图,如图 5.3.6-5 所示。

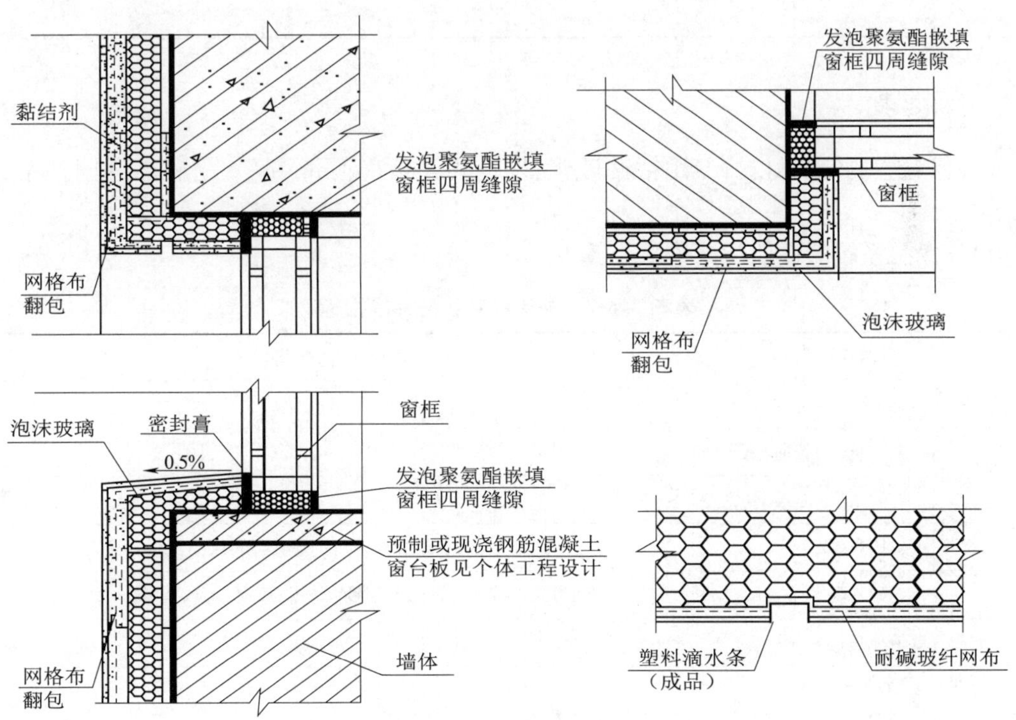

图 5.3.6-5　窗洞口构造做法

6. 劳动力组织

(1)劳动力组织方式采用架子队组织模式。

(2)作业人员数量应根据施工条件、工期要求进行合理配置,见表 5.3.6-1。

表 5.3.6-1　主要作业人员配置

序　号	人员配置	人数(人)	备　注
1	架子队队长	1	
2	技术负责人	1	
3	技术员	1	
4	安全员	1	
5	材料员	1	
6	质检员	1	
7	试验员	1	
8	领工员	1	
9	工班长	1	
10	施工技术人	12	
11	普工	6	

7. 材料要求

外墙保温主要使用材料:专用粘贴砂浆、发泡陶瓷板(50 mm 厚)、耐碱玻纤网格布、抗裂砂浆等。

(1)外保温系统的性能指标见表 5.3.6-2。

表 5.3.6-2　外保温系统的性能指标

试验项目		性能指标
吸水量(g/m^2),浸水 24 h		≤500
抗冲击强度(J)	普通型(P 型)	≥3.0
	加强型(Q 型)	≥10.0
抗风压		抗风压值不小于工程项目的风荷载设计值
耐冻融		表面无裂纹、空鼓、起泡、剥离现象
水蒸气湿流密度[$g/(m^2 \cdot h)$]		≥0.85
不透水性		试样防护层内侧无水渗透
耐候性		表面无裂纹、粉化、剥落现象

(2)胶粘剂的性能指标见表 5.3.6-3。

表 5.3.6-3　胶粘剂的性能指标

试验项目		性能指标
拉伸黏结强度(MPa)(与水泥砂浆)	原强度	≥0.60
	耐水	≥0.40
拉伸黏结强度(MPa)(与发泡陶瓷板)	原强度	≥0.10,破坏界面在膨胀聚苯板上
	耐水	≥0.10,破坏界面在膨胀聚苯板上
可操作时间(h)		1.5～4.0

(3)发泡陶瓷板主要性能指标见表 5.3.6-4。

表 5.3.6-4　发泡陶瓷板主要性能指标

项　目	单　位	指　标
密度	kg/m^3	≤180
导热系数	W/(m·K)	≤0.065
蓄热系数	$W/(m^2 \cdot K)$	≥1.60
抗拉强度	MPa	≥0.15
燃烧性能		A1 级
吸水率(V/V)		≤3%

(4)耐碱网布主要性能指标见表 5.3.6-5。

表 5.3.6-5　耐碱网布主要性能指标

试验项目	性能指标
单位面积质量(g/m^2)	≥160
耐碱断裂强力(经、纬向)(N/50 mm)	≥750
耐碱断裂强力保留率(经、纬向)	≥50%
断裂应变(经、纬向)	≤5.0%

(5)单个锚栓抗拉承载力标准值(混凝土基层)≥0.8 kN,其他各产品符合各省市地方标准。

(6)所有材料具有出厂检验报告、合格证,并报监理审定,及时做好材料复验工作。

8. 设备机具配置

主要机具设备见表 5.3.6-6。

表 5.3.6-6　主要机具设备

序　号	名　称	数量(台、个)
1	吊篮	20
2	钢锯	5

续上表

序　号	名　称	数量(台、个)
3	手提切割锯	6
4	电动搅拌器	4
5	搓板	4
6	抹子	10

9. 质量控制及检验

(1)质量控制

1)保温系统所有材料品种和规格应符合设计及规范要求。

2)保温板的导热系数、体积密度、抗压强度或压缩强度、燃烧性能应符合设计要求。黏结剂的品种、黏结强度和配合比应符合设计要求。

3)耐碱玻纤网布不得有破损、断线、涂胶不匀等疵疾,抹灰后外观不得有网印。

4)发泡陶瓷外墙外保温工程施工前应按照设计和施工方案的要求对基层进行处理,处理后的基层应符合保温层施工方案或设计的要求。

5)发泡陶瓷外墙外保温工程各层构造做法应符合设计要求,并应按照经过审批的施工方案进行施工。

6)保温板与基层及各构造层之间的黏结或连接必须牢固,不得有碎裂、脱胶、空鼓、松动现象。黏结强度和连接方法应符合设计要求。

7)条粘法和点粘法施工的涂胶面积和厚度、涂胶的布置及数量,满粘法的涂胶厚度应符合设计要求。

8)发泡陶瓷保温层厚度必须符合设计要求(不得有负偏差)。

9)锚固件安装数量、位置、锚固深度、锚栓拉拔力应符合设计要求和规范要求。

10)砂浆抹压应密实,不得空鼓,加强网不得皱褶、外露。

11)墙体上易碰撞的阳角、门窗洞口及不同材料基体的交接处等特殊部位的保温层,应采取防止开裂和破损的加强措施并符合设计要求。

12)保温板表面应平整、洁净、无明显裂纹和缺损。保温板接缝应平整严密。

(2)质量检验

1)保温板铺贴的允许偏差和检查方法应符合表 5.3.6-7 规定。

表 5.3.6-7　保温板铺贴的允许偏差和检查方法

项　次	项　目	允许偏差(mm)	检验方法
1	立面垂直度	3	用 2 m 垂直检测尺检查
2	表面平整度	3	用 2 m 靠尺和塞尺检查
3	阴、阳角垂直度	3	用 2 m 托线板检查
4	阳角方正	3	用 200 mm 方尺检查
5	接槎高度	1	用直尺和塞尺检查

检查数量:每个检验批抽查不少于 3 处。

2)外保温抹面层的允许偏差和检查方法应符合表5.3.6-8规定。

表5.3.6-8 外保温抹面层的允许偏差和检查方法

项 次	项 目	允许偏差(mm)	检验方法
1	立面垂直度	3	用2 m垂直检测尺检查
2	表面平整度	3	用2 m靠尺和塞尺检查
3	阳角方正	3	用直角检测尺检查
4	分格缝(装饰线)直线度	3	拉5 m线,不足5 m拉通线,用钢直尺检查

检查数量:每个检验批抽查不少于3处。

10. 安全及环保要求

(1)安全要求

1)应遵守有关安全的现行标准及施工现场一切安全制度。站在吊篮上操作时,人员必须按规范正确佩戴劳保用品,系好安全带,穿防滑鞋。

2)严禁随意从吊篮上扔垃圾、杂物。不在吊篮堆放杂物,下班后及时清理,并堆放在指定地点。

3)严禁翻越吊篮,每天作业完成后,必须将吊篮降至地面后,离开吊篮。

(2)环保要求

1)操作地点应做到工完料尽场清,切割下来的零碎材料应装入编织袋内,运到指定地点,不得从高处扔下。

2)加强环保宣传工作,避免或减轻对施工现场环境造成污染,提高作业人员的环保意识,严格执行国家和地方环保局有关环保法律、法规要求,共同营造一个良好的施工环境。

3)认真抓好施工生产和生活区域的环境卫生工作,设置专门的生活垃圾回收箱,每日有专人清理打扫,临时住所要专人每日清扫。

4)施工生产和生活区域必须节约用水、用电,做到无长流水、长明灯。

5.4 建筑屋面

5.4.1 屋面工程基层与保护作业指导书

1. 适用范围

适用于杭州至海宁城际铁路建筑屋面工程基层与保护施工。

2. 作业准备

(1)内业技术准备

在开工前组织技术人员认真学习实施性施工组织设计,阅读、审核施工图纸,澄清有关技术问题,熟悉规范和技术标准。制定施工安全保证措施,提出应急预案。对施工人员进行技术交底,对施工人员进行技术交底,对参加施工人员进行上岗前技术培训,考核合格后上岗。

(2)外业技术准备

施工作业层中涉及的各种外部技术数据的收集。修建生活房屋,配齐生活、办公设施,满足主要管理、技术人员进场生活、办公需求。

3. 技术要求

(1)找平层施工前,屋面保温层应进行检查验收,并办理验收手续。

(2)各种穿过屋面的预埋管件、烟道、女儿墙等根部,应按设计施工图及规范要求处理好。

(3)根据设计要求的标高、坡度,找好规矩并弹线(包括天沟、檐沟的坡度)。

(4)施工找平层时应将原表面清理干净,进行处理,有利于基层与找平层的结合,如浇水湿润等。

(5)屋面找坡应满足设计排水坡度要求,结构找坡不应小于3%,材料找坡宜为2%;檐沟、天沟纵向找坡不应小于1%,沟底水落差不得超过200 mm。

(6)找平层宜采用水泥砂浆或细石混凝土;找平层的抹平工序应在初凝前完成,压光工序应在终凝前完成,终凝后应进行养护。

4. 施工程序与工艺流程

屋面工程基层与保护工艺流程如图5.4.1所示。

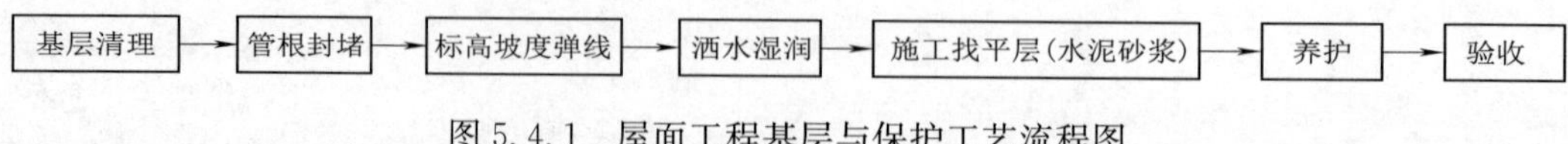

图5.4.1 屋面工程基层与保护工艺流程图

5. 施工要求

(1)基层清理:将保温层上表面的松散杂物清扫干净,凸出基层表面的灰渣等黏结杂物要铲平，不得影响找平层的有效厚度。

(2)管根封堵：大面积做找平层前，应先将出屋面的管根部处理好。

(3)抹水泥砂浆找平层。

1)洒水湿润：抹找平层水泥砂浆前，应适当洒水湿润基层表面，主要是利于基层与找平层的结合，但不可洒水过量，以免影响找平层表面的干燥，防水层施工后窝住水气，使防水层产生空鼓。所以洒水达到基层和找平层能牢固结合为度。

2)贴点标高、冲筋：根据坡度要求，拉线找坡，一般按 1～2 m 贴点标高(贴灰饼)，铺抹找平砂浆时，先按流水方向以间距 1～2 m 冲筋，并设置找平层分格缝，宽度一般为 20 mm，并且将缝与保温层连通，分格缝最大间距为 6 m。

3)铺装水泥砂浆：按分格块装灰、铺平，用刮扛靠冲筋条刮平，找坡后用木抹子槎平，铁抹子压光。待浮水沉失后，人踏上去有脚印但不下陷为度，再用铁抹子压第二遍即可交活。找平层水泥砂浆一般配合比为 1∶3，拌和稠度控制在 7 cm。

4)养护：找平层抹平、压实以后 24 h 可浇水养护，一般养护期为 7 d，经干燥后铺设防水层。

6. 劳动组织

(1)劳动力组织方式采用架子队组织模式。

(2)作业人员数量应根据施工条件、工期要求进行合理配置，见表 5.4.1-1。

表 5.4.1-1　主要作业人员配置

序　号	人员配置	人数(人)	备　注
1	架子队队长	1	
2	技术负责人	1	
3	技术员	1	
4	安全员	1	
5	材料员	1	
6	质检员	1	
7	试验员	1	
8	领工员	1	
9	工班长	1	
10	技术工	8	
11	普工	6	

其中，负责人、工班长、技术人员、专兼职安全员必须由施工企业正式职工担任，并可根据工程情况适当配备若干劳务工人。

7. 材料要求

(1)水泥：不低于 P·O 32.5 级普通硅酸盐水泥。

(2)砂：宜用中砂，含泥量不大于 3%，不含有机杂质，级配要良好。

8. 设备机具配置

主要机具设备见表 5.4.1-2。

表 5.4.1-2　主要机具设备

序　号	名　称	数量(台、个)
1	塔式起重机	1
2	臂架混凝土泵	1
3	砂浆搅拌机	2
4	手推车	5
5	水平刮杠	3
6	铁抹子	10

9. 质量控制及检验

(1)质量控制

屋面找平层主要作为防水层的依附基层,为了保证防水层不受各种变形的影响,基层坚固,具有足够的强度和刚度。找平层施工主要通过控制原材料的质量和施工过程控制来保证施工质量。主要质量控制点如下:

1)原材料及配合比必须符合设计要求和施工及验收规范的规定。

2)屋面的坡度,必须符合设计要求,平屋面坡度不小于 2%。

3)水泥应有出厂合格证或试验资料。

4)找平层分格缝留设位置和间距应符合设计和施工及验收规范的规定。

5)找平层起砂:水泥砂浆找平层施工后养护不好,使找平层早期脱水;砂浆拌和加水过多,影响成品强度;抹压时机不对,过晚破坏了水泥硬化;过早踩踏破坏了表面养生硬度。施工中注意配合比,控制加水量,掌握抹压时间,成品不能过早上人。

6)找平层空鼓、开裂。基层表面清理不干净,水泥砂浆找平层施工前未用水湿润好,造成空鼓。应重视基层清理,认真施工结合层工序,注意压实。由于砂子过细、水泥砂浆级配不好、找平层厚薄不均、养护不够,均可造成找平层开裂。注意使用符合要求的砂料,保温层平整度应严格控制,保证找平层的厚度基本一致,加强成品养护,防止表面开裂。

7)成品保护。

①抹好的找平层上,推小车运输时,应先铺脚手板车道,以防止破坏找平层表面。

②找平层施工完毕,未达到一定强度时不得上人踩踏。

(2)质量检验

找平层允许偏差和检验方法见表 5.4.1-3。

表 5.4.1-3　找平层允许偏差和检验方法

项　次	项　目	允许偏差(mm)	检验方法
1	表面平整度	5	用 2 m 靠尺和楔形塞尺检查
2	找平层接缝高度差	3	用直尺和楔形塞尺检查

10. 安全及环保要求

(1)安全要求

1)屋面外架做好防护,避免施工人员高处坠落。

2)屋面作业避开高温时段,防止工人中暑。

3)严禁作业人员酒后作业。

4)由于屋面施工时同时有墙面进行墙面抹灰等施工,应当合理安排施工区段,避免交叉作业,杜绝出现高空坠落、物体打击等事故。

5)遇到雷雨、六级和六级以上大风时,必须停止施工。停工前做好防护措施,操作台上人员撤离,应对设备、工具、零散材料及可移动的铺板等进行整理、固定并做好防护,全部人员撤离后立即切断通向操作平台的供电电源。

(2)环保要求

1)施工废水、生活污水、机械废油按有关要求进行处理,不得直接排入江河中。

2)做好施工场地内的临时排水、废弃杂物及时清除出场,不准乱丢乱放,注意施工场地的整洁。

3)施工时加强对环境的保护,避免水泥撒灰或水泥浆大面积污染场地,防止污染附近农田及河流。

4)施工场地和运输道路经常洒水,减少灰尘对生产人员和其他人员造成危害。

5.4.2 屋面工程保温与隔热作业指导书

1. 适用范围

适用于杭州至海宁城际铁路建筑屋面工程保温与隔热施工。

2. 作业准备

（1）内业技术准备

作业指导书编制后，应在开工前组织技术人员认真学习实施性施工组织设计，阅读、审核施工图纸，澄清有关技术问题，熟悉规范和技术标准。制定施工安全保证措施，提出应急预案。对施工人员进行技术交底，对施工人员进行技术交底，对参加施工人员进行上岗前技术培训，考核合格后上岗。

（2）外业技术准备

施工作业层中涉及的各种外部技术数据的收集。修建生活房屋，配齐生活、办公设施，满足主要管理、技术人员进场生活、办公需求。

3. 技术要求

（1）铺设保温材料的基层（结构层）施工完以后，将现浇结构内预埋的吊钩等进行处理，处理点应抹入水泥砂浆，经检查验收合格，方可铺设保温材料。

（2）穿过结构的管根部位，应用细石混凝土填塞密实，以使管子固定。

（3）板状保温材料运输、存放应注意保护，防止损坏和受潮。

4. 施工程序与工艺流程

屋面工程保温与隔热施工工艺流程如图 5.4.2 所示。

图 5.4.2 屋面工程保温与隔热施工工艺流程图

5. 施工要求

（1）基层清理：现浇混凝土结构层表面应将杂物、灰尘清理干净。

（2）弹线找坡：按设计坡度及流水方向找出屋面坡度走向，确定保温层的厚度范围。

（3）管根固定：穿结构的管根在保温层施工前应用细石混凝土塞堵密实。

（4）保温层铺设：

1）松散保温层铺设：

①松散保温层是一种干做法施工的方法，材料使用 1∶6 水泥焦渣，焦渣粒径为 5～40 mm。使用时必须过筛，控制含水率。铺设松散材料的结构表面应干燥、洁净，松散保温材料应分层铺设，适当压实，压实程度应根据设计要求的密度，经试验确定。每步铺设厚度不宜大于 150 mm，压实后的屋面保温层不得直接推车行走和堆积重物。

②剂塑聚苯乙烯泡沫塑料保温板铺设：直接铺设在 1∶6 水泥焦渣找坡层上，表面两块相邻的板边厚度应一致。

③保温板铺设前应按要求在焦渣找平中埋设 PVC 排气管，每 36 m^2 布设一个出气口，出气口高出屋面至少 50 mm。

2）板状保温材料铺设：

①板状材料保温层采用干铺法施工时，板状保温材料应紧靠在基层表面上，应铺平垫稳；分层铺设的板块上下层接缝应相互错开，板间缝隙应采用同类材料的碎屑嵌填密实。

②板状材料保温层采用粘贴法施工时，胶粘剂应与保温材料的材性相容，并应贴严、粘牢；板状材料保温层的平面接缝应挤紧拼严，不得在板块侧面涂抹胶粘剂，超过 2 mm 的缝隙应采用相同材料板条或片填塞严实。

③板状保温材料采用机械固定法施工时，应选择专用螺钉和垫片；固定件与结构层之间应连接牢固。

6. 劳动组织

（1）劳动力组织方式采用架子队组织模式。

（2）作业人员数量应根据施工条件、工期要求进行合理配置，见表 5.4.2-1。

表 5.4.2-1　施工作业人员配备

序　号	人员配置	人数(人)	备　注
1	架子队队长	1	
2	技术负责人	1	
3	技术员	1	
4	安全员	1	
5	材料员	1	
6	质检员	1	
7	试验员	1	
8	领工员	1	
9	工班长	1	
10	施工技术人员	8	
11	起重机/塔式起重机司机	1	
12	普工	5	

其中，负责人、工班长、技术人员、专兼职安全员必须由施工企业正式职工担任，并可根据工程情况适当配备若干劳务工人。

7. 材料要求

（1）保温与隔热工程的构造及选用材料应符合设计要求。

（2）保温板应有出厂合格证，根据设计要求选用厚度、规格应一致，外形应整齐；保温材料的导热系数、表观密度或干密度、抗压强度或压缩强度、燃烧性能，必须符合设计要求。

（3）保温材料使用时的含水率，应相当于该材料在当地自然风干状态下的平衡含水率。

(4)水泥应有出厂合格证,并经有相应资质的检测单位复试合格后,方可进行施工。

8. 设备机具配置

主要设备机具配置见表5.4.2-2。

表5.4.2-2 主要设备机具

序号	名称	数量(台)
1	搅拌机	2
2	平板振捣器	3
3	手推车	6
4	木抹子	12
5	刮杠	8

9. 质量控制及检验

(1)质量控制

1)保温材料的强度、密度、导热系数和含水率必须符合设计要求和施工及验收规范的规定;材料技术指标应有试验资料。

2)按设计要求及规范的规定采用配合比。

3)松散的保温材料分层铺设,压实适当,表面平整,找坡正确。

4)板块保温材料应紧贴基层铺设,铺平垫稳,找坡正确。

5)排气管道外壁包裹一层玻璃布,防止保温层中颗粒将管道上的排气孔堵死。

(2)质量检验

屋面保温与隔热检查项目见表5.4.2-3。

表5.4.2-3 屋面保温与隔热检查项目

项次	项目		允许偏差(mm)	检查方法
1	整体保温层表面平整度	无找平层	5	用2 m靠尺和楔形尺检查
		有找平层	7	
2	保温层厚度	松散材料	$+10\delta/100$	用钢针插入和尺量检查
		整体	$-5\delta/100$	
		板状材料	$\pm5\delta/100$,且不大于4	
3	隔热板相邻高低差		3	用直尺和楔形塞尺检查

注:δ指保温层厚度。

10. 安全及环保要求

(1)安全要求

1)防止发生高空坠落事故的要求:

①屋面洞口应设防护栏杆,高处作业人员必须系挂安全带。

②高处作业使用的撬杠和其他工具应有防止坠落措施；高空用的梯子、吊篮、临时操作台应绑扎牢靠；跳板应铺平绑扎，严禁出现挑头板。

2)防止发生触电事故的要求：

①操作各种加工机械及电动工具的人员，应经专门培训，考试合格后方准上岗，操作时应遵守各种机械及电动工具的操作规程。

②用电应有专人负责安装、维护和管理用电设备和电线路。架设的低压线路不得用裸导线，电线铺设要防砸、防碰撞、防挤压，以防触电。电焊机电源线的长度不宜超过 5 m，并应架高。电焊机电缆和电线要远离起重钢丝绳 2 m 以上；电焊机电缆在地面上与钢丝绳和钢构件相接触时，应有绝缘隔离措施。

③各种用电加工机械设备必须有良好的接地和接零，接地线应用截面不小于 25 mm^2 的多股软裸铜线和专用线夹；不得用缠绕的方法进行接地和接零。同一供电网不得有的接地，有的接零。对手动电动工具必须装设漏电保护器。

④电焊工应戴绝缘手套和穿绝缘胶鞋，以防止操作时漏电伤人。塔式起重机或长臂杆的起重设备，应有避雷设施。

(2)环保要求

1)保温材料使用后产生的废料及垃圾，应当放置指定地点，并定期处理，严禁随意丢弃。

2)做好施工场地内的临时排水、废弃杂物及时清除出场，不准乱丢乱放，注意施工场地的整洁。

3)施工时加强对环境的保护，避免水泥撒灰或水泥浆大面积污染场地，防止污染附近农田及河流。

4)施工场地和运输道路经常洒水，减少灰尘对生产人员和其他人员造成危害。

5.4.3　屋面工程施工防水与密封作业指导书

1. 适用范围

适用于杭州至海宁城际铁路建筑屋面工程防水与密封施工。

2. 作业准备

(1)内业技术准备

作业指导书编制后,应在开工前组织技术人员认真学习实施性施工组织设计,阅读、审核施工图纸,澄清有关技术问题,熟悉规范和技术标准。制定施工安全保证措施,提出应急预案。对施工人员进行技术交底,对参加施工人员进行上岗前技术培训,考核合格后上岗。

(2)外业技术准备

施工作业层中涉及的各种外部技术数据的收集。修建生活房屋,配齐生活、办公设施,满足主要管理、技术人员进场生活、办公需求。

3. 技术要求

(1)施工前审核图纸,编制防水工程施工方案;屋面防水工程必须由经资质审查合格的防水专业队伍进行施工,作业人员应持有当地建设主管部门颁发的上岗证。

(2)找平层施工完毕,并经养护、干燥,含水率不大于 9%。

(3)找平层坡度应符合设计要求,不得有空鼓、开裂、起砂、脱皮等缺陷。

(4)各种阴阳角、管根抹成圆角。

(5)立面上卷最小高度要保证大于等于 250 mm。

(6)下水口的位置、出墙距离不能影响雨水斗的安装。

(7)安全防护到位并经安全员验收,备好卷材及配套材料,存放和操作应远离火源,防止发生事故。

(8)出屋面的各种管道设施施工完毕,会同专业技术负责人、相关工长、质检员进行工序交接检查,合格后填写相应检查、验收表格,方可进行防水层的施工。

4. 施工程序与工艺流程

清理基层→涂刷基层处理剂→铺贴卷材附加层→铺贴卷材→热熔封边→蓄水试验→检查验收。

5. 施工要求

(1)清理基层:施工前将验收合格的基层表面尘土、杂物清理干净。

(2)涂刷基层处理剂:高聚物改性沥青卷材施工,按产品说明书配套使用,基层处理剂是将氯丁橡胶沥青胶粘剂加入工业汽油稀释,搅拌均匀,用滚刷均匀涂刷于基层表面,常温经过 4 h 后,开始铺贴卷材。

(3)附加层施工:热熔法使用改性沥青卷材对防水层施工前,在女儿墙、水落口、管根、檐口、阴阳角、找平层分格缝等细部先做附加层，附加的范围应符合设计要求。

(4)铺贴卷材。

1)防水卷材为 3 mm 厚两道，铺贴时接缝应错开。将改性沥青防水卷材剪成相应尺寸，用原卷心卷好备用；铺贴时随放卷随用火焰喷枪加热基层和卷材的交接处，喷枪距加热面 300 mm左右，经往返均匀加热，趁卷材的材面刚刚熔化时，将卷材向前滚铺、粘贴。

2)卷材应平行屋面最高处从低处(雨水口)向最高处铺贴，长边及短边的搭接宽度，满粘法均为 80 mm，且端头接茬错开尺寸要根据屋面实际尺寸而定，且不能小于 50 mm。

3)卷材应从流水坡度的下坡开始，按卷材规格弹出基准线铺贴，并使卷材的长边与流水坡向垂直。注意卷材配制应减少阴阳角处的接头。

4)热熔封边。将卷材搭接处用喷枪加热，趁热使二者黏结牢固，以边缘挤出沥青为度；末端收头用密封膏嵌填严密。

5)防水层蓄水试验。卷材防水层完工后，确认做法符合设计要求，将所有雨水口堵住，然后灌水，水面应高出屋面最高点 20 mm，24 h 后进行认真观察，尤其是管根、风道根，不渗不漏为合格，否则应进行返工。

6)检验。卷材防水层施工完成，专业工长自检合格后，应由项目专业质量检查员填写检验批质量验收记录。检验批质量验收应由专业监理工程师组织项目专业质量检查员等进行验收并签认。

6. 劳动组织

(1)劳动力组织方式采用架子队组织模式。

(2)作业人员数量应根据施工条件、工期要求进行合理配置，见表 5.4.3-1。

表 5.4.3-1 主要作业人员配置

序 号	人员配置	人数(人)	备 注
1	架子队队长	1	
2	技术负责人	1	
3	技术员	1	
4	安全员	1	
5	材料员	1	
6	质检员	1	
7	试验员	1	
8	领工员	1	
9	工班长	1	
10	防水施工人员	6	
11	塔式起重机/起重机司机	1	
12	普工	3	

其中，负责人、工班长、技术人员、专兼职安全员必须由施工企业正式职工担任，并可根据工程情况适当配备若干劳务工人。

7. 材料要求

(1)规格、材质:满足设计要求为 3 mm 厚 SBS。

(2)材料要经有关部门认证许可,3 mm 厚 SBS 必须有出厂质量合格证。

(3)防水卷材及配套材料运至现场后,进行外观检查,合格后按要求取样,送检合格后,方可使用。

8. 设备机具配置

主要机具设备见表 5.4.3-2。

表 5.4.3-2 主要机具设备

序 号	名 称	数 量
1	汽油喷灯	4 只
2	滚动刷	若干
3	剪刀	6 把
4	笤帚	4 把
5	抹子	8 把

9. 质量控制及检验

(1)卷材防水层所用卷材及其配套材料必须符合设计要求。

(2)卷材防水层不得有积水或渗漏现象。

(3)卷材防水层在檐沟、泛水、水落口等处防水构造必须符合设计要求。

(4)卷材防水层的搭接缝粘结牢固,密封严密。不得有皱折、翘边和鼓泡等缺陷。

(5)卷材防水层保护层应符合设计要求。

(6)卷材铺贴方向应正确,卷材搭接宽度允许偏差值－10～＋10 mm。

(7)屋面不平整、找平层不平顺造成积水,施工时应挂线放坡,找平层施工中应拉线检查;做到坡度符合要求,平整无积水。

(8)铺贴卷材时基层不干燥,铺贴不认真,边角处易出现空鼓。铺贴卷材时应掌握基层含水率,不符合要求不能铺贴卷材,同时铺贴时应平、实,压边紧密,粘结牢固。

(9)铺贴附加层时,卷材剪配、粘贴操作应使附加层紧贴到位,封严、压实,不得有翘边等现象。

(10)女儿墙卷材封口应压实固定。

10. 安全及环保要求

(1)安全要求

1)防止发生高空坠落事故的要求:

①屋面洞口应设防护栏杆,高处作业人员必须系挂安全带。

②高处作业使用的撬杠和其他工具应防止坠落;高空用的梯子、吊篮、临时操作台应绑扎

牢靠;跳板应铺平绑扎,严禁出现挑头板。

2)防止发生触电事故的要求:

①操作各种加工机械及电动工具的人员,应经专门培训,考试合格后方准上岗,操作时应遵守各种机械及电动工具的操作规程。

②用电应有专人负责安装、维护和管理用电设备和电线路。架设的低压线路不得用裸导线,电线铺设要防砸、防碰撞、防挤压,以防触电。电焊机的电源线的长度不宜超过 5 m,并应架高。电焊机电缆和电线要远离起重钢丝绳 2 m 以上;电焊机电缆在地面上与钢丝绳和钢构件相接触时,应有绝缘隔离措施。

③各种用电加工机械设备必须有良好的接地和接零,接地线应用截面不小于 25 mm^2 的多股软裸铜线和专用线夹;不得用缠绕的方法进行接地和接零。同一供电网不得有的接地,有的接零。对手动电动工具必须装设漏电保护器。

④电焊工应戴绝缘手套和穿绝缘胶鞋,以防止操作时漏电伤人。塔式起重机或长臂杆的起重设备,应有避雷设施。

(2)环保要求

1)防水施工后的废料及垃圾,应当回收至指定位置,并定期处理,严禁随意丢弃。

2)防水施工前,做好对周围环境和其他半成品的遮蔽保护工作,防止污染环境。

3)施工过程中,用到的可溶性材料不得随意倾倒,防止对水源以及环境造成污染。

6 轨道工程

6.1　施工控制网

6.1.1　施工控制网基标(桩)测设作业指导书

1. 适用范围

适用于杭州至海宁城际铁路轨道工程施工控制网基标(桩)测设。

2. 作业准备

(1)内业技术准备

1)测绘专业人员进场前必须进行技术和安全培训,避免事故发生。

2)培训内容:测量仪器操作规程学习、设计文件、技术规范及验收标准、施工安全注意事项等。

(2)外业准备

1)仪器设备应按照规范和测量方案的要求进行认真准备和严格检校,确保仪器在有效鉴定期内并处于良好状态。仪器设备在铺轨阶段不得挪作他用,以保证测量成果精度。

2)开工前,对土建单位移交的导线点、永久的水准点进行复测;按施工现场的实际情况加密导线点和水准点。根据坐标控制点和水准控制点进行线路桩位和高程放样。

3)施工用的预埋件、植筋胶等材料和机具均从材料场直接利用汽车倒运到施工作业区进行布设。

3. 技术要求

(1)轨道施工测量应包括铺轨控制测量和铺轨施工测量。铺轨控制测量可采用铺轨基标测量或任意设站控制网测量方法,铺轨施工测量应根据采用的铺轨控制测量方法,选择测设加密基标配合轨道L尺方法或使用轨道几何状态检测仪方法。

(2)铺轨控制测量包括平面控制测量和高程控制测量,应以“两站一区间”为测量单元,应在隧道、高架桥、地面路基贯通后,且贯通误差和建筑限界符合规范要求或由于线路变更重新进行线路调整和限界检查合格后进行。

(3)铺轨平面和高程控制测量采用的起算数据应分别起算于地面卫星定位点、精密导线点和二等水准点。根据地面、地下以及高架线路的特点选择起算点应符合下列规定:

1)地面和高架线路的铺轨控制网应分别直接起算于地面卫星定位点、精密导线点和二等水准点。

2)地下隧道和车站线路测设铺轨控制网前,技术要求重新测设近井导线和近井水准,并采用具有较高精度的两井定向等方法进行联系测量,并以该成果作为建筑限界检测和铺轨控制网测量起算数据。

3)铺轨控制测量前应对既有的起算控制点进行检核。

(4)铺轨施工测量前,应对铺轨综合图和线路设计资料等进行全面复核。

(5)铺轨施工测量时,应对相邻已测设的轨道铺设控制点和已测设的防淹门控制点及其相互几何关系进行测量,满足限差要求时原测量成果应作为已知数据参与铺轨控制网平差计算。

4. 施工程序与工艺流程

施工控制网基标测设工艺流程如图 6.1.1 所示。

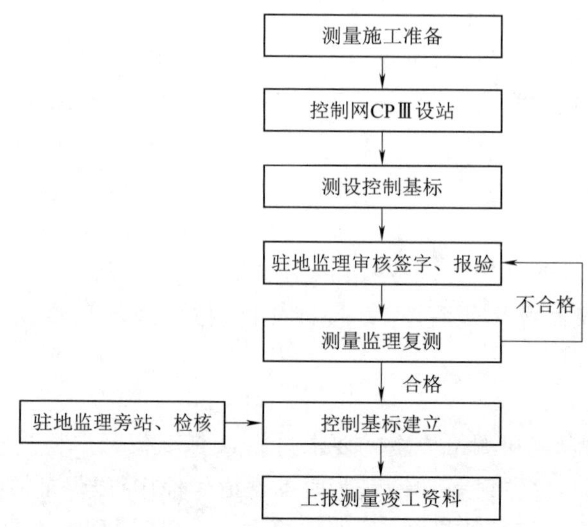

图 6.1.1　施工控制网基标测设工艺流程图

5. 施工要求

(1)控制基标测量:

1)控制基标在线路直线段每 120 m 设置一个,曲线段除在曲线要素点上设置控制基标外,曲线要素点间距较大时,需每 60 m 加设一个,当曲线较短时可设置部分曲线要素点上。

2)控制基标设置在线路中线上时,其平面位置可利用中线控制点测设,在直线上可采用测距法,在曲线上可采用极坐标等方法。控制基标设置在线路中线一侧时,可依据线路中线点或控制点采用极坐标法测设。控制基标高程可利用高程控制点,采用水准测量方法测设。

3)应采用初测、定测步骤测设控制基标,初测时,将基标标志测设到现场并调整到设计的坐标和高程位置,并初步固定。定测时,对初步固定后的控制基标的平面坐标和高程进行检测和调整。

4)结构底板上控制基标的埋设位置应进行凿毛、植筋处理,并采用添加速凝剂的混凝土固定基标。

5)控制基标埋设完成后,应对其进行检测,检测内容、方法与各项限差应符合下列规定:

①检测控制基标间夹角时,其左、右角各测两测回,左右角平均值之和与 360°较差应小于 6″。距离往返观测各两测回,测回较差及往返较差应小于 5 mm。

②直线段控制基标间的夹角与 180°较差应小于 8″,实测距离与设计距离较差应小于

10 mm;曲线段控制基标间夹角与设计值较差计算出的线路横向偏差应小于 2 mm,弦长测量值与设计值较差应小于 5 mm。

③控制基标高程测量应起算于施工高程控制点,按二等水准测量技术要求施测。控制基标高程实测值与设计值较差应小于 2 mm,相邻控制基标间高差与设计值的高差较差应小于 2 mm。

④各项限差满足要求后,应进行永久固定。对未满足要求的,应采用归化测量方法对其进其平面位置和高程调整,直至满足限差要求。

(2)加密基标测量应符合下列规定:

1)直线段加密基标应依据相邻控制基标采用测距法和水准测量方法,逐一测定加密基标的位置和高程,其平面位置和高程测定的限差应符合下列规定:

①相邻基标间距纵向误差不应超过±5 mm。

②加密基标偏离两控制基标间的方向线应小于 2 mm。

③相邻加密基标实测高差误差不应超过±1 mm,每个加密基标的实测高程误差不应超过±2 mm。

2)曲线段加密基标应依据曲线上的控制基标,采用偏角法和水准测量方法,逐一测设曲线加密基标的位置和高程,其平面位置和高程测定的限差应符合上述要求。

3)直线和曲线加密基标测定后,应按上述相应的平面位置和高程测定的限差要求进行检测,各项限差满足要求后,应进行固定。

(3)道岔基标测量应符合下列规定:

1)单开道岔控制基标应测设在岔前、岔尾、岔心和曲股位置。

2)复式交分道岔控制基标应测设在长轴和短轴的两端及岔头、岔尾位置。

3)交叉渡线道岔控制基标应测设在长轴和短轴的两端、岔头、岔尾以及与正线相交的岔心位置。

4)道岔控制基标应利用控制基标采用极坐标法测设,测设后应对道岔控制基标间及其与线路中线几何关系进行检测。

(4)道岔控制基标间及其与线路中线几何关系应符合下列规定:

1)道岔控制基标间距离与设计值较差应小于 2 mm。

2)道岔控制基标高程与设计值较差应小于 2 mm,相邻基标间的高差与设计值较差应小于 1 mm。

3)岔心相对于线路中线的里程(距离)与设计值较差应小于 10 mm。

4)道岔控制基标与线路中线的距离和设计值较差应小于 2 mm。

5)正线与辅助线相交的辙岔角实测值与设计值较差:单开道岔不应大于 20″,复式交分道岔、交叉渡线道岔不应大于 10″。

(5)道岔控制基标经检测满足限差要求后,应埋设永久标志。

(6)道岔加密基标应利用道岔控制基标测设。测设后应进行几何关系检测,并应满足加密基标测设的技术要求。

6. 劳动组织

(1)劳动力组织方式采用架子队组织模式。

(2)作业人员数量根据施工条件、工期要求进行合理配置,见表 6.1.1-1。

表 6.1.1-1 施工控制网基标测设施工劳动力配置

序　号	人员配置	数量(人)	备　注
1	架子队队长	1	
2	技术负责人	1	
3	技术员	1	
4	安全员	1	
5	材料员	1	
6	质检员	1	
7	试验员	1	
8	工班长	1	
9	领工员	1	
10	测量工	6	

7. 材料要求

控制网埋设材料、植筋胶需有合格证,基标预埋件需为钢材制造。控制网埋设材料见表 6.1.1-2。

表 6.1.1-2 施工控制网基标测设埋设材料

序　号	名　称	单　位	数　量	备　注
1	植筋胶	箱	5	
2	基标预埋件	个	1 000	

8. 设备机具配置

为了确保测量工程的顺利进行,按期提交测量成果报告,测量设备配置见表 6.1.1-3。

表 6.1.1-3 测量设备机具配置

序　号	名　称	规格型号	等　级	单　位	数　量	备　注
1	全站仪	TCA1201＋	1″	台	1	
2	电子水准仪	DINI03	0.3 mm	台	1	
3	基座	TA-1		台	2	
4	木架腿			套	2	
5	棱镜	GPR1		套	9	
6	钢卷尺	JGW-508-1 系列	50 m	把	2	
7	对讲机	欧标		台	3	
8	电锤			把	2	
9	发电机			台	2	

9. 质量控制及检验

(1)质量控制

依据质量保证体系和工作内容、特点，建立覆盖项目作业全过程的严格质量管理与控制制度，并加以实施。主要包括：

1)严格执行一系列强制性技术标准。

2)严格履行各级管理和作业人员的岗位职责要求，层层把关，逐级负责，各作业人员对作业组长负责，作业组长对队长负责，队长对主管领导负责。

3)质量保证以事先控制为基础，质量检查为落脚点，在各工序作业开始前，对作业人员进行必要的技术交底和技术培训，对仪器设备定期进行鉴定，确保所使用的仪器设备始终在有效鉴定周期内并处于良好状态。

(2)质量检验

1)建立质量跟踪卡，对全过程进行质量跟踪和控制，确定并跟踪检查、落实每个过程的内容、完成情况、精度、存在问题和处理方法等，记录作业人员、工序负责人、技术负责人信息等。

2)作业过程中，除本工序质量检查外，下一工序作为上一工序的用户对其质量进行检查验收。最终成果提交前，进行严格的质量检查和评定。

10. 安全及环保要求

(1)安全要求

1)进场人员进行安全教育、安全技术交底。

2)作业人员应听从项目管理人员指挥，进入现场不得嬉戏打闹，不得动用测量专业的设备、材料等。

3)进入现场的测绘人员必须佩戴安全帽，身着安全警示服，并保持通信畅通。

4)在有轨道车及其他运输机械的隧道内测量作业时，应事先与有关部门、人员联系，申请测量时段，禁止在测量区段内有车辆通过、高速机械运转情况发生。在以上区段作业时，作业小组需派专业人监护，确保测量作业安全。

5)使用电锤和发电机等大功率仪器设备时，作业人员应具备安全用电和现场急救的基础知识，工作电压超过 36 V 时，作业人员应使用绝缘防护用品，接地电极附近应设明显警告标志，并设专人看管。

6)在电气化铁路、高压线带电作业区附近作业时，禁止使用铝合金标尺、镜杆等，防止触电。

7)在桥梁下和隧道附近以及公路弯道和视线不清的地点作业时，应事先设置安全警示标志，必要时安排专人担任安全警戒员。

8)学习相关的安全规程和洞内测量规程，掌握一般安全知识，了解工作地点的具体情况。

(2)环保要求

1)因工作需要于隧道内就餐，餐后及时清理现场杂物。

2)电锤钻眼产生的粉尘及用过的植筋胶空盒及时清理。

6.2　普通无砟道床

6.2.1　普通无砟道床轨道轨排组装架设及调整作业指导书

1. 适用范围

适用于杭州至海宁城际铁路工程普通无砟道床轨道轨排组装架设及调整施工。

2. 作业准备

(1)内业技术准备

1)应在开工前组织技术人员认真学习整体道床施工方案。

2)逐级向施工人员进行技术交底和安全教育培训,考核合格后方可上岗。

(2)外业准备

1)施工前,先进行基底标高复测,并设置加密基标。

2)材料准备:

混凝土轨枕:混凝土岔枕各预留孔洞位置准确,尺寸、形状均符合设计要求,误差在允许范围之内,无损伤,出厂合格证及质量检验报告齐全。

钢轨:采用U75V热轧钢轨,各项指标、尺寸均在允许误差之内。

3)工机具准备:

机械:汽车式起重机、电焊机、风镐、空压机、钢筋弯曲机、钢筋切断机、木工加工机床等。

工具:万能道尺、直角道尺、支距尺、方尺、扳手、起道器、钢轨支承架、顶托、轨距拉杆、支距拉杆、滑床板专用吊具、弦线、钢板尺、大钢尺、石笔、扫帚、定型钢模板、撬棍、手提式混凝土振捣棒、水泵等。

3. 技术要求

(1)轨道结构:地下段矩形隧道及车站轨道结构高度为650 mm;大圆形隧道轨道结构高度为950 mm;小圆形隧道轨道结构高度为890 mm;高架段轨道结构高度为560 mm。

(2)轨底坡:正线及配线采用1/40轨底坡,道岔间不足50 m长度的线路不设轨底坡。

(3)钢轨、扣件及轨枕。

钢轨:正线采用60 kg/m无孔钢轨,材质为U75V,钢轨标准长度为25 m。普通有缝线路采用有孔新轨。

扣件:高架段采用WJ-2A型扣件;地下段采用ZX-2型扣件。

轨枕:高架段采用WJ-2A型扣件配套长轨枕;地下段采用ZX-2型扣件配套长轨枕;道岔间不足50 m长度的线路和区间雨水泵房处采用配套短轨枕。

轨枕间距:除道岔区地段轨枕布置间距以相应铺设图为准外,地下线整体道床铺轨枕一般采用 1 667 根/km(轨枕间距为 600 mm)。受泵房影响,轨枕间距可在 500～650 mm 间适当调整。在人防门、防淹门两侧轨枕间距最大不得超过 750 mm。高架线整体道床铺轨枕一般采用 1 600 根/km(轨枕间距为 625 mm)。相邻轨枕间距变化较大时应进行轨枕间距过渡。

4. 施工程序与工艺流程

轨排拼装架设及调整工艺流程如图 6.2.1 所示。

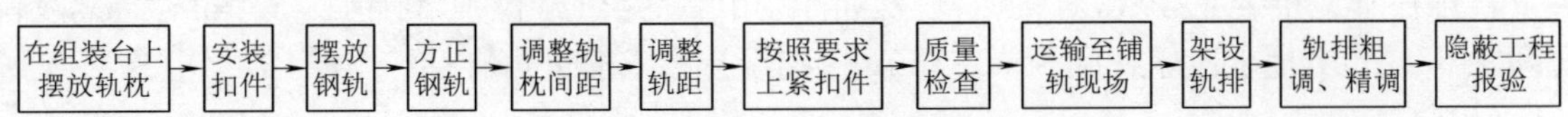

图 6.2.1 轨排拼装架设及调整工艺流程图

5. 施工要求

(1)地下段轨排拼装

1)ZX-2 型扣件轨排组装要求:

①组装前将轨枕承轨面及尼龙套管内的杂质清理干净。

②根据线路情况选用和安放铁垫板,并使轨底坡朝向轨道内侧(按铁垫板上的箭头方向)。

③钢轨内侧放 10 号、外侧放 8 号轨距块。

④放置 T 形螺栓、弹条、平垫圈,T 形螺栓下部涂油后拧紧螺母。

⑤轨枕及扣件摆放完成后采用门式起重机将钢轨吊入轨枕承轨槽内,并用方尺将钢轨、轨枕方正。

⑥调整轨距及轨枕间距:采用万能道尺调整轨距,控制在 1 435 mm(误差＋2 mm,－1 mm)范围内;然后检查轨枕间距(误差在 10 mm 范围内)。

⑦紧固扣件:钢轨及轨枕调整完成后,采用电动扳手将扣件拧紧,扭矩应达到设计要求。

2)安装注意事项:检查轨距方向,确认合适后安装弹条,使弹条中部前端下颚与轨距块刚好接触,不应过紧或过松。弹条中部前端下颚与轨距块离缝不应大于 1 mm,参考扭矩为 100～140 N · m,T 形螺栓安装前应涂油。现场安装前,可先取 10 组扣件进行安装,以测出弹条安装到位的实际扭矩,再按照实际扭矩的均值进行安装。

一般地段以 200～250 N · m、减振地段以 150～200 N · m 扭矩拧紧螺栓,固定铁垫板。

(2)高架段轨排拼装

1)高架线一般地段采用 WJ-2A 扣件及其配套长枕(伸缩调节器中部采用专用扣件及短轨枕)整体道床;中等减振地段采用与 WJ-2A 扣件配套的双层弹性垫板及其配套长枕整体道床。

2)WJ-2A 型扣件组装要求:

①组装前将轨枕承轨面及尼龙套管内的杂质清理干净。

②根据线路情况选用和安放铁垫板,并使轨底坡朝向轨道内侧(按铁垫板上的箭头方向)。

③选用适当长度的锚固螺栓,套上平垫圈弹簧垫圈后,涂上凡士林后旋入套管中,拧紧力矩 300 N · m。

④钢轨内侧放 10 号、外侧放 8 号轨距块。

⑤放置 T 形螺栓、弹条、平垫圈,T 形螺栓下部涂油后拧紧螺母。螺母参考拧紧力矩为 300 N · m,以保证弹条和轨距三点接触为准。

⑥摆放钢轨及方正：轨枕及扣件摆放完成后采用门式起重机将钢轨吊入轨枕承轨槽内，并用方尺将钢轨、轨枕方正。

⑦调整轨距及轨枕间距：采用万能道尺调整轨距，控制在 1 435 mm(误差＋2 mm，－1 mm)范围内；然后检查轨枕间距(误差在 10 mm 范围内)。

⑧紧固扣件：钢轨及轨枕调整完成后，采用电动扳手将扣件拧紧，扭矩应达到设计要求。

(3)轨排质量检查

轨排在基地拼装完成后，对轨距、轨枕间距、扣件扭矩进行检查，轨距 1 435 mm，高架段轨枕间距 625 mm，地下段轨枕间距 600 mm，达到设计要求后方可存储。

(4)轨排运输

在铺轨基地采用门式起重机将成品轨排吊至轨道车上，由轨道车运输至铺轨施工部位，每车运输存放轨排不得超过 3 层。

(5)轨排架设及调整

采用铺轨门式起重机将成品轨排吊运至铺轨工作面，用钢轨支撑架将轨排架起，钢轨支撑架支线 3 m 一个，曲线 2.5 m 一个，对轨排进行粗调，将中线、水平等调整至 10 mm 范围内。

待整体道床钢筋绑扎焊接、模板安装完成后，采用轨检小车对轨道状态进行精调，轨距、轨向、水平等均调整至 1 mm 误差范围内，符合验收标准要求。

6. 劳动组织

(1)劳动力组织方式采用架子队组织模式。

(2)作业人员数量根据施工条件、工期要求进行合理配置，见表 6.2.1-1。

表 6.2.1-1 轨排组装架设及调整劳动力配置

序 号	人员配置	数量(人)	备 注
1	架子队队长	1	
2	技术负责人	1	
3	技术员	1	
4	安全员	1	
5	材料员	1	
6	质检员	1	
7	试验员	1	
8	工班长	1	
9	领工员	1	
10	拼装工	6	
11	调轨工	2	

7. 材料要求

轨排组装材料配置见表 6.2.1-2。

表 6.2.1-2 轨排组装材料配置

序号	名 称	规格型号	部 位	备 注
1	钢轨支撑架	1 435 mm	轨排组装	3～4 m 设置一处
2	丝杆		起道轨排	3～4 m 轨道两边设置一处
3	斜撑		轨排调整	3～4 m 轨道两边设置一处
4	扣配件	ZX-2/WJ-2A	轨排组装	
5	钢轨	P60	轨排组装	
6	轨枕	预应力混凝土长枕	轨排组装	

8. 设备机具配置

轨排铺设施工主要机具配置见表 6.2.1-3。

表 6.2.1-3 轨排铺设施工机具配置

序号	名 称	规 格	单 位	数 量	备注
1	撬棍	大	根	5	
2	撬棍	小	根	10	
3	翻轨器		根	4	
4	呆板手		把	10	
5	活扳手		把	5	
6	压机		台	4	
7	钢卷尺	30 m	把	1	
8	钢卷尺	5 m	把	5	
9	直角尺	20～30 cm	把	1	
10	铁锹		把	10	
11	平板车		辆	1	
12	电动扳手		把	2	
13	叉车		台	1	
14	道尺		把	1	
15	L尺		把	1	

9. 质量控制及检验

(1)质量控制

1)加密基标埋设应牢固,精度符合要求,对于有疑问或松动的基标严禁使用。

2)道尺使用前应校正,精度允许偏差为＋0.5 mm,0,严禁使用未经校正的道尺。

(2)质量检验

1)普通无砟道床轨道轨排铺设允许偏差见表 6.2.1-4。

表 6.2.1-4 普通无砟道床轨道轨排铺设允许偏差

序号	检查项目	允许偏差
1	轨距	−1～+2 mm,变化率不大于 1‰
2	水平	2 mm
3	轨向	直线不应大于 2 mm/10 m 弦
4	高低	直线不应大于 2 mm/10 m 弦
5	中线	5 mm
6	高程	±5 mm
7	轨底坡	1/35～1/45

2)轨道曲线正矢调整允许偏差见表 6.2.1-5。

表 6.2.1-5 轨道曲线正矢调整允许偏差

曲线半径(m)	缓和曲线正矢与计算正矢差(mm)	圆曲线正矢连续差(mm)	圆曲线正矢最大最小值差(mm)
251～350	3	5	7
351～450	2	4	5
451～650	2	3	4
>650	1	2	3

10.安全及环保要求

(1)安全要求

1)钢轨、轨枕、扣配件等轨料在运输、吊装及安装的过程中严格按照安全施工规范及施工安全措施交底进行。禁止违章施工,确保安全施工。

2)材料按施工部署位置离地挂牌堆码,整齐有序,需防雨的材料进库存放或加盖防雨篷布。施工作业区出入口悬挂安全警示标志。

3)施工现场管理人员和作业人员穿企业统一制式工作服,穿戴整齐,行为文明。

4)在施工用车时,要加强车辆管理,严格按交通规则文明行驶。

(2)环保要求

1)组织文明检查小组,在施工区域进行巡回检查,监督保持所有设施完好、整洁,施工人员文明有礼。

2)场地道路平整、坚实、保持畅通,运输车辆严格遵守公路交通规则,文明行车。

6.2.2　普通无砟道床轨道钢筋施工作业指导书

1. 适用范围

适用于杭州至海宁城际铁路工程普通无砟道床轨道钢筋施工。

2. 作业准备

(1)内业技术准备

1)认真审核整体道床图纸,制作钢筋料表,绘制钢筋节点大样图。

2)编制施工方案,并对操作人员进行培训,向有关人员进行安全、技术交底。

3)进场施工人员已经过安全教育培训及考核,考核合格后方可上岗。

(2)设备机具准备

1)主要设备:钢筋弯曲机、钢筋调直机、钢筋切断机、电焊机、砂轮切割机、移动门式起重机、轨道铺轨车等。

2)工机具:气焊枪、钢筋扳手、锤子、钢筋钩、撬棍、钢丝刷、石笔、手推车、钢尺等。

(3)作业条件

1)所需材料机具按工程进度及时进场,机械设备状况良好。

2)钢筋加工厂场地平整、道路畅通,供电等满足施工需求。

3)施工方案已审批,作业面已具备安装条件。

3. 技术要求

(1)整体道床采用双层钢筋,并设置一定数量的箍筋,为加强整体道床与桥梁结构连接,在桥梁表面设置了一定数量接茬筋,其数量已计入桥梁专业,施工时若道床钢筋与梁面预埋筋有接触时,需采取绝缘措施隔离,以保证道床钢筋与梁面预埋钢筋在电气上绝缘。

(2)杂散电流排流面积为 4 000 mm^2 的区间,道岔整体道床纵筋采用 HRB400ϕ20 的钢筋,伸缩调节器整体道床纵筋采用 HRB400ϕ16 的钢筋;杂散电流排流面积为 3 000 mm^2 的区间,道岔整体道床纵筋采用 HRB400ϕ16 的钢筋,伸缩调节器整体道床纵筋采用 HRB400ϕ14 的钢筋,最小钢筋保护层厚度 35 mm。

4. 施工程序与工艺流程

普通无砟道床轨道钢筋施工工艺流程如图 6.2.2 所示。

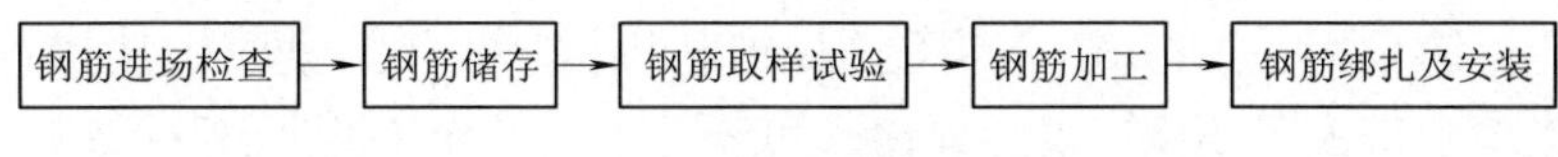

图 6.2.2　普通无砟道床轨道钢筋施工流程图

5. 施工要求

(1)钢筋进场检查

1)钢筋进场时,应进行外观检查,保证钢筋表面无裂缝、结疤和折叠,如有凸块不得超过螺纹的高度,其他缺陷的高度或深度不得超过所在部位的允许偏差,表面不得有油污,并将外观检查不合格的钢筋及时剔除。

2)核对每捆钢筋上的标志是否与出厂质量证明书的型号、批号(炉号)相同,规格及型号是否符合设计要求。

(2)钢筋储存

1)钢筋的外观检验合格后,应按钢筋品种、等级、牌号、规格及生产厂家分类堆放,不得混放,且应设立识别标志。

2)钢筋在储存过程中,应避免锈蚀和污染,宜在库内或棚内存放,露天堆置时,应架空存放,离地面高度不宜小于 300 mm。

(3)钢筋加工

1)配料单编制:钢筋加工前,依据图纸编制钢筋配料单,配料单应结合钢筋来料长度和所需长度进行编制,以使钢筋接头最少和节约钢筋;钢筋的下料长度应考虑钢筋弯曲时的弯曲伸长量,在允许误差范围内尺寸宜小不宜大,以保证保护层厚度及施工方便。

2)钢筋调直:钢筋应平直、无局部弯折,对弯曲的钢筋应调直后使用。调直采用调直机调直。

3)钢筋除锈去污:钢筋加工前要清除钢筋表面油漆、油污、锈蚀、泥土等污物,有损伤和锈蚀严重的应剔除不用。

4)钢筋在加工棚内集中加工,运至现场绑扎成型。

5)钢筋下料:

①下料前认真核对钢筋规格、级别及加工数量,无误后按配料单下料。

②钢筋的切割采用钢筋切断机进行;在钢筋切断前,先在钢筋上用石笔(或记号笔)按配料单标注下料长度将切断位置做明显标记,切断时,切断标记对准刀刃将钢筋放入切割槽将其切断;钢筋较细时,可人工切割;个别情况下也可用砂轮锯进行钢筋切割。

6)钢筋弯制:

①钢筋的弯制应采用钢筋弯曲机或弯箍机在工作平台上进行。

②钢筋弯制允许偏差应符合验收标准要求。

(4)钢筋安装

1)钢筋绑扎前,须先熟悉图纸内容。做到心中有数,按图施工,先难后易,先大后小,先长后短,按施工顺序做到工完料尽,文明施工。

现场绑扎时,可先绑扎底层钢筋然后再架设轨排,面层钢筋和架立筋待轨排架设完成后方可绑扎。

2)钢筋绑扎严格按设计图纸的规格、数量、位置、尺寸施工,必须准确无误。

3)钢筋绑扎一律采用手工绑扎,不得漏绑,绑扎率为 100%。纵向钢筋搭接采用焊接,并且同一截面搭接率不得大于 50%,双面焊接长度不小于 $6d$,单面焊长度不小于 $12d$,焊缝厚度 6 mm。

4)钢筋保护层厚度不得小于 35 mm,垫块应互相错开,分散布置,不得横贯保护层的全部截面,垫块数量不少于 4 个/m^2,绑扎垫块和钢筋的丝头不得深入保护层内。

6. 劳动组织

(1)劳动力组织方式采用架子队组织模式。

(2)作业人员数量根据施工条件、工期要求进行合理配置,见表 6.2.2-1。

表 6.2.2-1 普通无砟道床轨道钢筋施工劳动力配置

序 号	人员配置	人数(人)	备 注
1	架子队队长	1	
2	技术负责人	1	
3	技术员	1	
4	安全员	1	
5	材料员	1	
6	质检员	1	
7	试验员	1	
8	工班长	1	
9	领工员	1	
10	钢筋工	9	包含钢筋加工
11	电焊工	2	
12	普工	2	
13	电工	1	

7. 材料要求

(1)钢筋:品种、规格和技术性能等应符合《铁路混凝土工程施工质量验收标准》(TB 10424—2018)的要求,并应有出厂合格证及检测报告。

钢筋进场时,应对其质量指标进行全面检查,按批检查其直径、每延米质量并抽取试件做屈服强度、抗拉强度、伸长率和冷弯试验,其质量应符合设计要求和国家现行标准《钢筋混凝土用钢 第 2 部分:热轧带肋钢筋》(GB/T 1499.2—2018)等的规定。钢筋应平直、无损伤,表面无裂纹、油污、颗粒状或片状锈蚀。

钢筋保护层垫块材质应符合设计要求。混凝土垫块的抗压强度和耐久性应不低于结构本体混凝土的标准。

(2)电焊条:应有产品出厂合格证,品种、规格和技术性能等应符合国家现行标准规定和设计要求,选用的焊条型号应与主体金属强度相适应,经烘干后使用,一般 HRB400 级钢筋采用 E5003 型焊条。

(3)其他材料有绑扎丝、氧气、乙炔等。

8. 设备机具配置

普通无砟道床轨道钢筋施工机械配置见表 6.2.2-2。

表 6.2.2-2 普通无砟道床轨道钢筋施工机械配置

序号	名 称	规格型号	单 位	数 量	备 注
1	钢筋调直机	CT4-14	台	2	
2	钢筋弯曲机	GW-40	台	1	
3	钢筋切断机	CQ40	台	1	
4	电焊机	BX-500	台	2	
5	门式起重机		台	2	
6	轨道车		台	1	

9. 质量控制及检验

(1)质量控制

1)基本要求:

①钢筋、焊条等的品种、规格和技术性能应符合国家现行标准规定和设计要求。

②受力钢筋同一截面的接头数量、搭接长度、焊接接头质量应符合设计及规范要求。

③钢筋安装时,必须保证设计要求的钢筋根数。钢筋安装的间距及保护层厚度应符合《铁路混凝土工程施工质量验收标准》(TB 10424—2018)的要求。

④受力钢筋应平直,表面不得有裂纹及其他损伤。

2)外观鉴定:

①钢筋表面无铁锈及焊渣。

②多层钢筋网要有足够的钢筋支撑,保证骨架的施工刚度。

(2)质量检验

1)普通无砟道床轨道钢筋加工允许偏差和检验方法见表 6.2.2-3。

表 6.2.2-3 普通无砟道床轨道钢筋加工允许偏差和检验方法

序 号	检验项目	允许偏差(mm)	检验方法
1	受力钢筋全长	±10	尺量
2	弯起钢筋的弯折位置	±20	
3	箍筋内净尺寸	±3	

2)钢筋安装及钢筋保护层厚度允许偏差和检验方法见表 6.2.2-4。

表 6.2.2-4 钢筋安装及钢筋保护层厚度允许偏差和检验方法

序 号	检验项目	允许偏差(mm)	检验方法
1	受力钢筋排距	±5	尺量两端、中间各一处
2	同一排中受力钢筋间距	±20	
3	分布钢筋间距	±20	尺量连续 3 处
4	箍筋间距	±10	
5	弯起点位置 (加工偏差 20 mm 包括在内)	30	尺量
6	钢筋保护层厚度	+10,0	尺量两端、中间各 2 处

10. 安全及环保要求

(1)安全要求

1)进入施工现场人员必须戴好合格的安全帽。

2)作业时必须按规定正确使用个人防护用品,着装整齐,严禁赤脚和穿拖鞋、高跟鞋进入施工现场。

3)新进场的作业人员,必须首先参加入场安全教育培训,经考试合格后方可上岗,未经教育培训或考试不合格者,不得上岗作业。

4)施工现场的各种安全防护设施、安全标志等,未经领导及安全员批准严禁随意拆除和挪动。

5)六级以上强风和大雨、大雪、大雾天气必须停止露天高处作业。在雨、雪后和冬季,露天作业时必须先清除水、雪、霜、冰,并采取防滑措施。

6)操作前必须检查切断机刀口,确定安装正确,刀片无裂纹,刀架螺栓紧固,防护罩牢靠,空运转正常后再进行操作。

7)钢筋切断应在调直后进行,断料时要握紧钢筋,螺纹钢一次只能切断一根。

8)切断钢筋,手与刀口的距离不得小于 15 cm。断短料手握端小于 40 cm 时,应用套管或夹具将钢筋短头压住或夹住,严禁用手直接送料。

9)机械运转中严禁用手直接清除刀口附近的断头和杂物,在钢筋摆动范围内和刀口附近,非操作人员不得停留。

10)作业时应摆直、紧握钢筋,应在活动切口向后退时送料入刀口,并在固定切刀一侧压住钢筋,严禁在切刀向前运动时送料,严禁两手同时在切刀两侧握住钢筋俯身送料。

11)发现机械运转异常、刀片歪斜等,应立即停机检修。

12)作业中严禁进行机械检修、加油、更换部件,维修或停机时,必须切断电源,锁好箱门。

13)工作台和弯曲工作盘台应保持水平,操作前应检查芯轴、成型轴、挡铁轴、可变挡架有无裂纹或损坏,防护罩牢固可靠,经空运转确认正常后,方可作业。

14)操作时要熟悉倒顺开关控制工作盘旋转的方向,钢筋放置要和挡架、工作盘旋转方向相配合,不得放反。

15)改变工作盘旋转方向时,必须在停机后进行,即正转—停—反转,不得直接正转—反转或反转—正转。

16)弯曲机运转中严禁更换芯轴、成型轴和变换角度及调速,严禁在运转时加油或清扫。

17)弯曲钢筋时,严格依据使用说明书要求操作,严禁超过该机对钢筋直径、根数及机械转速的规定。

18)严禁在弯曲钢筋的作业半径内和机身不设固定销的一侧站人。

19)弯曲未经冷拉或有锈皮的钢筋时,必须戴护目镜及口罩。

20)作业中不得用手清除金属屑,清理工作必须在机械停稳后进行。

(2)环保要求

1)现场进行钢筋加工时,要控制各种机械的噪声。将机械安放在平整度较高的平台上,下垫木板,并定期检查各种零部件,如发现零部件有松动、磨损,及时紧固或更换,以降低噪声。

2)钢筋原材、加工后的成品或半成品堆放时要注意遮盖,防止因雨雪造成钢筋锈蚀。

3)为了减少除锈灰尘飞扬,现场要设置彩条布遮挡,并及时将铁屑清理干净。

6.2.3 普通无砟道床轨道模板施工作业指导书

1. 适用范围

适用于杭州至海宁城际铁路工程普通无砟道床轨道模板施工。

2. 作业准备

(1)内业技术准备

1)技术人员熟悉相关施工图纸、技术规范。

2)对施工人员进行技术交底及安全培训教育、考核,考核合格后方可上岗。

(2)外业准备

对进场机具检查验收,确保机具状态良好。

3. 技术要求

道床模板施工符合下列规定:

(1)矩形道床钢模定型尺寸为 2 m×0.35 m。矩形道床钢模尺寸采用 2 m×0.40 m,大圆形隧道半圆形水沟定型模板采用 1.5 m×0.3 m×0.16 m。

(2)模板安装前必须彻底清洁、除锈,并涂抹脱模剂。

4. 施工程序与工艺流程

普通无砟道床轨道模板施工工艺流程如图 6.2.3 所示。

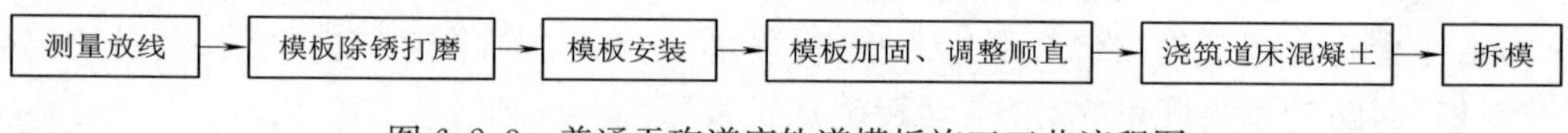

图 6.2.3 普通无砟道床轨道模板施工工艺流程图

5. 施工要求

(1)测量放线

基底清理干净后,测量人员采用全站仪放出无砟道床轨道中线,施工人员根据设计图纸弹出道床边线。

(2)模板处理

模板安装前必须彻底清洁、除锈,并涂抹清洁机油或脱模剂。涂刷脱模剂的时间要把握好,不要过早,涂刷不要过厚,涂刷完成后覆盖好,以防灰尘落上。

(3)模板安装加固

1)采用定位架将模板定位后,用电钻在定位好的模板两侧钻孔,安装模板支撑架固定模板,安装时注意线形,确保模板顺直、牢固、无晃动,安装完成的模板必须严格验收。在安装过程中,注意模板变形或凹陷,如有变形,立即修整或更换。基底与模板衔接处有缝隙较大的需采用泡沫填充剂进行封堵,避免漏浆。

3)钢模板不允许同轨道和钢筋接触,钢模板要牢固地固定在基底上。模板的内侧面要求平整，接缝严密，不得漏浆，在浇筑混凝土过程中要经常检查，如发现变形、松动等现象，要及时修整加固。

模板安装完成后，整个道床区域必须彻底地进行清洁，要求基底无积水且无任何杂物垃圾。经验收合格后，方可浇筑混凝土。

(4)拆模

混凝土浇筑完成后且强度达到 5 MPa，方可进行道床模板拆除，拆除时需注意对道床边角的成品保护，禁止损坏。

6. 劳动组织

(1)劳动力组织方式采用架子队组织模式。

(2)作业人员数量根据施工条件、工期要求进行合理配置，见表 6.2.3-1。

表 6.2.3-1　普通无砟道床轨道模板施工劳动力配置

序　号	人员配置	数量(人)	备　注
1	架子队队长	1	
2	技术负责人	1	
3	技术员	1	
4	安全员	1	
5	材料员	1	
6	质检员	1	
7	试验员	1	
8	工班长	1	
9	领工员	1	
10	木工	6	
11	电工	1	

7. 材料要求

普通无砟道床轨道模板施工材料配置见表 6.2.3-2。

表 6.2.3-2　普通无砟道床轨道模板施工材料配置

序号	名　称	规格型号	备　注
1	钢模板	2 m×0.4 m	
2	定型矩形水沟模板	2 m×0.3 m	
3	定型半圆形水沟模板	1.5 m×0.16 m×0.3 m	
4	定型半圆形水沟模板	1.5 m×0.16 m×0.25 m	

8. 设备机具配置

普通无砟道床轨道模板施工主要设备机具配置见表 6.2.3-3。

表 6.2.3-3　普通无砟道床轨道模板施工设备机具配置

序号	名　称	规　格	单　位	数　量	备　注
1	电锤		台	1	
2	磨光机	普通	个	2	
3	涂油滚子		把	4	
4	撬棍	小	根	4	
5	呆板手		把	5	
6	快速扳手		把	5	
7	钢卷尺	5 m	把	2	
8	直角尺	20～30 cm	把	1	
9	电焊机		台	1	
10	平板车		辆	1	
11	锤子		把	5	

9. 质量控制及检验

(1)质量控制

1)模板安装高度必须超过混凝土面,模板与桥面缝隙建议采用泡沫板封堵,泡沫板与模板内侧平齐,不得凸出或凹入模板内侧。

2)立模结束观察及尺量检查线形,纵向,直线顺直,曲线圆顺;横向,端头模板与纵向模板夹角角度必须为 90°,采用直角尺量,不得出现喇叭口现象。

(2)质量检验

普通无砟道床轨道模板安装允许偏差见表 6.2.3-4。

表 6.2.3-4　普通无砟道床轨道模板安装允许偏差

序　号	项目	允许偏差(mm)	检验方法
1	轴线位置	5	尺量每边不少于 2 处
2	表面平整度	5	2 m 靠尺和塞尺测量不少于 3 处
3	高程	±5	测量
4	两模板内侧宽度	+10,−5	尺量不少于 3 处
5	相邻两板表面高低差	2	尺量

10. 安全及环保要求

(1)安全要求

1)模板安装,使用工具时防止相互碰撞伤人。

2)模板摆放应离地堆码并挂牌,整齐有序,需防雨的材料进库存放或加盖防雨篷布。施工作业区出入口悬挂安全警示标志。

3)施工现场管理人员和作业人员穿企业统一制式工作服,穿戴整齐,行为文明。

4)在施工用车时,要加强车辆管理,严格按交通规则文明行驶。

(2)环保要求

1)组织文明检查小组,在施工区域进行巡回检查,监督保持所有设施完好、整洁,施工人员文明有礼。

2)在模板安装、拆卸、清理、修复过程中要注意控制噪声。不得使用大锤等工具砸、敲,制造人为噪声,特别是在夜间施工时需要注意控制噪声分贝在规定范围内。

3)模板拆卸后集中吊往模板存放区清理、存放。

4)拆下来的废旧螺栓、螺母等不得随意丢置,应收集起来清理备用或回收。

5)模板存放场地应达到整齐有序、干净无污染、低噪声、低扬尘、低能耗的整体效果。

6.2.4　普通无砟道床轨道混凝土施工作业指导书

1. 适用范围

适用于杭州至海宁城际铁路工程普通无砟道床轨道混凝土施工。

2. 作业准备

(1)内业技术准备

1)技术人员熟悉相关施工图纸、技术规范。

2)编制施工方案,并对操作人员进行培训,向有关人员进行技术交底及安全技术交底。

3)对施工人员进行安全教育培训及考核,考核合格后方可上岗。

(2)外业准备

1)高架段及U形槽整体道床采用C40混凝土,地下段整体道床采用C35混凝土。混凝土配合比验证完成,并审批完成。

2)机具设备

汽车泵、地泵、铺轨门式起重机、混凝土料斗、轨道车、轨道专用平板车、轨道专用罐车、振捣棒、照明设备等。

3. 技术要求

(1)道床混凝土采用商品混凝土,高架段及U形槽道床采用C40混凝土,地下段道床采用C35混凝土。

(2)地下段矩形隧道道床结构高度为650 mm,地下段大圆形隧道道床结构高度为950 mm,地下段小圆形隧道道床结构高度为890 mm,U形槽道床结构高度700 mm,高架段道床结构高度560 mm。道床两侧轨枕边表面设置2.5%的横坡。道床钢筋保护层厚度为35 mm。

(3)地下隧道内道岔道床伸缩缝应位于两根轨枕中间,伸缩缝以20 mm厚沥青木板填充,并以沥青麻筋封顶30 mm。

(4)伸缩缝设置:采用2 cm厚经防腐处理的木板,用沥青做防水处理。

4. 施工程序与工艺流程

普通无砟道床轨道混凝土浇筑施工工艺流程如图6.2.4所示。

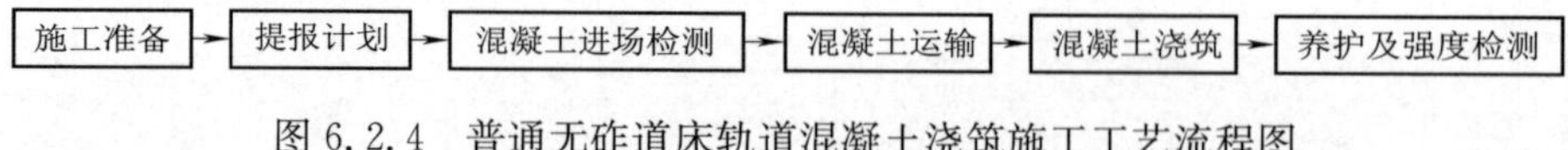

图6.2.4　普通无砟道床轨道混凝土浇筑施工工艺流程图

5. 施工要求

浇筑整体道床混凝土前,再次对轨道状态进行测定,确认符合验收标准后方可浇筑道床混凝土。道床混凝土采用商品混凝土,地下段采用混凝土输送泵输送混凝土到浇筑位置,高架段采用汽车泵浇筑;插入式振捣器振捣,人工抹面。

施工中随时检查轨道状态,发现问题及时处理。混凝土浇筑分层、水平、分台阶进行,确保施工连续性。施工顺序如下:

(1)整体道床混凝土浇筑时轨枕四周混凝土要加强振捣,以确保轨枕底部混凝土密实。

(2)浇筑道床混凝土,根据试验控制的初凝时间对道床表面进行压平抹光,确保道床表面平整,排水坡度符合设计要求。

(3)抹面要求长轨枕道床抹至与轨枕中部表面平齐向道床两侧顺坡。

(4)清理道床两侧所有的垃圾和污水,安装水沟沟槽模板,利用平板车人工铲运混凝土入模,浇筑两侧侧沟混凝土。

(5)拆模、清理道床周围杂物。

(6)混凝土养护:在自然气温条件下喷洒水养护;养护应及时,每天不少于 5 遍,养护时间不少于 7 d。混凝土强度大于设计强度的 75%后才能在上面行驶车辆和承重。

6. 劳动组织

(1)劳动力组织方式采用架子队组织模式。

(2)作业人员数量根据施工条件、工期要求进行合理配置,见表 6.2.4-1。

表 6.2.4-1 普通无砟道床轨道混凝土浇筑劳动力配置

序 号	人员配置	人数(人)	备 注
1	架子队队长	1	
2	技术负责人	1	
3	技术员	1	
4	安全员	1	
5	材料员	1	
6	质检员	1	
7	试验员	1	
8	工班长	1	
9	领工员	1	
10	混凝土工	15	
11	电工	1	

7. 材料要求

混凝土的各项指标应符合《铁路混凝土工程施工质量验收标准》(TB 10424—2018)的要求。

水泥应选用硅酸盐水泥或普通硅酸盐水泥,不宜使用早强水泥。

粉煤灰、矿渣粉、硅灰和石灰石粉等矿物掺合料应选用能改善混凝土性能且品质稳定的产品。

细骨料应选用级配合理、质地坚固、吸水率低、孔隙率小的洁净天然河砂或母材检验合格、经专门机组生产的机制砂,禁止使用海砂。

粗骨料应选用粒形良好、级配合理、质地坚固、吸水率低、线胀系数小的洁净碎石。

8. 设备机具配置

普通无砟道床轨道混凝土施工机具设备配置见表 6.2.4-2。

表 6.2.4-2 普通无砟道床轨道混凝土施工机具设备配置

序　号	设备名称	规格型号	单位	数量	备注
1	汽车泵	47 m	台	1	
2	地泵		台	1	
3	铺轨门式起重机		台	2	
4	混凝土料斗	2 m^3	个	2	
5	轨道车		台	1	
6	轨道专用平板车		台	3	
7	轨道专用罐车	8 m^3	台	1	
8	振捣棒		台	3	
9	照明灯具		个	若干	

9. 质量控制及检验

(1)质量控制

1)混凝土入模温度不能低于 5 ℃,不得高于 30 ℃。

2)新浇混凝土入模温度与相邻的已硬化混凝土、钢筋模板介质间的温差不得大于 15 ℃。与新浇筑混凝土接触的已硬化混凝土、钢筋、模板的温度不得低于 2 ℃。

3)在斜坡面上浇筑混凝土时,应从低处开始逐层升高。

4)混凝土浇筑应连续进行,当因故间歇时,其间歇时间应小于前层混凝土的初凝时间。不同混凝土的允许间歇时间应根据环境温度、水泥品种、水胶比和外加剂类型等条件通过试验确定。当超过允许间歇时间时,应按浇筑中断处理,同时应留置施工缝,并做好记录。

5)在浇筑混凝土过程中或浇筑完成时,如混凝土表面泌水较多,须在不扰动已浇筑混凝土的条件下,采取措施将水排除。继续浇筑混凝土时,应查明原因,采取措施,减少泌水。

6)浇筑混凝土期间,应设专人检查支架、模板、钢筋和预埋件等的稳固情况,当发现有松动、变形、移位时,应及时处理。

7)混凝土浇筑前应进行坍落度试验,并留置 2 组试块,当浇筑方量超过 100 m^3 时,应增加 1 组试块。

(2)质量检验

1)混凝土强度符合设计标准,无蜂窝、麻面和漏振等缺陷;表面平整度允许偏差 3 mm;变形缝直顺,在全长范围内允许偏差 10 mm。

2)道床板中线、外形允许偏差见表 6.2.4-3。

表 6.2.4-3 道床板中线、外形允许偏差

序　号	检查项目	允许偏差
1	顶面宽度	±10 mm

续上表

序　号	检查项目	允许偏差
2	中线位置	2 mm
3	道床板顶面与承轨台面相对高差	±5 mm
4	平整度	5 mm/1 m
5	伸缩缝位置	10 mm
6	伸缩缝宽度	±5 mm
7	承轨面高程	+2 mm，−8 mm
8	道床板表面排水坡	−1%～+3%

10. 安全及环保要求

(1)安全要求

1)现场临时用电线路的布设按《施工现场临时设施用电安全技术规范》(JGJ 46—2005)进行施工，不随意拉线接电。

2)配电箱、电动机械、手持电动工具，必须按规定安装漏电保护器和接地、接零装置，漏电保护器应符合现行规范标准的要求，严格按“一机、一箱、一闸、一保护”要求进行布线和使用。

3)工作面照明采用低压电，作业面照明必须有足够的亮度，且均匀不闪烁。

4)施工区域的电源线、轨道电路等应采取防护措施。

5)铺轨基地内电源线和门式起重机接触电源线距地面不小于7.5 m。各种电源线不横跨走行轨，采用地下穿过法。夜间必须有足够照明。

6)混凝土浇筑时，使用混凝土振捣棒应穿胶鞋，湿手不得接触开关，电源线不得有破皮漏电。

7)隧道内必须保证足够的照明设备，浇筑混凝土时，收光抹面操作人员必须佩戴头灯进行施工。

(2)环保要求

1)在既有道路上浇筑混凝土时，地面必须做好隔离措施，以防止混凝土污染既有道路。

2)施工垃圾应及时清运，严禁随意凌空抛撒造成扬尘污染。

3)夜间浇筑混凝土时，需注意噪声控制，减少对周围居民的生活影响。

6.2.5　普通无砟道床轨道伸缩缝施工作业指导书

1. 适用范围

适用于杭州至海宁城际铁路工程普通无砟道床轨道伸缩缝施工。

2. 作业准备

(1)内业技术准备

1)技术人员熟悉相关施工图纸、技术规范。

2)编制施工方案,并对操作人员进行培训,向有关人员进行技术交底及安全技术交底。

3)对施工人员进行安全教育培训及考核,考核合格后方可上岗。

(2)外业准备

1)材料准备:伸缩缝沥青模板、沥青麻筋已进场,并验收合格。

2)机具设备:电锯、锤子、刷子、尺子等。

3. 技术要求

(1)高架段道床的伸缩缝为 120 mm 宽,不做沥青麻筋处理。

(2)地下道岔整体道床伸缩缝以 20 mm 厚沥青木板填充,并以沥青麻筋封顶 30 mm。

(3)沥青麻筋材料不低于道床板混凝土面。

(4)伸缩缝顶面两侧边缘用粘贴胶带,防止伸缩缝材料溢出污染混凝土表面。

(5)清理伸缩缝,将伸缩缝内的杂物、混凝土残渣清理干净,保证缝内干燥,缝槽表面平整、密实,无起皮、起砂、松散脱落现象。

4. 施工程序与工艺流程

普通无砟道床轨道伸缩缝施工工艺流程如图 6.2.5 所示。

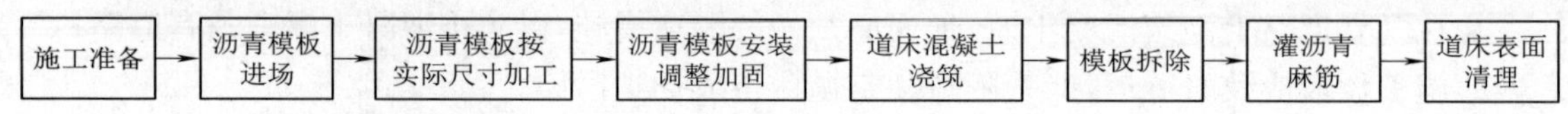

图 6.2.5　普通无砟道床轨道伸缩缝施工工艺流程图

5. 施工要求

(1)沥青模板进场及加工

沥青模板进场后,根据道岔道床尺寸加工沥青模板,加工顺直切割整齐。

(2)安装沥青木模板

伸缩缝处清理完成后,安装沥青模板,沥青木模板安装高度低于底道床面 3 cm。模板需加固牢固,脚踢无晃动为合格。

(3)拆模

道岔道床混凝土浇筑完成后,强度达到 5 MPa 即可进行模板拆除。拆除过程中需注意道床棱角保护，禁止损坏。

(4)灌沥青麻筋

伸缩缝内清理完成后，在伸缩缝两侧粘贴宽胶带，然后将沥青麻筋调匀灌入伸缩缝内，共分两次灌入，待第一次灌入沉降后再灌第二次，确保饱满。

(5)道床表面清理

伸缩缝沥青麻筋灌完后，将宽胶带拆除，并将道床表面清理干净。

6. 劳动组织

(1)劳动力组织方式采用架子队组织模式。

(2)作业人员数量根据施工条件、工期要求进行合理配置，见表 6.2.5-1。

表 6.2.5-1 普通无砟道床轨道伸缩缝施工劳动力配置

序 号	人员配置	人数(人)	备 注
1	架子队队长	1	
2	技术负责人	1	
3	技术员	1	
4	安全员	1	
5	材料员	1	
6	质检员	1	
7	试验员	1	
8	工班长	1	
9	领工员	1	
10	木工	6	
11	电工	1	

7. 材料要求

普通无砟道床轨道伸缩缝材料配置见表 6.2.5-2。

表 6.2.5-2 普通无砟道床轨道伸缩缝材料配置

序 号	名 称	规格型号	单 位	数 量	备 注
1	沥青模板	1.22 m×2.44 m	块	100	
2	钉子		盒	10	
3	沥青麻筋		m^3	20	

8. 设备机具配置

普通无砟道床轨道伸缩缝施工主要设备机具配置见表 6.2.5-3。

表 6.2.5-3 普通无砟道床轨道伸缩缝施工主要设备机具配置

序 号	名 称	规 格	单 位	数 量	备 注
1	电锯		台	1	
2	刷子		个	2	
3	锤子		把	5	
4	钢卷尺	30 m	把	1	
5	钢卷尺	5 m	把	2	
6	直角尺	20～30 cm	把	1	
7	平板车		辆	1	

9. 质量控制及检验

(1)质量控制

1)沥青麻筋灌缝前,伸缩缝内垃圾必须清理干净。

2)伸缩缝应垂直、平顺、贯通。

3)沥青麻筋灌缝要饱满,不得低于道床面,防止缝内积水。

(2)质量检验

普通无砟道床轨道伸缩缝外形尺寸允许偏差见表 6.2.5-4。

表 6.2.5-4 普通无砟道床轨道伸缩缝外形尺寸允许偏差

序 号	项 目	允许偏差(mm)
1	顶面高程	+5,0
2	宽度	±5
3	位置	±5

10. 安全及环保要求

(1)安全要求

1)伸缩缝材料在运输、吊装及安装的过程中严格按照安全施工规范及施工安全措施交底进行施工。禁止违章施工,确保安全。

2)使用电锯加工沥青模板时,需做好防护,防止工具伤人。

3)在施工用车时,要加强车辆管理,严格按交通规则文明行驶。

(2)环保要求

1)沥青模板及沥青麻筋应离地堆码并挂牌,整齐有序,并覆盖防雨篷布。

2)组织文明检查小组,在施工区域进行巡回检查,监督保持所有设施完好、整洁,施工人员文明有礼。

3)场地道路平整、坚实、保持畅通。

6.3 钢弹簧浮置板无砟道床

6.3.1 浮置板道床基底隔离层施工作业指导书

1. 适用范围

适用于杭州至海宁城际铁路工程浮置板道床基底隔离层施工。

2. 作业准备

(1)内业技术准备

1)认真审核浮置板道床图纸,熟悉技术规范。

2)编制施工方案,并对操作人员进行培训,向有关人员进行安全、技术交底。

3)进场施工人员已经过安全教育培训及考核,考核合格后方可上岗。

(2)外业准备

1)在浮置板轨道施工之前,对应地段的隧道结构、高架桥或地面线路路基等应验收合格,隧道底板应干燥、无渗漏。

2)浮置板轨道基标设置应牢固,控制基标的纵向间距在直线地段不宜大于 120 m,在曲线地段不宜大于 60 m,并且在各个曲线要素点设置。加密基标应根据施工需要设置。

3. 技术要求

(1)铺设水沟盖板:在水沟上方铺设厚度不小于 3 mm 钢板,其上每隔 500 mm 焊接 U 形 ϕ12 锚固钢筋,锚固长度不小于 200 mm,钢盖板搭接处进行焊接,保证钢板的连续性。

(2)铺设隔离层:在水沟盖板安装完毕后,铺设不小于 1 mm 厚的隔离层,隔离层覆盖整个基底面并延长 500 mm,隔离层糙面朝上,光面朝下,隔离层搭接 100 mm,隔离层搭接处和破损处用胶带粘贴,保证隔离层无孔洞和缝隙。

4. 施工程序与工艺流程

浮置板道床基底隔离层施工程序:基底检查验收→铺设水沟盖板→铺设隔离层。

5. 施工要求

(1)基础混凝土浇筑完毕后,根据基底混凝土面上返 100 mm 在盾构壁上定出的点用线绳重新复查基底混凝土面高程,对于偏差尺寸超过设计要求的地段进行整修。

(2)整修办法:基底混凝土面比设计高程高时,用打磨机对隔振器套筒位置扩大 50 mm 范围内进行打磨,打磨过程中随时进行检查,直到达到设计高程;基底混凝土面低于设计高程时,对隔振器套筒 50 mm 范围内进行凿毛,用高强灌浆料进行修补填高。

(3)中心水沟盖板的安装及隔离膜的铺设。浮置板基础施工完毕,混凝土表面、基底水沟中杂物应全部清理干净,然后再铺设隔离层及水沟盖板。隔离层采用透明单面贴无纺布的材料,宽度 2.1 m,搭接 100 mm。基底水沟钢盖板厚度不小于 3 mm,其上每隔 300 mm 焊接 U 形 ϕ12 锚固钢筋,锚固长度不小于 150 mm。

6. 劳动组织

浮置板道床基底隔离层施工劳动力配置见表 6.3.1-1。

表 6.3.1-1　浮置板道床基底隔离层施工劳动力配置

序号	人员配置	人数(人)	备　注
1	架子队队长	1	
2	技术负责人	1	
3	技术员	1	
4	安全员	1	
5	材料员	1	
6	质检员	1	
7	试验员	1	
8	工班长	1	
9	领工员	1	
10	普工	30	

7. 材料要求

浮置板道床隔离层所用原材料必须符合《铁路轨道工程施工质量验收标准》(TB 10413—2018)的有关技术要求。

8. 设备机具配置

浮置板道床隔离层施工具体投入的机械设备见表 6.3.1-2。

表 6.3.1-2　浮置板道床隔离层机械设备投入

序号	名　称	单位	数量	型号	状态	备注
1	桁架式门式起重机	台	2	16 t	良好	
2	地铁专用轨道车	台	2	JY-290	良好	
3	地铁专用轨道平板车	台	2	PD25	良好	
4	专用铺轨门式起重机	辆	3	DP-10	良好	
5	万能道尺	把	3	JTGC-1	良好	
6	门式起重机走行轨、夹板	双米	600	24 kg/m	良好	
7	专用轨架	套	100		良好	
8	钢筋笼钢轨锁定装置	套	150		良好	
9	钢筋弯曲机	台	1	GW402	良好	
10	水准仪	台	2	DS05	良好	
11	全站仪	台	2	莱卡	良好	

9. 质量控制及检验

浮置板施工误差控制见表 6.3.1-3。

表 6.3.1-3 浮置板施工误差控制

序 号	检查项目	允许误差(mm)
1	隔振器外套筒位置公差	±3
2	剪力铰安装位置公差	±5
3	每块浮置板长度误差	±12
4	每块浮置板宽度误差	±5
5	浮置板高度误差	±5

10. 安全及环保要求

(1)安全要求

1)施工现场的布置应符合防火、防洪、防雷电等安全规定。各类房屋、库棚、料场等的消防安全距离应符合国家或公安部门的规定。

2)施工机械的安全控制措施。各种机械操作人员和车辆驾驶员,必须取得操作合格证,严格执行工作前的检查制度和工作中注意观察及工作后的检查保养制度。定期组织机电设备、车辆安全大检查,对检查中查出的安全问题,按照“四不放过”的原则进行调查处理,制定防范措施,防止机械事故的发生。

3)施工运输及交通安全措施。

①建立健全机动车辆管理制度,认真遵守交通规则。

②认真检查车辆状况,加强平时车辆的维修保养确保车辆安全运行。

③司乘人员证照必须齐全,符合规定。

④掌握好线路状况,控制好车辆行驶速度,认真贯彻“宁慢勿快,宁缓勿急”的操作规则,确保安全行驶。

(2)环保要求

1)铺轨基地四周设置明显的警示标志和连续、密闭的围挡。

2)铺轨基地施工现场设置明显的“七牌五图”标牌,包含安全生产牌、文明施工牌、消防保卫牌、环境保护牌、农民工权益保障公示牌、应急抢险救援公示牌、工程概况牌、施工形象进度图、海宁市轨道交通线路网络规划图、生产区平面布置图、生产区消防布置图、重大危险源公示图。

3)施工现场所有施工机械及各施工作业面和堆料场必须按规定设置施工铭牌,所有施工管理、作业人员应统一穿戴作业服,佩戴上岗证,上岗证上标示有姓名、职务、照片及编号等。

4)施工中的混凝土及搅拌砂浆全部采用商品混凝土。

5)采用有效措施处理生产、生活废水,不得超标排放,并确保施工现场无积水现象。在多雨季节应配备应急的抽水设备与突击人员。

6)现场布局合理,材料、物品、机具、土方堆放符合要求。

7)施工期间,经常对施工机械车辆道路进行维修,确保晴雨畅通,并方便沿线居民的生产、生活。

8)车辆在运料过程中,对易飞扬的物料用篷布覆盖严密,且装料适中,不得超限;车辆轮胎及车外表用水冲洗干净,保证道路的清洁。车辆通过村镇时减速慢行。

9)采取切实有效措施,不得使有害物质(如燃料、油料、化学品以及超过允许量的有害气体和尘埃、弃渣等)污染场地周围的环境。

10)在工地现场和生活区设置足够的临时卫生设施,每天清扫处理。同时,在生活区周围种植花草、树木,美化生活环境。

11)施工和生活中的废弃物,运至指定地点;报废材料或施工中返工的挖除材料运至指定地点;对于施工中废弃的零配件、边角料、水泥袋、包装箱等及时收集清理并搞好现场卫生。

6.3.2 浮置板道床基底钢筋施工作业指导书

1. 适用范围

适用于杭州至海宁城际铁路工程浮置板道床基底钢筋施工。

2. 作业准备

(1)内业技术准备

1)认真审核浮置板道床图纸,制作钢筋料表,绘制钢筋节点大样图。

2)编制施工方案,并对操作人员进行培训,向有关人员进行安全、技术交底。

3)进场施工人员已经过安全教育培训及考核,考核合格后方可上岗。

(2)外业准备

1)在浮置板轨道施工之前,对应地段的隧道结构线路基底应验收合格,隧道底板应干燥、无渗漏。

2)主要设备:钢筋弯曲机、钢筋调直机、钢筋切断机、电焊机、砂轮切割机、移动门式起重机、轨道铺轨车等。

3)工机具:气焊枪、钢筋扳手、锤子、钢筋钩、撬棍、钢丝刷、石笔、手推车、钢尺等。

3. 技术要求

(1)对于圆形隧道采用高压水枪对其进行清理,禁止浮渣、混凝土碎片、垃圾等残留于基底上,确保结构底板干净、无水渍、油污等杂物。

(2)基底钢筋制作安装:基底钢筋采取基地加工下料、现场绑扎焊接成型的作业方式,地下线钢筋按一个基底块(12.5 m)的配筋图下料,遇到异型块时需现场量取重新下料。根据技术交底绑扎固定,调整钢筋间距。

4. 施工程序与工艺流程

浮置板道床基底钢筋施工工艺流程如图 6.3.2 所示。

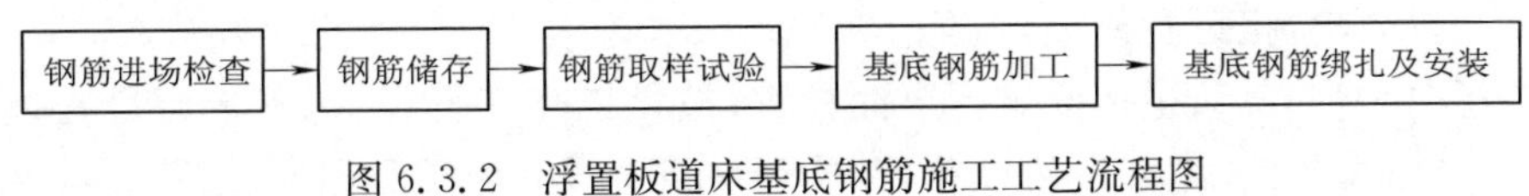

图 6.3.2 浮置板道床基底钢筋施工工艺流程图

5. 施工要求

(1)浮置板基标复测按 CPⅢ点及高程控制桩;复测组对控制基标和加密基标进行复测。同时,对现场施工测量的伸缩缝位置、基底高程控制线、轨顶高程控制线、线路中心线等不同的桩位进行标识。

(2)浮置板基底施工。

1)基底清理。浮置板施工前对隧道底板进行凿毛,之后进行清理,底板上残留的垃圾、杂物及盾构管片底板螺栓孔内的淤泥等必须清理干净,以保证隧道底部与道床的有效连接。

2)基底钢筋绑扎。基底钢筋为 HRB400ϕ12 mm 钢筋,横向钢筋间距为 150 mm 和 300 mm 两种,误差不大于 5 mm,基底钢筋搭接按不小于 50 倍钢筋直径搭接,同一断面搭接率不大于 50%。钢筋绑扎时,钢筋网底部和两侧加混凝土垫块(C40),保证钢筋有足够的保护层,保护层厚度 40 mm。

6. 劳动组织

(1)劳动力组织方式采用架子队组织模式。

(2)作业人员数量根据施工条件、工期要求进行合理配置,见表 6.3.2-1。

表 6.3.2-1　浮置板道床基底钢筋施工劳动力配置

序　号	人员配置	人数(人)	备　注
1	架子队队长	1	
2	技术负责人	1	
3	技术员	1	
4	安全员	1	
5	材料员	1	
6	质检员	1	
7	试验员	1	
8	工班长	1	
9	领工员	1	
10	钢筋工	12	包含钢筋加工
11	电焊工	8	
12	普工	10	
13	电工	1	

7. 材料要求

(1)钢筋:品种、规格和技术性能等应符合《铁路混凝土工程施工质量验收标准》(TB 10424—2018)的要求,并应有出厂合格证及检测报告。

钢筋进场时,应对其质量指标进行全面检查,按批检查其直径、每延米质量并抽取试件做屈服强度、抗拉强度、伸长率和冷弯试验,其质量应符合设计要求和国家现行标准《钢筋混凝土用钢 第 2 部分:热轧带肋钢筋》(GB/T 1499.2—2018)等的规定。钢筋应平直、无损伤,表面无裂纹、油污、颗粒状或片状锈蚀。

钢筋保护层垫块材质应符合设计要求。混凝土垫块的抗压强度和耐久性应不低于结构本体混凝土的标准。

(2)电焊条:应有产品出厂合格证,品种、规格和技术性能等应符合国家现行标准规定和设计要求,选用的焊条型号应与主体金属强度相适应,经烘干后使用,一般 HRB400 级钢筋采用 E5003 型焊条。

(3)其他材料:绑扎丝、氧气、乙炔等。

8. 设备机具配置

浮置板道床基底钢筋施工投入的机械设备见表6.3.2-2。

表6.3.2-2　浮置板道床基底钢筋施工机械设备投入

序　号	名　称	单位	数量	型号	状态	备注
1	桁架式门式起重机	台	2	16 t	良好	
2	地铁专用轨道车	台	2	JY-290	良好	
3	地铁专用轨道平板车	台	2	PD25	良好	
4	专用铺轨门式起重机	辆	3	DP-10	良好	
5	万能道尺	把	3	JTGC-1	良好	
6	门式起重机走行轨、夹板	双米	600	24 kg/m	良好	
7	专用轨架	套	100		良好	
8	钢筋笼钢轨锁定装置	套	150		良好	
9	钢筋弯曲机	台	1	GW402	良好	
10	水准仪	台	2	DS05	良好	
11	全站仪	台	2	莱卡	良好	

9. 质量控制及检验

(1)质量控制

1)基本要求：

①钢筋、焊条等的品种、规格和技术性能应符合国家现行标准规定和设计要求。

②受力钢筋同一截面的接头数量、搭接长度、焊接接头质量应符合设计及规范要求。

③钢筋安装时，必须保证设计要求的钢筋根数。钢筋安装的间距及保护层厚度应符合《铁路混凝土工程施工质量验收标准》(TB 10424—2018)的要求。

④受力钢筋应平直，表面不得有裂纹及其他损伤。

2)外观鉴定。

1)钢筋表面无铁锈及焊渣。

2)多层钢筋网要有足够的钢筋支撑，保证骨架的施工刚度。

(2)质量检验

钢筋安装及钢筋保护层厚度允许偏差和检验方法见表6.2.2-3。

表6.2.2-4　钢筋安装及钢筋保护层厚度允许偏差和检验方法

序　号	检验项目	允许偏差(mm)	检验方法
1	受力钢筋排距	±5	尺量两端、中间各一处
2	同一排中受力钢筋间距	±20	
3	分布钢筋间距	±20	尺量连续3处
4	箍筋间距	±10	

续上表

序　号	检验项目	允许偏差(mm)	检验方法
5	弯起点位置 (加工偏差 20 mm 包括在内)	30	尺量
6	钢筋保护层厚度	+10,0	尺量两端、中间各 2 处

10. 安全及环保要求

(1)安全要求

1)进入施工现场人员必须戴好合格的安全帽。

2)作业时必须按规定正确使用个人防护用品,着装整齐,严禁赤脚和穿拖鞋、高跟鞋进入施工现场。

3)新进场的作业人员,必须首先参加入场安全教育培训,经考试合格后方可上岗,未经教育培训或考试不合格者,不得上岗作业。

4)施工现场的各种安全防护设施、安全标志等,未经领导及安全员批准严禁随意拆除和挪动。

5)六级以上强风和大雨、大雪、大雾天气必须停止露天高处作业。在雨、雪后和冬季,露天作业时必须先清除水、雪、霜、冰,并采取防滑措施。

6)操作前必须检查切断机刀口,确定安装正确,刀片无裂纹,刀架螺栓紧固,防护罩牢靠,空运转正常后再进行操作。

7)钢筋切断应在调直后进行,断料时要握紧钢筋,螺纹钢一次只能切断一根。

8)切断钢筋,手与刀口的距离不得小于 15 cm。断短料手握端小于 40 cm 时,应用套管或夹具将钢筋短头压住或夹住,严禁用手直接送料。

9)机械运转中严禁用手直接清除刀口附近的断头和杂物,在钢筋摆动范围内和刀口附近,非操作人员不得停留。

10)作业时应摆直、紧握钢筋,应在活动切口向后退时送料入刀口,并在固定切刀一侧压住钢筋,严禁在切刀向前运动时送料,严禁两手同时在切刀两侧握住钢筋俯身送料。

11)发现机械运转异常、刀片歪斜等,应立即停机检修。

12)作业中严禁进行机械检修、加油、更换部件,维修或停机时,必须切断电源,锁好箱门。

13)工作台和弯曲工作盘台应保持水平,操作前应检查芯轴、成型轴、挡铁轴、可变挡架有无裂纹或损坏,防护罩牢固可靠,经空运转确认正常后,方可作业。

14)操作时要熟悉倒顺开关控制工作盘旋转的方向,钢筋放置要和挡架、工作盘旋转方向相配合,不得放反。

15)改变工作盘旋转方向时,必须在停机后进行,即正转—停—反转,不得直接正转—反转或反转—正转。

16)弯曲机运转中严禁更换芯轴、成型轴和变换角度及调速,严禁在运转时加油或清扫。

17)弯曲钢筋时,严格依据使用说明书要求操作,严禁超过该机对钢筋直径、根数及机械转速的规定。

18)严禁在弯曲钢筋的作业半径内和机身不设固定销的一侧站人。

19)弯曲未经冷拉或有锈皮的钢筋时,必须戴护目镜及口罩。

20)作业中不得用手清除金属屑,清理工作必须在机械停稳后进行。

(2)环保要求

1)现场进行钢筋加工时,要控制各种机械的噪声。将机械安放在平整度较高的平台上,下垫木板,并定期检查各种零部件,如发现零部件有松动、磨损,及时紧固或更换,以降低噪声。

2)钢筋原材、加工后的成品或半成品堆放时要注意遮盖,防止因雨雪造成钢筋锈蚀。

3)为了减少除锈灰尘飞扬,现场要设置彩条布遮挡,并及时将铁屑清理干净。

6.3.3 浮置板道床基底模板施工作业指导书

1. 适用范围

适用于杭州至海宁城际铁路工程浮置板道床基底模板施工。

2. 作业准备

(1)内业技术准备

1)技术人员熟悉相关施工图纸,技术规范。

2)对施工人员进行技术交底及安全培训教育、考核,考核合格后方可上岗。

(2)外业准备

1)在浮置板轨道施工之前,对应地段的隧道结构、高架桥或地面线路路基等应验收合格,隧道底板应干燥、无渗漏。

2)浮置板轨道基标设置应牢固,控制基标的纵向间距在直线地段不宜大于 120 m,在曲线地段不宜大于 60 m,并且在各个曲线要素点设置。加密基标应根据施工需要设置。

3. 技术要求

(1)直立中心水沟模板和横向水沟模板:水沟模板采用钢模加工制作,中心水沟模板加工成 1 500 mm×315 mm×280 mm×250 mm(长×上宽×下宽×高)的梯形,横向水沟模板加工成 1 200 mm×120 mm×100 mm×160 mm(长×上宽×下宽×高)的梯形,在隧道底板预埋钢筋桩用于固定模板的位置。模板中心线与钢筋笼中心线重合。基底纵向中心排水沟宽度 300 mm,中心高度 142 mm,水沟底距离轨面 790 mm,横向水沟宽 100 mm,横向排水沟深度渐变从基底与隧道壁相接处延伸至水沟底。模板要支立牢固、接缝严密,严防发生跑、胀模、漏浆等现象。

(2)安装伸缩缝模板:基底地下线基底一般每隔 12.5 m 设置一处 20 mm 宽伸缩缝且与主体结构伸缩缝一致,在泵站和进出洞 50 m 范围加密至 6.25 m,伸缩缝处不得位于隔振器位置。根据现场隧道形式,确定伸缩缝模板尺寸,然后制作安装 20 mm 厚伸缩缝模板。

4. 施工程序与工艺流程

浮置板道床基底模板施工工艺流程如图 6.3.3 所示。

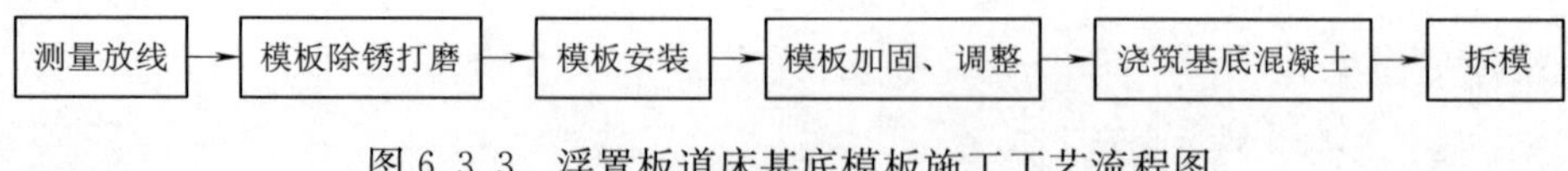

图 6.3.3 浮置板道床基底模板施工工艺流程图

5. 施工要求

(1)施工准备

施工用的模板、模板加固器、固定模板钢筋等材料和机具均从材料场利用轨道车、平板车倒运到施工作业区进行布设。

(2)模板处理

在进行立模前模板均要清洁、除锈,并涂抹清洁机油或脱模剂。

(3)支立中心水沟模板

将盒型模板放入水沟中,在模板底部横向放置长度为300～400 mm的钢筋,间距不大于500 mm。在两侧钉设两根钢筋以固定模板,使其不左右移动。由于施工误差,盾构环存在高低不平的现象,在支立水沟模板时将水沟模根据线路坡度顺平,以免在基底浇筑完成后排水不畅。

(4)伸缩缝设置

伸缩缝在每两块板之间设置一处,伸缩缝板用泡沫板外包五合板,伸缩缝板要加固牢固,浇筑混凝土时不能弯曲。

(5)拆模

基底混凝土浇筑完成且强度达到5 MPa后,方可进行模板拆除,拆除过程中需注意对混凝土边角的保护。

6. 劳动组织

(1)劳动力组织方式采用架子队组织模式。

(2)作业人员数量根据施工条件、工期要求进行合理配置,见表6.3.3-1。

表6.3.3-1　浮置板道床基底模板施工劳动力配置

序　号	人员配置	数量(人)	备　注
1	架子队队长	1	
2	技术负责人	1	
3	技术员	1	
4	安全员	1	
5	材料员	1	
6	质检员	1	
7	试验员	1	
8	工班长	1	
9	领工员	1	
10	模板工	12	

7. 材料要求

浮置板道床基底模板施工材料配置见表6.3.3-2。

表6.3.3-2　浮置板道床基底模板施工材料配置

序号	名　称	规格型号	部　位	备　注
1	中心水沟模板	1 500 mm×315 mm×280 mm×250 mm	浮置板	
2	横向伸缩缝模板	1 200 mm×120 mm×100 mm×160 mm	浮置板	
3	定型伸缩缝模板	20 mm	浮置板	

8. 设备机具配置

浮置板道床基底模板施工投入的机械设备见表 6.3.3-3。

表 6.3.3-3　浮置板道床基底模板施工机械设备投入

序号	名　称	规　格	单　位	数　量	备　注
1	电锤		台	1	
2	磨光机	普通	个	2	
3	涂油滚子		把	4	
4	撬棍		根	4	
5	呆板手		把	5	
6	快速扳手		把	5	
7	钢卷尺	5 m	把	2	
8	直角尺	20～30 cm	把	1	
9	电焊机		台	1	
10	平板车		辆	1	
11	锤子		把	5	

9. 质量控制及检验

(1)质量控制

1)模板安装高度必须超过混凝土面,模板与桥面缝隙建议采用泡沫板封堵,泡沫板与模板内侧平齐,不得凸出或凹入模板内侧。

2)立模结束观察及尺量检查线形,纵向,直线顺直,曲线圆顺;横向,端头模板与纵向模板夹角角度必须为 90°,采用直角尺量,不得出现喇叭口现象。

(2)质量检验

浮置板道床基底模板安装的允许偏差及检验方法见表 6.3.3-4。

表 6.3.3-4　浮置板道床基底模板安装允许偏差及检验方法

序　号	检验项目	允许偏差(mm)	检验方法
1	模板位置	±5	钢尺检查
2	垂直度	2	吊线、钢尺检查
3	相邻两板表面高低差	2	钢尺检查
4	表面平整度	5	2 m 靠尺和塞尺检查

10. 安全及环保要求

(1)安全要求

1)模板安装,使用工具时防止相互碰撞伤人。

2)模板摆放应离地堆码并挂牌,整齐有序,需防雨的材料进库存放或加盖防雨篷布。施工作业区出入口悬挂安全警示标志。

3)施工现场管理人员和作业人员穿企业统一制式工作服,穿戴整齐,行为文明。

4)在施工用车时,要加强车辆管理,严格按交通规则文明行驶。

(2)环保要求

1)组织文明检查小组,在施工区域进行巡回检查,监督保持所有设施完好、整洁,施工人员文明有礼。

2)在模板安装、拆卸、清理、修复过程中要注意控制噪声。不得使用大锤等工具砸、敲,制造人为噪声,特别是在夜间施工时需要注意控制噪声分贝在规定范围内。

3)模板拆卸后集中吊往模板存放区清理、存放。

4)拆下来的废旧螺栓、螺母等不得随意丢置,应收集起来清理备用或回收。

5)模板存放场地应达到整齐有序、干净无污染、低噪声、低扬尘、低能耗的整体效果。

6.3.4 浮置板道床基底混凝土施工作业指导书

1. 适用范围

适用于杭州至海宁城际铁路工程浮置板道床基底混凝土施工。

2. 作业准备

(1)内业技术准备

1)技术人员熟悉相关施工图纸,技术规范。

2)编制施工方案,并对操作人员进行培训,向有关人员进行技术交底及安全技术交底。

3)对施工人员进行安全教育培训及考核,考核合格后方可上岗。

(2)外业准备

1)地下段浮置板基底采用C40混凝土。混凝土配合比验证完成,并审批完成。

2)主要机具设备:汽车泵、地泵、铺轨门式起重机、混凝土料斗、轨道车、轨道专用平板车、轨道专用罐车、振捣棒、照明设备等。

3. 技术要求

(1)地下段浮置板基底采用C40混凝土。

(2)伸缩缝设置:伸缩缝间距一般不大于12.5 m,区间泵房前后30 m伸缩缝间距不大于6 m,采用2 cm厚经防腐处理的木板,用沥青做防水处理。

4. 施工程序与工艺流程

浮置板道床基底混凝土施工程序:混凝土施工→模板拆除→基底检查验收。

5. 施工要求

(1)基底混凝土采用C40,基底伸缩缝一般不大于12.5 m,宽度为20 mm,废水泵房、联络通道前后各30 m的范围内,按照6 m左右设置基底伸缩缝,且变形缝位置需避让隔振器位置。

(2)浇筑混凝土时必须进行振捣,振捣时间不少于30 s,并达到以下三个条件:混凝土表面开始泛浆;不再冒泡;混凝土表面不再下沉。混凝土摊平后用1~1.2 m长的铝合金尺将混凝土面刮平,第一次刮完之后用线绳量混凝土面是否达到标准面,若混凝土面低于标准面,再均匀添加混凝土进行第二次刮面,若第二次刮完之后仍低于标准面需进行第三次刮面;如此反复进行刮面直至混凝土面达到标准面,此时混凝土面以高于标准面1 mm为宜。刮完之后再进行收面压光,收面时要细心,不允许收面过程中人为原因使得刮平的混凝土面被破坏。控制混凝土平面时一定要交错进行,不能断开,收面完成后整个混凝土面应横向和纵向均在同一平面(有竖曲线地段除外)。安装隔振器的位置表面应平整,平整度要求$\pm 2\ mm/m^2$。基底表面倾斜角度随超高值的变化而调整,基底表面施工垂直方向公差0,-5 mm。

(3)伸缩缝在每两块板之间设置一处,伸缩缝板用泡沫板外包五合板,伸缩缝板要加固牢固,浇筑混凝土时不能弯曲。

(4)基底高程及平整度检查、整修。

(5)基础混凝土浇筑完毕后,根据基底混凝土面上返 100 mm 在盾构壁上定出的点用线绳重新复查基底混凝土面高程,对于偏差尺寸超过设计要求的地段进行整修。

(6)整修办法:基底混凝土面比设计高程高时,用打磨机对隔振器套筒位置扩大 50 mm 范围内进行打磨,打磨过程中随时进行检查,直到达到设计高程;基底混凝土面低于设计高程时,对隔振器套筒 50 mm 范围内进行凿毛,用高强灌浆料进行修补填高。

6. 劳动组织

浮置板道床基底混凝土施工劳动力配置见表 6.3.4-1。

表 6.3.4-1 浮置板道床基底混凝土施工劳动力配置

序 号	人员配置	数量(人)	备 注
1	架子队队长	1	
2	技术负责人	1	
3	技术员	1	
4	安全员	1	
5	材料员	1	
6	质检员	1	
7	试验员	1	
8	工班长	1	
9	领工员	1	
10	普工	30	

7. 材料要求

混凝土的各项指标应符合《铁路混凝土工程施工质量验收标准》(TB 10424—2018)的要求。

水泥应选用硅酸盐水泥或普通硅酸盐水泥,不宜使用早强水泥。

粉煤灰、矿渣粉、硅灰和石灰石粉等矿物掺合料应选用能改善混凝土性能且品质稳定的产品。

细骨料应选用级配合理、质地坚固、吸水率低、孔隙率小的洁净天然河砂或母材检验合格、经专门机组生产的机制砂,禁止使用海砂。

粗骨料应选用粒形良好、级配合理、质地坚固、吸水率低、线胀系数小的洁净碎石。

8. 设备机具配置

浮置板道床基底混凝土施工投入的机械设备见表 6.3.4-2。

表 6.3.4-2 浮置板道床基底混凝土机械设备投入

序 号	名 称	单位	数量	型号	状态	备注
1	桁架式门式起重机	台	2	16 t	良好	
2	地铁专用轨道车	台	2	JY-290	良好	
3	地铁专用轨道平板车	台	2	PD25	良好	
4	专用铺轨门式起重机	辆	3	DP-10	良好	
5	万能道尺	把	3	JTGC-1	良好	
6	门式起重机走行轨、夹板	双米	600	24 kg/m	良好	
7	专用轨架	套	100		良好	
8	钢筋笼钢轨锁定装置	套	150		良好	
9	钢筋弯曲机	台	台	GW402	良好	
10	水准仪	台	2	DS05	良好	
11	全站仪	台	2	莱卡	良好	

9. 质量控制及检验

(1)质量控制

1)混凝土入模温度不能低于 5 ℃,不得高于 30 ℃。

2)新浇混凝土入模温度与相邻的已硬化混凝土、钢筋模板介质间的温差不得大于 15 ℃。与新浇筑混凝土接触的已硬化混凝土、钢筋、模板的温度不得低于 2 ℃。

3)在斜坡面上浇筑混凝土时,应从低处开始逐层升高。

4)混凝土浇筑应连续进行,当因故间歇时,其间歇时间应小于前层混凝土的初凝时间。不同混凝土的允许间歇时间应根据环境温度、水泥品种、水胶比和外加剂类型等条件通过试验确定。当超过允许间歇时间时,应按浇筑中断处理,同时应留置施工缝,并做好记录。

5)在浇筑混凝土过程中或浇筑完成时,如混凝土表面泌水较多,须在不扰动已浇筑混凝土的条件下,采取措施将水排除。继续浇筑混凝土时,应查明原因,采取措施,减少泌水。

6)浇筑混凝土期间,应设专人检查支架、模板、钢筋和预埋件等的稳固情况,当发现有松动、变形、移位时,应及时处理。

7)混凝土浇筑前应进行坍落度试验,并留置 2 组试块,当浇筑方量超过 100 m^3 时,应增加 1 组试块。

(2)质量检验

1)浮置板道床基底混凝土外形尺寸允许偏差见表 6.3.4-3。

表 6.3.4-3 浮置板道床基底混凝土外形尺寸允许偏差

名 称	项 目	允许偏差(mm)
1	前后位置	±5
2	中线	3

2)浮置板道床基底中线、外形允许偏差见表 6.3.4-4。

表 6.3.4-4 浮置板道床基底中线、外形允许偏差

序号	检查项目	允许偏差
1	顶面宽度	±10 mm
2	中线位置	2 mm
3	道床板顶面与承轨台面相对高差	±5 mm
4	平整度	5 mm/1 m
5	伸缩缝位置	10 mm
6	伸缩缝宽度	±5 mm
7	承轨面高程	+2 mm,−8 mm
8	道床板表面排水坡	−1%~+3%

10.安全及环保要求

(1)安全要求

1)现场临时用电线路的布设按《施工现场临时用电安全技术规范》(JGJ 46—2005)进行施工,不随意拉线接电。

2)配电箱、电动机械、手持电动工具,必须按规定安装漏电保护器和接地、接零装置,漏电保护器应符合现行规范标准的要求,严格按“一机、一箱、一闸、一保护”要求进行布线和使用。

3)工作面照明采用低压电,作业面照明必须有足够的亮度,且均匀不闪烁。

4)施工区域的电源线、轨道电路等应采取防护措施。

5)铺轨基地内电源线和门式起重机接触电源线距地面不小于 7.5 m。各种电源线不横跨走行轨,采用地下穿过法。夜间必须有足够照明。

6)混凝土浇筑时,使用混凝土振捣棒应穿胶鞋,湿手不得接触开关,电源线不得有破皮漏电。

7)隧道内必须保证足够的照明设备,浇筑混凝土时,收光抹面操作人员必须佩戴头灯进行施工。

(2)环保要求

1)在既有道路上浇筑混凝土时,地面必须做好隔离措施,以防止混凝土污染既有道路。

2)施工垃圾应及时清运,严禁随意凌空抛撒造成扬尘污染。

3)夜间浇筑混凝土时,需注意噪声控制,减少对周围居民的生活影响。

6.3.5　浮置板道床轨排铺设施工作业指导书

1. 适用范围

适用于杭州至海宁城际铁路工程浮置板道床轨排铺设施工。

2. 作业准备

(1)内业技术准备

1)技术人员熟悉相关施工图纸、技术规范。

2)对施工人员进行技术交底及安全培训教育、考核,考核合格后方可上岗。

(2)外业准备

1)施工前,先进行基底标高复测,并设置加密基标。

2)材料准备:

①混凝土轨枕:混凝土岔枕各预留孔洞位置准确,尺寸、形状均符合设计要求,误差在允许范围之内,无损伤,出厂合格证及质量检验报告齐全。

②钢轨:采用 U75V 热轧钢轨,其各项指标、尺寸均在允许误差之内。

3)工机具准备:

①机械:汽车式起重机(25 t)、电焊机、风镐、空压机、钢筋弯曲机、钢筋切断机、木工加工机床等。

②工具:万能道尺、直角道尺、支距尺、方尺、扳手、起道器、钢轨支承架、顶托、轨距拉杆、支距拉杆、滑床板专用吊具、弦线、钢板尺、钢尺、石笔、扫帚、定型钢模板、撬棍、手提式混凝土振捣棒、水泵等。

3. 技术要求

(1)轨道结构:大圆形隧道浮置板轨道结构高度为 950 mm。

(2)轨底坡:1/40。

(3)钢轨、扣件及轨枕。

钢轨:正线采用 60 kg/m 无孔钢轨,材质为 U75V,钢轨标准长度为 25 m。

扣件:地下段采用 ZX-2 型扣件。

轨枕:地下段采用 ZX-2 型扣件配套长轨枕;道岔间不足 50 m 长度的线路和区间雨水泵房处采用配套短轨枕。

轨枕间距:除道岔区地段轨枕布置间距以相应铺设图为准外,地下线整体道床铺轨枕一般采用 1 667 根/km(轨枕间距为 600 mm)。受泵房影响,轨枕间距可在 500～650 mm 间适当调整。在人防门、防淹门两侧轨枕间距最大不得超过 750 mm。高架线整体道床铺轨枕一般采用 1 600 根/km(轨枕间距为 625 mm)。相邻轨枕间距变化较大时应进行轨枕间距过渡。

4. 施工程序与工艺流程

浮置板道床轨排铺设施工程序:卸钢轨→方正轨枕→落钢轨→安装扣件→检查线路。

5. 施工要求

(1)上道工序验收合格。应在完成基底验收合格后,进入铺设轨枕、组装轨排工序。

(2)铺设轨枕、组装轨排。

1)铺设轨枕。轨枕铺设时按图纸要求,卡控第 1 根轨枕的位置,利用人工机械配散枕装置,按照弹出的布枕边线铺设长轨枕。

2)组装轨排。组装时检查轨枕间距是否符合设计要求,检查轨枕是否变形,变形轨枕必须更换。采用双向同步电动扭力扳手紧固扣件组装轨排。按设计安装弹条扣件,现场检查除抽查扣件扭力外,主要检查弹条中部下颚是否与塑料轨距块密贴。轨排组装时垫板应居中,扣件扭矩应符合设计要求。轨排组装后要及时检查轨枕间距、方正及轨距等是否满足设计要求。

(3)粗调轨排、安装螺杆调节器。轨排组装后,在直线地段每隔 3 根轨枕、曲线地段每隔 2 根轨枕安装一对螺杆调整托盘,同时应在轨排端头轨枕间安装一对螺杆调整器托盘。

粗调轨排使用基标和人工配合起道机,利用道尺、方尺、垂球和 3 m 小钢尺对轨排进行初步调整,实现轨排方向和标高处于正确位置,中线和标高均控制在 5 mm 之内。

调整的原则为先高程后中线,高程误差宁低勿高,中线误差越小越好。每 5 m 根据设计轨面高程减去实际地面高程算出该点的差值(起道量)作为高程控制的依据。在 5 m 点的地方将道尺一端放在基本的轨面上,另一端紧贴在垂直竖立的 3 m 小钢尺上,并随时保持道尺处于水平状态(水准泡的气泡居中),在 5 m 轨排范围内均匀布置 2 对起道机,将轨排依次均匀顶起,当 3 m 小钢尺上读数接近起道量(一般 3～5 mm 为宜)停止起道。然后将道尺放在轨排上,利用水平关系调整另一股钢轨位置。此时安装好调节器螺杆,拧紧螺杆使之受力后拆除起道机。

最后利用轨距(1 435 mm)将方尺分中,并将垂球一端固定在分中处,另一端自由下垂找线路投影中心线,将起道机安装在轨腰侧面顶推轨道,当垂球中心与线路投影中线重合时重新调整螺杆并使之受力,然后拆除起道机。为确定轨排位置,必须给出轨排支承螺杆调节器处每一断面的里程。使用水准仪测量轨面高程,起落竖直调整装置,使轨顶标高满足设计值。

(4)验收合格后进入下道工序。轨排粗调完成并验收合格后,进入道床板上层钢筋绑扎工序。

6. 劳动组织

(1)劳动力组织方式采用架子队组织模式。

(2)作业人员数量根据施工条件、工期要求进行合理配置,见表 6.3.5-1。

表 6.3.5-1 浮置板道床轨排铺设劳动力配置

序 号	人员配置	人数(人)	备 注
1	架子队队长	1	
2	技术负责人	1	
3	技术员	1	
4	安全员	1	

续上表

序　号	人员配置	人数(人)	备　注
5	材料员	1	
6	质检员	1	
7	试验员	1	
8	工班长	1	
9	领工员	1	
10	测量员	1	
11	普工	30	

7. 材料要求

浮置板道床轨排铺设材料配置见表 6. 3. 5-2。

表 6. 3. 5-2　浮置板道床轨排铺设材料配置

序　号	名　称	规格型号	备　注
1	钢轨支撑架	1 435 mm	3～4 m 设置一处
2	丝杆		3～4 m 轨道两边设置一处
3	斜撑		3～4 m 轨道两边设置一处
4	扣配件	ZX-2/WJ-2A	
5	钢轨	P60	
6	轨枕	预应力混凝土长枕	

8. 设备机具配置

浮置板道床轨排铺设机械设备投入见表 6. 3. 5-3。

表 6. 3. 5-3　浮置板道床轨排铺设机械设备投入

序　号	名　称	单　位	数　量	型　号	备　注
1	散轨装置	台	1	CPG500	
2	螺栓调节器	套	700		
3	粗调机	套	1	BJ3-12	
4	起道机	套	10	250	
5	双向电动扳手	台	2	150	
6	撬棍	把	5		

9. 质量控制及检验

(1)质量控制

1)加密基标埋设应牢固,精度符合要求,对于有疑问或松动的基标严禁使用。

2)道尺使用前应校正,精度允许偏差为+0.5 mm,0,严禁使用未经校正的道尺。

(2)质量检验

1)浮置板道床轨排组装允许偏差见表6.3.5-4。

表6.3.5-4　浮置板道床轨排组装允许偏差

序号	检查项目	允许偏差(mm)	备注
1	轨距	±1	变化率不大于1/1 500
2	轨枕间距	±5	

2)浮置板道床轨道几何状态允许偏差及检验方法见表6.3.5-5。

表6.3.5-5　浮置板道床轨道几何状态允许偏差及检验方法

序号	检查项目	允许偏差	备　注
1	轨距	±1 mm,变化率不大于1/1 500	
2	水平	2 mm	
3	轨向	2 mm/10 m弦	
4	高低	2 mm/10 m弦	
5	轨面高程	±2 mm	
6	轨道中线	2 mm	
7	线间距	+5 mm,0 mm	
8	扭曲(基长3 m)	2 mm	

10.安全及环保要求

(1)安全要求

1)钢轨、轨枕、扣配件等轨料在运输、吊装及安装的过程中严格按照安全施工规范及施工安全措施交底进行。禁止违章施工,确保安全施工。

2)材料按施工部署位置离地挂牌堆码,整齐有序,需防雨的材料进库存放或加盖防雨篷布。施工作业区出入口悬挂安全警示标志。

3)施工现场管理人员和作业人员穿企业统一制式工作服,穿戴整齐,行为文明。

4)在施工用车时,要加强车辆管理,严格按交通规则文明行驶。

(2)环保要求

1)组织文明检查小组,在施工区域进行巡回检查,监督保持所有设施完好、整洁,施工人员文明有礼。

2)场地道路平整、坚实、保持畅通,运输车辆严格遵守公路交通规则,文明行车。

6.3.6 浮置板道床钢筋施工作业指导书

1. 适用范围

适用于杭州至海宁城际铁路工程浮置板道床钢筋施工。

2. 作业准备

(1)内业技术准备

1)认真审核浮置板道床图纸,制作钢筋料表,绘制钢筋节点大样图。

2)编制施工方案,并对操作人员进行培训,向有关人员进行安全、技术交底。

3)进场施工人员已经过安全教育培训及考核,考核合格后方可上岗。

(2)设备机具准备

1)主要设备:钢筋弯曲机、钢筋调直机、钢筋切断机、电焊机、砂轮切割机、移动门式起重机、轨道铺轨车等。

2)工机具:气焊枪、钢筋扳手、锤子、钢筋钩、撬棍、钢丝刷、石笔、手推车、钢尺等。

3. 技术要求

(1)在长轨枕下每隔 5 m 选取一组横向钢筋与所交叉纵向钢筋焊接。长轨枕下横向钢筋选择原则:首先在左右靠近板端位置分别选择一根长轨枕下的横向钢筋,接着从两端向中间每隔 5 m 左右在长轨枕下选择一组横向钢筋,直到剩余距离小于或等于 5 m。所选横向钢筋不得紧贴隔振器套筒,也不得与隔振器吊耳绑扎接触。

(2)在每个道床板块两端,用截面不小于 50 mm×8 mm 的镀锌扁钢焊接成闭合圈,并和上下层及侧边交叉的所有纵向钢筋焊接。埋入式端子与侧边竖向镀锌扁钢焊接并引出。埋入式端子与竖向扁钢的焊接缝长度不小于 6 倍埋入式端子镀锌圆钢直径,焊缝厚不低于 6 mm,埋入式端子上表面高于混凝土表面 3~5 mm,防止埋入式杂散端子上表面没入混凝土。

(3)在每个道床板块两端中间层和下层钢筋间安装剪力铰,剪力铰中心到轨道中心的距离依次为 325 mm、1 090 mm,剪力铰安装时应全线统一朝向。

4. 施工程序与工艺流程

浮置板道床钢筋施工工艺流程如图 6.3.6-1 所示。

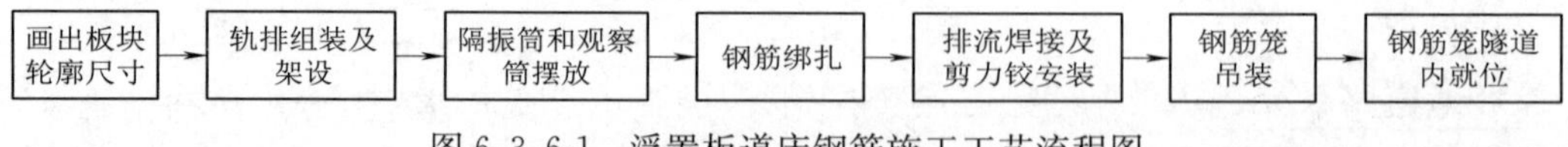

图 6.3.6-1 浮置板道床钢筋施工工艺流程图

5. 施工要求

(1)浮置板钢筋笼轨排拼装

1)浮置板钢筋笼拼装台位设置。

①装浮置板钢筋笼的台位按 30 m×3.5 m 设置,台位为混凝土硬化的水平面,表面平整。在台位上设置浮置板端头线、浮置板钢筋笼中心线、套筒位置中心线等关键线,作为拼装钢筋

笼轨排的基准线。在轨排组装时轨距调至 1 435 mm 范围内。

②曲线地段浮置板钢筋笼轨排按曲线进行拼装，但必须考虑不同曲线半径地段因曲线外股、内股不等长，造成的扣件、隔振器位置调整及钢筋笼轨排长度的差异。

③布置隔振器外套筒。根据台位上标识的外套筒位置，按设计图纸布置隔振器外套筒。隔振器布置说明：浮置板道床与其他道床连接处采用连续 6 对隔振器加密布置，浮置板与浮置板之间采用连续 2 对隔振器加密布置。注意套筒摆放的内外方向，具体位置如图 6.3.6-2 所示。

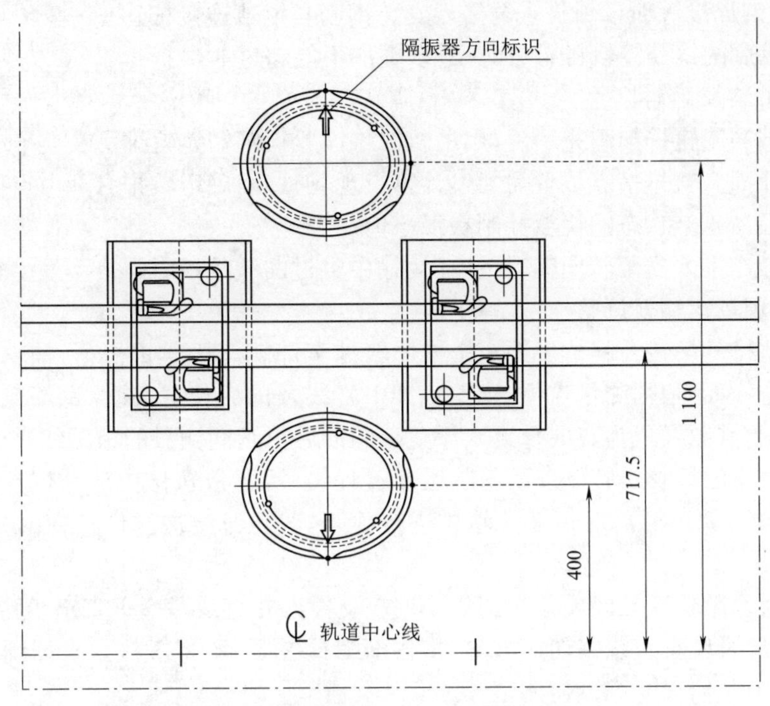

图 6.3.6-2 隔振器外套筒布置示意图（单位：mm）

④布置隔振器外套筒时，需考虑因曲线内外股长度差异造成的隔振器位置的差异，曲线外侧套筒间距大于理论值，曲线内侧套筒间距小于理论值。

2）钢筋加工及钢筋笼拼装。浮置板钢筋数量大、规格多，纵横钢筋嵌套、交叉，钢筋绑扎复杂、繁琐，施工进度慢。为了加快浮置板钢筋笼的绑扎进度，将钢筋绑扎分为若干工序，平行流水进行浮置板钢筋笼的绑扎安装作业，提高了浮置板钢筋笼的绑扎质量和速度。

①加工钢筋。根据设计图纸，对不同规格的钢筋进行切断、弯曲，因浮置板加工成的钢筋规格、尺寸较多，故要求加工完的钢筋按规格、型号分类堆码，方便后道工序施工。钢筋加工尺寸为外径尺寸。

②绑扎浮置板钢筋笼。

a. 根据设计图纸中浮置板板块钢筋的布置方式，预铺底部横向钢筋，穿纵向钢筋，并在穿筋过程中考虑搭接量为 $50d$，在钢筋绑扎过程中预留检查孔位置（个别板块预留信号槽），钢筋所有交叉点都用扎丝绑扎，每个绑点扎丝不少于 2 根。

b. 为了固定外套筒的位置，防止外套筒在吊运过程中移动，需将外套筒的吊耳固定于浮置板结构钢筋上,用钢丝绑扎。

③钢筋笼防迷流焊接。

a. 从浮置板上层纵向钢筋中选出不少于 12 根 $\phi20$ 或 $\phi16$ 的钢筋(靠近钢轨位置)作为排杂散电流纵向钢筋,并每隔 5 m 焊接闭合圈,钢筋焊接要求及板端连接端子的做法同普通整体道床。

b. 浮置板钢筋笼在铺轨基地绑扎完成后,要对钢筋笼进行检查。检查项目主要包括钢轨型号、扣件类型、隔振器位置、钢筋种类、各编号钢筋尺寸及位置、钢筋搭接与焊接、排流钢筋焊接、板端镀锌扁钢焊接等项目。检查合格后安装钢筋与钢轨连接杆。

c. 绑扎完成后的钢筋笼轨排存放时,最多叠加不能超过 3 层。

④钢筋笼吊装及运输。

a. 浮置板钢筋笼轨排加固完毕后,用吊轨钳将浮置板钢筋笼轨排吊装至平板车上,轨道车运输至前方作业面。轨排吊点位置需通过计算及现场试验,确定轨排合理吊点位置,将浮置板钢筋笼轨排在起吊悬空状态的挠度控制在最小值。

b. 运输平板车上要安装转向架,保证在运输中经过曲线地段时轨排不发生较大偏移。

(2)浮置板现场运输及调整

1)浮置板轨排的吊装及就位。轨道车推进轨排至铺轨门式起重机下,铺轨门式起重机吊运轨排至施工作业面,根据测量点位,调整轨排中心线及前后位置,确保钢筋笼中心线同设计轨道中心线的重合(曲线段为斜向垂直)、浮置板的前后位置同测量的板端线重合。

2)浮置板轨排的检查及整修。因吊装运输过程中,浮置板轨排内部结构部件间可能产生一定的变形、移位,就位后需对钢筋笼轨排进行检查,对轨排结构部件存在的变形、移位进行整修。

3)轨道的架设及轨道几何尺寸初调整。钢轨支撑架在直线段应垂直于线路方向并在相邻扣件中央,曲线地段应垂直线路切线方向,将各部螺栓拧紧,不得虚接。根据铺设地段线路的超高情况,对轨道几何尺寸进行初调。

4)安装浮置板钢筋笼其他部件。剪力铰在轨排架设时预先将两个部件穿在相邻轨排端部对应位置,在轨排吊装到位时进行剪力铰对位,当轨排落到位后,剪力铰也应基本到位。再根据板缝基标及轨道中心线进行剪力铰精确调整,直到剪力铰位置调整到设计位置。

6. 劳动组织

(1)劳动力组织方式采用架子队组织模式。

(2)作业人员数量根据施工条件、工期要求进行合理配置,见表 6. 3. 6-1。

表 6. 3. 6-1 浮置板道床钢筋施工劳动力配置

序号	人员配置	人数(人)	备 注
1	架子队队长	1	
2	技术负责人	1	
3	技术员	1	
4	安全员	1	

续上表

序号	人员配置	人数(人)	备 注
5	材料员	1	
6	质检员	1	
7	试验员	1	
8	工班长	1	
9	领工员	1	
10	钢筋工	12	
11	普工	24	
12	线路工	3	
13	电工	3	

7. 材料要求

(1)钢筋:品种、规格和技术性能等应符合《铁路混凝土工程施工质量验收标准》(TB 10424—2018)的要求,并应有出厂合格证及检测报告。

钢筋进场时,应对其质量指标进行全面检查,按批检查其直径、每延米质量并抽取试件做屈服强度、抗拉强度、伸长率和冷弯试验,其质量应符合设计要求和国家现行标准《钢筋混凝土用钢 第2部分:热轧带肋钢筋》(GB/T 1499.2—2018)等的规定。钢筋应平直、无损伤,表面无裂纹、油污、颗粒状或片状锈蚀。

钢筋保护层垫块材质应符合设计要求。混凝土垫块的抗压强度和耐久性应不低于结构本体混凝土的标准。

(2)电焊条:应有产品出厂合格证,品种、规格和技术性能等应符合国家现行标准规定和设计要求,选用的焊条型号应与主体金属强度相适应,经烘干后使用,一般HRB400级钢筋采用E5003型焊条。

(3)其他材料:绑扎丝、氧气、乙炔等。

8. 设备机具配置

浮置板道床钢筋施工投入的设备机具见表6.3.6-2。

表6.3.6-2 浮置板道床钢筋施工设备机具投入

序号	名 称	单位	数量	型号	备注
1	桁架式门式起重机	台	2	16 t	
2	地铁专用轨道车	台	2	JY-290	
3	地铁专用轨道平板车	台	2	PD25	
4	专用铺轨门式起重机	辆	3	DP-10	
5	万能道尺	把	3	JTGC-1	

续上表

序号	名　称	单位	数量	型号	备注
6	门式起重机走行轨、夹板	双米	600	24 kg/m	
7	专用轨架	套	100		
8	钢筋笼钢轨锁定装置	套	150		
9	钢筋弯曲机	台	1	GT8	
10	水准仪	台	2	NA2	
11	全站仪	台	2	莱卡	

9. 质量控制及检验

(1)质量控制

1)钢筋、焊条等的品种、规格和技术性能应符合国家现行标准规定和设计要求。

2)受力钢筋同一截面的接头数量、搭接长度、焊接接头质量应符合设计及规范要求。

3)钢筋安装时,必须保证设计要求的钢筋根数。钢筋安装的间距及保护层厚度应符合《铁路混凝土工程施工质量验收标准》(TB 10424—2018)的要求。

4)受力钢筋应平直,表面不得有裂纹及其他损伤。

(2)钢筋施工质量控制

1)浮置板道床钢筋加工允许偏差和检验方法见表 6.3.6-3。

表 6.3.6-3　浮置板道床钢筋加工允许偏差和检验方法

序号	项　目	允许偏差(mm)	检验方法
1	钢筋长度	±10	尺量
2	弯起钢筋的弯折位置	20	
3	箍筋内净尺寸	±3	

2)钢筋间距允许偏差为 20 mm。

10. 安全及环保要求

(1)安全要求

1)进入施工现场人员必须戴好合格的安全帽。

2)作业时必须按规定正确使用个人防护用品,着装整齐,严禁赤脚和穿拖鞋、高跟鞋进入施工现场。

3)新进场的作业人员,必须首先参加入场安全教育培训,经考试合格后方可上岗,未经教育培训或考试不合格者,不得上岗作业。

4)施工现场的各种安全防护设施、安全标志等,未经领导及安全员批准严禁随意拆除和挪动。

5)六级以上强风和大雨、大雪、大雾天气必须停止露天高处作业。在雨、雪后和冬季,露天作业时必须先清除水、雪、霜、冰,并采取防滑措施。

6)操作前必须检查切断机刀口,确定安装正确,刀片无裂纹,刀架螺栓紧固,防护罩牢靠,空运转正常后再进行操作。

7)钢筋切断应在调直后进行,断料时要握紧钢筋,螺纹钢一次只能切断一根。

8)切断钢筋,手与刀口的距离不得小于 15 cm。断短料手握端小于 40 cm 时,应用套管或夹具将钢筋短头压住或夹住,严禁用手直接送料。

9)机械运转中严禁用手直接清除刀口附近的断头和杂物,在钢筋摆动范围内和刀口附近,非操作人员不得停留。

10)作业时应摆直、紧握钢筋,应在活动切口向后退时送料入刀口,并在固定切刀一侧压住钢筋,严禁在切刀向前运动时送料,严禁两手同时在切刀两侧握住钢筋俯身送料。

11)发现机械运转异常、刀片歪斜等,应立即停机检修。

12)作业中严禁进行机械检修、加油、更换部件,维修或停机时,必须切断电源,锁好箱门。

13)工作台和弯曲工作盘台应保持水平,操作前应检查芯轴、成型轴、挡铁轴、可变挡架有无裂纹或损坏,防护罩牢固可靠,经空运转确认正常后,方可作业。

14)操作时要熟悉倒顺开关控制工作盘旋转的方向,钢筋放置要和挡架、工作盘旋转方向相配合,不得放反。

15)改变工作盘旋转方向时,必须在停机后进行,即正转—停—反转,不得直接正转—反转或反转—正转。

16)弯曲机运转中严禁更换芯轴、成型轴和变换角度及调速,严禁在运转时加油或清扫。

17)弯曲钢筋时,严格依据使用说明书要求操作,严禁超过该机对钢筋直径、根数及机械转速的规定。

18)严禁在弯曲钢筋的作业半径内和机身不设固定销的一侧站人。

19)弯曲未经冷拉或有锈皮的钢筋时,必须戴护目镜及口罩。

20)作业中不得用手清除金属屑,清理工作必须在机械停稳后进行。

(2)环保要求

1)现场进行钢筋加工时,要控制各种机械的噪声。将机械安放在平整度较高的平台上,下垫木板,并定期检查各种零部件,如发现零部件有松动、磨损,及时紧固或更换,以降低噪声。

2)钢筋原材、加工后的成品或半成品堆放时要注意遮盖,防止因雨雪造成钢筋锈蚀。

3)为了减少除锈灰尘飞扬,现场要设置彩条布遮挡,并及时将铁屑清理干净。

6.3.7 浮置板道床模板施工作业指导书

1. 适用范围

适用于杭州至海宁城际铁路工程浮置板道床模板施工。

2. 作业准备

(1)内业技术准备

1)技术人员熟悉相关施工图纸、技术规范。

2)对施工人员进行交底及安全教育培训、考核,考核合格后方可上岗。

(2)外业技术准备

对进场机具检查验收,确保机具状态良好。

3. 技术要求

(1)钢弹簧浮置板道床宽度为 3 200 mm,在距离轨道中心两侧 1 600 mm 的位置架设道床模板,模板采用 1 500 mm×300 mm(长×宽)的钢模(适用于矩形隧道、非圆形隧道)。道床边模要求安装顺直,无错牙。

(2)浮置板两道床板间及道床板与周围其他类型道床或固定结构物之间均安装 30 mm 厚伸缩缝模板。伸缩缝模板采用 2 块 5 mm 厚的三合板中间夹 20 mm 厚的泡沫板组成,方便后期道床成型后模板拆除。伸缩缝模板要求安装顺直,位置准确。

4. 施工程序与工艺流程

浮置板道床模板施工程序:测量放线→模板除锈打磨→模板安装→模板加固调整顺直→浇筑道床混凝土→拆模。

5. 施工要求

(1)施工准备

施工用的模板、模板加固器、固定模板钢筋等材料和机具均从材料场利用轨道车、平板车倒运到施工作业区进行布设。

(2)模板处理

在进行立模前模板均要清洁、除锈,并涂抹清洁机油或脱模剂。

(3)板缝伸缩缝模板安装

剪力铰安装完成后,方可进行板缝伸缩缝模板安装,伸缩缝模板采用 20 mm 后泡沫板外包5 mm厚五合板,伸缩模缝模板要重点加固,保证在混凝土浇筑时伸缩缝模板垂直、不变形。

(4)拆模

混凝土浇筑完成后且强度达到 5 MPa,方可进行道床模板拆除,拆除时需注意对道床边角的成品保护,禁止损坏。

6. 劳动组织

(1)劳动力组织方式采用架子队组织模式。

(2)作业人员数量根据施工条件、工期要求进行合理配置,见表 6.3.7-1。

表 6.3.7-1 浮置板道床模板施工劳动力配置

序号	人员配置	人数(人)	备 注
1	架子队队长	1	
2	技术负责人	1	
3	技术员	1	
4	质量检验员	1	
5	安全员	1	
6	试验员	1	
7	材料员	1	
8	领工员	1	
9	工班长	1	
10	模板工	4	
11	普工	24	

7. 材料要求

浮置板道床模板施工材料配置见表 6.3.7-2。

表 6.3.7-2 浮置板道床模板施工材料配置

序号	名 称	规格型号	备 注
1	钢模板	1 500 mm×300 mm(长×宽)	
2	定型浮置板模板	5 mm	
3	定型伸缩缝模板	20 mm	

8. 设备机具配置

浮置板道床模板施工投入的设备机具见表 6.3.7-3。

表 6.3.7-3 浮置板道床模板施工设备机具投入

序号	名 称	规 格	单 位	数 量	备 注
1	电锤		台	1	
2	磨光机	普通	个	2	
3	涂油滚子		把	4	
4	撬棍	小	根	4	
5	呆板手		把	5	

续上表

序号	名 称	规 格	单 位	数 量	备 注
6	快速扳手		把	5	
7	钢卷尺	5 m	把	2	
8	直角尺	20～30 cm	把	1	
9	平板车		辆	1	
10	锤子		把	5	

9. 质量控制及检验

(1)质量控制

1)铺轨施工前要由测量组提前对基标、限界等进行复测、检查，符合要求方准施工。铺轨时要严格按照设计要求安装扣件，对于轨道的方向、水平、轨距、高低及超高，必须通过精心调整，保证轨道初始几何形态在验收标准规定的范围以内。

(2)质量检验

1)浮置板道床模板安装允许偏差及检验方法见表 6.3.7-4。

表 6.3.7-4 浮置板道床模板安装允许偏差及检验方法

序 号	检验项目	允许偏差(mm)	检验方法
1	模板位置	±5	钢尺检查
2	垂直度	2	吊线、钢尺检查
3	相邻两板表面高低差	2	钢尺检查
4	表面平整度	5	2 m 靠尺和塞尺检查

2)浮置板道床施工误差控制见表 6.3.7-5。

表 6.3.7-5 浮置板道床施工误差控制

序 号	检查项目	允许误差
1	隔振器外套筒位置公差	±3 mm
2	剪力铰安装位置公差	±5 mm
3	每块浮置板的长度	±12 mm
4	每块浮置板的宽度	±5 mm
5	浮置板的高度	±5 mm

10. 安全及环保要求

(1)安全要求

1)模板安装，使用工具时防止相互碰撞伤人。

2)模板摆放应离地堆码并挂牌，整齐有序，需防雨的材料进库存放或加盖防雨篷布。施工作业区出入口悬挂安全警示标志。

3)施工现场管理人员和作业人员穿企业统一制式工作服，穿戴整齐，行为文明。

4)在施工用车时,要加强车辆管理,严格按交通规则文明行驶。

(2)环保要求

1)组织文明检查小组,在施工区域进行巡回检查,监督保持所有设施完好、整洁,施工人员文明有礼。

2)在模板安装、拆卸、清理、修复过程中要注意控制噪声。不得使用大锤等工具砸、敲,制造人为噪声,特别是在夜间施工时需要注意控制噪音分贝在规定范围内。

3)模板拆卸后集中吊往模板存放区清理、存放。

4)拆下来的废旧螺栓、螺母等不得随意丢置,应收集起来清理备用或回收。

5)模板存放场地应达到整齐有序、干净无污染、低噪声、低扬尘、低能耗的整体效果。

6.3.8 浮置板道床混凝土施工作业指导书

1.适用范围

适用于杭州至海宁城际铁路工程浮置板道床混凝土施工。

2.作业准备

(1)内业技术准备

1)技术人员熟悉相关施工图纸、技术规范。

2)编制施工方案,并对操作人员进行培训,向有关人员进行技术交底及安全技术交底。

3)对施工人员进行安全教育培训及考核,考核合格后方可上岗。

(2)外业准备

1)地下段整体道床采用C35混凝土。混凝土配合比验证完成,并审批完成。

2)主要机具设备:地泵、铺轨门式起重机、混凝土料斗、轨道车、轨道专用平板车、轨道专用罐车、振捣棒、照明设备等。

3.技术要求

(1)道床混凝土采用商品混凝土,地下段浮置板道床采用C35混凝土。

(2)地下段浮置板道床轨道结构高度为950 mm,道床两侧轨枕边表面设置2.5%的横坡。道床钢筋保护层厚度为35 mm。

(3)地下浮置板道床伸缩缝应位于两根轨枕中间,伸缩缝以20 mm厚沥青木板填充,并以沥青麻筋封顶30 mm。

(4)伸缩缝设置:采用2 cm厚经防腐处理的木板,用沥青做防水处理。

4.施工程序与工艺流程

浮置板道床混凝土施工程序为浮置板道床混凝土浇筑→抹面养生→拆除模板及支撑架。

5.施工要求

(1)浮置板道床混凝土浇筑

1)浮置板道床混凝土运输根据现场实际情况,可采用轨道车运输混凝土进行道床浇筑施工。混凝土浇筑前,用编织带覆盖钢轨、扣件、外套筒、轨架,以免对其造成污染后,难于清理。

2)混凝土灌注时采用插入式振捣棒进行捣固,并不得碰撞钢轨、模板、轨架,特别是套筒周围、小轨枕下等不容易捣固密实的部位,应加强捣固,确保整体道床混凝土的密实性。振捣套筒周围混凝土时,不得将套筒振倾斜,使套筒始终与基底密贴。

3)混凝土施工前对浮置板钢筋笼进行全面检查,混凝土施工完毕后,按照设计的尺寸及允许偏差认真检查各部位几何尺寸。

(2)轨道清理

混凝土浇筑施工完毕后,及时对钢轨、扣件、混凝土道床等进行清理。

6. 劳动组织

(1)劳动力组织方式采用架子队组织模式。

(2)作业人员数量根据施工条件、工期要求进行合理配置,见表 6.3.8-1。

表 6.3.8-1 浮置板道床混凝土施工劳动力配置

序号	人员配置	人数(人)	备 注
1	架子队队长	1	
2	技术负责人	1	
3	技术员	1	
4	质检员	1	
5	安全员	1	
6	试验员	1	
7	材料员	1	
8	领工员	1	
9	工班长	1	
10	普工	24	

7. 材料要求

(1)道床板混凝土所用原材料必须符合《铁路混凝土工程施工质量验收标准》(TB 10424—2018)有关技术要求。水泥应采用硅酸盐水泥或普通硅酸盐水泥,不宜使用早强水泥。

(2)粉煤灰、矿渣粉、硅灰和石灰石粉等矿物掺合料应采用能改善混凝土性能且品质稳定的产品。

(3)细骨料应选用级配合理、质地坚固、吸水率低、孔隙率小的洁净天然河砂或母材检验合格、经专门机组生产的机制砂,禁止使用海砂。

(4)粗骨料应选用粒形良好、级配合理、质地坚固、吸水率低、线胀系数小的洁净碎石。

8. 设备机具配置

浮置板道床混凝土施工投入的设备机具见表 6.3.8-2。

表 6.3.8-2 浮置板道床混凝土施工设备机具投入

序号	名 称	单位	数量	型号	备注
1	桁架式门式起重机	台	2	16 t	
2	地铁专用轨道车	台	2	JY-290	
3	地铁专用轨道平板车	台	2	PD25	
4	专用铺轨门式起重机	辆	3	DP-10	
5	万能道尺	把	3	JTGC-1	
6	门式起重机走行轨、夹板	双米	600	24 kg/m	
7	专用轨架	套	100		

续上表

序号	名　称	单位	数量	型号	备注
8	钢筋笼钢轨锁定装置	套	150		
9	插入式振捣器	台	2	ZN-90	
10	方尺	把	2	JTFC-1	
11	L尺	把	2	JTLC-1	

9. 质量控制及检验

(1)质量控制

1)混凝土入模温度不能低于 5 ℃,不得高于 30 ℃。

2)新浇混凝土入模温度与相邻的已硬化混凝土、钢筋模板介质间的温差不得大于 15 ℃。与新浇筑混凝土接触的已硬化混凝土、钢筋、模板的温度不得低于 2 ℃。

3)在斜坡面上浇筑混凝土时,应从低处开始逐层升高。

4)混凝土浇筑应连续进行,当因故间歇时,其间歇时间应小于前层混凝土的初凝时间。不同混凝土的允许间歇时间应根据环境温度、水泥品种、水胶比和外加剂类型等条件通过试验确定。当超过允许间歇时间时,应按浇筑中断处理,同时应留置施工缝,并做好记录。

5)在浇筑混凝土过程中或浇筑完成时,如混凝土表面泌水较多,须在不扰动已浇筑混凝土的条件下,采取措施将水排除。继续浇筑混凝土时,应查明原因,采取措施,减少泌水。

6)浇筑混凝土期间,应设专人检查支架、模板、钢筋和预埋件等的稳固情况,当发现有松动、变形、移位时,应及时处理。

7)混凝土浇筑前应进行塌落度试验,并留置 2 组试块,当浇筑方量超过 100 m^3 时,应增加 1 组试块。

(2)质量检验

1)混凝土强度符合设计标准,无蜂窝、麻面和漏振等缺陷;表面平整度允许偏差 3 mm;变形缝直顺,在全长范围内允许偏差 10 mm。

2)拆模后对道床中线、外形尺寸检查,其允许偏差见表 6.3.8-3。

表 6.3.8-3　道床中线、外形尺寸允许偏差

序　号	项　目	允许偏差(mm)
1	道床面顶面宽度	±10
2	道床面与底板相对高差	±5
3	道床间伸缩缝宽度	±5
4	中线	2

10. 安全及环保要求

(1)安全要求

1)现场临时用电线路的布设,按《施工现场临时用电安全技术规范》(JGJ 46—2005)进行施工,不随意拉线接电。

2)配电箱、电动机械、手持电动工具,必须按规定安装漏电保护器和接地、接零装置,漏电保护器应符合现行规范标准的要求,严格按“一机、一箱、一闸、一保护”要求进行布线和使用。

3)工作面照明采用低压电,作业面照明必须有足够的亮度,且均匀不闪烁。

4)施工区域的电源线、轨道电路等应采取防护措施。

5)铺轨基地内电源线和门式起重机接触电源线距地面不小于 7.5 m。各种电源线不横跨走行轨,采用地下穿过法。夜间必须有足够照明。

6)混凝土浇筑时,使用混凝土振捣棒应穿胶鞋,湿手不得接触开关,电源线不得有破皮漏电。

7)隧道内必须保证足够的照明设备,浇筑混凝土时,收光抹面操作人员必须佩戴头灯进行施工。

(2)环保要求

1)采用有效措施处理生产、生活废水,不得超标排放,并确保施工现场无积水现象。在多雨季节应配备应急的抽水设备与突击人员。

2)车辆在运料过程中,对易飞扬的物料用篷布覆盖严密,且装料适中,不得超限;车辆轮胎及车外表用水冲洗干净,保证道路的清洁。车辆通过村镇时减速慢行。

3)施工及生活用的废水、污水要经过沉淀、初步净化后再排入排污系统,防止污染地表水及地下水。

4)施工垃圾应及时清运,严禁随意凌空抛撒造成扬尘污染。

5)夜间浇筑混凝土时,需注意噪声控制,减少对周围居民的生活影响。

6.3.9　浮置板道床顶升施工作业指导书

1. 适用范围

适用于杭州至海宁城际铁路工程浮置板道床顶升施工。

2. 作业准备

(1)内业技术准备

1)应在开工前组织技术人员认真学习浮置板道床施工方案。

2)逐级向施工人员进行技术交底和安全教育培训、考核,考核合格后方可上岗。

(2)外业准备

1)道床混凝土浇筑 28 d 后,且强度达到设计强度。将顶升所需的材料运至作业面。

2)按照要求做好现场劳动力组织,各种施工机械满足施工要求。施工所需机具:打磨机、液压千斤顶、开口扳手、切割机等。

3)施工前对原材料进行检验,合格后方可使用。

3. 技术要求

(1)混凝土浇筑 28 d 后且强度达到设计要求,方可顶升。

(2)每块浮置板应设 8 个顶升测量点,测量点均布设于板面,在顶升时随时观察板面标高。

(3)浮置板顶升应采用 3 至 4 轮逐步完成,顶升完成后对顶升高度进行最终测量,测量结果应归档作为日后的检修依据。

4. 施工程序与工艺流程

浮置板道床顶升施工工艺流程如图 6.3.9-1 所示。

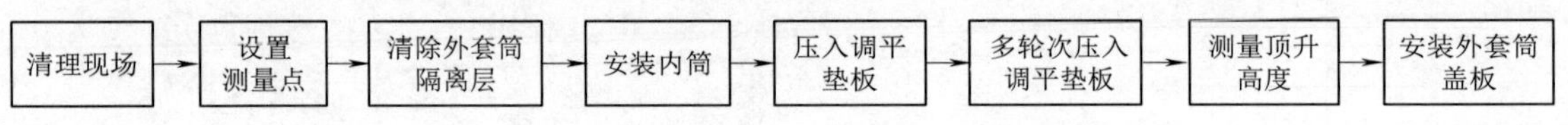

图 6.3.9-1　浮置板道床顶升施工工艺流程图

5. 施工要求

(1)当混凝土浇筑 28 d 后,且达到设计强度,用厂家提供的专用液压千斤顶从浮置板支承基础上抬起浮置板。浮置板顶升达到设计顶升高度。

(2)为了测量浮置板水平和静变形,在每块浮置板上布置 8～10 个测量点,测量浮置板的水平。浮置板隔振器内部结构示意如图 6.3.9-2 所示。

(3)拆除外套筒上的盖子⑫,检查外套筒内是否干净,是否潮湿,在隔离层上割一个圆孔,在需要安装固定销的隔振器基础环中心钻孔,压入定位销。安装定位销完毕后,利用安装杆把隔振器放到外套筒里,落在浮置板支承基础上。支承板与外套筒之间有足够的空隙,旋转弹簧组使三角形状的上支撑板④的三个角和焊在外套筒内壁上的⑬相平，取出安装杆。利用放在隔振器上的液压千斤顶的液压柱塞顶住上支承板④，直到三个爪低于上挡环⑩。由压差控制的压力作用在上支承板④上并作用到浮置板支承基础上，作用在支撑架上的反作用力抬起浮置板。

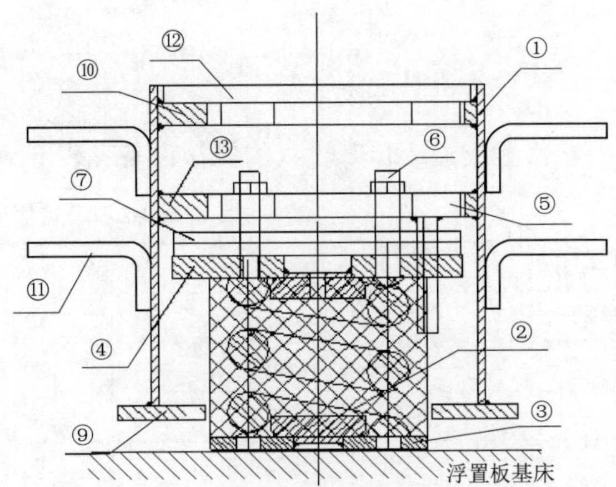

图 6.3.9-2　浮置板隔振器内部结构示意图

(4)考虑到浮置板和剪力铰的受力，浮置板至少要分 3 至 4 步顶升，最后达到设计的顶升高度。每一步的顶升高度，要通过放置在下支架⑬和上支承板④之间的调平钢板⑦来控制。调平钢板的形状和上支承板④的形状一致。为减小调平钢板⑦和下支架⑬之间的缝隙，把力传递到外套筒上，调平钢板⑦和⑬和上支承板之间的接触面必须水平。最后测量浮置板顶升高度，检查是否达到设计要求。

(5)根据轨道几何尺寸，如需要进行高度调整，可以通过调平钢板⑦对浮置板高度进行调整。

(6)安装完隔振器，并达到设计要求后，要把安全板⑤放置于调平钢板⑦上，并通过螺栓⑥与内筒连接在一起，防止调平钢板移动。利用螺栓固定安全板，保证传力可靠。

6. 劳动组织

(1)劳动力组织方式采用架子队组织模式。

(2)作业人员数量根据施工条件、工期要求进行合理配置，见表 6.3.9-1。

表 6.3.9-1　浮置板道床顶升施工作业人员配置

序号	人员配置	人数(人)	备　注
1	架子队队长	1	
2	技术负责人	1	
3	技术员	1	
4	质检员	1	
5	安全员	1	
6	试验员	1	
7	材料员	1	
8	领工员	1	
9	工班长	1	
10	普工	40	

7. 材料要求

钢弹簧浮置板施工所需材料必须符合《地下铁道工程施工质量验收标准》(GB/T 50299—2018)

的要求。

8. 设备机具配置

浮置板道床顶升投入的机械设备见表6.3.9-2。

表6.3.9-2 浮置板道床顶升机械设备投入

序号	名　称	单位	数量	型号	状态	备注
1	桁架式门式起重机	台	2	16 t	良好	
2	地铁专用轨道车	台	2	JY-290	良好	
3	地铁专用轨道平板车	台	2	PD25	良好	
4	专用铺轨门式起重机	辆	3	DP-10	良好	
5	万能道尺	把	3		良好	
6	门式起重机走行轨、夹板	双米	600	24 kg/m	良好	
7	专用轨架	套	100		良好	
8	钢筋笼钢轨锁定装置	套	150		良好	
9	钢筋弯曲机	台	1	GT8	良好	
10	水准仪	台	2	NA2	良好	
11	全站仪	台	2	莱卡	良好	
12	顶升装置	套	2		良好	

9. 质量控制及检验

(1)质量控制

浮置板顶升刚度应符合设计要求。

(2)质量检验

1)基底顶面高程误差(隔振器位置):−5～0 mm。

2)浮置板顶升高程误差:±1 mm。

3)轨道高程:以一股钢轨为准(曲线以外股为准),按设计高程误差不大于±5 mm。

4)轨道水平:同一截面处的两个钢轨面高程相对误差不得大于4 mm。

10. 安全及环保要求

(1)安全要求

1)作业人员必须经过培训考核,持证上岗,严禁无证作业。

2)坚持班前安全讲话制度,洞内作业严禁打闹,严禁人员酒后作业。

3)作业人员必须穿劳保鞋,并按规定穿戴反光衣等劳保防护用品。

4)在隧道内有轨道车通过时,需要人员、材料、工具下道,做好安全防护措施,并在施工现场两端做好安全警示标志。

5)在安装过程中,施工机具、材料的搁置要平稳牢固,不得侵入限界。

6)施工所用各种机具设备应定期进行安全检查,不合格者严禁使用。

7)现场用电必须执行“一机一闸一箱一漏”的规定,严禁私拉乱接电线,严禁非专业人员操作。

(2)环保要求

1)机械设备定点停放、整齐干净;材料按施工设计位置离地挂牌堆码,整齐有序,需防雨的材料进库存放或加盖防雨篷布。

2)严禁焚烧废弃物,特别是塑料、橡胶等化学物品。

3)生产垃圾及时清除运送到规定地点,严禁乱弃乱倒。

6.4　无砟道岔及钢轨伸缩调节器

6.4.1　道岔铺设施工作业指导书

1. 适用范围

适用于杭州至海宁城际铁路轨道工程道岔铺设施工。

2. 作业准备

(1)内业技术准备

应在开工前组织技术人员认真学习道岔施工方案。逐级向施工人员进行技术、操作、安全、环保交底,确保施工过程的工程质量、环境保护和人身安全。

(2)外业准备

道岔施工时与土建、供电、信号等专业存在施工接口及工序衔接、协调。

施工前,先进行基底混凝土面复测,设置道岔控制基标及加密基标,并在铺轨基地进行道岔的试拼装,经检查确认零件齐全、位置正确后,方可分组装车,运至施工地点。运送时将尖轨与基本轨捆牢,避免尖轨损伤。

(3)材料准备

1)混凝土岔枕:混凝土岔枕各预留孔洞位置准确,尺寸、形状均符合设计要求,误差在允许范围之内,无损伤,出厂合格证及质量检验报告齐全。

2)钢轨:采用 U75V 热轧钢轨,其各项指标、尺寸均在允许误差之内。

(4)工机具准备

1)机械:汽车式起重机(25 t)、电焊机、风镐、空压机、钢筋弯曲机、钢筋切断机、木工加工机床等。

2)工具:万能道尺、直角道尺、支距尺、方尺、扳手、起道器、钢轨支承架、顶托、轨距拉杆、滑床板专用吊具、弦线、钢板尺、钢尺、石笔、扫帚、定型钢模板、撬棍、手提式混凝土振捣棒、水泵等。

3. 技术要求

(1)道岔主要几何尺寸调整要求

1)里程位置:允许偏差为±20 mm。

2)导曲线附带曲线:导曲线支距允许偏差 2 mm;附带曲线用 10 m 弦线量正矢为 2 mm。

3)轨顶水平及高程:全长范围内高低差不应大于 3 mm,高程允许偏差为±2 mm。

4)转辙器必须搬动灵活,曲尖轨在第一连接杆处的动程不应小于 152 mm。尖轨与基本轨密贴,其间隙不应大于 1 mm。尖轨尖端处轨距允许偏差为±1 mm。

5)护轨头部外侧至辙岔心作用边距离为 1 391 mm,允许偏差为 0～+3 mm。至翼轨作用边距离为 1 348 mm,允许偏差为-2～0 mm。

6)轨面应平顺,滑床板在同一平面内。轨撑与基本轨密贴,其间隙不应大于 1 mm。

7)轨缝:道岔内钢轨接头采用冻结接头,冻结接头轨缝按 2 mm 计,允许偏差为 0～+1 mm。

(2)轨道结构高度

高架段车站内道床结构高度为 560 mm,地下线车站矩形结构高度 650 mm。

(3)道床伸缩缝设置

地下线在转辙机、辙叉等重要部位可局部调整道床块的长度,整体道床块之间设置 20 mm 宽的道床伸缩缝,并采用沥青木板或泡沫塑料板填充,顶面 30 mm 范围内采用沥青麻筋密封。道岔区不允许出现结构变形缝或沉降缝。高架段道岔在道床板块之间设置宽度 100 mm 结构缝。

4. 施工程序与工艺流程

道岔铺设施工程序:基底清理→道岔岔枕排序→扣件散铺→铺设钢轨→道岔钢轨连接→道岔拼装→扣件紧固→道岔几何尺寸复核。

5. 施工要求

(1)开箱检查

道岔拼装铺设前需开箱检查岔料箱内材料是否齐全。

(2)基底处理

基底用人工以空压机配合进行密集凿毛,凿毛深度 10 mm,高架段间距 150 mm,地下段 100 mm,梅花形布置,凿毛见新面不小于 50%。凿毛完毕后清扫杂物垃圾,并用高压水或高压风将结构底板冲洗干净。

(3)道岔组装与调整

1)在岔位上安装好特制道岔支撑架和轨距拉杆,连接各部分钢轨连接,根据道岔尺寸安装混凝土岔枕。先调整直线基本轨,再调整曲线基本轨,逐渐向内调整好其他各部分,使道岔几何状态达到设计要求。

2)辙叉护轨部分,由于钢轨两侧混凝土岔枕伸出长度不同,在自重作用下,道岔混凝土岔枕悬臂较长一侧产生下坠,扣件微小的活动空间使岔枕与垫板产生不密贴,为此施工中采用特制岔枕水平调节器调节混凝土长岔枕水平。

3)每组钢轨架设调整后,两侧设钢管支撑加固,以防止调整后的钢轨因联动或意外碰撞发生变形。

4)根据道岔基标用直角道尺和万能道尺调整水平。首先把直角道尺架在基本轨上,通过支撑架调整,使直角道尺水准气泡居中。钢轨位置根据基标调整,并根据中线用轨距校核,之后用万能道尺将另一股直轨位置定出并调整水平。用支距控制曲线基本轨位置,调整就位然后用道尺控制水平及中线,定出侧股的准确位置。

6. 劳动组织

(1)劳动力组织方式采用架子队组织模式。

(2)作业人员数量根据施工条件、工期要求进行合理配置,见表 6.4.1-1。

表 6.4.1-1　道岔铺设施工劳动力配置

序　号	人员配置	人数(人)	备　注
1	架子队队长	1	
2	技术负责人	1	
3	技术员	1	
4	安全员	1	
5	材料员	1	
6	质检员	1	
7	试验员	1	
8	道岔拼装工	6	
9	钢筋工	9	包含钢筋加工
10	电焊工	2	
11	模板工	6	
12	电工	1	
13	混凝土工	15	
14	特种工	2	
15	普工	5	

7. 材料要求

道岔铺设施工周转材料配置见表 6.4.1-2。

表 6.4.1-2　道岔铺设施工周转料配置

序号	名　称	单　位	数　量	备　注
1	钢轨支撑架	套	40	
2	道岔支撑架	套	50	
3	轨距拉杆	个	40	
4	接头夹板及螺栓	套	40	
5	钢模板	m	100	
6	矩形水沟模板	m	200	地下车站道岔用

8. 设备机具配置

道岔铺设施工机械配置见表 6.4.1-3。

表 6.4.1-3　道岔铺设施工机械配置

序号	名　称	规格型号	单位	数量	备注
1	汽车式起重机	25 t	台	1	

续上表

序号	名　称	规格型号	单位	数量	备注
2	叉车	2 t	台	1	
3	风镐	G10	台	1	
4	空压机	10 m^3	台	1	
5	钢筋调直机	CT14-14	台	1	
6	钢筋弯曲机	GW-40	台	1	
7	钢筋切断机	CQ40	台	1	
8	插入振捣器	GM40	台	4	
9	电焊机	BX-500	台	2	

9. 质量控制及检验

(1)质量控制

1)道岔基标埋设应牢固,精度符合要求,对于有疑问或松动的基标严禁使用。

2)道尺使用前应校正,精度允许偏差为＋0.5 mm,0,严禁使用未经校正的道尺。

(2)质量检验

道岔铺设允许偏差应符合表 6.4.1-4 的规定。

表 6.4.1-4　道岔铺设允许偏差

<table>
<tr><th rowspan="2">序号</th><th rowspan="2" colspan="3">检查项目</th><th colspan="2">允许偏差</th></tr>
<tr><th>正线到发线</th><th>其他站线</th></tr>
<tr><td rowspan="2">1</td><td rowspan="2">道岔方向</td><td colspan="2">直线(10 m)弦量(mm)</td><td>4</td><td>6</td></tr>
<tr><td colspan="2">导曲线支距(mm)</td><td colspan="2">±2</td></tr>
<tr><td rowspan="2">2</td><td rowspan="2">轨距</td><td colspan="2">尖轨尖端(mm)</td><td colspan="2">±1</td></tr>
<tr><td colspan="2">其他部位(mm)</td><td colspan="2">＋3,－2</td></tr>
<tr><td rowspan="4">3</td><td rowspan="4">轨距加宽及递减</td><td colspan="2">尖轨尖端至基本轨接头</td><td colspan="2">按设计图</td></tr>
<tr><td colspan="2">尖轨跟端(直向)向辙叉方向递减距离(m)</td><td colspan="2">按设计图</td></tr>
<tr><td rowspan="2">导曲线向前向后递减距离</td><td>直尖轨(m)</td><td colspan="2">按设计图</td></tr>
<tr><td>曲尖轨(m)</td><td colspan="2">按设计图</td></tr>
<tr><td>4</td><td colspan="3">尖轨非工作边最小轮缘槽(mm)</td><td colspan="2">－2</td></tr>
<tr><td>5</td><td colspan="3">顶铁与尖轨或可动心轨轨腰的间隙(mm)</td><td colspan="2">≤1</td></tr>
<tr><td>6</td><td colspan="3">尖轨跟端非工作边与基本轨工作边开口距离(mm)</td><td colspan="2">±1</td></tr>
<tr><td>7</td><td colspan="3">轨缘槽宽度(mm)</td><td colspan="2">＋3,－1</td></tr>
<tr><td rowspan="3">8</td><td rowspan="3">接头</td><td colspan="2">错牙、错台(mm)</td><td>≤1</td><td>≤2</td></tr>
<tr><td colspan="2">头尾接头相错量(mm)</td><td>≤15</td><td>≤20</td></tr>
<tr><td colspan="2">轨缝实测平均值与设计差值(mm)</td><td colspan="2">±2</td></tr>
<tr><td>9</td><td colspan="3">岔枕间距、倾斜(mm)</td><td colspan="2">±20</td></tr>
<tr><td>10</td><td colspan="3">尖轨尖端相错量(mm)</td><td colspan="2">≤10</td></tr>
</table>

10. 安全及环保要求

(1)安全要求

1)道岔、岔枕、扣配件等轨料在运输、吊装及安装的过程中严格按照安全施工规范及施工安全措施交底进行施工。禁止违章施工,确保安全施工。

2)材料按施工部署位置离地挂牌堆码,整齐有序,需防雨的材料进库存放或加盖防雨篷布。施工作业区出入口悬挂安全警示标志。

3)施工现场管理人员和作业人员穿企业统一制式工作服,穿戴整齐,行为文明。

4)在施工用车时,要加强车辆管理,严格按交通规则文明行驶。

(2)环保要求

1)组织文明检查小组,在施工区域进行巡回检查,监督保持所有设施完好、整洁,施工人员文明有礼。

2)场地道路平整、坚实、保持畅通,运输车辆严格遵守公路交通规则,文明行车。

6.4.2 钢轨伸缩调节器铺设施工作业指导书

1. 适用范围

适用于杭州至海宁城际铁路工程钢轨伸缩调节器铺设。

2. 作业准备

(1)内业技术准备

1)技术人员熟悉相关施工图纸、技术规范，对移交作业面进行验收。

2)对施工人员进行技术交底及安全教育培训、考核，考核合格后方可上岗。

(2)外业准备

1)对进场的钢轨伸缩调节器材料进行清点，并验收合格后方可使用。

2)主要机具设备：汽车式起重机、叉车、万能道尺、直角道尺、方尺、扳手、起道器、钢轨支撑架、轨距拉杆等。

3. 技术要求

(1)钢轨伸缩调节器出厂之前应进行预组装，按设计图纸检查各部尺寸，钢轨伸缩调节器的尖轨刨切范围内应与基本轨密贴；尖轨尖端至其后 400 mm 处，缝隙不得大于 0.2 mm，其余部分不得大于 0.8 mm，若发现不符合公差要求的部件尖轨与基本轨不密贴等问题，应进行整修，厂内组装验收合格后，运往铺设现场。

(2)钢轨伸缩调节器装车时，尖轨应与基本轨捆扎牢固以防损伤尖轨。

(3)用起重机装卸钢轨伸缩调节器时，应挂好钢丝绳，先行试吊，确认无误后方可正式起吊。

(4)钢轨伸缩调节器铺设前，要根据铺设时的轨温预留伸缩量，铺设后应做好伸缩起点标志，记录铺设日期、轨温及位移初始读数。

(5)钢轨伸缩调节器铺设就位后，扣件要隔一紧一，直到轨距、水平、方向均达到规定要求后，再上紧全部扣件。上扣件时，尖轨轨撑扣件螺母扭矩应为 120～140 N·m，基本轨轨撑扣件螺母扭矩应为 100～120 N·m，铁垫板塑料套管连接螺栓螺母扭矩应为 300～350 N·m。

(6)轨底坡：按 1/40 设置。

4. 施工程序与工艺流程

钢轨伸缩调节器铺设施工程序：基底处理→测量放线→散布短轨枕及扣件→铺设钢轨→伸缩调节器拼装→扣件紧固→几何尺寸复核。

5. 施工要求

(1)基底处理

在进行基底处理之前，以轨面标高为基准线，先对轨道结构高度进行检测，确认整体道床底至钢轨顶面不小于设计高度。道床范围内基底采用人工进行凿毛,凿毛后立即清扫杂物垃圾,并用高压水或高压风将结构底板冲洗干净。

(2)钢轨伸缩调节器架设

架设前做好各项施工准备,如机械、材料、人员及各种扣件。按照图纸设计要求,测量线路中心线,确定钢轨伸缩调节器起止位置。采用钢轨支撑架架设,架设钢轨伸缩调节器时,要先铺单股并以线路上已有轨道做基准控制方向,另一股以此为基准控制轨距。支承架 3 m 设置一个,如遇到短轨枕障碍时,间距适当调整,支撑架应垂直线路方向。按照基标,对架设于支撑架上的钢轨伸缩调节器进行粗调,初步调整其水平、位置、轨距和高程,并测放出短轨位置,散放短轨枕及扣件,并进行安装紧固,扣件扭矩应达到设计要求,不能过拧。

(3)几何尺寸复核

钢轨伸缩调节器拼装完成后,对几何状态进行复核,偏差应达到验收标准的要求。

6. 劳动组织

(1)劳动力组织方式采用架子队组织模式。

(2)作业人员数量根据施工条件、工期要求进行合理配置,见表 6.4.2-1。

表 6.4.2-1　钢轨伸缩调节器铺设劳动力配置

序　号	人员配置	人数(人)	备　注
1	架子队队长	1	
2	技术负责人	1	
3	技术员	1	
4	安全员	1	
5	材料员	1	
6	质检员	1	
7	试验员	1	
8	工班长	1	
9	领工员	1	
10	线路工	6	
11	普工	9	

7. 材料要求

钢轨伸缩调节器铺设材料配置见表 6.4.2-2。

表 6.4.2-2　钢轨伸缩调节器铺设材料配置

序号	名　称	规格型号	单　位	数　量	备　注
1	钢轨伸缩调节器	60 型	组	42	
2	短轨枕	C 型	根	840	
3	扣件		套	840	
4	钢轨支撑架		套	100	
5	轨距拉杆		套	50	
6	钢模板		m	100	

8. 设备机具配置

钢轨伸缩调节器铺设施工主要设备机具配置见表 6.4.2-3。

表 6.4.2-3　钢轨伸缩调节器铺设设备机具配置

序号	名　称	规　格	单　位	数　量	备　注
1	空压机		台	1	
2	起重机	25 t	台	1	
3	叉车		台	1	
4	撬棍	大	根	5	
5	撬棍	小	根	10	
6	呆板手		把	10	
7	活扳手		把	5	
8	压机		台	4	
9	钢卷尺	30 m	把	1	
10	钢卷尺	5 m	把	5	
11	直角尺	20～30 cm	把	1	

9. 质量控制及检验

(1)质量控制

1)道尺使用前应校正,精度允许偏差为+0.5 mm,0,严禁使用未经校正的道尺。

2)伸缩调节器两端、尖轨尖端、尖轨轨头刨切起点处,轨距允许偏差均为±1 mm。

3)轨枕应方正,间距及偏斜允许偏差为±20 mm。

4)钢轨伸缩调节器轨道中线与设计中线允许偏差 20 mm。

5)轨向:单向调节器用 12.5 m 弦,每隔 1 m 检查一处,尖轨尖端至尖轨顶宽 5 mm 处范围内允许有 4 mm 的空线,其余范围内允许有 2 mm 的空线,不允许抗线。

6)轨面前后高低差:用 12.5 m 弦测量不得大于 4 mm,每组抽检 3 处。

7)左右股钢轨水平差不得大于 4 mm,每组抽检 3 处。

8)在 7.2 m 测量基线内,轨面扭曲不得大于 4 mm。

(2)质量检验

钢轨伸缩调节器铺设几何尺寸允许偏差见表 6.4.2-4。

表 6.4.2-4　钢轨伸缩调节器铺设几何尺寸允许偏差

序号	检验项目	允许偏差
1	轨向(12.5 m 弦量)	尖轨尖端至尖轨顶宽 5 mm 处范围内允许有 4 mm 的空线,其余范围内允许有 2 mm 空线,不允许抗线
2	高低(12.5 m 弦量)	4 mm
3	水平	4 mm
4	扭曲	4 mm

10. 安全及环保要求

(1)安全要求

1)钢轨伸缩调节器、短枕、扣配件等轨料在运输、吊装及安装的过程中严格按照安全施工规范及施工安全措施交底进行。禁止违章施工,确保安全施工。

2)施工设计位置离地挂牌堆码,整齐有序,需防雨的材料进库存放或加盖防雨篷布。施工作业区出入口悬挂安全警示标志。

3)施工现场管理人员和作业人员穿企业统一制式工作服,穿戴整齐,行为文明。

4)在施工用车时,要加强车辆管理,严格按交通规则文明行驶。

(2)环保要求

1)组织文明检查小组,在施工区域进行巡回检查,监督保持所有设施完好、整洁,施工人员文明有礼。

2)场地道路平整、坚实、保持畅通,运输车辆严格遵守公路交通规则,文明行车。

6.4.3 道岔(钢轨伸缩调节器)道床钢筋施工作业指导书

1. 适用范围

适用于杭州至海宁城际铁路工程轨道工程道岔(钢轨伸缩调节器)道床钢筋施工。

2. 作业准备

(1)内业技术准备

1)认真审核道岔及钢轨伸缩调节器图纸,制作钢筋料表,绘制钢筋节点大样图。

2)编制施工方案,并对操作人员进行培训,向有关人员进行安全、技术交底。

3)进场施工人员已经过安全教育培训及考核,考核合格后方可上岗。

(2)设备机具准备

1)主要设备:钢筋弯曲机、钢筋调直机、钢筋切断机、电焊机、砂轮切割机、移动门式起重机、轨道铺轨车等。

2)工机具:气焊枪、钢筋扳手、锤子、钢筋钩、撬棍、钢丝刷、石笔、手推车、钢尺等。

(3)作业条件

1)所需材料机具按工程进度及时进场,机械设备状况良好。

2)钢筋加工厂场地平整、道路畅通,供电等满足施工需求。

3)施工方案已审批,作业面已具备安装条件。

3. 技术要求

(1)道岔及钢轨伸缩调节器整体道床采用双层钢筋,并设置一定数量的箍筋,为加强整体道床与桥梁结构连接,在桥梁表面设置了一定数量接槎筋,其数量已计入桥梁专业,施工时若道床钢筋与梁面预埋筋有接触时,需采取绝缘措施隔离,以保证道床钢筋与梁面预埋钢筋在电气上应绝缘。

(2)杂散电流排流面积为 4 000 mm^2 的区间道岔整体道床纵筋采用 HRB400ϕ20 的钢筋,伸缩调节器整体道床纵筋采用 HRB400ϕ16 的钢筋;杂散电流排流面积为 3 000 mm^2 的区间道岔整体道床纵筋采用 HRB400ϕ16 的钢筋,伸缩调节器整体道床纵筋采用 HRB400ϕ14 的钢筋,最小钢筋保护层厚度 35 mm。

4. 施工程序与工艺流程

道岔(钢轨伸缩调节器)道床钢筋施工程序:钢筋进场检查→钢筋储存→钢筋取样试验→钢筋加工→钢筋绑扎及安装→钢筋接头连接。

5. 施工要求

(1)钢筋进场检查

1)钢筋进场时,应进行外观检查,保证钢筋表面无裂缝、结疤和折叠,其他缺陷的高度或深度不得超过所在部位的允许偏差,表面不得有油污,并将外观检查不合格的钢筋及时剔除。

2)核对每捆钢筋上的标志是否与出厂质量证明书的型号、批号(炉号)相同,规格及型号是否符合设计要求。

(2)钢筋储存

1)钢筋的外观检验合格后,应按钢筋品种、等级、牌号、规格及生产厂家分类堆放,不得混放,且应设立识别标志。

2)钢筋在储存过程中,应避免锈蚀和污染,应在库内或棚内架空存放,离地面高度不宜小于 300 mm。

(3)钢筋加工

1)配料单编制:钢筋加工前,依据图纸编制钢筋配料单,配料单应结合钢筋来料长度和所需长度进行编制,以使钢筋接头最少和节约钢筋;钢筋的下料长度应考虑钢筋弯曲时的弯曲伸长量,在允许误差范围内尺寸宜小不宜大,以保证保护层厚度。

2)钢筋调直:钢筋应平直、无局部弯折,对弯曲的钢筋应调直后使用。调直采用调直机调直。

3)钢筋除锈去污:钢筋加工前要清除钢筋表面油漆、油污、锈蚀、泥土等污物,有损伤和锈蚀严重的应剔除不用。

4)钢筋在加工棚内集中加工,运至现场绑扎成型。

5)钢筋下料。

①下料前认真核对钢筋规格、级别及加工数量,无误后按配料单下料。

②钢筋的切割采用钢筋切断机进行;在钢筋切断前,先在钢筋上用石笔(或粉笔)按配料单标注下料长度将切断位置做明显标记,切断时,切断标记对准刀刃将钢筋放入切割槽将其切断;钢筋较细时,可用铁钳人工切割;个别情况下也可用砂轮锯进行钢筋切割。

6)钢筋弯制。

①钢筋的弯制应采用钢筋弯曲机或弯箍机在工作平台上进行。

②钢筋弯制允许偏差应符合验收标准要求。

(4)钢筋安装

1)钢筋绑扎前,须先熟悉图纸内容。做到心中有数,按图施工,先难后易,先大后小,先长后短,按施工顺序做到工完料尽,文明施工。

现场绑扎时,可先绑扎底层钢筋然后再架设轨排,面层钢筋和架立筋待轨排架设完成后方可绑扎。

2)钢筋绑扎严格按设计图纸的规格、数量、位置、尺寸施工,必须准确无误。

3)钢筋绑扎一律采用手工绑扎,不得漏绑,绑扎率为 100%,纵向钢筋搭接采用焊接,并且同一截面搭接率不得大于 50%,双面焊接长度不小于 $6d$,单面焊长度不小于 $12d$,焊缝厚度 6 mm。

4)钢筋保护层厚度不得小于 35 mm,垫块应互相错开,分散布置,不得横贯保护层的全部截面,垫块数量不少于 4 个/m^2,绑扎垫块和钢筋的钢丝头不得伸入保护层内。

6.劳动组织

(1)劳动力组织方式采用架子队组织模式。

(2)作业人员数量根据施工条件、工期要求进行合理配置,见表 6.4.3-1。

表 6.4.3-1　道岔(钢轨伸缩调节器)道床钢筋劳动力配置

序号	人员配置	人数(人)	备　注
1	架子队队长	1	
2	技术负责人	1	
3	技术员	1	
4	安全员	1	
5	材料员	1	
6	质检员	1	
7	试验员	1	
8	工班长	1	
9	领工员	1	
10	钢筋工	9	包含钢筋加工
11	电焊工	2	
12	普工	2	
13	电工	1	

7. 材料要求

(1)钢筋:品种、规格和技术性能等应符合《铁路混凝土工程施工质量验收标准》(TB 10424—2018)的要求,并应有出厂合格证及检测报告。

钢筋进场时,应对其质量指标进行全面检查,按批检查其直径、每延米质量并抽取试件做屈服强度、抗拉强度、伸长率和冷弯试验,其质量应符合设计要求和国家现行标准《钢筋混凝土用钢 第2部分:热轧带肋钢筋》(GB/T 1499.2—2018)等的规定。钢筋应平直、无损伤,表面无裂纹、油污、颗粒状或片状锈蚀。

钢筋保护层垫块材质应符合设计要求。混凝土垫块的抗压强度和耐久性应不低于结构本体混凝土的标准。

(2)电焊条:应有产品出厂合格证,品种、规格和技术性能等应符合国家现行标准规定和设计要求,选用的焊条型号应与主体金属强度相适应,经烘干后使用,一般HRB400级钢筋采用E5003型焊条。

(3)其他材料:绑扎丝、氧气、乙炔等。

8. 设备机具配置

道岔(钢轨伸缩调节器)道床钢筋施工机械配置见表6.4.3-2。

表 6.4.3-2　道岔(钢轨伸缩调节器)道床钢筋施工机械配置

序号	设备名称	规格型号	单位	数量	备注
1	钢筋调直机	CT4-14	台	2	
2	钢筋弯曲机	GW-40	台	2	
3	钢筋切断机	CQ40	台	2	

续上表

序号	设备名称	规格型号	单位	数量	备注
4	电焊机	BX-500	台	3	
5	门式起重机		台	2	
6	轨道车		台	1	

9. 质量控制及检验

(1)质量控制

1)基本要求:

①钢筋、焊条等的品种、规格和技术性能应符合国家现行标准规定和设计要求。

②受力钢筋同一截面的接头数量、搭接长度、焊接接头质量应符合设计及规范要求。

③钢筋安装时,必须保证设计要求的钢筋根数。钢筋安装的间距及保护层厚度应符合验收标准的要求。

④受力钢筋应平直,表面不得有裂纹及其他损伤。

2)外观鉴定:

1)钢筋表面无铁锈及焊渣。

2)多层钢筋网要有足够的钢筋支撑,保证骨架的施工刚度。

(2)质量检验

1)道岔(钢轨伸缩调节器)道床钢筋加工允许偏差和检验方法见表 6.4.3-3。

表 6.4.3-3　道岔(钢轨伸缩调节器)道床钢筋加工允许偏差和检验方法

序　号	检验项目	允许偏差(mm)	检验方法
1	受力钢筋全长	±10	尺量
2	弯起钢筋的弯折位置	±20	
3	箍筋内净尺寸	±3	

2)道岔(钢轨伸缩调节器)道床钢筋安装及钢筋保护层厚度允许偏差和检验方法见表 6.4.3-4。

表 6.4.3-4　道岔(钢轨伸缩调节器)道床钢筋安装及钢筋保护层厚度允许偏差和检验方法

序　号	检验项目	允许偏差(mm)	检验方法
1	受力钢筋排距	±5	尺量两端、中间各一处
2	同一排中受力钢筋间距	±20	
3	分布钢筋间距	±20	尺量连续 3 处
4	箍筋间距	±10	
5	弯起点位置 (加工偏差 20 mm 包括在内)	30	尺量
6	钢筋保护层厚度	+10,0	尺量两端、中间各 2 处

10. 安全及环保要求

(1)安全要求

1)进入施工现场人员必须戴好合格的安全帽。

2)作业时必须按规定正确使用个人防护用品,着装整齐,严禁赤脚和穿拖鞋、高跟鞋进入施工现场。

3)新进场的作业人员,必须首先参加入场安全教育培训,经考试合格后方可上岗,未经教育培训或考试不合格者,不得上岗作业。

4)施工现场的各种安全防护设施、安全标志等,未经领导及安全员批准严禁随意拆除和挪动。

5)六级以上强风和大雨、大雪、大雾天气必须停止露天高处作业。在雨、雪后和冬季,露天作业时必须先清除水、雪、霜、冰,并采取防滑措施。

6)操作前必须检查切断机刀口,确定安装正确,刀片无裂纹,刀架螺栓紧固,防护罩牢靠,空运转正常后再进行操作。

7)钢筋切断应在调直后进行,断料时要握紧钢筋,螺纹钢一次只能切断一根。

8)切断钢筋,手与刀口的距离不得小于 15 cm。断短料手握端小于 40 cm 时,应用套管或夹具将钢筋短头压住或夹住,严禁用手直接送料。

9)机械运转中严禁用手直接清除刀口附近的断头和杂物,在钢筋摆动范围内和刀口附近,非操作人员不得停留。

10)作业时应摆直、紧握钢筋,应在活动切口向后退时送料入刀口,并在固定切刀一侧压住钢筋,严禁在切刀向前运动时送料,严禁两手同时在切刀两侧握住钢筋俯身送料。

11)发现机械运转异常、刀片歪斜等,应立即停机检修。

12)作业中严禁进行机械检修、加油、更换部件,维修或停机时,必须切断电源,锁好箱门。

13)工作台和弯曲工作盘台应保持水平,操作前应检查芯轴、成型轴、挡铁轴、可变挡架有无裂纹或损坏,防护罩牢固可靠,经空运转确认正常后,方可作业。

14)操作时要熟悉倒顺开关控制工作盘旋转的方向,钢筋放置要和挡架、工作盘旋转方向相配合,不得放反。

15)改变工作盘旋转方向时,必须在停机后进行,即正转—停—反转,不得直接正转—反转或反转—正转。

16)弯曲机运转中严禁更换芯轴、成型轴和变换角度及调速,严禁在运转时加油或清扫。

17)弯曲钢筋时,严格依据使用说明书要求操作,严禁超过该机对钢筋直径、根数及机械转速的规定。

18)严禁在弯曲钢筋的作业半径内和机身不设固定销的一侧站人。

19)弯曲未经冷拉或有锈皮的钢筋时,必须戴护目镜及口罩。

20)作业中不得用手清除金属屑,清理工作必须在机械停稳后进行。

(2)环保要求

1)现场进行钢筋加工时,要控制各种机械的噪声。将机械安放在平整度较高的平台上,下垫木板,并定期检查各种零部件,如发现零部件有松动、磨损,及时紧固或更换,以降低噪声。

2)钢筋原材、加工后的成品或半成品堆放时要注意遮盖,防止因雨雪造成钢筋锈蚀。

3)为了减少除锈灰尘飞扬,现场要设置彩条布遮挡,并及时将铁屑清理干净。

6.4.4 道岔(钢轨伸缩调节器)道床模板施工作业指导书

1. 适用范围

适用于杭州至海宁城际铁路工程道岔(钢轨伸缩调节器)道床模板施工。

2. 作业准备

(1)内业技术准备

1)技术人员熟悉相关施工图纸,技术规范。

2)对施工人员进行交底及安全教育培训、考核,考核合格后方可上岗。

(2)外业准备

对进场机具检查验收,确保机具状态良好。

3. 技术要求

(1)道岔(钢轨伸缩调节器)道床采用定型钢模(矩形),钢模尺寸为 1.5 m×0.32 m。

(2)模板安装前必须彻底清洁、除锈,并涂抹清洁机油或脱模剂。

4. 施工程序与工艺流程

道岔(钢轨伸缩调节器)道床模板施工程序:测量放线→模板除锈打磨→模板安装→模板加固、调整顺直→浇筑道床混凝土→拆模。

5. 施工要求

(1)测量放线

基底清理干净后,测量人员采用全站仪放出道岔(钢轨伸缩调节器)中线,施工人员根据设计图纸弹出道床边线。

(2)模板处理

模板安装前必须彻底清洁、除锈,并涂抹清洁机油或脱模剂。涂刷脱模剂的时间要把握好,不要过早,涂刷不要过厚,涂刷完成后覆盖好,以防灰尘落上。

(3)模板安装加固

1)模板安装采用定位架将模板定位后,用电钻在定位好的模板两侧钻孔,安装模板支撑架固定模板,安装时注意线型确保模板顺直、牢固脚踢无晃动,安装完成的模板必须严格验收。在安装过程中,注意模板变形或凹陷,如有变形,立即修整或更换。基底与模板衔接处有缝隙较大的需采用泡沫填充剂进行封堵,避免漏浆。

2)钢模板不允许同轨道和钢筋接触,钢模板要牢固的固定在基底上。模板的内侧面要求平整,接缝严密,不得漏浆,在浇筑混凝土过程中要经常检查,如发现变形、松动等现象,要及时修整加固。

模板安装完成后,整个道床区域必须彻底地进行清洁。要求基底无积水且无任何杂物垃圾。经验收合格后,方可浇筑混凝土。

(4)拆模

混凝土浇筑完成后且强度达到 5 MPa,方可进行道床模板拆除,拆除时需注意对道床边角的成品保护,禁止损坏。

6. 劳动组织

(1)劳动力组织方式采用架子队组织模式。

(2)作业人员数量根据施工条件、工期要求进行合理配置,见表 6.4.4-1。

表 6.4.4-1　道岔(钢轨伸缩调节器)道床模板施工劳动力配置

序　号	人员配置	人数(人)	备　注
1	架子队队长	1	
2	技术负责人	1	
3	技术员	1	
4	安全员	1	
5	材料员	1	
6	质检员	1	
7	试验员	1	
8	工班长	1	
9	领工员	1	
10	木工	6	

7. 材料要求

道岔(钢轨伸缩调节器)道床模板材料配置见表 6.4.4-2。

表 6.4.4-2　道岔(钢轨伸缩调节器)道床模板材料配置

序号	名　称	规格型号	部位	单位	数量	备注
1	钢模板	2 m×0.4 m	道岔	块	100	
2	模板固定卡		道岔	个	200	

8. 设备机具配置

道岔(钢轨伸缩调节器)道床模板施工设备机具配置见表 6.4.4-3。

表 6.4.4-3　道岔(钢轨伸缩调节器)道床模板施工设备机具配置

序号	名　称	规　格	单　位	数　量	备　注
1	电锤		台	1	
2	磨光机	普通	个	2	
3	涂油器滚子		把	4	
4	撬棍	小	根	10	

续上表

序号	名　称	规　格	单　位	数　量	备　注
5	呆扳手		把	5	
6	快速扳手		把	5	
7	钢卷尺	30 m	把	1	
8	钢卷尺	5 m	把	2	
9	直角尺	20～30 cm	把	1	
10	电焊机		台	1	
11	平板车		辆	1	
12	锤子		把	5	

9. 质量控制及检验

(1)质量控制

1)模板安装高度必须超过混凝土面,模板与基底缝隙建议采用泡沫板封堵,泡沫板与模板内侧平齐,不得凸出或凹入模板内侧。

2)立模结束后观察及尺量检查线形。纵向,直线顺直,曲线圆顺;横向,端头模板与纵向模板夹角角度必须为 90°,采用直角尺量,不得出现喇叭口现象。

(2)质量检验

道岔(钢轨伸缩调节器)道床模板安装允许偏差及检验方法见表 6.4.4-4。

表 6.4.4-4　道岔(钢轨伸缩调节器)道床模板安装允许偏差及检验方法

序　号	检验项目	允许偏差(mm)	检验方法
1	轴线位置	5	尺量每边不少于 2 处
2	表面平整度	5	2 m 靠尺和塞尺不少于 3 处
3	高程	±5	测量
4	两模板内侧宽度	+10,−5	尺量不少于 3 处
5	相邻两板表面高低差	2	尺量

10. 安全及环保要求

(1)安全要求

1)模板安装,使用工具时防止相互碰撞伤人。

2)模板摆放应离地堆码并挂牌,整齐有序,需防雨的材料进库存放或加盖防雨篷布。施工作业区出入口悬挂安全警示标志。

3)施工现场管理人员和作业人员穿企业统一制式工作服,穿戴整齐,行为文明。

4)在施工用车时,要加强车辆管理,严格按交通规则文明行驶。

(2)环保要求

1)组织文明检查小组,在施工区域进行巡回检查,监督保持所有设施完好、整洁,施工人员文明有礼。

2)在模板安装、拆卸、清理、修复过程中要注意控制噪声。不得使用大锤等工具砸、敲,制造人为噪声,特别是在夜间施工时需要注意控制噪音分贝在规定范围内。

3)模板拆卸后集中吊往模板存放区清理、存放。

4)拆下来的废旧螺栓、螺母等不得随意丢置,应收集起来清理备用或回收。

5)模板存放场地应达到整齐有序、干净无污染、低噪声、低扬尘、低能耗的整体效果。

6.4.5　道岔(钢轨伸缩调节器)道床混凝土施工作业指导书

1. 适用范围

适用于杭州至海宁城际铁路工程道岔(钢轨伸缩调节器)道床混凝土施工。

2. 作业准备

(1)内业技术准备

1)技术人员熟悉相关施工图纸,技术规范。

2)编制施工方案,并对操作人员进行培训,向有关人员进行技术交底及安全技术交底。

3)对施工人员进行安全教育培训及考核,考核合格后方可上岗。

(2)外业准备

1)材料准备:高架段道岔(钢轨伸缩调节器)整体道床采用C40混凝土,地下段道岔整体道床采用C35混凝土,混凝土配合比验证完成,并审批完成。

2)主要机具设备:汽车泵、地泵、铺轨门式起重机、混凝土料斗、轨道车、地铁用平板车、地铁用罐车、振捣棒、照明设备等。

3. 技术要求

(1)道床混凝土采用商品混凝土,地下段道岔道床采用C35混凝土,高架段道岔及伸缩调节器道床采用C40混凝土。

(2)地下段道岔道床设置两侧水沟,排水沟在转折基坑安装侧位置断开,采用局部单侧排水沟以绕开转折基坑。

(3)高架段道岔区轨道结构高度560 mm。高架道岔区应留拉杆沟槽,不设转辙机坑。地下段道岔区轨道结构高度650 mm。

(4)地下段道岔区水沟底面距轨顶面450 mm。非道岔区与道岔区的水沟顺接应在道岔区完成。道岔区道床排水沟的纵向坡度与线路纵坡一致,线路平坡地段,排水沟的纵向坡度10 m范围内按1‰顺坡,横向排水沟末端比始端低10 mm,保证横向水沟无积水。在道岔侧股一侧,按水沟侧壁到岔枕端部的距离不小于220 mm控制。3～15号岔枕道床表面应向水沟方向设1%的单面坡,其余道床面表面设2%的双面横坡,并抹面平整。

(5)转辙机坑及拉杆槽深度为距轨面−410 mm。拉杆槽坑底面向转辙机坑方向做一定的坡度。在转辙机坑下游方向的一侧设置集水坑(500 mm×500 mm),集水坑深距轨面−600 mm。并设置200 mm宽的连通沟槽将两个转辙机坑拉通,连通沟槽深度距轨面为−450 mm,并设不小于2%坡度顺接入集水坑内。轨底至道床顶面净空大于70 mm。

(6)地下隧道内道岔道床伸缩缝应位于两根轨枕中间,伸缩缝以20 mm厚沥青木板填充,并以沥青麻筋封顶30 mm。

(7)伸缩缝设置:采用2 cm厚、经防腐处理的木板,用沥青做防水处理。

4. 施工程序与工艺流程

道岔(钢轨伸缩调节器)道床混凝土施工程序:整体道床浇筑前准备→浇筑整体道床混凝

土→清除扣件上混凝土及砂浆→收光抹面→养护。

5. 施工要求

浇筑道岔(钢轨伸缩调节器)道床混凝土前,再次对轨道状态进行测定,确认符合《铁路轨道工程施工质量验收标准》(TB 10424—2018)要求后方可浇筑道床混凝土。道床混凝土采用商品混凝土,地下段采用混凝土输送泵输送混凝土到浇筑位置,高架段采用汽车泵浇筑;插入式振捣器振捣,人工抹面的方法施工。

施工中随时检查轨道状态,发现问题及时处理。混凝土浇筑时分层、水平、分台阶进行,确保施工连续性。施工顺序如下:

1)整体道床混凝土浇筑时轨枕四周混凝土要加强振捣,以确保轨枕底部混凝土密实。

2)浇筑道床混凝土,根据试验控制的初凝时间对道床表面进行压平抹光,确保道床表面平整,排水坡度符合设计要求。

3)抹面要求长轨枕道床抹至与轨枕中部表面平齐向道床两侧顺坡。

4)清理道床两侧所有的垃圾和污水,安装水沟沟槽模板,利用平板车人工铲运混凝土入模,浇筑两侧侧沟混凝土。

5)拆模、清理道床周围杂物。

6)混凝土养护:在自然气温条件下喷洒水养护。养护应及时,每天不少于 5 遍,养护时间不少于 7 d。当混凝土强度大于设计强度的 75%后才能在上面行驶车辆和承重。

6. 劳动组织

(1)劳动力组织方式采用架子队组织模式。

(2)作业人员数量根据施工条件、工期要求进行合理配置,见表 6.4.5-1。

表 6.4.5-1 道岔(钢轨伸缩调节器)道床混凝土施工劳动力配置

序 号	人员配置	人数(人)	备 注
1	架子队队长	1	
2	技术负责人	1	
3	技术员	1	
4	安全员	1	
5	材料员	1	
6	质检员	1	
7	试验员	1	
8	工班长	1	
9	领工员	1	
10	混凝土工	15	
11	电工	1	

7. 材料要求

混凝土的各项指标应符合《铁路混凝土工程施工质量验收标准》(TB 10424—2018)的要求。

水泥应选用硅酸盐水泥或普通硅酸盐水泥,不宜使用早强水泥。

粉煤灰、矿渣粉、硅灰和石灰石粉等矿物掺合料应选用能改善混凝土性能且品质稳定的产品。

细骨料应选用级配合理、质地坚固、吸水率低、孔隙率小的洁净天然河砂或母材检验合格经专门机组生产的机制砂,禁止使用海砂。

粗骨料应选用粒形良好、级配合理、质地坚固、吸水率低、线胀系数小的洁净碎石。

8. 设备机具配置

道岔(钢轨伸缩调节器)道床混凝土施工设备机具配置见表 6.4.5-2。

表 6.4.5-2　道岔(钢轨伸缩调节器)道床混凝土施工设备机具配置

序号	名　称	规格型号	单位	数量	备注
1	汽车泵	47 m	台	1	
2	地泵		台	1	
3	铺轨门式起重机		台	2	
4	混凝土料斗	2 m^3	个	2	
5	轨道车		台	1	
6	轨道专用平板车		台	3	
7	轨道专用罐车	8 m^3	台	1	
8	振捣棒		台	3	
9	照明灯具		个	若干	

9. 质量控制及检验

(1)质量控制

1)混凝土入模温度不能低于 5 ℃,不得高于 30 ℃。

2)新浇混凝土入模温度与相邻的已硬化混凝土、钢筋模板介质间的温差不得大于 15 ℃。与新浇筑混凝土接触的已硬化混凝土、钢筋、模板的温度不得低于 2 ℃。

3)在斜坡面上浇筑混凝土时,应从低处开始逐层升高。

4)混凝土浇筑应连续进行,当因故间歇时,其间歇时间应小于前层混凝土的初凝时间。不同混凝土的允许间歇时间应根据环境温度、水泥品种、水胶比和外加剂类型等条件通过实验确定。当超过允许间歇时间时,应按浇筑中断处理,同时应留置施工缝,并作出记录。施工缝的平面应与结构的轴线相垂直。

5)在浇筑混凝土过程中或浇筑完成时,如混凝土表面泌水较多,须在不扰动已浇筑混凝土的条件下,采取措施讲水排除。继续浇筑混凝土时,应查明原因,采取措施,减少泌水。

6)浇筑混凝土期间,应设专人检查支架、模板、钢筋和预埋件等的稳固情况,当发现有松动、变形、移位时,应及时处理。

7)混凝土浇筑前应进行坍落度试验,并留置 2 组试块,当浇筑方量超过 100 m^3 时,应增加 1 组试块。

(2)质量检验

道岔(钢轨伸缩调节器)道床外形尺寸允许偏差见表 6.4.5-3。

表 6.4.5-3 道岔(钢轨伸缩调节器)道床外形尺寸允许偏差

序号	检查项目	允许偏差
1	顶面宽度	±10 mm
2	中线位置	2 mm
3	道床板顶面与承轨台面相对高差	±5 mm
4	平整度	5 mm/1 m
5	伸缩缝位置	10 mm
6	伸缩缝宽度	±5 mm
7	承轨面高程	+2 mm,−8 mm
8	道床板表面排水坡	−1%~+3%

10. 安全及环保要求

(1)安全要求

1)现场临时用电线路的布设按《施工现场临时用电安全技术规范》(JGJ 46—2005)进行施工,不随意拉线接电。

2)配电箱、电动机械、手持电动工具,必须按规定安装漏电保护器和接地、接零装置,漏电保护器应符合现行规范标准的要求,严格按"一机、一箱、一闸、一保护"要求进行布线和使用。

3)工作面照明采用低压电,作业面照明必须有足够的亮度,且均匀不闪烁。

4)施工区域的电源线、轨道电路等应采取防护措施。

5)铺轨基地内电源线和门式起重机接触电源线距地面不小于 7.5 m。各种电源线不横跨走行轨,采用地下穿过法。夜间必须有足够照明。

6)混凝土浇筑时,使用混凝土振捣棒应穿胶鞋,湿手不得接触开关,电源线不得有破皮漏电。

7)隧道内必须保证足够的照明设备,浇筑混凝土时,收光抹面操作人员必须佩戴头灯进行施工。

(2)环保要求

1)在既有道路上浇筑混凝土时,地面必须做好隔离措施,以防止混凝土污染既有道路。

2)施工垃圾应及时清运,严禁随意凌空抛撒造成扬尘污染。

3)夜间浇筑混凝土时,需注意噪声控制,减少对周围居民的生活影响。

6.4.6 道岔(钢轨伸缩调节器)伸缩缝施工作业指导书

1. 适用范围

适用于杭州至海宁城际铁路工程道岔(钢轨伸缩调节器)伸缩缝施工。

2. 作业准备

(1)内业技术准备

1)技术人员熟悉相关施工图纸、技术规范。

2)编制施工方案,并对操作人员进行培训,向有关人员进行技术交底及安全技术交底。

3)对施工人员进行安全教育培训及考核,考核合格后方可上岗。

(2)外业准备

1)材料准备:伸缩缝沥青模板、沥青麻筋已进场,并验收合格。

2)主要机具设备:电锯、锤子、刷子、尺子等。

3. 技术要求

(1)高架段道岔及钢轨伸缩调节器道床的伸缩缝为 100 mm 宽,不做沥青麻筋处理。

(2)地下道岔整体道床伸缩缝以 20 mm 厚沥青木板填充,并以沥青麻筋封顶 30 mm。

(3)沥青麻筋材料不低于道床板混凝土面。

(4)伸缩缝顶面两侧边缘用粘贴胶带,防止伸缩缝材料溢出污染混凝土表面。

(5)清理伸缩缝,将伸缩缝内的杂物、混凝土残渣清理干净,保证缝内干燥,缝槽表面平整、密实,无起皮、起砂、松散脱落现象。

4. 施工程序与工艺流程

道岔(钢轨伸缩调节器)伸缩缝施工程序:沥青模板进场→加工沥青模板→沥青模板安装加固→道床混凝土浇筑→模板拆除→灌沥青麻筋→道床表面清理。

5. 施工要求

(1)沥青模板进场及加工

沥青模板进场后,根据道岔道床尺寸加工沥青模板,加工顺直、切割整齐。

(2)安装沥青木模板

伸缩缝处清理完成后,安装沥青模板,沥青木模板安装高度低于底道床面 3 cm。模板需加固牢固,脚踢无晃动为合格。

(3)拆模

道岔道床混凝土浇筑完成后,强度达到 5 MPa,即可进行模板拆除,拆除过程中需注意道床棱角保护,禁止损坏。

(4)灌沥青麻筋

伸缩缝内清理完成后,在伸缩缝两侧粘贴宽胶带,然后将沥青麻筋调匀灌入伸缩缝内,共分两次灌入，待第一次灌入沉降后再灌第二次，确保饱满。

(5)道床表面清理

伸缩缝沥青麻筋灌完后，将宽胶带拆除，并将道床表面清理干净。

6. 劳动组织

(1)劳动力组织方式采用架子队组织模式。

(2)作业人员数量根据施工条件、工期要求进行合理配置，见表 6.4.6-1。

表 6.4.6-1 道岔(钢轨伸缩调节器)伸缩缝施工劳动力配置

序 号	人员配置	人数(人)	备 注
1	架子队队长	1	
2	技术负责人	1	
3	技术员	1	
4	安全员	1	
5	材料员	1	
6	质检员	1	
7	试验员	1	
8	工班长	1	
9	领工员	1	
10	木工	6	
11	电工	1	

7. 材料要求

道岔(钢轨伸缩调节器)伸缩缝材料配置见表 6.4.6-2。

表 6.4.6-2 道岔(钢轨伸缩调节器)伸缩缝材料配置

序号	名 称	规格型号	单 位	数 量	备 注
1	沥青模板	1.22 m×2.44 m	块	100	
2	钉子		盒	10	
3	沥青麻筋		m^3	20	

8. 设备机具配置

道岔(钢轨伸缩调节器)伸缩缝施工主要机具配置见表 6.4.6-3。

表 6.4.6-3 道岔(钢轨伸缩调节器)伸缩缝施工主要机具配置

序号	名 称	规 格	单 位	数 量	备 注
1	电锯		台	1	
2	刷子		把	2	
3	锤子		把	5	

续上表

序号	名　称	规　格	单　位	数　量	备　注
4	钢卷尺	30 m	把	1	
5	钢卷尺	5 m	把	2	
6	直角尺	20～30 cm	把	1	
7	平板车		辆	1	

9. 质量控制及检验

(1)质量控制

1)沥青麻筋灌缝前,伸缩缝内垃圾必须清理干净。

2)伸缩缝应垂直、平顺、贯通。

3)沥青麻筋灌缝要饱满,不得低于道床面,防止缝内积水。

(2)质量检验

道岔(钢轨伸缩调节器)伸缩缝外形尺寸允许偏差见表 6.4.6-4。

表 6.4.6-4　道岔(钢轨伸缩调节器)伸缩缝外形尺寸允许偏差

序号	项　目	允许偏差(mm)
1	顶面高程	+5,0
2	宽度	±5
3	位置	±5

10. 安全及环保要求

(1)安全要求

1)伸缩缝材料在运输、吊装及安装的过程中严格按照安全施工规范及施工安全措施交底进行。禁止违章施工,确保安全施工。

2)使用电锯加工沥青模板时,需做好防护,防止工具伤人。

3)在施工用车时,要加强车辆管理,严格按交通规则文明行驶。

(2)环保要求

1)沥青模板及沥青麻筋应离地堆码并挂牌,整齐有序,并覆盖防雨篷布。

2)组织文明检查小组,在施工区域进行巡回检查,监督保持所有设施完好、整洁,施工人员文明有礼。

3)场地道路平整、坚实,保持畅通,运输车辆严格遵守公路交通规则,文明行车。

6.4.7 道岔精调整理施工作业指导书

1. 适用范围

适用于杭州至海宁城际铁路工程道岔精调整理施工。

2. 作业准备

(1)内业技术准备

1)技术人员已认真学习道岔设计图纸等设计文件,充分理解掌握道岔设计特点和关键技术,掌握相应的技术标准和规范,掌握正确的调整方法。

2)所有施工人员已进行技术交底及安全教育培训、考核,合格后方可上岗。

(2)外业准备

1)三完成:道岔铺设已完成,焊接(含自由及锁定)及焊缝精磨已完成,道岔前后 200 m 范围轨道铺设及放散锁定已完成。

2)二到位:钢轨扣件清理到位,精调工具、人员及调整件已到位。

3)一合格:精调仪器已到场且检校合格。

3. 技术要求

(1)尖轨尖端轨距 1 442 mm,其余轨距 1 435 mm。

(2)轨距变化率小于 1/1 000。

(3)尖轨尖端密贴,缝隙不大于 1 mm。

(4)岔枕间距符合设计图纸要求。

(5)钢轨水平、高低偏差小于 2 mm。

4. 施工程序与工艺流程

(1)施工程序

先粗调、后精调、再联调→先整体、后局部→先直股、后曲股→先高低、后方向、再水平。

(2)工艺流程

道岔精调作业工艺流程如图 6.4.7 所示。

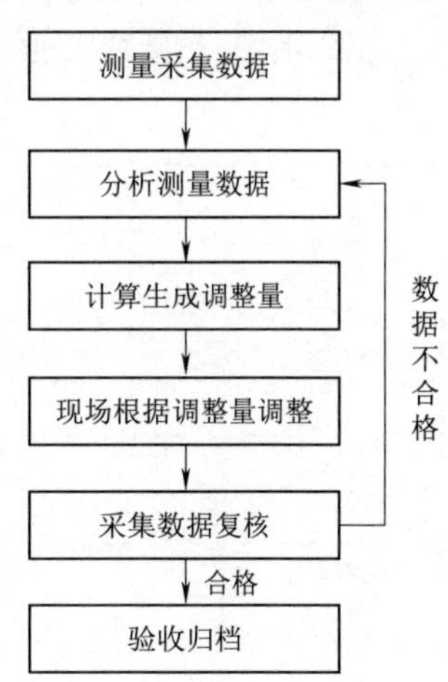

图 6.4.7 道岔精调作业工艺流程图

5. 施工要求

由于道岔结构比区间轨道要复杂,所以道岔测量和调整的程序应重点关注以下几方面:

调整前,全面检查各项密贴状况(钢轨外口轨底与垫板挡肩,顶铁与尖轨、心轨轨腰,尖轨、心轨轨底与滑床板,尖轨与基本轨,心轨与翼轨,扣件弹条中部前端下颏与轨底顶面)。调整前检查所有钢轨接头平顺性,必须达到规范要求。

调整后,道岔各项几何尺寸、平顺性指标必须满足要求。坚持以直股为主的原则。

道岔内部轨距、水平应采用道尺全面检查,与轨检小车数据进行对比分析。

(1)粗调

根据道岔铺装图纸进行道岔铺设,铺设完成后,对道岔转辙器及辙叉部分密贴、轨头等部位进行粗调。

1)道岔转辙器及辙叉部分调整:

①通过道岔放样确定直基本轨的位置及方向。

②通过直基本轨的位置用方尺保证直曲基本轨的相对位置。

③通过控制尖轨到基本轨前端的距离保证尖轨的相对位置。

2)密贴调整:重点控制尖轨轨底与滑床台、尖轨与基本轨、心轨与翼轨、顶铁、弹条中舌的密贴。按照设计要求,当尖轨打开时,轨底与滑床台板间隙约 0.7 mm;当尖轨闭合时,轨底与滑床台板应密贴,间隙小于 1 mm,且不得连续出现。

(2)精调

1)精调原则:先整体,后局部;先直股,后侧股;先高低,后方向;转辙器及辙叉区少动,两端线路顺接。

2)精调基准:高低以基本轨(外轨)为基准轨,平面以尖轨(内轨)为基准轨。

3)精调方法:精调小车结合人工调整。

①辙器部分先用轨检小车将尖轨前端及跟端处平面、高程及轨距调整到位,然后利用弦线调整直基本轨平面位置,利用轨距调整直尖轨平面位置,再开通曲股检查曲尖轨与直基本轨的密贴,控制尖轨前端与基本轨间隙 0.5 mm、其余部分 1 mm 以内。同时,用轨检小车调整高程。

②辙叉部分利用轨检小车调整平面及高程。

③连接部分利用轨检小车先调整直股的平面及高程,再调整曲股的平面及高程(也可利用支距与轨距调整曲股的平面)。

6. 劳动组织

(1)劳动力组织方式采用架子队组织模式。

(2)作业人员数量根据施工条件、工期要求进行合理配置,见表 6.4.7-1。

表 6.4.7-1 道岔精调整理作业劳动力配置

序号	人员配置	人数(人)	备注
1	架子队队长	1	
2	技术负责人	1	
3	技术员	1	
4	安全员	1	
5	材料员	1	
6	质检员	1	
7	试验员	1	
8	工班长	1	
9	领工员	1	
10	数据采集及分析人员	4	
11	精调作业人员	6	

7. 材料要求

道岔精调整理作业材料配置见表 6.4.7-2。

表 6.4.7-2 道岔精调整理作业材料配置

序号	名 称	规格型号	单 位	数 量	备 注
1	轨距块	6号	块	5 000	
2	轨距块	12号	块	5 000	
3	轨距块	4号	块	300	
4	轨距块	14号	块	300	

8. 设备机具配置

道岔精调整理作业主要设备机具配置见表 6.4.7-3。

表 6.4.7-3 道岔精调整理作业设备机具配置

序号	名 称	数 量	备 注
1	全站仪	1台	CPⅢ点复测、坐标放样等
2	CPⅢ目标棱镜	8～12个	全站仪自由设站边角交会的目标
3	轨道几何状态测量仪	1台	道岔几何参数测量
4	轨距尺(0级)	1把	检测轨距及水平铺助工具
5	支距尺	1把	检查道岔内部尺寸
6	方尺	1把	检查道岔方正
7	塞尺	2把	道岔内部密贴检查
8	卡规	2把	道岔尺寸测量
9	1 m平直度尺	2把	检查钢轨焊缝表面平顺度
10	30 m弦线	2套	轨向、高度检查
11	钢板尺	2把	与弦线配合进行测量
12	测力扳手	1把	检查扣件螺栓扭矩值

9. 质量控制及检验

(1)质量控制

道岔精调应严格按照《铁路轨道工程施工质量验收标准》(TB 10413—2018)相关要求执行。

(2)质量检验

道岔静态几何尺寸允许偏差及检验方法见表 6.4.7-4。

表 6.4.7-4　道岔静态几何尺寸允许偏差及检验方法

序号	项目		允许偏差	检测方法	备注
1	轨距	尖轨尖端	±1 mm	道尺,轨道几何状态测量仪	
		其他	+3 mm,−2 mm	道尺,轨道几何状态测量仪	
2	轨距变化率		1/1 000		
3	支距		±2 mm	支距尺	
4	尖轨尖端密贴		<1 mm	1 mm 塞尺测量	
5	岔枕位置偏差		±10 mm	尺量	
6	轨向		4 mm	拉 10 m 弦线,尺量	
7	高低		4 mm	拉 10 m 弦线,尺量	
8	水平		4 mm	轨距尺	
9	扭曲(基线长 6.25 m)		4 mm	尺量	

10. 安全及环保要求

(1)安全要求

1)道岔精调材料应离地堆码并挂牌,整齐有序,并盖防雨篷布。

2)道岔精调使用撬棍时,对面严禁站人。

3)现场临时用电线路的布设按《施工现场临时用电安全技术规范》(JGJ 46—2005)进行施工,不随意拉线接电。

4)配电箱、电动机械、手持电动工具必须按规定安装漏电保护器和接地、接零装置,漏电保护器应符合现行规范标准的要求,严格按"一机、一箱、一闸、一保护"要求进行布线和使用。

(2)环保要求

1)在施工用车时,要加强车辆管理,严格按交通规则文明行驶。

2)组织文明检查小组,在施工区域进行巡回检查,监督保持所有设施完好、整洁,施工人员文明有礼。

3)场地道路平整、坚实,保持畅通,运输车辆严格遵守公路交通规则,文明行车。

6.5 无缝线路

6.5.1 工地钢轨焊接施工作业指导书

1. 适用范围

适用于杭州至海宁城际铁路工程工地钢轨焊接施工。

2. 作业准备

(1)内业准备

1)技术人员熟悉相关施工图纸、技术规范,并学习无缝线路施工方案。

2)根据设计文件的要求,核实施工技术标准。同时对施工设计图纸进行会审,了解设计意图,澄清有关技术问题。

3)施工人员开工前应通过安全、技术培训考核,特殊工种持证上岗。

(2)外业准备

1)在正式焊接前,按照《钢轨焊接 第1部分:通用技术条件》(TB/T 1632.1—2014)和《钢轨焊接 第2部分:闪光焊接》(TB/T 1632.2—2014)的要求完成钢轨焊接接头的型式试验。确定焊接参数,制定焊机操作规程。

2)生产检验应符合《钢轨焊接 第2部分:闪光焊接》(TB/T 1632.2—2014)和《钢轨焊接 第1部分:通用技术条件》(TB/T 1632.1—2014)相关规定,检验合格后方可继续生产。

3. 技术要求

(1)气温低于10 ℃时,焊前应采用火焰预热轨端0.5 m长度范围,预热温度均匀,钢轨表面预热升温为35~50 ℃,焊后应采取保温措施。

(2)承受拉力的焊缝,在其轨温高于300 ℃时应持力保压。

(3)待焊轨头前方为长钢轨,且长钢轨需进行应力放散、拉伸或窜动时,应拆除待焊轨头前方全部长钢轨及轨头后方10 m范围内的扣件,如长钢轨不需应力放散、拉伸或窜动,则只需拆除80 m左右的扣件即可。

(4)根据轨枕和扣件类型适当垫高待焊轨头后方的钢轨,确保焊头轨顶平直度。

(5)应对两焊接轨端和焊机电极钳口轨腰接触区进行打磨,呈现光泽后方可施焊。

(6)焊缝区域冷却到400 ℃以下时,焊轨作业车方可通过钢轨焊头。

(7)焊轨作业车施焊完毕后,应采用相应机具对钢轨焊缝进行正火、打磨、平直度检查和超声波探伤等工序。

(8)正火应在焊接接头不受拉力的条件下进行。

(9)焊头打磨应在焊缝温度低于200 ℃时进行,打磨过程中应保持轨头的外形轮廓,打磨长度不应超过焊缝两端各 450 mm,轨底上、下角应打磨圆顺。

(10)焊缝及焊缝两端各 1 m 长度范围内的轨顶面、轨头内侧面应采用仿形打磨机精细打磨,打磨时钢轨温度不应高于 50 ℃。

(11)采用砂轮粗打磨时,应纵向打磨,使火花飞出方向与钢轨纵向平行;打磨过程中,不应使砂轮在钢轨上跳动,以免冲击钢轨母材;不应出现打磨灼伤。

4. 施工程序与工艺流程

工地钢轨焊接施工工艺流程如图 6.5.1 所示。

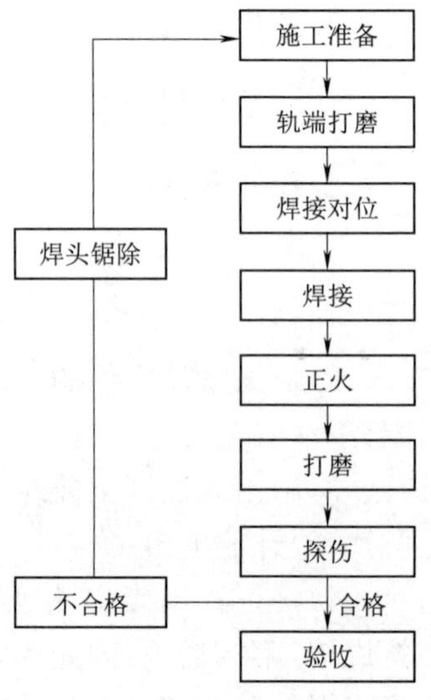

图 6.5.1 工地钢轨焊接施工工艺流程图

5. 施工要求

(1)施工准备

钢轨焊接接头拟采用移动式焊轨机现场进行钢轨单元焊及锁定焊接。

(2)钢轨除锈

轨端除锈是对待焊钢轨端面和距离端面 300 mm 范围内轨腰两侧表面除锈,使其露出 90%以上的金属光泽。

(3)焊机对位

先进行焊轨机对位,每班由调车员联系和协调,将移动式焊轨机和工班作业人员运抵焊接作业区,载有移动式焊轨机的平板车第一个轮对距焊接中心线为 3.5 m 左右,移动式焊轨机对位完成后,焊接作业人员应迅速打上平板车支腿。

(4)焊接

1)焊机施工作业之前应按以下步骤启动:

①打开焊轨机吊臂系统,移出焊轨机。

②对焊轨机进行日常检查和保养检查。

③检查发电机组机油等是否在规定范围之内。

④启动发电机组,检查发电机组的输出电压等是否在规定范围之内。

⑤启动配电柜 24 V 直流电源和配电柜焊轨机主电源。

⑥启动焊轨机。

⑦启动焊轨机功能按钮。

⑧启动焊接电源、液压泵站和冷却装置。

⑨确认控制面板焊轨机状态显示正常。

2)钢轨就位必须保证两根钢轨纵向处于一条直线,保证轨端间隙小于 8 mm。焊轨机对位通过操作焊轨机吊臂系统实现,必须保证动架侧钢轨伸出长度为 20 mm 左右。

3)焊接结束之后,必须迅速提起焊轨机,清除焊瘤,检查焊接接头的外观质量,用石笔写下焊接接头编号。

(5)正火

1)正火车前进行车时速控制在 5 km 以内。正火车停好位置后,在坡道时于各个车轮下安装防溜车装置。

2)检查发电机与水箱、发生器的连接,启动发电机,向水箱、发生器供电。

3)作业前将钢轨起高离开道床面 15 cm,焊缝两侧各 2 m 范围内的钢轨应支撑水平,避免焊缝处正火出现应力集中。

4)耦合电阻测温片安装。

①共设置四个耦合电阻测温片,分别安装于轨顶、两侧轨腰、轨底,电阻线连接紫铜片粘贴在钢轨上,严禁点焊、电焊焊接。

②初始作业时,耦合电阻安装后连接温度采集仪,温度采集仪与发生器温度数据采集口连接。

5)安装高硅氧布隔热毯。隔热毯采用厚度 5 mm 的高硅氧布材料,自轨底沿钢轨外表面缠绕 3 圈并于轨底封闭。安装过程中要梳理耦合电阻测温线沿连接方向布置,同时避免缠绕动作导致测温片的松动。

6)安装感应线圈。仿形硬线圈采用耐温中空铝管制成,铝管中通以水流进行冷却,防止线圈被高温灼伤。线圈为侧开式,套紧钢轨接头后用螺栓进行固定。

7)启动发生器进行正火。

①确认前序准备工作结束,各部件连接可靠,准备正火。

②操作发生器面板,选择分时段加热模式,温升速率设定为 150 ℃/min,控制温度设定为 875 ℃,保温时间 200 s。

③按下发生器面板上的启动按钮,开始正火。

④记录正火开始时间、钢轨焊接接头编号,每隔 2 min 记录各点温度,达到 6 min 升温时间后,再次记录各点温度和时间,系统进入热传导保温阶段,保温持续时间不小于 200 s,保温结束记录时间和各点温度。

⑤一旦正火开始,人员应离开线圈 1 m 以上,预防磁场对人不利影响。

⑥正火加热按设定的模式自动运行,达到控制温度和保温时间后,发生器自动断开线圈供电。

8)冷却。正火加热到规定温度后,停止设备运行,拆除硬线圈及高硅氧布,接头自然冷却,使钢轨接头部位材质晶粒细化,去除材料的内应力,降低材料的脆性,改善材料的机械性能。正火设备转运到下一接头,对下一接头进行正火加热。

(6)打磨

1)工地接头细磨作业应先检查上道工序质量。打磨前应测量焊缝两侧 500 mm 范围内水平和垂直方向的平直度,确定合适的打磨进刀量,然后对焊缝两侧 500 mm 范围的轨顶面和工作侧面进行仿形打磨。

2)细磨使用设备为手推式钢轨仿形打磨机。量具包括 1 m 靠尺一把和塞尺一套。

3)细磨作业完成要求焊缝两侧 500 mm 范围轨头表面和内侧工作面的平直度为 0～+0.3 mm/m(应考虑实际轨温),同时打磨面应平顺光整,圆弧过渡轮廓应圆顺,不得有明显的突出和棱角。

4)打磨进给量选择应适当,避免出现打磨面发蓝发黑。

(7)探伤、验收

1)接头检验包括探伤检查和焊接区域外观检查两方面。

2)接头探伤检验使用超声波探伤仪两台。

3)接头外观检查质量要求:接头区域应纵向打磨平顺,不得有低接头;接头区域 1 m 范围内工作面、轨顶面的平直度为 0～+0.3 mm/m,钢轨内侧工作边的平直度为−0.3～+0.3 mm/m,轨头及轨底角上表面 1 m 范围应平顺。焊缝两侧 100 mm 范围内不得有明显压痕、碰痕、划伤等缺陷,焊接接头表面不得有电击伤。

4)探伤时焊缝温度应冷却到 50 ℃以下。每班作业之前必须进行基线校准和灵敏度测试,探测面必须按规定尺寸进行打磨,注足耦合剂。探测轨头和轨底角的缺陷,运用偏 20°角的二次波,探测轨头两侧上方的缺陷,采用偏角扫查方式,加强对轨角边缘和变坡点下方缺陷的探测;轨底三角区探测,其探头移动量应大于 120 mm;轨腰探测,斜探头移动量应大于 220 mm;直探头探测焊缝中心时应适当移动,发现可疑波形,应调节灵敏度进行检查。做到一看波形显示、二量水平距离、三作波形分析、四定缺陷性质,以防误判或漏检。

5)如果发现焊接接头存在表面烧伤、严重错位、裂纹等缺陷,判为不合格焊接接头,并作出记录,焊接失败之后,经过处理可以重焊,但是必须保证焊接接头冷却至常温,方可再次焊接,重焊接次数不得超过 2 次。如果需要切除焊接接头,应将该焊缝居中,两边各锯切50 mm以上,并对钢轨端部重新进行处理,确保端面垂直度符合工艺要求。

6. 劳动组织

(1)劳动力组织方式采用架子队组织模式。

(2)作业人员数量根据施工条件、工期要求进行合理配置,见表 6.5.1-1。

表 6.5.1-1　工地钢轨焊接劳动力配置

序　号	人员配置	人数(人)	备　注
1	架子队队长	1	
2	技术负责人	1	
3	技术员	1	
4	质量检验员	1	
5	安全员	1	
6	试验员	1	
7	材料员	1	
8	工班长	1	
9	领工员	1	
10	电工	1	
11	轨道车司机	1	
12	调车员	1	
13	普工	40	

7. 材料要求

焊接用热轧钢轨应符合《铁路轨道工程施工质量验收标准》(TB 10413—2018)的规定。

8. 设备机具配置

工地钢轨焊接施工投入的设备机具见表 6.5.1-2。

表 6.5.1-2 工地钢轨焊接机械设备投入

序号	名 称	单 位	数 量	机械状态
1	轨道车	台	1	良好
2	移动式焊机	套	1	良好
3	正火设备	套	2	良好
4	提式砂轮机	台	4	良好
5	仿形打磨机	台	2	良好
6	超声波探伤仪	台	1	良好
7	拉轨器	套	1	良好
8	锯轨机	台	2	良好
9	液压钢轨拉伸器	台	1	良好
10	端磨机	台	2	良好
11	角磨机	台	4	良好
12	支撑滚筒	个	100	良好
13	撞轨器	套	2	良好
14	起道机	台	4	良好
15	撬棍	根	16	良好
16	小平车	辆	4	良好
17	发电机	台	3	良好

9. 质量控制及检验

(1)质量控制

1)焊接接头的设计文件、焊接参数、焊接记录、正火、探伤质量记录和检验记录等资料由工程技术部负责保管。

2)工程技术部对工地焊接接头焊接外观质量进行全面检查。

3)及时填写“工地钢轨焊头检验表”,接头检验发现质量问题,必须及时报告现场负责人,以确定处置办法。处理后仍不符合要求,应锯开重焊。

4)打磨时不得横向打磨,打磨时砂轮机不得跳动。

5)待焊钢轨除锈后的放置时间不得超过 24 h,若超过 24 h 应重新处理。

6)钢轨除锈打磨前若表面潮湿,须进行干燥处理。

7)经除锈处理后的钢轨若处理表面被污染,应重新处理。

8)各工序作业人员必须如实填写质量记录表格,质量记录填写应清晰、规范。

9)每班作业前应检查设备运转记录。焊机经试运转至工作状态后,方可进行作业。班后应如实填写设备运转记录。

10)经型式试验确定的焊接参数,严禁修改。

(2)质量检验

工地钢轨焊接接头平直度允许偏差见表6.5.1-3。

表6.5.1-3　工地钢轨焊接接头平直度允许偏差

序　号	项　目	单　位	允许偏差
1	轨顶面	mm/m	+0.3,0
2	轨头内侧工作面	mm/m	±0.3
3	轨底(焊筋)	mm	+0.5,0

10. 安全及环保要求

(1)安全要求

1)焊机应由专职人员操作,其他人员不得私自操作焊机。

2)打磨、正火作业时,操作人员必须佩戴护目镜。拆卸焊机时要带石棉手套,防止烫伤。

3)氧气瓶、乙炔发生器与明火或电气设备等距离不得少于10 m,与易燃易爆物品的距离不得少于30 m;乙炔发生器和氧气瓶之间的存放距离不得小于2 m;使用时,二者的距离不得小于5 m。氧气瓶、乙炔发生器等焊割设备上的安全附件应完整有效,乙炔瓶、氧气瓶使用时应放在固定气瓶的支架上,并禁止敲击、碰撞。

4)施工现场必须配备消防器材,焊轨作业中严防火灾事故发生,每日作业结束后,必须在严格检查确保无火险隐患后方可离开现场。

5)焊轨现场施工作业时,不得影响相邻线路正常行车。存放物品不得侵限。

6)工地钢轨闪光焊接完成后应做好以下工作:

①检查焊好的接头并打上焊接标记,填写焊接记录报告。

②线路恢复时,扣配件应安装正确、配件齐全。

③将轨道恢复到正常状态并清理焊接现场。

(2)环保要求

1)焊接完毕清理焊接作业区域,焊渣、废弃物、易燃物统一清理收回。

2)设备维修时,在道床面铺设隔离物,避免油污等污染道床。

3)焊接作业时,应避免火花对周围其他材料造成烧伤。

6.5.2 线路应力放散及锁定施工作业指导书

1. 适用范围

适用于杭州至海宁城际铁路工程线路应力放散及锁定施工。

2. 作业准备

(1)内业技术准备

1)技术人员熟悉相关施工图纸、技术规范,并学习无缝线路施工方案。

2)根据设计文件的要求,核实施工技术标准。同时对施工设计图纸进行会审,了解设计意图,澄清有关技术问题。

3)施工人员开工前应通过安全、技术培训考核,特殊工种持证上岗。

(2)外业技术准备

1)施工所需要材料全部进场,并经过检验,性能满足施工的要求。

2)主要设备有拉伸器、无齿锯、钻孔机、液压起道机、齿条压机、切割设备、撬棍、撞轨器、翻轨器、电动扳手、轨距尺、钢尺、方尺、卷尺、轨温计,要求其性能良好,保证工程施工正常进行。

钢轨、接头夹板、接头螺栓、部分零配件、枕木等主要材料备好。

3. 技术要求

(1)滚筒放散法施工:

1)确定待放散线路钢轨的长度。

2)解除本次待放散单元轨节和上次已放散线路末端 25～75 m 长度范围内的所有扣件。抬起钢轨每隔 15 m 在轨底垫一个滚筒,并撞击钢轨,使钢轨达到自由伸缩状态。

(2)拉伸放散法施工:

1)测量轨温,当施工时钢轨的温度低于设计锁定轨温范围时,采用拉伸放散法进行施工。

2)解除本次待放散单元轨节和上次已放散线路末端 75 m 长度范围内的所有扣件。抬起钢轨,每隔 15 m 在轨底垫一个滚筒,使钢轨达到自由伸缩状态。

3)在线路放散全长范围内每 300～500 m 左右设一处撞轨点,用撞轨器配合应力放散。

(3)高架线设计锁定轨温(22±5) ℃,地下线设计锁定轨温(25±5) ℃。

4. 施工程序与工艺流程

(1)施工程序

应力放散及锁定施工程序:施工准备→埋设位移观测桩→无缝线路应力放散与锁定→设置位移观测标志。

(2)工艺流程

1)根据施工时钢轨温度的不同,可以采取滚筒放散法或综合放散法进行无缝线路应力放散、锁定,滚筒放散法施工工艺流程如图 6.5.2-1 所示。

2)综合放散法施工工艺流程如图 6.5.2-2 所示。

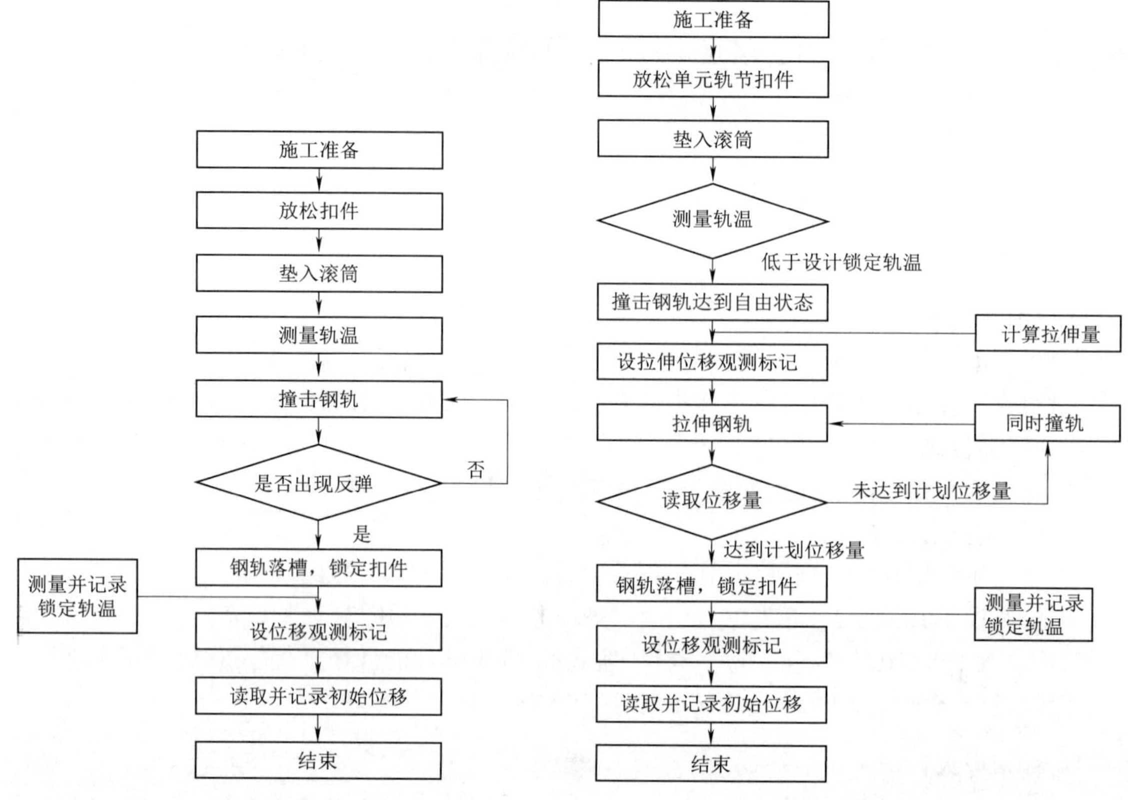

图 6.5.2-1　滚筒放散法施工工艺流程图　　图 6.5.2-2　综合放散法施工工艺流程图

5. 施工要求

(1)单元轨节的划分。单元轨节应按照轨条配置计划表进行划分,一般情况下单元轨节的长度为 1 000～2 000 m。第一单元轨节的实际长度应为第一次铺设锁定的长度 L_1 减去 L_1 末端松开扣件的长度,第二单元轨节的实际长度应为第二次铺设锁定的长度 L_2 加上 L_1 末端松开扣件的长度再减去 L_2 末端松开扣件的长度,依次类推。

(2)位移观测桩的埋设。

1)位移观测桩的埋设位置应根据单元轨节的划分情况,在无缝线路锁定前进行埋设。

2)本线为跨区间无缝线路,单元轨节位移观测桩按等间距设置,桩间距离不宜大于 500 m;普通区间无缝线路长轨条接头处,距接头 100～150 m 处增设位移观测桩;其中单元轨节起终点及中部各一对,距单元轨节起终点 100 m 位置各设置 1 对。轨条长度 250 m 及以下地段设 2 对观测桩。

3)位移观测桩应按设计要求进行设置,单元轨节起终点的位移观测桩宜与单元轨节焊接接头对应,纵向相错量不得大于 30 m,位移观测桩应与电务设备错开,并在无缝线路锁定前进行埋设。

4)整体道床位移观测桩应设置在两轨枕之间,采用膨胀螺栓 YG2 型 M16×120 制作,牢靠地安装在线路外侧,距轨底面水平方向 100 mm,桩顶低于钢轨底面 10 mm,并在桩顶刻划十字中心线。

5)位移观测桩应设置齐全,牢固可靠,易于观测。每对位移观测桩基准点连线与线路中线应保持垂直。

6)位移观测桩按里程前进方向顺序编号,编号方法可采用“×-×”,横线前数字为单元轨节的顺序号,横线后为单元轨条内桩号,编号均以阿拉伯数字标注,标注位置:钢轨外侧轨腰。

7)将埋设位移观测桩的结果填入“单元轨节应力放散及锁定作业记录”中。

(3)解除需放散的单元轨节范围内及与之焊连的无缝线路末端 50 m 左右范围内的扣件,并按照规定要求放置在轨枕两侧。在单元轨节范围内每隔 5 m 放置 1 个滚筒,机具就位。

(4)无缝线路应力放散与锁定。

1)施工方法的选择。根据海宁地区的实际温度和实际情况,无缝线路应力放散及锁定计划采用“连入法”进行施工。“连入法”是将区间中相邻的两个单元轨节依次直接焊连的铺设作业方法,即把不同时间焊接成的两个相邻单元轨节的始端和终端同时焊接,同时放散,做到一步到位。适用条件为实际锁定轨温处于计划锁定轨温范围内或低于计划锁定轨温。

2)应力放散及锁定。

①单元轨节中的两根长钢轨应同时进行应力放散、同时进行锁定。应力放散方法应根据现场实际情况确定。

②锁定轨温:高架线及地面线设计锁定轨温为(22±5) ℃,地下线设计锁定轨温为(25±5) ℃。

③当实测轨温处于计划锁定轨温范围内时,可以仅用滚筒配合撞轨器进行应力放散。

④当实测轨温低于计划锁定轨温时,则需要利用拉轨器、撞轨器等设备配合作业,通过均匀拉伸单元轨节使其达到实际锁定轨温时应有的长度,从而使锁定轨温一步到位。

⑤当实测轨温高于计划锁定轨温时,可选用夜间轨温合适时锁定或采用洒水或草袋覆盖使轨温处于计划锁定轨温范围内,再采用滚筒放散法进行施工。施工时利用相邻轨条锁定轨温差标准,来实现过渡段无缝线路的锁定。

3)滚筒放散法。

①拆除扣件。

②设置临时观测点。在单元轨节全长范围内在轨底上表面或轨腰上每隔 100 m 均匀设置数个临时观测点,并在铁垫板相应位置上做好观测标志,观测钢轨在应力放散过程中相对于铁垫板的移动量。

③安装滚筒:用起道机抬起钢轨,每隔 10 m 在钢轨底部安放一个滚筒。

④撞轨每 500 m 左右设置一个撞轨点。

⑤用撞轨器沿放散方向撞击钢轨,并用道锤敲击轨腰配合撞轨,同时观测各点位移观测量的变化情况,当钢轨位移发生反弹且各点位移变化均匀时则视为钢轨达到自由伸缩状态,停止撞轨。否则应检查滚筒有无倾斜、脱落,钢轨有无落槽及撞击力不够等现象。

⑥撤除滚筒:用起道机对称地打起钢轨,撤除滚筒,同时检查轨下垫板安装是否正确,确认无误后使长钢轨平稳地落入承轨槽内。

⑦锁定:单元轨节应力放散完成后,应立即进行无缝线路锁定。

⑧作业人员迅速均布在已完成应力放散的单元轨节范围内,同时进行紧扣件作业,上扣件时,从拉伸端向固定端方向隔二上一完成后再从固定端向拉伸端以最短时间上完剩余扣件。

⑨无缝线路拉伸端与固定端 25～75 m 范围内的扣件应全部紧完,并上紧临时无孔连接器或普通夹板,此时视为长轨已锁定。

⑩测定锁定作业开始与结束时的轨温,取其平均值作为实际锁定轨温,并记录在案。

4)综合放散法。

①形成零应力。在放散段自然温度的条件下,轨下垫入滚筒,松开全部扣件,使钢轨能自由伸缩。以 100 m 为单位进行观测,用撞轨器沿钢轨走行方向依次撞轨,并用道锤敲击轨腰配合撞轨,当钢轨发生反弹现象时,即视为零应力。此时在各观测点上做出拉伸位移的零点标记。各观测点的移动量(放散量)可根据下式计算:

$$\Delta L_n = \frac{\Delta L}{N} n$$

式中 ΔL_n——第 n 点处钢轨计划放散量;

n——观测点编号;

N——观测点总数;

ΔL——计划放散量。

②计算拉伸量。钢轨放散至零应力状态后,根据设计锁定轨温和实际锁定轨温之差计算出钢轨拉伸量,用拉伸器和撞轨器联合作用拉出该伸长量后即锁定钢轨。

钢轨拉伸量按下列公式计算:

$$\Delta L = \alpha L (T_s - T_{sj}) \text{(mm)}$$

式中 α——钢轨线膨胀系数,α=0.011 8 1/℃;

L——钢轨长度(m);

T_s——钢轨的设计锁定轨温(℃);

T_{sj}——钢轨的实际轨温(℃)。

③设置固定端,安装拉轨器。将单元轨节与无缝线路焊接的一端设为固定端,在另外一端安装拉伸器。

④观测:在钢轨拉伸过程中,各观测点同时观测各点拉伸位移的变化情况,拉伸量达到预定长度后,通知各观测点做出记号。此时撞轨器仍继续作业,当各观测点在所做记号处出现反弹时(应力放散已均匀),停止撞轨,拉轨器保压,并在锁定作业完成前不得因拉轨器的失压而使轨端出现位移。

⑤撤除撞轨器及滚筒,安装好轨下垫板,使长轨平稳地落入承轨槽。

⑥锁定。

a. 将作业人员迅速均布在已完成应力放散的单元轨节范围内,同时进行紧扣件作业,每隔两根紧固一根。

b. 无缝线路头尾两端 25～75 m 范围内的扣件应全部紧完,并上紧临时接头连接器或普通夹板,此时视为长轨已锁定。

c. 在锁定完成后,应立即撤除拉伸器,复核长轨实际拉伸长度,换算出对应的实际锁定轨温值,若该值在计划锁定轨温范围内,则确认为实际锁定轨温,填入表内,否则锁定作业应重新进行。

d. 锁定作业完成后,应立即进行零点标记,即在轨底角位置贴上位移观测标签。以线路两侧观测桩顶端刻划线为基点,拉出一道横线,标签零点对齐横线,并在外侧轨腰上标出位移观测桩号。

6. 劳动组织

(1)劳动力组织方式采用架子队组织模式。

(2)作业人员数量根据施工条件、工期要求进行合理配置,见表6.5.2-1。

表6.5.2-1 线路应力放散及锁定劳动力配置

序号	人员配置	人数(人)	备　注
1	架子队队长	1	
2	技术负责人	1	
3	技术员	1	
4	安全员	1	
5	材料员	1	
6	质检员	1	
7	试验员	1	
8	工班长	1	
9	领工员	1	
10	普工	50	
11	焊工	8	

7. 材料要求

位移观测桩材料的使用符合设计要求和相关规范要求。

8. 设备机具配置

应力放散及锁定投入的设备机具见表6.5.2-2。

表6.5.2-2 应力放散及锁定设备机具投入

序号	名　称	单　位	数　量
1	锯轨机	台	2
2	撞轨器	台	3
3	起道机	台	8
4	滚　筒	个	650
5	直　尺	把	10
6	轨温计	台	9
7	对讲机	部	10
8	道　锤	把	40
9	小撬棍	根	32
10	弹条扳手	把	60
11	接头扳手	把	4

续上表

序号	名　称	单　位	数　量
12	石　笔	盒	4
13	位移观测桩	个	416
14	位移标签	个	416
15	冲击钻	台	2
16	小平板车	台	2
17	发电机(10 kW)	台	1
18	钢轨拉伸器	台	2
19	大直角三角板	把	2

9. 质量控制及检验

(1)质量控制

1)线路锁定前应掌握海宁地区轨温变化规律,根据各施工区段的时间间隔,选定锁定轨温及施工时间。

2)应力放散时,应每隔 100 m 设置一个临时观测点,密切注视放散时钢轨的位移量及放散完成后钢轨的反弹,确保应力放散均匀。

3)锁定轨温应准确、可靠,符合规范要求。测量轨温时,轨温计应放在避免阳光一侧轨腰上,要对钢轨的不同位置进行多点测量,取其平均值。

4)应力放散后,两股钢轨同步锁定,锁定后在钢轨上设置纵向位移观测的"零点"标记,贴上位移标签。

5)无缝线路锁定时,实际锁定轨温应严格控制在计划锁定轨温范围以内。相邻两段单元轨节锁定轨温之差不得大于 5 ℃,左右两股钢轨的锁定轨温差不得大于 3 ℃,同一设计锁定轨温的长轨条最高与最低锁定轨温之差不得大于 10 ℃,曲线外侧钢轨锁定轨温不得高于曲线内侧钢轨锁定轨温。

(2)质量检验

1)无缝线路锁定后,单元轨节左右股钢轨始终端的相错量不宜超过 100 mm。

2)锁定完成后钢轨的位移情况:铺设后,5 d 观测无缝线路纵向位移,伸缩区两端位移不得大于 20 mm,中桩处位移不大于 5 mm,并填写好记录。

3)钢轨接头螺栓:缓冲区钢轨接头使用 10.9s 级 M27 大六角螺栓和平垫圈,数量齐全。螺栓涂油,普通螺母扭矩达到 900 N·m,冻结螺母扭矩达到 1 200 N·m,不足者不超过 5%。

10. 安全及环保要求

(1)安全要求

1)无缝线路应力放散及锁定作业是一项综合作业,施工中各作业组必须坚守岗位、相互配合,统一动作。

2)采用平行或交叉施工时,必须坚决服从统一的施工调度与行车调度指挥,并在作业区两端设置明显的防护牌。

3)施工中所用的各种机械设备应有专人保管、使用。机械设备必须按其安全操作规程合理使用、维修和保养。使用人员必须经过岗前培训,持证上岗。

4)高架线施工人员严禁穿拖鞋、硬底鞋和易滑带钉的靴鞋。

5)高架线施工必须严格按照建设部强制性条文及海宁市有关行业规定进行管理,并做好临边防护。施工中发现安全隐患,必须立即弥补和消除,所有安全标志未经施工负责人同意不得擅自拆除或移动。

(2)环保要求

1)加强施工管理,强化环保意识。

2)加强施工现场和生活区域管理。

3)每道工序作业完后必须及时清理现场卫生,将废弃物统一回收,集中进行处理。

4)发电机排气管安装尾气净化装置。

5)发电机燃油(柴油)添加柴油添加剂,降低尾气排污量。

6.5.3 无缝线路轨道整理施工作业指导书

1. 适用范围

适用于杭州至海宁城际铁路工程无缝线路轨道整理施工。

2. 作业准备

(1)内业技术准备

1)组织技术人员学习相关规范和技术标准,审核施工图纸,掌握相应的技术标准和规范,掌握正确的调整方法。

2)所有施工人员已进行技术交底及安全教育培训、考核,合格后方可上岗。

(2)外业准备

1)三完成:轨道铺设完成,钢轨焊接精磨已完成,轨道应力放散及锁定已完成。

2)二到位:钢轨扣件清理到位,精调工具、人员及调整件已到位。

3)一合格:精调仪器已到场且检校合格。

3. 技术要求

(1)轨道中心线应符合设计要求。

(2)普通地段轨距:1 435 mm;150 m$\leqslant R<$200 m,加宽 5 mm,轨距为 1 440 mm。

(3)轨距变化率小于 1/1 000。

(4)轨底坡:按 1/40 设置,两道岔间不足 50 m 线路不设轨底坡。

(5)轨枕间距符合设计图纸要求。

(6)钢轨水平、高低偏差小于 2 mm。

4. 施工程序与工艺流程

无缝线路轨道整理工艺流程如图 6.5.3 所示。

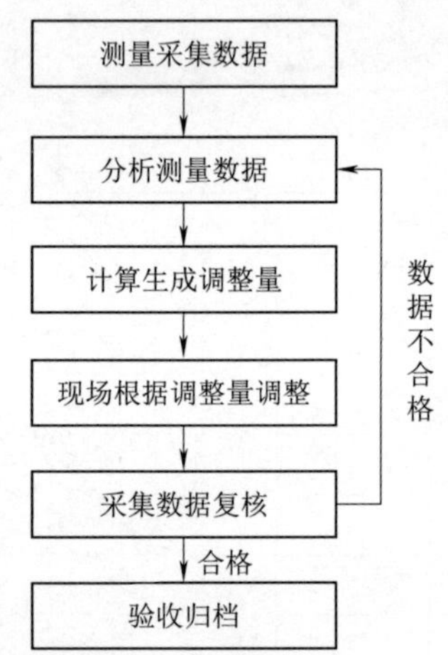

图 6.5.3　无缝线路轨道整理工艺流程图

5. 施工要求

(1)测量数据采集

在应力放散及锁定结束后,采用轨检小车对无缝线路进行数据采集,一般 3 m 采集一个点,并记录完整。

(2)分析数据、计算调整量

根据轨检小车采集数据传输至计算机分析每个采集点的轨距高程、方向的偏差情况,形成记录表并计算出每个点的调整量。然后将调整量下发至施工人员手中。

(3)现场根据调整量精调

根据采集的调整量记录表对现场无缝线路轨道进行调整,将调整值用石笔标至钢轨上,然后通过更换轨距块调整轨距和方向,通过轨向垫片调整高程,直至调整至验收标准允许偏差范围内。

(4)采集数据复核、验收归档

每段无缝线路轨道整理完成后需再次采用轨检小车进行数据采集,复核轨道几何状态,必须达到验收标准的要求,否则将重新进行调整,采集合格的数据将作为竣工测量成果,竣工验收后进行资料归档。

6. 劳动组织

(1)劳动力组织方式采用架子队组织模式。

(2)作业人员数量根据施工条件、工期要求进行合理配置,见表 6.5.3-1。

表 6.5.3-1　无缝线路轨道整理劳动力配置

序号	人员配置	人数(人)	备　注
1	架子队队长	1	
2	技术负责人	1	
3	技术员	1	
4	安全员	1	
5	材料员	1	
6	质检员	1	
7	试验员	1	
8	领工员	1	
9	工班长	1	
10	普工	10	

7. 材料要求

无缝线路轨道整理作业材料配置见表 6.5.3-2。

表 6.5.3-2　无缝线路轨道整理作业材料配置

序号	名　称	规格型号	单　位	数　量	备　注
1	轨距块	6 号	块	10 000	
2	轨距块	12 号	块	10 000	
3	轨距块	4 号	块	6 000	
4	轨距块	14 号	块	6 000	
5	调高垫片	1 mm 厚	块	5 000	
6	调高垫片	2 mm 厚	块	5 000	
7	调高垫片	3 mm 厚	块	5 000	

8. 设备机具配置

无缝线路轨道整理投入的设备机具见表 6.5.3-3。

表 6.5.3-3 无缝线路轨道整理设备机具投入

序号	名称	单位	数量	备注
1	专用扳手(与螺杆配套)	把	9	精调
2	弦线	m	500	精调
3	轨距尺	把	2	精调
4	接头扳手	把	10	精调

9. 质量控制及检验

(1)质量控制

1)直角道尺、万能道尺精度偏差控制在 0～+0.5 mm 范围内。

2)轨顶水平及高程:高程允许偏差为±1 mm,左右股钢轨顶面水平允许偏差为 1 mm,在延长 18 m 的距离范围内应无大于 1 mm 三角坑。

3)轨道调整精度应符合下列规定:

①里程位置:允许偏差为±15 mm。

②导曲线及附带曲线:导曲线支距允许偏差为 1 mm;附带曲线用 10 m 弦量连续正矢差允许偏差为 1 mm。

(2)质量检验

1)轨道方向:直线段用 10 m 弦量,允许偏差为 1 mm;曲线段用 20 m 弦量正矢,允许偏差应符合表 6.5.3-4 的规定。

表 6.5.3-4 曲线段正矢允许偏差

曲线半径 R(m)	缓和曲线正矢与计算正矢差(mm)	圆曲线正矢连续线差(mm)	圆曲线正矢最大最小值差(mm)
$R \leqslant 250$	4	6	9
$250 < R \leqslant 350$	3	5	7
$350 < R \leqslant 450$	2	4	5
$450 < R \leqslant 650$	2	3	4
$R > 650$	1	2	3

2)无砟轨道静态几何尺寸允许偏差见表 6.5.3-5。

表 6.5.3-5 无砟轨道静态几何尺寸允许偏差

序号	检验项目	允许偏差(mm)
1	轨距	+2～−1 变化率不应大于 1‰
2	高低(10 m 弦量)	2
3	水平	2
4	中线	2
5	高程	±5
6	轨向 直线(10 m 弦量)	2

10. 安全及环保要求

(1)安全要求

1)轨道精调材料应离地堆码并挂牌,整齐有序,并盖防雨篷布。

2)轨道精调使用撬棍时,对面严禁站人。

3)现场临时用电线路的布设按《施工现场临时用电安全技术规范》(JGJ 46—2005)进行施工,不随意拉线接电。

4)配电箱、电动机械、手持电动工具必须按规定安装漏电保护器和接地、接零装置,漏电保护器应符合现行规范标准的要求,严格按"一机、一箱、一闸、一保护"要求进行布线和使用。

(2)环保要求

1)在施工用车时,要加强车辆管理,严格按交通规则文明行驶。

2)组织文明检查小组,在施工区域进行巡回检查,监督保持所有设施完好、整洁,施工人员文明有礼。

3)场地道路平整、坚实、保障畅通,运输车辆严格遵守公路交通规则,文明行车。

6.6 有 缝 线 路

6.6.1 有缝线路轨道整理施工作业指导书

1. 适用范围

适用于杭州至海宁城际铁路工程有缝线路轨道整理施工。

2. 作业准备

(1)内业技术准备

1)组织技术人员学习相关规范和技术标准,审核施工图纸,掌握相应的技术标准和规范,掌握正确的调整方法。

2)所有施工人员已进行技术交底及安全教育培训、考核,合格后方可上岗。

(2)外业准备

1)轨道铺设完成。

2)钢轨扣件清理到位,精调工具、人员及调整件已到位。

3)精调仪器已到场且检校合格。

3. 技术要求

(1)轨道中心线应符合设计要求。

(2)普通地段轨距:1 435 mm;150 m$\leqslant R<$200 m,加宽 5 mm,轨距为 1 440 mm。

(3)轨距变化率小于 1/1 000。

(4)轨底坡:按 1/40 设置,两道岔间不足 50 m 线路不设轨底坡。

(5)轨枕间距符合设计图纸要求。

(6)钢轨水平、高低偏差小于 2 mm。

4. 施工程序与工艺流程

有缝线路轨道精调整理工艺流程如图 6.6.1 所示。

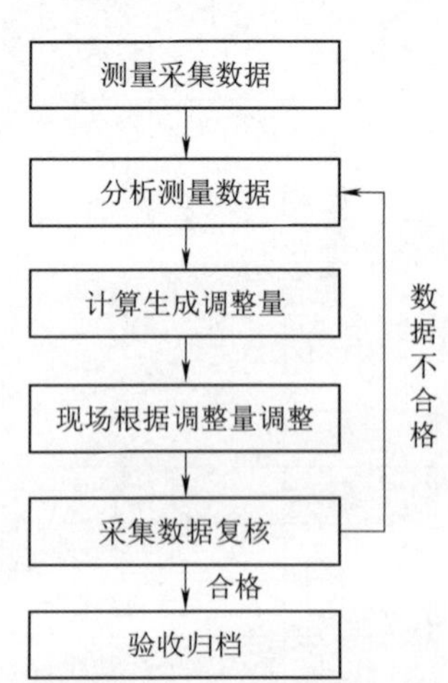

图 6.6.1 有缝线路轨道整理工艺流程图

5. 施工要求

(1)测量数据采集

在有缝线路铺设结束后,采用轨检小车对有缝线路进行数据采集,一般 3 m 采集一个点,并记录完整。

(2)分析数据、计算调整量

根据轨检小车采集数据传输至计算机分析每个采集点的轨距

高程、方向的偏差情况，形成记录表并计算出每个点的调整量。然后将调整量下发至施工人员手中。

(3)现场根据调整量精调

根据采集的调整量记录表对现场有缝线路轨道进行调整，将调整值用石笔标至钢轨上，然后通过更换轨距块调整轨距和方向，通过轨向垫片调整高程，直至调整至验收标准允许偏差范围内。

(4)采集数据复核、验收归档

每段有缝线路轨道整理完成后需再次采用轨检小车进行数据采集，复核轨道几何状态，必须达到验收标准的要求，否则将重新进行调整，采集合格的数据将作为竣工测量成果，竣工验收后进行资料归档。

6. 劳动组织

(1)劳动力组织方式采用架子队组织模式。

(2)作业人员数量根据施工条件、工期要求进行合理配置，见表 6.6.1-1。

表 6.6.1-1 有缝线路轨道整理劳动力配置

序号	人员配置	人数(人)	备 注
1	架子队队长	1	
2	技术负责人	1	
3	技术员	1	
4	安全员	1	
5	材料员	1	
6	质检员	1	
7	试验员	1	
8	领工员	1	
9	工班长	1	
10	普工	10	

7. 材料要求

有缝线路轨道精调整理作业材料配置见表 6.6.1-2。

表 6.6.1-2 有缝线路轨道精调整理作业材料配置

序号	名 称	规格型号	单 位	数 量	备 注
1	轨距块	6 号	块	2 000	
2	轨距块	12 号	块	2 000	
3	轨距块	4 号	块	600	
4	轨距块	14 号	块	600	
5	调高垫片	1 mm 厚	块	500	
6	调高垫片	2 mm 厚	块	500	
7	调高垫片	3 mm 厚	块	500	

8. 设备机具配置

有缝线路轨道精调整理投入的设备机具见表 6.6.1-3。

表 6.6.1-3　有缝线路轨道精调整理设备机具投入

序号	名　称	单　位	数　量	备　注
1	专用扳手(与螺杆配套)	把	9	精调
2	弦线	m	500	精调
3	轨距尺	把	2	精调
4	接头扳手	把	10	精调

9. 质量控制及检验

(1)质量控制

1)直角道尺、万能道尺精度偏差控制在 0～+0.5 mm 范围内。

2)轨顶水平及高程:高程允许偏差为±1 mm,左右股钢轨顶面水平允许偏差为 1 mm,在延长 18 m 的距离范围内应无大于 1 mm 三角坑。

3)轨道调整精度应符合下列规定:

①里程位置:允许偏差为±15 mm。

②导曲线及附带曲线:导曲线支距允许偏差为 1 mm;附带曲线用 10 m 弦量连续正矢差允许偏差为 1 mm。

(2)质量检验

1)轨道方向:直线段用 10 m 弦量,允许偏差为 1 mm。曲线段用 20 m 弦量正矢,允许偏差应符合表 6.6.1-4 的规定。

表 6.6.1-4　曲线段正矢允许偏差

曲线半径 R (m)	缓和曲线正矢与计算正矢差(mm)	圆曲线正矢连续线差(mm)	圆曲线正矢最大最小值差(mm)
$R\leqslant 250$	4	6	9
$250<R\leqslant 350$	3	5	7
$350<R\leqslant 450$	2	4	5
$450<R\leqslant 650$	2	3	4
$R>650$	1	2	3

2)无砟轨道静态几何尺寸允许偏差见表 6.6.1-5。

表 6.6.1-5　无砟轨道静态几何尺寸允许偏差

序号	检验项目	允许偏差(mm)
1	轨距	+2～−1 变化率不应大于 1‰
2	高低(10 m 弦量)	2

续上表

序号	检验项目	允许偏差(mm)
3	水平	2
4	中线	2
5	高程	±5
6	轨向　直线(10 m 弦量)	2

10. 安全及环保要求

(1)安全要求

1)轨道精调材料应离地堆码并挂牌,整齐有序,并盖防雨篷布。

2)轨道精调使用撬棍时,对面严禁站人。

3)现场临时用电线路的布设按《施工现场临时用电安全技术规范》(JGJ 46—2005)进行施工,不随意拉线接电。

4)配电箱、电动机械、手持电动工具,必须按规定安装漏电保护器和接地、接零装置,漏电保护器应符合现行规范标准的要求,严格按"一机、一箱、一闸、一保护"要求进行布线和使用。

(2)环保要求

1)在施工用车时,要加强车辆管理,严格按交通规则文明行驶。

2)组织文明检查小组,在施工区域进行巡回检查,监督保持所有设施完好、整洁,施工人员文明有礼。

3)场地道路平整、坚实,保持畅通,运输车辆严格遵守公路交通规则,文明行车。

6.7　轨道安全及附属设施

6.7.1　防脱护轨安装施工作业指导书

1. 适用范围

适用于杭州至海宁城际铁路工程防脱护轨安装施工。

2. 作业准备

(1)内业技术准备

1)技术人员熟悉施工图纸、技术规范。

2)根据设计文件的要求,核实施工技术标准。同时对施工设计图纸进行会审,了解设计意图,澄清有关技术问题。

3)进场施工人员已经过技术交底和安全教育培训、考核,合格后方可上岗。

(2)外业准备

1)所用防脱护轨及轨配件的质量、技术性能必须符合设计要求和施工规范的规定。

2)工机具准备:撬棍、钻孔机、电动扳手等。

3. 技术要求

(1)护轨支架:普通地段隔两个支撑块安装一个支架,特殊情况下可隔一个支撑块或三个支撑块安装一个支架,护轨弯头端部隔一个支撑块安装一个支架,支架应安装于两个支撑块之间,不能与支撑块或扣件接触。

(2)护轨钻孔:每根护轨上报废孔眼不应超过 3 个,且不能连续,若要对护轨进行锯断处理,锯断后的每根护轨长度≥6 m。

(3)线路无特殊要求情况下,直线地段 $K=(65\pm5)$mm,曲线地段根据线路参数及使用工况进行修正。防脱护轨工作边上缘应高出走行轨(新轨)头顶面 $h=(10\pm5)$mm。当轮缘槽宽度超过设定范围时,可用套靴式弹性垫块的不同厚度面调整,两相邻护轨支架间轮缘槽宽度调整量相差值 $\Delta K\leqslant5$ mm。

(4)护轨接头:错牙 ΔX 顺行车方向 $\Delta X\leqslant2$ mm,逆行车方向 $\Delta X\leqslant1$ mm,需与护轨或支架连接。

4. 施工程序与工艺流程

防脱护轨安装施工工艺流程如图 6.7.1 所示。

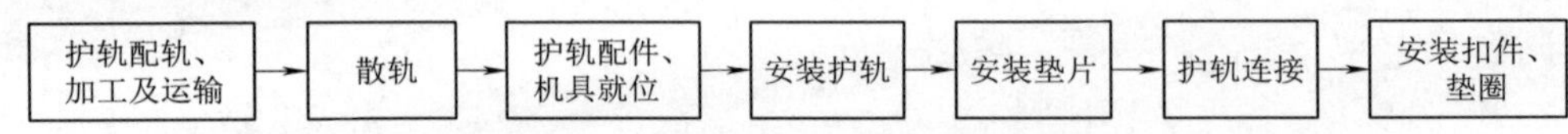

图 6.7.1　防脱护轨安装施工工艺流程图

5. 施工要求

(1)线路检查

在安装前必须对轨道状态进行一次认真检修,特别是轨距、轨向(正矢)、高程,使线路质量符合验收标准要求;并将扣件、螺栓和螺母涂油、拧紧,使扭力达到设计要求。

(2)散料

根据安装里程布置梭头和护轨,原则上梭头始端和终端位于两根轨枕之间,终端若无法调整,最后护轨安装时可适当锯断护轨。

(3)护轨支架安装

1)在主轨和护轨上标记护轨支架安装位置和护轨轨腰钻孔位置。

2)在已标注支架安装位置处,将两块绝缘缓冲垫片分别对称卡入主轨底的两侧。

3)安装护轨支架,先将扣板螺栓戴上,暂不紧固。

4)按照安装技术资料中要求选择适合厚度的垫块安装在相应的支架上。

5)支架底部不能与道床表面接触,且距离道床表面高度至少有 5 mm 空隙。

(4)护轨钻孔

按照安装技术资料中的"h"值,确定钻孔位置(h 为护轨底下表面距钻孔中心的垂直距离),孔径 $\phi=(28\sim30)$ mm±1 mm。

(5)护轨铺设安装

1)按顺序安装护轨,根据情况用微调护轨支架位置,设置好轨缝 2 mm 和调整轮缘槽宽度 K 值(走行轨轨头下面 16 mm 处至护轨工作边距离),保证护轨的平顺无错牙,并安装接头夹板,紧固扣板螺栓。

2)若终端护轨弯头螺栓孔无法与支架对齐,可将梭头护轨的另一端适当锯掉一段后对齐护轨支架,并重新钻夹板连接螺栓;护轨安装时应封锁线路,若一个封锁点内未安装完,必须将梭头护轨安装好。

3)确定线路曲线的始、终点,在下股钢轨上作标记。护轨安装长度一般超出曲线理论始、终点 1~2 m。护轮轨缓冲段端头即喇叭口前要求相隔一根轨枕安装一个护轮支架。依据相应要求及已确定标记安装支架。根据采用护轨的长度用钢尺量测出护轨接头位置,把接头范围支架偏移至相邻枕木空中。根据现场实测各支架位置在护轨腰部标记并钻孔。螺栓孔中心距护轨轨底 h 一般为 40 mm,护轨各部孔位置的具体高度由设计说明确定。

4)螺栓孔钻完后将护轮轨轨头朝向线路中心侧放在支架上,左右移动支架使上下螺栓孔对正穿螺栓并紧固。

5)安装护轮轨时一般由安装段一端开始,然后依次顺序连接直至曲线另一端。为使两端护轮轨安装长度相同,最后安装的护轮轨可以根据所需长度锯配轨,锯轨端确定接头螺栓孔位置后用相应钻头钻孔。接头螺栓一律头部位于夹板上表以免侵入限界。

6)整个安装段安装完毕后再对各个支架逐一检查,对松动扣件归位紧固,对不符合要求的轮缘槽调整。自检合格后对护轮轨连接件涂油防锈。

6. 劳动组织

(1)劳动力组织方式采用架子队组织模式。

(2)作业人员数量根据施工条件、工期要求进行合理配置,见表 6.7.1-1。

表 6.7.1-1 防脱护轨安装劳动力配置

序号	人员配置	人数(人)	备 注
1	架子队队长	1	
2	技术负责人	1	
3	技术员	1	
4	安全员	1	
5	材料员	1	
6	质检员	1	
7	试验员	1	
8	工班长	1	
9	领工员	1	
10	普工	20	

7. 材料要求

护轨的性能指标和质量要求应符合《铁路轨道工程施工质量验收标准》(TB 10413—2018)。

8. 设备机具配置

防脱护轨安装需投入的设备机具见表 6.7.1-2。

表 6.7.1-2 防脱护轨安装设备机具投入

序号	设备名称	单 位	数 量	备 注
1	撬棍	把	10	
2	活扳手	把	4	
3	自制扳手	把	4	
4	上扣件扳手	把	20	
5	氧气	瓶	按需供应	
6	乙炔	瓶	按需供应	
7	电焊设备	套	1	
8	防锈机油	桶	1	

9. 质量控制及检验

(1)质量控制

1)护轨顶面不得高于基本轨顶面 5 mm,也不得低于基本轨顶面 25 mm。

2)护轨弯折点至梭头端部距离为(5 790±30) mm。

3)梭头尖端悬出轨枕的长度不得大于 5 mm。

4)螺纹道钉中心距离为 214 mm,误差不大于±1 mm。

5)螺纹道钉垂直插入,无俯、仰、歪、斜;螺纹道钉方(圆)盘底距承轨台面,扣板式扣件为 6～8 mm。

(2)质量检验

1)轮缘槽宽度 K_A=71 mm,采用钢尺测量。

2)护轨之间采用 15 型接头夹板连接,接头之间错牙 ΔX 要求:顺行车方向错牙 $\Delta X \leqslant$ 2 mm,逆行车方向错牙 $\Delta X \leqslant 1$ mm,采用钢尺测量。

10. 安全及环保要求

(1)安全要求

1)车辆走行时,严禁装卸轨料。

2)经常检查施工机械及器具,发现损坏失灵等现象,应及时修复或更换。

3)在线路上作业时要注意行车安全,来车要及时让道,工具和配件不得放在钢轨上。

4)严禁跳车、扒车和钻车,上下车时,必须等车停稳后才准下车。

5)横越股道时,必须先向两侧瞭望,确认没有列车开来后,再垂直通过,不要斜着通过轨道。严禁在列车前面抢越股道。

6)使用起重机等机械起吊轨料时,两端应设人牵拉稳定以控制平衡,并专人统一指挥。在吊起的物件下面或移运的范围内禁止人员作业。

7)安装夹板时,应使用扳手的一端或小撬棍导孔,禁止用手指对准螺栓孔。

8)用撬棍拨护轨时,工作人员应听从指挥一齐拨动,并随时注意,以防撬棍伤人。

(2)环保要求

1)机械设备定点停放、整齐干净;材料按施工设计位置离地挂牌堆码,整齐有序,需防雨的材料进库存放或加盖防雨篷布。

2)严禁焚烧废弃物,特别是塑料、橡胶等化学物品。

3)生产垃圾及时清除运送到规定地点,严禁乱弃乱倒。

6.7.2 挡车器安装施工作业指导书

1. 适用范围

适用于杭州至海宁城际铁路工程挡车器安装施工。

2. 作业准备

(1)内业技术准备

1)技术人员熟悉施工图纸、技术规范。

2)根据设计文件的要求,核实施工技术标准。同时对施工设计图纸进行会审,了解设计意图,澄清有关技术问题。

3)进场施工人员已经过技术交底和安全教育培训、考核,合格后方可上岗。

(2)外业准备

1)所用挡车器及轨配件的质量、技术性能必须符合设计要求和施工规范的规定。

2)工机具准备:活扳手、撬棍、发电机等。

3. 技术要求

(1)根据线路图确定车挡安装位置,检查确定车挡滑移范围内无接头,高架段车挡滑移范围占用的轨道长度 L 为 25 m,地下段车挡滑移范围占用的轨道长度 L 为 15 m。

(2)挡车器滑行距离内不准有钢轨接头和障碍物,挡车器前的钢轨接头采用绝缘接头。挡车器安装完毕后应保证外观洁净,无刮痕、无表面破损。

(3)轨距应符合(1 435±2) mm,轨底坡 1/40。

(4)车钩高度为距轨面的距离,根据最终车辆参数确定(供货商在生产制造前向相关单位确认此参数后方可批量生产)。

4. 施工程序与工艺流程

挡车器安装施工程序:确定安装位置→车挡运输→钢轨钻孔→车挡安装。

5. 施工要求

(1)确定安装位置及运输

1)根据线路图确定车挡安装位置,检查确定车挡滑移范围内无接头。

2)轨道车运输车挡至各个指定地点。

(2)钢轨钻孔

钢轨钻孔利用钻孔机和卡具在钢轨上精确钻取固定车挡的安装孔洞。

(3)安装车挡

将动摩擦块、滑动式车挡和固定车挡放置于指定位置,用扳手拧紧螺栓,并安装附属设备。

(4)挡车器冲撞报警记录系统安装要求

1)室内报警器控制箱需安装在方便工作人员查看、操作的明显位置,箱体下沿距地面

1.5 m为宜。

2)电力电缆由电源箱引入室内报警器箱安装位置时应有良好的防护措施,并有足够长度的预留。

3)信号电缆由室内报警器箱安装位置引至现场报警器的径路应由线槽或桥架进行防护,并有足够长度的预留。

4)现场各传感器至报警器之间电缆须穿管防护,过轨部分须加装绝缘护管。

5)撞杆座则要用锚杆固定在顶板上,采用 18 mm×1 800 mm 的锚杆固定,固定时要全长锚固。

6. 劳动组织

(1)劳动力组织方式采用架子队组织模式。

(2)作业人员数量根据施工条件、工期要求进行合理配置,见表 6.7.2-1。

表 6.7.2-1 挡车器安装劳动力配置

序号	人员配置	人数(人)	备 注
1	架子队队长	1	
2	技术负责人	1	
3	技术员	1	
4	安全员	1	
5	材料员	1	
6	质检员	1	
7	试验员	1	
8	工班长	1	
9	领工员	1	
10	普工	10	

7. 材料要求

挡车器的性能指标和质量要求应符合《铁路轨道工程施工质量验收标准》(TB 10413—2018)。

8. 设备机具配置

挡车器安装投入的设备机具见表 6.7.2-2。

表 6.7.2-2 挡车器安装设备机具投入

序号	设备名称	单位	数量	设备状况	备注
1	起重机	台	1	良好	
2	活扳手	把	5	良好	
3	平板车	辆	1	良好	

续上表

序号	设备名称	单位	数量	设备状况	备注
4	抬高装置	个	1	良好	
5	对讲机	个	2	良好	
6	小撬棍	把	5	良好	
7	发电机(10 kW)	台	1	良好	

9. 质量控制及检验

(1)质量控制

1)入场材料及构件必须做到"三证"齐全,经验收合格后,方可使用。

2)螺栓扭力必须符合设计要求,安装时应使用扭力扳手进行复紧,确认扭力。

3)车挡构件与基础的连接应牢固。

(2)质量检验

车挡安装允许偏差见表6.7.2-3。

表6.7.2-3 车挡安装允许偏差

序号	检验项目	允许偏差(mm)	备注
1	两车挡相对位置	20	
2	与轨道中心线的偏差	10	
3	顶部标高	±20	

10. 安全及环保要求

(1)安全要求

1)人员进入施工现场必须佩戴安全帽,佩戴施工作业证。

2)现场用电必须执行"一机一闸一箱一漏"的规定,严禁私拉乱接,严禁非专业人员操作。

3)特殊工种(电焊工、电工等)必须经主管部门培训考核合格后持证上岗。

4)班组长应每天做好班前教育,牢固树立安全质量意识。

(2)环保要求

1)机械设备定点停放、整齐干净;材料按施工设计位置离地挂牌堆码,整齐有序,需防雨的材料进库存放或加盖防雨篷布。

2)严禁焚烧废弃物,特别是塑料、橡胶等化学物品。

3)生产垃圾及时清除运送到规定地点,严禁乱弃乱倒。

6.7.3　线路及信号标志施工作业指导书

1. 适用范围

适用于杭州至海宁城际铁路工程线路及信号标志施工。

2. 作业准备

(1)内业技术准备

1)技术人员熟悉施工图纸、技术规范。

2)根据设计文件的要求,核实施工技术标准。同时对施工设计图纸进行会审,了解设计意图,澄清有关技术问题。

3)进场施工人员已经过技术交底和安全教育培训、考核,合格后方可上岗。

(2)外业准备

1)工机具准备:发电机、电钻、小平板车、开口扳手。

2)材料准备:线路标志牌和膨胀螺栓。

3. 技术要求

(1)百米标在每百米的起始处安装。

(2)曲线要素标、圆曲线及缓和起终点标、竖曲线起终点标、坡度标、控制基标位置标、水准基标等根据基标确定其安装位置。

(3)限速标、停车位置标、警冲标、道岔编号标等具体安装位置见设计图纸,隧道内及U形结构整体道床地段标志一般用 ϕ6 mm 胀管螺栓(长度 55 mm 及以上)固定在行车方向右侧隧道边墙上,用卷尺从轨顶面向上量 1.1～1.6 m 的位置划线,此线为标志牌底边线,警冲标及道床编号标置于整体道床上。

(4)道岔编号标设于第一根岔枕顶面,交叉渡线在四组单开道岔第一根岔枕处安装道岔编号标。

4. 施工程序与工艺流程

线路及信号标志安装施工程序:确定安装位置→膨胀螺栓安装→标志牌安装。

5. 施工要求

(1)标志标桩埋设基本要求

1)除特殊说明外,线路标志距线路中心不少于 3.1 m。

2)除特殊说明外,线路标志按计算公里方向设置在线路左侧。双线区段需另设标志时,应设在列车运行方向左侧。

3)除特殊说明外,线路标志均采用铝合金板(厚度 2～3 mm)制作,且标志均为白底黑字图案(文字、数字)。

(2)标志标桩埋设指导

1)百米标,设在一条线路自起点计算每 100 m 处。

2)曲线标,设在曲线中点处,标明曲线中心里程、半径大小、曲线和缓和曲线长度。

3)圆曲线和缓和曲线始终点标,设在直缓、缓圆、圆缓、缓直各点处,标明所向方向为直线、圆曲线或缓和曲线。

4)坡度标,设在线路坡度的变坡点处,两侧各标明其所向方向的上、下坡度值及其长度。

5)线路基桩。

①正线平面曲线和竖曲线线路应设置线路基桩(基准器);直线地段每 100 m、曲线地段每 20 m 设置一个线路基桩;曲线上的直缓、缓圆、曲中、圆缓、缓直和道岔中心、变坡点、竖曲线始终点均增设一个,其中竖曲线与平面曲线重合地段不重叠设置。

②线路基桩应设置在列车运行方向左侧的路肩上,距钢轨头部外侧的距离不得小于 2.5 m。

6)位移观测桩。

①线路与道岔均应按单元轨节设置位移观测桩。无缝线路两侧设置位移观测桩,位移观测桩按照单元轨节设置,一个单元轨节为一个管理区段。

②位移观测桩必须预先埋设牢固,在单元轨节两端就位后立即进行标记,标记应明显、耐久、可靠。

7)警冲标,设在两汇合线路线间距离为 4 m 的中间。线间距离不足 4 m 时,设在两线路中心线最大间距的起点处。在线路曲线部分所设道岔附近的警冲标与线路中心线间的距离,应按限界的加宽增加。

8)站界标,设在双线区间列车运行方向左侧最外方顺向道岔(对向出站道岔的警冲标)外不少于 50 m 处,或邻线进站信号机相对处。

9)预告标,设在进站信号机外方 100 m、200 m 及 300 m 处。

6. 劳动组织

(1)劳动力组织方式采用架子队组织模式。

(2)作业人员数量根据施工条件、工期要求进行合理配置,见表 6.7.3-1。

表 6.7.3-1　线路及信号标志作业人员配置

序号	人员配置	人数(人)	备　注
1	架子队队长	1	
2	技术负责人	1	
3	技术员	1	
4	质量检验员	1	
5	安全员	1	
6	试验员	1	
7	材料员	1	
8	工班长	1	
9	领工员	1	
10	普工	20	

7. 材料要求

线路及信号标志牌应符合设计要求和相关规范要求。

8. 设备机具配置

线路及信号标志安装投入的设备机具见表 6.7.3-2。

表 6.7.3-2　线路及信号标志安装设备机具投入

序号	名　称	单　位	数　量	备　注
1	发电机	台	1	
2	电钻	台	1	
3	平板车	辆	1	
4	开口扳手	把	2	

9. 质量控制及检验

(1)质量控制

1)线路及信号标志的材质、规格、图案字样均应符合设计要求。

2)线路及信号标志的数量、位置、高度应符合设计文件要求。

3)线路及信号标志设置应牢固,标志方向应正确。

4)各种标志应设置端正,涂料应均匀、色泽鲜明,图像字迹应清晰完整。

(2)质量检验

线路及信号标志安装允许偏差见表 6.7.3-3。

表 6.7.3-3　线路及信号标志安装允许偏差

序　号	检验项目	允许偏差(mm)	备　注
1	安装部位	±50	
2	安装高度	20	
3	安装方正	±5	

10. 安全及环保要求

(1)安全要求

1)人员进入施工现场后安全帽、反光衣穿戴整齐,戴施工作业令。

2)进入施工区域以后,立即在施工范围前后两端设置警戒线或警戒灯,树立防护标识牌,并安派专职安全员进行防护。

3)做好班前教育,牢固树立安全质量意识。

(2)环保要求

1)工完、料尽、场地清,每班作业完成时,由班组长负责对场地进行检查和清理。

2)材料按施工设计位置离地挂牌堆码,整齐有序,需防雨的材料进库存放或加盖防雨篷布。

3)保证现场无杂物,保持道床整洁。